Abidjan : construire

Labastide-du-Vert
Le pont rendu célèbre
Par Henri Martin

Sortie officielle :
10 avril 2016
Salon du livre de Figeac

Stéphane Ternoise

Théâtre : les 25 pièces

27 mars 2016 (j'ai eu moi aussi 17 ans... chut)

Jean-Luc PETIT Editeur
Collection 25 ans d'édition

Du même auteur

Romans - www.romancier.net
(Dans le cadre de la collection *25 ans d'édition*, le recueil édité en 2016 : ***Six romans***)

Le Roman de la Révolution Numérique (Péripéties lotoises)
La Faute à Souchon (Le roman du show-biz et de la sagesse)
Quand les familles sans toit sont entrées dans les maisons fermées
Liberté j'ignorais tant de Toi (Libertés d'avant l'an 2000)
Viré, viré, viré, même viré du Rmi !
Ils ne sont pas intervenus (Peut-être un roman autobiographique)

Essais - www.essayiste.net

Les villages doivent disparaître !
Écrivains, réveillez-vous !
Le manifeste de l'auto-édition
Comment devenir écrivain ? Être écrivain !
Auto-édition, j'écris ton nom
Contrairement à Gérard Depardieu, dois-je quitter la France ?
Soumissions à Montcuq (Belmontet, Lebreil, Sainte-Croix et Valprionde à genoux)
Le Martyr et Saint du 11 septembre : Jean-Gabriel Perboyre
Le guide de l'auto-édition, papier et numérique

Chansons - www.chansons.info

Un auteur chanté n'est pas forcément entendu ni payé
Cent chansons sans chanteur
La sacem ? une oligarchie !
Chansons vertes et autres textes engagés
68 chansons d'Amour
Parodies de chansons françaises

Photos - www.france.wf

Le Quercy Blanc, en couleurs
Vitraux lotois
La route lotoise G.P Dagrant
Limogne-en-Quercy cinq monuments historiques cinq dolmens
Montaigu de Quercy, en couleurs
Montcuq en Quercy Blanc
Saint-Cirq-Lapopie, le plus beau village de France ?
Figeac selon Ternoise

* extrait du catalogue, voir www.ternoise.net

Théâtre : les 25 pièces

Le 17 octobre 1991, *Éternelle Tendresse*, recueil poétique, sortait de l'imprimerie centrale de l'Artois... (dépôt légal le 23)
1991-2016. 25 années d'édition. Je n'avais pas "célébré les 20 ans"... Alors pourquoi ?...
Des bilans de ce genre, même dans la lucidité d'une espérance de vie "proche de la moyenne", je ne suis pas certain de pouvoir en réaliser plusieurs...
Vingt-cinq pièces de théâtre. Dont six pour troupes d'enfants. Certaines traduites en espagnol, italien, anglais, allemand.
Un gros livre... En français. Le nombre de pages dépend certes du nombre de caractères (179 000 mots selon le traitement de textes) mais également, en papier, du format utilisé.
L'inhabituel *Letter US*, 8.5" x 11" (21.59 x 27.94 cm) et un interligne réduit permettent de proposer un tarif attractif... En y ajoutant même 128 photos... 366 pages... 2016 est une année bissextile...
Stéphane Ternoise
Parfois dramaturge
http://www.dramaturge.net
100 exemplaires, numérotés, destinés à la vente directe de l'éditeur, furent imprimés.

7   *Les secrets de maître Pierre, notaire de campagne* (3F3H) : un notaire, maître Pierre, accroché à son étude qu'il refuse de transmettre à son fils... il préfère nettement sa belle-fille... Le grand secret de cette famille sera dévoilé.

25   *Chanteur, écrivain : même cirque* (2F2H) : le chanteur et son ami l'écrivain, en échec créatif et professionnel. Leurs compagnes les soutiennent... pour l'instant.

41   *Trois femmes et un amour* (3F) : Fanny, Anne et Karine ont un point commun : avoir connu amoureusement l'écrivain Théo... elles se retrouvent dans un salon d'attente du ministère de la Culture.

51   *Deux sœurs et un contrôle fiscal* (2F2H) : Stéphane, ses aventures avec deux sœurs et un contrôle fiscal où l'option retenue consiste à épouvanter le contrôleur...

79   *La baguette magique et les philosophes* (2F3H) : Romane a reçu de sa grand-mère une baguette magique... elle a 20 ans et enfin le droit de l'utiliser...

95   *Amour, sud et chansons* (1F1H + 2 voix enregistrées) : un couple ayant quitté le Nord de la France pour le sud-ouest. Elle ne veut pas travailler, il veut être artiste. Il fait très froid, en février de cette année-là.

129   *Pourquoi est-il venu ?* (8F5H ; la présence de rôles secondaires qui ne se croisent pas, permet de jouer la pièce avec moins de comédiennes et comédiens) Pourquoi un écrivain reconnu a accepté de participer à ce modeste salon du livre ?

149   *Aventures d'écrivains régionaux* (6F1H) : Paul, écrivain, accueille chez lui des collègues écrivains invités au salon du livre de Figeac mais non hébergés...

173   *Ex-Mannequins* (2F2H) : que deviennent les mannequins vedettes à quarante ans ? Et que font les hommes devenus riches par "hasard" ?

177   *Avant les élections présidentielles* (2F3H) : Jacques, la soixantaine, maire de la capitale, croit encore pouvoir devenir président. Bernadette, son épouse, n'y croit plus...

197   *Scènes de campagne, scènes du Quercy* (6H4F, jouable avec 3H2F) : la vie dans le Quercy, avec ses vieux, ses jeunes, ses artisans et ses spéculateurs immobiliers.

213   *Blaise Pascal serait webmaster* (1F2H) : le narrateur a organisé sa vie autour d'un aphorisme de Blaise Pascal : « tout le malheur des hommes vient d'une seule chose, qui est de ne savoir pas demeurer en repos, dans une chambre. »

227   « *Révélations* » sur « *les apparitions d'Astaffort* » *Jacques Brel / Francis Cabrel* (les secrets

de la grotte Mariette) (2H) : le titre permet de comprendre l'orientation légèrement décalée de cette plongée dans le show-biz !

243 *Ça magouille aux assurances* (6H) : des hommes et leur partie de belote hebdomadaire... Un jour d'anniversaire, Ferdinand avoue ses grands secrets.

255 *J'avais 25 ans.* Monologue. Avoir 25 ans est toujours un événement dans une vie ! Des choix, de la voie, de cette période découleront une grande partie des décennies futures. Même si "les conditions" changent, l'essentiel se joue-là...

263 *Le petit empereur veut fusionner les villages.* Après s'être facilement installé dans le fauteuil du maire, un ancien "très haut dirigeant" de très grandes entreprises, physiquement très éprouvé, souhaite continuer les fusions absorptions...

279 *Le boomerang de la trahison.* Fanny et Stéphane furent brièvement amoureux durant leur jeunesse. Mais ils n'avaient pas dépassé le flirt et malgré l'éloignement sont restés "plus ou moins amis". Fanny, désormais en Espagne, est venue chez Stéphane dans son petit village lotois où il vit avec Momina, actuellement partie 15 jours à Djibouti chez ses parents...

295 *La fille aux 200 doudous.* Dans son lit, une fillette, 6-7 ans, à peine visible. Trop de doudous ! Des doudous aussi dans toute la chambre. Entrent des enfants, sur la pointe des pieds. Ils observent, admirent, se sourient, s'extasient, se montrent des doudous.

301 *Les filles en profitent.* Trois enfants, deux filles, un garçon. L'aînée en profite... à la grande joie de la petite. Pas facile pour le môme quand en plus il collectionne les bêtises...

305 *Révélations sur la disparition du père Noël.* Mauvaises nouvelles des étoiles ! Lecture de la lettre du père Noël dans les hautes sphères du pouvoir...

309 *Le lion l'autruche et le renard.* L'amitié entre le lion et l'autruche vole en éclat quand la vache de la deuxième donne naissance à un veau... Le lion le prétend né de son taureau...

313 *Mertilou prépare l'été.* Une histoire d'enfants déguisés en merles.

317 *Nous n'irons plus au restaurant.* Une confidence peut briser une bonne réputation...

319 *Quatre femmes attendent la star.* Trois femmes lauréates d'un concours leur offrant vingt-quatre heures avec leur idole, le chanteur Frédéric K, dans son village du sud-ouest.

337 *Onze femmes et la star.* Le même sujet mais avec dix femmes et cinq hommes sur scène... Dont sept ravissantes lauréates du concours "légèrement" truqué.

Peu importe si certain(e)s se reconnaissent dans nos textes, nous en veulent parfois. Le plus souvent, d'ailleurs, ils se trompent, exagèrent leur capacité à nous avoir inspiré à eux seuls un personnage, quand ce n'est pas carrément toute une histoire !

« Si on met les gens vrais dans les livres qu'on écrit, ce n'est pas par méchanceté ou par perversité, c'est pour atteindre une vérité générale. » selon Marcel Proust.

Tous droits de traduction, de reproduction, d'utilisation, d'interprétation et d'adaptation réservés pour tous pays, pour toutes planètes, pour tous univers.

Site officiel : http://www.ecrivain.pro

Six romans de Stéphane Ternoise.
© Jean-Luc PETIT - BP 17 - 46800 Montcuq-en-Quercy-Blanc

Les secrets de maître Pierre, notaire de campagne

Tragicomédie en trois actes

Distribution : trois femmes, trois hommes

La vie dans une petite étude notariale de province, avec le vieux maître Pierre accroché à son poste, refusant de passer la main à son fils… mais posant régulièrement ses mains sur sa belle-fille. Ce qui ne constitue pas le plus grand secret de sa vie. Une belle-fille officielle au cœur d'un imbroglio sentimental que seul des tests ADN pourraient démêler… De qui sera l'enfant ? Son mari, son beau-père ou un troisième homme ? Madame Machiavelle choisira. Et du coffre-fort sortira une vieille pierre, le grand secret de cette famille…

Maître Pierre, notaire, soixante-cinq ans, léger embonpoint
Yvonne, sa femme, soixante ans
Marcel, fils du notaire, trente-huit ans
Florence : épouse de Marcel, trente ans
Madame le maire du village, la cinquantaine prétentieuse
Stéphane Ternoise, écrivain indépendant, approche quarante ans.

L'utilisation de Stéphane Ternoise comme personnage est naturellement un jeu de l'auteur. Vous pouvez remplacer ce nom par celui qui vous plaira.

D'autres versions disponibles :
- Avec quatre ou cinq femmes : le passage de Madame Deuly, visiteuse en recherche d'une maison dans le bourg, qui peut être accompagnée de sa sœur.
- Pour deux femmes et quatre hommes, quand monsieur le maire devient madame le maire. Madame Deuly et sa sœur peuvent alors intervenir pour obtenir une version trois femmes quatre hommes ou quatre femmes quatre hommes.

« *Chaque notaire porte en soi les débris d'un poète.* »
Selon le Flaubert de *Madame Bovary*.

Acte 1

Un petit village du sud-ouest. L'étude de maître Pierre. Meubles anciens. Un bureau avec le fauteuil directeur du notaire. Deux chaises devant le bureau et quatre entre les deux portes, la première donnant sur l'extérieur (via un couloir), l'autre sur le secrétariat.
Aux murs, quelques tableaux, scènes de chasse et châteaux.

Debout, Florence et Yvonne, des papiers en main.

Yvonne : - Que se passe-t-il, Florence ?
Florence : - Comment avez-vous deviné que j'allais vous poser une question importante ?
Yvonne : - Yvonne ne dit rien mais elle devine tout.
Florence : - Oh !
Yvonne : - Comment oh !…
Florence : - Je voulais dire ah !
Yvonne : - Ah !
Florence : - Bref… Vous savez et il faut que je sache ! Je suis mariée avec votre fils depuis trois ans, professionnellement comme personnellement, vous savez pouvoir compter sur moi, bref, je dois tout savoir désormais. Pourquoi votre mari refuse de lui laisser l'étude ?
Yvonne : - Ah !
Florence : - Comment ah !
Yvonne : - Ah ! Mon fils ! Mon petit trésor !
Florence : - Il a maintenant 38 ans, l'ensemble de ses diplômes. Il a montré ses compétences à Cahors. Madame Yvonne, j'ai le droit de savoir. Je sens comme un secret planer au-dessus de cette maison.
Yvonne : - Ah ! Demandez au seul maître dans cette étude.
Florence : - Je suis sa secrétaire.
Yvonne : - Pas toujours.
Florence, *troublée* : - Mais quand je ne suis pas sa secrétaire… Il me parle comme à une enfant.
Yvonne : - Ah !
Florence : - Comment ah !
Yvonne : - Je voulais dire hé !
Florence : - Il faut que je sache la vérité. J'ai parfois l'impression que votre mari n'aime pas votre fils.
Yvonne, *qui fixe sa belle-fille avec surprise* : - Ah !
Florence : - Vous voulez dire hé ?
Yvonne : - Bref. Demandez à votre beau-père.
Florence : - Vous savez bien qu'il répond toujours la même chose : « *Hé ! Je suis en pleine forme. Votre mari apprend son métier. Hé ! Si j'abandonne l'étude, il en est certains qui n'hésiteront pas à essayer de me pousser dehors de ma fonction de premier adjoint au maire et de représentant au conseil intercommunal.* » On dirait qu'il a enregistré un disque et me le repasse à chaque question.
Yvonne : - J'entends la Mercedes de monsieur.
Florence : - Déjà !… Un jour il faudra que je sache tout.
Yvonne : - Ah ma fille ! Si vous pensez être la seule personne qui voudrait tout savoir dans cette vallée de larmes.

Maître Pierre entre, pose sa veste sur le dossier d'une chaise tout en commençant à parler.

Maître Pierre : - L'idiot ! Il m'appelle sur mon portable pour me demander pourquoi je ne l'ai pas informé de ce projet de ligne à Très Haute Tension… J'ai failli lui répondre « *je ne suis pas le journal télévisé, mon cher monsieur.* »

Florence : - Alors vous lui avez conseillé de revendre immédiatement !... Ce qui nous fera une nouvelle commission.

Maître Pierre : - Hé ! Florence ! Que se passe-t-il ici ?

Florence : - Naturellement vous lui avez répondu que la ligne ne se fera pas. Que vous en avez encore parlé samedi avec votre ami le vénérable et vénal conseiller général.

Maître Pierre : - Exactement. Hé ! Pardi ! C'est la stricte vérité.

Yvonne : - Et bien sûr, personne n'ajoute que cet idiot se fout de nous, qu'il affirme la main sur le cœur une chose aux opposants à la Haute Tension mais reste copain cochon avec monsieur le président de son parti de notables, ce président de Conseil Général, ce complice d'une centrale nucléaire qui lui permet de vivre comme un nabab, d'entretenir sa bande de béni-oui-oui. Hé !, elle est belle la gauche !

Maître Pierre : - Oh Yvonne ! Que se passe-t-il ici ?

Yvonne : - Hé ! Parfois il faut que ça sorte ! Il m'énerve votre ami. Je ne voterai plus pour lui.

Maître Pierre : - Et pour qui veux-tu voter ?

Yvonne : - Hé ! Je voterai blanc.

Maître Pierre : - Bah ! Ça ne change rien.

Yvonne : - Hé ! Je voterai rouge.

Maître Pierre : - Si ton père t'entendait !

Yvonne : - Je voterai vert.

Maître Pierre : - Mais que se passe-t-il donc ici ? C'est la révolution de palais ou quoi ? Quelqu'un a téléphoné ? (*en souriant*) Nous n'avons quand même pas un contrôle fiscal !

Yvonne : - J'ai quand même parfois le droit de m'exprimer.

Maître Pierre : - Exprime-toi, exprime-toi, nous sommes en famille. Ils nous emmerdent avec cette ligne. Nous pensons tous la même chose ici. Vivement qu'elle soit faite, qu'on touche les primes de l'EDF et que les fous vendent, que les affaires repartent. C'est un peu mou en ce moment, tu ne trouves pas ?

Yvonne : - Il est passé des jeunes, des nordistes, ils cherchent une maison pas chère et habitable.

Maître Pierre : - Pas chère, pas chère ! Mais ce canton ne va quand même pas devenir un refuge de rmistes !

Yvonne : - Ils repasseront cette après-midi. J'ai pensé que la maison en face du marginal pourrait leur convenir.

Maître Pierre : - Ne me parle plus de lui ! Tu ne sais pas qu'il a écrit une chanson contre la ligne ! Il rime pognon et haute tension. Oh ! Il commence à nous énerver avec ses sites internet, celui-là ! Il va bientôt se retrouver avec un contrôle fiscal ! Il devinera peut-être de où ça vient. Si au moins la ligne nous en débarrassait ! Vivement qu'on la fasse cette ligne ! Après tout, il y en a partout ! Quand elle sera plantée, au moins les gens n'en parleront plus et les prix repartiront. Elle s'insérera discrètement dans le décor, et personne ne la remarquera, je vous le parie.

Florence : - Je suis contre.

Maître Pierre : - Hé ! Vous vous lancez dans la politique, maintenant, Florence !

Florence : - Réfléchir est un droit. Même pour une femme ! Ça concerne mon avenir aussi cette ligne. Et celui de vos petits-enfants.

Maître Pierre : - Oh !... Je ne peux décidément pas vous laisser deux heures !... J'ai du courrier à vous dicter, Florence.

Florence : - Je vous écoute, maître Pierre.

Maître Pierre : - Florence !

Florence : - Oh ! C'est sorti tout seul ! Je suis presque confuse ! Quand même pas désolée !

Maître Pierre : - Si on se paye ma tête dans cette maison, je voudrais comprendre quelle mouche vous a piquées (*il prend sur son bureau une tapette tue-mouche*).

9

Yvonne : - Je te laisse à ton sport préféré. Faites attention aux balles perdues, Florence.
Maître Pierre, *à Florence* : - Mais elle a regardé une émission humoristique, votre belle-mère !

Yvonne sort.

Maître Pierre, *s'asseyant, doucement* : - Vous avez eu une dispute, ma douce Flo ?
Florence : - Ce n'est plus tenable cette situation. Je souhaite que tu transmettes l'étude à Marcel.
Maître Pierre : - Hé ! Hé ! Marcel, Marcel, c'est encore un enfant. Hé ! Je suis en pleine forme ! Je ne suis pas agriculteur !
Florence, *qui l'interrompt* : - Ce n'est plus possible cette situation. Sinon je quitte l'étude.
Maître Pierre : - Oh ma Flo.
Florence : - Je ne suis pas ta Flo !
Maître Pierre : - Florence… Ne dites pas de bêtises (*il pose sa main droite à hauteur du cœur*) Mon cœur s'emballe rien qu'à ces mots.
Florence : - Marcel est exaspéré. Il ne comprend pas pourquoi vous ne l'aimez pas.
Maître Pierre : - Exaspéré ! Ah !
Florence : - Des ah ! Des oh ! Des hé ! J'en entends à longueur de journée !
Maître Pierre : - Hé ! C'est cela une famille ! On finit par avoir des expressions communes.
Florence : - Bref, vous allez un jour la lui transmettre, cette étude ? Ne tournez pas autour du pot, comme dirait ma copine Corinne ! Oui ou non ?
Maître Pierre : - Hé ! Pardi ! Naturellement. Il le faudra bien !
Florence : - Et quand ?
Maître Pierre, *fixe Florence* : - Approche.
Florence : - Ce n'est pas nécessaire.
Maître Pierre : - Les murs ont parfois des oreilles.

Florence a une moue de désapprobation mais avance. Le notaire pose sa main gauche sur le ventre de sa belle-fille. Qui recule d'un pas.

Florence : - Ah non ! Nous étions d'accord ! Jamais ici.
Maître Pierre : - Bon, j'attendrai mercredi.
Florence : - Je ne sais pas s'il y aura encore un mercredi.
Maître Pierre : - Oh !
Florence : - C'est comme ça !
Maître Pierre : - Ah ! J'ai toujours su qu'un jour il faudrait tout te raconter !… Hé ! Pourquoi pas maintenant !

Silence. Florence regarde le notaire en se demandant quel nouveau stratagème il invente. Elle croise les bras.

Maître Pierre : - Je suis d'accord pour laisser l'étude à ton mari fin décembre. En associé naturellement. Je ne vais quand même pas faire comme ces idiots qui prennent leur retraite en vociférant « c'est mon droit » et passent leurs journées sur un terrain de pétanque à regretter le temps du travail. Et ils meurent d'un cancer six mois plus tard, tellement la retraite les a détraqués.

Silence.

Florence : - Associé avec maître Marcel donc.
Maître Pierre : - Tout ce qu'il y a de plus légal. Les papiers sont d'ailleurs prêts. Nous n'avons plus qu'à les parapher et remplir toutes les conditions.
Florence : - Je les attendais, les « conditions. »
Maître Pierre : - Je suis d'accord pour vous assurer une rente mensuelle.
Florence, *en souriant* : - La grâce vous a visité !

Maître Pierre : - Ça ne dépend que de toi.
Florence : - Je m'attends au pire.
Maître Pierre : - Comment me considérez-vous, Flo ! Moi qui n'aime que toi.
Florence : - Je vous écoute.
Maître Pierre : - Nous allons avoir un enfant.
Florence : - Oh !

Florence s'évanouie. Le notaire se précipite.

Maître Pierre : - Ma belle. Ma belle (*il lui tapote le visage, l'embrasse*).
Florence, *ouvre les yeux* : - Vous êtes fou.

Le notaire l'embrasse.

Florence, *se retourne* : - Arrête. Tu es fou.
Maître Pierre : - Je ne t'ai pas obligée à t'allonger sur la moquette comme dans mes rêves.
Florence : - Tu es fou.
Maître Pierre : - J'ai mes raisons.
Florence : - C'est du sadisme ! Tu voudrais que Marcel croit être le père de son demi-frère. Mais tu es fou.
Maître Pierre, *après s'être relevé* : - Non !
Florence, *se relève* : - Tu voudrais être le père de ton petit-fils... Mais je deviens folle aussi d'imaginer ce que cette infamie donnerait (*elle s'assied*).
Maître Pierre *semble réfléchir, puis* : - Notre enfant ne serait pas le demi-frère de ton mari.
Florence : - Ne m'embrouille pas ! As-tu déjà vu un enfant dire pépé à son papa. Dire papa à son frère !
Maître Pierre, *réfléchit puis* : - Notre enfant n'aurait aucun lien de véritable parenté avec ton mari.
Florence : - Parlons d'autre chose, c'est non.
Maître Pierre : - Tu n'as donc rien compris.
Florence : - J'ai compris que tu es fou... Déjà de forcer ta belle-fille à... À avoir de telles relations.
Maître Pierre : - C'est presque un autre sujet. Nous y trouvons tous les deux des avantages.
Florence : - J'ai honte le soir au côté de Marcel. Vous lui plantez un couteau dans le dos.
Maître Pierre : - La justice.
Florence : - Tu es fou.
Maître Pierre : - Tu n'as donc rien compris.
Florence, *se lève* : - Ah tu m'énerves ! C'est la deuxième fois en trente secondes que tu me balances ton « *tu n'as rien compris.* » Comme si j'avais cinq ans !
Maître Pierre, *calmement* : - Tu crois qu'un homme comme moi aurait pu coucher avec la femme de son fils.
Florence : - C'est pourtant le cas.
Maître Pierre : - Non.
Florence, *se rassied* : - Comment non ? Mais j'hallucine ! Tu divagues ! Tu es fou Pierrot ! Tu t'es entendu ! Non ! (*silence*)
Maître Pierre : - Tu commences à comprendre ?
Florence : - Il est temps que tu me confesses tout, je sens tellement une odeur de secret dans cette maison.
Maître Pierre : - Tu as déjà trouvé une ressemblance entre moi et ce Marcel ?
Florence : - Oh ! (*proche de s'évanouir de nouveau, se retient au bureau*)
Maître Pierre : - Hé ! Tu l'as dit, « Oh ! »
Florence : - Votre fils n'est pas votre fils !

Maître Pierre : - C'est le fils de ta belle-mère.
Florence : - Et vous avez épousé Yvonne pour obtenir l'étude en dot.
Maître Pierre, *effondré* : - Florence, vous me croyez à ce point intéressé.
Florence : - Ne me cachez plus la vérité. Les mots ne servent pas qu'à mentir. On ne battit rien de sincère, de solide sur le mensonge.
Maître Pierre : - Cocu.
Florence : - Oh !
Maître Pierre : - Le cocu du village.
Florence : - Oh ! Vous !
Maître Pierre : - Tu n'as jamais remarqué les petits sourires.
Florence : - Si vous croyez que j'accorde une quelconque importance aux sourires de ces gens.
Maître Pierre : - Sinon je serais maire.
Florence : - Je croyais que ça ne vous intéressait pas.
Maître Pierre : - Quand un si petit village a la chance d'avoir un notaire, il le nomme maire... Les élections ne devraient même pas exister dans ce cas-là. Et je suis l'éternel premier adjoint. Les emmerdes jamais les honneurs. TSC ! Tout Sauf le Cocu !
Florence : - Oh !
Maître Pierre : - Tu crois pas que c'aurait été ma place, quand l'autre idiot s'est tué en mobylette ?
Florence : - Je croyais que c'était toi qui avais suggéré que sa veuve lui succède. La veuve d'un homme décoré ! On aime les médailles au village !
Maître Pierre : - Tu n'as quand même pas cru cela ! Elle était belle sa décoration ! Si je te racontais combien il a payé pour l'obtenir ! Son père était simple boulanger, et même pas le meilleur du canton, tu vois un peu la famille.
Florence : - Madame vous a... Oh !
Maître Pierre : - Trois mois après notre mariage.
Florence : - Oh ! Je ne pourrai jamais plus la regarder en face.
Maître Pierre : - Une passion. Une passion qu'elle a pleurniché. Après.
Florence : - Et vous les avez surpris ?
Maître Pierre : - Derrière la haie de buis.
Florence : - « *N'ouvrez jamais cette porte, ça porte malheur.* »
Maître Pierre : - Hé oui, devant le puits.
Florence : - Mais pourquoi ne pas avoir divorcé ?
Maître Pierre : - On ne divorçait pas en ce temps-là. On réglait ses affaires en famille.
Florence : - Pour l'étude.
Maître Pierre : - Oh Florence, vous me croyez vraiment...
Florence : - Je ne peux pas croire que ce soit par amour.
Maître Pierre : - L'amour, l'amour... Même si ça te semble impensable, j'ai aimé la mère de ton mari.
Florence : - Et elle ?
Maître Pierre : - Elle a hurlé.
Florence : - Hurlé ?
Maître Pierre : - Je n'ai plus rien à te cacher... Je lui ai fracassé la tête.
Florence : - Vous !
Maître Pierre : - Un notaire peut tuer.
Florence : - Vous êtes un assassin.
Maître Pierre : - On n'est pas un assassin quand on tue l'amant de sa femme.
Florence : - Et vous avez été condamné ?
Maître Pierre : - Tu sais bien que c'est un secret. Naturellement le docteur a attesté la chute de

cheval. Il s'est débrouillé pour me faire signer un acte antidaté juste avant, donnant-donnant, tu vois. Le fils du médecin est médecin aussi et il vit dans un château. Tu sais maintenant comment ce château est entré dans sa famille. Mais lui, tout le monde a murmuré, « *il est malin.* » Elle ne trompe que toi et son fils, ta belle-mère, quand elle pleure au cimetière.

Florence : - Oh !

Maître Pierre : - Tu sais tout.

Florence : - Mais comment pouvez-vous être vraiment certain que Marcel ne soit pas votre fils ?

Maître Pierre : - Tu veux vraiment que j'entre dans les détails ?... (*silence... oui de la tête de Florence*) Quelques semaines après notre mariage, à mon grand désespoir, nous faisions déjà chambre à part, Yvonne prétendait souffrir d'atroces migraines dès que je l'approchais.

Florence : - Vous voulez dire qu'entre vous et madame !...

Maître Pierre : - La vie est rarement la vie rêvée. On a vingt-six ans, on épouse la fille du notaire, on devient notaire. Et il suffit qu'un étranger vienne s'installer au pays, qu'il sache bien chanter et tout s'effondre.

Florence : - Si j'ai un enfant de mon mari, il appellera pépé l'homme qui a tué son vrai pépé.

Maître Pierre : - Tu ne vas quand même pas me reprocher d'avoir réagi en homme.

Florence : - Il vous suffisait de divorcer et l'affaire était réglée. Entre gens civilisés on sait que toutes nos attractions ne sont que des réactions chimiques.

Maître Pierre, *sourit* : - Réactions chimiques ! Où vas-tu chercher tout ça !

Florence : - L'amour, les sentiments, tout ça, oui tout ça, notre vie, ce n'est qu'une suite de réactions chimiques. Heureusement l'esprit peut quand même se construire des notions d'équité, d'intégrité, de dignité. Et toute société tente d'inculquer des règles morales qui ne sont qu'une manière de vivre ensemble sans se dévorer.

Maître Pierre : - Comme tu parles bien, ma Flo.

Florence : - Il est vrai que c'est insupportable pour vos idées judéo-chrétiennes, que nous ne soyons qu'un conglomérat d'atomes…

Maître Pierre : - Tu vois bien qu'il vaut mieux avoir un enfant de moi. Ainsi tu sauves tout, le cocu n'est plus cocu. Moins un par moins un, égal un.

Florence : - La vie ce n'est pas des mathématiques.

Maître Pierre : - Tu me laves le déshonneur. Tu rends propre le nom de ton enfant. Notre enfant sera l'enfant de la justice.

Florence : - Et Marcel ?

Maître Pierre : - Marcel est une erreur. Il ne saura jamais, ce sera notre secret. Tu pourras même divorcer ensuite si tu le souhaites. Je signerai les papiers nécessaires pour que l'héritier de l'étude soit notre fils.

Florence : - Et si c'est une fille !!!

Maître Pierre : - Hé ! Je suis large d'esprit ! Elle sera héritière.

Florence : - Ce que tu me demandes est ignoble.

Maître Pierre : - Tu ne peux plus répondre ça maintenant que tu sais.

Florence : - Mais comment vais-je pouvoir regarder Marcel en face ?

Maître Pierre : - Il te suffit d'arrêter la pilule et dans trois mois tu lui lanceras qu'il devrait rentrer plus souvent ivre, comme le soir où vous aviez eu des… des relations.

Florence : - Comment savez-vous qu'entre Marcel et moi ce n'est pas…

Maître Pierre : - Tu sais bien que votre chambre est juste derrière la petite salle me servant parfois de bureau.

Florence : - En plus tu m'espionnes !

Maître Pierre : - Hé ! Quand on aime quelqu'un, ce n'est pas l'espionner que de passer la nuit à écouter sa respiration.

Florence : - Ne joue pas les romantiques.
Maître Pierre : - Tu as sauvé ma vie, Flo.

On frappe.

Maître Pierre : - Entrez.

Entre Yvonne

Yvonne : - J'ai besoin de tes bras, Pierrot.
Maître Pierre : - Tu vois bien que nous sommes en plein travail. Ça ne peut pas attendre les bras du fiston ?
Yvonne : - Premièrement, je n'ai pas l'impression que vous soyez en plein travail, et deuxièmement, si tu veux manger ce midi…
Maître Pierre, *se lève* : - Bon, bon (*à Florence*) sortez le dossier et rédigez le préaccord.

Florence se lève… Et dès que tout le monde est sorti, va s'effondrer dans le fauteuil du notaire.

Florence : - Je fais quoi, moi, maintenant ? Si je ne couche plus avec lui, fini le fric. Une femme a besoin d'une cagnotte dans ce pays ! Mais avoir un enfant de lui ! Oh non ! Et ne pas en avoir ? Est-ce que Marcel m'en fera un, un jour ? Visiblement, le sexe et lui, ça fait deux. Alors ?… Voilà ce qui arrive quand on est pauvre et qu'après des études sans débouchés, on se laisse convaincre qu'un mariage d'intérêt est finalement préférable à une vie de caissière.

Rideau

Acte 2

Même décor, le notaire dans son fauteuil, Florence assise sur l'une des chaises devant le bureau. Le notaire lit une lettre à haute voix.

Maître Pierre : - Madame le maire,

En octobre de l'année dernière, vous aviez jugé ma demande conforme aux intérêts de la commune. Je souhaitais simplement acquérir quelques mètres carrés devant chez moi, afin d'y réaliser un trottoir et une entrée digne de notre historique commune. Ce qui n'influerait guère sur la taille de la place du cimetière ni sur sa capacité d'accueil des voitures. Qui plus est, mes travaux embelliraient le bourg.
Après votre accord de principe, cette demande a soulevé des oppositions en votre vénérable conseil municipal.
Je me permets donc de réitérer cette requête, cette fois de manière officielle, par lettre recommandée.
Ainsi, soit ma demande sera acceptée, soit les motifs du refus seront communiqués. Les deux issues permettront de mettre fin à certaines rumeurs sur une décision politique, ou celle d'une vengeance personnelle suite à une tentative d'arnaque ayant échoué...

Silence exaspéré... il reprend :

Naturellement, si vous jugez préférable, afin d'éviter toute remarque d'un enrichissement grâce à ses fonctions, que cette transaction s'effectue ailleurs qu'en l'étude de votre premier adjoint et néanmoins notaire en notre commune, je m'engage à prendre en charge nos frais de déplacement chez le notaire compétent et intègre de votre choix.
Veuillez agréer... Etcetera...

Silence.

Maître Pierre : - Vous vous rendez compte, Florence, le petit con.

Florence sourit.

Maître Pierre : - Ça vous fait sourire, Florence !
Florence : - C'est bien tourné. Des sous-entendus précis, évidents, mais aucune diffamation.
Maître Pierre : - Bien écrit ! Hé ! Il n'est pas gêné, il est écrivain ! Il devrait avoir honte d'utiliser sa profession pour ainsi m'attaquer, « *tentative d'arnaque ayant échoué !* » Le scélérat ! Le petit con !
Florence : - Vous avez bien utilisé votre position pour vous venger !
Maître Pierre : - Florence ! Vous n'allez quand même pas me critiquer ! Jamais ! Tu m'entends ! Jamais il ne les aura ses trente mètres carrés. Même dix, même cinq, moi vivant, ce sera toujours non !
Florence : - Et si le conseil municipal juge sa demande recevable ?
Maître Pierre : - Tu sais bien que cette pauvre femme n'a que le titre de maire, qu'elle n'y connaît absolument rien à la gestion de notre commune, qu'en conséquent elle n'a absolument rien à me refuser.
Florence : - Mais si elle te demande tes raisons ?
Maître Pierre : - Hé ! Est-ce que moi je lui demande ses raisons ? Les raisons de Christine sont les plus connues du canton.
Florence : - Tu es vraiment rancunier !
Maître Pierre : - Rancunier, moi ? Jamais ! *(en souriant)* Comme un homme ! Si comme tout poète digne de ce nom il se suicide, je suis d'accord pour rebaptiser une rue et prononcer un éloge

funèbre. La mort absout de tout. Même du manquement à sa parole. J'ai de la religion, Florence, tu sais.
Florence : - Oh ! Vous souhaitez sa mort !
Maître Pierre : - C'est bon pour le tourisme d'avoir eu un poète. Nous manquons d'attractivité ! Et il m'avait promis ma commission. Entre hommes, l'engagement passe avant le droit.
Florence : - Mais tu sais bien qu'elle n'était pas légale !
Maître Pierre : - Quand on promet on s'engage !
Florence : - Tu sais bien qu'il n'est pas fou. S'il ne t'avait pas promis ta petite commission sans facture tu l'aurais pigeonné !
Maître Pierre : - Les affaires sont les affaires ma fille ! Tu n'es pas née de la dernière pluie.
Florence : - Parlons donc de notre contrat.

Le notaire soupire, en souriant, prend dans sa poche son trousseau de clés, ouvre un tiroir, en sort une chemise verte et la tend à Florence.

Florence, *se lève* : - Bien, maître, je vais étudier cela comme un acte des affaires sont les affaires !
Maître Pierre : - Hé ! Tu peux lire ici… Tu sais comme te regarder est un de mes grands plaisirs.
Florence, *en souriant* : - Comme tu l'as si bien exprimé et comme je l'ai simplement répété : les affaires sont les affaires.

Maître Pierre sourit, Florence sort.

Maître Pierre : - Quelle femme ! Mais mon Dieu ! Comme c'est difficile de sauver sa vie ! « Pierrot aime l'argent ! » Ah ! S'ils savaient où va mon argent ! S'ils savaient ils diraient « Pierrot aime le cul. » Comme c'est difficile ! S'il savait le mal qu'il m'a fait ce Ternoise en me refusant ma petite commission. « Pierrot est le pire des magouilleurs. » Alors que je n'ai jamais réclamé plus que de nécessaire. Enfin (*il sourit*) tout s'arrange. Un enfant ! Je vais avoir un enfant ! Avec la plus belle femme du monde. J'aurai un véritable héritier ! J'ai quand même le droit aussi au bonheur. TSA, tout sauf l'assassin ! Mais je ne suis pas un assassin ! En période de guerre, les survivants sont décorés. C'est la loi qui est mauvaise ! Certains ont fait bien pire et pourtant, ils ont la légion d'honneur ! Je ne vais quand même pas porter ce fardeau toute ma vie ! Mais je les aurai à l'usure ! Je serai centenaire ! Ils seront tous au cimetière, ceux qui savent, ceux qui croient savoir, ceux qui ont deviné ! Je les écrase déjà par mon fric ! Je leur survivrai ! Je les enterrerai tous ! Et pourquoi ne le reconnaîtrais-je pas cet enfant ! Flo me prend pour un âne en matière scientifique… Mais je sais bien qu'avec un test ADN, je pourrais prouver qu'il n'est pas mon fils, cet idiot de Marcel, et prouver ma paternité ! Oh Flo ! Si je t'épousais, ma Flo ! Tant pis si la vieille se suicide ! Mon bonheur avant tout ! Et nous partirons de ce coin perdu ! Tu mérites mieux que tout ça, ma Flo…

On frappe

Maître Pierre : - Entrez.

Yvonne entre.

Yvonne : - Pierrot, il faut que je t'en cause… Car je suppose que tu n'as rien remarqué…
Maître Pierre : - Je t'écoute.
Yvonne : - Florence a l'air bizarre ces jours-ci.
Maître Pierre, *en souriant* : - Bizarre ? Tu as vraiment dit bizarre, comme c'est bizarre.
Yvonne : - N'ironisez pas. Elle nous cache quelque chose. Elle a changé.
Maître Pierre : - Florence est une jeune femme, elle ressemble plus à son époque qu'au village, nous avons eu son âge.
Yvonne : - Mais elle ne m'a pas dit bonjour depuis plus d'un mois ! On s'entendait si bien avant ! Du jour au lendemain !
Maître Pierre : - Votre fils lui a peut-être bredouillé des confidences sur l'oreiller !

Yvonne : - Oh !

Maître Pierre : - Quoi oh !

Yvonne : - Vous m'aviez promis, promis de ne jamais utiliser ce « votre. »

Maître Pierre : - Il faut donc croire que cette expression m'a échappé. Bref, votre bizarre ne méritait pas que vous délaissiez ainsi votre cuisine.

Yvonne : - Et d'ailleurs, que faites-vous ici à cette heure ?

Maître Pierre : - Hé pardi ! Je suis en mon étude. J'attends la clientèle.

Yvonne : - Et vous n'aviez pas rendez-vous avec le châtelain ?

Maître Pierre : - Oh zut ! (*il regarde sa montre*) Je me sauve... Vous direz à Florence que nous terminerons le dossier à mon retour...

Yvonne : - Naturellement... Florence connaît suffisamment son métier pour que je n'aie pas à lui préciser...

Il est à un mètre de la porte donnant sur l'extérieur quand Florence, en colère, ouvre la porte secrétariat, tenant de la main droite le dossier.

Maître Pierre : - Florence, j'ai rendez-vous avec le châtelain... Excusez-moi...

Le notaire sort rapidement.

Yvonne : - Vous entrez chez le notaire comme dans un moulin, sans frapper.

Florence : - Mais j'ai frappé, madame Yvonne. Peut-être devriez-vous consulter un spécialiste.

Yvonne : - Oh !

Florence : - Vous vouliez dire « *certes* », je suppose. Voyez donc un audioprothésiste.

Yvonne : - Oh ! Décidemment, cette journée n'annonce rien de bon. Mes calculs astrologiques se révèlent une nouvelle fois exacts. Puisque c'est ainsi, vous mangerez ce que vous trouverez, je vais me recoucher !

Florence : - Vous allez !...

Yvonne : - Oui Florence... La dernière fois que mes calculs astrologiques ont donné 124... Oh non ! Oh mon Dieu ! Quel drame va nous tomber dessus aujourd'hui ?

Florence : - Et qu'advint-il alors ?

Yvonne : - Vous êtes trop curieuse parfois, ma fille.

Yvonne fait un pas en direction de la porte.

Florence : - C'était le matin du puits.

Yvonne vacille. Se retourne.

Yvonne : - Vous venez de dire ?

Florence : - Je vous posais une question... La journée 124, c'était bien celle du puits ?

Yvonne : - Mon Dieu ! Mon Dieu ! (*elle s'effondre sur une chaise*)

Florence, *tente de la relancer (doucement)* : - Le puits...

Yvonne : - Qui vous a parlé du puits !

Florence : - Vous, Yvonne.

Yvonne : - Je ne vous ai jamais rien dit.

Florence : - Justement, il faudrait m'expliquer, sinon j'imagine.

Yvonne, *se lève* : - N'imaginez jamais Florence ! Tout le monde a ses secrets. Mon Dieu ! Et vous annoncerez aux hommes que je suis souffrante, qu'il ne faut pas me déranger.

Yvonne sort.

Florence, *s'assied dans le fauteuil du notaire* : - Je devrais peut-être prendre mes jambes à mon cou et quitter cette maison de fous !... Ah non !... Quand même pas au moment où tout va s'arranger ! Il a intérêt de me la modifier cette petite phrase ! Il faut quand même qu'on se dépêche de passer une nuit ensemble ! (*Florence sourit*) Si dans deux siècles quelqu'un déterre toute cette famille pour des tests ADN, quel sac de nœuds ! Mais enfin, tout le monde sera heureux ! Le bonheur dans l'ignorance ! Marcel se demandera comment il a réussi à me faire un enfant mais il sera fou de joie ! Pierrot va triompher ! Et moi ! Je suis la reine Machiavelle ! Et en plus amoureuse ! Et si en plus c'était réciproque ? Pauvre notaire ! Encore une fois cocu ! Et cette fois avec son écrivain préféré !… Il avait tellement besoin d'être consolé !… Les hommes sont vraiment aveugles et naïfs. Encore attendre cette traînée incapable de rester fidèle trois mois en Ethiopie, quand je suis si près… Quelle grande dynamique ! Tu es mon ami, mon amour, mon amimour. Ah ! si notre câlin pouvait devenir quotidien… Calme-toi Flo… Personne ne doit deviner pour l'instant cet amour clandestin… Je divorcerai avec un pactole et on vivra ensemble, mon écrivain adoré. Mon amimour, notre Amour nous le vivrons au quotidien, ne t'inquiète pas, nous pouvons dire ou écrire mon chéri ou mon amour à d'autres et continuer notre grande dynamique. Ils ne peuvent pas nous comprendre…

On frappe.

Florence : - C'est ouvert.

Entre Marcel (très efféminé).

Marcel : - Oh Flo ! Toi dans le grand fauteuil de père ! Oh Flo ! S'il te voyait !

Florence : - J'ai autant droit à cette place que lui !

Marcel : - Oh Flo !

Florence : - Finalement, maître Pierre n'a jamais obtenu le moindre diplôme et tout le monde le croit notaire.

Marcel : - Oh Flo ! Père déteste qu'on l'appelle ainsi, tu le sais bien.

Florence : - Quoi, maître Pierre, ça swingue !

Marcel : - A son époque, tu le sais bien, tous les métiers s'apprenaient sur le tas. Il faut plutôt admirer son parcours.

Florence : - Tu l'admires vraiment ! Franchement ? Entre nous, dans le secret de ce confessionnal improvisé.

Marcel : - Oh Flo ! Tu plaisantes ? Avoir maintenue vivace cette étude à la campagne, c'est une véritable performance, tu le sais bien.

Florence : - Est-ce que tu m'aimes ?

Marcel : - Oh Flo ! Que se passe-t-il ?

Florence : - Tu ne m'écris jamais de grandes lettres d'amour.

Marcel : - Oh Flo ! Tu sais bien…

Florence : - Ça faisait si longtemps que nous n'avions pas fait l'amour.

Marcel : - Fait l'amour !

Florence : - C'est charmant ! Tu ne te souviens plus !

Marcel : - Oh Flo ! Mais si !…

Florence : - Tu étais vraiment ivre !

Marcel, *troublé* : - Je disais… Faire l'amour… C'est bien normal pour un jeune couple…

Florence : - Mais c'est rare.

Marcel : - Rare, rare… Tu comptes, toi ?

Florence : - Les doigts d'une seule main suffisent.

Marcel : - Oh Flo… Tu sais combien je suis harassé, vidé, toujours sur les routes… Et cette histoire d'étude me perturbe… Tu sais bien qu'il me faut au moins neuf heures de bon sommeil. Je me demande vraiment pourquoi père ne veut pas qu'au moins nous soyons associés. Je ne demande rien d'extraordinaire. Les collègues ont des petits sourires déplaisants quand ils me posent la question.

Florence : - Il suffirait que tu ne lui laisses pas le choix.

Marcel : - J'aimerais t'y voir !

Florence : - C'est simple : j'arrive, je m'assieds sur le bureau, je le regarde droit dans les yeux, je fredonne « tin tin tin. »

Marcel : - Tu sais bien que personne ne peut soutenir son regard !

Florence : - Un certain Ternoise l'a fait.

Marcel : - Ça ne lui a pas porté bonheur. Jamais il n'aura son trottoir.

Florence : - Moi aussi, si je veux, je soutiens son regard, au vieux.

Marcel : - Oh Flo !

Florence : - Alors, tu lui balances : « puisque tu souhaites travailler jusqu'à 96 ans, je vais reprendre une étude à Cahors. »

Marcel : - Et s'il me répond « bonne chance, le fiston. »

Florence : - Hé bien ! Nous partirons à Cahors ! Mais il n'osera jamais prendre ce risque (*sourire*), il sait bien qu'il te suffirait de quelques mois pour que ton étude prenne nettement plus d'importance que la sienne.

Marcel : - Je n'oserai jamais. Et tu sais bien que je ne ferai jamais rien qui puisse le contrarier.

Florence : - Tu as la possibilité plus radicale : tu descends une demie bouteille de whisky et tu l'attrapes par la cravate, tu lui cries dans les oreilles « tu signes ou je te casse la gueule. »

Marcel : - Oh Flo ! Où vas-tu chercher tout ça ? Parfois tu me fais frémir !

Rideau

Acte 3

Même décor. Le notaire derrière son bureau. Florence, enceinte, assise sur une chaise à la droite du bureau.
Devant le bureau, assis : Madame le maire du village et Stéphane Ternoise. Florence, le plus discrètement qu'il lui est possible, le dévore régulièrement des yeux.
Madame le maire signe les feuillets d'une pochette verte.

Madame le maire : - Et voilà, tout est en ordre. Une dernière signature. Encore une bonne chose de faite.

Maître Pierre : - Florence a rédigé l'acte, tout est donc parfait. Pour nous, un tel acte, c'est la routine, notre pain quotidien.

Madame le maire : - Enfin, je suis satisfaite que cette affaire se termine… (*se tournant vers Stéphane* :) je pense que certaines pages de certains sites Internet vont ainsi êtes positivement modifiées.

Stéphane Ternoise : - Vous savez… Je ne suis pas propriétaire de l'ensemble des sites Internet de la planète. Même pas de ceux de l'espace francophone. Qui plus est, même dans le canton, des voix divergentes peuvent s'exprimer ! Internet est un espace démocratique rarement présent en démocratie.

Madame le maire, *en souriant* : - Je vous fais confiance. Je crois que vous savez très bien les pages auxquelles je me réfère. Notre village a besoin d'entente cordiale, c'est aussi mon rôle d'apaiser les relations.

Stéphane Ternoise, *en souriant* : - Vous le savez bien, un écrivain se sert de sa vie comme source principale d'inspiration. Imaginez qu'un jour je me mette au théâtre et qu'une de mes pièces présente Madame le maire et monsieur le notaire d'un petit village du Quercy.

Maître Pierre : - Ce serait déloyal, monsieur.

Stéphane Ternoise, *très badin* : - Je sais naturellement que la loyauté est un des piliers de votre ordre.

Maître Pierre : - Je suis très heureux de vous l'entendre ainsi rappeler.

Stéphane Ternoise : - Mais l'écrivain n'a pas à se plier aux apparences, aux contingences, aux allégeances, il peut exposer le noyau noir de sa vie, et celui des autres. Chaque profession a ses grandeurs et ses bassesses.

Madame le maire : - La vie m'a appris qu'il est toujours préférable de ne pas généraliser.

Stéphane Ternoise : - Alors généralisons ! Car tous les métiers sécrètent une déformation professionnelle, les écrivains puisent dans leur vie, les viticulteurs vérifient du matin au soir si leur vin vieillit bien, les institutrices font des enfants, les fonctionnaires bougonnent et il est même des professions où l'on tente systématiquement d'obtenir un peu d'argent en liquide.

Madame le maire, *se levant* : - Maintenant que tout est ordre, nous n'allons pas vous déranger plus longtemps, maître…

Stéphane Ternoise, *se levant et se tournant vers Madame le maire* : - Ne vous inquiétez pas, Madame le maire ! Je parlais naturellement des agriculteurs et leur propension à vendre sans facture.

Madame le maire, *lui souriant* : - De part ma profession, j'avais saisi. Il est même des agriculteurs qui chaque année me demandent s'il n'y aurait pas un moyen de contourner la loi. Pour les subventions, ils veulent des factures mais quand il s'agit de gruger l'état, ils sont les premiers. Nous sommes passés depuis bien longtemps à la comptabilité réelle et ce genre de pratique est de l'histoire ancienne. Comme dans de nombreuses professions.

Stéphane Ternoise : - Ce qui n'empêche pas certains d'essayer !

Maître Pierre se retient de réagir…

Madame le maire : - Quand l'honnêteté y gagne, tout le monde est gagnant. (*se tournant vers le notaire, approchant sa main droite pour serrer celle de son premier adjoint*) Pierrot, on se voit demain soir au Conseil.
Maître Pierre : - Si notre Dieu à tous me prête vie ! Je n'ai jamais raté un Conseil depuis mon élection. Même avec 39,2 de fièvre, j'étais fidèle au poste. Je crois qu'un jour je mériterai une citation dans le livre des records.
Madame le maire : - L'homme le plus ponctuel du canton (*elle se tourne vers Florence et, lui serrant la main :*) Florence, vous allez donc bientôt laisser votre beau-père sans secrétariat.
Florence : - Il ne sera jamais seul ! Marcel débute en associé le vingt-cinq.
Madame le maire, *se tournant vers le notaire* : - Alors c'est fait ! Le fiston revient au village.
Maître Pierre : - Je pensais vous l'annoncer au Conseil… Florence, vous m'avez grillé.
Florence : - Oh excusez-moi…
Madame le maire : - Je garde l'information pour moi. Case « confidentiel. » Je vous laisserai la parole à la fin du Conseil. Si vous le permettez je ferai préparer le champagne.
Maître Pierre : - Oh, ce n'est pas nécessaire, c'est dans l'ordre des choses, n'en faisons pas un événement.
Madame le maire : - Vous connaissez ma position : « il ne faut jamais rater l'occasion de servir le verre de l'amitié, il rapproche ainsi les gens, ressoude la sensation d'appartenir à une communauté, en un mot, l'amitié. »
Stéphane Ternoise, *voix faible, durant la respiration de Madame le maire* : - Surtout quand il est payé par la collectivité ! (*Madame le maire et maître Pierre font comme s'ils n'avaient pas entendu et Florence sourit*)
Madame le maire : - Enfin, Pierrot, nous en reparlerons et vous déciderez.
Stéphane Ternoise : - Tout est pour le mieux dans le meilleur des mondes.
Maître Pierre, *tout sourire* : - Vous l'avez dit !
Stéphane Ternoise, *serrant la main du notaire* : - C'est une réplique d'un ami, le sieur Voltaire. Un brave homme.
Maître Pierre : - Je m'en doutais.
Stéphane Ternoise, *serre la main de Florence (ils sont troublés)* : - Madame.
Florence, *retenant sa main plus que de nécessaire* : - Vous allez donc nous écrire une pièce de théâtre ?
Stéphane Ternoise : - Pas pour l'instant… Ce n'était qu'une réflexion de circonstance… Je reste fidèle au vieux roman. Quand on se sent bien quelque part, on a des difficultés à changer, ailleurs ça peut faire peur, quand on se sent bien dans un genre, on a des difficultés à le quitter… (*de plus en plus troublé*) Alors ça ne servirait à rien d'aller me divertir avec du théâtre… J'ai mes habitudes. Nous avons tous nos habitudes. Le théâtre contemporain n'intéresse personne.
Florence : - Pourtant je crois que vous pourriez faire de belles choses au théâtre. Quelqu'un a écrit que vous avez le don du dialogue.
Stéphane Ternoise : - Ça devait être l'un de mes pseudos ! Comme Stendhal a signé sous deux cents noms, je supplée les journalistes sûrement trop occupés ailleurs. Peut-être qu'un jour je changerai de vie, je changerai de genre… Et terminerai ma vie fidèle au théâtre…

Madame le maire, qui jetait des regards discrets au notaire, ouvre la porte.

Florence : - La littérature est mon jardin secret.
Stéphane Ternoise, *en souriant* : - Vous êtes donc une exception dans le canton. Tenez bon, la littérature est la vraie vie… Et si un jour vous souhaitez devenir membre du jury salondulivre.net… Vous n'avez qu'à passer me voir.
Florence : - Oh merci !… Mais je doute d'être à la hauteur du jury d'un prix littéraire… Je suis une simple lectrice…

Stéphane Ternoise : - Lire permet de conserver une certaine humilité... Mais parfois il faut savoir saisir les occasions qui se présentent.
Madame le maire : - Excusez-moi, mais on m'attend au bureau.
Stéphane Ternoise : - Je vous suis, Madame le maire, même si nos routes sont opposées.
Madame le maire : - Bonne journée mes amis.
Maître Pierre : - A vous pareillement, Christine.

Stéphane sort avec Madame le maire, referme la porte.

Maître Pierre : - Je croyais qu'il ne partirait jamais ! Vous avez exagéré Florence ! Vous ne croyez pas que de m'obliger à retirer mon veto à la mairie était déjà bien suffisant !
Florence : - Je souhaite moi aussi tout faire pour apaiser les tensions dans notre pays. Il est de notre devoir de travailler au rassemblement de la nation (*on la sent ailleurs*)
Maître Pierre : - Tu vas bien ?
Florence : - Ce n'est pas tous les jours qu'on a la chance de parler avec un écrivain.
Maître Pierre : - Vous n'allez quand même pas me faire croire que sa conversation vous intéressait.
Florence : - Je suis admirative des gens qui vivent debout.
Maître Pierre : - Ecrivain, écrivain, qu'il dit. En tout cas, il vit du RMI. Ça permet peut-être de se donner un genre, écrivain, mais ça ne nourrit pas son homme.
Florence : - Mais l'éternité lui appartient ! Qui se souviendra de nous dans 200 ans, alors que Molière, Racine, Hugo, Voltaire, Auster, sont éternels.
Maître Pierre : - Il est vrai que vous avez fait des études littéraires. En tout cas, moi je préfère vivre comme je vis plutôt que dans la misère comme cet écrivaillon.
Florence : - Il faut une certaine grandeur pour accepter d'avancer à contre-courant.
Maître Pierre : - Ce n'est pas une raison pour vivre aux crochets de la société ! Il proclame refuser toute subvention mais n'hésite pas à se la couler douce au Rmi ! Il pourrait au moins être honnête !

Florence éclate de rire.

Maître Pierre : - Flo !
Florence : - Excusez-moi, je n'ai pas pu me retenir.
Maître Pierre : - Et qu'ai-je dit d'aussi drôle ?
Florence : - Le mot honnête, dans votre bouche.
Maître Pierre : - Oh ! Flo ! Comment me considères-tu ?
Florence : - En plus, c'est une réplique de votre écrivain préféré. Quand il se met en scène et se tourne en dérision.
Maître Pierre : - Parce qu'en plus vous achetez ses livres !
Florence : - Avec mon argent !
Maître Pierre : - Toi, ton mari devrait te surveiller ! Je trouve que tu vas un peu trop souvent là-haut !
Florence : - Oh ! Je marche ! Je ne suis avancée au bourg qu'une seule fois. Et c'était justement pour acheter son troisième livre. Parce que j'avais lu une excellente critique sur internet... Tu ne vas quand même pas reprocher à une femme enceinte de marcher !
Maître Pierre : - Mais non, ma Flo. C'était juste pour te taquiner. Même pour une gloire posthume, je n'échangerais pas ma place contre la sienne... Je suis l'homme le plus heureux du monde... Approche ma douce, ma fleur, mon soleil, que j'effleure notre enfant. J'en deviens poète aussi !
Florence : - Pas ici, nous l'avions convenu.
Maître Pierre : - Où alors ?! Je suis quand même son papa à ce petit bout de chou qui m'a l'air bien vigoureux.
Florence, *apitoyée, s'approche* : - Allez, une main.

Le notaire, la main gauche sur le ventre de sa belle-fille est aux anges. On frappe.
Entre Yvonne. Le notaire, tout à son émerveillement, n'avait pas entendu frapper. Il sursaute, comme pris en faute.

Yvonne : - Oh !… Le notaire a beau être votre beau-père, je ne pense pas que cette attitude soit bien convenable.
Maître Pierre, *soudain en colère* : - Madame, tu m'emmerdes.
Yvonne : - Oh !
Maître Pierre : - C'est la première fois de ma vie que je touche le ventre d'une femme enceinte. La première ! A soixante-cinq ans ! Il est certains sujets sur lesquels je vous prierais de tourner trente-sept fois votre langue avec d'ouvrir la bouche. Et qu'on n'aborde plus le sujet ! Silence !
Yvonne : - Mon Dieu (*elle joint les mains*) 124… 124… Mes calculs astrologiques sont à 124.
Florence, *en souriant* : - C'est la troisième fois cette année que vous paniquez à cause de vos calculs… Et que je sache, les deux premières fois, la terre ne s'est pas arrêtée de tourner. Elle tourne même sans jamais dévier de sa route, elle !
Yvonne : - Ma fille… Ma fille… Dieu vous pardonne… Vous ne savez pas tout… Heureux les innocents…

Florence la fixe.

Florence, *en souriant* : - Vous devriez prendre du Prozac, comme vous l'a prescrit le docteur.
Yvonne : - Le docteur, oh ma fille, si vous saviez ! Des mises en garde ! Pour annoncer un engrenage. Et l'inéluctable avance pas à pas… Mon Dieu… 124 était sorti deux fois aussi avant…

Le notaire fait un geste de la main pour sa belle-fille, en direction de son épouse, signifiant : elle est folle.

Yvonne : - Je n'y avais pas fait attention, la première fois… J'étais à l'âge de l'ignorance.
Maître Pierre : - Madame, vous divaguez. Laissez-nous travailler.
Florence, *en souriant* : - Je crois que ce midi nous mangerons des sardines… Heureusement, l'armoire est pleine de cakes ! Je suppose, madame Yvonne, que vous préférez retourner vous coucher…
Yvonne : - Ne souriez pas ma fille… N'ironisez pas ainsi ma fille… Oui ma fille… Je n'ai plus que cela à faire… Ne souriez pas… Vous ne savez pas sur qui va tomber la foudre aujourd'hui… Je ne peux m'opposer à l'inéluctable… J'ai pourtant tout essayé… J'ai fait une neuvaine, brûlé des cierges, prié Saint Benoît, Saint Christophe ! Notre Saint Jean-Gabriel Perboyre. J'ai même interpellé notre regretté Jean-Paul II, le Saint Homme… (*elle joint les mains*) Je m'en remets à ta volonté, Seigneur.

Elle fixe une toile (un château), se signe puis sort en courant.

Maître Pierre : - Si on ne la connaissait pas, elle nous donnerait le cafard.
Florence : - Pauvre femme… Où mènent les superstitions ! Mais qu'y a-t-il dans le coffre-fort ? (*le montrant de la tête*)
Maître Pierre : - Pourquoi me poses-tu cette question ?
Florence : - Je ne t'ai jamais vu l'ouvrir… Yvonne a fixé avec une telle intensité le tableau, j'en conclus qu'elle scrutait derrière la toile.
Maître Pierre : - La pierre.
Florence : - Oh ! La pierre ! Vous gardez dans votre coffre la pierre qui a tué son amant.
Maître Pierre : - Je l'ai cachée là le premier jour. A cause du sang. Je souhaitais la jeter dans la Garonne. Et les années sont passées. Le temps passe si vite quand…
Florence : - Il faut le faire. Vous ne pouvez quand même pas garder cette pierre alors que Marcel…
Maître Pierre : - J'ai bien réalisé l'acte de ce Ternoise, je peux jeter cette pierre.

Florence : - Montre-la moi.
Maître Pierre : - Ça non !
Florence : - Et pourquoi ? Puisque tu vas la jeter, j'ai le droit de la voir.
Maître Pierre : - Tu oublies ton état ! Tu crois que je me le pardonnerais si je te causais un choc !
Florence : - Bon… Parfois tu as raison ! Mais tu me promets de la balancer aujourd'hui.
Maître Pierre : - Je vais à Montauban cette après-midi… Je crois d'ailleurs que je vais partir tout de suite et me payer le restaurant.
Florence : - Alors je mangerai des sardines seule.
Maître Pierre : - Votre mari doit rentrer ce midi.
Florence, *en souriant* : - Je l'oubliais lui !… Je vous laisse donc vous préparer.

Elle fait deux pas vers la porte.

Florence : - Bon courage.
Maître Pierre : - Merci Flo… Je te rapporte une bouteille de Sauternes ?… Et un peu de foie gras ?…

Elle lui envoie un baiser, sourit et sort.

Maître Pierre : - Cette pierre n'a plus rien à faire ici. J'ai quand même été imprudent de la garder. Je vis dangereusement ! Comment aurais-je expliqué le sang de cet idiot sur une pierre dans mon coffre-fort ! (*en souriant*) Personne n'aurait osé demander l'ouverture du coffre-fort du notaire !

Tout en parlant, il se lève, va au coffre-fort, retire le tableau, le pose sur une chaise, prend son trousseau de clés, ouvre le coffre-fort et caresse la pierre.

Maître Pierre : - J'ai ici assez de secrets pour déclencher une guerre civile dans le canton… L'arme fatale !

Marcel entre sans frapper, une bouteille de whisky en main, claque la porte, titube, regarde vers le bureau et ne voit pas le notaire.

Marcel : - Où il est, où il est ! Il est pas là, ce salaud.

Le notaire le regarde sans comprendre.
Marcel donne un coup de pied dans le bureau, renverse une chaise. Avec sa bouteille de whisky il jette par terre quelques dossiers ; elle se renverse sur le bureau. Il se retourne, fait deux pas vers la porte du secrétariat, et aperçoit le notaire.
Marcel se précipite vers lui, en titubant.

Marcel : - Salaud.
Maître Pierre : - C'est à ton père que tu t'adresses ainsi. Veux-tu t'excuser immédiatement.
Marcel : - Maman m'a tout raconté. Salaud. Assassin.

Marcel attrape le notaire par la cravate, le pousse contre le mur.

Maître Pierre : - Hé doucement… (*il repousse Marcel qui continue à le tenir du bout des bras*) Ta mère est très perturbée ce matin… Tu ne connais pas très bien les femmes… Mais il y a des périodes où elles sont sujettes à certaines vapeurs… (*Marcel le fixe dans les yeux*)
Marcel : - Salaud, assassin.
Maître Pierre : - Tu as fêté ton départ de Cahors… Allez lâche-moi… Sinon je vais devoir te faire une prise de judo… Il faudra que tu te modères un peu niveau boissons quand…

Marcel voit la pierre dans le coffre, pousse le notaire qui se cogne contre le mur, il prend la pierre dans le coffre et fonce sur le notaire, lui fracasse la tête. Le notaire n'a même pas le temps d'esquisser un geste.
Maître Pierre s'effondre en bredouillant « Flo. »
Florence entre, hurle « non ! »

Rideau - Fin

Chanteur, écrivain : même cirque

Comédie contemporaine en trois actes

Distribution : Deux femmes, deux hommes

Sujet : un chanteur et un écrivain, en échec créatif et professionnel, et leur compagne.

Décor : le salon ; correctement tenu et meublé ; porte d'entrée et porte vers la cuisine ; un canapé, des chaises.

Le chanteur
Chantal : sa compagne.
L'écrivain
Elodie : sa compagne.

Ont entre 25 et 30 ans à l'acte 1.

Un minuscule jardin, derrière l'église, à Frayssinet, inauguré en mai 2011.

Neige fondue puis gelée sur vigne

Acte 1

Le chanteur et l'écrivain, assis dans le canapé. Deux bières vides sur la table basse et deux seront finies durant l'acte. Conversation entre amis comme ils ont pu déjà en avoir des centaines.

Le chanteur : - Regarde, Gouriot, il a passé des années dans les bistrots, il a écouté, il s'est contenté de faire le tri, de mettre en forme et ça c'est vendu comme des petits pains, ses *brèves de comptoir*. Si tu veux vraiment être reconnu, compter dans ce milieu, il faut que tu trouves un sujet en béton et le proposer à un bon éditeur qui te lancera du tonnerre.

L'écrivain, *un temps puis en souriant* : - Le plus difficile, tout le monde le sait, c'est le sujet. Mais toi, si tu veux vraiment être Le chanteur top référence, il faut que tu trouves un créneau porteur, original. Souviens-toi de Cabrel arrivant à la télé en galoches, dans son costume de gascon attardé et devenant ainsi le nouveau petit prince du « nouveau romantisme. » Quand tu es connu, tu fais ce que tu veux mais avant faut bien leur donner ce qu'ils attendent.

Le chanteur : - Vaudrait peut-être mieux changer de pays !

L'écrivain : - Si les belges et les suisses viennent en France, chez eux ça doit pas être plus facile.

Le chanteur : - Le problème, c'est que maintenant si tu n'as pas des parents connus, il faut que tu en fasses dix fois plus que les autres pour être remarqué, dans ce pays.

L'écrivain : - On est dans le même bateau. C'est pareil dans la littérature.

Le chanteur : - Et il est trop tard pour se mettre au chinois, sinon on pourrait peut-être devenir les premières stars françaises là-bas.

L'écrivain : - Je peux toujours chercher une traductrice…

Le chanteur : - On ne s'en sortira jamais si tu racontes des conneries. Il faut être une star avant d'être traduit.

L'écrivain : - Tu l'as dit toi-même, il faut trouver un bon créneau, et ces choses-là, ça vient souvent en déconnant. Gouriot, tu crois pas que c'est durant un cours de philosophie qu'il a eu son idée géniale à la con !

Le chanteur : - Tu as écrit quoi ce matin ?

L'écrivain : - Une nouvelle.

Le chanteur : - Tu veux dire un roman, le début d'un petit roman dont tu sais déjà qu'après vingt pages tu vas l'abandonner, donc lui trouver une conclusion en queue de poisson.

L'écrivain : - Tu es gonflé parfois, toi qui ne dépasses jamais trois couplets un refrain.

Le chanteur : - C'est la loi du genre.

L'écrivain : - Léo Ferré faisait parfois trois pages.

Le chanteur : - Mais il est mort ! Plus de voix, Ferré ! Vive le chanteur du futur ! (*il boit une gorgée de bière*) Alors, ta nouvelle ?

L'écrivain : - Je crois que c'est la première d'une longue série. Publier un recueil de nouvelles, ça vous place un écrivain.

Le chanteur : - Tu sais bien, ça ne se vend pas.

L'écrivain : - Le succès d'estime, quelques bons papiers, tu sais bien qu'à Brive j'ai enfin sympathisé avec notre grand chroniqueur des recueils de nouvelles. Le dossier de presse est souvent aussi important que le contenu.

Le chanteur : - C'est sûr, quand on a une bonne entrée, il faut en profiter.

L'écrivain : - En plus, maintenant, avec tout le fric qu'il y a dans le cinéma, ils sont tous à la recherche d'idées. Il suffit d'un bon papier, je l'envoie aux réalisateurs et c'est le début d'une grande carrière. Je pourrais alors aussi placer des petits textes dans les magazines, tu sais que ça paye bien, ce truc.

Le chanteur : - Alors, elle raconte quoi, ta nouvelle ?

L'écrivain : - L'histoire de docteur Joker mister Kanter.

Le chanteur : - Un remake de docteur Jekyll mister Hyde.

L'écrivain : - On ne peut rien te cacher !
Le chanteur : - Joker, le jus de fruit et Kanter la bière.
L'écrivain : - Bien !
Le chanteur : - Vaste programme… Un mec au jus de fruit devant sa famille, à la Kanter quand il s'échappe…
L'écrivain : - Comment tu as deviné ?
Le chanteur : - Tu ne te souviens plus, sûrement, un soir au bistrot, en (*souriant*) « tournée », quand j'avais signé un contrat avec les MJC de Lille, Roubaix, Dunkerque, Douai, Arras et que tu m'avais accompagné comme « manager », tu m'as balancé : « t'es vraiment docteur Joker mister Kanter. »
L'écrivain : - Alors… Alors tu crois que j'écris parfois ce que j'ai raconté bourré !
Le chanteur : - Tu serais pas le premier.
L'écrivain : - Faut quand même faire gaffe ! On pourrait me chiper mes bonnes idées.

Entrée, sans frapper, de la compagne de l'écrivain, Elodie. Enthousiaste (on sent qu'elle se force un peu). Elle accroche sa veste à un portemanteau.

Elodie : - Salut les hommes !
Le chanteur : - Salut Sainte Elodie Nelson !
L'écrivain : - Salut femme du grand écrivain méconnu !
Elodie, *un instant sombre* : - Tu as reçu une réponse négative ?
L'écrivain : - Rien, toujours rien. Trois mois et dix jours. Alors qu'ils m'avaient tous dit « Je l'attends avec impatience. »
Elodie : - J'en suis certaine, *la Poste* a tout perdu.
L'écrivain : - Tu crois qu'il faut vraiment refaire 6000 photocopies ?
Le chanteur : - On devrait s'acheter une photocopieuse, en couleur. Moi aussi ça me servirait. Mes affiches sont trop artisanales. Même Pierrot me l'a balancé.
L'écrivain : - Tu sais bien que ça vaut une fortune.
Le chanteur : - Pour ton anniversaire ! Ou alors faudra la demander à une mère Noël !
L'écrivain : - J'aurais pourtant mis ma main à couper que j'aurais au moins trois réponses téléphoniques. C'aurait vraiment été classe de pouvoir estomaquer les journalistes avec « le lendemain, trois éditeurs m'appelaient, enthousiastes… »
Elodie : - Tu sais bien que tout ça ce sont des histoires. Tu sais bien qu'un écrivain invente ce qu'il veut pour sa promo, et surtout ce qu'il pense le plus intéressant. Certains s'inventent même deux cents refus avant le premier manuscrit accepté. Ça leur donne un côté « obstiné » parfois recherché.
L'écrivain : - Mais je ne suis plus un débutant. A mon âge, avoir déjà eu deux livres édités, c'est… Le prix Goncourt dans quelques années et l'Académie Française à 60 ans… et même le panthéon quand il faudra bien se séparer.
Le chanteur : - Tu irais vraiment à l'Académie Française ?
Elodie : - Et pourquoi il refuserait ?
Le chanteur : - Tu as toujours craché sur cette institution, ce truc du Moyen Âge.
L'écrivain : - Je la dénigrerai jusqu'au jour où mon nom circulera dans les couloirs. Comme toi tu critiques la Légion d'Honneur mais je suis certain que tu l'accepterais.
Le chanteur : - Euh… Pour faire plaisir à ma mère ! Mais ils ne m'ont même pas encore remis la médaille de la ville, alors que je suis le plus grand espoir de la chanson. Si j'étais footballeur, il aurait suffi que je marque un but en finale de la coupe de France. On devrait peut-être prendre notre carte.
L'écrivain : - C'est trop risqué, imagine qu'ils perdent les prochaines élections.
Le chanteur : - En tout cas, pas ici.

L'écrivain : - C'est trop dangereux la politique. Un artiste doit être neutre. Les causes humanitaires, défiler contre la guerre, OK, mais jamais trop marqué.
Le chanteur : - C'est vrai, tu as raison. C'est juste qu'au Conseil Général ils m'ont encore demandé si j'ai ma carte.
Elodie : - Allez, je vous laisse travailler. (*elle sort par la porte de la cuisine*)
Le chanteur : - Tu as vraiment une femme super ! Elle te soutiendra toujours.
L'écrivain : - Tu crois vraiment que Chantal va en avoir marre de travailler pour deux ?
Le chanteur : - Tu sais bien, elle prétend « C'est pas le problème » mais ce serait quoi le problème alors, qu'elle fait toujours la gueule ? Dans ce pays, avec les femmes, à part la tienne qui est une merveille, ça plante toujours à cause du fric. Pourtant elle gagne assez pour deux ! Elle devrait savoir qu'un artiste il lui faut du temps, des encouragements.
L'écrivain : - Chantal, je trouve pas qu'elle fasse toujours la gueule.
Le chanteur : - Tu vas bientôt être de son côté, croire que j'invente ! Elodie, jamais elle te fait un reproche. Alors que moi, ça y est, elle est repartie, elle veut un môme.
L'écrivain : - Y'a des femmes comme ça... Mais ça va durer quelques jours et ensuite elle te laissera tranquille six mois. J'sais pas, tu n'as qu'à lui dire que ça tomberait juste à la sortie de ton prochain album, et ça c'est vraiment pas possible.
Le chanteur : - Elle en a marre ! Tu diras, parfois je la comprends ! Quand je me mets à sa place. Quand c'est pas l'album, c'est une tournée, quand c'est pas une tournée, c'est la déprime.
L'écrivain : - Depuis le temps, elle devrait avoir compris qu'un artiste ce n'est pas un comptable. Il faut en baver avant de cartonner.
Le chanteur : - Je me demande s'il va sortir un jour ce prochain album.
L'écrivain : - Pourtant le précédent s'est bien vendu.
Le chanteur : - Pas assez pour ces messieurs ! Ils ont même osé me dire, hier, qu'il serait temps que je me mette vraiment à internet. Alors qu'il y a un an, ils rigolaient tous des chanteurs et leur petit site ! Ils prétendaient même « ça concurrence la vente des CDs » !
L'écrivain : - Tu vois ! Ils disent un jour noir, un jour blanc, et nous on est là, au milieu. Parfois je me demande s'ils comprennent les artistes.
Le chanteur : - Finalement... Il faut être réaliste, savoir faire son autocritique !
L'écrivain : - A jeun !
Le chanteur : - Oui ! Je peux regarder la réalité en face même à jeun ! Je suis un super chanteur... T'es d'accord ?
L'écrivain : - Tu sais bien.
Le chanteur : - Je suis un super compositeur... T'es d'accord ?
L'écrivain : - On va encore en arriver à la conclusion qu'on vit une époque pourrie...
Le chanteur : - Attends ! Je suis un auteur nettement meilleur que la majorité des auteurs, mais ce qu'il me faudrait c'est un super parolier.
L'écrivain : - Ouais ! Bof ! Tu crois vraiment que dans une chanson, le texte c'est aussi important que tu sembles le croire ce soir ?
Le chanteur : - Si seulement Gainsbourg et Boris Vian vivaient encore.
L'écrivain : - Tu serais allé leur demander un texte ?
Le chanteur : - On se serait pris une de ces cuites ! Et ensuite j'aurais cartonné... Un jour il faudra qu'on travaille ensemble, que tu m'écrives des super paroles.
L'écrivain : - Tu sais bien qu'un écrivain n'écrit pas de chansons, c'est le travail des paroliers.
Le chanteur : - Y'a des exceptions.
L'écrivain : - Aucune exception. Si tu écris des bonnes chansons, tu es un mauvais romancier ou vice versa, ou même le plus souvent, les pitres écrivent des mauvaises chansons et des mauvais romans, certains ajoutent même du mauvais théâtre, de la mauvaise poésie...

Le chanteur : - Et Boris Vian ?!

L'écrivain : - De son vivant il n'a pas vendu trois cents exemplaires de ses romans. Tu sais bien ce que j'en pense de ses romans. Il est nettement surcoté, c'était un parolier, un bon parolier, je te l'accorde.

Le chanteur : - Alors tu serais le premier vrai romancier vrai parolier !

L'écrivain : - Tu t'es disputé avec l'ensemble des paroliers avec lesquels tu as essayé de travailler. Même les parolières.

Le chanteur : - Des cons ! Des connes ! J'allais pas partager la moitié des droits alors que j'écris nettement mieux qu'eux… Je t'ai pas encore raconté… Par internet justement, je croyais en avoir dégoté un, ce matin, un qui habite en plus à seulement cent bornes d'ici.

L'écrivain : - Et on n'en avait jamais entendu parler avant ?

Le chanteur : - C'est vrai que ça aurait dû me mettre la puce à l'orteil comme dit l'autre… Mais bon, il est connu en Afrique, il a obtenu une victoire de la musique là-bas. Je suis allé sur son site, auteurdechansons.net, je me suis dit, tiens, enfin un mec qui sait se présenter. J'ai vraiment flashé sur un de ses textes, j'avais même déjà une musique en tête, un truc bien déjanté, bien écolo… l'écologie ça peut être un bon créneau, tu ne crois pas ?

L'écrivain : - Je suis certain que tu te souviens, alors chante-moi ça !

Le chanteur : - J'ai perdu la musique, mais les paroles, attends, j'ai imprimé ça et ça doit traîner quelque part. (*il fouille ses poches et en sort une feuille pliée au moins en huit puis lit :*)

Puisqu'y'a pas d'raison
Que tombe la sagesse sur les humains
Puisqu'y'a pas d'raison
Qu'on n'aille pas où l'on va tout droit
Plantez donc dans vos jardins
Plantez donc en mai sur vos balcons
Des bananiers et des ananas

Et le refrain :

Dans quelques décennies
En plein cœur de Paris
Les enfants des grands ânes
Récolteront des bananes
Durant quelques décennies
Y'aura d'la joie sur les étals
Dans l'hexagone tropical

L'écrivain : - Du sous-Boris Vian !

Le chanteur : - C'est même pas le sujet ! Le type, il a rien compris au monde de la chanson. Boris, lui, au moins il a travaillé avec les majors. Tandis que lui, on dirait qu'il cherche à se faire des ennemis.

L'écrivain : - Qu'est-ce qu'il t'a raconté ?

Le chanteur : - J'avais pas bien regardé son site avant de le contacter, j'avais lu que les gros titres, mais depuis j'y suis retourné. Saperlipopette ! Tu préfères savoir ce qu'on s'est dit au téléphone ou les âneries sur son site ?

L'écrivain : - Toujours respecter l'ordre chronologique !

Le chanteur : - Je lui envoie un mail, il me répond, me donne son numéro et vers midi, je l'appelle. Comme il est qu'à cent bornes, je lui propose de descendre ici et de se prendre une après-midi au bistrot.

L'écrivain : - Bon plan !

Le chanteur : - Et là, tu devineras jamais ce qu'il m'a répondu !
L'écrivain : - Seulement si tu payes le champagne.
Le chanteur : - Pire !
L'écrivain : - Plus cher que du champagne ! C'est un bourge ?
Le chanteur : - Le petit monsieur, il ne va jamais au bistrot, et tu ne devineras jamais pourquoi !
L'écrivain : - Unijambiste ou con. Quoique ça n'empêcherait même pas. J'en ai déjà vu.
Le chanteur : - Pire dans l'absurdité. Ecoute un peu ça : « *Je tiens à ma santé physique et psychique, je ne vais jamais dans ce genre d'endroit. Ni dans les restaurants, naturellement. Les produits industriels me sont déconseillés par mon cerveau.* »
L'écrivain : - C'est ta mémoire, qui m'a toujours épaté.
Le chanteur : - Un chanteur doit avoir une mémoire d'éléphant. Et il doit avoir vécu ce qu'il chante. Le vin est parfois bouchonné, le métro bondé, la jeunesse perverse, la drogue frelatée. Si tu n'as pas connu ces choses-là, tu peux pas les chanter. La vraie vie, c'est l'expérience.
L'écrivain : - Parfois, quand même, faut imaginer. Si tu parles des chercheurs d'or, tu n'en as pas rencontrés.
Le chanteur : - Non, ça se voit sur scène, quand tu parles d'un truc que tu connais pas ! Vaut mieux souvent revenir sur le même sujet que tu maîtrises bien, plutôt que de te la jouer « monsieur je sais tout. »
L'écrivain : - Alors arrête de parler d'amour !
Le chanteur : - Déconne pas, y'a des sujets sur lesquels on a dit « sérieux », t'imagines, si elle me larguait.
L'écrivain : - Pas possible, elle t'adore.
Le chanteur : - Mais elle pense trop. Un jour, ça va mal finir.
L'écrivain : - On devrait vivre à trois sur le salaire d'Elodie.
Le chanteur : - T'es vraiment un vrai pote. Mais ce serait pas suffisant. On s'en sortirait pas.
L'écrivain : - On va bien finir par cartonner un jour, on est les meilleurs.
Le chanteur : - Mais tu sais bien que j'ai besoin d'une femme avec qui je peux tout faire.
L'écrivain : - Un chanteur n'a aucune difficulté pour trouver une meuf. C'est pour ça que tous les p'tits jeunes veulent devenir chanteurs. Allez, plutôt que de te tracasser pour des trucs qui n'arriveront jamais, reviens à ton « auteur de chansons point net. »
Le chanteur : - Mais elle est jalouse en plus. Ça l'énerve parfois, mais merde, si je baise pas, comment tu veux que j'en parle, et c'est ça qui fait rêver les gens. Ou alors fallait pas habiter près de la fac ! Mon premier grand tube, c'est sûr, ce sera une histoire de mec adoré par les étudiantes.
L'écrivain : - Il faut lui expliquer que c'est une exigence professionnelle.
Le chanteur : - Alors, bon, l'auteur, je lui balance le père Gouriot et ses *brèves de comptoir*, on n'est pas une journée sans en parler, de notre Jean-Marie. Je crois que je vais lui dédier mon prochain album. En plus, comme ça, il en parlera peut-être dans son prochain livre, t'imagines la pub !
L'écrivain : - Je suis certain qu'il ne connaissait pas !
Le chanteur : - Il a emprunté un bouquin à la bibliothèque ! Et il a osé me répondre : « *ça reflète bien la médiocrité, si tu l'as lu, ça ne peut que t'éloigner de ce genre d'endroit.* »
L'écrivain : - Il a rien compris. Y'a des gens comme ça, ils critiquent mais ils n'ont rien compris à l'art moderne.
Le chanteur : - Comme j'avais vu sur son site qu'il est allé aux rencontres d'Astaffort, je lui en parle.
L'écrivain : - Rien que pour ça, finalement, j'essayerais bien d'écrire des chansons… Mais tu sais que c'est mal vu pour un romancier, et ce serait dommage d'avoir mauvaise réputation.

Le chanteur : - De toute manière, être sélectionné, c'est trop difficile. Mais le mec, il a réussi à être retenu du premier coup !
L'écrivain : - Si c'est vrai, c'est qu'il a été pistonné.
Le chanteur : - Et tu sais ce qu'il ajoute ? « *Un attrape-nigauds, ce truc, complètement inutile. Enfin, utile si tu veux écrire un roman et une pièce de théâtre sur le show-biz à la française. Mais tu ne seras pas le premier, je l'ai déjà fait.* »
L'écrivain : - Parce qu'il écrit aussi des romans et du théâtre ! Tu vois ce que je te disais. La réalité confirme toujours mes théories.
Le chanteur : - Et sur son site, il n'hésite pas à les dégommer. En s'interrogeant sur le bien-fondé de subventionner de telles pseudo-formations !
L'écrivain : - Attends, ça me dit quelque chose ce genre de discours, il s'appelle comment ton énergumène écrivaillon ?
Le chanteur : - Ternoise.
L'écrivain : - Mais oui ! C'est un dangereux révolutionnaire, au moins un maoïste ou un anarcho-syndicaliste. Un de ces intégristes de l'indépendance, de l'autoproduction, l'auto-édition, un marginal qui pense réussir en dénonçant l'autocensure des médias. Comme si les médias vont lui donner le bâton pour se faire cogner dessus !
Le chanteur : - Mais oui, au fait, ça me disait quelque chose. Autoproduction.info, c'est lui !
L'écrivain : - C'est sûr, quand on sait ce que l'on sait, ça se tient son raisonnement. Mais ces choses-là, ça ne rapporte rien de les écrire. D'ailleurs il est le seul à miser sur ce créneau. Il doit être complètement grillé partout. Il a aussi un webzine. Même moi j'y suis abonné, faut dire c'est gratuit !
Le chanteur : - Le webzine gratuit. Mais oui, j'y suis abonné aussi, je le lis pas, j'y suis juste abonné pour voir s'il parle de moi. On doit être nombreux dans ce cas, le nombre de ses abonnés grimpe chaque mois, le con !
L'écrivain : - Je me disais bien que son nom me disait quelque chose. Pour lui, le cinéma a simplement reproduit la dérive de la chanson. Mais pour le cinéma, si effectivement quelques chroniqueurs osent constater que notre production n'est plus qu'une industrie au service du petit écran...
Le chanteur : - On le sait tous, tout le monde l'a compris : à la télé, les réalisateurs ne sont plus là que pour remplir les tuyaux. Mais en attendant je serais bien content qu'ils me prennent une chanson de temps en temps... Et toi une nouvelle ! Il ferait mieux de vivre sur terre plutôt que je ne sais pas où.
L'écrivain : - Pour lui, les radios privées, en France, ont engendré le même phénomène. Depuis Mitterrand, l'industrie du disque déverse sa dose de banalités dans les tuyaux et les producteurs dits indépendants sont uniquement des petits industriels en quête d'une part du gâteau.
Le chanteur : - Alors tu lis ses conneries ! Il a rien compris à l'autoproduction, si on s'autoproduit c'est pour trouver une major ou au moins un indépendant, on ne va quand même pas les critiquer même si on le sait, rapaces et compagnie.
L'écrivain : - Il n'a pas tort, mais il va se faire dégommer. C'est un truc que seuls les historiens pourront raconter. C'est toujours mauvais d'avoir raison trop tôt. Ça tu peux me croire. Ce qu'il faut, c'est accompagner le mouvement, saisir ce qu'attend le grand public. Amélie Nothomb est vraiment une championne pour ça. Elle y sera à l'Académie française.
Le chanteur : - Y'a pas un journaliste sérieux qui osera parler de lui, il sait qu'il serait immédiatement privé de ses invitations dans les grands festivals. Déjà qu'ils n'osent même plus critiquer un chanteur quand il est d'une major, de peur que la major ne leur envoie plus de CD, plus d'invitations.
L'écrivain : - D'où l'utilité de signer avec une major.

Le chanteur : - Je signe des deux mains mais eux même pas d'un index ! Le con qui a osé me balancer que j'étais déjà trop vieux ! Ça je ne l'oublierai jamais ! Alors qu'on lui avait payé le restau !

L'écrivain : - C'est sûr qu'il fait rêver, quand il explique qu'on peut vivre de sa plume sans passer par les éditeurs institutionnels.

Le chanteur : - Mais si tu n'as pas d'éditeur, tu n'as pas de médias. Tout se tient.

L'écrivain : - Mais dans sa méthode, un écrivain vit de sa plume en vendant quelques milliers d'exemplaires, sans intermédiaire. Tu sais bien que sur un bouquin, l'écrivain touche des clopinettes, lui il garde tout.

Le chanteur : - Mais ça sert à quoi, d'en vivre, si personne ne le sait, si tu ne fais pas la une des journaux ?

L'écrivain : - C'est ça qui ne marche pas dans son système, il n'a pas compris qu'un artiste, s'il est vraiment un artiste, il veut passer à la télé en *prime time*, être à la une, être fêté, invité…

Le chanteur : - À la mairie, ils nous oublient souvent, tu as remarqué aussi.

L'écrivain : - Tu verras, le jour où on sera des stars, ils seront à nos pieds… On l'aura notre revanche. Ils ramperont pour un autographe !

Rideau

Acte 2

Même décor. Quelques jours plus tard. Elodie et Chantal dans le canapé.

Elodie : - Tu crois que c'est tenable, cette situation ?
Chantal : - Là, je te dis non, non, un jour je vais craquer… Mais quand je le vois sur scène… Ah ! Je fonds !… Et toi ? Tu crois que tu vas tenir ?
Elodie : - Pareil pour le début… Mais quand je lis ne serait-ce qu'un paragraphe… Je fonds…
Chantal : - Nous sommes des fans !
Elodie : - Ils ont de la chance !
Chantal : - Et si demain ils ont du succès, tu crois que nos couples résisteront ? Tu crois que leur tête enflera encore plus et qu'il nous sera impossible de les ramener sur terre ?
Elodie : - Demain je regarderai sur internet s'il y a une étude sur le sujet.
Chantal : - Y'a trop peu d'écrivains et de chanteurs qui vivent vraiment de leur métier pour que ça ait suscité une étude.
Elodie : - Y'a tellement d'universitaires, ils ne peuvent quand même pas tous étudier l'homosexualité dans l'œuvre de Marcel Proust.
Chantal : - C'est quand même agréable, de se retrouver là, toutes les deux, à papoter comme quand on avait dix-sept ans.
Elodie : - Finalement, au fond, je te l'avoue, Je n'y croyais pas trop quand on s'était juré, « on va se trouver des mecs copains et on se prendra un appart à quatre. » C'était trop beau !
Chantal : - Les rêves se réalisent parfois ! Malheureusement !
Elodie : - Malheureusement ?
Chantal : - Mais non, c'était pour rire, c'est une référence à je ne sais plus qui. Parfois j'oublie le nom des écrivains, c'est sûrement normal mais ça m'inquiète toujours.
Elodie : - Ah ! Deux princesses invitées une fois par an au restau… Et c'est ce soir !
Chantal : - Tu crois que ton homme a reçu une réponse positive d'un éditeur ?
Elodie : - Ou le tien a signé avec une major ?
Chantal : - Non, il n'aurait pas pu le cacher plus de cinq minutes ! Depuis le temps qu'il en rêve !… C'est vrai qu'il n'a pas eu de chance avec ses producteurs, tous des véreux qui s'empiffrent de subventions et ne font rien pour aider les chanteurs… C'est vrai qu'une major, ce serait la meilleure solution. Déjà avec les journalistes, ce serait plus facile. Les festivals aussi. Ou alors, tout simplement, ils ont réalisé que ça faisait plus d'un an qu'ils ne nous avaient pas invitées au restau !
Elodie : - T'es négative ! Ça fait du bien de penser « ils vont nous annoncer une bonne nouvelle. »
Chantal : - En plus, ils invitent et on paye. C'est quand même une drôle de situation.
Elodie : - Tu ne vas quand même pas nous faire une crise de féminisme !
Chantal : - Je te l'ai déjà expliqué, ça ne me gêne pas de partager mon salaire. De toute manière, je gagne beaucoup trop pour ce que je fais !
Elodie : - Qu'est-ce que tu racontes ?
Chantal : - Je m'en rends de plus en plus compte. Dans certains pays, des gens font des boulots vraiment utiles et vivotent à peine avec leur salaire, tandis que moi je me contente de donner des avis sur des dossiers, même quand je n'en ai pas ! Et je gagne peut-être deux cents fois plus.
Elodie : - Tu ne vas pas refaire le monde ! On le sait qu'il y a des injustices.
Chantal : - Savoir n'est pas une excuse.
Elodie : - Ce sont les chanteurs, les écrivains, qui par leurs œuvres rendent le monde un peu moins cruel, un peu moins injuste, un peu plus beau.
Chantal : - Mais ils ne pensent pas ce qu'ils écrivent. Tu vois, maintenant qu'on côtoie des tas de chanteurs, des tas d'écrivains, c'est ce qui me choque le plus : ils ne vivent pas comme ils écrivent.

Ils dénoncent le capitalisme, la mondialisation, mais ne pensent qu'à réussir, gagner un maximum de fric, descendre dans les palaces.

Elodie : - C'est normal ! Un artiste qui ne réussit pas, personne ne l'entend. Il faut réussir pour pouvoir dénoncer le système. Si tu es un marginal tu n'intéresses que les marginaux, tu ne passes jamais à la télé. Et la télévision, c'est la seule vraie audience.

Chantal : - Alors qu'ils aient l'honnêteté d'applaudir les grands patrons quand ils s'attribuent une tonne de stock-options.

Elodie : - Ça n'a rien à voir.

Chantal : - Mais si, il faut être crédible, d'abord appliquer ses belles idées à sa propre vie.

Elodie : - Tu es drôle parfois. On dirait parfois que tu n'es pas de notre époque. Tu n'as peut-être pas remarqué mais avoir de bonnes idées, écrire des chefs-d'œuvre, ça ne suffit pas, il faut se bouger pour le faire savoir. Un quart de talent, trois quarts de sueur. Si tu restes dans ton coin, personne ne viendra te chercher.

Chantal : - Elodie s'est donc ralliée au principe de réalité de la société occidentale !

Elodie : - Bin oui, je n'ai plus dix-sept ans, si c'est ce que tu insinues.

Chantal : - En tout cas, j'espère qu'ils ne vont pas nous refaire le coup de l'année dernière.

Elodie : - C'est vrai que tu avais cassé l'ambiance en faisant la gueule. Moi j'avais trouvé ça plutôt sympa.

Chantal : - Tu parles, notre fête annuelle, intime et calme, transformée en dîner de séduction pour deux gros cons peut-être même pas producteurs ni éditeurs.

Elodie : - Là tu exagères. Ils avaient des cartes.

Chantal : - Et tu crois les mecs qui présentent leur carte pour se faire payer le restaurant !

Elodie : - Sur le moment, j'ai vraiment cru que ce serait utile.

Chantal : - Tu parles ! C'était clair comme un feu rouge : il en existe des centaines, des mecs comme ça, qui vivent aux crochets des naïfs comme nos hommes et toi !

Elodie : - Sois pas cynique.

Chantal : - Parce que tu y as cru, franchement, toi, qu'en invitant le petit salarié d'un éditeur, peut-être même le laveur de carreaux, le lendemain il allait signer, ton homme ?

Elodie : - Les bonnes relations, tu dois le savoir, c'est utile. Moi aussi, je voudrais bien que le monde soit autrement mais tu sais que partout c'est copinage et magouilles. Tu sais, il t'en a voulu, ton homme, d'avoir fait la gueule. Va pas le répéter, mais il m'a dit, un an plus tard, je peux te raconter, y'a prescription, il m'a dit que c'est peut-être parce que tu as fait la gueule, qu'il n'a pas signé.

Chantal : - Le con ! Et il n'a même pas eu le courage de me le balancer en face !

Elodie : - Je ne t'ai rien dit. Et je suis même certaine qu'il ne s'en souvient même plus ! C'était sous le coup de la colère. Tu sais bien comme c'est important pour lui aussi de signer.

Chantal : - Tu vois, parfois, j'en ai marre de tout ça. Je rêvais d'une vie tranquille, paisible. Moi, au boulot, quand on me donne un dossier, je m'en fous de qui l'a écrit, l'important, c'est ce qu'il contient.

Elodie : - Mais tu sais bien que les producteurs et les éditeurs sont tellement sollicités, qu'ils prêteront d'abord attention au dossier du type sympa.

Chantal : - Les producteurs comme les éditeurs seront les premiers à se déclarer intègres et tout, honnêtes et droits. Finalement, je préfère encore mon milieu de petits bureaucrates que le show-biz. Tu vois, ça, à dix-sept ans, je ne l'aurais jamais cru ! J'avais une vision idéale des artistes. Les bureaucrates au moins ne cachent pas leur échec derrière des belles paroles.

Elodie : - Ça me rassure, toi aussi tu vieillis !

Chantal : - Mais je ne me vois pas continuer comme ça encore des années, il va falloir que je prenne une décision…

Elodie : - Toutes les copines du temps de la fac, elles échangeraient bien leur place contre la nôtre !

Chantal : - Ce n'est peut-être pas le critère, ce que les autres pensent de notre bonheur !

Elodie : - Tu n'es pas heureuse ?

Chantal : - Si on part sur ce sujet, je crois qu'on ne s'en sortira pas. Je t'ai déjà expliqué.

« Le chanteur » et « l'écrivain » entrent, euphoriques.

Le chanteur : - Super les filles, ce soir, à notre table, on aura le plus grand journaliste de la région !

L'écrivain : - Mathieu, le grand Mathieu, en chair et en os !

Chantal : - Surtout en alcool et en bouffe consommés sur le dos des naïfs comme vous ! Comme ça recommence, vous vous la ferez à quatre votre grande fête intime !

Le chanteur : - Attends, y'a aussi Manu, du Conseil Régional, avec lui dans ma poche, c'est sûr, la subvention, je vais l'avoir.

Chantal, *prend une veste et sort* : - Alors vous serez cinq, tchao.

Le chanteur : - Vous inquiétez pas, elle va revenir, puisque c'est son tour de payer !

Rideau

Acte 3

Une quinzaine d'années plus tard. Dans le même salon. Peu de changements. Elodie et Chantal assises.

Elodie : - C'étaient... Nos plus belles années, tu ne crois pas, quand on vivait à quatre ici ?... Tu ne crois pas que nos plus belles années, nous les avons vécues sur ce vieux canapé ?... Je crois que je vais le garder à vie.
Chantal : - Nous étions jeunes... Simplement !
Elodie : - On y croyait, ils y croyaient.
Chantal : - Nous étions à l'âge de l'ignorance.
Elodie : - Qu'est-ce que tu racontes ?
Chantal : - L'âge de l'ignorance, la jeunesse, 20 ans, 25 ans, et même 30, et nous pensions tout savoir, nous pensions tout pouvoir, et surtout on les croyait, les pantins, qui prétendaient nous montrer le bon chemin.
Elodie : - Ça va, toi ?
Chantal : - On ignore que rapidement l'avenir espéré devient du présent banal et le présent passe encore plus vite au passé. Et si on a tout vécu dans l'insouciance, le passé est un poids, un poids de remords et de regrets. Tu sais ça, maintenant, toi ?
Elodie : - T'intellectualises décidément trop. Il faut vivre ma vieille ! C'est l'éternel fossé entre les gens qui vivent vraiment et ceux qui pensent, qui pensent. Il faut choisir !
Chantal : - Oui, quand on croit que penser s'oppose à vivre.
Elodie : - Sois cool. T'étais plus cool avant.
Chantal : - C'est avant que ça n'allait pas, quand j'avançais comme une ânesse !
Elodie : - Oh là, là... Il s'est passé quelque chose... Tu as un amant ?
Chantal : - Ça va sûrement te surprendre, mais à force de les étudier, je commence à vraiment comprendre les philosophes.
Elodie : - Ah ! C'est ça ! Je me disais bien que tu avais changé.
Chantal : - Mon couple aura été mon plus grand échec.
Elodie : - Ne dis pas cela... Vous êtes heureux...
Chantal : - Finalement, on ne s'est jamais aimés !
Elodie : - Oh !
Chantal : - J'adorais son image, le rêve de midinette devant le chanteur. L'admiration n'est pas un sentiment honnête. Et pour lui, j'ai toujours été sa stabilité, la femme qui l'empêchait d'aller trop loin dans les conneries et en plus avec un bon salaire.
Elodie : - Tu es allée voir un psy ?
Chantal : - C'est avant qu'un psy m'aurait été utile. Mais il est trop tard, j'ai gâché par ignorance les années où une femme peut avoir un enfant.
Elodie : - Y'a des cas de mères à 60 ans.
Chantal : - Pas un premier enfant.
Elodie : - Mais on était pourtant sur la même longueur d'onde, à quatre : il serait fou de donner la vie dans un monde pareil.
Chantal : - Faut bien, à l'extérieur, prendre un masque pour ne pas pleurer, parfois... Quand chez toi tu entends toujours : l'année prochaine si je trouve un producteur... L'année prochaine si la tournée se passe bien... L'année prochaine si, si, si... Et moi, pauvre cloche... Mais au fond, je ne l'aimais pas, donc ne pas avoir d'enfant de lui ne me traumatisait pas... Et je me suis réveillée à mon âge... Tu te rends compte... Nous sommes dans la quarantaine... Je vais partir...
Elodie : - Partir !

Chantal : - Oui, le quitter.

Elodie : - Pourquoi tu dis des bêtises ? Tu as rencontré un mec mieux ?

Chantal : - Partir. Simplement partir. Oser le mot fin. Fin. F.I.N. Et après, tout redeviendra possible. On rencontre parfois son âme sœur à notre âge. Ce n'est pas certain que ce sera mon cas mais qu'au moins je ne perde plus mon temps. Le pire serait de continuer en pensant que de toute manière l'essentiel est perdu, en pensant que l'harmonie, ce n'est pas pour moi. Tu comprends ?

Elodie : - Ça va lui faire un sacré coup !... Et tu crois que c'est bien le moment ? Ils ont mis tellement d'années pour se décider avant d'écrire un album ensemble, nos hommes, ça va foutre en l'air l'enregistrement...

Chantal, *se lève en colère* : - Mais je m'en fous ! Tu n'as rien compris, il s'agit de ma vie ! Vingt années de ma vie sont passées à la trappe, et il faudrait encore que je lui accorde quelques mois pour finir l'enregistrement d'un album que de toute manière je n'écouterai jamais ! Vingt années ! Quatorze plus six !

Elodie : - Je voulais dire... Tu as vraiment bien réfléchi ?

Chantal : - Je ne me souviens même plus de la première fois où nous nous sommes exclamées « je ne tiendrai plus longtemps. »

Elodie : - C'était pour rire. Pour dire de parler.

Chantal : - Eh bien pas moi. J'ai été vingt ans à croire aux balivernes artistiques ! A me forcer d'y croire. Mais ouvre les yeux, toi aussi ! L'art, ça n'a rien à voir avec tout ça ! Ce qu'ils souhaitent c'est le succès !

Elodie : - C'est normal, si tu n'as pas de succès, ça ne sert à rien d'écrire ou chanter !

Chantal : - Et tu vas encore rester là vingt ans, toi, à espérer qu'un éditeur remarque ton homme, qu'une magouille lui permette d'obtenir le prix Goncourt ?

Elodie : - Mais qu'est-ce que tu as ?... On ne parlait pas de moi !

Chantal : - Comme tu ne comprends rien à ce que je te raconte quand je te parle de moi, tu comprendras peut-être mieux si je transpose à ton cas ! Nous sommes tombées dans le même piège !

Elodie : - Mais arrête, tu veux foutre mon couple en l'air ? Moi je le soutiens mon homme, et je le soutiendrai toujours ! Je ne change pas, moi ! Ce n'est pas de sa faute si l'époque est complètement pourrie, si aucun des éditeurs n'a tenu ses promesses, si les éditeurs préfèrent publier les confidences des stars plutôt que de s'intéresser aux véritables talents. C'est pas de sa faute si les metteurs en scène ne tiennent pas leurs promesses, préfèrent monter Molière alors que sa pièce est géniale. Moi je crois en son talent, c'est dit !

Chantal : - Et tu y crois encore, au véritable chanteur, au véritable écrivain ? Ils n'ont pensé durant vingt ans qu'à une chose : trouver un producteur et trouver un éditeur ! C'est ce qu'attendent les producteurs, c'est ce qu'attendent les éditeurs, tu l'as entendue combien de fois cette phrase !

Elodie : - Tu ne me feras pas douter. Tu veux en venir où ?

Chantal : - Ils se sont fait avoir ! Ils ont cru les promesses des industriels qui vivent sur le dos de l'art et nous, pauvres cloches, petites fans aveuglées par les paillettes, nous avons tout gobé, nous y avons cru à leurs promesses d'artistes « différents. » Ils doivent être des milliers comme eux, à envoyer leurs manuscrits, leurs maquettes, et à se répéter « ça correspond exactement à ce qu'ils attendent. »

Elodie : - Mais l'époque est comme ça !

Chantal : - Mais non ! Les seuls créateurs qui resteront, ce seront ceux qui n'auront pas écouté les pantins et auront avancé, auront créé une œuvre.

Elodie : - Quand je vois qui a eu le prix Goncourt, ça me dégoûte !

Chantal : - Mais le prix Goncourt, les victoires de la musique, ça n'a rien à voir avec l'art, c'est simplement de l'agitation d'industriels, un moyen de vendre quelques produits, en persuadant le consommateur qu'il doit absolument acheter, parce que c'est gé-ni-al !

Elodie : - Tu veux me démoraliser ?

Chantal : - Juste t'ouvrir les yeux !

Elodie : - De toute manière tu fais fausse route, même si tu avais raison avec ton homme, tu le connais mieux que moi, tu ne peux pas comparer un chanteur et un écrivain. Un écrivain, à cinquante ans, c'est encore un jeune auteur. Moi j'y crois… Regarde Julien Green, à plus de 90 ans, il a écrit ses plus beaux livres…

Chantal : - Mais il était dans une démarche d'écrivain, de créateur ! Et puis tant pis ! Je suis venue te dire adieu !

Elodie : - Adieu ! Ne me dis pas que tu vas faire une connerie !

Chantal : - Ce matin j'ai vendu ma voiture.

Elodie : - Oh !

Chantal : - Je me suis aussi entendue avec mon patron, on s'est séparés sans bruits ni heurts, il a très bien compris, lui.

Elodie : - Oh !

Chantal : - Le reste je le laisse dans l'appart, il en fera ce qu'il voudra.

Elodie : - Non !

Chantal : - Je vais prendre un billet de train, et ce soir j'arriverai dans une ville où je n'ai jamais mis les pieds. Je suis enfin libre !

Elodie : - Tu ne peux pas partir comme ça !

Chantal : - Peut-être n'y resterai-je pas, peut-être irai-je ailleurs. Enfin libre, tu comprends ?

Elodie : - Mais le travail, tu vas vivre comment sans travailler ?

Chantal : - Tu le sais bien : je peux vivre facilement un an sans travailler ; et dans une autre ville, je retrouverai toujours du boulot. Il sera peut-être moins bien payé mais ça n'a aucune importance. L'important, c'est de ne plus se laisser dévorer.

Elodie : - Tu as vraiment changé, je ne te reconnais plus.

Chantal : - Il est peut-être trop tard pour certaines choses mais pas pour toutes. Ce serait pire de continuer. De laisser la vie nous engloutir, tout ça parce qu'à 20 ans nous avons laissé le vent nous emporter.

Elodie : - Si je comprends bien tu me charges d'annoncer la nouvelle.

Chantal : - Je lui ai laissé une lettre.

Elodie : - Mais il va disjoncter ! Tu aurais au moins pu lui avouer droit dans les yeux. Après tout ce que vous avez vécu !

Chantal : - Nous n'avons rien vécu ! Nous avons fermé les yeux pour nous laisser vivre.

Elodie : - Tu joues encore sur les mots.

Chantal : - J'étais venue pour te parler de toi… T'ouvrir les yeux !

Elodie : - Mais tu es folle !

Chantal : - Je suis certaine que ton patron ne posera aucun problème pour rompre ton contrat. Et toi aussi, tu as des économies. C'est notre seul secret, finalement, ces petites économies. Il est venu le temps de s'en servir !

Elodie : - Mais tu es folle ! Je m'en fous des économies ! Je comprends maintenant : tu avais préparé ton coup ! Tu nous abandonnes parce que tu ne crois plus en nous.

Chantal : - Ne te cache pas la réalité, nous avons échoué. Vingt années vides.

Elodie : - L'argent ! L'argent ! C'est ça ! D'ailleurs, s'ils ne trouvent pas de producteur pour leur album, je le dépenserai. Ça leur fera une super surprise. Moi je souhaite vraiment que leur album existe.

Chantal, *se lève* : - Alors adieu.

Chantal sort sans se retourner. Elle croise l'écrivain juste à la porte. Il arrive tout sourire.

L'écrivain : - Bonjour Chantal (*il la regarde sortir*).

Elodie : - Elle est partie !

L'écrivain : - Qu'est-ce qu'il lui prend aujourd'hui, on dirait qu'elle ne m'a pas vu !

Elodie : - Comme toujours elle ne voit qu'elle.

L'écrivain : - Raconte !

Elodie : - Finalement, tu as toujours eu raison, on ne peut pas compter sur elle !... Elle quitte son homme !

L'écrivain : - C'est pas vrai !

Elodie : - Sur le moment ça va lui faire un choc... Mais ça tombe bien finalement... Séverine a enfin viré son chômeur ! C'était la semaine ! Il suffit d'organiser une petite fête samedi et tout rentrera dans l'ordre. Et bien fait pour elle, elle ne sera pas là pour notre triomphe.

L'écrivain : - Attends, j'ai bien compris, elle le quitte pour de vrai ? C'est pas encore une de ses comédies ?

Elodie : - Maintenant elle philosophe ! Tu as raison, sa vie n'est qu'une comédie. Mais on tourne la page. Et tu vas voir, c'est elle qui nous portait la poisse.

Rideau

Marianne de Cahors

Femme de Prayssac

Joachim Murat et son Graffiti

Né le 25 mars 1767 à Labastide-Fortunière (devenu Labastide-Murat)
Mort le 13 octobre 1815 à Pizzo (Calabre)
Maréchal d'Empire
Beau-frère de Napoléon Ier (marié avec Caroline Bonaparte)
Roi de Naples

Trois femmes et un amour

Comédie féminine en trois actes

Trois comédiennes

Histoire :

Fanny, Anne et Karine ont un point commun : elles ont connu amoureusement l'écrivain, auteur de chansons, auteur pour le théâtre Théo avant sa célébrité et il a utilisé leurs histoires dans ses textes. Il doit recevoir, des mains du président de la République, la médaille des arts et des lettres. Les trois muses ont été invitées et se retrouvent dans un salon d'attente du ministère de la Culture.

Trois personnages :

Fanny, 43 ans
Anne 40 ans
Karine 45 ans.

Acte 1

Scène 1

Une discussion très amicale entre Fanny et Anne, installées dans de confortables fauteuils. Elles sont habillées d'une manière décontractée et même cool.

Fanny : - Tu vois, si j'étais restée dans le bouddhisme, je n'aurais jamais découvert le rebirth.
Anne : - Mais tu n'as pas l'impression que le rebirth n'est qu'une variante de principes bouddhistes, un remake à la sauce occidentale ?
Fanny : - La respiration consciente, c'est bien autre chose que le zen.
Anne : - Pour l'instant, tout ce que tu m'en as expliqué, j'ai l'impression de termes différents pour la même chose. Mais il est vrai que derrière la notion de zen on met tout et n'importe quoi ici.
Fanny : Peut-être que pour toi, qui vis au cœur du bouddhisme, tu retrouves des similitudes mais ce que j'ai connu ici était très superficiel.
Anne : - Entre Lille et Dharamsala, on peut comprendre que la vie soit différente, donc les motivations aussi.

Entre Karine, très pomponnée.

Karine : - Oh ! Bonjour mesdames... je crois qu'on se connaît de vue sans jamais s'être rencontrées.

Anne et Fanny se lèvent. Karine s'approche.

Fanny : - Bonjour chère Karine (*elles s'embrassent*).
Karine : - Bonjour Fanny.
Anne : Bonjour Karine (*elles s'embrassent*).
Karine : - Bonjour Anne.
Fanny : - Alors, tu es venue !
Karine : - Même s'il a prétendu dans les médias avoir ignoré mon invitation, je crois qu'il souhaite que l'on se reparle (*Anne sourit et Karine s'en aperçoit*). Ce n'est pas ton avis ?
Anne : Si tu es venue avec l'intention de lui parler, tu lui parleras sûrement.
Karine : - C'est bizarre, j'ai l'impression de vous connaître... Théo a tellement mis de nos vies dans ses romans et pièces de théâtre.
Fanny : - C'est toujours surprenant, la manière dont il traduit les choses. Tu te reconnais, toi, Anne, dans ton personnage ?
Anne : Tu sais bien que mon personnage est un peu spécial, il m'a quand même cru morte durant ses vingt premiers livres. On s'est amusés, encore cette nuit, à relire certains des passages me concernant. Et c'est sûrement la force du roman de parfois tomber juste.
Karine : - Tu... tu veux dire que tu étais avec Théo cette nuit ?
Anne, *en souriant* : Depuis quelques semaines nous sommes assez proches.
Karine : - Tu veux dire que c'est la grande histoire d'Amour jadis et naguère fantasmée, celle que vous auriez vécue s'il ne t'avait pas crue morte ?
Anne : Non... c'est sûrement... Théo m'avait bien conseillé une extrême prudence face aux questions des journalistes, c'est un bon entraînement... c'est sûrement une conséquence de mon incapacité à mentir depuis ma sortie du brouillard. On s'était promis « c'est notre secret »... il sait que je repars, il sait que ma vie est là-bas et que la sienne est ici, enfin, en Occident.
Karine : - Je ne crois pourtant pas qu'il soit un homme occidental classique.
Anne : Tu veux dire ?
Karine : - Quand je l'ai vraiment connu, il vivait quand même comme un... sauvage. Oui, il faut dire le mot, dans un de ces taudis. Si vous aviez connu sa maison ! Quand j'ai vu les photos des

journalistes qui t'ont retrouvée, dans ton abri à même le sol, ça m'a fait penser que vous devriez bien vous entendre, sur ce point-là.
Anne : Les conditions matérielles n'ont rien à voir là dedans.

Silence

Fanny : - Ça t'avait vraiment choqué alors !
Karine : Pour une fois, il n'a pas exagéré. Il était même en dessous de la vérité. J'avais eu un haut le cœur, une envie de fuir. Je m'étais déjà interrogée en lisant sa pièce de théâtre où il décrivait l'arrivée d'un jeune couple dans un bordel monstre, je redoutais que le décor soit du vécu... Mais là... Comment peut-on vivre ainsi ?
Fanny : - On vit partout.
Karine, *à Anne* : - Tu vis vraiment comme sur les photos parues dans les journaux ?
Anne : Au village, là-bas, oui, comme tout le monde. Quand tu as des responsabilités, même simplement de Lama, quand tu montres la voie, tu ne vas pas vivre autrement que le reste de la population. Personne n'en aurait envie.
Karine : - Mais pourquoi ne restes-tu pas en France alors ? Tu pourrais y enseigner. En plus tu as la nationalité française. Et Théo maintenant a les moyens de t'offrir une maison décente.
Anne : - Théo ne m'a pas proposé de maison ! Il sait. Comme il sait que je reviendrai parfois.
Karine : - Et tu crois qu'il ira te voir ?
Anne : - Il en a naturellement l'envie. Mais même venir à Paris, pour lui, c'est le bout du monde. Il a trouvé son équilibre dans le Quercy. Comme je l'ai trouvé là bas, comme Fanny à Madrid, je crois.
Fanny : - Madrid, je ne sais pas si c'est un endroit aussi important que les vôtres. J'y vis depuis vingt ans, j'y ai un appartement mais, tu sais, je ne peux jamais y rester plus de deux ou trois ans consécutivement. Y'a eu l'Asie, y'a eu l'Afrique... c'est peut-être que je n'ai pas encore trouvé ce point d'équilibre. Ou que l'endroit où je vis n'est pas Essentiel pour moi. Mais c'est vrai que Théo s'y sent bien dans ce Quercy.
Karine, *à Anne* : - Tu y es allée ?... pour voir...
Anne : - Juste six jours.
Fanny : - Et ça doit toujours être le bordel monstre qui a tant effrayé Karine !
Anne : - C'est bien. Tu aimes bien y vivre aussi, d'après Théo.
Fanny : - Il t'a raconté !
Anne : - Ça ne me choque pas que vous preniez du plaisir si vous en avez l'envie.
Karine : - Ah car toi et Théo aussi !
Fanny : - Tu l'apprendras sûrement dans l'un de ses prochains livres, mais, pour nous, ce n'est qu'une manière d'avancer dans la connaissance du Tantra.
Karine : - Tu crois au Tantra ?
Fanny : - L'amour Tantra consiste à irriguer le cerveau puis l'ensemble du corps avec la jouissance sexuelle.
Karine : - Si un jour je croise un homme dont le but n'est pas d'éjaculer, je me pencherai sur le sujet.
Fanny : - Tu en as croisé un mais tu... (*en souriant*)
Karine : - Ce n'est pas parce que ma vie sexuelle a été jetée en pâture, qu'il faut ne retenir que cela, et de toute manière j'assume, je refuse certaines choses. Donc le pays croit que je suis la seule de nous trois à avoir fait l'amour avec lui... et je suis uniquement la seule à l'avoir aimé avant qu'il soit connu.
Fanny, *en souriant* : - Tu peux résumer ainsi ! Tu prépares un livre de souvenirs ?
Karine : - Ne te moque pas de moi... Anne... puisque nous sommes entre nous... Tu as vraiment eu le sida ?
Anne : - Tu prépares vraiment un livre !
Karine : - Non mais j'ai du mal à croire qu'on puisse en guérir.

Anne : - On ne guérit pas du sida. Un jour peut-être il existera un médicament ou même mieux un vaccin… j'aide la recherche quand c'est possible, je suis à son service. Parfois un être réussit, en puisant en lui des forces qu'il ne pouvait pas imaginer avoir. Les scientifiques n'ont rien décelé en moi pouvant expliquer ce qui s'est passé. Le virus était là, plusieurs prises de sang l'ont confirmé et je me sentais vraiment très mal, au bout du rouleau, quand je suis partie.

Karine : - Et avec quoi t'ont-ils sauvée ?

Anne : - De la compassion. Des plantes aussi. Toutes ont depuis été analysées par les scientifiques, sans résultat.

Karine : - Un miracle !

Anne : - J'étais à l'agonie et aujourd'hui, il reste uniquement des anticorps. Ce qui prouve qu'il y a bien eu. Mais ces anticorps malheureusement n'aident pas la recherche.

Karine : - Et pourtant tu ne crois toujours pas en Dieu, le miséricordieux !

Anne : - Je crois en la force de l'esprit. Je crois au présent. Je n'ai pas d'explications sur tout et ça me convient de vivre dans cette incertitude.

Karine : - Pourtant, ce n'était pas un hasard si dans ton état tu es partie en Asie, tu as ressenti un appel.

Anne, *souriant avec une certaine tristesse* : - L'appel… comme tous les junkies te le diront, l'appel de la dope pour trois fois rien et pas coupée, y'a pas de quoi mythifier mon histoire, tu sais. J'étais une jeune paumée qui a cru pouvoir se shooter juste pour le fun. Et naturellement, j'ai plongé comme les autres. Déstabilisée, submergée et coulée en quelques semaines. On croit souvent pouvoir jouer avec le feu sans se brûler.

Karine : - Et tu es vraiment sortie de la drogue ?

Anne, *en souriant* : - Une ex-junkie est toujours une junkie !

Karine : - On dit que l'on ne s'en sort jamais des drogues dures.

Anne : - Disons donc simplement, que je ne consomme plus depuis lors et que je n'en ai plus l'envie.

Karine : - Avec Théo… vous allez avoir un enfant ?

Anne : - Le bouddhisme, même pour un Lama, n'exige pas d'abstinence sexuelle ! Je ne sais pas si c'est une conséquence de ce qui m'est arrivé ou si ce fut toujours ainsi… comme le sujet t'intéresse… je n'ai pas pris de pilule du lendemain… mais il serait étonnant qu'à mon âge mon corps se décide pour la première fois à fabriquer un enfant.

Karine : - Je peux te poser la même question, Fanny ?

Fanny : - Je crois vraiment que tu veux écrire quelque chose, toi ! C'est un sujet qui fait vendre, maintenant, nos vies ! J'ai un stérilet, donc jamais de pilule du lendemain !

Karine : - Je crois qu'elle me suivra toute ma vie, cette pilule du lendemain du 24 décembre.

Fanny : - Je n'ai jamais voulu d'enfant. Je ne suis pas sur terre pour me sacrifier mais pour atteindre la plénitude. (*en souriant à Anne :*) Je veux bien te donner un ovule fécondable si ça t'intéresse mais je n'irai pas plus loin.

Anne : - Si on cherche une mère porteuse, on fera appel à toi !

Fanny : - Je te donne l'ovule et tu te débrouilles ! Je veux bien qu'il me la féconde mais tu m'imagines arrêté neuf mois avec une présence à l'intérieur, et garder les stigmates dans mon corps.

Anne : - Je comprends tes réticences.

Karine : - Vous n'êtes pas des femmes ! Porter les enfants, les élever, c'est notre rôle donné par Dieu.

Le téléphone de Karine sonne.

Karine, *décroche* : - Oui ma puce… Je t'avais demandé de ne pas m'appeler, je te raconterai tout… Non, ce n'est pas encore commencé… Non, ni lui ni le Président… Je suis avec Fanny et Anne, nous parlons de notre sujet préféré… Allez, je t'embrasse ma puce…

Karine : - C'était ma fille.
Fanny : - Juliette, toujours amoureuse de Théo !
Karine : - Elle n'a que 17 ans ! Qui t'a dit qu'elle serait amoureuse de Théo ?
Fanny : - Mon petit doigt !
Karine : - Elle ne l'a rencontré qu'une fois, au salon du livre…

Le téléphone de la pièce sonne.

Karine : - Décidément, c'est la minute des téléphones. Vous croyez qu'on doit décrocher ? Fanny, c'est toi la plus près !

Rideau

Acte 2

Les mêmes.

Fanny, *décrochant* : - Oui… Ah bon !… Donc tout ce qui était prévu s'arrête !… C'est une manière de nous signifier de quitter les lieux ?… Pourriez-vous nous en dire plus ?… Merci d'avoir pris la peine de nous prévenir, monsieur le conseiller… Nous vous souhaitons aussi une agréable journée… si possible. (*elle raccroche*)

Karine : - Alors, si j'ai bien compris, ça nous concerne toutes…

Fanny : - Il n'y aura pas de remise de médaille.

Anne, *en souriant* : - Finalement il la refuse ?

Karine : - Tu le savais ?

Anne : - Nous avions évoqué cette possibilité. Mais il trouvait préférable d'accepter en expliquant pourquoi plutôt que de refuser en expliquant pourquoi… Nous n'étions pas d'accord.

Karine : - Alors il la refuse !

Fanny : - Et il s'est passé quelque chose de grave à la tête de l'état.

Anne : - C'est-à-dire ?

Fanny : - Nous l'apprendrons par les médias mais mieux vaut, en tant que proches de Théo, que nous quittions discrètement ce ministère… C'est ce qu'il m'a conseillé, monsieur le conseiller.

Anne : - Quelle connerie il a bien pu faire ?

Karine : - Tu crois qu'il a fait une connerie ?

> *Le portable d'Anne sonne. Elle le prend et à la manière dont elle regarde le numéro qui s'affiche, en se mettant à l'écart, on comprend qu'il s'agit de Théo.*

Anne, *à voix basse mais audible* : - Amour… Oui, on vient juste d'être prévenues… Le conseiller a informé Fanny qu'il s'est passé un truc grave mais on n'en sait pas plus… Quoi !? (*elle porte sa main gauche à la tête… le plus discrètement possible Karine s'approche*) Théo… tu sais bien… On en a parlé… Je viendrai parfois… Tu viendras aussi… Théo, je ne choisis pas entre ces deux choix… Nous savons ce qui est possible et ce qui ne l'est pas… Ce fut merveilleux mais tu sais que ma vie… Tu sais que ça me fait mal… Théo… Elle et toi, vous jouez… Stop Théo, je ne joue pas ! Tu viens de t'isoler pour me proposer « soit on vit ensemble soit je pars à New York avec elle » et pendant ce temps-là, tu ne crois pas qu'elle téléphone au président pour lui balancer « soit tu acceptes je ne sais pas quoi, soit je pars à New York avec lui »… Vous êtes deux grands enfants, Théo… Déjà hier soir, ses moqueries sur son mari n'étaient pas toujours du meilleur goût, même sous le masque de la chansonnette… Un peu immatures… Je te connais quand même… Mais tu te rends compte : tu as déclenché une affaire d'état juste pour me dire que tu m'aimes plus que tout… Théo, je sais pas… je ne sais plus… Si tu avais voulu te faire un coup de pub gigantesque, tu n'aurais pas trouvé mieux ! Les téléphones portables ont dû bien fonctionner ! Je suppose que tu dois déjà tourner en boucle sur le net, arrivant main dans la main avec la première dame de France… Je ne sais pas moi... C'est toi le romancier !… Racontez que vous allez réaliser un album ensemble, que vous preniez des photos pour la pochette !… Oui, j'arrive mais ça ne veut pas dire OUI pour tout… Je t'Aime… (*Anne raccroche*)

Anne, *regardant Fanny et Karine* : - Je vous laisse… Je ne sais pas si vous avez entendu… Je vous résume, qu'au moins ce ne soit pas les médias qui le fassent : Théo et madame la première dame de France étaient sur le point de prendre l'avion pour New York… Elle quittait donc l'Elysée et Théo me fait le coup du « on vit ensemble ou je pars avec elle. »

Karine : - Et tu vas donc le rejoindre ?

Anne : - Nous allons parler… Tu vois, une femme bouddhiste peut aussi être emportée par ses sentiments… Allez… les médias vous raconteront une version officielle… (*elle part rapidement, comme électrisée*) Kiss les filles…

Karine : - Mais c'est énorme, tu te rends compte Fanny !

Fanny : - Théo fait de sa vie un roman. Je lui ai toujours reproché d'être trop sentimental, qu'il a tort de croire en l'Amour, de se laisser emporter par l'idéalisation, d'encore croire au couple.

Karine : - Tu ne crois qu'au sexe ?

Fanny : - Mais non, avec Théo on a trouvé un équilibre, on fait l'Amour en plein don de soi. J'ai rarement atteint avec un homme un tel degré de confiance réciproque et d'abandon de soi. Mais il a fallu la construire, cette relation. Quand on s'est retrouvés sur le net, comme tu le sais ça, on s'est d'abord échangé un mail de temps en temps puis c'est devenu plus fréquent. Je suis venue le voir. Et même si tu crois que c'est purement sexuel, car nous avons fait l'amour sur le parking de l'aéroport, ce n'est pas le cas. Tu sais qu'à 20 ans, lui et moi on était restés une heure nos bouches à pas plus qu'un jet de sarbacane comme chantait l'autre, et qu'on ne s'était pas embrassés.

Karine : - Tu l'aimes ?

Fanny : - Bien sûr.

Karine : - Alors, ça te fait mal qu'il envisage ainsi de former un couple avec Anne.

Fanny : - Pour moi, non, ça ne change rien, finalement. C'est pour lui que ça me fait mal.

Karine, *avec un méchant petit sourire* : - Tu es certaine ?

Fanny : - Pour moi, ça ne change rien, j'irai le voir quand je voudrai et plutôt que de faire l'amour à deux on le fera peut-être à trois, ce qui sera au moins aussi agréable.

Karine : - Oh ! Tu...

Fanny : - Pourquoi, pas toi ?

Karine : - Oh ! Comment peux-tu m'imaginer... J'aime les hommes...

Fanny : - Vous n'y comprenez rien avec vos "j'aime."

Karine : - Soit pas désagréable. J'ai autant de raisons que toi d'être blessée. Je pensais pourtant que s'il m'avait invitée c'était une manière de renouer.

Fanny : - Maintenant que tu le croyais vivant dans le grand luxe !

Karine : - Tu es vraiment irritée.

Fanny : - Tu sais, il l'a apprise par les journaux, ton invitation par le ministère.

Karine : - C'est ta version et... (*son téléphone sonne, elle le prend, regarde le numéro*) tiens, qui ça peut bien être ? (*décrochant*) Karine, oui j'écoute... Monsieur le président (*elle part dans le même coin que le fit Anne quelques instants plus tôt*)... Oui monsieur le président... Vous avez raison monsieur le président... Je pense effectivement que vous n'auriez jamais dû lui proposer cet honneur... vous savez (*très joyeuse*) que je suis votre fidèle soutien... La fidélité est aussi pour moi le fondement de toute relation... La capacité de s'engager à long terme ne doit pas être présente dans toutes les âmes... Oui, Dieu en a voulu ainsi pour voir comment nous allons réagir... Oh ! Mais bien sûr monsieur le Président... Je vous attends monsieur le Président... (*elle raccroche tout sourire, dans un rêve ; Fanny l'observe simplement ; silence*)

Karine, *soudain* : - Waouh ! Devine ce qu'il m'arrive.

Fanny : - Je ne suis pas voyante.

Karine : - Tu n'as rien entendu ?

Fanny : - Je n'ai pas pour habitude d'écouter les conversations... mais j'ai saisi quelques mots quand tu semblais enthousiaste et surtout qu'ils revenaient souvent.

Karine : - Le président de la République m'invite en week-end.

Fanny, *en souriant* : - À Venise ? Ou Disney Land ?

Karine, *très fière* : - Au fort de Briançon ! Tu te rends compte, la demeure des Présidents. Tu te rends compte ! S'il me proposait de devenir première dame de France ?

Fanny : - Un président peut rester célibataire.

Karine : - Pas en France ! (*son téléphone sonne de nouveau, elle le regarde, à Fanny :*) Ma fille.

Rideau

Précision : Dans la réalité, il s'agit naturellement du fort de Brégançon et non de Briançon.

Acte 3

Les mêmes. Suite.

Karine, *au téléphone* : - Mon Amour... Comment je te fais honte ?... Oui, j'ai une merveilleuse nouvelle à t'annoncer... Mais comment le saurais-tu ?... Et pourquoi te ferais-je honte ? (*à Fanny :*) Je n'y comprends rien ! Ah les enfants ! (*à sa fille :*) Je disais à Fanny... Tu connais Fanny !... Quoi l'amante de Théo ! Qui t'a raconté cela ?... Comment ?... Que je lui passe le bonjour ?... (*à Fanny :*) Tu as le bonjour de ma fille. Vous vous connaissez ?

Fanny, *souriante et un peu gênée* : - On s'est croisées... je crois... (*plus fort :*) Bonjour ma grande. (*se met la main à la bouche comme si elle en avait déjà trop dit*)

Karine : - Tu ne m'avais pas signalé connaître Fanny... Comment ! Excuse-toi ma fille ! (*à Fanny :*) Je ne lui avais pas dit qu'elle a la mère la plus conne du monde. Fanny, tu te rends compte ce qu'elle ose balancer à sa mère !... (*Fanny hausse les épaules d'impuissance*) Bon, alors, on reprend calmement : tu veux parler à Fanny ?... Comment, que je lui avoue que ça te manque ? Mais qu'est-ce que tu racontes, tu as fumé ? Ma fille est folle. Si tu ne t'excuses pas immédiatement, tu es privée de sorties jusqu'en fin d'année... Comment, tu t'en fous, maintenant que Théo part à New York... (*Fanny sent venir le drame et se tord les cheveux de la main droite*) Comment, je suis vraiment conne ! Alors vas-y, dis-moi tout... Oui je te laisse parler sans t'interrompre et sans crier... Non je n'ai pas bu, tu sais bien que je ne bois jamais... Vas-y... Comment ? Tu es l'amante de Théo ! (*Karine tombe dans le canapé... À Fanny :*) Ma fille de 17 ans est l'amante de Théo, 45.

Fanny : - C'est de son âge !

Karine : - Quoi, c'est de son âge ? J'ai embrassé mon premier homme à 20 ans et ce fut mon futur mari, le père de ma fille chérie... (*au téléphone*) Non je ne t'ai pas interrompue, je racontais à Fanny... et je suppose que Fanny était au courant... (*à Fanny :*) Tu savais Fanny ?

Fanny : - Forcément !

Karine : - Forcément ! (*au téléphone :*) Forcément ! Qu'elle me répond Fanny, et elle n'a rien fait pour vous en empêcher... Comment c'est votre vie et ça ne me regarde pas ! Tu es mineure... Mais si je t'écoute, vas-y... Bien : je passe le week-end au fort de Briançon... Pas Brias ma fille, Briançon, la demeure historique des présidents de la République... Mais comment le saurais-tu ? (*à Fanny :*) Ma fille voudrait que je devine comment elle sait que je pars pour le fort de Briançon... (*au téléphone :*) Une dépêche AFP ?... Oui, il faudra appeler ton cher père pour qu'il te prenne ce week-end... (*A Fanny :*) Elle me demande comment elle sait ?

Fanny : - Réponds-lui qu'elle peut passer le week-end avec moi.

Karine, *au téléphone* : - Tu peux passer le week-end avec Fanny... Oui je te le promets... Oui, quoiqu'il arrive... Pourquoi me demandes-tu de jurer ? Oui, bien sûr la sortie au musée est annulée... forcément... Oui je te le promets... Oui, devant Fanny, elle est là à côté de moi... Oui, sur la tête de mamie... Voilà, ça te va... Je sais bien que tu as deux portables mais je ne vois pas le rapport... (*A Fanny :*) Théo ne part plus à New York, ils viennent de l'annoncer sur censures.tv (*au téléphone :*) Oui je t'écoute mon amour, mais je voulais que Fanny sache qu'on parle de tout ça sur le net et que tu suis tout en direct... (*Karine pâlit, retient ses larmes*) Comment ? Non... Ce n'est pas possible... Oh ! Non... Oui j'ai promis, fais ce que tu veux... Ce n'est vraiment pas ma journée... Pardon ma fille de m'être mise en colère... Tu me pardonnes ?... Tu sais, il n'y a que toi qui comptes dans ma vie... Je t'embrasse ma fille... Je t'aime ma Juliette... Comment ?... et sa femme est revenue, ce ne serait qu'une mise en scène pour annoncer le prochain album de madame la première dame avec des paroles de Théo... C'est bien ce que tu viens de me dire, mon Amour... (*de plus en plus abattue*) Fanny, tu veux bien me pincer.

Fanny, *perplexe, s'approche* : - Voilà.

Karine : - Merci Fanny. (*au téléphone :*) Fanny vient de me pincer, ce n'est malheureusement pas un cauchemar. Ma fille demande à quelle heure tu passes la prendre.

Fanny : - 18 heures.

Karine, *au téléphone* : - Lui dire quoi ? Te prendre, quoi tu en mouilles d'envie ? (*Fanny se cache les yeux de la main droite*) Ah c'est à comprendre au sens figuré… Oui ma fille, il faut prendre soin de ta pauvre mère, je suis une vieille femme… Je crois bien avoir pris 20 ans aujourd'hui… oui j'attends… Un rebondissement ?… Tu en es certaine ?… Tu n'as que 17 ans ma fille, ce n'est pas grave… à ce soir ma fille, je t'aime… (*elle raccroche*)

Karine : - Ce n'était pas le Président de la République mais un imitateur. Je suis passée en direct sur censures.tv, la célèbre TV sans censure que ma fille suivait sur son deuxième portable.

Fanny : - Pauvre pi chounette !

Karine : - Tu veux dire, d'avoir une mère comme moi.

Fanny : - Ses copines vont lui en faire voir. On est cruelle, quand on a dix-sept ans.

Karine : - Et mes parents, qu'est-ce qu'ils vont encore penser de moi ?

Fanny : - Déjà qu'ils…

Karine : - Oui, m'avaient traitée de… quand j'ai quitté mon mari…

Fanny : - Pauvre Karine !

Karine : - On venait juste de se réconcilier, avec mes parents. Et le président a retrouvé sa femme et tout s'est terminé par le champagne à l'Elysée. Avec Théo arrivant main dans la main avec sa nouvelle compagne… Tu as deviné qui ?…

Fanny : - Hé oui !

Karine : - Et ils vont se marier, oui, Anne et Théo !

Fanny : - Se marier ! Mais comme moi il a toujours considéré cette institution stupide, bourgeoise, misogyne.

Karine : - Ils vont se marier, ma puce en avait des larmes dans la voix. Cette satanée Anne l'a déclaré aux micros qui se tendaient à leur arrivée à l'Elysée.

Fanny : - L'Amour est plus fort que tout.

Karine : - Ça dépend pour qui.

Rideau - Fin

La Vierge du Bon-Voyage

Chatte concentrée

Deux sœurs et un contrôle fiscal

Deux sœurs et un contrôle fiscal, comédie contemporaine en quatre actes, existe en deux versions. L'originale, avec deux femmes et deux hommes. Où l'on découvre les deux sœurs, Aurélie, la trentaine, artiste peintre, bénéficiaire du rmi, la compagne de Stéphane... au début de cette pièce et Nathalie, sa sœur cadette, 25 ans, artiste peintre, poète, actrice, plus ou moins secrètement amoureuse de ce Stéphane.
Il s'agit de Stéphane... Ternoise... eh oui !... alors la trentaine et travailleur indépendant auteur-éditeur mais rmiste.
Le contrôle fiscal est réalisé par Christian Dupneu, la cinquantaine, inspecteur des impôts.

Des demandes de troupes formées de trois femmes et un homme m'ont laissé croire que l'inspecteur pouvait être une inspectrice des impôts... ce sera Claude Dupneu, la cinquantaine, sa tenue, son attitude très strictes. Version 2.

Aurélie, la trentaine, compagne de Stéphane, artiste peintre, bénéficiaire du Rmi.

Nathalie, sœur cadette d'Aurélie, 25 ans, artiste peintre, poète, actrice.

Stéphane Ternoise, la trentaine, officiellement travailleur indépendant, activité auteur-éditeur. S'arrange pour atteindre chaque année un résultat insignifiant, ainsi bénéficier du Rmi.

Christian Dupneu, la cinquantaine, inspecteur des impôts.

Située dans la région de Cahors, cette pièce peur aisément être adaptée avec une autre ville de la France métropolitaine. Il suffit de changer quelques noms.

L'utilisation de Stéphane Ternoise comme personnage est naturellement un jeu de l'auteur.

Les personnages peuvent avoir une dizaine d'années supplémentaires en modifiant quelques répliques sur l'âge (naturellement, même au vingt-et-unième siècle, des acteurs plus âgés peuvent toujours tenir ces rôles sans modification du texte)

Contrôles sur place
7 milliards d'euros de redressements fiscaux

Au moment de la mise en page de la première publication, un petit texte sous ce titre attire mon attention. Dans LE REVENU – Juin 2005 – numéro spécial. Un numéro sûrement envoyé dans un « mailing » !...

Plus de 50 000 contrôles sont effectués chaque année chez des particuliers ou dans des entreprises par des inspecteurs à la réputation quasi inquisitoire qui épluchent les plus petits détails. Ces contrôles sur place, appelés vérifications approfondies de situation fiscale d'ensemble (Vasfe dans le jargon du fisc), rapportent 7 milliards d'euros par an.

Voir désormais le site http://www.controlefiscal.net

Acte 1

Le salon d'une maison de village, ancienne, en pierres, près de Cahors. Faiblement meublé : un canapé, une table basse, une télé, un téléphone. Correctement tenu.
Au premier plan, à gauche, porte donnant sur l'extérieur. Puis une fenêtre.
Au premier plan, à droite, porte ouvrant sur la cuisine (où est située l'ouverture conduisant au grenier).
Au fond, porte ouvrant sur un couloir, vers les chambres et la cave.
Stéphane, allongé dans le canapé. Il lit, s'interrompt régulièrement, se penche, griffonne quelques mots sur une feuille posée sur la table basse.

Scène 1

Entre Aurélie. Une enveloppe en main. Elle regarde Stéphane plongé dans son livre. Il redresse la tête en souriant. Elle lui tend l'enveloppe.

Aurélie, *une moue d'inquiétude* : - Trésor public.

Stéphane, *prenant l'enveloppe :* - Trésor public ! Ils ne vont quand même pas me faire payer la taxe d'habitation !

Aurélie : - Ou alors ils te remboursent la taxe foncière…

Stéphane : - Trop optimiste. J'ai juste téléphoné, j'ai prononcé mon nom tellement vite que même une dactylo stakhanoviste n'aurait pas pu le noter. Alors un fonctionnaire !

Aurélie : - Les conversations sont peut-être enregistrées, envoyées en Inde via internet, et là-bas des étudiants en langue française, pour quelques centimes de l'heure, les retranscrivent et les renvoient au service contrôle interne de la direction des impôts, où un logiciel réagit à quelques mots-clés, tout en fournissant des statistiques au chef de service, statistiques primordiales pour dresser le planning des congés payés, du jeu de fléchettes et du nettoyage de la machine à café..

Stéphane : - Tu nous refais une dérive Big Brother is watching you !… et de toute manière il est impératif d'avoir dépassé 75 ans, c'est l'unique solution, affirmation du vénérable fonctionnaire.

Aurélie : - Les fonctionnaires affirment, confirment et parfois infirment. La loi peut évoluer ! Nos députés légifèrent ! Ou notre vénérable administration va reconnaître la première erreur de sa longue et vertueuse existence !

Stéphane : - Ou une mauvaise nouvelle.

Aurélie : - Sois pas pessimiste. Tu n'as jamais payé la taxe d'habitation… et même si quelqu'un m'avait dénoncée, deux travailleurs indépendants Rmistes n'ont pas à payer la taxe d'habitation.

Stéphane : - Qui aurait eu l'outrecuidance de te dénoncer ?

Aurélie : - Le notaire pardi ! Puisque tu ne lui as pas donné l'argent au black réclamé en contrepartie de son sourire.

Stéphane : - L'escroc ! Tu crois qu'ils demandent si tu vis ici, pour communiquer l'info au Conseil Général, diviser par le coefficient delta notre adorable Rmi.

Aurélie : - C'est ton tour Big Brother is watching you ! Officiellement je vis donc chez ma mère, na ! Et cette chère et inchangeable madame ma mère, même devant vingt-cinq présidents de régions en short et cravate assortie, elle le jurerait sur la tête de… mon père ! Elle ne tient quand même pas à me revoir chez elle !

Stéphane : - Trop tard maintenant, impossible de faire l'amour ni de terminer ce chapitre si je n'ouvre pas cette satanée lettre (*qu'il tient toujours en main gauche, dans la droite le livre*).

Aurélie : - Très intéressante ta réaction… pour une ancienne étudiante en psycho !… On a beau être honnête, une lettre avec l'emblème « trésor public », ça panique toujours…

Stéphane : - Quand on regarde le vingt heures, on le voit bien, nous ne sommes que des magouilleurs amateurs…

Aurélie : - J'en suis certaine, jamais personne n'osera la chanter cette chanson. Ils ont tous trop peur d'un contrôle fiscal… Tu crois que c'est une blague de ma frangine cette lettre ?
Stéphane : - Tu la crois capable d'aller aussi loin dans le canular de mauvais goût ?
Aurélie, *en souriant* : - Monsieur Ternoise, vous êtes convoqué au centre des impôts de Cahors, troisième escalier, porte K !

> *Stéphane sourit, ouvre l'enveloppe. Sort la lettre. Commence à la lire. Laisse tomber le bouquin. Pas un mot. Il se fige. Blanc.*

Aurélie, *le fixe, puis* : - Je peux savoir ?

> *Stéphane sans réaction. Seuls les yeux scrutent chaque mot.*

Aurélie : - Raconte.

> *Aurélie va s'asseoir près de Stéphane. Il tourne la lettre.*

Aurélie, *lit, se fige, marmonne* : - Oh rivière de mercure !
Stéphane : - Tu crois qu'on m'a dénoncé parce que dans les salons du livre je demande toujours à être payé en liquide ?
Aurélie : - Nathalie ne serait pas capable d'une telle blague. Avant oui. Non, ce n'est pas possible. J'aurais reconnu son style. Ou alors elle a replongé.
Stéphane : - Replongé ?
Aurélie : - Replongé dans un de ses trips loufoques… c'est peut-être difficile à croire pour toi mais elle s'est bien assagie avec l'âge Nat !… Je ne t'ai jamais raconté ! Comme quand elle suivait les vieux dans la rue en notant sur un carnet leurs faits et gestes et le lendemain frappait à leur porte pour leur demander d'expliquer tel ou tel détour. Le plus souvent les vieux lui répondaient, lui offraient même le café ! C'était leur distraction gratuite, pas pire qu'un dimanche Jacques Martin. Ou quand elle téléphonait aux Nathalie de l'annuaire, pour leur demander comment elles supportaient leur prénom.
Stéphane : - Tu l'appelles.
Aurélie : - Tu la crois debout à onze heures, toi ?
Stéphane : - Essaye quand même.
Aurélie : - Si elle m'envoie acheter du tournesol, je te la passe.

> *Aurélie se lève, va au téléphone, le décroche, pianote.*
> *Près d'une minute. Puis :*

Aurélie, *à Stéphane* : - Je suis certaine, elle a débranché.

Aurélie, *au téléphone* : - Nat ! C'est ton Aurel.

Aurélie : - Je me doute…

Aurélie : - Mais non, nous n'avons pas retrouvé ton ébauche… Je te l'ai déjà juré, je suis certaine de ne jamais l'avoir vue… Nous avons bien reçu ta lettre… Sur le coup on a vraiment paniqué…
Stéphane, *tout sourire* : - Ah ! C'est elle !
Aurélie : - Allez Nat, tu peux te confesser maintenant.
Aurélie : - Bon, on y croit encore une minute et après tu nous expliques pourquoi tu nous as envoyé ça.
Aurélie, *à Stéphane* : - Elle joue serré, mais elle va avouer ! Elle répond comme si elle n'y comprenait rien.
Aurélie, *au téléphone* : - Je disais à Stéph que tu fais comme si tu comprenais rien.
Aurélie, *à Stéphane* : - Elle jure sur la tête de Max Ernest !
Aurélie : - Mais non je n'ai pas fumé de graines de tournesol ! Stéphane vient de recevoir une lettre de contrôle fiscal…

Aurélie éloigne le téléphone de son oreille.

Aurélie, *à Stéphane :* - C'est son célèbre cri « *Et tu me réveilles pour ça !* »

Aurélie : - Toi qui as presque terminé de grandes études de droit, tu devrais pouvoir nous aider…

Aurélie : - Bisous.

Aurélie : - Tu crois que j'ai la tête à te demander ce que tu as peint cette nuit ! Tu nous raconteras tout à l'heure.

Aurélie, *en raccrochant :* - Super Nat va passer avec tous ses souvenirs. Elle a vendu en mars un tableau à un mec du centre des impôts, elle va rechercher son nom… Si c'est lui, elle est même prête à lui en offrir un autre pour qu'il passe au dossier suivant… Je comprends pas comment tu m'as préférée !… Si j'étais un mec, je crois que je ne pourrais pas résister à Nat.

Stéphane : - Donc si tu deviens lesbienne… Ça m'a coupé l'envie de faire l'amour, cette sale histoire ! Tu te rends compte, c'est la première fois qu'à ton retour du facteur on ne fait pas l'amour !

Aurélie : - Ouf, tu as remarqué aussi ! Rien que pour ça, je le hais déjà ce Christian Dupneu… Tu devrais peut-être rechercher tes trois dernières déclarations…

Stéphane : - Comment veux-tu que je les retrouve !… Elles doivent s'empoussiérer dans les caisses des « brouillons à revoir ».

Aurélie : - Comme quoi, il ne faut jamais rien jeter !

Stéphane : - Ou les souris les ont dévorées.

Stéphane se lève.

Aurélie : - Tu y vas déjà… alors c'est vrai ! On se prive d'amour !

Stéphane : - Viens toujours chercher avec moi… Peut-être qu'au milieu des cartons…

Ils sortent. Aurélie l'embrasse sur la joue.

Aurélie : - Mon fraudeur adoré…

Scène 2

Un chien aboie. On frappe à la porte. Aurélie entre par le couloir, parlant à Stéphane qui la suit (les bras remplis de papiers, qu'il posera sur le canapé).

Aurélie : - …une voiture, et Gary aboie, c'est forcément super Nat… Ecoute… Je reconnaîtrais sa manière de frapper entre mille.

Aurélie ouvre la porte.
Nathalie entre, se pend au cou de sa sœur.

Nathalie : - Salut les paniqués… Toi tu viens de copuler férocement !

Aurélie : - Je préfère l'expression « faire l'amour »… Mais ça ne se voit pas !

Nathalie : - Tes yeux Aurel !

Aurélie *s'avance vers la glace et s'y regarde :* - C'est juste parce que tu sais que le facteur… Je ne te raconterai plus rien !

Nathalie se pend au cou de Stéphane.

Nathalie : - Tes yeux aussi Stéph !

Stéphane : - Puisque tu es voyante, tiens (*il lui tend la lettre du centre des impôts*).

Aurélie : - Alors, ton acheteur l'inspecteur ?

Nathalie : - Claude Duglaner.

Stéphane : - Christian Dupneu.

Nathalie : - C'est un bon début... Les mêmes initiales ! CD ! Quand la musique est bonne, on nique, on nique ! Excusez-moi, j'ai repassé une nuit avec l'autre CD, ce Carlo dragueur d'aéroport, vous vous souvenez, le CD d'Addis-Abeba ?

Aurélie : - Fais gaffe, quand même, il n'est pas net, ton fonctionnaire européen.

Nathalie : - Il veut se taper une bourgeoise black, séparée de son mari quoique retournant parfois dans son lit et en froid avec son amant officiel, une cocotte au baratin de vertus et dignités, alors on a répété des petites scènes d'amitiés particulières.

Aurélie : - Tu te souviens de tes cours de fiscalité ?

Nathalie : - N'oublie jamais : encore trente-six ans et neuf mois de Rmi à toucher avant de vivre correctement de mes créations... et comme tu le vois (*pose mannequin*) j'ai tout juste vingt-cinq ans !... (*elle récite :*) Sont le plus souvent contrôlées les professions où circule de l'argent en liquide...

    Aurélie et Stéphane la fixent.

Aurélie : - Ce ne sont que quelques petites pièces !

Nathalie, *continue :* - Les contrôleurs effectuent systématiquement des recoupements pour traquer les invraisemblances... (*souriante :*) tu n'aurais pas rempli une déclaration d'ISF ?

Stéphane : - ISF ?

Nathalie : - Impôts Sur la Fortune quoi !

Aurélie : - TSF

Stéphane : - TSF ?

Nathalie : - Ne viens pas nous embrouiller... ISF, TSF, SNCF... On s'égare.

Aurélie : - TSF ! redevance télé.

Stéphane : - Trésor public, service de la redevance de l'audiovisuel, circonscription de Périgueux, rue des Francs Maçons.

Nathalie : - Tu te souviens même de la rue !

Stéphane : - Attends, j'ai vu cette paperasse y'a pas dix jours, pas même dix minutes... (*il fouille ses papiers*)

Stéphane, *lit :* - A l'issue d'un rapprochement entre les fichiers « redevance de l'audiovisuel » et « taxe d'habitation », effectué conformément aux dispositions de l'article L117 A du livre des procédures fiscales, il apparaît que vous n'êtes pas recensé comme détenteur d'un téléviseur à l'adresse où vous êtes assujetti à une taxe d'habitation. Si vous ne possédez pas de téléviseur, il vous suffit de le préciser sur le questionnaire en cochant la case adéquate.

Nathalie : - Et forcément tu n'as pas renvoyé le questionnaire !

Stéphane, *lui montrant :* - Ils n'avaient pas joint d'enveloppe affranchie pour la réponse !

Nathalie : - Et ce n'est qu'un article, le L117 A. Je peux même sûrement vous apprendre que le Code Général des Impôts, comprend 1965 articles, plus des annexes, plus le Livre des procédures fiscales et les instructions administratives de Bercy. Et nul n'est censé ignorer la loi !

Aurélie : - Faudra monter la télé au grenier.

Nathalie : - De toute manière, je ne vois vraiment pas à quoi elle vous sert.

Stéphane : - Je l'ai gagnée à un concours de connaissances... Sur le foot... Tu sais qu'à 17 ans j'étais déjà un ancien espoir du ballon rond !

Aurélie : - Très intéressant pour l'ancienne étudiante en psycho ! Ainsi en conservant cette télé qui ne fonctionne peut-être même plus, tu gardes un peu de tes 17 ans !

Nathalie : - On l'essaye !

Aurélie : - Tu ne crois pas qu'on a des choses plus urgentes à faire ?

Nathalie : - Si vous n'aviez pas fini, allez-y, je patiente ici.

Aurélie : - Qu'est-ce tu racontes ?

Nathalie : - Si vous m'en voulez d'avoir interrompu votre copu... amour effréné !

Aurélie : - Trésor fiscal !

Nathalie, *en s'asseyant* : - Regarder la télé ! Tu crois que je tiendrais ?... Tu me la donnes ta télé, Stéph ? J'écrirai « Ici personne » sur l'écran, et je la mettrai en vente lors de l'expo de printemps... Tu crois pas que c'est ma meilleure idée... de la journée ?

Aurélie : - Trésor fiscal ! (*elle s'assied, Stéphane aussi*)

Nathalie : - Bon ! Va falloir mettre un peu le bordel ici ! C'est trop propre votre nid de tourtereaux. Y'a même pas une toile d'araignée. Indispensable. Car si votre contrôleur est un fouineur, il trouvera forcément quelque chose dans tes déclarations. Comme on ne peut plus les changer, comme on ne peut plus changer de contrôleur... Il faut terroriser les terroristes (*voix grave à la Charles Pasqua*) ! Enfin, il faut décontenancer le contrôleur. Intimider l'inspecteur.

Aurélie : - Il faut frictionner le fonctionnaire.

Nathalie : - Confisquer les fiscaliseurs.

Aurélie : - Fermer le fisc.

Nathalie : - Délocaliser leur local.

Aurélie : - Enfouir les fouineurs.

Stéphane : - Vous croyez vraiment le bon moment approprié pour rivaliser de lyrisme fiscal !

Nathalie : - Il doit venir quand votre fonctionnaire ?

Stéphane : - 15 jours.

Nathalie : - Trop tôt !

Stéphane : - 15 jours ou un mois, ça change quoi ? Et le plus vite sera le mieux finalement, le pire c'est l'incertitude ! Comment vais-je dormir durant quinze jours ?

Nathalie : - T'inquiète ! Aie confiance en Aurel ! 15 nuits sans sommeil, ça vous remplira la vie d'un tas d'imprévus à me raconter !

Aurélie : - On n'est pas tes cobayes, Nat !

Nathalie : - Dans 15 jours si vous laissez la fenêtre ouverte la nuit, la chaleur restera encore respectable dans le salon, tandis que dans un mois, ça risque d'être limite frigo.

Aurélie : - Tu veux dire qu'il faut congeler le contrôleur pour qu'il aille voir ailleurs !

Nathalie : - Exactement. Même un contrôleur a, au moins un jour, été un être humain. C'est dans les situations difficiles qu'un peu d'humanité peut ressortir. Il faut qu'il en arrive à penser : je perds mon temps, même s'il a fraudé ce type, il restera en dessous du seuil d'imposition...Tu n'as pas trop exagéré ?

Stéphane : - Comment pourrais-je le savoir ?

Nathalie : - Enfin, juste pour garder le Rmi et acheter du rosé... d'ailleurs je n'ai pas encore déjeuné... Vous n'auriez pas un p'tit rosé au frais ?

Aurélie se lève et va à la cuisine chercher une bouteille de rosé.

Nathalie : - Si vous me laissez carte blanche, je vous prépare une réception qu'aucun bureaucrate ne pourrait souhaiter à son ministre.

Stéphane : - Tu ne crois pas qu'il vaudrait mieux l'amadouer, plutôt qu'essayer de le terroriser ?

Nathalie : - C'est l'erreur impardonnable avec les fonctionnaires. Dans bureaucrate il y a bourreau. Essayer de l'amadouer c'est encore se croire dans un conte pour enfants où il suffit de sourire au lion pour ne pas être dévoré. Il a l'habitude de ressentir sa victime à sa merci, le bureaucrate, et plus le contribuable s'abaisse plus il appuie sur la tête. Ici, il va douter, puis il va trembler.

Stéphane : - Trembler... Faudrait quand même pas aller trop loin (*Aurélie rentre... sert trois verres de rosé*).

Nathalie, *prend un verre* : - A notre combat ! (*ils trinquent*)

Aurélie : - Comment vas-tu le faire trembler ce type ?

Nathalie : - Les souris !... Qui dit campagne dit souris !... Il va falloir attraper quelques souris d'ici là...

Aurélie : - Ah non ! On ne lâche pas de souris ici. J'arriverai plus à dormir.
Nathalie : - Bon… En plus, les lâcher, elles sont tellement peu coopératives qu'elles risquent de même pas se montrer. Il suffit d'en enfermer une dans vos pièges, ceux aux pigeons… Deux trois trappes aussi pour qu'à son arrivée il ait un service d'accueil conforme à son rang… Tu vas pas te montrer Aurel, nous irons au grenier, et nous jouerons aux petites souris excitée par un gros fromage suisse…
Aurélie : - Ça t'amuse ce genre de mise en scène !
Nathalie : - On n'a pas tous les jours l'occasion de bousculer un bureaucrate !… Et si ça marche… Tu trouves pas que ce serait un bon sujet… Tu peux m'en resservir un deuxième… Je suis à jeun… C'est une bonne bouteille ! Encore une réclamation réussie !?
Stéphane : - Comme les autres ! Mais cette fois l'œuvre d'Aurélie qui a inventé une histoire abracadabrante de repas des chasseurs gâché par leur vin bouchonné. Vingt-quatre bouteilles gagnées cette fois !
Nathalie : - Va vraiment falloir que je me mette aux réclamations ! Carlo m'a bien offert un carton de champagne pour notre nuit de grandes caresses. Mais ça part si vite ! Sa Momina a des scrupules, elle lui a écrit n'avoir aucune raison de tromper son copain mais elle a un fantasme, être caressée toute une nuit. Il me gonfle ce vieil étalon italien.
Aurélie : - Tu veux des biscottes ?
Nathalie : - Terminé ! Terminé quoi ? Les biscottes à jeun !… Mais une pomme je veux bien (*Aurélie se lève et va dans la cuisine*). D'ailleurs… Je crois que je suis bien partie pour décrocher le rôle de Phèdre… Bon Phèdre de Cahors, Agen, Montauban, c'est pas Avignon… Oui, votre histoire m'intéresse… Je suis certaine que je pourrai en faire une pièce de théâtre !
Stéphane : - Avec dans le rôle de Nathalie : super Nat !… Auteur, metteur en scène, actrice principale, digne héritière de Sarah Bernhardt, pourvue d'une plume à remuer dans leur tombe Molière, Shakespeare et Sacha Guitry. (*durant cette tirade, Stéphane regarde tendrement Nathalie, qui le lui rend bien, et il caresse sa jambe gauche sur une vingtaine de centimètres en remontant, en partant du genou – ils détournent les yeux*) Et tu crois indispensable de retarder ce satané rendez-vous ?
Nathalie, *très bas* : - Je rêve d'Amour. (*plus haut :*) Indispensable !
Stéphane : - Et le motif sérieux ?

Aurélie revient et lui lance une pomme, reste debout, admirative de sa sœur.

Nathalie : - Tu as un rendez-vous avec une chanteuse. A Paris. Dans l'optique d'écrire son prochain album. Naturellement tu ne peux pas décaler ce rendez-vous, essentiel pour ta carrière d'auteur.
Stéphane : - La chanteuse s'appelle ?
Nathalie : - Top secret forcément ! La chanson est un milieu où tout doit rester confidentiel. Il faut bien faire sentir à ce bureaucrate qu'il n'est pas de ce milieu. Il a beau posséder le pouvoir de fouiner, il ne peut que rêver devant sa télé. Ces artistes devant lesquels il est en bave, toi tu les tutoies ! (*Stéphane moue sceptique*) Stéph, tu les tutoies ! Il doit le croire, donc tu dois le croire avant lui. Il a peut-être une fille ou un fils ce Ducon ! Et qu'est-ce qu'il ferait pas pour ne plus passer pour le vieux con de service devant ses gosses de friqué. Quel beau dimanche il va passer s'il peut proclamer avoir vu l'homme qui tutoie l'idole de sa fille.
Stéphane : - Sa fille est étudiante en droit et n'aime que l'opéra.
Nathalie : - Sois optimiste ! Le monde appartient aux héros assez courageux pour vivre debout, assez lucides pour regarder dans les yeux même les bourreaux, quand il n'est plus possible de changer de trottoir.

Rideau

Acte 2

Le même salon... Crade et bordel (sans télé), fenêtre grande ouverte. Au premier plan un piège grillagé avec une souris à l'intérieur. Devant la fenêtre, une vieille gazinière et sa bouteille à côté. Le chien aboie. On frappe à la porte extérieure.

Scène 1

Aurélie arrive en courant, enfilant un gros pull.
Aurélie ouvre la porte. Nathalie entre, très couverte.

Nathalie, *tend un sac de supermarché* : - Présentez, armes !

Et retourne le sac : un énorme nuage de poussière.

Aurélie et Nathalie : - Hmm Hmm Hmm Hmm Hmm...
Aurélie : - Tu ne crois pas que c'était déjà amplement suffisant ?
Nathalie : - C'était l'occasion de faire... Hmm hmm... Le ménage.
Aurélie : - Ton appart est propre ! Qu'est-ce qui se passe ?
Nathalie : - Je vais peut-être déménager...
Aurélie : - Je croyais que tu avais viré à l'abstinence... Hmm hmm...
Nathalie : - Justement... Ce Carlo m'a dégoûté du futile et des mensonges... Je change de vie.
Aurélie : - Tu entres au monastère ?
Nathalie : - Je suis amoureuse !
Aurélie : - Et lui ?
Nathalie : - Je n'ai pas encore osé lui avouer !
Aurélie : - Toi ! Mais qu'est-ce qui se passe !
Nathalie : - Hmm hmm hmm hmm hmm... Imagine qu'au lieu d'un inspecteur arrive notre chère mère adorée.
Aurélie : - J'assisterais à... Vos fumeuses retrouvailles... Hmm hmm...
Nathalie : - Parle pas de malheur !
Aurélie : - Depuis que je vis avec Stéph, ça va nettement mieux... On parle pluie, beau temps, touristes, hausse des prix, achats remboursés, soldes !... T'inquiète pas, je lui en ai dit le minimum mais suffisamment pour qu'elle ne vienne pas.

Durant ces propos, Aurélie prend un pull sur le canapé et se le passe, puis met un bonnet.
Nathalie sort un bonnet de sa poche et en fait de même.

Nathalie : - Et Stéph ?
Aurélie : - Sois pas surprise... Tu l'as vu non peigné depuis huit jours... Ce matin j'ai ajouté un peu d'huile sur ses cheveux...
Nathalie : - C'était un ordre impératif de super Nat !... Pourquoi je serais surprise... Il doit être tout mignon comme ça !
Aurélie : - Je le préfère autrement...

Stéphane entre en peignoir, bonnet sur la tête, ses cheveux gras dépassent, grosses chaussettes (couleurs différentes), pantoufles trouées.

Nathalie : - Whaaaaahhhhhh !
Stéphane, *la voix pâteuse* : - Salut les filles !

Il éclate de rire. Nathalie se pend à son cou très tendrement...

Stéphane : - J'arriverai jamais à parler comme ça durant quatre heures.

Nathalie : - Il ne tiendra pas quatre heures ! Parole de Nat ! Allez, dernière répétition générale… Où est le sang ?
Aurélie : - Non, pas de répétition pour la scène du sang. On a déjà testé avec de l'eau, on sait que ça marche.

Stéphane sort par la porte de la cuisine, revient avec un flacon.

Stéphane : - Du vrai sang de souris. Il doit être temps de le sortir du frigo, sinon, du sang froid ça peut surprendre… (*il agite le flacon*) et même pas coagulé !
Nathalie : - Tu as dû t'amuser à saigner cette petite bête.
Aurélie : - Je me suis dévouée.
Nathalie : - La scène des fantômes.
Aurélie : - Mais non, on va la réussir !
Stéphane : - Refaites-la quand même… Il ne faudrait quand même pas exagérer… Il doit se demander si c'est un fantôme ou des souris… Je connais Nat !
Nathalie : - Quoi ! Tu me connais ?… Je sais me tenir… Parfois !
Aurélie : - Allez, allons au grenier.

Nathalie et Aurélie sortent par la cuisine

On entend :

Aurélie : - Attends que je sois dans le grenier avant de mettre un pied sur l'échelle… Tu sais que les échelles et moi on n'est toujours pas les meilleures copines du monde.
Nathalie : - Tu devrais en parler à ton psy !… Pourquoi tu as arrêté ?
Aurélie : - Tu sais bien que j'en connais plus que tous les psys de Cahors réunis…
Nathalie : - Sur les autres peut-être, mais c'est toujours sur soi le plus compliqué… Pourquoi tu ne veux pas être ma psy ?
Aurélie : - Je t'ai déjà expliqué : impossible. Le transfert ne fonctionnerait pas. Je te connais trop.

Bruit : un saut à pied joint dans le grenier

Nathalie : - Tes souris adorées sont arrivées !
Stéphane : - Des souris, pas des éléphants !
Nathalie : - Si on répétait les glissades à la crème !

Bruit : les glissades !

Stéphane : - Pas mal. On retient les glissades.
Nathalie : - Les petites danseuses, les vieux rats du conservatoire !

Bruit : les « rats » !

Stéphane : - Là je doute ! Vraiment vous ou des souris ?
Aurélie : - La marche sur talons.

Bruit : des craquements du plafond.

Stéphane : - Heureusement que tu n'as pas d'aiguilles.
Aurélie : - Mais ça donne quoi ?
Stéphane : - On se croirait un soir d'hiver quand on se demandait si des souris pouvaient faire un tel chambard.
Aurélie : - Alors on peut redescendre ? Essai concluant ?
Nathalie : - Attends.

Bruit : comme des fantômes dans un grenier.

Stéphane : - Tu fais ça comment ?

Nathalie : - Secret ! Ça donne ?

Stéphane : - A faire uniquement s'il commence à paniquer, à se demander s'il est arrivé dans une maison hantée.

Aurélie : - Je descends la première... Je sais je suis l'aînée... Mais sur une échelle... Stéph, viens tenir l'échelle.

Stéphane sort (vers la cuisine). On entend de la cuisine :

Stéphane : - Alors mon amour, les échelles seront toujours ton talon d'Achille ?

Nathalie : - Je peux descendre ou je vous laisse prendre une pause ?

Bruit : un grand bond.

Nathalie : - Sauter du quatrième barreau, un jour tu réussiras aussi petite frangine !

Aurélie : - Et si tu étais passée dans la cave ! C'est du plancher par terre ici !

Nathalie : - Donc tu n'as pas encore détourné suffisamment pour restaurer vraiment la cuisine ! N'hésite pas à le signaler à ton fouineur.

Ils reviennent dans le salon.

Nathalie : - Alors, tes petites souris fantomatiques ?

Stéphane : - Presque fantastiques... Mais bon, je ne suis pas inspecteur des impôts... J'ignore comment ça réagit ces humanoïdes-là !

Aurélie : - J'ai faim !... J'ai préparé à manger dans la chambre...

Nathalie : - Décidément, on y fait tout dans votre chambre !

Aurélie, *à Stéphane* : - Tu peux rester ici, si c'est trop difficile de nous regarder manger.

Nathalie : - Oh Stéph, ton odeur sauvage !

Aurélie : - A trois mètres, tu la renifleras aussi bien qu'à trois millimètres.

Ils sortent par la porte des chambres.

Scène 2

Entrent Nathalie et Aurélie.

Nathalie : - Tu crois qu'il va tenir, Stéph ?

Aurélie : - Tu veux dire... Que finalement nous aurions dû dormir cette nuit ?... C'est terrible de l'avoir empêché de déjeuner... Alors que ça donne vachement faim !

Nathalie : - Moi ça me donne plutôt l'envie d'allumer la télé !... Ils sont tellement tous pareils les mecs, vides, comme téléguidés par une télé ou une radio... Des machos manchots du cerveau, des manipulateurs. Je me suis laissée triturer par ce salaud de Carlo aussi pour avoir devant les yeux un monstre.

Aurélie : - Je te prévenais de te méfier. C'était un sophiste, il t'aurait enfermé dans la dépression si tu avais continué.

Nathalie : - Je croyais être assez forte pour lutter mais je vois bien qu'il m'a utilisée comme il utilise les autres, avec ses théories d'amitié de sagesse et tendresse.

Aurélie : - Son baratin était trop bien huilé.

Nathalie : - Ça y est, il se l'est tapée sa bourgeoise. Après trois nuits, ils sont dans le bras de fer : il veut qu'elle accepte avec sourire et plaisir ses nuits avec Sophie et elle voudrait qu'il quitte sa blanche, l'épouse et l'engrosse. Si elle connaissait vraiment sa vie, madame naïve la schizophrène qui continue à écrire mon amour à son amant officiel qui continue de l'attendre. Bref, quand je te vois... Je peux te demander... Un service ?

Aurélie : - Si ce n'est pas de passer une nuit avec Stéph.

Nathalie : - Bon alors je n'ai rien dit !

Aurélie : - Tu reconnais quand même que tu exagères ?

Nathalie : - Non… Puisque je n'agis pas derrière ton dos… Je vais peut-être essayer avec des filles… Tu as déjà essayé ?

Aurélie : - Tu sais bien… Tu es la seule fille avec qui je peux parler plus d'un quart d'heure.

Nathalie : - Je ne dis pas de parler, je sais bien que nous sommes les frangines misanthropes… C'est une proposition !?

Aurélie : - N'exagère pas !

Nathalie : - Tu crois que Stéph serait d'accord pour un câlin à trois ?

Aurélie : - Je devrais peut-être me méfier de toi !

Stéphane entre.

Stéphane, *voix pâteuse* : - Alors, les filles, pas encore au grenier ?

Nathalie, *regarde sa montre* : - Oh Picasso !… Moins cinq !… On discutait de c'qu'on pourrait faire de tendre ce soir pour te… redynamiser !

Aurélie, *qui emmène Nathalie* : - Au grenier frangine, (*à Stéphane :*) n'oublie pas de fermer la fenêtre !

Nathalie : - Tes petites souris vont t'épater… Et n'oublie pas d'être vulgaire ! Je veux entendre des « merde », des « oh putain ! »

Elles sortent vers la cuisine, Stéphane ferme la fenêtre et les volets puis va à la cuisine cacher l'échelle.

Stéphane : - Ferme bien la trappe.

Stéphane revient dans le salon, va se regarder dans le miroir. Se sourit.

Stéphane : - La tête que j'ai aujourd'hui, j'la r'grettrai dans dix ans !*

Bruit : un grand coup de pied dans le grenier. Stéphane sursaute.

Nathalie : - Compagnie du grenier, au poste !

Stéphane : - Chut !…

Stéphane s'assied sur le bord du canapé. Se relève. Se rassied. On frappe à la porte. Stéphane sursaute. Respire un grand coup. Se bouche le nez. Agite les bras. On frappe de nouveau.

Voix du dehors : - Y'a quelqu'un ?

On frappe de nouveau. Stéphane va à la fenêtre, l'ouvre, ouvre le volet. Apparaît l'inspecteur.

Stéphane, *voix pâteuse* : - Vous êtes perdu ?

L'inspecteur : - Stéphane Ternoise ?

Stéphane : - Parfois… C'est pour quoi ?

L'inspecteur, *surpris* : - Vous êtes bien monsieur Stéphane Ternoise ?

Stéphane : - Parfois… Assez souvent.

L'inspecteur : - Inspecteur Dupneu, du centre des impôts de Cahors. Nous avons rendez-vous à quatorze heures.

Stéphane : - Ah oui… (*bâille*) Pourquoi vous passez ce matin ?

L'inspecteur : - Il est quatorze heures.

Stéphane : - Pas possible !

L'inspecteur, *tourne vers lui sa montre* : - Déjà quatorze heures cinq.

* extrait d'une publicité de Serge Gainsbourg pour les pellicules photos Konica.

Stéphane : - Alors c'est à cause de ces putains de souris. Elles ont fait un de ces raffuts. Mais vous êtes sûr, quatorze heures en France ?

L'inspecteur, *s'impatiente* : - Je peux entrer.

Stéphane : - Oui… Si vous me jurez qu'il est bien quatorze heures… En France ?…

Stéphane va à la porte, agite la serrure, revient à la fenêtre

Stéphane : - Hé !… Inspecteur !…

L'inspecteur réapparaît à la fenêtre.

Stéphane : - Vous vous y connaissez en serrures ?

L'inspecteur : - C'est-à-dire ?

Stéphane : - C'est bloqué depuis deux mois.

L'inspecteur : - Et vous ne sortez pas depuis deux mois ?

Stéphane : - Si si, j'passe par la cave. Vous seriez pas un peu serrurier ?

L'inspecteur le fixe, de plus en plus interloqué.

L'inspecteur : - Pourriez-vous m'indiquer votre entrée secondaire ?

Stéphane : - Pas de problème (*il fait les signes en même temps*) tout droit, à gauche au bout du mur, à gauche encore, et première porte à gauche. Faites comme chez vous, c'est ouvert. Je vais vous ouvrir en haut. Y'a un escalier, c'est pas le Plazza mais ça tient.

L'inspecteur disparaît.

Stéphane, *sourit* : - S'il arrive avec des toiles d'araignées dans les cheveux, j'arriverai jamais à me retenir (*il joint les mains*). Mon Dieu des magouilleurs amateurs, faites qu'il se casse la gueule dans les escaliers !… Si j'étais à sa place, je le ferais exprès ! Accident du travail !

Stéphane sort.

On entend :

Stéphane : - Vous inquiétez pas, j'y passe trois fois par jours… Je passe devant vous…

Ils entrent.

L'inspecteur, *qui lui tend la main* : - Bonjour monsieur Stéphane Ternoise.

Stéphane : - Ah oui ! (*en baillant*) Au fait, bonjour monsieur André Dupneu.

L'inspecteur : - Christian Dupneu, inspecteur au centre des impôts de la 1ere circonscription du Lot.

Stéphane : - Oui, je me souviens. C'est vous qui avez signé la lettre que j'ai reçue. André Dupneu, chef du contentieux… Euh… Heureux de vous rencontrer en vrai.

L'inspecteur, *qui regarde autour de lui, interloqué* : - Oui, je sais, vous êtes auteur de chansons. Je connais la chanson de Jacques Brel. Mais moi c'est Chritian Dupneu, inspecteur au centre des impôts de Cahors. Troisième secteur.

Bruit : des doigts grattent le bois dans le grenier. Stéphane ne s'en soucie pas. L'inspecteur regarde autour et au-dessus de lui.

Stéphane : - Ah !… Vous êtes le fils d'André.

L'inspecteur, *gêné* : - Mon père s'appelait bien André… Mais ça n'a rien à voir. Je suppose que vous avez préparé votre comptabilité.

Stéphane : - Ma… Ah oui… Les dépenses et les recettes… C'est ce que vous appelez comptabilité ?

L'inspecteur : - C'est le terme exact.

Stéphane : - Vous êtes certain ?

L'inspecteur : - Parfaitement.

Stéphane : - Je croyais que comptabilité ça s'appliquait aux entreprises.

L'inspecteur avance et... Aperçoit la cage grillagée...

L'inspecteur : - Ha ! (*il a un geste de recul...*)
Stéphane, *s'avance* : - Ça va être une bonne journée je crois !
L'inspecteur : - Vous pourriez la retirer.
Stéphane : - Vous êtes de la SPA ? Vous voulez que je la libère ?
L'inspecteur : - Non, non, surtout pas ! La mettre dans une autre pièce.
Stéphane : - Je vais aller la noyer tout de suite dans l'évier.

Il ramasse la cage et va dans la cuisine où il fait couler de l'eau tandis que l'inspecteur observe avec surprise et dégoût, s'essuie le costume.
Retour de Stéphane.

L'inspecteur, *avance vers la petite table* : - Ha ! (*de nouveau il recule... Il a vu les deux trappes, les deux souris mortes*)
Stéphane, *s'avance* : - Celles-là, inutile de les noyer !... Si j'avais dix trappes, je crois que chaque matin elles seraient pleines. Mais je préfère les mettre dans la chambre (*silence*).
L'inspecteur : - Vous êtes donc au régime...
Stéphane : - Non. Si ça vous dérange pas il faut que je déjeune.

L'inspecteur le fixe comme on doit fixer un martien ou, plus courant, un idiot.

L'inspecteur : - Vous êtes donc au régime de la déclaration contrôlée... Je suppose que vous avez préparé vos justificatifs de... Dépenses recettes.
Stéphane : - Oui, tout est là (*il montre un carton sur la table*).
L'inspecteur : - Je peux m'asseoir ?
Stéphane : - Bien sûr...

Stéphane retire les feuilles devant le carton et les pose un peu plus loin, ainsi l'inspecteur a juste une place pour s'asseoir, le restant du canapé étant couvert de papiers, cartons, chemises trouées...

L'inspecteur : - Vous vivez seul ?
Stéphane : - Célibataire sûrement sans enfant à charge.
L'inspecteur : - Sûrement ?
Stéphane : - J'ai débuté mon activité sexuelle avant les messages préventifs contre le sida et... Enfin je ne vais pas vous raconter ma jeunesse. Vous ne travaillez pas pour *Voici* !

L'inspecteur ouvre le carton, sort les premiers papiers, Stéphane va chercher du lait, en verse dans une casserole.

Stéphane : - Vous voulez un bol de lait ?
L'inspecteur, *le fixe de nouveau* : - Non merci.
Stéphane : - Même avec du chocolat dedans ?... Vous avez de la chance, y'avait du Poulain remboursé, c'est pas tous les jours que les achats remboursés sont de qualité.
L'inspecteur : - Vous pourriez m'indiquer où se situent vos déclarations.
Stéphane : - Je suis certain qu'elles sont dans... (*il craque une allumette et allume le gaz*) Ah... (*il sourit*) Avant ça m'inquiétait mais j'ai lu que c'est normal chez les humains du sexe mâle, de pouvoir faire qu'une chose à la fois, alors que les humains de sexe femelle peuvent faire trente-six choses à la fois (*L'inspecteur le fixe, se demandant sûrement le rapport avec sa question*)... Je suis certain qu'elles sont dans le carton, carton, c'est le mot qui m'échappait... Ça vous arrive aussi de ne plus trouver le terme exact en allumant le gaz ?
L'inspecteur, *hésitant à répondre* : - J'ai une cuisinière électrique.
Stéphane : - Si un jour j'en ai les moyens, j'en achèterai une... Ça paye mieux qu'auteur de chansons, chef du contentieux.

L'inspecteur : - Inspecteur des impôts.
Stéphane : - Ah, c'est pas un mot différent pour qualifier la même fonction ?... Un... Synonyme ?
L'inspecteur : - Nous en étions donc à vos déclarations.
Stéphane : - Je suppose que vous avez les doubles.
L'inspecteur : - Certes...

Bruit : un pied glissant contre le plancher du grenier. L'inspecteur s'arrête, relève la tête, regarde Stéphane qui surveille le lait sans la moindre réaction.

L'inspecteur : - Certes... Mais je suppose qu'à l'intérieur de vos déclarations je trouverai le détail de vos... Dépenses recettes.
Stéphane : - Tout y est... Il m'a fallu huit jours pour tout retrouver. Mais tout y est !

Bruit : un morceau de bois claqué contre le plancher du grenier. L'inspecteur sursaute, laisse échapper « hein ! » Stéphane reste impassible.

Stéphane : - Vous voulez un bol de lait ?
L'inspecteur : - Vous êtes sûr que (*il regarde au-dessus de lui*) le plafond est solide ?
Stéphane : - Dans la grande pièce, des tuiles se sont envolées avec la tempête. Mais le voisin m'a aidé, et il tombe plus que quelques gouttes. J'ai mis un seau dans le grenier et ça va. Ici au-dessus, j'y suis monté, à voir ça tient. Vous aussi, vous avez eu des dégâts avec la tempête ?

Un nouveau bruit.

L'inspecteur : - Vous avez entendu ?
Stéphane : - Ah !... Les copines...
L'inspecteur : - Vous hébergez des amies dans votre grenier ?
Stéphane : - Les copines... Oh c'est pas des travailleuses clandestines !... (*Stéphane sourit*) C'est une déformation professionnelle... Ça m'arrive aussi, quand il se passe quelque chose, j'essaye d'en faire une chanson... Les copines, c'est comme ça que j'appelle les souris... Le matin on dirait qu'elles ont besoin de se dégourdir les pattes... C'est rare qu'il y ait du grain empoisonné remboursé... Vous aussi vous êtes embêté avec les souris ?
L'inspecteur : - Je vis en ville. Mais je croyais que les souris dormaient le jour.
Stéphane : - Je suis certain qu'il y a plusieurs tribus. Certaines s'agitent la nuit pour m'empêcher de dormir, d'autres le jour pour m'empêcher d'écrire... Parfois, je me dis qu'elles sont payées par la sacem, ces garces... (*L'inspecteur le fixe de nouveau*) Ces garces, c'est les souris de la journée... Ou alors elles voudraient que je leur laisse la maison. Mais je ne céderai pas... Oh putain ! (*Stéphane souffle en direction du lait et soulève la casserole*) Oh putain, on discutaille on discutaille et peu à dire le pinard caillé se sauvait... J'aurais pas voulu vous mettre ce drame sur la conscience... (*Stéphane arrête le gaz*)

Nouveau bruit.

L'inspecteur : - Vous êtes certain que des souris peuvent se rendre coupables d'un tel bruit ?
Stéphane : - J'en doutais aussi au début. Certains ont prétendu que j'avais acheté une maison hantée.

L'inspecteur se redresse, effrayé.

Stéphane : - Alors j'ai phantasmé sur ce grenier, persuadé d'avoir touché le gros lot, persuadé qu'y logeaient des succubes, persuadé qu'une nuit j'aurais une agréable surprise. (*passent dans les yeux de l'inspecteur des sentiments difficiles à traduire ; ignore-t-il la signification du terme succube ? A-t-il regardé trop de films d'horreur ?*) Mais comme rien n'arrivait, je suis monté au grenier.
L'inspecteur, *tombe dans le jeu du silence de Stéphane et lâche un* : - Et ?
Stéphane : - Devinez comment la réalité m'a alors piteusement renvoyé à mon triste sort ?

Malheureusement, aucune diablesse ne viendra égayer mes nuits. (*Se voulant lyrique* :) Aucune diablesse ne viendra égayer les nuits d'un écrivain maudit, jamais, ni succube ni fée, pour me sauver du marasme aussi sentimental. (*Silence*) Le grenier est envahi de crottes de souris. Finalement, j'y crois pas aux fantômes... Ou alors dans les châteaux ! Vous croyez, vous, qu'ils passeraient des siècles dans une vieille baraque alors qu'ils peuvent se loger gratos dans un palace ? Vous ne croyez pas ?

L'inspecteur : - C'est un raisonnement logique.

Stéphane : - Si j'en croise un je lui donnerai votre adresse !

Nouveau bruit. Stéphane se lève comme si de rien n'était, va chercher un bol.

Stéphane : - Vous dérangez pas, je vous laisse la table, je vais déjeuner ici... J'ai l'habitude.

Il prend la casserole de la main gauche, donne un coup de coude dans le couvercle de la gazinière... (un bruit donc assez proche de celui du grenier... L'inspecteur sursaute)

Stéphane : - Vous inquiétez pas... Je n'ai que deux bras. Pas vous ?

Il pose le bol, verse le lait, pose la casserole, va chercher du pain, du beurre, de la pâte à tartiner premier prix, déjeune...
L'inspecteur feuillette les papiers... Quelques bruits dans le grenier le font toujours redresser la tête.

L'inspecteur : - Pourquoi vos... dépenses – recettes ne sont pas classées ?

Stéphane, *sourit* : - Je pouvais quand même pas imaginer qu'un jour un inspecteur préférerait passer sa journée à vérifier mes additions, plutôt que de s'attaquer aux fraudeurs... Les artisans qui se déplacent uniquement s'ils sont payés au noir, les bouchers, les charcutiers, les agriculteurs, les pharmaciens qui revendent les médicaments qu'on leur rapporte normalement pour les pays pauvres.

L'inspecteur : - Vous avez réglé en liquide un artisan ?

Stéphane : - Vous croyez que j'ai les moyens de faire des travaux ?... (*en souriant* :) Je n'ai pas votre paye !

L'inspecteur a un très léger sourire et replonge dans les papiers. Stéphane termine son déjeuner... L'inspecteur ouvre sa sacoche, en sort une photocopie.

L'inspecteur : - J'ai ici un article. Je suppose que vous le connaissez.

Stéphane : - On me l'a montré. La photo était plutôt réussie, vous trouvez pas ? Je suppose que vous avez compris !

L'inspecteur : - Qu'y a-t-il à comprendre ?

Stéphane : - Oh, comme vous êtes tenu au secret professionnel, je peux vous l'avouer : j'ai fait comme tout le monde.

L'inspecteur : - Pourriez-vous être plus clair ?

Stéphane : - Ça vous intéresse vraiment les grandeurs et misères des artistes ?

L'inspecteur : - J'étudie sans a priori les dossiers, et pour cela je dois connaître votre position.

Stéphane : - Alors vous devez savoir que les artistes qui n'ont pas les moyens de se payer de la chirurgie esthétique, donnent aux journalistes une ancienne photo, qui plus est retouchée.

L'inspecteur : - La photo n'est pas l'essentiel pour moi. Vous y déclarez avoir vendu mille huit cents exemplaires de votre dernier ouvrage.

Stéphane : - C'est déjà bien, vous trouvez pas ? Les romans se vendent en moyenne à 600 exemplaires.

L'inspecteur : - Mais quand je multiplie mille huit cents par le prix de vente, j'obtiens des recettes nettement supérieures à vos déclarations.

Stéphane, *éclate de rire* : - Vous êtes sérieux !

L'inspecteur : - Ai-je l'air de plaisanter ?
Stéphane : - Donc des gens avec votre salaire lisent ce torchon… Et en plus le croient !
L'inspecteur : - Ce sont bien vos déclarations ? Sinon vous auriez exigé un démenti.
Stéphane : - Et vous croyez quand même pas qu'un éditeur va communiquer aux journalistes ses véritables chiffres !
L'inspecteur : - Si vous mentez aux journalistes, je n'ai pas de raison de croire que vous agissiez différemment envers le centre des impôts ?
Stéphane : - Et si demain le journaliste vous demande à quoi vous passez votre temps, vous allez lui raconter : à vérifier si les informations qu'il publie dans son canard sont conformes aux déclarations fiscales ?
L'inspecteur : - De part ma profession, je suis tenu au secret professionnel.
Stéphane : - De part ma profession, je suis tenu au baratin professionnel. Vous ne croyez quand même pas Gallimard ou Fayard et leurs publicités 300 000 exemplaires vendus un mois après la sortie d'un roman !
L'inspecteur : - Ces contribuables ne figurent pas dans notre circonscription fiscale.
Stéphane : - Je suis le seul éditeur de votre circonscription ?
L'inspecteur : - Vous déclarez dans cet article être « *le premier auteur éditeur professionnel de la région* », et je ne suis pas tenu de vous signaler si l'ensemble des représentants de votre profession sont vérifiés.
Stéphane : - Alors vous avez de la chance… Vous venez de découvrir qu'un éditeur considère les journalistes comme de simples relais commerciaux ! Vous n'avez jamais vu le bandeau best-seller sur des livres dont on annonce simplement la sortie pour le mois suivant ?
L'inspecteur : - Monsieur Ternoise, puis-je voir votre stock ?
Stéphane : - Pas de problème… C'est dans la grande pièce… Vous avez un bonnet ?
L'inspecteur : - Je vous suis.

Stéphane prend un vieux manteau délabré, le passe au-dessus de son peignoir…

L'inspecteur, *qui veut faire de l'humour* : - J'ai des difficultés à envisager qu'il puisse faire plus froid qu'ici.
Stéphane : - La grande pièce est située au Nord. Pour vous ce n'est pas grave… En cas de maladie vous avez droit aux congés payés.

Ils sortent. Bruits de pas dans le grenier. Puis conversation.

Nathalie : - Pendant ce temps-là, les petites souris se dégourdissement les pattes. Et les bras, et les bras (sur l'air d'Alouette), et le cou, et le cou, et les seins et les seins.
Aurélie : - Oh !
Nathalie : - T'aimes pas qu'on te caresse les seins.
Aurélie : - Je préfère que ce soit Stéph.
Nathalie : - Ne sois pas désagréable ! C'est simplement qu'avec Stéph tu es nue. Veinarde !
Aurélie : - Mais je suis ta sœur ! Qu'est-ce que tu fais !
Nathalie : - Je passe doucement mes doigts sous ton gros pull et ton petit tee-shirt. Tu te souviens, quand on dormait dans le même lit ?
Aurélie : - Arrête !
Nathalie : - Chut, j'entends des pas, les gladiateurs reviennent.
Aurélie : - Arrête !

L'inspecteur, *en rentrant* : - Vous prétendez que mentir aux journalistes est fréquent dans votre profession.
Stéphane : - Vous pouvez vérifier. Le tirage de mon dernier roman est de 1024 exemplaires.

Comment voulez-vous qu'en tirant à 1024 je puisse avoir vendu 1800. En plus vous avez bien constaté qu'il m'en reste plus de 25 !

L'inspecteur : - Mais c'est un mensonge ! Je ne comprends pas ! Pourquoi vous proclamez-vous « *premier auteur-éditeur professionnel de la région* » ? Alors que vous ne vendez presque rien et vivez du Rmi ?

Stéphane : - Pour qu'un livre se vende, il faut d'abord faire croire qu'il se vend. Les écrivains n'y peuvent rien, les lecteurs sont comme ça, ils nous regardent uniquement si on les a persuadés que leur voisin nous a lu. Il faut qu'inconsciemment ils se sentent coupables de ne pas nous avoir lu… Vous, par exemple.

L'inspecteur : - Moi ?

Stéphane : - Oui, vous, au volant de votre voiture, vous pensiez « ça doit être intéressant ce qu'il écrit, quelle chance j'ai, je vais rencontrer un grand écrivain. » (*silence*) Vous aviez même décidé d'acheter un de mes livres. Et maintenant ?

L'inspecteur : - Désolé de vous décevoir mais avec ma charge de travail, je n'ai pas le temps de lire au-delà des lectures professionnelles.

Stéphane : - Vous n'achetez jamais de livre !

L'inspecteur : - Euh… Parfois pour offrir.

Stéphane, *désabusé* : - C'est le problème. Les gens intéressés par mes livres sont jeunes et sans un sou, et les friqués s'en foutent de la littérature. Qui plus est, quand vous achetez un livre, vous prenez celui dont « on », le « on » de la manipulation médiatique, dont on dit « c'est intéressant ». Et votre ami vous dira merci, il placera ce livre dans sa bibliothèque et jamais ne l'ouvrira. Mais vous aurez l'impression de réaliser un cadeau original et lui aussi sera satisfait, parce qu'il pensera que vous le considérez comme un lecteur, donc comme une personne intelligente… C'est foutu, la littérature…

L'inspecteur : - Nous sommes ici pour évoquer votre comptabilité.

Stéphane, *encore plus désabusé* : - Si mes explications vous emmerdent, je vais me recoucher.

Enorme bruit : comme si deux personnes se roulaient par terre dans le grenier. L'inspecteur dresse la tête.

L'inspecteur : - Et cela ne vous inquiète pas ?

Stéphane : - Oh vous savez, vous faites votre métier, mais vous pouvez passer trois jours dans ma comptabilité, si vous trouvez une erreur, elle sera même pas de 17 euros, alors pourquoi je m'inquiéterais, erreur ou pas erreur de 14 euros, de toute manière je suis loin d'être imposable.

L'inspecteur : - Je parlais des bruits étranges dans votre grenier.

Stéphane : - Vous croyez que j'ai les moyens de faire venir la compagnie de défantomisation ?

L'inspecteur a un sourire crispé.

Stéphane : - Vous vous y connaissez en fantômes ?… Vous croyez que c'est dangereux ?

L'inspecteur, *qui se frotte les mains* : - Vous ne chauffez jamais ?

Stéphane : - Y'a des gens qui dorment dehors à moins dix, mon grand-père a passé un hiver dans les tranchées, vous croyez qu'il jouait les chochottes ? Quand on a la chance d'avoir un toit, on doit déjà se considérer bien heureux, on baisse la tête, on ferme sa gueule et on attend le printemps, et ça n'empêche pas d'être heureux… C'est en soi qu'on trouve l'essentiel… Vous ne croyez pas ?

L'inspecteur : - Certes mais… Je vais terminer de consulter votre… Comptabilité.

L'inspecteur se rassied et feuillette.

L'inspecteur : - Haaa ! (*il bondit hors du canapé*)

Stéphane : - Vous avez eu une vision ?

L'inspecteur ne peut plus parler, montre la table.

Stéphane : - Qu'est-ce qui se passe ?... Vous avez eu une vision ?... Votre femme avec le facteur ?
L'inspecteur, *continue à montrer la table et réussit à articuler* : - Du sang !
Stéphane : - Votre femme perd son sang ?
L'inspecteur, *respire profondément* : - Du sang est tombé sur les feuilles.
Stéphane : - Le sang de votre femme est tombé sur les feuilles ?... Dans votre jardin ?
L'inspecteur, *montrant le plafond* : - Du plafond, sur vos feuilles.
Stéphane, *s'avance vers la table, prend une feuille* : - Vous êtes certain que ça n'y était pas avant ?
L'inspecteur : - Je l'ai vu tomber... C'est du sang frais.
Stéphane, *bascule la feuille* : - Ah oui ! Il bouge sur la feuille... Vous ne vous seriez pas coupé... Ça arrive souvent avec des feuilles...
L'inspecteur, *qui se regarde quand même les mains* : - Le sang est tombé du plafond.
Stéphane : - C'est pas possible !... Les fantômes ne perdent pas de sang.

L'inspecteur se rapproche de la table en regardant le plafond puis la feuille que Stéphane tient en main.

L'inspecteur : - C'est bien du sang.
Stéphane : - Oh putain ! Vous croyez que ça vient du plafond... Alors tout s'explique.
L'inspecteur : - Tout s'explique ?
Stéphane : - Oui, une fois j'avais laissé un bouquin ouvert sur la table et le lendemain il y avait une grosse tache rouge dessus. C'était un bouquin de la bibliothèque, *les ombres errantes*, de Pascal Guignard, je me suis demandé comment j'avais fait la veille pour ne pas la voir... Donc y'a aussi du sang qui tombe du plafond... Ce s'rait mieux si c'était de l'or.
L'inspecteur : - Je crois qu'il vous faudrait prévenir les services sanitaires.
Stéphane : - Vous croyez qu'à la mairie, ils ont un service de défantomisation ?...

L'inspecteur tremble.

Stéphane : - Le notaire me répondrait avec son petit air de vipère, « vous ne pouvez pas dire que je vous ai caché que votre maison est située près du cimetière »... Pour comprendre ma réflexion, il faut savoir que ce notable de campagne n'a pas jugé opportun de me signaler qu'un projet de ligne à Très Haute Tension était dans les cartons, une ligne à Très Haute Tension qui doit passer à même pas cinq cents mètres d'ici... Plutôt que de chercher des poux chez les honnêtes citoyens, vous feriez bien de vérifier les dépenses recettes des notaires... Parce qu'il m'a demandé du fric en liquide, ce blaireau. J'ai bien sûr refusé, je vous le dis tout de suite. Mais d'autres doivent se laisser dépouiller.

Silence. L'inspecteur est comme tétanisé. Il continue à regarder le plafond. Stéphane, derrière lui, sourit. Il tire sur une ficelle derrière le canapé. Et on entend le « clic » d'une trappe à souris. L'inspecteur sursaute, se retourne.

Stéphane : - Ah ! Ça doit être une bonne nouvelle.

Il contourne le canapé, se baisse et brandit une trappe avec une souris morte.

Stéphane : - Toujours une qui n'ira pas se réfugier dans votre poche.

L'inspecteur frappe machinalement ses mains contre ses poches, puis s'essuie le front.

L'inspecteur : - Bon... Je crois avoir recueilli suffisamment d'informations...

Il regarde discrètement dans sa sacoche, ne veut pas trop montrer qu'il vérifie s'il n'y a pas de souris, regarde vers la table, regarde Stéphane.

L'inspecteur : - Je vous souhaite une bonne journée, monsieur. Je vous souhaite bon courage.
Stéphane : - Je vous souhaite un bon retour... C'est bon, donc, ma... Ma comptabilité.

L'inspecteur : - Vous recevrez une notification écrite.

L'inspecteur, à reculons, va vers la porte de la cuisine, qu'il ouvre.

Stéphane : - Vous préférez sortir par la fenêtre de la cuisine ?
L'inspecteur : - Ce n'est pas la sortie ?
Stéphane : - Si vous préférez sortir par la fenêtre, ça ne pose pas de problème pour moi. Vous aviez l'option acrobaties au bac ?

L'inspecteur essaye de se repérer et va vers la porte couloir / cave.

L'inspecteur : - Je vous souhaite une bonne journée.
Stéphane : - Je vais vous ouvrir la porte de la cave.

L'inspecteur sort, Stéphane le suit.

Du grenier :
Nathalie, *doucement* : - Tu vois bien qu'il était nickel mon plan !
Aurélie : - Attends qu'il ait démarré, on ne sait jamais.

Quelques instants. Stéphane rentre avec un radiateur, le branche.

Aurélie : - On doit voir sa voiture par les trous à pigeons.

Elles courent dans le grenier.

Nathalie : - Il est blanc comme un linge ton inspecteur... Il a du mal à respirer... Ah, il vient de mettre sa bagnole de bourge en marche... En plus il ose nous polluer, ce fonctionnaire.
Aurélie : - C'est bon, il est parti.
Nathalie : - Remets l'échelle Stéph...

Stéphane va dans la cuisine, on l'entend poser une échelle, la trappe du grenier s'ouvre...

Nathalie : - Cette fois je passe la première...

Bruit : un grand bond.

Aurélie : - Mais tu es folle de sauter comme ça.
Nathalie : - C'est pour sauter dans les bras de Stéph, ma grande sœur adorée... Tu as été génial mon Stéph adoré !...
Aurélie : - Tenez l'échelle... Nat, je te permets pas de frotter tes seins contre la poitrine de Stéph...
Nathalie : - Regarde pas en bas, tu vas avoir le vertige !...
Aurélie : - Nat, tes seins !
Nathalie : - Mes seins... Après c'qu'on a fait là-haut... Je peux bien embrasser Stéph aussi sur la bouche (*on entend un bruyant baiser sur la bouche*).
Aurélie : - Mais défends-toi Stéph... Et tiens-moi l'échelle... Nat, ça t'avais pas le droit...

Un nouveau bruyant baiser.

Nathalie : - Bon, je te tiens l'échelle... À condition qu'on prenne une douche à trois.
Aurélie : - Jamais. Jamais !
Nathalie : - Viens Stéph, on va aller prendre une douche à deux... On va quand même retirer l'échelle, on ne sait jamais avec Aurel, la jalousie pourrait être plus forte que sa phobie !
Aurélie : - Nat, je te défends.
Nathalie : - Quoi, je suis couverte de toiles d'araignées, je peux bien prendre une douche.
Aurélie : - Stéph, tiens-moi l'échelle !
Nathalie : - Allez, décontracte-toi... Alors, tu en as envie aussi, d'une douche à trois ?
Aurélie : - Nat, arrête... Stéph, plutôt que de te laisser caresser, tiens-moi l'échelle... Il est temps... Nat arrête.

Nathalie : - J'aime bien te caresser les jambes, descends encore d'un barreau…
Aurélie : - Tu veux vraiment que je me casse la gueule.
Nathalie : - T'inquiète pas, on te récupérera dans nos bras, et on t'emmènera immédiatement sous la douche.
Aurélie : - Arrête Nat.
Nathalie : - Je n'y peux rien, comme tu es descendue d'un barreau, tu es juste à la hauteur… Encore un et...
Aurélie : - Mais Stéph, empêche-la.
Stéphane : - Vous avez fait quoi là-haut pour être dans cet état ?
Aurélie : - Ah non Nat !…
Nathalie : - Entre sœurs, une certaine tendresse est permise quand même…

Rideau

Acte 3

*Idem acte 1 (sauf télévision), Stéphane lit, allongé dans le canapé... Entre... Nathalie !...
Elle tient dans la main droite une lettre (dès qu'elle ouvre la porte, Stéphane se retourne, la fixe d'Amour).*

Scène 1

Nathalie : - Gloire à l'administration fiscale qui a changé notre vie !
Stéphane : - Mais maintenant que sa vie n'a pas été totalement inutile, qu'elle nous fiche la paix !
Nathalie : - Ne sois pas impatient ! (*Nathalie déchire l'enveloppe, sort la lettre à toute vitesse, la lit de même, et la jette en l'air tout en se précipitant sur Stéphane qui se lève*) Aucune charge retenue contre vous... mon Amour.

Ils se serrent.

Nathalie, *sourit et se sépare de Stéphane* : - Tu sais comme je suis...
Stéphane : - Presque !
Nathalie : - Je m'étais dit que s'ils nous laissaient tranquilles, c'était bon signe... Et dans le cas contraire que j'étais...
Stéphane, *sourit* : - Tu étais ?
Nathalie : - Une garce !
Stéphane : - Oh !
Nathalie : - Ce n'est pas tout !... S'ils nous laissaient tranquilles c'était bon signe... Et nous pouvions avoir un enfant cette année.
Stéphane : - Tu crois notre rythme de vie compatible avec un enfant.
Nathalie : - Quand nous serons trop occupés, sa marraine se fera un plaisir de le pouponner.
Stéphane : - Sa marraine... Tu veux dire ?
Nathalie : - Bin oui, Aurel... Je vais l'appeler pour lui annoncer... Lui annoncer... Oui, je ne t'ai pas encore tout avoué !... Comme ils tardaient à nous écrire, ça signifiait que tout allait bien... Donc j'ai devancé la bonne nouvelle... J'ai arrêté la pilule y'a sept semaines.
Stéphane : - Tu ?
Nathalie : - Ça fait un moment que faire l'amour dans la baignoire, ce n'était plus par obligation.
Stéphane : - Tu sais bien que je mélange les jours et les semaines. Tu veux dire... (*il pose sa main droite sur le ventre de Nathalie*)
Nathalie : - On va avoir un bébé.

Stéphane serre Nathalie dans ses bras.

Nathalie : - Tu trouves pas que tu exagères... Je m'empresse de résumer avant toi !
Stéphane : - Tu crois qu'Aurélie va être ravie, sera d'accord pour être marraine ?
Nathalie : - C'est ma frangine. Et je la connais même mieux que toi... Tu vois... Elle doit attendre mon appel. Elle va me demander ce que je deviens depuis le temps, où j'étais passée pour la laisser sans nouvelles.
Stéphane : - Bon, je veux bien croire qu'elle ne t'en veuille plus mais...
Nathalie : - Et toi, tu veux dire ?
Stéphane : - Bin oui, faudrait quand même que la marraine de notre enfant ne me morde pas dès qu'elle me verra...
Nathalie : - Au contraire !...
Stéphane : - Au contraire ?...

Nathalie : - Ou plutôt ça risque d'arriver.

Stéphane : - Qu'elle me morde !

Nathalie : - C'est c'qui m'embête… Mais je n'ai pas le choix… Elle risque de te laisser de tendres morsures…

Stéphane : - Oh !

Nathalie : - Bin oui, je lui ai piqué son mec. Dans notre langage ça fait 2-1.

Stéphane : - C'est quoi de votre score footballistique !

Nathalie : - Donc Aurel ne t'a jamais raconté !

Stéphane : - Alors ce n'était pas la première fois !

Nathalie : - La première fois, ça n'avait rien de comparable avec nous, c'était juste pour rire. Et finalement elle a été bien contente que je la débarrasse… Mais dès que je suis sortie avec un autre mec, il ne lui a pas fallu huit jours pour égaliser. Donc je sais que même si pour elle comme pour moi ça n'a rien à voir…

Stéphane : - Je crois plutôt qu'elle m'en veut.

Nathalie : - Je sais qu'elle te veut.

Stéphane : - Je t'ai déjà dit.

Nathalie : - Je sais… Et Aurel aussi… Mais ça ne change rien, elle va essayer de te récupérer.

Stéphane : - Oh ! Tu crois que je pourrais…

Nathalie : - Qui pourrait résister à Aurel quand elle veut quelque chose !

Stéphane : - Qui pourrait résister à Nathalie quand elle veut quelque chose !… C'est bien ce qu'elle avait conclu… Avant de m'envoyer cette gifle que je sens encore (*il se touche la joue*). Tu n'as pas confiance en moi ?

Nathalie : - Oh si !

Stéphane : - Alors ! En plus nous allons avoir un enfant !

Nathalie : - Elle va essayer d'être ton amante !

Stéphane : - Oh !

Nathalie : - Le jour où nous devrons arrêter de faire l'amour.

Stéphane : - Oh !

Nathalie : - Elle a plusieurs solutions.

Stéphane : - Tu as déjà réfléchi à tout ça !

Nathalie : - N'oublie pas qu'en plus d'être la plus grande artiste peintre du… J'allais dire du pays… Bon, du Quercy, un jour je serai auteur de théâtre.

Stéphane : - Alors Aurélie sur ça avait raison ! Nous sommes tes cobayes !

Nathalie : - Mais je suis aussi mon propre cobaye. Et tout le monde ferait bien d'en faire autant, d'utiliser son vécu pour le transcender en art. C'est la seule manière de le sauver du néant.

Stéphane : - Tu es vraiment la dernière Proustienne.

Nathalie, *récite* : - *La vraie vie, la vie enfin découverte et éclaircie, par conséquent la seule vie réellement vécue, c'est la littérature.*

Stéphane : - Et si j'ai bien suivi, dans cinq minutes tu téléphones à Aurélie…

Nathalie : - Et dans une heure elle débarque ici !

Stéphane : - Et elle arrivera avec un moral d'enfer pour essayer d'égaliser dans votre grand jeu !

Nathalie : - Ça va bien plus loin que ça.

Stéphane : - C'est à dire ?

Nathalie : - Elle t'aime encore.

Stéphane : - Là tu exagères.

Nathalie : - On verra… Mais…

Scène 2

Les mêmes

Nathalie, *va au téléphone* : - Je ne peux pas faire autrement que de l'appeler… Tu préfères que je ne l'appelle pas ?

Stéphane : - Peut-être que oui.

Nathalie : - Mais c'est impossible. Je crois que ça devient invivable pour elle comme pour moi de ne plus se voir… Et comme je t'aime… Je suis même prête à comprendre qu'un jour elle devienne ton amante.

Stéphane : - Oh !

Nathalie : - Je serai au courant. Je devinerai. Mais… Enfin, on verra… De toute manière je n'oublierai pas que c'est moi qui ai fait revenir ainsi ma… concurrente.

Stéphane : - Ou alors, tu veux te prouver que jamais elle n'égalisera !

Nathalie, *en souriant* : - Alors maintenant monsieur le magouilleur amateur essaye de me deviner !… Bon j'appelle…

Nathalie décroche l'appareil, pianote les dix numéros… et attend.

Nathalie : - Aurel !

Nathalie : - Comment je sais quoi ?

Nathalie : - Qu'est-ce qui t'arrive ?

Nathalie : - Oh zut ! Tu aurais pu appeler !

Nathalie : - Et tu vas faire quoi ?

Nathalie : - Quoi ! À la rue ! Jamais !

Nathalie : - Tu vas venir ici quelques jours avant de retrouver quelque chose.

Nathalie : - Mais si, Stéph est d'accord.

Nathalie, *à Stéphane* : - Son téléphone est coupé demain, elle est à la rue lundi, elle n'a plus un centime, virée du Rmi, et elle ne veut pas venir ici quelques jours. Elle ose prétendre que tu ne voudras jamais ! Tiens, dis-lui.

Stéphane prend l'appareil.

Stéphane : - Aurélie…

Stéphane : - Tu me prends pour un grand méchant loup alors… En plus Nathalie avait quelque chose d'important à t'apprendre.

Stéphane : - Je t'invite aussi quelques jours…

Stéphane : - Nathalie va te le dire.

Stéphane redonne l'appareil à Nathalie.

Nathalie : - Je suis enceinte.

Nathalie : - Tu es toujours là ?

Nathalie : - Tu veux bien être la marraine à gâteaux ?

Nathalie : - On va venir te chercher…

Nathalie : - T'es sûre… Bon, à tout de suite…

Nathalie raccroche.

Nathalie : - Elle arrive en stop. Elle n'a plus qu'un sac de sport ! (*silence*) Picasso ! Jamais j'aurais cru qu'elle puisse tomber comme ça ! Picasso ! Même virée du Rmi ! Elle t'aime donc autant que je t'aime !

Stéphane : - Dire que durant des années j'ai vécu seul, en pensant qu'aucune femme ne pourrait supporter cette vie d'écrivain sûrement un peu trop lucide, de campagnard même pas milliardaire américain.

Nathalie : - Ton cœur balance déjà ?

Stéphane, *va vers Nathalie, la prend dans ses bras* : - C'est une vraie question ou c'est juste… Pour si un jour tu en fais une pièce de théâtre ?

Nathalie : - Mais là je suis dépassée ! J'aurais jamais pu imaginer qu'un jour j'inviterais l'ancienne amie de l'homme que j'aime à venir partager nos quelques mètres carrés. Même si cette ancienne amie est ma sœur adorée !… Tu crois que notre couple peut résister à un pareil cyclone ?

Stéphane : - Aurélie t'appelait souvent Nat le cyclone.

Nathalie : - Les sœurs cyclones. Cyclothymiques aussi.

Stéphane : - Donc mon avenir est d'être naufragé !

Scène 3

Les mêmes plus Aurélie

On frappe à la porte.

Nathalie : - Déjà !

Stéphane : - C'est pas possible.

Aurélie apparaît à la fenêtre. Nathalie va ouvrir ; les deux sœurs tombent dans les bras l'une de l'autre.

Nathalie : - Comment as-tu fait pour arriver aussi vite ?

Aurélie : - Imagine sur qui je suis tombée au rond-point ? Not… Votre voisin ! Mais je n'ai rien dit pour…

Aurélie pose une main sur le ventre de sa sœur.

Nathalie : - Il est trop tôt pour l'entendre.

Aurélie se tourne vers Stéphane.

Aurélie, *dont la voix tremble légèrement* : - Bonjour monsieur. (*elle sourit*) Bonjour Stéphane.

Stéphane : - Bonjour Aurélie.

Nathalie les regarde, interrogative. Aurélie se tourne vers elle :

Aurélie : - Vous l'avez fait exprès ou tu as oublié ta pilule ?

Nathalie, *vexée* : - Je n'ai jamais joué à la roulette russe avec ma vie… (*posément :*) Tu nous racontes tes aventures ?

Aurélie : - Aurélie, trente ans et des poussières, sans domicile fixe, sans illusion, sans passion, sans présent, sans avenir, punkitude totale, tendance Cioran.

Nathalie : - Et tes tableaux, ton chevalet ?

Aurélie : - J'ai hésité entre le mont de piété et… Et j'ai tout cassé. Je ne suis pas peintre, il n'y a qu'un artiste par génération dans la famille… J'ai hérité de la mère et toi du père… Je suis looser, parano, mauvais karma, détraquée, héritière des tares accumulées par des générations d'ivrognes, de schizophrènes, d'hystériques. Bon, je vous préviens, zéro niveau moral, ces jours-ci…

Nathalie : - J'ai ce qu'il te faut…

Nathalie va dans la cuisine et revient avec une bouteille de rosé et trois verres. Elle les pose sur la table, et verse. Durant son absence, Aurélie et Stéphane n'osent pas se parler, détournent les yeux et se lancent quelques regards...

Nathalie : - Allez…

Aurélie et Stéphane s'approchent de la table.

Aurélie : - Balancez-moi dans un foyer ou sous un pont. Ce s'rait sûrement mieux

Nathalie : - Dis pas de conneries… Allez, à ton grand rôle de marraine à gâteaux…

Ils trinquent debout. Nathalie et Stéphane boivent une gorgée. Aurélie vide son verre cul sec. Nathalie lui en ressert un immédiatement. Vidé de nouveau cul sec.

Aurélie : - Prendre une cuite et dormir, c'est peut-être ce que j'ai de mieux à faire… Je suppose que vous n'avez pas vraiment eu le temps de faire des travaux… Je dormirai dans le canapé.

Aurélie vide un troisième verre.

Aurélie : - Vous avez du stock ?

Nathalie : - Stéph m'a formé aux réclamations, c'est ma première réussite viticole de magouilleuse amateur : quatre cartons reçus hier matin.

Rideau

Acte 4

Stéphane, Nathalie, Aurélie

Environ un an plus tard. Décor identique à l'acte précédent. Stéphane dans le canapé. Il pose son livre. Et pense à voix haute, en souriant :

Stéphane : - Un contrôle fiscal ! Je n'aurais jamais pu croire qu'un contrôle fiscal bouleverserait autant ma vie !

Entre Nathalie.

Nathalie : - En plus tu parles seul maintenant !
Stéphane : - Je pensais à ce qui vient de nous arriver… (*souriant*) C'est vrai, finalement, on devrait peut-être en faire une pièce de théâtre de notre vie !
Nathalie, *montre une lettre* : - Et y'à une suite !
Stéphane : - Peut-être qu'il s'est décidé à m'acheter un livre.
Nathalie : - Tu attends ce soir avant d'ouvrir… (*elle s'approche très câline*)
Stéphane : - Ouvre quand même !
Nathalie, *ouvre, devient blême, se tient au canapé* : - Oh misère !
Stéphane : - Quoi ?
Nathalie, *lit d'une voix mécanique* : - Il apparaît après enquête de voisinage et diverses écoutes téléphoniques, deux points à la ligne, un tiret, les sœurs Kelly, officiellement hébergées à titre gratuit, sont vos concubines et perçoivent indûment le RMI ainsi que l'allocation parents isolés pour des enfants dont tous les indices concordent pour vous en attribuer la paternité.
En conséquence de quoi, et après concertation avec le Conseil Général, nous nous réservons le droit de déposer plainte auprès du Tribunal de Grand Instance de Cahors pour extorsion d'avantages sociaux indus et polygamie contraire à la législation, ceci dans le cas où vous ne régulariseriez pas votre dossier sous trente jours par le remboursement des sommes trop perçues, soit

Nathalie s'évanouie.

Stéphane, *bondit et hurle* : - Aurélie !

Stéphane essaye de réanimer Nathalie, Aurélie arrive.

Aurélie : - Dis pas que Nat s'est évanouie… C'est pas possible !

Stéphane ramasse la lettre et la lui tend, tout en essayant de réanimer Nathalie par des gestes désordonnés.

Stéphane, *affolé* : - Aide-moi plutôt, tu liras plus tard.
Aurélie, *en souriant* : - Essaye le bouche à bouche, je suis certaine qu'elle va adorer.
Stéphane, *la regarde* : - Et ça te fait rire !
Aurélie : - Viens, on va faire l'Amour, on s'occupera de son cas plus tard !
Stéphane : - Qu'est-ce qui te prend ?
Aurélie : - Bin quoi ! Tant que Nat est évanouie, je peux en profiter quand même !
Stéphane : - Arrête, c'est grave, elle réagit plus (*Stéphane continue à la remuer*).

Aurélie se baisse et… gifle doucement sa sœur… qui ne réagit pas. Elle la pince. Aucune réaction.

Aurélie : - Merde ! Je ne me serais quand même pas trompée ?
Stéphane : - Trompée ?
Aurélie : - Cette lettre, c'est une lettre de Nathalie.
Stéphane : - Pas possible. J'vois vraiment pas pourquoi elle aurait fait ça. Aide-moi, plutôt que de dire n'importe quoi… T'as pas fait secouriste ?

Aurélie : - Quatre heures ! Et il y'a deux minutes, j'en aurais mis mes seins à couper. Elle réagit pas quand je la pince !... J'ai trouvé !
Stéphane : - Quoi ?
Aurélie : - J'ai trouvé ! Les chatouilles sous les pieds.

Nathalie se redresse en bousculant Stéphane toujours agité près d'elle.

Nathalie, *en riant* : - Non, pas les guilis !
Aurélie : - Nat, tu peux te jouer de Stéph... Mais pas de ta grande sœur adorée.
Nathalie : - J'ai fait quoi comme erreur ?
Aurélie : - Aucune !
Nathalie : - Alors ?
Aurélie : - Je savais bien qu'un jour tu t'amuserais à ça !
Stéphane : - Et vous croyez qu'un mec peut survivre ainsi avec deux femmes et deux enfants !

On entend un enfant pleurer.

Aurélie : - Je suis certaine que c'est le cri « pas les guilis » qui l'a réveillée. Allez Stéph... C'est une de tes filles !

Stéphane sort.

Aurélie : - Alors, pourquoi tu as joué à ça ?
Nathalie : - Je n'arrivais pas à trouver une chute originale pour ma pièce de théâtre.
Aurélie : - Alors, c'est ça que tu écris !
Nathalie : - Je voulais vous en faire la surprise !
Aurélie : - Arrête, tu ne peux pas écrire notre vie. On va avoir tout le monde sur le dos, le fisc, le Conseil Général, des ligues nous accuseront d'incitation à la polygamie, un ministre voudra nous exclure de la nationalité française puisque nous n'avons pas de légion d'honneur à rendre et nos relations sont légèrement...
Nathalie : - Quoi légèrement ! Entre adultes consentants ! Où est le problème ?... Et en plus... Je peins depuis quinze ans et j'ai vendu un tableau, encore, parce que le vieux roudoudou espérait qu'une nuit soit comprise ! Alors on touchera le minimum vieillesse avant qu'elle soit jouée, cette pièce.
Aurélie : - Et tu penses que ça ferait une bonne chute, ta tirade sur l'environnement de notre combat contre une société étriquée et a-culturelle ?
Nathalie : - Une bonne chute... Quelque chose dont tout le monde se souviendra...
Aurélie : - Tu as une meilleure idée ?

Nathalie sourit, elle gifle sa sœur.

Nathalie : - Un partout !

Rideau - Fin

Saint François de Sales fut consacré Saint des écrivains… Il fut Saint et écrivain ? Et pauvre ? Mais il est également le Saint des journalistes…

La baguette magique et les philosophes

Théâtre magique historique et philosophique en trois actes.

Deux femmes et trois hommes.

Avant de quitter la terre, sa grand-mère lui a offert une baguette magique, en lui spécifiant qu'elle ne devait pas l'utiliser avant ses vingt ans. Romane ignore presque tout de ses pouvoirs, simplement qu'ils peuvent faire apparaître des morts décédés avant sa naissance. Pour la première fois, elle va l'utiliser un matin de spleen et remplacer son partenaire par Epicure, le philosophe.

Romane : personnage central, vingt ans, sûrement étudiante, très jeune femme contemporaine coquette, versée dans la philosophie mais très libérée.
Karine : sa sœur, seize ans.
Lui : la rencontre du soir précédent de Romane, la vingtaine, très distingué. Beau et con à la foi aurait conclu Jacques Brel !
Epicure : l'apparition, très âgé.
Sénèque : l'apparition, la cinquantaine très bien portante, grand seigneur romain.

Un seul acteur peut réussir la performance de tenir les trois rôles masculins.
La pièce est donc destinée aux troupes de deux femmes et un à trois hommes.

Environ une heure.
L'acte 1 peut être joué seul. Sous le titre : *Moins d'une heure avec Epicure.*
Cet acte unique se joue alors avec trois personnages, deux hommes et une femme (un homme et une femme peuvent donc l'interpréter), il dure une quinzaine de minutes et permet une approche originale de l'œuvre d'Epicure.

Acte 1

Scène 1

Le jeune couple, très récemment formé, termine un petit-déjeuner câlins dans ce qui semble être l'appartement coquet mais meublé sans grand moyen de la jeune femme.

Romane : - Tu me gênes... Parfois mes ignorances me sautent aux yeux. Je n'ai presque rien lu.
Lui : - La lecture, pfou ! La vie ne s'apprend pas dans les livres. Faut être cool ! Faut en profiter ! Rassure-toi, tu es canon, tu es une princesse, tu dois être aimée comme une princesse. Reste comme tu es !
Romane : - Une princesse ! Une Lady Di... minuée ! Parfois je me trouve tellement laide.
Lui : - Oh ! Tu déconnes !
Romane : - Je me demande comment un mec peut me supporter une heure !
Lui : - Oh ! Tu déconnes !
Romane : - Non, je ne dis pas à faire l'amour, chacun a des besoins... mais après... en plus ici sans télé...
Lui : - Oh ! Tu déconnes ! C'est vrai que pour déjeuner, si y'avait une télé, ce serait sympa.
Romane : - Si tu avais une baguette magique... tu me transformerais en qui ?
Lui : - Tu déconnes !
Romane, *le regardant, éplorée, fatiguée de ses réponses* : - Comme tu le répètes, nous le sommes sûrement.
Lui : - Tu dis ?
Romane : - Des... connes.
Lui, *joyeux* : - Ah, tu t'y mets enfin, tu déconnes... T'es un peu trop sérieuse parfois, tu trouves pas ?
Romane : - Bon, revenons à l'essentiel !
Lui : - Tu veux refaire l'amour, là, tout de suite, sur la table ?
Romane : - Tu me transformerais en quoi, si tu le pouvais ? Je ne pense pas forcément en une femme... mais quelqu'un avec qui tu as toujours rêvé de passer une heure.
Lui : - Euh... toi ! Toi, c'est très bien ! Sur la table, ce serait cool !
Romane : - Quelqu'un d'exceptionnel !
Lui : - Toi, tu es exceptionnelle, tu sais.
Romane : - Quelqu'un que tu n'as jamais vu en vrai.
Lui : - Zidane. Ouais Zinédine Zidane. J'aimerais qu'il me raconte sa finale mais aussi ses années en Italie, son transfert à Madrid, la pression, et ce qu'il devient maintenant. J'ai essayé le foot. J'ai même passé un stage au centre de formation. Alors, forcément, Zidane, ce serait le top.
Romane : - Tu crois qu'un footballeur peut raconter quelque chose ?
Lui : - A part Zidane, je ne vois pas, c'est quand même le plus grand sportif qu'on ait connu. Et toi ?

Elle se lève, va chercher une baguette accrochée au mur, la regarde.

Romane : - Ma grand-mère était un peu sorcière et elle m'a offert sa baguette magique. (*avec un sourire sardonique :*) Il serait temps que je l'utilise ! Puisque j'ai 20 ans ! Elle a le pouvoir de faire apparaître nos chers disparus à la place des vivants visés. (*Elle commence à le viser... il se lève et fait un écart*) Ne bouge pas, je t'ai raté.
Lui : - Déconne pas.
Romane : - Ça ne pouvait pas fonctionner, il me faut prononcer le nom du disparu que je souhaite accueillir.
Lui : - Déconne pas. J'ai vu un film où le mec était vraiment transformé. La sorcière le transformait

en lapin et le déposait au bord d'une route un dimanche matin, et après le mec, qui était président de la société de chasse, se faisait flinguer par son meilleur copain. Et alors la sorcière regardait le tableau du haut de la colline et retransformait le lapin en mec qui restait mort... alors déconne pas avec ça...

Romane : - J'ai l'air d'une sorcière ?

Lui, *on sent une légère peur dans ses yeux* : - Non mais t'avais un drôle de regard quand t'as levé ta baguette... y'a des choses dont il ne faut pas rire dans la vie.

Romane : - T'es sûr ?

Lui : - Bin oui.

Romane : - De quoi donc, ne faut-il pas rire ?

Lui : - Heu... La mort, les fantômes...

Romane : - C'est tout ?

Lui : - Le sida.

Romane : - Rien d'autre ?

Lui : - Heu... Le loto, le RC Lens, Zidane, Francis Cabrel, Grégoire, Olivia Ruiz...

Romane : - Et l'amour, on peut en rire ?

Lui : - Non, l'amour c'est sérieux, faut pas en rire.

Romane : - Alors pourquoi tu m'as draguée hier soir ?

Lui : - Quand je t'ai vue, j'ai été ébloui, tu es tellement belle, craquante, tu sais... mais pose cette baguette... on ne rit pas des baguettes non plus.

Romane : - On peut rire de tout mais pas avec n'importe qui, avait déjà remarqué Pierre Desproges.

Lui : - Je connais pas.

Romane : - Et les philosophes, tu les connais ?

Lui : - Euh... Mon père dit tout le temps que je suis épicurien, il veut dire que j'aime me faire plaisir. Tu connais Epicure ? Tu vois, la philosophie c'est pas forcément chiant, c'est pas comme ceux dont on nous bourrait le crâne au lycée.

Romane : - Tu es allé au lycée, toi ?

Lui : - Pourquoi, ça ne se voit pas ?

Romane : - Bon, revenons aux choses sérieuses, en qui vais-je te transformer ?

Lui : - Arrête. Tu vas me donner mal à la tête.

Romane : - Non, ça c'est la bière.

Lui : - Si on allait plutôt refaire l'amour. J'aime faire l'amour avec toi, tu sais, je suis un épicurien.

Romane : - Epicurien toi ? On a dit que j'allais te transformer.

Lui : - Arrête... *(il sourit et s'avance)* ou je te confisque ta baguette.

Romane : - Tu n'en auras pas le temps.

Il se précipite mais elle tend sa baguette magique vers lui...

Romane : - Epicure !

Il s'écroule derrière le canapé.

Scène 2

Romane et l'apparition d'Epicure.

Romane : - Levez-vous cher maître... (*il apparaît derrière le canapé, il est un vieil homme, se relève difficilement, repousse sa main quand elle l'approche*)
Epicure : - Chère demoiselle.
Romane : - Il est vrai que je n'avais rien précisé... J'aurais peut-être préféré vous recevoir dans la force de l'âge.
Epicure : - Mademoiselle m'a demandé, je suis venu sans me changer... L'âge... vous vivez une époque absurde où les filles de votre âge, belles, intelligentes, perdent leur temps avec de petits jeunes freluquets pas formés et stupides, certes mignons et désirables. (*il sourit en se tournant vers le canapé*)
Romane : - Je ne m'attendais pas à pareille entrée en matière.
Epicure : - Vous étiez bien en train... de vous ennuyer...
Romane : - Certes. Je ne peux le nier.
Epicure : - Et ce n'est pas un reproche, toute femme digne de ce nom, s'ennuierait avec un tel marmouset, juste bon au plaisir de vieux dépravés... à notre époque... Même si certaines évolutions sont positives, il reste logique qu'une femme intelligente de 20 ans ne puisse trouver de véritable plaisir avec un gamin de son âge.
Romane : - Niveau plaisir, quand même, je ne me plains pas...
Epicure : - Vos moralistes prétendraient mes propos incorrects, pourtant il en est ainsi, l'homme se développe beaucoup plus lentement que la femme et il a besoin de beaucoup philosopher pour trouver sa paix intérieure... le véritable plaisir n'a pas d'âge mais des affinités. Vous en êtes encore à l'éblouissement de la jeunesse et mon apparence vous semble malheureusement rédhibitoire au plaisir physique.
Romane : - Je sais votre temps compté... ne m'en voulez pas si je préfère vous écouter, retenir vos leçons.
Epicure : - Ecoutez-moi plutôt dans le peu de mes écrits qui vous sont parvenus. Quel gâchis ! Je viens de voir cela en traversant les siècles. Quel cauchemar ! Autant écrire et finalement ne laisser aux générations suivantes que trois lettres et quelques aphorismes.
Romane : - Maître... résumez-moi tout ce qui fut perdu !
Epicure : - Ah brave demoiselle, parler, converser, est l'un de mes grands plaisirs... mais en vous voyant d'autres plaisirs me traversent l'esprit.
Romane : - Je vous rappellerai... il me faut quand même un peu de temps pour assimiler votre remarque sur la nécessaire différence d'âge entre la femme de 20 ans disposée au plaisir et l'homme pouvant la combler...
Epicure : - Vous avez tout compris en quelques secondes.
Romane : - Mais vous avez quand même 2400 ans.
Epicure : - Ne me vieillissez pas ! Et les plus difficiles furent les cents premiers, quelques décennies sur terre, quelques décennies à regarder en arrière en regrettant le temps perdu en futilités, ensuite ce n'est qu'une question de patience. On s'y fait ! Comme vous le voyez je reste dans la force de l'âge !
Romane : - Vous voulez bien me résumer vos œuvres perdues.
Epicure : - Mais c'est impossible, des dizaines de traités ne se résument pas en quelques phrases. Il faut saisir la subtilité des choses. Il faudrait aussi supprimer de la pensée collective cette notion péjorative contenue dans épicurien...
Romane : - Oh maître... A part les... comme lui (*en souriant et se tournant vers le canapé*) nous savons qu'Epicure n'était pas épicurien.

Epicure : - Comme j'ai souffert durant le voyage en constatant qu'ils avaient gagné, mes pourfendeurs.

Romane : - Non, maître...

Epicure : - Ne cherchez pas à me rassurer, votre... copain, n'est pas le seul dans ce cas, je sais qu'on m'a dénigré et le poison est dans le nom. Ah, quelle mauvaise foi, d'avoir assimilé les plaisirs des gens dissolus et le vrai plaisir de la vie vertueuse. Ah pourquoi !

Romane : - C'est le même mot !

Epicure : - Mais ce n'est pas une raison. Les mots ont le sens qu'on leur donne, ce fut fait pour nuire à mon audience, pour déformer ma pensée. La vérité a toujours dérangé. Déjà dans ma lettre à Ménécée je devais me défendre : *"lorsque nous disons que le plaisir est la fin, nous ne parlons pas des plaisirs des gens dissolus ni des plaisirs de jouissances, mais de l'absence de douleur en son corps, de l'absence de trouble en son âme."* Pourtant, aujourd'hui encore, hier pour vous, l'ensemble de mes écrits étaient disponibles. Ah la calomnie !

Romane : - Maître, nous sommes donc immortels !

Epicure : - Vous seriez dans l'erreur si vous en déduisiez cela de mon apparition, si vous en arriviez à nier l'être mortel.

Romane : - Mais alors ?

Epicure : - Je n'en sais pas plus ! Donc je sais l'essentiel : vivez en immortelle, comme sur une mer apaisée après la tempête, transcendez votre vie, philosophez, trouvez l'équilibre, la sérénité, la plénitude, la paix intérieure.

Romane : - Mais vous êtes là !

Epicure : - L'être ne peut cesser d'être. Mais l'être n'est pas ce que vous croyez.

Romane : - Le monde a changé, nous pouvons comprendre ce qui semblait incompréhensible.

Epicure : - Un peu de connaissances n'y change pas grand chose. Les motifs d'angoisse sont restés les mêmes, la peur de la mort, du malheur, de la souffrance, des Dieux.

Romane : - Laquelle de vos doctrines une fille comme moi devrait connaître par cœur ?

Epicure : - Ah ! Si j'avais de l'encre, pour vous j'en écrirais des pages, je réécrirais d'abord tout ce qui fut sauvagement et mesquinement détruit... et vous vous apercevriez que certains de mes traités n'ont pas vraiment disparus, ils furent transformés et les plagiaires ont brûlé les originaux.

Romane : - Oh !

Epicure : - Maudits usurpateurs ! Et je reverrais sûrement quelques doctrines... en vous regardant je doute d'une maxime pourtant encore hier soir jugée très pertinente.

Romane : - Oh, dites, maître.

Epicure : - Quand on se suffit à soi-même, on arrive à posséder le bien inestimable qu'est la liberté.

Romane : - Ah la liberté ! Vivre libre est mon ambition.

Epicure : - Nous les philosophes avons échoué : la croyance aux mythes a triomphé. Nous nous sommes chamaillés entre chapelles alors que nous étions d'accord sur l'Essentiel, et nous avons laissé les partisans des mythes intoxiquer les cerveaux. Ils ont modifié leurs sophismes pour les rendre encore plus efficaces. Au point que même ceux qui n'y croient pas sont intoxiqués et ne comprennent pas que seule la philosophie est la voie pour atteindre la vie bienheureuse.

Romane : - Comme c'est beau !

Epicure : - Je n'ai eu d'autre but que d'éradiquer le trouble de l'âme.

Romane : - Tout n'est pas perdu. Les philosophes existent encore !

Epicure : - Il ne faut pas faire le philosophe mais philosopher réellement, car nous n'avons pas besoin d'une apparence de santé mais de la santé véritable.

Romane : - Philosopher, oui... mais j'ai si souvent l'impression de perdre mon temps. Sauf maintenant ! Et quand je vois comment vivent mes parents, c'est affreux.

Epicure : - Tout embrigadement est un danger. Il faut se dégager soi-même de la prison des affaires quotidiennes et publiques.

Romane : - Que se passe-t-il ?... Pourquoi semblez-vous soudain flou ?
Epicure : - Le soleil se lève, je retourne dans la réalité qui n'existe pas.
Romane : - Dites-moi en plus. La mort fait toujours peur.

Epicure : - Accoutume-toi à penser que la mort n'a aucun rapport avec toi, car tout bien et tout mal résident dans la sensation ; or la mort c'est la disparition des sensations. Tant que tu es toi, la mort n'est pas là, et quand elle sera là, tu ne seras plus. La mort n'a rien à voir avec les vivants. La mort n'a rien à voir avec toi, charmante demoiselle, soleil de mon millénaire.
Romane : - Et pourtant ! Vous devez savoir des choses que les vivants ignorent.
Epicure : - Je ne veux pas vous offenser. Mais il est des choses que les humains ne peuvent pas comprendre. Rejetez les mythes et vous aurez une chance de saisir l'essentiel. Un des petits jeunes observés durant ce grand voyage, a écrit "*l'essentiel est invisible aux yeux.*"
Romane : - St Exupéry.
Epicure : - Je ne doute pas que désormais, même après quelques bières, vous ne succomberez plus au premier désir venu, au doux visage de prétentieux insipides.
Romane : - Ah le désir ! Le désir est partout. Même en politique, y'a le désir d'avenir !
Epicure : - A propos de chaque désir, il faut se poser cette question : quel avantage résultera-t-il si je ne le satisfais pas ?
Romane *répète* : - A propos de chaque désir, il faut se poser cette question : quel avantage résultera-t-il si je ne le satisfais pas ? Comme c'est juste.
Epicure : - D'un jeune auteur nommé Epicure ! Je suis plus jeune que vous l'avez d'abord cru.
Romane : - Mais si je n'avais pas suivi mon désir, si je n'avais pas passé la nuit avec ce zigoto (*regardant vers le canapé et souriant*), je me serais réveillée de mauvaise humeur. Il faut vivre sans désir, alors ?
Epicure : - Parmi les désirs, les uns sont naturels et nécessaires, boire et manger par exemple, les autres naturels et non nécessaires, d'autres ne sont ni naturels ni nécessaires mais proviennent d'un raisonnement perverti par la force du conditionnement.
Romane : - Mes pensées vont vers des êtres de qualité et pourtant mes désirs naturels me jettent dans des bras...
Epicure : - Il vous suffit peut-être simplement de remplacer la bière par la philosophie.
Romane : - Alors, comment vivre ?
Epicure : - La tranquillité, la vie à l'écart de la foule, rien n'a fondamentalement changé en quelques années.

Romane : - Maître, pourrai-je vous rappeler quand j'aurai assimilé tout ce qui vient de se passer ?
Epicure : - Vous savez bien que les greens tickets de votre baguette magique ne sont pas renouvelables.
Romane : - Que vais-je devenir ? Je n'aurais peut-être jamais dû essayer cette baguette magique.
Epicure : - Vous allez aimer, aimer la vie, et peut-être même un jour rencontrer un être sur le même chemin que vous, un être de connaissance, de questionnement.
Romane : - Mais il n'en existe pas sur cette terre. Au moins dans cette ville. Vous êtes certain que je ne peux pas vous garder ?

Epicure hausse les épaules.
Elle s'approche, fait pour le toucher, et il s'effondre derrière le canapé.

Epicure : - Bon courage...

Elle tombe sur une chaise, la tête dans les mains.

Scène 3

Romane puis Lui réapparaît.

Lui : - Qu'est-ce que je faisais allongé par terre ? Comme un ivrogne cuvant ! Hé princesse ?
Romane : - Ah ! Toi ?
Lui : - Quoi moi ? Tu jouais avec une baguette magique et ensuite j'ai l'impression d'avoir rêvé... De t'avoir entendue délirer.

   Elle sourit.

Lui : - Tu m'aurais pas hypnotisé avec ta baguette ? Arrête de sourire comme ça, j'ai l'impression que tu te payes ma tête. Au fait, je ne te connais pas ! Tu ne serais pas une perverse psychotique ? Ou une voleuse (*il va à sa veste, regarde dans son portefeuille*) Arrêtes ton sourire de perverse ! J'en ai connues des chiantes, des déglinguées du ciboulot et des tarées, mais là c'est le pompon !
Romane : - Je ne te retiens pas.
Lui : - Je croyais qu'on allait refaire l'amour ! Là t'es vraiment super ! Pourquoi tu souris quand je te parle ?
Romane : - Parce que tu dois avoir rêvé.
Lui, *en s'avançant* : - T'as de la chance que je te désire.
Elle, *en souriant* : - A propos de chaque désir, il faut se poser cette question : quel avantage résultera-t-il si je ne le satisfais pas ?
Lui : - J'ai entendu un de ces trucs dans mon cauchemar, c'est bizarre, tu racontais ce genre d'âneries, comme si tu parlais à quelqu'un que je n'entendais pas.
Romane : - Tu as donc raté l'essentiel.
Lui : - Y'a quelqu'un d'autre ici ?
Elle, *en souriant* : - Nous sommes plus nombreux que tu le crois.
Lui : - Mais tu es folle. (*elle le regarde en souriant, se demandant de plus en plus visiblement ce qu'elle a pu faire avec un mec pareil*) Tu t'es piquée. Tu es une junkie ? Comme quoi ils ont raison, faut toujours se protéger avec une nouvelle.

   Il regarde sa montre.

Lui : - Je me tire d'ici avant que ça dégénère. Salut, la philosophe.
Romane : - Je vais essayer (*il la fixe sans comprendre puis sort*)

Rideau

Acte 2

Scène 1

Quelques jours plus tard. Même appartement. La baguette de nouveau au mur. Un gros livre, l'intégrale de Sénèque, sur le bureau.
Romane, seule, de dos, regarde par la fenêtre. Se retourne, semble très pensive et perturbée.

Romane : - Et maintenant ? Après Epicure, à qui le tour ? Socrate, Platon, Diogène, Sénèque, Schopenhauer, Goethe, vont défiler dans cet appartement ?
Et ensuite je deviendrai folle, je ne saurai plus discerner la réalité des apparitions ?
(*elle s'assied*)
Mémé, que dois-je faire ?
J'avais huit ans, mémé, quand tu m'as donné cette baguette magique. Huit ans ! Tu m'avais juste précisé de ne pas l'utiliser avant mon vingtième anniversaire. Et que je ne pourrai la remettre qu'à ma fille ou ma petite-fille. Je t'avais répondu oui, « *oui mémé* ». Et tu m'avais murmuré « *va* », quand maman m'avait appelée, elle ne voulait pas que je te fatigue. Et le lendemain tu étais morte, je n'ai pas eu le droit de te revoir. Est-ce que même morte tu m'en aurais appris plus ?
Mémé, à huit ans, je ne pouvais pas te poser toutes les questions qui me tournent dans la tête aujourd'hui.
Je sais bien, tu avais ajouté des mots que je n'avais pas compris mais qui sont restés gravés là « *moi, tu ne pourras pas m'appeler. De même qu'aucune personne à cinq générations de notre famille. De même qu'aucune personne ayant vécu sur terre depuis ta naissance. Tu ne pourras pas prêter ta baguette, même à ta sœur. Et il en sera toujours ainsi, tu transmettras cette loi le moment venu après avoir fait de ton mieux pour mériter l'honneur d'avoir appartenu à la confrérie.* » Pourquoi ? Je n'en sais rien ! Je te regardais avec mes grands yeux de petite fille dont la mémé lui donne un secret trop grand pour elle.
Quel humain ne perdrait pas le ciboulot quand il peut converser avec Proust, Stendhal, Balzac, comme avec la boulangère ou le facteur ? Même le général de Gaule si je veux !

Scène 2

On sonne. Elle va ouvrir sans poser de question. Elle savait donc qui devait venir. C'est sa sœur, Karine. Elles s'embrassent.

Karine : - Oh là la, ça ne va pas mieux toi, tu as l'air perturbée, frangine.
Romane : - Ça va.
Karine : - Tu es amoureuse ?
Romane : - Pfou… tu les as vus les mecs.
Karine, *en souriant* : - Souvent ici, et pas moches.
Romane : - Tu te souviens de mémé Charlotte ?
Karine : - J'avais quatre ans quand elle est morte, partie comme on doit dire, tu sais bien. Tout ce que je sais, ça vient de toi ou maman. Il ne me reste que des souvenirs visuels.

Romane va prendre au mur la baguette magique.

Romane : - Et ça c'est sa baguette magique.
Karine : - Oui, elle te l'a donnée, et j'avoue que j'en ai toujours été jalouse. Quand j'avais 7-8 ans, j'allais la prendre dans ta chambre.
Romane : - Oh !

Karine : - Et je jouais à la sorcière, je transformais mes doudous.
Romane : - En quoi ?
Karine : - En tout ce qui me passait par la tête… tu te souviens que j'étais amoureuse d'Alain Delon.
Romane, *en souriant* : - C'est de famille, maman l'est encore !
Karine : - Mais pourquoi me parles-tu de cette baguette, elle a quoi à voir avec tes soucis ?
Romane : - Tout !
Karine : - Tout ! Mémé croyait qu'elle était vraiment magique, m'a raconté maman. On avait une mémé timbrée, selon elle.
Romane : - Ne dis pas cela.
Karine : - Toi aussi, tu vas croire qu'elle est vraiment magique, ta baguette ? Qu'elle peut te créer le prince charmant sur un cheval blanc ?
Romane : - Ce que tu faisais avec tes doudous, je peux le faire avec des humains. Mais contrairement à tes doudous, les humains changent d'identité.
Karine : - T'as fumé ?
Romane : - Dimanche matin, j'étais avec un beau gosse… Il m'énervait tellement que j'ai pris la baguette, et que j'ai murmuré « Epicure », alors le beau gosse s'est effondré derrière ce canapé, il était là où tu es, tu vois, et c'est Epicure qui s'est difficilement relevé.
Karine : - T'avais fumé la veille ?
Romane : - Tu sais bien que je ne touche pas à ce poison. L'alcool déjà ça m'agite les neurones… mais c'était le matin, j'étais totalement lucide, trop même pour supporter un mec beau et con mais alors con à la fois.
Karine : - Tu m'en veux si je ne te crois pas ?
Romane *hausse les épaules, silence, puis tend sa baguette vers sa sœur* : - Sénèque !

Sa sœur s'effondre derrière le canapé et elle la fixe avec des yeux écarquillés.

Scène 3

Sénèque apparaît. Environ 50 ans, habillé en grand seigneur romain, il n'a donc pas encore écrit ses Lettres à Lucilius *ni ses* Entretiens. *On peut imaginer qu'il se situe à sa période politiquement faste, quand il régentait l'empire romain du jeune Néron.*
Ils se regardent, long silence. Elle sourit.

Romane : - Vous ne devez pas être trop dépaysé. Vous êtes sur les terres de votre empire romain.
Sénèque : - Si je me souvenais de tout ce que j'ai vu durant ce voyage et que j'ose en parler, Néron m'ordonne de me suicider dès demain.
Romane : - Alors vous savez ce qui va vous arriver.
Sénèque : - J'ai tout vu mais s'il m'en reste quelque chose au réveil, je me hâterai d'évacuer ce cauchemar.
Romane : - Alors… nous sommes dans votre sommeil ?
Sénèque : - Vous l'ignoriez ?
Romane : - Maître, je vous avoue tout, peu importe si cela me porte préjudice, il faut que vous m'aidiez.
Sénèque : - Si je le peux… je vous écoute.
Romane : - Ma grand-mère m'a offert cette baguette avant de disparaître, alors que j'avais huit ans, je l'utilise seulement pour la deuxième fois, et j'ignore tout de ce qui se passe actuellement.
Sénèque : - N'ayant pas vu… Puis-je poser une question peut-être indiscrète ?
Romane : - Je vous dirai tout ce que je sais.
Sénèque : - Qui avez-vous appelé en premier ?

Romane : - N'en prenez pas ombrage maître, il s'agissait d'Epicure.

Sénèque, *visiblement contrarié :* - Ah !

Romane : - J'étais avec un jeune de mon âge, qui me gonflait (*elle cherche avec précipitation à se justifier*), j'avais la baguette magique, je lui ai parlé de philosophie, il n'a pu me répondre qu'une chose « *mon père me dit épicurien* »… alors je n'ai pas réfléchi, j'ai prononcé Epicure.

Sénèque, *souriant, rassuré :* - Epicure n'était pas le pire des hommes que cette terre ait vu, il a même des préceptes justes, et quand ils le sont, il ne faut jamais hésiter à se les approprier ; toute belle pensée, d'où qu'elle vienne, est mon bien. Comme « *fais-toi l'esclave de la philosophie et tu posséderas la vraie liberté.* » En effet, la philosophie n'ajourne pas celui qui s'y adonne, l'affranchissement est immédiat. Qui dit servitude philosophique dit précisément liberté. Ou alors « *celui-là trouve le plus de jouissance dans la richesse, qui s'en fait le moins possible un besoin.* » (*Romane ne suit plus les préceptes comme récités à une élève de manière didactique, attendant, en le montrant de plus en plus ostensiblement, qu'il cesse son développement*) En effet, qui a besoin de richesses craint pour elles. Et comme nous le savons, d'un bien sans quiétude, l'homme ne peut en profiter, il est préoccupé d'arrondir son capital et oublie de l'utiliser. Nous avons, avec le courant d'Epicure, des constats en commun : « *l'acquisition des richesses est moins la fin des misères que leur changement.* » En effet, ce qui nous faisait paraître la pauvreté pénible nous rend les richesses aussi pesantes, le mal n'est pas dans les choses, il est dans l'âme.

Romane : - Vous et moi, ici, comment est-ce possible ?

Sénèque : - J'ai étudié tard durant la nuit, un rouleau de notre vénérable Zénon de Kition, et je me suis sereinement endormi. Vous m'avez alors appelé, je suis venu en toute confiance. Et avec plaisir.

Romane : - Mais comment vous ai-je appelé ? Presque 2000 ans séparent votre sommeil et cette chambre.

Sénèque : - Votre baguette est magique.

Romane : - Je sais… mais comment ?

Sénèque : - Le temps n'existe pas comme nous le concevons ordinairement. Ainsi vous pouvez vous positionner, disons observer, comme si vous étiez située à des années lumière de la terre et que votre regard soit plus rapide que la lumière.

Romane : - Mais… je ne vous vois pas agir, ce qui serait déjà exceptionnel, je vous parle, vous êtes là.

Sénèque : - Vous avez compris que 2000 ans, ce n'est presque rien avec une baguette agissant comme un regard plus rapide que la lumière. La deuxième partie du raisonnement, sans vouloir douter de vos facultés de compréhension, elle vous sera plus difficilement compréhensible. Je l'ai vue maîtrisée, je m'en souviens à l'instant, quand un de vos descendants m'a appelé… Oh, dire que tout ce que j'ai vu durant mes précédents voyages, je l'ai oublié en me réveillant à Rome… Oh chère demoiselle, je vous aurai oublié au réveil mais me souviendrai de vous lors d'un prochain voyage…

Romane : - Vous voyagez souvent ?…

Sénèque : - J'ai une petite notoriété qui ne se dément pas au fil du temps. Mes nuits sont variées.

Romane : - Alors, je ne suis pas la seule à posséder une telle baguette.

Sénèque : - J'ignore combien de baguettes existent. Certaines furent détruites mais elles sont indestructibles, elles sont simplement disons perdues. J'ai déjà vu celle-là en tout cas.

Romane : - Vous avez connu ma grand-mère ?

Sénèque, *la regardant fixement :* - Les femmes que j'ai rencontrées ne sont pas dans votre mémoire présente.

Romane : - Vous voyez dans ma mémoire.

Sénèque : - Naturellement…

Romane : - Haa ! *(d'émerveillement)*

Sénèque : - La vie n'est pas ce que l'on nous fait croire.
Romane : - Mais avant… sinon je ne vais rien comprendre, pouvez-vous revenir à votre explication sur le pourquoi et comment je ne vous vois pas simplement agir dans un grand miroir mais je peux vous parler.
Sénèque : - Nous avons plusieurs niveaux de vie. La vie banale où nous laissons notre corps nous guider en pensant que nos idées le dirigent alors que c'est le contraire, et l'autre niveau de vie, c'est l'application de ce que j'ai toujours cru : la philosophie mène à la vraie vie, nous permet d'atteindre cette sagesse, et cette sagesse c'est la vie spirituelle dont les possibilités débordent tout ce que nous pouvons imaginer quand nous croyons simplement penser.
Romane : - J'ai des difficultés à suivre.
Sénèque : - Cette baguette vous permet d'accéder à un état de lucidité que seul le Sage peut atteindre sans une baguette.
Romane : - Pourquoi dois-je viser quelqu'un qui s'endort durant votre présence ?
Sénèque : - Le voyageur a besoin d'une force vitale pour accéder aux fonctions de paroles et aux gestes. Un jour, pour nos descendants lucides, ce ne sera plus nécessaire, ils offriront leur propre force en terre d'accueil.

Romane : - Mais comment puis-je vous parler, alors qu'excusez-moi de vous le rappeler, vous être mort depuis… si longtemps.
Sénèque : - Je suis mort, et de quelle manière !, cela il vaut peut-être mieux que je ne m'en souvienne pas au réveil, je suis mort à un instant mais vous m'avez extrait de mon temps vivant.
Romane : - Alors l'âme existe !
Sénèque : - N'allez pas trop vite ! Ne passez pas d'un extrême à l'autre… Vous me voyez, vous me parlez mais je ne suis pas un citoyen de votre époque, je reste, profondément, viscéralement, Sénèque, né bien avant vous et définitivement mort à votre époque.
Romane : - Mais alors ?
Sénèque : - Vous êtes dans la vérité de la vie alors que moi, sauf à découvrir cette baguette, je ne pourrai que… disons « voyager dans le temps », uniquement quand ma notoriété aura parcouru disons encore « le temps », au point que les vôtres me pensiez détenteur de réponses essentielles. Comme quoi j'ai raison de travailler pour la postérité. Seule la postérité nous sauve.
Romane : - Je ne comprends pas tout.
Sénèque : - Vous approchez de la réalité de la vie alors que vos contemporains réagissent à l'agitation de mythes… certains de ces mythes sont nés d'une imagination de cette réalité, le plus souvent après quelques confidences, comme vous en avez confié une voici quelques instants à mademoiselle votre sœur, qui parviendra difficilement à vous comprendre mais pourrait un jour être portée par l'imagination à créer un nouveau mythe.
Romane : - C'est ma sœur… elle va me croire et comprendre !
Sénèque : - N'en soyez pas aussi certaine. La vérité ne doit se confier qu'à ceux qui peuvent l'entendre. Elle pensera que vous cherchez le Graal et avez la faiblesse de croire l'avoir trouvé en vous racontant une histoire de baguette magique, en prenant vos rêves pour la réalité par refus de la réalité.
Romane : - Et si je raconte tout, simplement comme c'est arrivé ?
Sénèque : - Vous pouvez essayer, mais j'ai bien peur que votre témoignage soit considéré comme une œuvre d'imagination.
Romane : - Et si je réalise une expérience devant une caméra ?
Sénèque : - Vous savez bien, ou plutôt vous ne savez pas encore, que vous seul me voyez et m'entendez.
Romane : - Ah ? C'est pour cela que l'idiot a cru que je parlais seul quand j'ai reçu Epicure.
Sénèque : - Même si nous avions 300 ou 1000 spectateurs, ils vous penseraient un peu folle et sujette à un délire.

Romane : - Alors, à quoi bon ?

Sénèque : - Essayez quand même… si vous en avez la force… votre époque est moins cruelle que la mienne… Si j'ai bien suivi mon avenir, la philosophie n'aura éloigné qu'un temps ce bon Néron de la barbarie de ses prédécesseurs, et il ajoutera le matricide et le quasi parricide aux méfaits des cruels Claude et Caligula.

Romane : - Mais si Claude ne vous avait pas exilé en Corse, vous n'auriez jamais écrit *la consolation à Marcia*, ni *la Colère*.

Sénèque : - Je dois toute ma renommée à mon théâtre.

Romane : - Et pourtant vous n'avez pas encore écrit vos œuvres majeures.

Sénèque : - Il est toujours surprenant de voir ce que l'on retient de vous. Mais comme Socrate, on m'accuse désormais de corrompre la jeunesse.

Romane : - Vous allez écrire *la vie heureuse*.

Sénèque : - Le souverain bien, c'est l'inflexibilité d'une âme que rien ne peut briser, sa prévoyance, sa sublimité, sa santé, sa liberté, sa concorde, sa beauté.

Romane : - Mon p'tit doigt me signale que subitement votre texte va changer de nature et vous allez vous en prendre aux délateurs qui accusent les philosophes de bafouer leurs doctrines, de professer la pauvreté tout en vivant dans le luxe.

Sénèque : - Vous croyez ? Je vais oser ?

Romane : - J'en suis même certaine !

Sénèque : - Moi aussi, à cet instant.

Romane : - Pourtant, maître : « *quel tort pourrait bien faire à un homme de bien les injustes propos dont on l'éclabousse ?* »

Sénèque : - Votre réflexion est très stoïcienne. De quel auteur ?

Romane : - Un certain Sénèque.

Sénèque : - Je vais donc l'écrire ! Ah si je pouvais dès cet instant sortir des obligations de mon rang et me consacrer à la sagesse.

Romane : - Vous y parviendrez !

Sénèque : - Non, nous restons des humains dans notre époque. Votre époque est le paradis sur terre, comme je n'aurais jamais osé en rêver, votre souverain est parfait.

Romane : - Ce n'est pas ce que nous pensons. Les gens se sentent prisonniers, méprisés.

Sénèque : - Fouillez dans le cœur de ces gens qui gémissent sur le sort qu'ils ont désiré, qui parlent de fuir ce dont ils ne peuvent se passer. La servitude ne retient que peu d'hommes, il en est plus qui retiennent leur servitude. Vous n'avez pas connu Claude, Caligula… et Néron… Vous avez la chance de pouvoir vivre libre sans être happé par la chose publique.

Romane : - Et pourtant la pauvreté augmente.

Sénèque : - Faire bon ménage avec la pauvreté, c'est être riche. Le confort même de votre classe moyenne dépasse tout ce que je peux espérer même en possédant votre Egypte et votre Angleterre. Notre opulence déjà exceptionnelle par rapport à nos ancêtres, est infime par rapport à la vôtre.

Romane : - Et pourtant, il y a plus de sagesse dans vos entretiens que dans les milliers de livres publiés par nos pseudos philosophes.

Sénèque : - Les siècles ont fait le tri. Vous regrettez de ne pas pouvoir lire l'ensemble de mes écrits mais les siècles vous ont épargné les quatre mille volumes du pitoyable grammairien Didyme.

Romane : - J'ai bien aimé votre commentaire : « *Je le plaindrais même s'il n'avait fait que lire un pareil ramassis d'inutilités.* »

Sénèque : - Je fais ce que je peux dans une époque cruelle.

Romane : - Et nous oublions notre chance. Nous perdons notre temps.

Sénèque : - Seul le temps nous appartient. Si vous ne deviez retenir qu'une chose de notre entrevue… Vous pouvez vous consacrer à l'étude, alors que pour conseiller le prince, j'ai dû y renoncer.

Romane : - Mais pourquoi n'êtes-vous pas resté tranquillement dans votre exil en Corse ?

Sénèque : - Croyez-moi, cette terre est inhospitalière, peuplée de barbares. Et on m'a rappelé à Rome pour veiller à l'éducation de Néron.

Romane : - Vous n'exagérez pas un peu sur la Corse ? Et vous l'avez un peu réclamé, ce retour...

Sénèque : - Si vous connaissiez Rome et la Corse de mon époque, vous seriez du même avis. Quant à mon retour... il faut croire que même un stoïcien qui fut toujours conscient d'avoir encore un long chemin avant de parvenir à la Sagesse, même un apprenti stoïcien... laisse passer son devoir de participer aux affaires publiques avant son bien personnel. Quant au sujet de votre... « nation », je vous avoue ma préférence pour Arles.

Romane : - Madame Sénèque.

Sénèque : - Appelez-la Pauline... nous croyons la mort redoutable et les femmes désirables... c'est pourquoi il faut consacrer à vivre tout le temps que l'on vit... les stoïciens ont toujours reconnu que le Sage, qui est le but de nos efforts et la raison de notre philosophie, le Sage n'a peut-être jamais existé. (*en souriant :*) La guérison mentale est le grand but du stoïcien. Même à Zénon, Cléanthe et Chrysippe, il a manqué votre baguette de Sagesse.

Romane : - Mais comment accepter de mourir ! Qui plus est quand on sait ce que je viens de découvrir !

Sénèque : - Nous avons reçu la vie à condition de mourir. Refuser de mourir, c'est ne pas avoir accepté de vivre. Qui plus est, redouter quelque chose qui n'existera pas pour nous est aussi absurde que de redouter un mal qu'on ne sentira pas. Rassurez-vous, la mort rend insensible. Qu'elle soit une fin ou un passage, nous n'avons rien à craindre.

Romane : - Mais le temps passe si vite. Comment ne pas rater sa vie ?

Sénèque : - « *Une journée de l'être éclairé*, dit Posidonius, *a plus d'étendue que la vie, si longue soit-elle, de l'ignorant.* » Quant à moi, je vous ajoute : la base de la sagesse, c'est de ne pas mettre sa joie dans les choses vaines.

Silence

Romane : - Sénèque ? Sénèque ? Ça va ?

Sénèque : - Vous avez le matériel, dans une époque de toutes les facilités, pour atteindre la sagesse... sachez vous pénétrer, vous nourrir des auteurs essentiels... ne butinez pas trop... sachez vous rendre de jour en jour meilleure, par la méditation, avancez vers la Sagesse... Etudiez, non pour savoir davantage mais pour mieux savoir... Paulina m'appelle...

Sénèque s'effondre derrière le canapé.

Rideau

Acte 3

Suite : Karine réapparaît derrière le canapé tandis que sa sœur reste les yeux écarquillés, se retenant de pleurer la disparition de Sénèque.

Karine : - Je crois que j'ai fait un malaise.

Romane : - Pardonne-moi.

Karine : - Te pardonner ? Ah, je me sens déjà beaucoup mieux, comme si je me réveillais. Pourquoi te pardonner ?

Romane : - D'avoir voulu te montrer que cette baguette est bien magique.

Karine : - Tu ne m'a rien montré ! Je te disais justement que je n'y croyais pas à ton délire de mémé. Et là tu as dis un nom bizarre… et je me suis… comme endormie.

Romane : - Un nom bizarre ?

Karine : - Oui, un nom que je t'ai déjà entendu prononcer. Ce ne serait pas un de tes philosophes préférés ?

Romane prend le livre sur la table et le lui tend.

Karine : - Sénèque, oui… (*l'ouvrant*) je ne comprends pas comment tu arrives à lire des gros livres comme ça. En plus, c'est écrit en hyper minuscules (*elle le repose*).

Romane : - Pauvre Sénèque, il se lève, il ne sait déjà plus ce qui l'attend… Tu sais que Néron va devenir pire que Caligula !

Karine : - Caligula, celui du film ?

Romane : - Ils ont fait des films sur lui, l'empereur sanguinaire.

Karine : - Quel rapport avec ton Sénèque.

Romane : - Il est retourné écrire *la vie heureuse*, il va se défendre contre la calomnie… il lui reste encore une œuvre à écrire, malheureusement seulement 124 de ses lettres à Lucilius vont nous parvenir, les autres sont perdues.

Karine : - Tu parles comme si vous étiez potes et que tu venais de passer une heure au bistrot avec lui.

Romane : - C'est possible pour toi de comprendre que tu n'as pas eu un malaise ?

Karine : - Ah oui, j'ai eu un malaise, j'avais presque déjà oublié, n'en parle pas à maman, elle va vouloir me faire faire des examens, elle va encore dire que je fais trop de sport.

Romane : - Et durant ce temps, est-ce que tu ne m'aurais pas entendu parler ? Parler comme si je dialoguais avec quelqu'un que tu n'entendais pas ?

Karine : - J'ai l'impression de m'être endormie, oui, j'ai rêvé que tu blablatais, développais tes théories philosophiques comme tu le fais à chaque fois que tu daignes venir partager un repas avec ta famille d'ignares, comme dirait père.

Romane : - Tu m'entendais parler avec Sénèque.

Karine, *en souriant* : - Le copain de Caligula ?

Romane : - Karine, si tu te moques de moi, tu ne comprendras jamais ce que je te raconte.

Karine : - Essayer de te comprendre, c'est comme essayer de changer Johnny Hallyday… je ne te rappelle pas de qui est cette belle phrase, un aphrodisme comme tu dis.

Romane : - Aphorisme.

Karine : - Alors, on va le faire, ce tennis ?

Romane : - J'essaye de t'expliquer que ma baguette magique t'a transformée en Sénèque, que j'ai eu le privilège de parler avec le plus grand philosophe stoïcien et tu me réponds « *on va faire un tennis ?* »

Karine : - J'aurais dû le croiser ton Sénèque, il aurait peut-être voulu que je lui apprenne à jouer au tennis. Parce que je ne suis pas aussi ignare que tu crois, le mot tennis date de 1880. Tu le savais ?

Romane : - Je croyais 1879 !

Karine : - En tout cas, ton Sénèque, je lui aurais mis 6-0, 6-0, je crois. Parce qu'il devait plus être tout jeune.

Romane : - Alors il avait raison.

Karine : - Quoi, il avait raison ?

Romane : - Il m'a souhaité bon courage. Personne ne peut me croire.

Karine : - Mais si, tu cherches ton Graal, et tu crois l'avoir trouvé en te racontant cette histoire de baguette magique. Tu prends tes rêves pour la réalité, parce que tu refuses la réalité.

Romane : - Karine, tu as déjà entendu quelque part cette phrase ?

Karine : - Je suis quand même capable de prononcer deux phrases sans les réciter. Faut quand même pas me prendre pour une conne.

Romane : - Karine, presque mot pour mot, Sénèque m'a prétendu que tu en conclurais cela !

Karine : - Tu aurais dû lui demander le tirage du loto !

Romane : - Le mot Graal, ce n'est pas ton vocabulaire.

Karine : - Si tu avais regardé la télé hier soir, tu le connaîtrais !

Romane : - Je le connais mais toi, c'est la première fois que je t'entends le prononcer.

Karine : - Bin oui, contrairement à ce que croit l'intellectuelle de la famille, la télé cultive ! Ou alors tu vas me dire que comme Sénèque, j'ai regardé la télé hier soir et que lui comme moi on est victime du matraquage de cette télé que tu détestes !

Romane, *s'asseyant, effondrée, proche des larmes* : - Karine, si tu ne m'aides pas, je crois que je vais devenir folle.

Karine, *se rapproche, d'abord touchée* : - Qu'est-ce que t'as ma grande sœur ?

Romane : - Y'a que mémé m'a donné cette baguette magique alors que j'avais huit ans, en me précisant de ne pas l'utiliser avant mes vingt ans. Et j'ai vingt ans. Et cette baguette est vraiment magique. Tu ne sais pas ce que c'est de dire Sénèque et de le voir apparaître à ta place.

Karine : - C'est vrai que ça doit faire un drôle d'effet.

Romane : - Karine, pourquoi je te mentirais ?

Karine : - Tout à l'heure j'aurais dit pour ne pas venir faire un tennis… mais là je vois bien que tu es vraiment mal.

Romane : - Que vais-je devenir ?

Karine : - C'est peut-être vrai ce que dit maman.

Romane : - Quoi ?

Karine : - Non… rien…

Romane : - Allez, vas-y, je sais bien que ce n'est pas de toi…

Karine : - Que mémé, en plus de t'avoir donné un appart, elle t'a aussi donné son grain. Non, je me plains pas, j'ai eu son livret de caisse d'Epargne…

Romane : - Que vais-je devenir ?

Karine : - Tu veux que je la jette, ta baguette ? Comme ça, plus de baguette, plus de revenants, tu me donnes ta baguette et je te donne une raquette, et on va se faire un tennis, et ça te passera ces trucs, tu verras, j'ai encore progressé. Alors, je te la casse en dix morceaux, cette baguette ?

Romane : - Tu crois que c'est la meilleure solution ?

Karine : - Et si je gagne, tu me payes un flunch !

Romane : - Détruire cette baguette magique ?

Karine : - Elle te perturbe trop, elle t'empêche de vivre.

Romane : - Elle m'empêche de vivre ?

Karine : - Tu vois, t'as même pas de télé et tu veux jamais faire un tennis.

Romane : - Télé, tennis… C'est ça la vie ?

Karine : - Toi qui parles toujours d'équilibre, prends un miroir et regarde qui a l'air la plus équilibrée ici.

Romane : - Un miroir… regarder…

Romane se lève, s'avance… vers la baguette magique… la prend… reste un moment retournée…

Karine : - Allez, je te la casse, je la vire au vide-ordure et on va faire un tennis…

Romane se retourne, la tend vers sa sœur.

Romane : - Socrate !

Karine s'effondre. Le rideau se baisse.

Rideau - Fin

Amour, sud et chansons

Comédie en trois actes

deux femmes, deux hommes
(ou un homme, une femme et deux voix enregistrées)

Un homme, une femme et deux voix enregistrées (qui peuvent être celles de la comédiennes et du comédien, avec un accent nordiste pour la première, gays pour l'autre).

ELLE et *LUI* ont quitté Douai (nord de la France) pour le sud-ouest (région de Montcuq en Quercy), un février de la fin du deuxième millénaire.

Elle : vingt-cinq ans, cheveux longs, physique top model.
Haut de pyjama impeccable, avec tee-shirts en dessous.
Bas : survêtement neuf, chaussettes.
Ne veut pas travailler et ne veut pas s'ennuyer. Fautes de français fréquentes.

Lui : trente ans, cheveux mi-longs ébouriffés ; banal. Pas moche mais banal. Pas rasé d'au moins huit jours. Vieille veste de pyjama (un trou bien apparent au coude droit), au-dessus d'autres vestes de pyjama et tee-shirts.
Bas : survêtement « ancien. »
Sent le négligé. Veut être écrivain, écrit des textes de chansons (jamais chantés), a été sélectionné aux « Rencontres d'Astaffort », semaine de rencontres musicales organisées par un chanteur populaire, Francis Cabrel.

Deux rôles secondaires (au téléphone uniquement, enregistrés avant les représentations) :

Première voix au téléphone : connaissance de LUI. Compositeur connu aux *Francofolies* de La Rochelle (festival de chansons), ayant participé aux rencontres d'Astaffort lors d'une précédente cession. La trentaine. Riche et efféminé.

Deuxième voix au téléphone : sœur de LUI. Trente-sept ans. Secrétaire, « bonne à tout faire » d'une PME.

Références à :
Maman est folle : mère d'ELLE.
La vieille : une voisine, quatre-vingt-cinq ans, veuve, cancanière.
Le vieux : un voisin, quatre-vingt ans, veuf, raconte « le pays » aux « jeunes. »
Goldorak : patron de la sœur de LUI.

Acte 1

La chambre, d'une maison en pierres, « dans le sud », le sud-ouest, le Quercy, région de Montcuq. Au milieu, un "lit" (deux matelas posés par terre). À sa droite, une étagère « pin des Landes », remplie de classeurs, livres et peluches. À sa gauche, un "bureau" (une planche sur deux tréteaux) avec un amas de papiers en désordre.

Entre le "bureau" et le "lit" : un téléphone (avec touche haut-parleur et touche « discrétion » - à maintenir enfoncée pour parler sans être entendu du correspondant tout en continuant à l'entendre), un balai, une lampe électrique (une femme et un homme enlacés)...

Traînent aussi par terre : un pistolet avec à l'intérieur une cartouche de joint mastic, une perceuse, des publicités, des cartons, certains ouverts (dépassent, des serviettes, des fringues, des plats), d'autres empilés et fermés de gros scotchs marrons, et tout ce qui sera évoqué...

Les murs : à droite, pierres crépies (peinture écaillée d'au moins trente ans), une fenêtre masquée par une couverture maintenue avec deux grosses lattes en bois ; fond et gauche : isorel marron très laid... ; gauche : une porte, en isorel, peinte en bleu écaillé.

Une ampoule (très forte) au-dessus du lit.

Le plafond : entre chaque poutre, du lambris. Aux raccords : du sparadrap, des boulettes de journaux et du joint mastic blanc du meilleur effet !

À côté de la fenêtre : un radiateur électrique, neuf... Mais bruyant.

Ce décor « idéal » peut être remplacé par une création reflétant la même impression d'arrivée récente et d'habitat rudimentaire.

Dans « le lit » : ELLE et LUI à sa gauche, allongés, emmitouflés (grosses écharpes) sous de nombreuses couvertures.

Tandis que se lève le rideau :

Elle : - Aïe ! *(très plaintif)* Oh ! Mon Dieu !

Lui : - Ouille !

Elle : - Ton côté ?

Lui : - Mon dos.

   Il essaye de se redresser, de s'asseoir, y parvient en marmonnant régulièrement « ouille. »

Elle : - Tu vas pas dormir ?

Lui : - Je crois que je vais lire un peu.

Elle : - Encore !

Lui : - Tu crois qu'on est en état de faire l'amour !

Elle : - On pourrait essayer quand même... Même si tu bouges pas, c'est mieux que rien...

Lui : - Tu veux vraiment que je reste bloqué ?

Elle : - Bin non... Parfois j'ai l'impression que tes bouquins comptent plus que moi.

Lui : - Tu avais pourtant tendrement et judicieusement proclamé : « *Je vais essayer de dormir !* »

Elle : - Je croyais être bien sur le dos... Oh ! mon Dieu... Je vais essayer de me mettre sur le côté.

Lui : - Qu'est-ce qui t'a pris de vouloir soulever ce tronc, il pèse au moins cent quatorze kilos.

Elle : - J'ai pas envie de mourir de froid...

Lui : - Tu aurais pu ramener des brindilles... Ça chauffe aussi.

Elle : - Tu parles ! Avec une cheminée qui fume tout le temps... Être obligé de laisser la porte ouverte pour pas être asphyxié !... On n'arrivera jamais à chauffer...

Lui : - Surtout maintenant qu'on est deux éclopés.

Elle : - Qu'est-ce qu'on va faire ?

Lui : - Attendre l'été.

Elle : - Toi tu t'en fous, tu pourrais même vivre dans une pièce, une fois que tu as un livre, ton stylo et du papier, on dirait que plus rien ne compte pour toi.

Lui : - C'est ma chance et tu le présentes comme un drame !
Elle : - Je croyais quand même pas que tu étais comme ça.
Lui : - Je te l'ai pourtant annoncé le premier soir : « *jeune retraité, ma vie oscille désormais entre lire et écrire...* »
Elle : - Je croyais que c'était juste une belle phrase pour me séduire.
Lui : - Parfois les êtres humains parlent comme ils pensent.
Elle : - Ça t'embête si je te parle ?... Tu préfères lire ?
Lui : - Finalement, je vais essayer de dormir. Plutôt que de te plaindre, va éteindre !
Elle : - Oh, non, je me lève plus.
Lui, *souriant* : - J'en suis certain : tu vas bientôt te lever.
Elle : - T'es dégueulasse ! J'y pensais plus. Maintenant j'ai vraiment envie... C'est pas drôle.
Lui : - Toi, tu ne m'avais pas prévenu que tu dois visiter quinze fois les toilettes avant de t'endormir.
Elle : - C'est comme ça une fille... Dans la famille.
Lui : - Va, et n'oublie pas de fermer la lumière quand tu reviendras.

> *Elle se lève, difficilement, enfile son bonnet, un gros manteau, posés juste à côté du lit, et sort... Chaque pas entraîne un « léger » craquement du plancher qui se poursuit dans le couloir... Ainsi chaque retour sera de même précédé.*

Lui : - Qu'est-ce qu'ils font ensemble ces deux-là ? Je me demande si souvent ça !...
Si on nous voyait !... Le diagnostic serait catégorique : ils ne s'aiment pas ! Ou : « des vieux ! »
Si je voyais un couple comme ça, je conclurais, « ça va pas durer. » Ou non : « le pire, c'est que ça peut durer comme ça toute une vie ! » Dans ce cas-là, oui, comme ça doit être long une vie !
Si je reprends un livre, elle va encore faire la gueule. Alors on va papoter.
Papoter pour quoi dire ! Mon Dieu ! Si on nous entendait... On se gausserait bien : « ils sont comme les autres ; vraiment pas plus intelligents que nous ! ; même lui, malgré qu'il veut se donner des airs, avec sa patine de culture !... » C'est peut-être pour cela que les gens passeraient une soirée à nous regarder... À moins qu'ils espèrent du tragique, « il va sûrement finir par l'étrangler ! »
Ou un drame : « on va voir du sang ; au moins une scène ! »
À moins qu'ils espèrent encore, en la voyant si belle, ma compagne... « on va les voir... » Les voir quoi, ils penseraient ? Oseraient-ils employer l'expression « faire l'Amour » ?
Aimer, regarder dans la même direction, pas toujours, mon cher St-Exupéry ! On regardait vers le sud...
Maintenant qu'on y est, je sais plus quoi faire de mes yeux...
Mais il faudrait être un monstre pour lui balancer, « *retourne dans ton nord, retourne à Douai* », la quitter après l'avoir emmenée à neuf cents kilomètres.
(*souriant*) Retourne chez ta mère !
Voilà je suis enchaîné ! La liberté... Choisir ses chaînes, ouais ! Comment je parle ! Mais non, elle ne deviendra pas forcément comme sa mère.
J'ai encore l'illusion de pouvoir la cultiver, l'extraire de son conditionnement, la transformer...
C'est peut-être ça l'amour !
Il arrive un moment où tout bascule... Devenir vraiment adulte !
Être comme furent les parents... Encore maintenant ! Ça ne dure qu'un temps, ressembler plus à la société qu'aux parents !
Comment il résume ? Ah oui, « *les structures mentales familiales finalement triomphent...* »
Ah ! Il lui faudrait une force qu'elle n'a sûrement pas, pour ne pas ressembler, finalement, à sa mèèèère... Elle était en guerre contre sa mère...
Mais la force de s'opposer aux valeurs, de conquérir les siennes...

Pourtant, je suis amoureux. Sincère ! Je lui pardonne… Pas tout quand même. C'est demain, dans quelques mois, que seuls les scrupules, la mauvaise conscience…

Et la peur de la solitude. Alors que je sais la pire des solitudes, celle d'être avec quelqu'un qui ne s'intéresse à rien de ce qui nous passionne.

Même Zola. Même Houellebecq ! Même Jacques Brel !

Mais seul, impossible d'avoir un enfant ! En tout cas pour moi !

On rêve d'avoir un enfant en se jurant, je ferai mieux que mes parents, alors il faut bien quelqu'un… Avoir un enfant… Pour qu'au moins quelque chose continue après…

Elle ou une autre… Affreux misogyne va !

Paraît que Jacques Brel s'est confié ainsi, en partant pour les Marquises, *elle ou une autre*…

Avoir un enfant pour au moins réussir quelque chose ! L'Amour, on verra plus tard !

Mais non, je l'aime… Impossible d'arrêter de me faire un film de ma propre vie… Je dois quand même être écrivain !… Allez… On s'aime bien quand même (*il sourit*)

Faut que j'arrête de me croire dans un roman ! Ou plutôt, ne pas oublier : l'hérédité n'est pas la seule maîtresse du destin ; l'environnement est un élément fondamental…

Je peux la sauver !

Elle rentre… Il allume la lampe à sa gauche, elle éteint la lumière centrale…

Lui : - Y'a du boulot !

Elle : - Ah ! Tu penses à t'y mettre.

Lui, *souriant* : - Tu crois vraiment qu'il est urgent de s'y mettre ?

Elle : - Tu vois, je suis même allée dans la cuisine (*elle lui donne une confiserie*). Aïe !… J'espère que ça va passer. C'est affreux quand je m'assois.

Lui : - Tu vas aller revoir « la mort lente » demain ?

Elle : - La vieille a l'air de pas dire n'importe quoi, il est connu pour ça.

Lui : - Tu vas te laisser triturer les os, retourner la tête, te laisser manipuler par lui…

Elle : - Je l'ai bien laissé me faire une prise de sang.

Lui : - Et ton abcès ?

Elle : - Je le sens même plus, c'est juste quand je l'accroche.

Lui, *imitant le docteur* : - « C'est pas grave ! » (*voix âgée « sud ouest »… mais avec un accent du nord*)

Elle : - Imitateur, c'est un beau métier ! Ça doit bien payer.

Lui : - Je voudrais bien savoir combien de ceux à qui il a dit « c'est pas grave », y sont passés ?

Elle : - Quel pays ! Un seul docteur… En plus avec une barbe aussi longue que tes cheveux !

Lui : - Mais non, l'autre est malade. Un docteur a la grippe et l'autre, personne n'ose diagnostiquer son état !

Elle : - Tu crois que c'est un homéopathe ? C'est bizarre toutes ses plantes partout…

Lui : - Il ne m'aurait pas donné de médicaments, si je n'en avais pas réclamés.

Elle : - Tu as exagéré… Il t'a regardé tout drôle…

Lui : - J'aurais pas été surpris s'il avait sorti un couteau pour m'administrer une radicale une saignée… Fallait bien lui demander avant le drame ! Dans son bocal, ça ressemblait vraiment à une sangsue comme dans les livres d'histoire.

Elle : - Arrête, fais-moi pas rire, ça fait vraiment trop mal… Dans quel pays on est tombé ! C'est ça le sud ! Il s'est bien foutu de nous le notaire en nous chantant Nino Ferrer… La Louisiane, l'Italie, tu parles !… Un frigo ! Nino, frigo, Nino, nigaud, toi qui cherches toujours des rimes !

Lui : - Tu peux même ajouter gogos.

Elle : - Arnaud aussi !

Lui : - C'est quoi le rapport entre ton cousin Arnaud le poivrot et le Nino devenu milliardaire grâce aux gogos ?

Elle : - Je te trouve des rimes, c'est à toi de faire les phrases.
Lui : - Tu es déjà allée en Louisiane fin février ?
Elle : - Cherche-lui pas des excuses !
Lui : - On a déjà le chien, il manque plus que le chat, une tortue, des poissons rouges…
Elle : - Mais tu aurais peut-être dû le laisser faire… Ça fait huit jours et tu as toujours le dos en compote.
Lui : - C'est un problème de ligaments moi, pas des dorsales.
Elle : - Qu'est-ce tu en sais ?… Tu n'es pas médecin…
Lui : - Je serais pas surpris qu'on ait fait les mêmes études.
Elle : - La vieille m'a dit, il est docteur parce que son père l'était, c'est comme le notaire.
Lui : - Tu crois qu'il a vraiment soixante-seize ans ?
Elle : - Les médecins, c'est comme les notaires, faut qu'ils meurent pour laisser la place aux jeunes, qu'elle a dit la vieille !
Lui : - Alors tu vas le laisser te tordre la tête et le dos ?
Elle : - Oh demain ça ira mieux… Il faut bien sinon comment on va se chauffer ?
Lui : - On vivra ici… Je te colle un sparadrap sur la bouche et je lis !
Elle : - Tu vois, je me suis pas énervée, j'ai compris que c'est pour rire.
Lui : - Tout le monde peut se tromper !
Elle : - Acheter cent cinquante hectares habitables pour vivre dans douze !…
Lui : - Cent cinquante hectares habitables, même le notaire ne les a pas ! Cent cinquante mètres carrés c'est déjà bien !
Elle : - Tu vois, pour une fois que j'utilise un mot savant pour te faire plaisir, ça ne te va pas !
Lui : - Les mots ont un sens !
Elle : - Pourquoi ta mère parle toujours en hectares, alors ?
Lui : - Les terres cultivables, en hectares, les maisons, en mètres carrés.
Elle : - Vous êtes compliqués ! Je sens du vent… (*elle lève le bras droit, ce vent vient donc du grenier*)
Lui : - Moi aussi… Je crois bien que je vais encore me réveiller avec des migraines.
Elle : - Le chauffage est à fond ?
Lui : - Tu ne l'entends pas !
Elle : - Je finis par plus l'entendre.
Lui : - Tu as de la chance.
Elle : - J'ai été élevée dans le bruit moi… Faudra aller le reporter.
Lui : - Faudra…
Elle : - Quarante kilomètres pour faire des courses. Quel pays !
Lui : - Quoi ? Tu te plains encore !
Elle : - Une fille ça se plaint.
Lui : - Tu le savais avant… On l'a choisie ensemble…
Elle : - En été oui. Je me rendais pas compte. Et puis tu as dit, ça me portera bonheur d'habiter dans le pays de Nino Ferrer.
Lui : - Tu lui en veux !
Elle : - On chante pas des conneries comme ça ! Il aurait dû dire « mais en février il fait froid. »
Lui : - Ça rime pas.
Elle : - Eh alors ! Froid rime avec doigts. Il fait froid et j'ai mal aux doigts. Si un jour je dois travailler, j'écrirai des chansons aussi. J'en ai des choses à dire avec une mère pareille !
Lui : - Tu raconteras pourquoi nous avons acheté !
Elle : - Et puis tu es l'homme, tu aurais dû t'apercevoir qu'ils vendaient en été parce qu'on peut vivre qu'en été par ici… C'est mort en plus !

Lui : - Le bruit te manque déjà ?
Elle : - Au moins à Douai, on voyait des gens.
Lui : - Tu leur parlais ?
Elle : - Non, mais… Oh tu pourrais vivre dans un désert, toi !
Lui : - Ah !
Elle : - Et tu avais pas dit qu'on allait déménager en février.
Lui : - C'est donc de ma faute si en février il fait le même temps qu'à Douai, Nœux-les-Mines et Wallers ?
Elle : - Faut que je me mette sur le côté… Mais de toute façon j'irai pas voir l'autre… En plus c'est un roux… "*Maman est folle*" a toujours dit qu'un roux ça peut pas être docteur…
Lui : - Tu vas quand même pas le prendre en grippe !
Elle, *riant* : - C'est de toi ?
Lui : - Ça changerait quoi ? L'essentiel c'est ce qu'on pense, ce que l'on dit, ce que l'on fait. Pas forcément d'être le premier à le dire, le penser ou le faire.
Elle : - Tu peux pas parler comme tout le monde !
Lui : - Oui madame, bien madame.
Elle : - Arrête ! Je sais jamais si tu plaisantes ou si c'est sérieux ce que tu dis.
Lui : - Et tu ne le sauras peut-être jamais !

Elle le fixe d'un regard de gallinacés.

Elle : - Si tu es dans cet état, jeudi tu vas quand même pas aller à Astaffort ?
Lui : - Astaffort, paraît qu'on y aime les hommes forts !
(*chantonnant en Jacques Brel déraillant*)
Puis y'a Cabrel,
Qui a pu s'acheter un peigne
Avec ses premiers cachets
Puis y'a Richard
Avec sa grosse Jaguar
Faut vous dire madame, que chez ces gens-là, on…
(*reprenant sa voix habituelle*) Qu'est-ce qu'on fait chez ces gens-là ? On compte ?
Elle : - Tu verras bien… Mais arrête de te moquer, sinon tu vas pas pouvoir t'empêcher là-bas… Tu crois que tu as été sélectionné parce que tu as noté que tu venais vivre par ici ?
Lui : - Tu trouves vraiment mes chansons pas terribles ?
Elle : - Ça ressemble pas à du Cabrel. Pourquoi tu écris pas des chansons d'amour ?
Lui : - Ah !
Elle : - *Magouilleurs amateurs*, je vois personne chanter ça. En tout cas, Cabrel c'est pas le messie par ici, ils lui en veulent tous de rien avoir fait pour empêcher la centrale nucléaire.
Lui : - Faudra que je lui demande pourquoi… Mais je crois savoir.
Elle : - Le vieux t'a raconté ?
Lui : - Tu as déjà vu Cabrel dans une cause qui peut le fâcher avec quelqu'un ? Quand il défend une cause c'est qu'elle est consensuelle et lui permet de se faire de la pub.
Elle : - Tu crois qu'il est comme ça !
Lui : - L'inspecteur mène l'enquête.
Elle : - Je suis sûre que tu fais le fier ici mais là-bas tu vas être impressionné !
Lui : - On les nique les tristes figures.
Elle : - Je suis sûre que tu aimerais bien être à sa place… Ça te ferait quoi d'être une star ?
Lui : - Et toi, ça te ferait quoi d'être avec une star ?
Elle : - Moi, je te connais avant.

Lui : - Moi aussi, je me connais avant…
Elle : - Oui, mais les filles qui te draguent…
Lui : - Pas que les filles !… Les sourires… Avoir une cour… S'entourer de crétins… Ça donne parfois l'impression d'être intelligent… Tu crois que je deviendrais comme ça ?
Elle : - Je sais pas moi. Pourquoi tu réponds jamais aux questions ?
Lui : - Mais si j'y ai répondu…
Elle : - *Maman est folle* a raison, faut laisser dire les hommes.
Lui : - Si *maman est folle* a bavé… Au fait !… Elle le sait comment vous l'appelez ?
Elle : - Une fois le frangin entre dans ma chambre, je faisais mes devoirs, et il dit *maman est folle*, elle repique sa crise. J'ai pas eu le temps de l'arrêter : elle était dans la salle de bains, elle est arrivée en bondissant, un vrai kangourou, elle a poussé le frangin contre l'armoire, en hurlant « *qu'est-ce que tu viens de dire, comment t'appelles ta mère* », elle avait vraiment des yeux de folle… Tu devineras jamais comment j'ai sauvé la situation. Le frangin m'a acheté une barrette le samedi… Devine ce que j'ai dit…
Lui : - Tiens v'la le tube de colle.
Elle : - Je t'ai déjà raconté ?
Lui : - Mais non, qu'est-ce qui rime avec folle, tu avais le tube de colle devant les yeux… Et tu t'es crue géniale, divine, carrément phénoménale !
Elle : - Le frangin m'a dit qu'il y aurait jamais pensé.
Lui : - Oui mais ton frère… Il a fait comptabilité…
Elle : - Moi aussi…
Lui : - C'est qu'il faut croire aux miracles… Car on les nique les tristes figures.

Elle : - Tu crois vraiment qu'on va réussir, qu'on va « les niquer les tristes figures » ?
Lui : - Ah ! Tu vois, tu retiens les expressions d'un film, et ça te fait une référence, ça te fait tilt quand je la replace… Tu peux en faire autant avec un livre.
Elle : - Un livre, un livre, c'est compliqué. Il y a toujours des mots que je comprends pas… Mais tu crois vraiment qu'on va « les niquer les tristes figures » ?
Lui : - Quoi ? Tu en doutes ?

Elle : - Et si les gens nous dénoncent ?
Lui : - Les gens… Qui a la conscience suffisamment tranquille ici, au point d'inviter les volatiles à venir renifler le quartier…
Elle : - Tu veux dire ?
Lui : - Que tous travaillent au noir… Et d'ailleurs, tu n'es pas la seule à être logée à titre gratuit…
Elle : - La prochaine fois, je viendrai parler avec le vieux… Il sait plus de nouvelles que la vieille… Tu as encore su des nouvelles…
Lui : - Finalement, tu aurais aimé vivre dans un coron.
Elle : - Au moins y'avait de l'animation. Donc on n'est pas les seuls, on est comme tout le monde par ici ?
Lui : - Ils magouillent par amour du fric, moi par soif de liberté, de connaissances.
Elle : - Tu crois qu'ils sont comme nous, au « *Boéron* » ?
Lui : - Comme nous, comme nous… Eux ? Des glandeurs sans grandeur, comme il existe des révoltés sans cause… Ils ne font rien, fument des joints et croient vivre…
Elle : - Je croyais que ce matin le vieux allait te demander ce que tu fais comme métier… C'est pour ça que je suis partie.
Lui : - Assureur !… On appelle toujours monsieur le Président un ancien Président… Alors tant qu'il le faudra je me ferai appeler monsieur l'assureur… Monsieur l'assureur de l'assurance, c'est bien comme situation sociale…

Elle : - Et si l'ANPE te trouve une place ?
Lui : - Dès que je serai chanté, ils me classeront auteur de chansons...
Elle : - Alors c'est vrai, tu retravailleras jamais ?
Lui : - Tu vas finir par penser comme ta mère, que ce n'est pas un travail de lire et d'écrire.
Elle : - Tu sais ce qu'elle a dit, que soit tu te remettrais à travailler, soit on va crever de faim.
Lui : - Vive le sud !
Elle : - Mais moi j'ai peur qu'ils essayent de me faire travailler. Surtout maintenant que je touche le RMI. Déjà à Douai, ils voulaient que je fasse une formation. Je crois que je vais être convoquée.
Lui : - Et au boulot ! Un contrat emploi formaté ! La plus belle des caissières, pour sourire aux portefeuilles sur pattes.
Elle : - Ah ! Non ! Je veux pas travailler... Faut que tu me fasses rapidement un enfant... Puis tu m'en feras un tous les trois ans, trois fois quatre, douze, plus vingt-cinq, trente-sept. Et à trente-sept ans avec quatre enfants, ils n'oseront quand même pas me faire travailler.
Lui : - On voit que tu as fait comptabilité !
Elle : - Moque-toi... Je veux pas être esclave moi, je veux pas devenir comme le frangin, *maman est folle* ou ta frangine... Tu m'as même dit que j'ai raison... En plus quand on travaille on est stressé, et c'est ça qui rend malade (*il sourit, sourire Bouddhiste, et joint les mains*).
Elle, *levant les yeux* : - Ça gratte.

On entend effectivement du bruit dans « le grenier », comme une meute de souris en goguette.

Lui : - Tu as bougé mes boules quies ?
Elle : - Je touche plus à tes affaires, je t'ai dit... J'ai compris... Tu aurais pu faire un vieux célibataire...
Lui : - Ah, enfin, les voilà (*il les a retrouvées sous son oreiller*)
Elle : - Tu vois, c'est pas moi *qui les a mises* là.
Lui : - C'est pas toi qui as fait le lit ?
Elle : - Oh si c'est ça je le ferai plus, de toute façon c'est une niche, on peut dormir comme dans une niche...

Il la regarde d'une expression « mon Dieu ! », levant les épaules, la tête en arrière, plissant le front.

Elle : - Tu es parti en disant : *« au moins je pourrai dormir sans boules quies ! »*
Lui : - Ça te fait rire... Même avec des boules quies, elles me réveillent ! Comment arrives-tu à dormir ?
Elle : - Je les entends plus !
Lui : - Tu ressembles à ma frangine... Pourtant elle a pas grandi au bord d'une route nationale... Tu ne deviendrais pas sourde ?
Elle : - Elle rigolerait bien si elle nous voyait dormir avec un peignoir sur la tête... Tu vas lui dire qu'on a attrapé sept souris aujourd'hui.
Lui : - C'est le record ?
Elle : - Le record c'est neuf.
Lui : - Tu vois, tu t'es trouvé une occupation !
Elle : - Et même que je note vraiment tout sur le calendrier dans la « cuisine. »
Lui : - Tu notes quoi d'autre ?
Elle : - La température du matin dans « la cuisine. »
Lui : - C'est tout ?
Elle : - Les œufs, les coups de téléphone, le temps, un bâton quand je déprime, une croix les jours où on fait l'amour.
Lui : - Tu as plus de bâtons ou de croix ?

Elle : - Tu iras voir… Si tu n'as pas peur d'attraper froid dans « ma cuisine. »
Lui : - Il vaudra cher ce calendrier quand je serai célèbre… La misère du poète.
Elle : - Je le garde !
Lui : - Déjà ! Alors, si je deviens célèbre tu vas te chercher un nègre pour raconter ma vie…
Elle : - Pourquoi, tu comptes me laisser comme une vieille chaussette ?
Lui : - Pour une starlette de la jet-set !…
Elle : - Pour moi les deux degrés dans la cuisine et pour une pouffiasse la vie de château… Ce serait dégueulasse.
Lui : - J'ai lutté avec lui !
Elle : - Ça veut dire quoi ? Pourquoi quand on parle sérieux, faut toujours que tu termines par une phrase qui veut rien dire… Tu m'as jamais dit que tu veux te marier avec moi…
Lui : - Je croyais que tu étais contre le mariage…
Elle, *gênée* : - Oui, mais… Oh, pas aujourd'hui, le jour où on aura des enfants… Puisque tu veux des enfants de moi… Ah, zut ! Faut que je retourne aux toilettes.

   Elle se lève… Et sort.

Lui : - C'est quand même fantastique le progrès ! La touche haut-parleur du téléphone est la plus grande invention depuis… la crème de marrons (*il se marre*)
Elle répondrait encore : ça veut dire quoi ? Je ne l'ai même pas fait exprès d'entendre les conseils de *maman est folle* : (*imitant*)
« *Tu le regretteras qu'il l'a pas mis à vos deux noms la maison. Tu verras, le jour où ça ira plus, tu te retrouveras sous les ponts, tu le regretteras, et tu viendras pas pleurer ici, rien, t'auras rien. Tu m'as pas écoutée… Tu le regretteras.*
Au moins tu aurais la moitié de la maison, c'est déjà quelque chose. Dépêche-toi de te faire faire un gosse puisqu'il en veut un, et mets-lui la bague au doigt… Ecoute au moins mes conseils. T'as qu'à arrêter la pilule sans lui dire. Tu diras que tu l'avais oubliée pendant trois jours, tu seras pas la première, et un homme ça croit tout c'qu'on lui dit.
Et il va retravailler au moins, sa lubie est passée ?... »

Elle n'a quand même pas tardé pour me demander de retravailler et de l'épouser !
Ma lubie !… C'est vraiment pas la vie rêvée !
Lire et écrire… Ça devrait pourtant être le bonheur…
Pas de patron, pas de gros cons… Si au moins je pouvais l'hypnotiser durant la journée ! Puisqu'elle ne fait rien et ne s'intéresse à rien ! Au moins je pourrais lire et écrire en paix.
(*souriant*) Laissez-moi lire et écrire en paix ! Parce qu'à la radio passait « *trouver quelqu'un.* »
(*il récite*) « *Trouver quelqu'un, quelqu'un de très très bien, au moins quelqu'un pour être bien.* »
J'y ai vu un signe du destin ! Et je me suis dit (*il récite*), « *je tiendrai sa main, du soir au matin, et ce sera le nirvana.* »
Le sud, l'Amour, des pêches, des abricots, du melon !
Parfois ça frise le gâtisme mon romantisme !
Qui ose écrire des chansons pareilles ! Mais qui chantera (*il récite avec emphase*)

   Après les jours câlins. L'amour c'est triste ce que ça devient. Quand on n'a pas au moins.
   Une passion en commun.

Faut que je le note, je vais finir par l'oublier, ça peut faire une chanson (*il prend par terre une feuille et un stylo, et note*).

   Elle rentre…

Elle : - Tu m'écris un mot doux ?… Oh, non, c'est l'horreur, demain je vais voir ton vétérinaire… Pourquoi tu m'as pas répondu « mais non, quand je serai une star, il n'y aura toujours que toi dans mon cœur, ma chérie adorée d'amour tout plein » ?

Lui : - Je ne l'ai pas dit ?
Elle : - Dis-le au moins.
Lui : - J'aurais l'impression de me répéter.

Aussi pour changer de sujet, il prend le balai à côté du lit et frappe dans le lambris.

Elle : - Frappe pas si fort, tu vas passer au travers... En plus ça sert à rien. (*on entend comme des pas au-dessus*)
Lui : - Ecoute.
Elle : - Mais non, on est encore allé voir hier... C'est des souris.
Lui : - Ce sont des souris et on dirait des pas.
Elle : - Ouuuuuh !
Lui : - Arrête !
Elle : - Je te croyais pas trouillard comme ça.
Lui : - Comment des souris peuvent faire un boucan pareil ?
Elle : - Ou c'est un loir, qu'il a dit ton voisin préféré. (*il regarde en direction du téléphone*). Tu regardes si j'ai pas bougé ton couteau ?
Lui : - Tu as le tien ?
Elle : - Si *maman est folle* nous voyait ! Ou ta sœur ! Ou ta mèèère !
Lui : - Elle arrive vraiment dans un mois, *maman est folle* ?
Elle : - Eh oui !
Lui : - Faut que tu lui dises, c'est pas possible.
Elle : - Elle veut voir dans quel taudis tu as emmené sa fille chérie d'amour adorée pas tout plein.
Lui : - Elle peut attendre juillet... Au moins il fera beau, je vous laisserai magnifier le bon vieux temps du rock and casseroles et j'irai à la chasse aux papillons.

Elle : - Il fera peut-être beau dans un mois... Elle m'a encore dit aujourd'hui qu'il faut qu'elle voit ça.
Lui : - C'est tout ce qu'elle a bavé ?
Elle : - Bin oui, pour elle tu m'as forcée. Tu m'as droguée, on ne part pas comme ça avec un inconnu à l'autre bout du pays.
Lui, *souriant* : - Pas tout à fait un inconnu...
Elle : - Se connaître depuis un an, c'est pas se connaître qu'elle a dit ma grand-mère... En son temps après six mois on osait à peine s'embrasser...
Lui : - Alors Zola a tout inventé dans *Germinal*... Et ton oncle n'est pas né trois mois avant son mariage, à ta mère-grand ?
Elle : - Oh, je te dirai plus rien !
Lui : - Dans ces cas-là, on criait, hosanna au plus haut des cieux, un miracle...
Elle : - Enfin, pour *maman est folle*, c'est moi la folle... Elle trouve qu'après m'avoir emmené si loin, faut se marier, parce que les cousins croient que j'ai fugué...
Lui : - Tu veux dire un grand mariage avec même les cousins invités !
Elle : - Faudrait d'abord gagner au loto.
Lui : - Tu commences à croire que je t'ai hypnotisée.
Elle : - Je suis romantique moi, je suis une fille moi, j'ai besoin d'entendre des mots d'amour, sinon je me pose des questions.
Lui : - C'est bien de se poser des questions.
Elle : - Mais tu réponds jamais.
Lui : - Je n'ai pas dit de me poser des questions, mais de se poser des questions...
Elle : - Mais j'ai pas les réponses, moi.
Lui : - Les seules questions importantes sont celles dont les réponses sont en nous.

Elle : - Tu vois, dès qu'on parle sérieux, faut que tu dises un truc on dirait le prof de philo.
Lui : - C'est normal pour un « gourou. »
Elle : - *Maman est folle* m'a demandé si tu as pas des amis qui sont venus… Elle croit vraiment que tu es le gourou d'une secte. Elle peut pas croire qu'on est parti comme ça par ici parce qu'on a vu la maison en juillet. Tu vois qu'elle s'inquiète pour sa fille chérie…
Lui : - Gourou, parce qu'à vingt-cinq ans j'ai choisi de quitter le monde de l'absurde, le monde de la besogne, pour enfin me nourrir l'esprit, vivre en osmose avec mon intérieur.

Elle retrouve son regard de gallinacés.

Elle : - Parle pas comme ça quand elle sera là, sinon elle va vraiment te croire d'une secte.
Lui : - Gare au gourou ou ou ou !
Elle : - Oh non, fais-moi pas rire, j'ai trop mal… Et j'ai trop froid.
Lui : - Tu veux une niôle, c'est ça !
Elle : - On va finir poivrots si on boit à chaque fois qu'on a froid.
Lui : - On fera notre cure de désintoxication en été.

Il prend, derrière le téléphone, la bouteille et les deux verres…

Elle : - Si pépé me voyait boire du Cognac, j'aurais honte.
Lui : - Pourquoi, parce que tes cousins sont des alcoolos ?
Elle : - Et toi, tu n'as pas peur de finir comme ton père ?
Lui : - Quelqu'un qui boit parce qu'il ne peut pas apprivoiser ses fantômes est un malade qui refuse de se faire soigner ; quelqu'un qui boit pour ouvrir les vannes de l'imagination n'a rien compris à la création ; mais quelqu'un qui boit parce qu'il a froid, mérite le respect du public.
Elle : - Donc ça va, je bois parce que j'ai froid…
Lui : - Je ne suis pas ton psy !
Elle : - Arrête avec tes psys… Tu crois vraiment que je devrais vraiment en voir un ? Arrête, tu me fais peur.
Lui : - Dans vraiment il y a *ment* et comme tu l'as dit deux fois, ça fait *maman*.
Elle : - Vraiment ?
Lui : - *Maman ment* ! Tant que tu n'auras pas assumé que ta mère te déteste et que ton père s'en fout de toi…
Elle : - Tu as l'art de tout dramatiser.
Lui : - Il faut être dramatique ou comique !
Elle : - Je préfère croire que ma mère préfère mon frère et que mon père a refait sa vie.
Lui : - Tu le croiras sûrement un jour !… Crois comme tu peux ! On ne refait jamais sa vie, elle continue, tout simplement.

Ils trinquent… et boivent cul sec.

Elle : - Oh ! Ça pique !… Mais toi, comment tu as fait pour pas devenir fou avec un père pareil ?
Lui : - Ce qui ne te tue pas te rend plus fort. Nietzsche… Je suis encore loin de la paix intérieure… Je suis sur le chemin… Je n'ai pas encore atteint la racine profonde qui entrave ma liberté intérieure…

Elle retrouve son regard de gallinacés.

Elle : - Est-ce que tu m'aimes vraiment ?

Il la regarde d'un air « tu poses toujours les mêmes questions. »

Elle : - Bon, de toute façon tu répondras pas… Je retourne aux toilettes.
Lui : - Qui va aux toilettes perd ma réponse !
Elle : - Alors ?… Oh non ! Faut que j'y aille.

Elle se lève... Et sort.

Lui : - Est-ce que je l'aime ? Sincèrement ! *(il éteint la lampe)* Déjà ça de fait ! Les faits, rien que les faits, dites je le jure *(il se marre)*. Faut que j'arrête de me croire sur scène, je vais finir complètement mythomane... Ah ! Devenir fou pour ne pas voir la fin du film...
Bon, les faits mon psy :
Petit un : je voulais partir dans le sud.
Petit deux : mais partir seul ça fait peur.
Petit trois : elle aurait vendu son âme pour quitter *maman est folle*.
Petit quatre : je veux un enfant.
Petit cinq : elle veut un enfant.
Mon tout : pas étonnant que nous ayons trouvé un terrain d'entente !... Qu'on proclame « amour »...
Mais après l'amour y'a les jours !...
Quand on n'aime pas vraiment, on devrait au moins ne pas perdre l'instant.
Travailler, travailler, y'a que ça, travailler à la connaissance, à se connaître vraiment... En restant vigilant au cas où quand même !
Vigilant pour ne pas rater le regard passionné, ce regard où l'on se reconnaîtrait sans s'être jamais vu !
Comme dans une chanson !
Je suis un grand romantique malgré mes airs de vieux misogyne attardé !
Les connes me traitent de misogyne, les femmes doivent comprendre ! Et elle seule me verra comme je suis !
Il me faut travailler, m'imprégner des philosophes, des romanciers... Sinon j'aurai une vie de con !

Elle rentre...

Lui : - Déjà !
Elle : - C'était une fausse alerte...
Lui : - Qui précède toujours une double attaque !
Elle : - Arrête hein, je bouge plus. Tu pourrais allumer au moins, avec tous tes cartons je vais encore me casser la gueule.
Lui : - Mes cartons !

Elle va à tâtons... Puis s'allonge.

Elle : - T'as pas allumé !
Lui : - Je sais que tu te plains... Mais tu connais le chemin... Tiens je pourrais peut-être en faire une chanson... Elle se plaint mais elle connaît le chemin.
Elle : - T'arrêtes pas de penser à tes chansons ! C'est énervant à force ! Je t'ai manqué au moins ?
Lui : - On dort !
Elle : - T'es pas romantique. Dis-moi au moins à quoi tu pensais.
Lui : - Je comptais les points.
Elle : - Les points ?
Lui : - Perdus et gagnés.
Elle : - Tu mets quoi dans les gagnés ?
Lui : - Ne plus voir ta mère.
Elle : - Et la tienne !
Lui : - Pas en deuxième !
Elle : - Tu as trouvé un deuxième !
Lui : - Le sud en été c'est le paradis.
Elle : - Si on tient jusque là.

Lui : - Hrrra, t'es négative !
Elle : - J'ai toujours été comme ça.

Il joint les mains en signe d'abattement... Elle ne le voit pas, forcément...

Elle : - J'ai peur de m'ennuyer, tu sais, sans télé.
Lui : - On ne s'ennuie jamais quand on fait de grandes choses.
Elle : - Tu avais préparé ta phrase.
Lui : - Mais non, je l'ai empruntée à Balzac.
Elle : - C'est pas du jeu ! Tu prends les phrases des autres, comment tu veux que je sache ce que tu penses ?
Lui : - Balzac a exprimé clairement ce qui est un peu confus dans ma tête, pourquoi m'en priverais-je. Ça sert également à ça les écrivains : donner des mots à nos pensées.
Elle : - Et c'est quoi, des grandes choses ?
Lui : - Il y a huit jours, faire de la poterie te tentait. Devenir la potière de Montcuq, c'est peut-être ta grande chose.
Elle : - Tu vois, tu te moques. Je te dirai plus rien.
Lui : - C'est sûr que la littérature est au-dessus de la poterie... Mais la poterie, c'est mieux que l'ennui... Peu importe le domaine finalement, l'essentiel étant de se dépasser...
Elle : - Se dépasser ?
Lui : - Dépasser notre humaine condition, tendre vers un absolu.
Elle : - C'est trop compliqué pour moi... Tu es déçu de pas avoir rencontré une intellectuelle ?
Lui : - Tu ne m'as pas déjà posé la même question hier ?... On dort...

Le rideau se ferme

Elle : - Tu m'embrasses encore quand même ?
Lui : - Tu crois que je vais réussir à me tourner ?... Ouille !

Ils s'embrassent.

Elle : - Tu essayes quand même de me faire l'amour.

Rideau

Acte 2

Même décor. Le lendemain matin.
Le téléphone sonne. Le rideau se lève. Lumières éteintes.

Lui, *la voix pâteuse* : - Ouais.

Lui, *la voix pâteuse* : - Ouais.

Lui, *soudain réveillé* : - Quoi dix heures ! Dis pas n'importe quoi.

Il tâtonne, allume la lampe à sa gauche, prend sa montre à côté, s'appuie contre le mur...

Lui : - Ah ouais, tu as raison.
Elle, *doucement* : - Qui c'est ?
Lui, *tout en mimant la guitare avec la main gauche* : - C'est à cause de ces satanées souris, elles nous ont empêchés de dormir.
Elle, *doucement* : - Mets le son.
Lui, *doucement* : - Hrra.
Elle, *doucement* : - Pour une fois que je peux rire, allez.

Il appuie sur la touche haut-parleur

La voix au téléphone : - …me remémore chez mamie, gamin toujours j'étais persuadé d'entendre quelqu'un marcher au grenier, ça se passait à sa résidence secondaire en Touraine ; alors le vieux Charles, son domestique, paix à sa gracieuse âme, venait dans la chambre tant que je m'endorme… On jouait comme des fous… Il m'a tout appris… Enfin, l'essentiel.
Lui : - Et tu as travaillé les textes ?
La voix au téléphone : - Je ne te téléphone nullement au sujet des textes, mais pour te donner mes derniers conseils… Tu sais comme j'ai parlé de toi de manière élogieuse… Donc ne va surtout pas te répandre en bêtises, surtout pas une critique sur les chanteurs que tu déplores du caniveau… Ce sont peut-être eux qui demain nous chanteront, tu sais comme il est primordial d'être bien vu. La réputation c'est essentiel. Et tout le reste, comme je t'ai déjà expliqué… Tu es en forme ?
Lui : - À part le dos, la tête et le côté, ça va !
La voix au téléphone : - Et ta copine, elle va bien ?
Lui : - Elle t'entend, si tu veux la saluer...
La voix au téléphone : - Je vous salue chère mademoiselle…
Elle, *se retenant de rire* : - Je vous salue cher monsieur.
La voix au téléphone : - Bon alors j'évite de verser dans la grivoiserie !... Tu as préparé tes textes, parce que tu sais, ah, non ! Je ne t'ai pas encore informé, oh ! Où ai-je la tête parfois, bon, il te reste le temps. Il faut à tout prix que tu arrives avec des chansons toutes prêtes, c'est la légende ça de proclamer que les auteurs écrivent des chansons à Astaffort… Y'a tellement d'autres choses à faire. Si tu joues le jeu tu vas te retrouver avec un seul petit texte chanté le samedi soir. Pour réussir il convient de bien faire semblant d'écrire… Mais je suppose, tu avais deviné.
Lui : - Bin, non… Comment pourrais-je savoir ce que les interprètes vont vouloir.
La voix au téléphone : - Mais mon chou, l'interprète ne sait jamais ce qu'il veut, il faut lui mettre dans la bouche et après il s'exclame « c'est bon. »
Elle, *doucement* : - Tu vas pas dire, il est un peu olé olé…
Lui, *en appuyant sur la touche discrétion* : - Il aime bien se donner un genre… Le genre show-biz quoi !... Bises bises bisous… Le snobisme du show-biz… C'est vraiment super cette touche, je peux le traiter de compositeur de merde et il va approuver !
Elle : - Et le jour où la touche marchera plus ?...
Lui : - Imagine que ce soit ta mère de l'autre côté !

La voix au téléphone : - Alors, tu as tout enregistré ?

Durant les dialogues entre ELLE et LUI, on entend la voix au téléphone sans comprendre.

Lui, *abandonnant la douche discrétion* : - Naturellement, c'est pourri, mais on les nique les tristes figures !

La voix au téléphone : - Ah zut, the big big boss, fais pas de bêtises hein, bisou… Je vous tiens informé dès la validation du dossier, au revoir cher ami.

Lui : - Tchao !

Elle : - Ils sont tous comme ça les compositeurs ?

Lui : - Va plutôt préparer mon chocolat !

Elle : - Puis je t'ai déjà dit que j'aime pas quand tu dis tchao.

Lui : - Je sais… Ça te rappelle ton ex !

Elle, *troublée* : - Comment tu sais ?... Je te l'ai jamais dit… La garce, *maman est folle*, pour essayer de me faire du tort… Elle t'a dit quoi d'autre ?

Lui : - Mais non, pour une fois *maman est folle* n'y est pour rien.

Elle : - Comment tu saurais alors ?

Lui : - Les mots, en eux-mêmes, n'ont aucune raison d'être détestés. Si quelqu'un déteste un mot, la raison se trouve dans son passé.

Elle, *chagrinée mais admirative* : - T'es vraiment trop intelligent, c'est pas du jeu. Alors va falloir que je me méfie de ce que je dis avec toi…

Lui : - Pourquoi, tu as tant de choses à cacher ?

Elle, *troublée* : - Non… Mais toi tu ne me parles jamais de ton passé et tu voudrais tout savoir du mien, c'est pas du jeu ! Moi aussi je devine des choses… Je suis la plus belle fille que tu as connu… Et comme toi tu es le plus intelligent, faut vite qu'on se dépêche de faire des enfants… Tu te rends compte, ma beauté et ton intelligence…

Lui : - Et si c'était le contraire !

Elle : - Quoi le contraire ?

Lui : - Ton intelligence…

Elle : - Ah, t'es pas marrant ! En plus aujourd'hui c'est ton jour de faire le petit-déj…

Lui : - Quoi ! J'ai le dos en compote, le cou en marmelade, la tête en tambour et le côté qui s'dilate… Et tu ne m'apporterais pas mon petit-déjeuner !

Elle : - Il caille dans la cuisine…

Lui : - Pas plus que hier, je suis certain… Dans six mois tu seras habituée… Mon amour.

Elle : - Mais dès que ton dos va mieux, c'est mon tour de m'allonger et d'attendre en prenant un bouquin.

Lui : - Qu'est-ce que tu ferais avec un bouquin ?

Elle : - Comme toi !

Lui : - Tu sais… (*il se retient… mais ne peut pas se retenir !*) Y'a rien à colorier !

Elle : - Dès le matin faut que c'est ma fête.

Lui : - C'est pour te réchauffer.

Elle : - Tu as de la chance que j'ai faim.

Elle se lève, prend son manteau, les gros gants de laine…

Lui : - Mais tu t'es levée sans crier aïe !

Elle : - Ah oui ! J'y pensais même plus !

Les jambes bien droites, elle touche ses pieds avec les doigts, d'un geste très sportif.

Elle : - J'ai connu un mec qui me faisait faire des abdos dès qu'il me trouvait un gramme de graisse… Qu'est-ce qui me prend de te dire ça, tu vas encore me le ressortir un jour en te moquant (*elle ouvre la porte*).

Lui : - Bon voyage.
Elle : - Pacha va !
Lui : - Mets bien le chocolat et le sucre dans le lait avant de faire chauffer...
Elle : - Je sais, chef... C'est vrai que tu aimes bien commander...
Lui : - Oui mon amour.
Elle : - Ah ! Tu sais enfin que c'est comme ça qu'il faut me répondre... Mais on dirait ton compositeur ! (*elle sort*)
Lui, *haussant la voix* : - Et pense à faire quelques abdos...

Elle rouvre la porte, lui tire la langue et repart en courant.

Lui : - On pourrait nous croire amoureux ce matin. Peut-être même qu'avec dix-neuf degrés nous aurions fait l'amour !
Mais j'ai encore rêvé d'elle ! L'Amour ! J'ai peut-être tort de m'obstiner à le rêver avec une majuscule. Les autres se font bien une raison ! Et sans cet idéal, on peut peut-être se faire une vie bien gentille.
Mais quand on a vécu une fois l'Amour... Il me reste au moins ça, j'ai vécu une fois l'Amour... Deux névrosés s'Aimaient...
Trop névrosés pour comprendre ce qui nous arrivait. On croyait retrouver facilement ça ailleurs... Et nous n'avons presque rien vécu ! Les cons !
Mais si je me laisse enfermer entre deux choix extrêmes, seul ou le grand Amour, je vais finir mes jours entre mille bouquins ! Et en plus sans enfant...
C'est terrible : elle veut un enfant, je veux un enfant. Ce sera le même enfant. Et quelque part, je ne me sens pas le droit de te refuser de naître...
Alors, après, après j'aurai peut-être la force... L'enfant sera là... J'aurai réalisé l'un de mes rêves... De toute manière, grandir entre des parents en guerre froide tiède ou chaude, ou grandir en voyant rarement papa, ta névrose ne sera pas pire en me voyant peu...
Après, oui, peut-être, comme le devoir accompli, la finalité de l'existence se limitant si souvent à la reproduction de l'espèce, je pourrai essayer de te chercher...
La femme belle. Rebelle. Spirituelle. Intellectuelle. Intègre...
(*de plus en plus rêveur*) Dans un salon de thé nous irons papoter. Je t'offrirai des roses. (*souriant*) Tu me confieras ta névrose... Je ne peux pas rester sérieux ! Mais bon, avec roses, faut bien trouver une rime ! Laissons aux chanteurs amis de Jean-Louis Foulquier la cirrhose... Avec offrir je rime plaisir !
Mais quand ?... M'aimera-t-elle ?...
M'appelleras-tu « l'homme de ma vie » ?...
Mozart, la femme qu'il aima lui préféra un crétin. Alors que Dieu me protège, moi qui ne connais même pas le solfège !...
Je serai dans quel état si tu me préfères un crétin ?...
(*il sourit... jaune*) Et ce ne serait pas la première fois !
Ah ! Ne jamais connaître le goût de tes lèvres, de ta peau... (*lyrique*) Ne jamais Aimer dans la joie de vivre, ne jamais partager le bonheur d'être né, ne jamais dépasser la platitude d'une habitude par effroi de la solitude... (*dépité*) Toujours parler sans être compris...
Belle, rebelle, spirituelle, intellectuelle, intègre...
Les critères !
Mais quel prénom ?
Puisqu'elles ont débuté les longues années de patience...
Avec intègre... ne rime que vinaigre !...
Avec intellectuelle...
(*songeur*) intellectuelle, intellectuelle, spirituelle, spirituelle...

Elle ouvre la porte, passe la tête.

Elle : - Alors, le pacha, tu rêvasses pendant que je me gèle. J'ai donné à manger à ton chien.
Lui : - Puisqu'il t'a dit merci, j'aurais l'impression d'être sa voix dans un dessin animé.
Elle : - Pfou... Ça chauffe.
Lui : - Laisse pas sauver... Pour une fois !
Elle : - Je venais juste voir si tu ne t'ennuies pas... Tu pourrais me dire, viens m'embrasser mon amour... Même pas !
Lui, *parodique* : - Oh, kiss me, my love !

Elle lui lance le pain.

Elle : - Trois tartines. Je referme bien la porte pour surtout que tu n'attrapes pas froid... Regarde mon nez ! (*elle referme la porte*)
Lui, *plus fort* : - Laisse pas sauver... Ma Pinocchio chérie...

Il prend le plateau à côté du lit, un couteau, coupe le pain, prend le pot de chocolat, l'ouvre... Tout en poursuivant ses réflexions... Au point de délaisser régulièrement le pain...

Finalement, la langue française prétendue si riche est bien pauvre côté cœur. Je t'aime pour une amourette. Je t'aime pour une femme de quelques années faute d'absolu. Je ne mens même pas quand je répète « moi aussi », ou quand dans l'enthousiasme jaillit un « je t'aime. »
J'aime comme on aime si souvent. Je t'Aime, comment j'oserai te le dire...
(*pause en extase : il voit LE BONHEUR*)
(*toujours en extase : Il te faut un prénom ! ou un visage !*)
(*toujours en extase : « Quelquefois j'ai vu ce que les hommes ont cru voir »*)
(*légèrement dépité : Le voir le voir... mais le vivre !*)
(*retour en extase : il voit de nouveau LE BONHEUR*)

Elle arrive doucement, le regarde, surprise.

Elle : - Ça va ?
Lui, *surpris* : - Oui !... Pourquoi ?
Elle : - Tu avais les yeux du frangin quand il a fumé deux joints (*elle pose le plateau sur le lit*).
Lui : - Y'en a, il leur faut ça !
Elle : - Tu pourrais dire merci.
Lui, *mécanique, encore dans ses visions* : - Merci mon amour.
Elle : - Quoi ! Tu n'as même pas fait mes trois tartines !
Lui : - Mange déjà les deux premières !
Elle : - Ah zut ! J'ai oublié le sucre pour mon café, parce que moi je le mets pas directement ! Tu vas pas lire au moins aujourd'hui en déjeunant... Oublie pas ma troisième tartine, ou je te dévore...
(*elle se lève et sort, toujours de très bonne humeur*)
Lui : - Lire. Lire. Tant de romanciers. Tant de philosophes. À découvrir. À lire et relire. Qu'il serait inexcusable de perdre du temps. Avec quelqu'un de vraiment trop différent.
Je sais et pourtant je vais continuer... Bon elle n'a pas que des défauts, je vais peut-être m'habituer... Les femmes aiment et les hommes s'habituent... Oui mais moi je suis un écrivain !
Elle va arriver et me trouver triste. « Qu'est-ce qui se passe, tu en fais une tête, tu as des idées noires ? »
On sait toujours ! Enfin on pressant souvent. Mais on espère se tromper ! Force de dire non à la fatalité ou lâcheté de ne pas savoir prendre une décision brutale... Un peu des deux... La vie quoi !

Elle rentre...

Elle : - Qu'est-ce qui se passe, tu en fais une tête, tu as des idées noires ? Vous avez des idées noires, comme dit monsieur Lemort... Tu sais que *maman est folle* va le voir que quand elle veut des arrêts de travail (*il croque dans sa première tartine, et le petit-déjeuner débute*), c'est le seul docteur qui donne tout le temps des arrêts de travail, parce qu'avec un nom pareil il sait que les gens qui se sentent malades ils vont jamais le voir.

Lui : - Il aurait le droit de changer de nom... Comme l'a eu madame La Raie.

Elle : - Pourquoi elle a eu le droit de changer de nom ? La Raie, c'est pas un nom vilain.

Lui : - Sauf que tout le monde souriait en lui disant bonjour !

Elle : - Là je comprends pas... Et là je suis sûre que personne à ma place comprendrait... Madame La Raie... Tu demanderas à Cabrel, je suis sûre que madame La Raie il trouve que c'est pas un nom plus con que monsieur Souchon... Mais dis pourquoi au lieu de rire... Ça doit encore être tordu.

Lui : - Tu vois qu'il ne me raconte pas que des conneries le vieux ! Madame La Raie... de Montcuq.

Elle, *qui manque s'étrangler avec son café* : - C'est pas vrai ! Tu viens de l'inventer !

Lui : - C'est ce que tout le monde croira dans cinquante ans. Alors tu peux le croire dès maintenant.

Elle : - J'ai rêvé que *maman est folle* venait habiter par ici.

Lui : - Je croyais qu'elle avait demandé sa mutation à Nice.

Elle : - Oui mais elle l'a eue par ici pour rapprochement familial... C'est qu'un rêve hein ?... Ça va pas arriver vraiment... Tu crois que les rêves sont primonotoires (sic) ?...

Lui : - Ah !

Elle : - Tu vois, je connais quand même des mots savants.

Lui : - Mais pour que tout le monde comprenne, tu devrais quand même utiliser prémonitoire.

Elle : - Ah non ! C'est primonotoire, alors là j'en suis sûre ! Primo et notoire l'un derrière l'autre, c'est facile à retenir. Je l'ai vu dans un magazine sur les rêves.

Lui : - Regarde quand même dans le dictionnaire... (*il se penche et attrape un dictionnaire*)

Elle : - Ah non ! Pas maintenant... En plus c'est mauvais de lire en mangeant... Alors, tu crois que parfois les rêves ça arrive ?

Lui : - Ah ! (*rêveur*) Parfois ce serait bien...

Elle : - Ah ! On serait riche, ce serait super, on aurait le chauffage central, on irait en vacances aux Baléares, on aurait une grosse voiture, un caméscope, des chevaux... Quoi d'autre encore, mon amour ?...

Lui, *éploré, il la regarde* : - Un frigidaire, une armoire à cuillères, une lampe solaire, un portail mécanique, et une belle-mère en hôpital psychiatrique !

Elle : - De toute manière, elle quittera jamais Douai, c'est pour se donner un genre qu'elle demande sa mutation, elle sait qu'elle l'aura pas, elle a même pas sa carte du syndicat.

Lui : -Tu en connais des gens du nord qui ne rêvent pas du sud ?

Elle : - Ta sœur !

Lui : - C'est l'exception.

Elle : - Oui mais ils partent pas, ou quand ils partent ils ont de l'argent, ils prennent leur retraite à Menton.

Lui : - Tu aurais préféré bosser comme des fous pour à la retraite partir promener nos rhumatismes entre les crottes de chiens ?

Elle : - *Maman est folle* t'a déjà répondu « c'est les hommes qui bossent »... Si tu avais travaillé cinq ans de plus, on aurait au moins eu une maison où on sent pas le vent passer partout.

Lui : - Tu vas finir par me maudire !

Elle : - Heureusement que je t'aime. Tu peux te moquer de moi, mais y'en a pas deux des filles aussi belles que moi qui accepteraient de vivre dans le froid.

Lui : - Mon héroïne ! Tu dev-

Le téléphone sonne.

Lui : - Quand on parle de la folle !... Elle pense à sa fille préférée durant sa pause (*il lui passe le téléphone*).
Elle : - Allô !

Elle : - J'ai apporté son petit-déjeuner au lit à monsieur et on déjeune.
Lui, *doucement* : - Mets le haut-parleur au moins.
Elle : - Hier soir on n'a pas pu s'endormir à cause des souris.
Lui, *doucement* : - Insiste bien sur les souris.
Elle : - Bon je mets le son et je te passe ton frère qui me disait d'insister sur les souris pour que ma mère voit pas où ton frère a emmené sa fille chérie (*elle appuie sur la touche haut-parleur et lui passe le téléphone*).
La voix au téléphone : - Alors le retraité. Vous avez la belle vie, on n'a pas de soucis dans le sud, être encore couché à cette heure-ci ! C'est la belle vie, moi ça fait bientôt trois heures que je suis au boulot. Là Goldorak est parti à la banque alors j'ai un peu de temps. J'appelle sur la ligne du fax, c'est la seule maintenant qui est pas en facture détaillée, ça lui permet de téléphoner aux Etats-Unis sur les frais de la société, parce que je vous ai pas dit il a une nouvelle gonzesse, Goldorak, encore une mannequin, Angélique, qu'elle s'appelle. Avec les sous ! Là elle est partie pour (*il pose le téléphone sur le lit, entre eux*) un défilé en Virginie. Mais vous avez moins froid au moins ? Ah, je croyais que j'allais devoir raccrocher car le magasinier vient de passer mais il est pas rentré. Faut dire il est déjà venu deux fois prendre du café aujourd'hui. Tu sais pas que ce matin Goldorak a cassé du sucre sur le dos de la femme de ménage, il la traite de fainéante parce qu'elle est sortie de l'hôpital depuis huit jours et elle est encore en congés maladie, alors que depuis quinze ans elle a pas posé une seule fois, alors qu'elle va...
Elle, *appuyant sur la touche discrétion* : - Tu devrais lui dire à ta sœur que tu t'en fous de ses histoires... Mais moi j'aime bien, au moins elle emploie pas des mots compliqués, elle parle de la vie de tous les jours, elle est simple elle au moins.
Lui : - Tu devrais être lesbienne.
Elle : - Y'a pas que le sexe dans la vie.
Lui, *souriant* : - Même dans la tienne !?
Elle : - Tu t'en plains pas toujours !
La voix au téléphone, *fort* : - Vous êtes plus là ?

Lui, *il écarte son doigt de la touche discrétion* : - Tu n'as pas posé de question.
La voix au téléphone : - Mais tu pourrais dire oui, commenter au moins.
Lui : - Alors tu es décidée à venir quand Goldorak aura l'extrême bonté de t'accorder des congés ?
La voix au téléphone : - Oui, bin, je sais pas encore quand je pourrai les prendre, je lui ai dit que j'aimerais bien le savoir rapidement cette année parce que cette année je compte partir dans le sud et que pour réserver il faut que je le sache rapidement, tu sais pas ce qu'il a osé me répondre ? Il a osé me répondre que j'y ai droit mais que lui n'est pas obligé de me donner la date avant de savoir quand ça l'arrangera. Tu vois le con. Si je devais réserver je pourrais pas réserver. Là y'aura de la place pour les vieilles ?
Lui : - Et la reine de la ruche, elle va venir ?
La voix au téléphone : - Elle dit qu'elle est trop vieille pour un voyage comme ça, que c'est aux jeunes de revenir. Elle dit que vous deviez pas partir, que vous lui avez pas demandé son avis. Elle dit. Elle dit. Je lui dis de se calmer car sa tension elle monte. Ah ! Elle a pas encore pris ses billets de train. Elle dit qu'on va se perdre, elle dit qu'on va se faire attaquer ou jeter par une porte du train.
Elle, *appuyant sur la touche discrétion* : - C'est marrant, tu vois elle a lu moins de bouquins que toi et tu arrives pas à en placer une.
Lui : - Tu crois que l'important c'est de parler ?

Elle : - C'est toujours elle qui a le dernier mot. C'est une femme, une femme faut que ça ait le dernier mot.
Lui : - Alors qu'on peut tout se dire d'un regard !
Elle : - Qu'est-ce que tu veux encore dire ?
Lui : - Ecoute le téléphone (*elle abandonne la touche discrétion et écoute*).
La voix au téléphone : - …on leur a dit que tu vas voir Cabrel, on leur a dit comme tu as dit de dire, un des huit auteurs francophones retenus par Francis Cabrel, ça les a impressionnés, ils ont demandé s'il allait te chanter, on leur a dit qu'on espère, ton cousin a dit qu'il veut un autographe.
Lui : - Qu'est-ce qu'il va faire avec mon autographe ?
La voix au téléphone : - Comme si ! De Cabrel.
Lui : - Tu lui répondras que Cabrel sait pas écrire, il a un nègre.
La voix au téléphone : - Oh faut s'attendre à tout, le show-bizness c'est la décadence, je sais pas dans quel milieu t'es embarqué, je sais pas ce qui t'a pris d'écrire des chansons, enfin, si ça rapporte des sous on en verra peut-être la couleur.
Elle : - Moi j'espère en voir de la couleur…
La voix au téléphone : - Qu'est-ce qu'elle dit à côté, elle se moque encore de moi ?
Elle : - Pour une fois que je me moque pas, c'est ton frère qui se moque tout le temps des autres, mais maintenant je fais comme tu m'as dit, je fais plus attention, c'est un homme hein, je te disais que j'espère en voir la couleur moi, des sous de ses chansons.
La voix au téléphone : - Il faut tenir la caisse.
Elle : - Ah zut ! Faut que j'aille aux toilettes… Je vais aux toilettes et je reviens (*elle se lève…*).
La voix au téléphone : - Ah ! Le magasinier ! Ah il m'embête ! Je vais pas refaire du café à cette heure-ci… Bon je vous laisse… Oui, vous recevrez la livraison dans la
Lui : - Bonne nuit (*il raccroche*).

Il regarde le téléphone comme s'il l'interrogeait, hausse les épaules…

Lui : - Mon Dieu ! Vieillir ! Vieillir ! Dire qu'elle aussi, elle a eu quinze ans ! Elle a eu vingt ans. Elle a dû rêver. Vieillir. Vieillir. Pas avancer vers la connaissance mais se dégrader doucement, s'étioler, s'effilocher, s'éteindre, rapetisser, s'amenuiser…
Non, il n'y a pas de fatalité ! Ce monde n'est pas le monde. C'aurait été tellement différent si… Si au moins un rêve était devenu réalité… Mais à quoi bon me torturer !… (*il pense visiblement à quelqu'un*) Si tu n'étais pas déjà junkie. « Je t'aime mais je t'ai connu trop tard. » Vingt-deux ans et déjà condamnée à seulement danser avec moi, obéir, s'allonger pour obtenir sa dose… Putain de drogue. Ah ! Où es-tu ? Qu'es-tu devenue ?
Si tu n'avais pas cru que deux années t'attachaient à ce type ! Ce type, type forcément, me préférer à des souvenirs… M'allumer et refuser de t'enflammer !… Ah ! Si enfin tu t'enflammais ! Nous serions les deux torches sous le porche du temple que tu contemples…
Si tu ne militais pas, ma pauvre Bovary ! Parce que tu souffres d'un manque de racines, reprendre la dialectique revendicative des leaders régionalistes ! Les langues régionales comme racine d'un peuple… Endoctrinée au communautarisme. Enfin, tu es en analyse… Tout n'est peut-être pas perdu… Mais te souviendras-tu de moi quand tu auras fait la paix avec les ombres de ton passé ?…
Un coup de fil et j'accours ! Ou plutôt je t'accueille les bras ouverts !
Tu parles d'un amour dans le sud ! Mais non, ce n'est pas retourner en arrière… Mes pauvres Bovary, mes passantes, oui vous êtes trois pauvres Bovary mes jolies passantes… Qui pourrait le croire, quand je pense à quelqu'un, c'est sans un grand souvenir… Juste des mots, des sentiments, aucun contact physique…
Quand tout est resté au stade du possible, ça laisse une chance pour l'avenir… Je ferai le deuil… Sauf de Toi ! Si tu es vraiment rebelle et spirituelle… J'ai toujours cru trouver l'intelligence dans la beauté !

Sinon je ferai le deuil de toi aussi ! Na !... Elle me tuerait, me mordrait au moins ! Si elle savait que je préfère faire l'amour dans le noir pour penser à Toi...

L'Amour, est-ce que je cherche vraiment l'Amour ?... Ou est-ce qu'une compagnie me suffit, une petite histoire banale, bancale, dans laquelle je n'ai pas à m'investir affectivement, en gardant quelques fantasmes avec les passantes...

Trop de blessures non cicatrisées ? Avec le temps... On aime différemment ! Je cherche l'Amour ou matière à écrire ? Des perturbations, des frustrations ?... Quand j'aurai trois cents textes de chansons, je pourrai voir la vie autrement !

Allez ! Au travail. Plus vite j'aurai réalisé mon œuvre, plus vite je pourrai vivre l'Amour ! Et j'écrirai des romans, paisible, de huit à douze... Ou alors après trois cents chansons, direct en analyse !

Elle rentre... Revient s'asseoir sur le lit, dos au mur.

Lui : - Tu vas faire une analyse ?

Elle : - J'en ai fait une... *(elle pâlit, voix tremblotante)* Pourquoi, tu m'as trompée ?

Lui : - Quoi ?

Elle : - On a fait une prise de sang avant d'arrêter les préservatifs. On n'avait pas le sida. *(il sourit)* Pourquoi tu veux que je refasse une analyse ? Pour les gammas le vieux a contrôlé, c'est bon...

Lui : - Pas une analyse de sang ni d'urine, une analyse, une vraie analyse, psychiatrique.

Elle : - Arrête, déjà hier soir tu m'as dit ça, je suis pas folle.

Lui : - Pourquoi, ta mère en a fait une ?

Elle : - Tu sais pas qu'un jour elle a été avec un psychiatre et qu'il lui a dit « tu devrais faire une analyse. » Ah oui, il avait dit une analyse aussi, elle en a été malade pendant huit jours... Mais chut surtout, son gros le sait pas, c'est quand il est resté bloqué dix jours en Italie... Mais pourquoi tu me demandes ça ?

Lui : - Juste pour savoir ton opinion sur l'analyse.

Elle : - Pourquoi, tu crois vraiment qu'il faut que j'en fasse une... Oh non, je pourrais pas aller raconter des conneries comme ça à un vieux barbu... Ils sont vraiment tous fous les psychiatres, ça c'est ma prof de français qui l'a dit... Mais pourquoi tu me parles encore de ça ? J'ai dit une connerie ?

Lui : - Tu trouves qu'on ne parle pas et dès que je te demande ton avis, tu t'inquiètes.

Elle : - Jamais personne m'a posé des questions pareilles.

Lui : - C'est normal !

Elle : - Ah ! Tu vois, alors pose-moi des questions intéressantes.

Lui : - Quelle est ta couleur préférée ?

Elle : - Jaune et bleu... Aussi rouge. Les couleurs vives.

Lui : - Si tu changeais une chose à ton apparence ?

Elle : - Pourquoi tu demandes ça, qu'est-ce qui te plaît déjà plus en moi ?

Lui : - Donc tu ne changes rien.

Elle : - Je grossirais. Ah non, tu aimes les minces !

Lui : - Quel est le trait principal de ton caractère ?

Elle : - Pourquoi tu demandes ça... Arrête, j'ai l'impression de répondre à des questions.

Lui, *souriant* : - Quel est le trait principal de ton caractère ?

Elle : - L'égoïsme... D'après *maman est folle*... Mais c'est pas vrai, hein mon chéri ? C'est la gentillesse. Hein, je suis gentille. Trop même !

Lui : - Ta devise ?

Elle : - Je n'ai pas de devise... C'est quoi une devise ? Arrête de me poser des questions compliquées.

Lui, didactique : - Une devise, une phrase qui résume ta pensée de la vie, par exemple reprendre Henri Michaux « *L'être humain est toujours très en deçà de ce qu'il pourrait être* » (*elle le regarde d'un air « qu'est-ce que ça veut dire ? »*). Mais ça peut être plus simple. Pour les Dupond Dupont on peut considérer que leur devise c'est la formule « *Je dirais même plus...* »

Elle : - Non, j'ai pas de devise... On est pas obligé d'en avoir ?

Lui, souriant : - Quelle est la qualité que vous préférez chez un homme ?

Elle : - Arrête, j'ai l'impression d'être à la télé.

Lui : - Ça pourrait pourtant continuer ainsi, une vie à se poser des questions, à trouver des réponses, une vie ainsi, c'est une belle vie, non ?

Elle : - Parfois je me demande si tu es sérieux, si je dois rire ou croire ce que tu dis.

Lui : - Et alors ?

Elle : - Je sais pas moi, tu me poses de ces questions.

Lui : - Je crois que je vais lire un peu !

Elle : - Et le feu ?... Ah, je sais, tu as mal au dos.

Lui : - Et tu sais que quand j'ai bu un chocolat, il me faut une heure de digestion.

Elle : - Tu n'as qu'à boire du café comme tout le monde.

Lui, fredonnant : - J'aime ses bas couleur chocolat...

Elle : - Attends, quand il fera beau, tu vas rejointer.

Lui : - Rejointer... Rejointer ! Et ma formation ?

Elle : - Ta formation ! Même moi je saurais faire des joints... N'importe quoi une formation pour des joints !

Lui : - Ma formation d'écrivain.

Elle : - Écrivain, y'a pas d'école pour ça, si tu es écrivain tu écris, sinon c'est que tu n'es pas écrivain !

Lui : - Tu veux dire que pour toi je ne suis pas écrivain car un écrivain n'a pas à lire mais seulement à écrire ?

Elle : - À la télé on dit toujours qu'un écrivain a écrit un livre, on dit pas qu'il en a lu un. D'ailleurs, un jour quelqu'un a dit que la majorité des livres, personne les lisait. Un écrivain est comme tout le monde, il lit quand il n'a vraiment rien d'autre à faire.

Lui : - C'est-à-dire ?

Elle : - Je sais pas... Quand il prend le train.

Lui : - Tu plaisantes ?

Elle : - Pourquoi, j'ai dit une connerie, on lit pas dans un train ?... Depuis que je te connais tu dis que tu es écrivain mais j'ai jamais vu un livre !

Lui : - Et toutes les pages que je t'ai montrées ?

Elle : - Je t'ai déjà dit que c'est trop compliqué... Si tu veux que je te lise, il faut écrire simplement... C'est comme tes chansons, les gens veulent des trucs simples, un livre si faut chercher un mot dans le dictionnaire... De toute façon j'ai pas de dictionnaire.

Lui : - Tu n'as jamais eu de dictionnaire ?

Elle : - À quoi ça sert ? Là je suis d'accord avec *maman est folle*. Quand la prof de français avait noté d'acheter un dictionnaire, le soir elle m'avait dit « *De toute façon si tu regardes une définition, le lendemain tu t'en souviendras plus* »

Lui : - Mon Dieu *(il joint les mains, sourire Bouddhiste)* !

Elle : - Moque-toi de moi, mais tu verras, à Astaffort, tu vas pas rencontrer des intellectuels. Les chanteurs, ça a pas fait d'études, c'est des gens comme nous. Cabrel il vendait des chaussures, il a pas fait d'études.

Lui : - Ça s'entend.

Elle : - Je suis sûre que tu oseras pas lui dire ça... Ah, pis arrête de regarder le plafond, j'ai toujours l'impression que tu penses à une autre.
Lui : - Va falloir que tu t'habitues, c'est comme ça un écrivain.
Elle : - Arrête de te croire écrivain, tu n'as pas d'éditeur... Pourquoi tu n'envoies pas au moins tes papiers à des éditeurs ?
Lui : - Des éditeurs ? Mais ça sert à quoi un éditeur ? Si tu es connu tu n'as pas besoin d'éditeur, et si tu n'es pas connu tu ne les intéresses pas, alors je ne vois pas pourquoi je perdrais du temps avec des éditeurs. L'éditeur est la sangsue de l'écrivain.
Elle : - Si tu n'as pas d'éditeur tu n'auras pas de bouquin, toi qui es logique, tu aurais dû y penser.
Lui : - Je serai mon propre éditeur.
Elle : - Là tu rêves... Ça doit coûter une fortune...
Lui : - Mais non, c'est simple comme tout. Auteur-éditeur. L'auto-édition, la voie de la liberté, ni Dieu ni maître, aucun intermédiaire, du créateur au lecteur. L'auto-édition est l'avenir de l'édition.

Elle : - Arrête, ils ont tous des éditeurs les écrivains.
Lui : - Moi je serai mon propre éditeur... Quand je serai connu grâce à la chanson.
Elle : - Parfois, je crois que tu rêves ! Et comment tu feras pour vendre ?
Lui : - J'irai dans la rue. Jean-Paul Sartre vendait bien *la cause du peuple* dans la rue.
Elle : - Peut-être, mais tu as vu, il est pas connu.
Lui : - Jean-Paul Sartre, pas connu !
Elle : - Il passe jamais à la télé (*effondré, il la regarde*).
Lui : - L'existentialisme, tu connais ?
Elle : - Pourquoi tu emploies toujours des mots compliqués ? (*il joint les mains, sourire Bouddhiste*)
Elle : - J'ai dit une connerie ? Il est connu ton Jean-Paul Partre ? Oh ! Je suis pas une intellectuelle moi (*énervement*)... T'es compliqué comme mec... Finalement tu as des cheveux longs mais t'es pas cool, on t'a déjà dit que t'es un faux baba cool ?
Lui : - C'est mieux qu'un vrai qui fume des joints.
Elle : - Et t'es pas un hardeux non plus... Alors, pourquoi tu as des cheveux longs ? Oui, tu m'as jamais dit, t'es pas baba cool et t'es pas hardeux, alors pourquoi tu as des cheveux longs ?
Lui : - Et toi, pourquoi tu as les cheveux longs ?
Elle : - Je suis une fille, moi... Je crois pourtant que tu as remarqué.
Lui : - Alors, un mec, avoir des cheveux longs, c'est forcément un signe communautaire identitaire !
Elle : - Tu es reparti dans tes mots compliqués... Je crois que tu le fais exprès pour que je comprenne pas.
Lui : - C'est juste que je me préfère avec des cheveux longs.
Elle : - Tu vois que quand tu veux, tu peux le dire simplement. Je suis sûre qu'on va finir par se comprendre (*triomphante*). Alors je te pose une autre question ! Tu dis que tu es écrivain, alors pourquoi tu écris des chansons ?
Lui : - Ah !
Elle : - Ah, non ! Donne-moi une vraie réponse. Et simplement.
Lui : - C'est un entraînement.
Elle : - Explique mieux.
Lui : - Avant d'arriver à la forme aboutie qu'est le roman, pour laquelle la maîtrise totale des idées et du langage sont indispensables, plutôt que de ne rien faire, j'écris des chansons.
Elle : - Je t'ai laissé dire... Mais tu recommences déjà ! Ça va être long avant que tu comprennes qu'il faut parler simplement ! Oh, pis finalement, écris des chansons tant que tu veux, une fois que ça rapporte des sous et que tu me fais bien l'amour...

Lui : - Alors j'ai le droit de lire ce matin ?
Elle : - Et moi, je fais quoi ?
Lui : - Tu ouvres la fenêtre, tu vas allumer le feu, promener le chien… Ou tu prends un bouquin !
Elle : - Oh j'ouvre pas la fenêtre. C'est trop chiant le soir à remettre.
Lui : - Alors je vais rester toute la journée à la lumière électrique !
Elle : - Tu vas quand même te lever ?
Lui : - Pour aller aux toilettes.

Elle : - Oh non ! Je t'ai déjà dit de pas parler de ça… Faut que j'y aille (*elle se lève… et sort*).

Lui : - Est-ce qu'un jour je vais rire à ce qu'elle rit ? Est-ce qu'un jour elle sera totalement triomphante, aura vaincu celui qui avait toujours des mots compliqués ? (*fataliste*) Et j'écrirai des chansons à la con ! Celles qui ramènent du pognon.

Il prend un livre, la biographie « Bonjour, monsieur Zola », d'Armand Lanoux, ouvre et lit ; on sent qu'il ne lit pas ce passage pour la première fois.

« *Après l'idéal impossible du « chapeau rose », après la réalité toute matérielle de Gabrielle, Zola rencontrait la femme de sa vie* » (*il pose le livre*)

(*abattu*) Mais Zola avait quarante-huit ans ! Attendre la gloire, atteindre cent kilos, cent quatorze de tour de bidoche !…

(*combatif*) Non, je vais marcher, marcher, marcher, et je te rencontrerai.
(*triomphant*) Et tu m'aimeras !… Mais avant, la chanson ! Allez, qu'est-ce qui pourrait faire une bonne chanson pour jeudi ? (*il prend un amas de papiers et feuillette*)

Rideau

Acte 3

Même décor (seulement des cartons déplacés)
Le premier lundi après les « rencontres d'Astaffort. »
Le téléphone sonne. Le rideau se lève. Lumières éteintes.

Lui, *la voix pâteuse* : - Ouais.

Lui, *la voix pâteuse* : - Ouais.

Lui, *soudain réveillé* : - Quoi onze heures ! Dis pas n'importe quoi.

Il tâtonne, allume la lampe à sa gauche, prend sa montre à côté, se redresse...

Lui : - Ah ouais, t'as raison.
Elle, *doucement* : - Qui c'est ?
Lui, *tout en mimant la guitare de la main droite* : - C'est à cause de ces satanées souris, elles nous ont empêchés de dormir.
Elle, *doucement* : - Mets le son.
Lui, *doucement* : - Hrra.
Elle, *doucement* : - Pour une fois que je peux rire, allez.

Il appuie sur la touche haut-parleur.

La voix au téléphone : - ...suppose, hier, tu as essayé de me joindre, mais je prenais du bon temps chez des amis, il faudra que je te les présente, et j'avais oublié de brancher le répondeur, tu as embrassé toute l'équipe de ma part...
Lui : - Tu es certain d'être bien vu ?
La voix au téléphone : - Quoi, quelqu'un t'a sorti des vacheries sur moi ?
Lui : - Pas plus que sur les autres ! Les anciens sont des anciens, les sélectionnés sont des artistes, les anciens de simples numéros !
La voix au téléphone : - Arrête ! Tantôt au téléphone, ils étaient charmants...
Lui : - Quand tu leur as dit qu'ils pouvaient loger chez toi dès qu'ils passent à Paris et que tu avais un copain qui pouvait leur faire une fausse note d'hôtel..
La voix au téléphone : - Joue pas les idéalistes, tu sais comment ça fonctionne, allez, raconte.
Lui : - Super, trois textes interprétés...
La voix au téléphone : - Des textes emmenés suivant mes conseils ?
Lui : - Bin... Oui.
La voix au téléphone : - Tu vois mes conseils, tu me dois une fière chandelle ! Tu vois si tu suis tout le temps mes conseils, on va faire une sacrée équipe nous deux...
Lui, *en appuyant sur la touche discrétion* : - Il m'énerve !
Elle : - Envoie-le promener, maintenant que tu connais Cabrel, tu n'as plus besoin de lui. En plus il ne sait pas jouer de guitare. Qu'est-ce que tu en as à faire d'un pianiste !
Lui : - Mais ça fait du bien d'entendre « c'est génial » !
Elle, *riant* : - C'est génial mon chou !
La voix au téléphone, *plus fort* : - Pourquoi ne réponds-tu pas ?
Lui, *retirant le doigt de la touche discrétion* : - Ah ! Tu es encore là, ça fait une minute qu'on n'entend plus rien, on croyait que tu avais dû poser le téléphone pour faire la bise à ton boss, j'allais raccrocher... Mais avant faut que je te dise... Tu as du boulot... Et urgent... Une interprète veut des musiques sur douze de mes textes.
Elle, *appuyant sur la touche discrétion* : - Tu me l'as pas dit, ça...
Lui, *retirant son doigt de la touche discrétion* : - Hrra.
La voix au téléphone : - Elle a un physique ?

Lui : - Voix, physique, blonde, dix-neuf ans, mince, un regard de braise, un vrai cristal de baccarat, tout pour cartonner...

La voix au téléphone : - Tu lui as dit que tu connais un super compositeur.

Lui : - Qui travaille super vite et va lui proposer douze musiques dans un mois.

La voix au téléphone : - Je ne sais pas si je vais avoir le temps, tu sais... Je suis très pris par le boulot... Mais oui, naturellement, je vais essayer, lesquels elle préfère ?

Lui : - Je t'envoie tout par la poste, y'a des textes que tu ne connais pas, ils seront sur l'album.

La voix au téléphone : - Elle veut faire un album, super !

Lui : - Et de la scène.

La voix au téléphone : - Elle habite où ?

Lui, *après avoir hésité* : - Toulouse.

La voix au téléphone : - Bon, je vais faire le maximum... Tu n'as mis personne d'autre sur le coup ?

Lui : - Attends, on a bien dit qu'on forme un duo. Tu es à 100% sur mes textes...

La voix au téléphone, *après une hésitation* : - Ouais, ouais... Je te demandais juste comme ça pour dire de parler... Ah zut ! Big big boss, qu'est-ce qu'il me veut encore... Allez bisous, on se voit à La Rochelle en juillet de toute manière...

Lui : - Tchao... Et au boulot ! (*il raccroche*)

Elle : - Tu recommences ! Plus de tchao, s'il te plaît... Allez bisous... Je suis sûre qu'il en est...

Lui : - Même ton frère tu te le demandes, alors !

Elle : - Oui, mais mon frère c'est différent, c'est toi qui me l'as dit, il a été trop couvé par *maman est folle*...

Lui : - Peut-être qu'il a aussi eu sa *maman est folle*... Après tout s'il veut rencontrer ton frère !

Elle : - Tu as déjà été avec un mec ?

Lui : - Comme si !

Elle : - Ah, parce que passer après un mec, ça je pourrais pas... *C'est génial !*... En tout cas on en dira pas autant de ses musiques, c'est tout le temps la même chose.

Lui : - Mais bon, si ça fait un CD, il faut bien un début, avoir quelque chose à montrer, pouvoir dire la musique est classique, la voix pas terrible...

Elle : - Surtout si c'est la vieille qui chante.

Lui : - Mais non, elle s'amuse, elle est trop occupée avec son mari, ses enfants et le karaoké.

Elle : - Alors, qui va les chanter ?

Lui : - Quand ça sera prêt, comme il a du fric, on trouvera bien une interprète.

Elle : - C'est qui, dix-neuf ans, blonde, cristal de j'sais plus quoi, un physique ?

Lui : - Toutes les grandes réussites artistiques passent par le bluff. Il me croit, il va bosser. Il va bosser, mes textes auront des musiques, seront de vraies chansons. Et pendant ce temps je vais écrire des textes pour les autres. Ils veulent du gnangnan, ils vont en avoir. Dès qu'on va à Cahors j'achète un dictionnaire de rimes ! Je peux faire aussi gnangnan qu'eux !

Elle : - Gnangnan, tu veux dire des belles chansons d'amour ?

Lui : - Cent, pas une de plus ! Je serai le stakhanoviste de la chanson !

Elle : - Recommence pas avec tes mots compliqués... Si je te connaissais pas d'avant je croirais que c'est Cabrel qui t'a tourné la tête.

Lui : - Stakhanoviste, il doit penser que c'est l'avant-centre d'une équipe Russe !

Elle : - En tout cas je vois que tu es un sacré baratineur quand tu t'y mets, il a tout gobé ! J'espère que tu n'es pas comme ça en amour ! Enfin, je te donne pas tort, parce qu'avec lui tu es mal parti ! Tu crois qu'il va le sortir son fric ? En plus il m'a l'air radin.

Lui : - L'important c'est d'avancer, avoir des projets !

Elle : - Et si ça marche pas tout de suite, tu vas pas te décourager ?

Lui : - Personne ne m'attend. C'est à moi de m'imposer. Personne n'attend personne. Ceux qui progressent sont ceux qui continuent… Continuer malgré l'échec, c'est là le secret, toujours viser plus haut… L'histoire ne retient que les exceptions. Il faut être l'exception… Le talent, dans la chanson, c'est du travail et de l'obstination. Mais je vais écrire un succès, t'inquiète pas, c'est décidé !
Elle : - Ça rapporte combien un succès ?
Lui : - Un château chauffé !
Elle : - Je croyais que tu t'en foutais de l'argent !
Lui : - L'argent oui… La mesquinerie d'amasser miette par miette, mais celui qui peut faire le grand saut, pourquoi s'en priver ?
Elle : - Mais ce que tu viens de me dire là, tu crois que tu es le seul à le penser ?
Lui : - Qui d'autre verrait ainsi la vérité ? Et ceux qui réussissent préfèrent la maquiller pour garder le secret, préfèrent s'autoproclamer « un peu médium », comme si leurs gnangnanteries venaient d'une autre galaxie ! Ils sont tous accros à la télévision, ils écoutent même religieusement le baratin des attachées de presse.
Elle : - Alors tout le monde peut réussir à écrire des chansons ?
Lui : - Faut quand même pas exagérer ! Mais celui qui veut porter un masque sera condamné à le porter, sauf s'il est assez fort pour un jour dire « stop. »
Elle : - Là j'ai pas suivi.
Lui : - Je t'expliquerai un jour… Allez, va au froid, je t'expliquerai devant des tartines. Et crois en moi !
Elle, *convaincue* : - Oui mon amour.

Elle se lève… Bonnet, écharpe, pull… Et sort…

Lui : - Un masque ! Porter un masque… Révéler la théorie du masque… Mais pas au point de confier la vérité quand même !
La vérité… La vérité, tu parles, qui oserait avouer la vérité ?
Qui oserait avouer tout ce qu'il faut faire pour avoir trois chansons retenues le samedi soir…
Mais celui qui ne joue pas le jeu n'en a qu'une… Alors !…
Connard de compositeur va… Parce qu'il est ingénieur, parce que ses parents croulent sous le fric, il se croit compositeur, parce qu'il arrose des crétins on lui sourit… Et on me sourit !
Qui peut être dupe de ça ?…
Mais il faut révolutionner ce monde…
Ah internet, si je m'y connaissais en informatique, c'est sûrement la solution… Sinon c'est trop verrouillé…
Avoir cent chansons, être connu, et après donner un coup de pied dans la fourmilière, ils ne m'auront pas… Ils croient m'avoir… Avec leurs magouilles jusqu'aux…
Je devrais peut-être me mettre à l'informatique…
J'arrive trop tard ou trop tôt… Celui qui saura utiliser internet… Les crétins ne vont pas le rater…
Celui-là, je lui tire mon chapeau s'il parvient à percer dans la chanson sans faire la pute…
Bon il me faut cent textes chantés… Peu importe le niveau, peu importe qui ! Je suis Rastignac aux pieds d'Astaffort. Après je ferai comme je voudrai, je fixerai les règles. Il me faut payer le prix de ma liberté… La liberté ! Ah !… (*il rêvasse*)

Elle ouvre la porte, passe la tête.

Elle : - Alors, et ces chansons gnangnantes, je les attends !

Elle lui lance le pain.

Elle : - Trois tartines… Regarde mon nez ! Gelée que je suis. Les mois se suivent et se ressemblent.

Elle referme la porte.

Lui : - Les années aussi, parfois ! Mais courage ! Le succès n'a jamais été aussi près !

Il prend le plateau à côté du lit, un couteau... Tout en poursuivant ses réflexions...

J'ai encore rêvé d'elle ! Elle est belle, rebelle, spirituelle, intellectuelle. Mais si elle n'était pas intègre, jamais je ne l'aurais aimée au point de lui susurrer : je veux être l'homme de ta vie. Bon, ça rime pas ! Mais je trouverai sûrement la rime avant la femme.

> *Il rêvasse...*
> *Elle arrive doucement, le regarde, surprise.*

Elle : - Ça va ?

Lui, *surpris* : - Oui !... Pourquoi ?

Elle : - J'avais oublié que chaque matin je te retrouve dans cet état... À quoi tu penses ?

Lui : - Tu crois que ça s'écrit tout seul des chansons !

> *Elle pose le plateau sur le lit.*

Elle : - Tu pourrais dire merci.

Lui, *mécanique, encore dans ses visions* : - Merci mon amour.

Elle : - Neuf jours sans personne pour faire mes tartines, ça m'a manqué !

> *Il croque dans sa première tartine, et le petit-déjeuner débute.*

Elle : - Et toi, ça t'a manqué qu'on t'apporte pas ton p'tit déj au lit ?

Lui : - Mais on me l'apportait !

Elle : - Dix-neuf ans, un physique ! Arrête, sinon je vais me poser des questions. Tu sais que j'ai confiance en toi... Mais faut pas me dire des conneries sinon ça va tourner dans ma tête et je vais finir par croire que tu m'as trompée.

Lui : - Pourquoi tu déjeunes pas simplement, en profitant de l'instant. Carpe Diem ! Profite de l'instant présent.

Elle : - Oh, tu es vraiment trop calme ! Tu as toujours été comme ça ?

Lui : - Je plains celles et ceux qui croient les chansons à la con !

Elle : - Qu'est-ce que tu veux dire ?

Lui : - Celles et ceux qui pensent, par exemple, que ça ne change pas un homme !

Elle : - *Maman est folle*, elle a dit, c'est bien vrai ça, un homme, ça change pas, c'est jamais mature.

Lui : - Mais personne ne t'oblige à la croire !

> *Elle prend une publicité à côté du « lit », la lui tend, la pose finalement entre eux.*

Elle : - Tiens, tu t'es fait avoir avec ta perceuse, là elle est moitié prix.

Lui : - Mais c'est pas la même qualité.

Elle : - Tu t'y connais en perceuses, maintenant ?

Lui : - Non, mais j'aime pas l'idée de m'être fait avoir !

Elle : - Tu vas te laver après ?

Lui : - Tu rigoles !

Elle : - Moi je me suis lavée hier...

Lui : - C'est cher pour ce que c'est, mais on a au moins le chauffage à Astaffort... J'ai pris de l'avance pour trois mois ! Chaque jour deux douches.

Elle : - Ah, le rêve ! Tu vas le dire à ta sœur, trois dans la salle de bains.

Lui : - Trois dans la salle de bains !... Tu as invité les vieux quand j'étais chez Francis ?

Elle : - Arrête, trois degrés... Et puis dis pas chez Francis comme si tu étais son pote !

Lui : - Je l'ai vu sans maquillage, tu sais ! Et j'ai mangé à sa droite de la viande de supermarché. C'est pas Jean-Paul Sartre ! Même avec des lunettes.

Elle : - Me parle plus de celui-là, tu vois j'ai retenu son nom ! Tu aimerais pas qu'elle vienne vivre par ici ta sœur ?

Lui : - Parle pas de malheur !

Elle : - Pourquoi ? Elle est gentille ta sœur.
Lui : - Il faut fuir la famille et les gens tristes.
Elle : - Alors on se retrouve tout seul.
Lui : - Parfois on a la chance d'être deux. Si on rencontre l'âme sœur. « *Les âmes sœurs finissent par se trouver quand elles savent s'attendre* » a écrit Théophile Gautier. (*il plane un peu, ailleurs*) L'amour dans la sérénité quoi.
Elle : - Tu crois que l'amour ça résiste au froid ?
Lui : - L'amour… L'amour… C'est quoi l'amour ?
Elle : - Je t'aime moi !

    Elle le regarde en attendant au moins « moi aussi je t'aime. »

Lui : - Ça ferait trop téléphoné si je te répondais, moi aussi !
Elle : - Tu aurais pu me téléphoner plus souvent !
Lui : - Ça fait pas encore cent quatorze fois que tu le déplores !
Elle : - Tu me parlais pas comme ça à Douai.
Lui : - Tu ne te souviens déjà plus comment c'était ! Il fallait aller à l'hôtel pour enfin ne pas avoir quelqu'un sur le dos ! Quand ta mère nous disait « restez-là, au moins ici c'est gratuit », il fallait qu'elle nous emmerde jusqu'à plus de minuit. Son gros nous assommait avec ses lectures financières qu'il ne comprenait jamais et ton frère détaillait ses prétendus exploits sexuels jamais confirmés pas son monstre.
Elle : - Les gens normaux ne se parlent pas comme ça, si ?
Lui : - Tu as dit « les gens normaux. »
Elle : - Bin oui, les gens qui travaillent, qui rentrent, mangent, regardent la télé et vont se coucher.
Lui : - C'est une analyse sociologique que tu me fais là !
Elle : - Quoi ?
Lui : - Tu as toujours vu les gens vivre comme ça ?
Elle : - *Maman est folle*, à chaque fois qu'elle a eu un homme, c'était comme ça… Et chez l'oncle c'est pareil… C'est quoi de ton truc de philosopher ?… Tu as appris ça où ?
Lui : - Dans les livres… Et il faut toujours essayer de vivre ce qui est écrit dans les meilleurs livres !
Elle : - Ah ! La vieille elle m'a dit, ça sert à rien que tu ailles voir Nino Ferrer, ça fait au moins vingt ans qu'il fait plus rien.
Lui : - Elle t'a dit qu'il ne fait plus rien !
Elle : - Oh si, il fait des trucs, mais c'est nul, ça marche pas. Il a de la chance d'avoir fait des trucs bien avant alors il vit sur ça.
Lui : - Des trucs bien ? *Gaston* et les *Cornichons* ?
Elle : - C'était avant de vivre par ici. Peut-être que le climat est pas bon pour la chanson. De toute façon quand on le voit à la télé c'est que pour ça…
Lui : - Ça doit être drôle mais les gens ne le comprennent pas et lui non plus sûrement : le présentateur lance une image d'archive et ensuite interviewe un mec ressemblant vaguement au jeune dynamique, un mec qui pourrait être le grand-père du type qui chantait les *cornichons*. Être prisonnier de son image ! Porter un masque à vie !
Elle : - En plus elle a dit qu'il peint… Un chanteur peindre ! C'est vraiment que la chanson ça marche plus.
Lui : - Pour une fois qu'un guignol de variété a la volonté de ne pas se copier, de grandir un peu, de sortir de l'adolescence, de créer vraiment, de chercher. Mais visiblement pas au point de poser son vieux masque !
Elle : - En tout cas, ça marche pas… Regarde Cabrel, c'est tout le temps la même chose mais ça marche !

Lui : - Mais nous n'avons qu'une vie ! Si c'est pour la passer avec le masque d'un succès de potache !

Elle : - En tout cas, je suis sûre que Cabrel il a plus de sous que Nino Ferrer.

Lui : - C'est le critère de qualité actuel !...

Elle : - Au moins il en profite, il a un vrai château, et bien chauffé je suis sûre.

Lui : - Mais dans cent ans il ne restera rien de ses ritournelles.

Elle : - Si c'est pour avoir du succès quand on est mort, ça sert à rien...

Lui : - Je te rassure, il ne restera rien non plus de l'autre, art mineur.

Elle : - J'ai pensé, pendant que tu étais là-bas...

Lui : - Et ne t'arrête surtout pas !

Elle : - J'ai pensé, pourquoi tu prends pas des cours pour écrire des chansons ?

Lui : - Des cours !

Elle : - Oui, je me suis souvenue, un jour j'ai vu à la télé un mec qui donne des cours, il paraît qu'il a écrit plus de cinq mille chansons lui, et après il suffit d'une heure pour écrire une chanson. Ça doit être pour les gens comme toi, qui restent des journées à tourner en rond.

Lui : - En une heure, tu crois que ça donne quoi ?

Elle : - Bah, des chansons. Lui en a écrit cinq mille... Des trucs connus, je sais plus quoi, mais des trucs vraiment connus.

Lui : - Les cours... Ça ne se donne pas... C'est l'auteur qui doit les prendre, en lisant, en écoutant, en réfléchissant...

Elle : - C'est pour ça que tu fais compliqué !

Lui : - Ne t'inquiète pas, il va exister, être chanté, l'auteur seul en face du monde, seul en face de Créon, il sera l'Antigone sans silicone.

Elle : - Créon, c'est le surnom de Cabrel ?

Lui : - Un jour, si tu as le temps, tu liras Antigone.

Elle : - J'aime pas non plus les bandes dessinées.

Lui : - Pourtant Jean Anouilh dessinait bien.

Elle : - Le jockey ?

Lui : - Non, son frère.

Elle : - Il n'a jamais parlé de son frère Léon Zitrone.

Lui, *il la regarde étonné* : - Tu l'as fait exprès ?

Elle : - Quoi ? J'ai dit une connerie ? Léon Zitrone, tu regardais la télé quand tu étais plus jeune, c'est lui qui commentait les courses de chevaux et les mariages des reines.

Lui : - Avec les rois ?

Elle : - J'sais pas... Bin oui, tu vois, à force que tu m'poses des questions comme si j'étais à la télé, j'sais plus c'que j'dis... Tu me stresses !... Qu'est-ce que j'ai fait exprès ?

Lui : - Antigone / Silicone / Zitrone

Elle : - Alors, c'est bien, tu devrais m'embrasser quand je dis quelque chose de bien.

Lui : - J'ai trop d'avance !...

Elle : - Trop d'avance ?

Lui : - Laisse, je te raconterai...

Elle : - J'ai remarqué, y'a pas qu'avec moi que tu te moques. Tu te prends pour un génie ! C'est une maladie ça, non ?

Lui : - *« Un génie ? En ce moment cent mille cerveaux se voient en songe génies comme moi-même et l'histoire n'en retiendra, qui sait ? même pas un ; du fumier, voilà tout ce qui restera de tant de conquêtes futures. »*

Elle : - On voit que tu es un fils d'agriculteur, de bouseux comme on dit chez nous, tu parles toujours de fumier.

Lui : - Mais non, je te citais Pessoa.
Elle : - Tu pourrais citer autre chose qu'un mec qui picolait.
Lui : - Tu sais que Fernando Pessoa picolait !
Elle : - *Maman est folle* en a acheté une bouteille… Même que tu as aimé.
Lui : - Une bouteille ?
Elle : - Bin oui, c'est rouge et ça se met dans du jus d'orange.
Lui, *qui éclate de rire* : - Pessoa. Fernando Pessoa.
Elle : - Pourquoi, c'est pas le même ?
Lui : - Passoa, dans le jus d'orange !…
Elle : - Ah !
Lui : - Je pourrais même pas en faire une chanson. Si j'écrivais du théâtre ce serait une bonne réplique… Quoique, on accuserait l'auteur d'avoir voulu ridiculiser l'absence de culture poétique !…
Elle : - Ah, tu n'as qu'à mieux articuler… Je te l'avais dit que je suis pas une intellectuelle.
Lui : - Ahhhh !
Elle : - Quoi Ahhh ! Tu regrettes déjà de m'avoir choisie pour le meilleur et pour le pire comme dit *maman est folle*…
Lui : - Sans alliance…
Elle : - Tu me demanderas en mariage un jour ?
Lui : - Je croyais que tu étais contre.
Elle : - Oh, pas tout de suite… Pour les enfants, tu crois pas que ce serait mieux…
Lui : - *Je ne suis rien. Jamais je ne serai rien. Je ne puis vouloir être rien. Ceci dit, je porte en moi tous les rêves du monde*
Elle : - C'est de toi ou de l'autre ?
Lui : - L'autre… *Ah, c'est l'amour qui est essentiel !… L'homme n'est pas un animal mais une chair intelligente, quand bien même il lui arrive d'être malade.*
Elle : - Je préfère quand tu parles d'amour… Mais tu crois qu'il va falloir attendre l'été pour le refaire vraiment… Parce qu'avec nos pull-overs…
Lui, *pour le public* : - Dose… Déjà !
Elle : - Alors quand il fera bon, tu me fais un enfant ?
Lui : - Tu crois qu'il fera bon un jour.
Elle : - Tu as toujours la phrase pour pas répondre.
Elle se lève…
Elle : - Tu sais où je vais.
Elle sort…

Lui : - Un enfant ! Déjà ! Bon, c'est vrai, plus vite on le fera, mieux ce sera ! Une chanson qui marche, ça rapporte combien ? Et juste après, tu me fais un enfant !
Ah ! Si j'avais rencontré une chanteuse belle rebelle spirituelle intellectuelle intègre ! Astaffort, pas une âme, que des corps !
On a beau avoir chacun sa raison… La mienne est existentielle quand même ! Mais elle !
La certitude de se goinfrer d'une part du gâteau de la chanson !
Existentielle, c'est quand même plus acceptable. C'est même excusable ! Faut m'y résoudre : partir à la recherche de quelqu'un de vraiment bien, c'est remettre l'enfant à trop loin… À jamais peut-être ! Quitte à tricher, au moins ne tricher qu'une fois !
Est-ce que tu grandiras avec un peu de ce que la vie m'a appris ?
Ou est-ce qu'elle va se servir de toi comme vengeance contre moi ?… Parce que chez ces gens-là !… (*il sourit*) Alors j'écrirai des chansons pour que tu les apprennes à l'école !
Finalement, ma vie c'est le sud et la chanson ! L'Amour… Ah ! si ça ne dépendait que de moi !

Ah ! Être vraiment amoureux... Est-ce qu'ils existent les enfants de l'Amour ? Être vraiment amoureux... Pas... Ouais... Elle est pas mal... Et après avoir expérimenté toutes les possibilités de l'intimité, toujours penser « J'ai encore quelque chose à découvrir. » Être vraiment amoureux... Jusqu'à en bafouiller, les idées pas claires à part « je t'Aime. »
Dire pour la vie ou ne pas le dire. Mais que ce soit évident.
Et là, avoir un enfant ! Un enfant de l'Amour.

Elle rentre...

Elle : - Alors, tu écris des chansons en mars, tu rejointes en avril et tu me fais un enfant en mai ?

Il bâille

Elle : - C'est ta réponse ! Arrête tu vas me faire bâiller aussi (*elle bâille*)
Lui : - Un bon bâilleur fait bâiller... C'est donc mon tour d'aller aux toilettes (*il sourit*).
Elle : - Tout ça pour pas répondre... Tu vas revoir ce que c'est de traverser la grande pièce !
Lui : - Mais j'ai mon peignoir.

Il se lève, enfile son peignoir...

Elle : - Le peignoir d'une ancienne !
Lui : - Les objets n'ont pas d'âme... Je garderai même la lampe que tu m'as offerte !
Elle : - Quoi, tu penses déjà à me quitter !...
Lui : - Tu n'as pas d'humour hein !
Elle : - On sait jamais quand tu plaisantes ou quand c'est vraiment pour de vrai.
Lui : - Allez, je te laisse à tes réflexions. C'est quand même mieux que les abdos !

Il sort.

Elle : - Je rentre bien calme, j'y ai pensé pendant une semaine à mon programme ! J'aurais dû ajouter et je te laisse lire le samedi et le dimanche. Pépé allait bien au PMU, lui peut lire.
Je suis sûre qu'il pense déjà à me virer. J'espère au moins qu'il n'a pas rencontré une chanteuse ! Non, il pourrait pas me faire ça. De toute façon *maman est folle* l'avait dit, « hum, tu as pris un trop intelligent, un homme faut pas que ça réfléchisse trop. »
Bientôt qu'il me traitait de bonne pisseuse ! Il croit que j'ai pas compris. Cousin me l'a déjà faite celle-là ! Mais j'ai dit je m'énerve plus.
Mais s'il avait osé ! C'aurait été la goutte d'eau qui aurait fait déborder le verre. Y'a des limites quand même ! Et il aurait eu sa première scène de ménage. C'aurait peut-être été mieux ! On se serait réconcilié en faisant vraiment l'amour.
Chez *maman est folle* au moins je regardais la télé... Mais bon, maintenant que le frangin est parti, oh non, j'aurais pas supporté...
Tu parles le sud... Et il va vraiment écrire des chansons ! Comme si quelqu'un va chanter ses trucs... Ah ! S'il pouvait faire un truc qui ramène du fric... Bon là il semble décidé à enfin faire comme les autres. Ça doit pourtant pas être compliqué pour lui à faire des trucs comme Cabrel ou Hervé Villard. Même avec du Francis Lalanne, on pourrait refaire la maison, je suis sûre.
Parfois on dirait qu'il s'en fout de moi.
Une fois qu'il a ses bouquins, son stylo et ses papiers.
Parfois j'ai l'impression qu'il me prend pour une conne.
Y'a que son chien qui montre qui m'aime... Heureusement que je suis là pour lui.
Je suis sûre que si ça marche ses chansons, il va me jeter comme une vieille chaussette.
Et si ça marche pas je suis partie pour avoir froid toute ma vie.
Maman est folle avait raison, c'est des égoïstes les intellectuels. Jamais il m'offrirait des roses.
Oser me dire qu'à son institutrice il lui offrait des roses et jamais m'en offrir... C'est pas une excuse l'argent... Il avait de l'argent quand m'a connue. Ah ! Comme j'ai rêvé... Ah ! Comme

j'ai rêvé quand il m'a dit, « on va acheter une maison dans le sud… » Je m'en foutais alors qu'il m'offre pas des roses, il me faisait rêver… En plus, j'aime pas les roses. J'aime que les chrysanthèmes, parce que ça rime avec je t'aime. Moi aussi je suis poète. Mais il paraît qu'il faut pas le dire, qu'on aime les chrysanthèmes, ça porte malheur. Comme de passer sous une échelle. *Maman est folle* a raison, il aurait dû mettre la maison à nos deux noms, au moins j'aurais été sûre de le garder.

J'aurais dû oser lui dire. Je croyais qu'il allait le faire. Je suis trop conne ! Peut-être que c'est parce que c'est l'hiver. Ça ira mieux en été… Je me baladerai au moins, et il redeviendra peut-être comme quand on allait à l'hôtel… J'ai besoin qu'on me fasse bien l'amour moi, on dirait qu'il comprend pas !

Allez ma grande, faut le motiver ton homme, qu'il écrive des bonnes chansons… Après la pluie le soleil, comme dit mère-grand.

> *Elle reste pensive*
> *Il rentre… Revient s'installer sur le lit…*

Lui : - Qu'est-ce qui ne va pas ?... Tu as l'air pensive… (*souriant*) Souvent ça ne te réussit pas !
Elle : - Moque-toi, avec tes chaussettes ! Tu exagères, tu pourrais mettre des chaussettes pareilles… (*il a donc des chaussettes dépareillées*) Tu feras un effort au moins quand *maman est folle* sera là.
Lui : - Ah ! Comme le conseillaient déjà les grands philosophes stoïciens… Il faut toujours prendre les chos… ettes comme elles viennent !
Elle, *indifférente à cette saillie* : - Partir dans le sud pour dormir avec des chaussettes !
Lui : - Elle dort avec des chaussettes
Parce qu'elle a trop froid
Avec des socquettes
C'est pas la joie
Peu importe le temps
Elle râle comme un éléphant…
Tu vois, j'essaye d'écrire une chanson sur toi… Cent chansons à la con, et *viva la liberté !*
Elle : - Éléphant ! Gazelle plutôt je suis ! Tu aimes bien te moquer de moi, tu es un moqueur ouais. Tu appelles ça une chanson d'amour… C'est pas toi qui dirais « ma femme m'inspire toutes mes chansons. »
Lui : - Parce que tu le crois !
Elle : - Pourquoi, tu crois qu'il a une femme dans chaque port ?... Tous les mêmes, les hommes, dès qu'ils ont de l'argent, leur femme leur suffit plus.
Lui : - Comme dit *maman est folle*.
Elle, *souriant* : - Ah ! Tu l'as déjà entendue dire ça.
Lui : - Non, elle a jamais osé devant moi, elle sait bien que j'aurais trouvé une réponse pour la ridiculiser…
Elle : - Bin alors, comment tu sais que ça vient d'elle ?
Lui : - Dis-toi que c'est la transmission de pensée.
Elle : - Tu y crois à ces trucs-là ?
Lui, *joignant les mains style bouddhiste* : - Lumière, sérénité, intégrité.
Elle : - Arrête, si je te connaissais pas je te prendrais pour un fou, avec tes mots bizarres.
Lui : - Un jour je comprendrai peut-être la quintessence de mes propos.
Elle : - Qu'est-ce que tu veux dire ?
Lui : - Que j'ai du travail pour devenir ce que je veux être.
Elle : - Pourquoi, tu n'es pas bien comme ça ?
Lui, *la voix « asiatique »* : - Celui qui s'arrête au milieu du chemin, c'est qu'il ne mérite pas d'aller plus loin.

Elle : - Arrête, tu vas me faire peur... Non, tu me fais rire... (*elle rit*) Qui est-ce qui t'a appris ces conneries ?
Lui : - Quand on passe ses journées avec des gens exceptionnels, on voudrait au moins mériter leur ombre !
Elle : - Tu passes tes journées avec les araignées, et elles s'en foutent, elles font leurs toiles.
Lui : - Balzac, Proust, Zola, Auster, Stendhal, Kundera, Modiano, Kafka, Le Clézio...
Elle : - Mais ils sont morts tes gens exceptionnels !
Lui, *souriant* : - Tous plus vivants que les pantins de naphtaline ! Plus je côtoie les gens, plus je me sens des affinités avec les personnages des romans ! Etienne Lantier, Fabrice del Dongo, Daniel D'Arthez, Docteur Pascal, mes frères, mes guides !
Elle : - Qu'est-ce tu en as à faire des idées des autres... Si tu as des idées tu les écris, sinon moi aussi je peux le faire de recopier les idées des autres (*il joint les mains style Bouddhiste*). En tout cas, aujourd'hui, tu n'as plus d'excuse avec ton dos !
Lui : - Astaffort m'a rendu plus fort !
Elle : - Tu vois, tu peux faire de l'humour. Pourquoi tu écris pas plutôt des sketchs, ça doit bien payer aussi... Alors, j'ouvre les volets !
Lui : - Tu vois, tu peux prendre une bonne initiative.

Elle va retirer la couverture, ouvrir la fenêtre, les volets, en commentant.

Elle : - Tu aimes bien me regarder travailler !... Oh, on dirait qu'il va faire beau... Il fait moins froid dehors que dans la cuisine.
Lui : - Tu vois, il ne faut jamais désespérer... Du temps !
Elle : - La vieille est déjà sur sa terrasse, elle me voit pas... Tu sais qu'elle est encore plus myope que le boulanger mais elle dit que ça la vieillirait des lunettes, alors elle veut pas en porter... Je vais essayer d'allumer toute seule le feu mais pendant ce temps-là tu m'écris une chanson avec plein plein de « je t'aime » dedans ! Allez, je te laisse... « travailler. »

Elle l'embrasse, prend son manteau... Et sort.

Lui, *voix très grave* : - Personne n'est à l'abri. De passer sa vie.
Avec quelqu'un de si différent. Qu'il déteint forcément.
(*joie soudaine*) Mais si je fais les choses que j'aime vraiment, je finirai forcément, par croiser les gens, qui comme moi veulent vivre autrement... (*perplexe*) Vais-je y parvenir ?... Ah ! Vivre d'Art et d'Amour !...

Une grande pause avant sa référence finale à Bertolt Brecht :

Est-ce qu'elle va m'inoculer la graine féconde
D'où surgit la bêtise humaine qui nous inonde ?

Elle passe la tête à la porte.

Elle : - Alors glandeur, tu viens allumer le feu, il veut pas démarrer, le papier est trop humide. Deux degrés dans la cuisine. Glandeur, je suis contente de ma trouvaille...
Puis arrête de te casser la tête, écris des chansons simples avec plein de « je t'aime »... Au moins on aura des sous ! (*très contente d'elle*) Allez glandeur, viens allumer le feu à ta petite chérie.

Elle repart. Il reprend.

Lui : - Est-ce qu'elle va m'inoculer la graine féconde
D'où surgit la bêtise humaine qui nous inonde ?

Rideau - Fin

Pourquoi est-il venu ?

Comédie contemporaine en trois actes

Pourquoi Stéphane, la quarantaine, auteur reconnu, a accepté de participer à un modeste salon du livre ?
Il y retrouve Nadine, la soixantaine vaincue, avec qui il a débuté les salons dans sa jeunesse. Il n'hésitera pas à fustiger une libraire voisine : écrivain indépendant, il ne cache pas son désamour de ces vendeurs de livres.
La raison de sa présence arrivera enfin : Julie, une lectrice croisée des années plus tôt. Il n'a pas trouvé plus simple que de l'inviter à ce salon…
Mais Julie aura une bonne raison de ne pas tomber dans ses bras… Et quand la libraire, après quelques verres se transformera en femme fatale… Nadine sera au premier rang… Tout alors devient possible... se joue à quelques secondes près...

Une pièce avec huit femmes et cinq hommes, pouvant être jouée par de nombreuses distributions grâce à la présence de personnages qui ne se croisent pas.

Comédie contemporaine en trois actes

Huit femmes, cinq hommes

Un salon du livre « à la campagne. » Une salle des fêtes avec tables sur tréteaux.
Trois tables. Au centre Stéphane, à sa gauche Nadine, à sa droite, la libraire.
D'autres tables invisibles. Quelques phrases et bruits fuseront de ces espaces hors champ.

Quatre personnages phares, trois femmes et un homme :

- La libraire, la trentaine, coiffée à l'ancienne, avec un chignon, de grosses lunettes, une tenue stricte, un regard sévère ; sa beauté passe inaperçue ; des livres touristiques, de cuisine, des romans du terroir. Derrière elle, « librairie du centre » et une grande photo typique de la région* (reproduction probable de la couverture d'un livre).
- Stéphane, la quarantaine dynamique ; sa notoriété, acquise dans la chanson et sur internet, lui permet de nombreuses impertinences ; ses livres et CD ; derrière, des feuilles 21 x 29.7 blanches placardées, avec des slogans : « l'auto-édition est l'avenir de l'édition », « le libraire est un parasite de l'écrivain », « achetez directement les livres aux écrivains » (poster en couleur de l'acteur possible).
- Nadine, la soixantaine vaincue, avec quelques sursauts d'enthousiasme et des tentatives d'humour, ses livres (rien derrière elle).
- Julie, la trentaine, blonde rayonnante, magnifique, visiteuse « invitée. »

Nathalie, la quarantaine, organisatrice.
Des visiteurs, acheteurs, badauds (minimum huit, quatre femmes, quatre hommes).

Pour la mise en scène :

- La libraire, Nadine et Stéphane forment naturellement l'ossature, présents dans les trois actes. Julie apparaît à l'acte 1 et reviendra pour le coup de théâtre de l'acte 3. Elle est au cœur de la pièce, en porte sa raison et l'intrigue.

Personnages de second plan :

    Acte 1 : - Une vieille femme
- Un badaud (le chasseur)
- Un badaud (Olivier)
- Un couple : un homme et une femme
- Un vieil homme pressé
- Nathalie, organisatrice

    Acte 3 : - Deux femmes qui passent en parlant

* la région : le sud-ouest mais ces personnages peuvent s'exprimer ainsi ailleurs et probablement là où sera jouée la pièce, alors remplacer Toulouse et Editions Milan…

L'utilisation de Stéphane Ternoise comme personnage est naturellement un jeu de l'auteur. Vous pouvez remplacer ce nom par celui qui vous plaira.

La présence de rôles secondaires permet de jouer la pièce avec moins de comédiens et comédiennes… voir les distributions proposées.

Acte 1

La libraire, Nadine, Stéphane. Puis : une vieille femme, le chasseur, Olivier, un couple, un vieil homme pressé, Julie, Nathalie.

La libraire, debout derrière sa table, regarde sa montre, s'ennuie.
Stéphane et Nadine ont rapproché leur chaise et discutent. Ils se connaissent depuis une quinzaine d'années, ont débuté ensemble les salons du livre dans la région...

Nadine : - Ce midi, quand on reviendra de manger, tes slogans auront disparu… Je crois !
Stéphane : - Elle n'osera jamais.
Nadine : - Tu as vu comme elle te regarde !
Stéphane : - Elle n'ose pas me demander un autographe !
Nadine : - Tu as quand même la grosse tête.
Stéphane : - Au moins 97% des personnes qui me critiquent seraient prêtes à se compromettre dix fois plus que moi pour la moitié de ma notoriété.
Nadine : - Je me souviens de nos débuts…
Stéphane : - Pour les organisateurs, j'étais un jeune con inconnu, donc ils me méprisaient, me toléraient uniquement comme animateur obtenu gratuitement pour leurs petites agitations locales. Maintenant, je suis un vieux con, un peu connu, alors ils me courtisent ! Ils croient important de pouvoir piailler « nous avons obtenu la présence du grand écrivain et auteur de chansons ! »
Nadine : - Et tu en profites.
Stéphane : - Tu crois peut-être que j'en suis dupe ! Ils m'ont invité pour éviter mes critiques sur le site du département. C'est même pas leur choix, c'est le Conseiller Général, il espère être épargné ! Mais enfin, Nadine, ce n'est pas sérieux tout cela (*il montre livres et CDs*). Le jour où tu crois pouvoir te reposer sur ce que tu as fait, autant aller garder des moutons au Burkina Faso !
Nadine : - Mais je croyais que tu ne participais plus à ce genre de salon.
Stéphane : - Je collectionne les invitations ! Tu veux connaître le montant du chèque !
Nadine : - Quoi, ils t'ont payé !
Stéphane : - Et remboursement des frais de déplacement, hôtel hier soir et ce soir !
Nadine : - Tu déconnes ! Tu es à quarante kilomètres.
Stéphane : - Hé alors ! Tu ne sais pas qu'un écrivain a besoin d'une bonne nuit avant d'affronter un salon exténuant ?
Nadine : - Et en plus ils t'ont payé !
Stéphane : - Et toi, tu es comme moi avant ! Tes frais de déplacement sont de ta poche, tu payes ton repas du midi…
Nadine : - Pas toi !
Stéphane : - Ce serait mesquin ! Et tu as payé ta place ! Tu comprends pourquoi il y a quelques années, j'ai décidé de boycotter les salons.
Nadine : - En plus, c'est quand tu étais rmiste, que ça t'aurait été utile d'être payé. Maintenant, j'ai l'impression que c'est une goutte d'eau.
Stéphane : - J'ai depuis longtemps conceptualisé les conneries de la culture officielle, avec mon « non aux subventions. » En plus la chanson est une vraie pompe à fric !
Nadine : - C'est pas pour critiquer ! Tu me connais ! Mais parfois tu ne te casses pas !
Stéphane : - Quand tu es connu, tu es sollicité et personne n'ose te dire non quand tu rends ta copie. Si ça se vend, tu es encore plus sollicité alors tu écris encore plus vite ! Le seul critère c'est la vente. Ça laisse du temps pour écrire des livres !
Nadine : - Faire du fric pour être tranquille, comme tu résumes.
Stéphane : - Cette année, mes seuls revenus internet me permettraient de vivre sans vendre le moindre livre. Alors que l'année prochaine, si je n'avais pas la chanson, je retomberais peut-être

rmiste ! Il faut avoir conscience de la précarité de tout cela. Même la chanson finalement. Il suffit de trois bides consécutifs et ils feront appel à d'autres ! Si je vivais comme une star, un jour c'est certain, tu me verrais pleurer mes belles années !

Nadine : - Tu as remboursé depuis longtemps par tes impôts ce que tu as touché du Rmi.

Stéphane : - Un jour les jeunes écrivains seront cotés en bourse. Tu te rends compte, si tu avais pris des actions du jeune écrivain, tu pourrais arrêter de travailler.

Nadine : - Mais si tu avais pris les miennes ! De toute manière, tu le sais, je suis contre le capitalisme.

Stéphane : - Pendant des années tu as vécu comme une française moyenne alors que j'étais rmiste. Il faut bien qu'il y ait une certaine logique. Être écrivain c'est à plein temps !

Nadine : - Une française moyenne, tu exagères ! Si je ne te connaissais pas, je te prendrais pour un pistonné qui n'y connaît rien à la réalité !

Stéphane : - J'ai simplement observé le monde tel qu'il est. Et j'ai essayé de trouver la meilleure solution.

Nadine : - Mais moi, si je refuse qu'on se foute de ma gueule, je fais quoi ?

Stéphane : - On en a déjà parlé.

Nadine : - Oui, mais en ce temps-là, tu étais comme moi (*elle se veut lyrique*) inconnu au bataillon, simple écrivaillon de la région.

Stéphane : - Hé oui, vous étiez nombreux à vous foutre de ma gueule, les premières fois où je vous ai glorifié internet.

Nadine : - Oh, Stéphane, moi, jamais ! J'ai toujours reconnu ne rien y comprendre.

Stéphane : - Et surtout que les gens, jamais, n'achèteraient un livre sur internet !

Nadine : - Moque-toi, c'était impossible à prévoir pour une modeste enseignante en zone sinistrée…

Stéphane : - Devancer les événements est une exigence pour le créateur.

Nadine : - Mais tu es devenu une véritable entreprise. Tu en as combien, des sites ?

Stéphane : - Ce n'était pas prémédité… J'ai simplement réservé un nom de domaine quand j'avais une idée et qu'il était disponible. Souviens-toi qu'en ce temps-là les subventionnés ne voyaient pas l'intérêt d'internet.

Nadine : - C'est encore un de tes secrets, le nombre de tes sites.

Stéphane : - C'est dingue le nombre de choses qu'on veut désormais savoir de ma vie !

Nadine : - Ça fait bizarre, si je tape un nom sur internet, même le mien, j'arrive sur l'un de tes sites, comme quand j'allume la radio, c'est parfois une de tes chansons.

Stéphane : - Hé oui, mes chansons, mes sites… Et mes livres, finalement, ne sont pas tellement beaucoup plus lus que les tiens.

Nadine : - Mais toi, tu fais comme tu as envie, tandis que moi, à mon âge, je suis encore enseignante.

Stéphane : - Jusqu'à quel âge ils vont te garder ?

Nadine : - Ils sont fous ! Il faudrait que je bosse encore cinq ans pour obtenir une véritable retraite.

Stéphane : - Rassure-toi, l'espérance de vie est en hausse constante et tu auras le temps d'écrire tes souvenirs !

Nadine : - Tu ne vas quand même pas me sortir le refrain du ministère.

Stéphane : - Plus un refrain est simple, plus il est efficace ! Travailler plus pour gagner plus ! Penser moins pour dépenser plus ! Tu sais bien qu'un écrivain écrit jusqu'au dernier souffle, alors moi, vos histoires de retraites !

Nadine, *en montrant la libraire* : - J'en connais une qui ne tiendra pas jusqu'à la retraite si elle fait encore des salons près de toi.

Stéphane : - Je ne suis pas responsable du plan d'occupation des sols !

Nadine : - C'est un grand honneur pour moi d'avoir été placée à ta gauche.

Stéphane : - Le week-end prochain certains te demanderont de raconter ! Tu te souviens, lors de nos premiers salons, à la table d'honneur, c'étaient les anciens.
Nadine : - Ils sont tous morts.
Stéphane : - Étaient-ils encore vivants ?! Nous entrerons dans la carrière quand nos aînés n'y seront plus.
Nadine : - Mais moi, j'ai usurpé cette place ! Je sais avoir été placée-là uniquement parce qu'ils se souviennent qu'on était proches.
Stéphane : - Parce que tu leur as rappelé !
Nadine : - J'avoue !
Stéphane : - Et à ma droite ils n'ont trouvé personne.
Nadine : - Michel, Oscar, Christian, on dirait qu'ils t'ont copié ! Ça fait des années que je ne les ai pas croisés.
Stéphane : - Mais pas pour la même raison !
Nadine : - Tu as des nouvelles ?
Stéphane : - Forcément ! Tout le monde désormais m'envoie des nouvelles, des invitations, un livre dédicacé, même ses meilleurs vœux !
Nadine : - Je ne te les enverrai plus !
Stéphane : - Michel a arrêté d'écrire… Il est le seul avec qui j'entretiens un échange manuscrit, il préfère retaper sa maison. Oscar a hérité donc vit comme un héritier quelques années en espérant enfin convaincre un « grand éditeur. »
Nadine : - Un qui ne fera pas faillite !
Stéphane : - Tu vois, tu te moques aussi ! Christian essaye de signer des contrats avec un à-valoir, même s'il ne touchera qu'un pour cent sur les ventes. Comme il vient d'avoir sa retraite, il cultive sa petite notoriété en intervenant dans les écoles. Mais il voudrait être invité au salon de Paris ou Saint-Etienne ! Il a de l'ambition, quoi !
Nadine : - C'est normal que tes anciens compagnons de salons essayent de capter un peu de la lumière que tu émets désormais !
Stéphane : - Comme tu fais de belles phrases, je suppose qu'un jour tu vas raconter tes souvenirs, donc naturellement nos rencontres dans les salons.
Nadine : - Tu sais, je me suis reconnue dans l'une de tes pièces de théâtre. Au début j'étais en colère mais avec le recul je trouve que tu aurais dû laisser nos noms (*Stéphane sourit*). Tu as déjà traité le sujet, on m'accuserait de copier. De toute manière, je ne raconte pas ma vie, moi, je fais de la littérature. J'ai jamais rien raconté sur Léo Ferré, ni sur Bernard Lavilliers, c'est pas avec toi que je vais débuter !
Stéphane : - Tu étais jeune en ce temps-là… Et avoue qu'il n'y a rien à raconter sur eux ! Des trois, un seul laissera une œuvre.
Nadine : - Tu sais que pour moi, Léo, il est sacré.
Stéphane : - Tu étais jeune, tout simplement, alors il reste associé à cette jeunesse, à tes rêves d'alors. Tu avais l'admiration plus facile aussi, et tu l'as connu qu'il était en pleine gloire, tu étais fan même. Tandis que moi, tu m'as connu avec le statut du petit jeune accueilli sur la dernière place au bout de la table.
Nadine : - Tu as toujours su te mettre en valeur.
Stéphane : - J'ai été le plus jeune ! Tu veux dire que même avant, je ne fayotais pas pour me faire bien voir… même des libraires !
Nadine : - Ça m'a dégoûté ce matin, ces p'tits jeunes qui pensaient se faire bien voir de toi en t'achetant ton bouquin et en t'offrant le leur. Pas un n'achète les miens.
Stéphane : - Ils feront la même chose avec toi le jour où tu auras le prix… le prix Goncourt.
Nadine : - Des claques qu'ils méritent !

Stéphane : - Comment tu parles de tes chers collègues ! N'oublie pas : je suis simplement de passage pour prendre quelques notes, c'est avec eux que tu vas continuer à boire du mauvais vin !
Nadine : - Oh une cliente potentielle ! Si je me souviens bien, ce n'est pas la catégorie socioprofessionnelle de tes acheteurs !

Arrive, à la table de la libraire, une vieille femme, soixante-dix ans au moins (Nadine et Stéphane écouteront la conversation).

La libraire : - Bonjour madame, vous trouverez ici tout ce que vous cherchez.
La vieille femme : - Bonjour madame.
La libraire : - Toutes les nouveautés des plus belles plumes de la région et aussi les classiques, les célèbres romans du terroir de nos grands écrivains regrettés… À moins que vous les ayez tous ?
La vieille femme : - Y'a que le Désiré qui m'intéressait dans tous ces gens... on avait fini par devenir proches... un sacré coquin... Oh ! ce n'est pas pour moi, avec ma vue, je ne vois que les gros caractères.
La libraire : - Vous savez, nous sommes nombreuses à avoir besoin de lunettes pour lire.
La vieille femme : - Oh, quand je mets les lunettes, je m'assieds sur le canapé et je regarde la télé, c'est quand même plus distrayant que toutes leurs histoires. Si seulement c'était vrai, ce qu'ils racontent.
La libraire : - Nous avons naturellement des livres de souvenirs.
La vieille femme : - Oh ! je cherche un livre pour offrir à ma petite-fille.
La libraire : - Elle a quel âge ?
La vieille femme : - Elle va avoir dix ans. Mais elle aime bien ça, lire, alors c'est comme pour les vêtements, il lui faudrait bien du douze ans. Même du quinze. Elle fait 1 mètre 50.
La libraire : - J'ai ce qu'il vous faut. Je suppose qu'elle aime les chiens.
La vieille femme : - Oh non, oh non, surtout pas de chiens. Elle s'est fait mordre par le chien de monsieur le maire, un setter gordon. On dit que c'est pas méchant, cette race, mais en tout cas, il l'a bien mordue, ma p'tiote Manon. Il l'a attrapée à la cheville. Au sang. Ça a fait du bruit, dans le village. En tout cas, il a perdu des voix pour les prochaines élections. Vous êtes sûrement au courant, la p'tite Manon, à côté de l'église.
La libraire : - Je ne suis pas du village.
La vieille femme : - Ah oui, vous venez de… (*elle regarde sur la table*) Ah !
La libraire : - Nous avons ce livre, il plaît beaucoup. Il a été écrit par un enfant du pays, qui aurait dû être là mais il n'a pas pu venir, alors je le représente (*en lui tendant le livre*).
La vieille femme, *le prenant avec réticence* : - Vous êtes sa femme ?
La libraire, *en souriant* : - Non, madame, je suis libraire. Heureusement que je ne suis pas l'épouse de l'ensemble des auteurs dont je vends les livres.
La vieille femme : - Oh ! Vous ne pourriez pas, c'est interdit par la loi.
La libraire : - Je suis libraire, c'est mon métier de vendre les livres, de faire connaître les œuvres des écrivains.
La vieille femme : - Milan, monsieur Milan, ça ne me dit rien.
La libraire : - Milan, c'est l'éditeur, les éditions Milan, à Toulouse, vous ne connaissez pas ?
La vieille femme : - Vous ne me croirez peut-être pas, mais je n'y suis jamais allée à Toulouse. C'est pas les occasions qui ont manqué, encore l'année dernière, mon fils me dit « je t'emmène », mais non, ça ne me dit rien de voyager. Toutes ces grandes villes, je me demande toujours si les gens y sont comme nous.
La libraire : - Le nom de l'auteur est à l'intérieur. Tenez (*elle lui tourne la page*).
La vieille femme : - Non, ça ne me dit rien. Avant je suivais *Apostrophes*, mais c'est dommage, ils ont arrêté. Souvent, le nom de l'auteur est écrit sur la couverture, c'est parce qu'il n'est pas connu qu'ils l'ont sanctionné.
La libraire : - Dans le livre jeunesse, il est rare que le nom de l'auteur soit inscrit sur la couverture.

La vieille femme : - Si j'étais écrivain, je refuserais. Moi je vendais du foie gras, mon nom était toujours sur les étiquettes… Oh, c'est cher ! (*elle en profite pour reposer le livre*)
La libraire : - Vous savez, ça coûte cher à fabriquer, un livre.
La vieille femme : - C'est dommage, l'année dernière, ils avaient organisé une brocante en même temps. Là au moins on trouvait des livres à un prix normal. Faudra que je le dise à Nathalie. C'est dommage. Vous allez pas voir grand monde, sans la brocante à côté.
La libraire : - Si personne n'achetait les livres aux libraires, il n'y aurait plus d'écrivains, donc plus de livres non plus dans les brocantes.
La vieille femme : - Oh, pardi ! C'est peut-être pas utile. Maintenant qu'elle a internet. Et puis les livres, les meilleurs sont à la bibliothèque, alors ! Ça m'a fait plaisir de parler avec vous, c'est en parlant qu'on comprend vraiment les choses, sinon j'aurais été capable de dépenser mes sous, et je l'aurais regretté ce soir. Et où je vous aurais retrouvée pour récupérer mes sous ? On n'a pas une grosse retraite dans l'agriculture. Merci madame (*elle avance*).
La libraire : - Au revoir madame.

La vieille femme passe devant Stéphane et Nadine avec un regard méprisant pour les livres.

Stéphane : - Tu vois, les libraires, ça te transforme une vieille femme presque sympathique en ennemie des écrivains. Si elle avait eu une kalachnikov, nous étions morts. Quand je dis nous, c'est nous, les écrivains, elle aurait épargné sa libraire adorée avec qui elle a eu une formidable conversation.
La libraire : - Vous n'aviez qu'à pas écouter les conversations, monsieur !
Stéphane, *se tourne vers elle* : - Monsieur ! Je pourrais être votre fils ! Si vous souhaitez être aimable, utilisez l'expression « maître » ou « vénérable. »
La libraire : - La prochaine fois, vous m'écrirez ce que je dois répondre aux visiteurs.
Stéphane : - Mais non, surtout pas, parlez ! Je suis ici pour voir comment vivent les gens, et même les libraires !
La libraire : - En plus vous êtes masochiste.
Stéphane : - Les femmes comprennent l'humour mais parfois les connes me décrivent ainsi ! Vous devriez savoir que je suis écrivain !
La libraire, *excédée* : - On peut être écrivain et normal.
Stéphane : - L'écrivain dévore et digère tout ce qu'il trouve.
La libraire : - Comme un prédateur.
Stéphane : - Le « comme » est superfétatoire.
La libraire : - Et vous en êtes fier !
Stéphane : - La limite de la comparaison avec le prédateur, s'arrête rapidement. Avant le recyclage. Je ne vais pas vous apprendre comment un léopard recycle une gazelle.
Nadine, *avec le souci visible de faire diversion* : - Tu devrais écrire une bande dessinée !
Stéphane, *se retournant vers elle* : - La libraire serait capable de la photocopier pour la vendre dans son échoppe.
La libraire : - Si ma librairie ferme, ce sera trois chômeurs en plus.
Stéphane : - Quelle chance ! Car dans le même temps, peut-être cinq ou dix écrivains passeront du Rmi à travailleur indépendant, vivront de leur plume.
La libraire : - Arrêtez de faire rêver les jeunes avec vos démonstrations.
Stéphane : - Même la société y gagnerait. Et surtout le bon sens : il est plus logique que le travailleur vive de sa sueur plutôt que le parasite sur son dos. Nadine, tu préférerais pas en vivre et que madame soit au Rmi ?
Nadine : - Vu sous cet angle… Ah ! Un visiteur va interrompre votre conversation animée… Hier soir c'était la pleine lune !

Un badaud, la cinquantaine, arrive au stand de la libraire. Encore marquée par cet échange, elle n'essaye pas de l'intéresser ; il passe, passe aussi devant Stéphane.

Nadine : - Bonjour monsieur. Les éditeurs associatifs aiment les vrais livres.
Le badaud : - Bonjour madame… Vous voulez dire qu'il existe de vrais livres et des faux livres.
Nadine : - En quelque sorte, oui.
Le badaud : - Je cherche des vrais livres, sur la chasse. Mais il n'y a pas de chasseurs parmi les invités ? C'est un comble, nous sommes un village rural, où la chasse, la nature, la pêche et les traditions sont sauvegardées et les organisateurs ne pensent même pas à inviter un chasseur.
Nadine : - Vous croyez que ça existe, un chasseur écrivain ?
Le badaud : - Vous avez quelque chose contre les chasseurs ?
Nadine : - Non, non… C'était juste une question… Je vais dans les salons depuis quinze ans et je n'ai jamais eu le privilège d'en rencontrer un… Vous devriez demander à l'organisatrice, elle est là-bas, en blanc (*elle montre de la main hors scène*).
Le badaud : - Merci madame, vous êtes la plus aimable des écrivains du salon.
Nadine : - Vous allez donc m'acheter un livre ?
Le badaud : - Si vous en aviez un qui parle de la chasse !
Nadine : - Le dernier, vous qui aimez la nature, il se déroule dans l'arrière-pays.

Il prend le livre, le retourne, l'ouvre.

Le badaud : - Vous m'avez convaincu (*il sort son portefeuille et donne un billet*). Et gardez la monnaie, comme ça vous écrirez dans votre prochain livre que les chasseurs sont généreux… Les routiers sont sympas et les chasseurs généreux, retenez !… Je me dépêche, je vais voir l'organisatrice.
Nadine : - Merci monsieur, bonne lecture.
Stéphane : - Tu as toujours le courage de baratiner.
Nadine : - Tu vois, ce type, jamais tu n'aurais cru qu'il allait acheter !
Stéphane : - Finalement, tu pourrais faire libraire ! Je suis entouré par deux libraires !

Un badaud, la quarantaine, arrive au niveau de la libraire.

Stéphane : - Tu vas voir, moi aussi je peux baratiner. Mais une fois, pas plus ! (*plus fort :*) Attention, mesdames et messieurs, Ternoise va vous raconter l'histoire de la littérature. Si vous achetez chez les libraires, les auteurs touchent des clopinettes (*le badaud, près de la libraire, se recule d'un pas et observe*). Tandis que si vous achetez directement à l'auteur, vous lui permettez d'acquérir sa bière, son vin, le grain pour ses poussins, et même son pain et trois plaquettes de beurre. Ça rime avec auteur. (*s'adressant directement au badaud :*) Hé oui, vous ne le saviez pas. Mais comme les chats, les écrivains ont parfois des parasites.

Le badaud s'approche.

La libraire : - Ce sont des méthodes de vente inacceptables ! Il faut une certaine déontologie. Monsieur, la librairie est à votre service.
Le badaud, *à la libraire* : - Je reviendrai, je reviendrai.

Le badaud : - Bonjour… Bonjour, vous êtes Stéphane Ternoise !
Stéphane : - Parfois ! Et aujourd'hui vous avez de la chance, j'ai mis ma tête de Ternoise.
Le badaud : - Vous savez, j'ai acheté l'album que vous aviez fait avec des chanteuses et des chanteurs du département, c'est le plus bel album de ces dix dernières années.
Stéphane : - Vous auriez pu affirmer du millénaire.
Le badaud, *en souriant* : - Je n'ai pas osé, pas osé !
Stéphane : - Mais sur le CD, il vous manque quelque chose ! Et ce quelque chose vous l'aurez aujourd'hui !
Le badaud : - Je ne comprends pas.
Stéphane : - La dédicace. Vous savez que certains de mes livres se revendent sur internet dix fois leur prix uniquement parce qu'ils sont dédicacés.

Le badaud : - Je ne savais pas ! Je ne savais pas !

Stéphane : - Naturellement, la plupart des gens gardent le livre dédicacé comme un précieux souvenir. Qu'ils transmettront à leurs petits-enfants. Il en est même qui m'achètent des livres et ne les liront pas ! Uniquement pour le petit mot. Mais je suppose que ce n'est pas votre cas. Vous, vous les lisez, les livres.

Le badaud : - Naturellement, naturellement. Et je me disais que c'est une occasion unique unique… Je ne m'attendais pas à vous voir. Vous pouvez aussi faire des dédicaces pour offrir ?

Stéphane : - Naturellement, « A x, de la part de y », avec une petite phrase inédite en plus sur chacun. Parce que les récipiendaires ensuite vont se montrer la dédicace, alors il faut que je me creuse un peu au niveau de l'originalité !

Le badaud : - Vous trouvez toujours quelque chose d'inédit, d'inédit ?

Stéphane : - Ça fait des années que je n'ai pas participé à un salon, alors aujourd'hui, l'inédit est assuré. Le dernier, je le dédicace à ?

Le badaud : - À moi, à moi. Tout seigneur tout honneur.

Stéphane : - Votre prénom ?

Le badaud : - Olivier.

Stéphane dédicace.

Stéphane : - Comme vous aimez la chanson, je suppose que ce recueil vous allez l'offrir.

Le badaud : - À Juliette, c'est mon épouse, Juliette, et ce sera pour son anniversaire.

Stéphane : - Si vous me donnez la date et l'âge, la dédicace en sera encore plus personnelle.

Le badaud : - Trente-sept ans le 9 mars, 9 mars.

Stéphane dédicace.

Stéphane, *prenant un livre* : - Vous avez des amateurs de théâtre parmi vos proches. ?

Le badaud : - Mon père, Alexandre, soixante-six le 8 septembre, Alexandre.

Stéphane : - Alexandre, pour un livre de théâtre, c'est merveilleux, comme Sacha Guitry… Sacha, c'est ainsi qu'il fut surnommé en souvenir de sa naissance à Saint-Pétersbourg.

Le badaud : - Je l'ignorais, j'ignorais.

Stéphane dédicace.

Stéphane : - Et vous avez des enfants ?

Le badaud : - Deux. Eric quinze ans et Manon treize. Eric et Manon.

Stéphane : - Pour Manon, le recueil de poésie, vous en pensez quoi ?

Le badaud : - C'est parfait ! Parfait !

Stéphane : - Vous lui offrirez pour son anniversaire ou pour Noël ?

Le badaud : - Oui, c'est vrai, Noël, c'est une bonne idée. Une bonne idée, oui, Noël.

Stéphane : - Et comme elle ne croit plus au père Noël !

Grand sourire du badaud.

Le badaud : - À son âge ! À son âge !

Stéphane dédicace.

Stéphane : - Votre fils aime lire ou il préférerait un CD ?

Le badaud : - Un CD, oui, je crois que ce serait préférable. Un CD, oui.

Stéphane : - J'ai celui avec les artistes du monde entier… Ou peut-être, à son âge, les chansons un peu engagées.

Le badaud : - Et j'en profiterai aussi ! Mais j'espère que tout cela ne va pas dépasser mon budget.

Stéphane : - Vous ne souhaitez rien acheter pour votre fils ?

Le badaud : - Bien sûr que si, bien sûr que si, je pensais juste à voix haute.

Stéphane dédicace.

Le badaud : - De toute manière, je pense que vous allez me consentir une petite réduction.
Stéphane : - C'était déjà la dernière dédicace ?
Le badaud : - Pour cette fois, oui… oui…
Stéphane : - Vous payez par chèque ou en liquide ?
Le badaud : - C'est la même chose pour vous ?
Stéphane : - Pour moi oui, mais pour vous la réduction sera plus importante avec des billets. Il paraît que les plombiers font pareil !
Le badaud : - Pas de problème. Je suis artisan, je vous comprends. Je vous comprends.
Stéphane : - Je vous fais vingt pour cent, mais n'allez pas le raconter !
Le badaud : - Promis.
Stéphane : - Donc 125 moins 20% et j'arrondis même à cent. Tout rond ou tout rectangle plutôt.
Le badaud : - Merci… (*donne l'argent*)
Stéphane : - En un seul billet, c'est encore plus discret.
Le badaud : - Vous avoir parlé restera un grand souvenir. Je peux vous écrire si je veux vous en acheter d'autres ou si j'ai des informations à vous communiquer ?…
Stéphane : - L'adresse est sur les livres, précisez en haut à gauche de l'enveloppe que nous nous sommes rencontrés aujourd'hui, ainsi il est certain que votre lettre me sera transmise.
Le badaud : - Je comprends, moi aussi j'ai une secrétaire et elle fait le tri. Merci, merci encore (*il part sans un regard pour Nadine*).
Stéphane : - Agréable journée, Olivier.

Nadine : - Tu es vraiment un pro quand tu veux !
Stéphane : - Il suffit de persuader les gens qu'ils font une merveilleuse affaire en achetant.
Nadine : - Mais avant, il te fallait vingt tentatives pour réussir une vente. Comme moi !
Stéphane : - Ça veut juste dire que je vieillis.
Nadine : - Moi aussi pourtant…

Deux badauds, un homme et une femme, s'arrêtent au stand de la libraire.

La femme : - Bonjour.
La libraire : - Bonjour madame, bonjour monsieur.
La femme, *à son mari* : - Ça, tu ne trouves pas que pour ta sœur, ce serait bien ?
L'homme : - On a dit qu'on faisait le tour.
La femme : - Tu vois bien qu'ailleurs c'est que des écrivains.
L'homme : - Ils ont peut-être des choses intéressantes.
La femme : - Tu sais bien que s'ils sont venus ici, c'est qu'ils ne vont pas dans les vrais salons, comme Paris ou Brive. Les régionaux, du compte d'auteur même, le fond du panier, si j'osais je dirais la racaille, des rmistes.
L'homme : - Ne t'énerve pas Mathilde, fais comme tu veux.
La femme : - Oui, on va prendre ce livre d'humour. Il est passé à la télé. Vous pouvez nous l'emballer, c'est pour un cadeau.
La libraire : - Je peux vous le mettre dans cette poche, c'est la plus belle, et c'est original, elle vient du Conseil Général.
La femme : - Vous n'auriez pas plutôt un paquet cadeau ?
L'homme : - Si madame te dit que non. De toute façon, ça va finir à la poubelle.
La femme : - C'est le geste qui compte, tu n'y comprends vraiment rien en présentation.
L'homme : - De toute manière, elle ne le lira pas.
La femme : - C'est toi qui m'as dit un livre.
L'homme : - Qu'est-ce que tu veux acheter d'autre ici ?
La libraire : - Tenez madame. Ce sera vingt-cinq euros.
La femme : - Vous prenez les chèques ?

La libraire : - Naturellement, madame.

La femme rédige son chèque, le pose sur la table et le couple part.

La femme : - Au revoir madame.
L'homme : - Au revoir.
La libraire : - Je vous remercie et vous souhaite une agréable journée.

Ils passent devant Stéphane et Nadine en jetant un œil.

On entend :
L'homme : - Tu as vu, c'est Ternoise.
La femme : - Si on avait su qu'il était là, on lui aurait acheté un livre pour ta sœur.
L'homme : - Avec une dédicace, elle aurait apprécié.
La femme : - Tu vois, tu es toujours pressé... Alors Marie avait raison, il va racheter le château !
Nadine : - Tu as raté une vente.
Stéphane : - Positive ! Ils ont raté un souvenir ! Et elle m'avait l'air encore plus crade dans sa tête que ton chasseur.
Nadine : - Alors tu vas t'acheter un château !
Stéphane : - Tout est possible, rien n'est certain. Ternoise châtelain, ça sonne bien.
Nadine : - Ça ferait encore jaser !
Stéphane : - Du d'jazz, toujours du d'jazz !
Nadine : - Dire que je t'ai connu rmiste et que je te retrouve capitaliste !

Un vieil homme passe.

Nadine : - Les éditeurs associatifs aiment les vrais livres.

Il se dépêche d'avancer.

Nadine : - Alors, tu vas rester jusqu'à la fin ?

Stéphane ne répond pas, il fixe l'entrée de la salle. Nadine s'en aperçoit.

Nadine : - On peut dire qu'elle n'a pas le physique habituel de nos badauds... Tu crois qu'elle correspond à ta cliente idéale ?

La visiteuse arrive à la table de la libraire, avance à petits pas, en regardant vaguement. Stéphane la fixe toujours.

Stéphane : - Bonjour Julie.
Julie : - Bonjour... Vous vous souvenez donc vraiment de moi !
Stéphane : - Vous en doutiez !
Julie : - Vous devez voir tellement de lectrices.
Stéphane : - Des visages qu'on oublie, et parfois un autre qu'on n'oublie pas.
Julie, *gênée* : - C'était y'a si longtemps... Et nous n'avions parlé que quelques minutes.
Stéphane : - Sept ans, oui. Déjà.
Julie : - Vous avez donc changé de nom depuis. Une amie m'a offert un de vos livres l'année dernière... Celui avec les pièces de théâtre... Et je n'avais pas fait le rapprochement. C'est seulement quand j'ai reçu votre carte, que j'ai eu la certitude de vous avoir déjà vu quelque part en vrai.
Stéphane : - Un visage presque oublié.
Julie : - Ce n'est pas ce que je voulais dire. Mais le changement de nom, ça m'a embrouillée.
Stéphane : - Vous écrivez toujours de la poésie ?
Julie : - Je ne me souvenais plus de vous avoir confié que j'en écrivais ! Vous avez une mémoire extraordinaire. Comment faites-vous ?
Stéphane : - Tant de mots qu'on oublie, et d'autres qu'on n'oublie pas.

Julie : - J'ai eu des contacts, même de très bons contacts. Mais je n'ai jamais publié, il m'aurait fallu faire certaines choses. Je crois que pour les femmes, c'est encore plus cruel que ce que vous décrivez dans votre livre, ce milieu.
Stéphane : - La beauté n'a pas que des avantages. Elle fait parfois passer à côté de l'essentiel plutôt qu'éclairer cet essentiel…
Julie : - Qui s'en soucie encore de l'essentiel !
Stéphane : - J'ai toujours cru trouver l'intelligence dans la beauté.
Julie : - Si vous saviez !
Stéphane : - Je vous dois cette phrase !
Julie : - N'exagérez pas… De toute manière, si j'avais publié, j'aurais moi aussi changé de nom. On n'est pas prise au sérieux, quand on se prénomme Julie.
Stéphane : - Julie… dans votre cœur…
Julie, *qui le regarde plus tendrement* : - Je n'ai pas compris… Pourquoi m'avez-vous envoyé cette carte aussi gentille ?… Vous avez atteint un tel niveau.
Stéphane, *plus bas* : - Et vous croyez que ça devrait me faire passer à côté de l'essentiel ?
Julie : - Je crois que je vais tout vous acheter !
Stéphane : - Vous aurez une méga réduction !
Julie : - Merci.
Stéphane : - Mais avant, j'aimerais vous lire. Vous avez apporté quelques textes ?
Julie : - Je ne vais pas oser vous les montrer. Je ne les montre plus à personne depuis des années. C'est mon jardin secret.
Stéphane : - Pour l'instant, vous connaissez un livre de ma jeunesse, un de ma quasi vieillesse et sûrement quelques chansons, alors que j'ignore tout de vous.
Julie : - Vous savez, il n'y a pas grand-chose à savoir. J'ai une vie somme toute banale. J'ai rêvé d'une grande vie. Et comme c'est banal ! Je suis une modeste employée dans une administration.
Stéphane : - Je ne suis pas magicien… Mais peut-être… (*se lève légèrement, s'approche d'elle qui imite son geste*) Je préfèrerais continuer notre conversation loin des oreilles indiscrètes (*Julie jette machinalement un regard à droite et à gauche, Nadine et la libraire se retournent, comme prises en faute*).
Julie : - Je vous comprends… En plus il fait beau !

Stéphane se lève… Ils sortent tranquillement.
Nadine et la libraire se regardent.

Nadine : - Je comprends !

La libraire s'approche.

La libraire : - Vous croyez qu'ils avaient rendez-vous ?
Nadine : - Je comprends pourquoi il est venu à ce salon paumé. D'après ce que j'ai entendu, il lui a envoyé une carte d'invitation. Et ça explique pourquoi depuis ce matin il n'arrêtait pas de regarder la porte d'entrée.
La libraire : - J'avais remarqué aussi. J'en concluais que ses affaires ne marchaient pas aussi bien qu'il veut le faire croire, qu'il est obligé de bien vendre pour s'en sortir.
Nadine : - Mais je crois qu'il s'en fout ! Il est venu en espérant voir cette princesse !
La libraire : - J'ai entendu que vous vous tutoyez, vous le connaissez depuis longtemps ?
Nadine : - On a débuté ensemble ! Et moi, j'ai essayé de creuser un véritable sillon littéraire alors qu'il est allé vers la facilité. Et ses livres se vendent comme des petits pains, alors que les miens !
La libraire : - Vous y croyez, vous, que ses livres se vendent bien ? À la librairie il est rare qu'on m'en demande.
Nadine : - Tout le monde sait maintenant qu'il ne vend pas en librairie.
La libraire : - On ne me fera pas croire que tout le monde achète sur internet quand même ! Surtout

les personnes âgées, elles gardent le souci du contact. Heureusement. Il en faut pour tous les publics. Sinon, c'est la fin du commerce de proximité.
Nadine : - Je crois que son public, ce ne sont pas vraiment les personnes âgées.
La libraire : - Les gens connaissent surtout ses chansons.
Nadine : - Et ses sites internet.
La libraire : - Pourtant, un professionnel m'a dit que ça ne vaut rien, c'est zéro niveau graphisme.
Nadine : - Ça fait dix ans qu'on dit ça de lui, et vous devez connaître sa réponse : « *les graphistes voudraient imposer une norme de graphisme kitch, mais la majorité des internautes recherchent du contenu, et c'est ce qu'ils trouvent sur le réseau Ternoise.* »
La libraire : - En tout cas, ils ont des choses à se raconter, ça dure…
Nadine : - Mais je comprends ! L'enfoiré !
La libraire : - Racontez.
Nadine : - Il s'est fait payer l'hôtel hier soir et ce soir, comme ça il a la clé.
La libraire : - Vous croyez qu'elle ?
Nadine : - À voir, c'est bien le style !
La libraire, *en souriant* : - Vous voulez que je vous dise… C'est entre nous…
Nadine : - Dites.
La libraire : - Il va être déçu, je la connais cette fille, elle vient parfois à la librairie, (*plus bas*) elle est lesbienne.
Nadine : - Il n'a vraiment pas de chance avec les femmes !
La libraire : - Pourquoi ?… C'est vrai… maintenant qu'on en parle, je ne l'ai jamais vu en photo avec une femme.
Nadine : - Même que certains ont cru...
La libraire : - Certains le prétendent.

Nadine : - Mais je peux vous l'assurer… Oscar Detroivin, que vous connaissez sûrement, un militant de la cause gay.
La libraire : - Il est déjà venu dédicacer l'un de ses livres. Il est d'un charmant, trop même. Efféminé comme on croit que ça n'existe pas avant d'en rencontrer.
Nadine : - Oui, Oscar a essayé, un soir. Mais Stéphane l'a envoyé balader d'une manière sans équivoque… Mais timide comme il est, Stéphane, et ça, même la gloire, au fond, ça ne l'a pas changé, il connaissait donc son adresse à cette lectrice, mais il n'a pas osé lui téléphoner ni passer chez elle, et il a imaginé cette histoire rocambolesque, improbable, de participer à un salon du livre minable.
La libraire, *qui l'écoutait avec une profonde attention* : - C'est vrai que c'est minable. C'est pire que l'année dernière. J'ai compté 67 personnes ce matin.
Nadine : - Vous avez compté la sortie de la messe !
La libraire : - Vous voyez, ils invitent une star et les gens ne se déplacent pas plus… Alors ce n'est pas le prétentieux qu'il veut nous faire croire !
Nadine : - Comme souvent, l'arrogance est une carapace.
La libraire, *en regardant sa montre* : - Dans ces cas-là, on soupire, ce sera mieux l'après-midi… ça peut difficilement être pire.
Nathalie *apparaît, inquiète* : - Vous ne savez pas si monsieur Ternoise va bientôt revenir ?

Nadine et la libraire se regardent, se sourient.

Nadine : - Nous n'avons pas eu droit à ses confidences.
Nathalie : - C'est embêtant, monsieur le maire et monsieur le Conseiller Général viennent d'arriver, les journalistes sont là, il va y avoir le discours dans la salle du fond, avant l'apéritif qui vous est offert par la municipalité… Et sans monsieur Ternoise, ce n'est pas possible… Il nous avait bien promis qu'il participerait à l'apéritif.
Nadine : - Il est sorti en galante compagnie.

Nathalie : - Comme c'est embêtant, c'est ça le problème avec les stars, elles ne tiennent jamais leurs engagements, je vous le dis, mais ne le répétez pas, on les a vus entrer à l'hôtel…

La libraire *s'exclame* : - Elle est lesbienne !… Oh, ça m'a échappé !… Je ne vous ai rien dit.

Nadine : - Il faut croire que Stéphane a le don de renverser les situations, ou alors ils discutent, il a du baratin quand il s'y met, vous avez vu comment il a fourgué quatre livres à un inculte.

Nathalie : - Il va bien falloir que j'invente une histoire décente pour monsieur le maire et monsieur le Conseiller Général.

Nadine : - Dites qu'il est avec Patricia Kaas !

Nathalie : - Formidable, vous me sauvez ! Je lui dis que vous venez de m'en informer, et qu'elle viendra sûrement prendre le repas en notre compagnie. Au moins l'apéritif ne sera pas gâché ! Et je vais aller chercher quelques bouteilles supplémentaires, ainsi l'ambiance sera joyeuse. L'important, c'est de ne pas plomber l'ambiance dès le départ à cause d'une… Comme vous avez dit. (*Nathalie part en se pressant*)

Nadine : - Mais je n'ai rien dit. Je n'ai jamais vu Patricia Kaas ! Ça va encore retomber sur moi. Lui, il s'en fout.

Rideau

Acte 2

La libraire, Nadine. Puis : Stéphane.

La libraire, assise derrière sa table, lit ; Nadine, devant son stand, essaye de le rendre plus attractif par des permutations de livres. On sentira qu'elles ont bien profité de l'apéritif. Arrive Stéphane, visiblement contrarié.

La libraire : - Je vous ai emprunté un livre. Pour patienter. Il faut croire que les gens ont d'autres préoccupations que de venir nous voir.

Stéphane, *sec* : - Ça ne peut pas vous faire de mal !

Nadine, *manifestement pour éviter les tensions* : - Les gens ne lisent plus. Et les derniers qui lisent, n'ont plus les moyens d'acheter des livres, alors ils les empruntent à la bibliothèque.

La libraire : - Si vous voulez, je vous le repose immédiatement.

Stéphane : - Le mal ou le bien est déjà fait !

Nadine : - Ne t'énerve pas, Stéphane.

Stéphane : - Tout le monde sait que les libraires n'achètent jamais de livres !

La libraire : - Si vous considérez que de l'avoir touché va vous empêcher de le vendre, je vous le paierai.

Stéphane : - Restez dans votre optique de l'emprunt, ça m'évitera de vous le dédicacer.

Nadine : - Je vais t'en acheter un, Stéphane. Tu te souviens, lors de notre première rencontre, je t'avais acheté ton premier roman et comme tu ne m'avais pas acheté le mien, je n'ai pas continué.

Stéphane : - Mais tu te demandes bien quelle dédicace je vais te pondre !

Nadine : - Tu me promets une superbe dédicace ?

Stéphane : - Puisque c'est toi et puisque c'est moi !

La libraire : - Moi aussi, finalement, je vais dépenser les bénéfices de ma journée !

Stéphane : - Ah non ! Pas vous !

Nadine : - T'es à cran ! Je croyais te voir revenir plus... gai (*en souriant, fière du rapprochement gay / lesbienne que personne ne saisira*). Tu m'as l'air soucieux (*aucune réponse*). Ça me fera une dédicace acidulée.

Stéphane : - Franchement, tu ne vas pas t'y mettre aussi, à ces conneries de dédicaces.

Nadine : - Tu devines que monsieur le Conseiller Général a vivement regretté ton absence.

Stéphane : - Alors c'est toi qui as eu l'idée de Patricia Kaas, l'organisatrice m'a raconté. Et ces couillons ont tout gobé ! Les gens croient vraiment n'importe quoi, et plus c'est rocambolesque mieux ça passe. Ça me rappelle les magouilles de ma jeunesse. Comme si Patricia Kaas serait venue dans leur trou à blaireaux pour discuter de son prochain album !

Nadine : - Tu es bien venu toi !

Stéphane : - Tu vas l'avoir ta dédicace !

La libraire : - Je vous l'achète malgré vos propos, malgré la faute d'orthographe page 38.

Stéphane, *se retournant vers elle* : - Sachez qu'une correctrice professionnelle revoit mes écrits avant publication. Et s'il reste vraiment une faute, c'est sûrement cent fois moins que dans la soupe que vendez, madame !

La libraire : - Je vends de la soupe, oui ! Eh alors ! C'est mon job, monsieur. Vous avez peut-être plus de tolérance pour les péronnelles fonctionnaires.

Nadine : - Finalement, c'est moi qui devrais être à la table d'honneur. Je ne m'absente jamais et je tiens parfaitement les apéritifs et le vin rouge.

Stéphane : - Oui, je crois que je vais te laisser ma place. Ça doit être mon point commun avec Jacques Brel, je n'y comprendrai jamais rien aux femmes.

Nadine : - Si seulement sur terre quelqu'un y comprenait quelque chose !

Stéphane : - Tu t'es mise à Kierkegaard ?

Nadine : - Non, c'est un constat personnel.

Stéphane : - Alors je te conseille Kierkegaard ! Ou Sartre, c'est plus simple.
Nadine : - Tu en as eu d'autres, des histoires d'amour impossibles.
Stéphane : - Pourquoi tu dis impossible ?
Nadine : - Il suffit de comparer ta tête au moment où tu es sorti et celle trois heures plus tard.
Stéphane : - C'était une mauvaise idée de venir ici !
Nadine : - Mais tu n'en as pas trouvé d'autres !
Stéphane : - Tu devrais te reconvertir voyante ou psychanalyste.
Nadine : - Si tu lisais mes livres, tu t'apercevrais qu'une analyse psychologique soutient l'action et je suis sûrement la seule en France à maîtriser la narration à ce point.
Stéphane : - Mais la psychologie n'aide peut-être pas dans la vie !
La libraire : - Alors, ma dédicace ?
Stéphane : - Je ne vais quand même pas lui faire de la pub en déposant plainte pour harcèlement livresque ! Une libraire saoule c'est pire qu'à jeun.

La libraire semble vexée... et finalement démonte son chignon, pose ses lunettes, se transforme littéralement en magnifique femme brune.

Nadine : - Tu devrais te retourner et tu ne vas pas en croire tes yeux !
Stéphane : - Elle s'est volatilisée ! (*Stéphane se retourne en souriant... il reste abasourdi puis :*) Vous êtes enfin la remplaçante.
La libraire, *en souriant* : - Finalement, comme votre personnage, vous restez très sensible aux apparences.
Stéphane : - J'ai cru au miracle quelques secondes. Mais c'était une illusion. Vous êtes vraiment libraire.
La libraire : - En tout cas, si j'étais votre correctrice, quand il est écrit « pain béni », béni « i », j'ajouterais un « T », ne confondant pas un adjectif avec un participe passé.
Stéphane : - Et vous croyez être embauchée pour un T ?
La libraire : - Peut-être que si vous nous offriez un thé, l'après-midi se passerait mieux. Je n'irai peut-être pas, quand même, jusqu'à vous corriger gracieusement votre prochain manuscrit !
Stéphane : - Une libraire disposée à travailler bénévolement, au service de la littérature, je n'y crois pas !
Nadine : - Il n'y a qu'à toi qu'on fait de telles propositions. Moi, j'offrirais même des petits biscuits avec le thé.

La libraire sourit et Stéphane la fixe, s'aperçoit qu'elle est vraiment très belle.

Stéphane : - Pourquoi être libraire alors que vous savez sourire ?
La libraire : - J'échangerais bien ma place contre la vôtre ! Vous savez encore ce que c'est, la vraie vie, celle où il faut travailler pour vivre ?
Stéphane : - Si vous aviez lu mes livres, vous sauriez que je suis passé par la case employé modèle de 20 à 22 ans parce qu'il me fallait travailler, puis cadre presque dynamique avant de dynamiter la direction, chômeur, viré de l'ANPE, rmiste, viré du Rmi par un Conseil Général officiellement de gauche et partenaire de la culture. Mais je préférais vivre de peu que sombrer dans un boulot répétitif, frustrant, stressant ou parasite des créateurs ! J'ai tenu sans subvention, sans soutien, alors vos leçons de vie, gardez-les pour les clients de votre échoppe.
La libraire : - J'ai toujours vu mes parents sourire, recevoir les auteurs avec plaisir, leur offrir le repas le soir quand ils passaient à la librairie, se passionner pour les livres, heureux de conseiller les lectrices et lecteurs qu'on n'a jamais appelés des clients. Et quand ils sont disparus, j'avais le choix entre vendre la librairie pour la remplacer par un McDo ou continuer malgré la véritable haine tenace vouée par certains aux libraires.
Stéphane : - Oh haines ! Oh pourcentages !
La libraire : - Nul besoin d'avoir lu vos livres pour connaître votre parcours. Vos sites et vos interviews suffisent !

Stéphane : - Ainsi vous croyez l'autopromotion sur les sites et le baratin des journalistes !
La libraire : - Je n'ai pas d'autres sources d'informations.
Stéphane : - Si vous me racontez votre vie, je vous raconterai la mienne !
La libraire : - Je ne tiens pas à retrouver ma vie dans votre prochain livre.
Stéphane : - Si nous restons ici, je vais vendre deux livres tandis que si vous me racontez votre vie, j'en écrirai peut-être un ! En plus, j'ai faim.
La libraire : - Vous croyez que l'on peut s'emparer de la vie des autres ainsi ? Comme vous le savez, je suis une modeste commerçante qui doit vendre la soupe qui se vend, j'ai une caisse à tenir.
Stéphane : - On va confier notre caisse à Nadine. Comme ça elle réalisera son rêve ! Être à la table d'honneur et même régner sur les tables voisines ! Si elle nous vend quelques livres, nous lui donnerons sa commission ! Et vous gagnerez peut-être le rôle d'héroïne dans mon prochain roman !
La libraire : - Je me moque bien d'être héroïne ! Je suis une femme normale, même pas déprimée ni schizoïde. Même pas… rien d'autre.
Stéphane : - Et vous croyez peut-être que je vais vous croire sur parole !
La libraire : - Vous êtes quand même un mec bizarre.

Stéphane, *en la regardant dans les yeux* : - Si vous aviez prononcé cette phrase ce matin c'aurait été une insulte. Maintenant je la considère autrement.

La libraire : - Vous prenez donc parfois des apparences pour la réalité.
Stéphane : - Parfois, parfois la vie pourrait être vraiment comme dans les romans. On écrit peut-être des romans uniquement pour provoquer la vie, la forcer à s'adapter à nos rêves.
La libraire : - Et ça marche souvent ?
Stéphane : - Non. Mais il suffit d'une fois pour sauver le reste. Et comme vous allez me raconter votre vie, peut-être qu'elle va se transformer, et la mienne aussi !

Stéphane a un geste galant… La libraire hésite… Se lève…

Nadine : - 15 %, c'est mon tarif !
Stéphane *en se retournant* : - Je t'accorde même 20.
La libraire : - D'accord pour 15… Ça risque de toute manière de ne pas faire grand-chose !

Ils sortent.
Nadine les accompagne du regard, se passe la main droite dans les cheveux, va s'asseoir à la place de Stéphane.

Nadine : - L'enfoiré ! Deux !… Mais qu'est-ce qui lui a pris à la libraire ! Elle a vraiment pas l'habitude de boire ! Et dès qu'un type passe à la télé, les femmes sont folles. Ah ! Si j'avais 20 ans de moins ! (*sombre*) Ah Nadine ! Il ne te reste plus que la littérature ! Ce serait ma revanche. Si au moins Stéphane m'aidait à être connue ! Et après, après je saurai… Il suffirait d'un seul livre pris !… J'en ai marre de claquer toutes mes économies dans les livres. Certains voyagent, moi je donne l'illusion de publier des livres. Ce serait enfin ma revanche ! Et quelle revanche ! Mais ils sont trop misogynes, jamais ils ne m'éliront à l'Académie Française… Le prix Fémina, ce serait déjà pas mal…

Rideau

Acte 3

Nadine. Puis : la libraire, Stéphane, deux femmes qui passent en parlant, Julie.

Nadine, assise à la place de Stéphane, fixe un point extérieur à la scène, les yeux écarquillés.

Nadine : - Je n'aurais pas vendu grand-chose mais au moins je pourrai dire que j'étais là ce jour-là.

> *La libraire et Stéphane reviennent main dans la main.*
> *Ils sourient à Nadine. Qui sourit donc également.*
> *La libraire et Stéphane passent, par la droite, derrière les tables ; ils se serrent et se séparent.*
> *La libraire s'assied, ravie, épanouie. Stéphane avance et reste debout.*

Nadine : - Je vous ai vendu chacun dix-sept livres ! Match nul ! Hé oui ! Un car du village voisin est venu. Ils voulaient un autographe, Stéphane !
Stéphane : - Et moi je voudrais ma place !
Nadine : - Alors je ne peux plus jouer à Stéphane !

> *Nadine se lève en souriant et regagne sa place.*
> *Stéphane s'assied tout en souriant à la libraire.*

Stéphane, *à Nadine* : - Alors tu leur as fait croire qu'en réalité Stéphane est l'un de tes pseudonymes !
Nadine : - Certains avaient même des magazines pour obtenir leur dédicace. Durant une demi-heure on se serait cru à Paris ! Vous avez peut-être entendu ?
Stéphane : - Je suppose que ce n'est pas une question !

Stéphane *prend la feuille devant lui* : - En plus tu as tout noté et tu as même déjà fait les comptes ! Tout ça c'est donc pour moi ! Bien, tout en liquide ! (*il met l'ensemble dans une poche*)
La libraire *en fait de même* : - Merci Nadine. Et vous avez même noté les titres !

> *Stéphane fixe l'entrée. Nadine a vu aussi. La libraire reste sur son nuage, tout sourire. Deux femmes passent en se parlant, indifférentes aux livres :*

Première femme : - C'est pas une raison.
Deuxième femme : - C'est ce que je lui ai dit. Mais elle ne m'écoute jamais.
Première femme : - Si au moins elle la laissait sortir quelques heures.
Deuxième femme : - C'est ce que je lui ai dit, parce qu'un jour elle va faire une bêtise.
Première femme : - Comme sa mère...

> *Julie passe rapidement devant la libraire qui a un haut-le-cœur et s'arrête devant la table de Stéphane.*
> *Julie regarde Stéphane dans les yeux. Il est troublé.*

Julie : - oui.

> *Stéphane, durant trois quatre secondes, reste sans réaction, comme abasourdi. Puis il se lève, passe au-dessus de sa table en faisant tomber quelques livres, prend la main de Julie et ils sortent en courant.*
> *Silence.*
> *Nadine continue à regarder droit devant elle. On sent qu'elle n'ose pas se tourner vers la libraire (qui se prend la tête dans les mains).*

La libraire, *se redresse, visage sévère* : - Le salaud !... La garce !
Nadine, *se tourne vers elle* : - Tu sais, la littérature, la littérature, mais comme l'a écrit Sartre, le monde tourne autour d'une paire de fesses.
La libraire : - Je me suis fait avoir.

Nadine : - Moi qui étais neutre dans l'affaire, j'ai bien vu son visage, son trouble, son hésitation. Elle a dû comprendre cette hésitation comme un bonheur intense impossible à exprimer. Mais c'était bien une hésitation.

La libraire : - N'essaye pas de me consoler.

Nadine : - Ça fait des années qu'il en rêve, de cette fille. Et contre ça, tu ne pouvais rien. Ta seule chance aurait été qu'elle arrive plus tôt et qu'elle vous voie revenir main dans la main. Alors c'est elle qui se serait effondrée ! Des années, tu te rends compte l'idéalisation…

La libraire : - Je l'ai donc rencontré le mauvais jour… Je croyais avoir le temps, ce soir, demain, toute notre vie… c'est moi qui ai insisté pour qu'on revienne…

Nadine : - Il paraît que ça fait des années qu'il vit seul. Certains voyaient dans sa solitude une forme de dépression.

La libraire : - Et tu crois qu'il rêvait d'elle !

Nadine : - Il est venu pour elle, il repartira avec elle. Entre-temps, tu as vécu des sentiments que tu n'oublieras jamais. C'est déjà ça !

La libraire : - Tout aurait pu finir mieux !

Nadine : - Moi, je vendais des livres, alors ! Je n'ai été que spectatrice dans tout cela. Au premier rang certes. Mais spectatrice.

La libraire : - Parfois, il vaut mieux, c'est moins douloureux.

Nadine : - Mais parfois…

La libraire : - On n'est jamais vraiment contente de ce qui nous arrive.

Nadine : - Même Stéphane, à cet instant, doit se demander s'il a eu raison.

La libraire : - Je ne crois pas.

Nadine : - Tu n'auras qu'à lire son prochain roman.

La libraire : - Je n'en aurai pas la force. Je n'ai pas l'illusion de croire qu'il se souviendra de moi dans six mois. Si elle se donne à lui, elle va tout lui faire oublier. Elle a fait tourner la tête à tant de gars. Mais pas un n'avait su la détourner de ses compagnes.

Nadine : - La passion passera aussi entre eux ! Peut-être qu'il va rester deux ans sans écrire une chanson, sans écrire un livre mais un jour il y reviendra. Malgré son peu d'exigences dans certaines pages, c'est quand même un écrivain.

La libraire : - Franchement, j'ai lu quelques pages et je ne m'attendais pas à ça. C'est une vraie écriture. Dommage que son image soit brouillée par ses chansons, ses provocations et ses déclarations. S'il avait un éditeur comme il écrit « classique », il serait considéré comme l'un des géants.

Nadine : - Tu n'es plus objective ! Mais je te le parie, le jour où il reviendra à la littérature, c'est autour de toi que tournera son roman.

La libraire : - Qu'il me laisse tranquille maintenant.

Nadine : - Mais il aura le sentiment d'avoir été injuste envers toi.

La libraire : - Tu ne crois quand même pas que j'ai compté ! J'en ai eu l'illusion mais tu vois, c'est déjà parti. Croiser une femme, l'emmener à l'hôtel, pour lui, ça doit être d'un banal.

Nadine : - Sans être indiscrète, je suis certaine qu'il était timide.

La libraire : - Tu n'aurais pas déjà eu une aventure avec lui, pour le connaître aussi bien ?

Nadine : - J'avais à peu près l'âge qu'il a aujourd'hui quand on s'est connus… Mais ça ne changeait rien à notre différence d'âge !

La libraire : - Alors tu es très perspicace.

Nadine : - Et il s'achètera un château si elle veut devenir châtelaine.

La libraire : - Lady châtelaine.

Nadine : - Perspicace, oui, trop, parfois ! Je suis écrivain, même si presque personne ne le remarque… Et ce qui lui est arrivé aujourd'hui, je peux te l'affirmer avec certitude, c'est la première fois : voir la femme dont il rêvait depuis des années et qu'en plus elle transforme complètement sa vie pour lui, et qu'en plus une libraire au départ assez banale se métamorphose ainsi en femme fatale.

La libraire : - J'ai vraiment trop bu d'apéritifs ! Je ne me reconnais pas.

Nadine : - Oh moi ! Même si j'en avais bus encore plus !… (*se reprenant*) Que vive la littérature !

Rideau - Fin

Aventures d'écrivains régionaux

Comédie contemporaine en trois actes

Six hommes et une femme

Les "coulisses" du salon du livre de Figeac, avec ses stars et ses "auteurs régionaux" sur un strapontins, priés de se débrouiller pour se loger le samedi soir.

Paul : écrivain (six livres publiés... le point commun de ses éditeurs : en faillite avant de lui avoir versé le moindre droit d'auteur) rmiste, animateur d'ateliers d'écriture, 50 ans, accueille chez lui, pour la soirée et la nuit, des « collègues auteurs » invités au salon du livre de sa ville mais « ni hébergés ni nourris » par les organisateurs.

Martine : 51 ans, a auto-édité cinq livres, professeur de français.

Christophe : 57 ans, publie des « livres jeunesse » chez divers éditeurs... qui lui versent des droits d'auteur dérisoires. Son épouse ayant un bon salaire, ne peut prétendre au Rmi.

Stéphane Ternoise : 35 ans, a auto-édité sept livres, créateur de sites internet. Mi rmiste mi travailleur indépendant.

Passera au repas :
Nestor : 75 ans, écrivain « romans du terroir » en auto-édition, notable régional, hébergé par la municipalité.

Passeront au petit-déjeuner :
Francis : 40 ans, ami de Paul.
Pierre : 52 ans, publie des livres en dilettante, à quelques exemplaires, auto-édite et auto-imprime, « ni hébergé ni nourri » par les organisateurs mais retourné chez lui la veille (vit à vingt kilomètres).

L'utilisation de Stéphane Ternoise comme personnage est naturellement un jeu de l'auteur. Vous pouvez remplacer ce nom par celui qui vous plaira.

De même Figeac peut être remplacée par une ville de même importance dans la région de votre choix.

Acte 1

Paul, Martine, Christophe. Puis : Stéphane et Nestor.
Chez Paul : la pièce principale : salon / salle à manger. Un canapé. Une table. Des chaises. Quelques livres dispersés. Au mur, encadrée, une feuille rose 21*29,7 où il est griffonné au marqueur rouge : « A Paul, en signe d'amitié » et une signature illisible.
Trois portes : la première conduit à la cuisine et aux toilettes, la deuxième donne sur l'escalier vers les chambres, la troisième est la porte d'entrée.
Paul, Martine et Christophe à table, durant l'apéritif (on sent plusieurs verres déjà vidés).

Paul : - Vous savez pourquoi il a pris un pseudonyme ?

Martine : - Parce qu'un pseudo, ça donne un genre.

Christophe : - C'est simple : lui qui se croit si grand, ne pouvait plus supporter de vendre des livres sous le nom de Petit.

Martine : - Olivier Petit, c'est vrai, on ne peut pas plus banal... Donc ça collait parfaitement à ses textes !

Paul : - Oh Martine ! Même moi je n'aurais pas osé.

Martine : - Allez, toi qui as toute une journée été le voisin de sa sainteté le plus jeune d'entre nous, dis-nous pourquoi il édite désormais ses (*avec emphase*) « œuvres » sous pseudo.

Paul : - Un peu de tout ce que vous avez suggéré, naturellement, on le sait tous, mais il m'a avoué la raison principale.

Martine : - Et tu l'as cru ?

Paul : - Ça ne signifie évidemment pas qu'il s'agit de la vérité, mais on peut affirmer qu'en ce samedi il voulait que je retienne cette version.

Martine : - Donc, comme tout chez lui, c'est du préfabriqué, c'est de la mise en scène.

Paul : - Là, je ne lui donne pas tout à fait tort, n'oublie pas la manière dont Jean Cocteau définissait le roman, (*en appuyant fortement* :) un mensonge qui dit la vérité.

Christophe : - Mais s'il était romancier, ça se saurait.

Martine : - Je suis quand même allée jusqu'à la page 52 de son premier roman... Vous pourriez m'applaudir !

Christophe : - T'as quand même pas acheté son bouquin !... Alors que tu n'achètes jamais les miens !

Martine : - Bin si !... Mais sans illusion littéraire... Je suis naïve peut-être, je pensais qu'en contrepartie il parlerait de moi sur internet.

Christophe : - Et il a encaissé ton blé, en liquide forcément, je connais l'oiseau. Et sur ses sites il ne parle que de lui, veut se faire passer pour un vrai écrivain.

Martine : - Ecrivain multi-facettes !

Christophe : - Fossettes on dit, multi-fossettes (*personne ne prêtant attention à sa remarque, il laisse échapper une moue de déception*).

Paul : - En fait, il s'essaye un peu à tout, après la poésie, les nouvelles, la chanson, je n'ose dire, vu le niveau, le roman, et monsieur nous annonce ses ambitions théâtrales ! Il est plus à plaindre qu'à moquer ! Ça doit être terrible, d'être nul en tout !

Martine : - Tu devrais être critique littéraire !

Paul : - Je l'ai été... Dans ma jeunesse... Après avoir arrêté l'enseignement. Mais j'en ai eu vite marre d'écrire de bons articles sur de mauvais livres.

Christophe : - Comme Martine avec l'autre, tu espérais le renvoi d'ascenseur !

Martine : - C'est notre maladie ça, on rêve !

Christophe : - Moi j'ai compris depuis longtemps : j'ai aussi aidé les copains mais à chaque fois je passais pour un con. C'est triste mais c'est chacun pour soi dans ce milieu ! On est des loups !

Martine : - On le sait Christophe, que tu as pompé trois sites internet pour écrire ton dernier livre et maintenant tu passes pour un spécialiste du loup ! Encore un effort et tu seras invité à la télé ! Prépare ton déguisement !

Christophe : - Je ne dirai plus rien. À chaque fois que je lâche une confidence, ça me retombe sur le coin de la gueule ! Mais merde, au prix où je suis payé, je ne vais quand même pas partir quinze jours en Autriche observer des loups ! Et puis merde ! Tout le monde fait comme ça dans le livre documentaire ! Surtout pour enfants ! Y'a pas que l'autre cinglé qui sache utiliser internet !

Martine : - Reverse-lui un verre, sinon il risque de se métamorphoser en loup (*Paul ressert un apéritif, ils trinquent*).

Paul : - Ça ne vous intéresse pas, alors, pourquoi il est passé de Petit à Ternoise, notre futur partenaire de belote.

Martine, *en souriant* : - Si si, naturellement, c'est passionnant d'avance, dépêche-toi avant qu'il n'arrive, c'est une information essentielle.

Paul : - Ah ! Martine ! Est-ce que moi je lui en veux de son acrostiche disons déplacé ?

Martine : - Il s'est même essayé aux acrostiches ! Mais toi… dès qu'un mec est plus jeune que toi, tu t'enflammes.

Paul : - Je m'enflamme, je m'enflamme… Nettement moins qu'avant… Même pour ça je vieillis…

Christophe : - Tout plutôt que la vieillesse ! Allez, parle-nous du pseudo… Le pseudo, le pseudo (*se met à chantonner*), le pseudo, le pseudo… (*accompagné par Martine au troisième*)

Paul : - Puisqu'à l'unanimité… Mais promettez-moi de ne pas lui rapporter que je vous ai raconté sans exposer ses arguments alors déclamés comme les émanations d'un maître incontesté.

Martine : - Tu nous connais.

Christophe : - Allez, de toute manière, il ne doit pas avoir d'illusion sur notre estime, même littéraire.

Paul : - Détrompe-toi ! Je suis certain qu'il est persuadé d'être le meilleur d'entre nous et qu'on le considère même ainsi.

Martine : - Ça me rappelle quelqu'un, « le meilleur d'entre nous. »

Paul : - Mais qu'est-ce qu'il devient ce… Ah !… Il a été notre Premier ministre et je ne me souviens même plus de son nom… Comme quoi il m'a nettement moins marqué que ce cher et si romantique Charlus…

Martine : - Alain. Alain Juppé.

Christophe, *chantonne* : - Le million. Le pseudo, le pseudo…

Paul : - Donc ? Selon notre brave collègue, la lettre P étant déjà occupée par PROUST, il lui fallait une lettre où il pourrait trôner pour des siècles et des siècles.

Martine : - C'était une boutade, quand même ! Faut être réaliste parfois !

Paul : - Tu sais, il a nettement plus d'orgueil que d'humour, ce petit.

Christophe : - À la lettre T, il doit bien y en avoir tout un wagon qui passe devant lui.

Martine : - Tu veux dire que même le train, et son Tchou Tchou, s'inscrit plus dans la littérature que lui.

Paul, *en riant* : - Oh Martine ! Tchou Tchou ! Tu devrais écrire du théâtre !

Martine : - Mais j'en ai écrit. Trois pièces même.

Paul : - Ah ! (*il joue l'intéressé*) Et elles ont été représentées ?

Martine : - Pas encore. J'espère bien quand même, qu'un jour. J'avais un contact au Québec…

Christophe : - Mais il a pris froid !

Paul : - Moi je n'en écris plus, j'ai peut-être tort, puisque ma pièce diffusée sur *France-Culture* avait eu d'excellentes critiques. Mais on ne me demande plus rien… Sinon j'ai bien quelques idées…

Martine : - J'aurais bien aimé avoir ton avis de professionnel sur mon théâtre.

Paul : - Il faut le publier ton théâtre… Ou la prochaine fois, apporte-moi une copie de tes manuscrits, dédicacée « à Paul avec mon admiration. »

Martine : - *La tentation de Ouaga*... Le modeste et néanmoins peut-être génial livre que je t'ai échangé l'année dernière contre ton roman, c'était ma troisième pièce...
Paul, *gêné* : - Martine... (*on sent qu'il réfléchit*) Il faut que je t'avoue. J'avais un copain, un petit jeune, un apprenti maçon avec des muscles, mignon mais mignon, je te dis pas... Je ne t'en ai jamais parlé, je n'ai pas vraiment eu le temps il faut dire, il passait pourtant souvent. Le soir même du salon du livre de notre échange, je m'en souviens comme si c'était hier, le ciel était d'un bleu à réveiller les tulipes ; il a ouvert ton livre, il devait sentir le génie.
Martine, *en souriant* : - Le génie se sentait dans la pièce... Tu veux dire.
Paul : - Je me souviens très bien, il m'a murmuré, enfin pas vraiment murmuré, il était plutôt viril, en tout, ah !, je revois encore sa petite frimousse, son petit sourire coquin quand il m'a aboyé, presque déclamé « *Mais ça a l'air super, vraiment super. Ah ouais ! Je peux te l'emprunter ?* » Naturellement, tu me connais, je ne pouvais pas réfréner sa soif de connaissances. Il m'avait promis de me le ramener la semaine suivante, parce que moi aussi j'étais impatient de te lire, et le petit scélérat, il ne me l'a jamais rendu.
Martine : - Selon toi, j'ai donc de l'avenir dans le théâtre ouvrier.
Paul : - Au fait, tu as apprécié mes... Nouvelles ?
Martine, *sourit, un peu gênée à son tour* : - Si je te jure qu'une copine me les a empruntées à long terme, connaissant ma vie sexuelle, tu ne me croiras sûrement pas...
Christophe : - Jure sur la tête de l'autre !
Martine : - Mais c'est terrible, je n'ai plus le temps de lire, j'écris durant les congés, et le reste du temps, quand je rentre le soir, je suis crevée, alors je me dis, vivement vendredi, et le vendredi, ah ! Enfin le week-end, mais il me faut maintenant tout un week-end pour récupérer... Je crois que je vieillis aussi...
Christophe : - Tu ne vas pas t'y mettre aussi.
Paul : - Je te l'ai toujours conseillé, tu aurais dû faire comme moi. Enseigner, ça te bouffe la vie. Je ne regrette nullement mes sept années d'enseignement mais c'était amplement suffisant.
Martine : - Déjà que je n'arrive pas à vivre avec un salaire, alors, le Rmi...
Paul : - Je suis certain, même financièrement, je m'en sortirais pas mieux avec un salaire. Tu vois, le Rmi, ça laisse vachement de temps. Et puis de temps en temps, j'anime un atelier d'écriture.
Christophe : - Avec tes acrostiches en plus, tu dois être le plus riche d'entre nous.
Martine : - Mais je n'ai aucun talent pour les acrostiches.
Paul : - Oh, ne te moque pas de moi, ça me prend dix minutes et ça me rapporte un deuxième Rmi par mois.
Christophe : - T'es donc payé 24 mois ! Plus les ateliers d'écriture, 36 !
Martine : - Et comme tu as toujours, je suppose, ton copain de la direction des impôts, tu es tranquille.
Paul : - Parfois il faut payer de sa personne... Mais ce n'est pas désagréable. Ah ! Ce brave Claudio... Il n'est plus tout jeune, et il perd parfois son temps avec des midinettes... Mais il a un p'tit quelque chose.
Martine : - Je crois deviner où.
Christophe : - Tu vas te mettre à l'autofiction ?
Martine : - L'autofiction pour moi, depuis quelques années, ce serait plutôt du genre *les pensées* de Pascal, rester dans une chambre et méditer sur le sexe des anges.
Christophe : - Et regarder la télé !
Martine : - Non, Christophe ! Pour ma légende, il faut marteler, marteler « méditer. » On ne sait jamais, Paul écrira peut-être bientôt ma biographie... Oh oh, Paul, tu es encore avec nous ? (*depuis qu'il ne participe plus à la conversation, il semble dans... des pensées*)
Paul : - Je vais vous laisser causer télé *(il se lève)*. Sur ce sujet, je ne suis plus à la page.
Martine : - Fais comme chez toi, Paul...

Paul sort (porte cuisine / toilettes).

Christophe : - Tu savais qu'une de ses pièces avait été diffusée sur *France-Culture* ?

Martine, *en souriant* : - Entre 3 heures 30 et 5 heures... du matin ! Il devait être le seul à écouter ! Avec ses droits d'auteur, il ne doit même pas avoir pu acheter une ramette de papier pour imprimer ses acrostiches.

Christophe : - Je n'ai jamais osé lui balancer, je ne sais pas comment il réagirait, mais il devrait quand même se rendre compte, ça ne fait pas sérieux ses acrostiches, il ne retrouvera jamais d'éditeur avec une telle réputation.

Martine : - C'est ce qu'on appelle un euphémisme... Surtout vu le niveau. *(en souriant :)* « Sa main évoque le velours... »

Christophe : - Tu connais par cœur.

Martine : - Encore un salon où il y avait un monde fou, alors plutôt qu'être bassinée par Nestor, j'ai feuilleté... Je n'ai pas pu tenir plus d'un quart d'heure.

Christophe : - Au moins Nestor, ses histoires sont drôles.

Martine : - Mais quand tu les entends pour la quinzième fois, et qu'à chaque fois il a un rôle de plus en plus avantageux... Un jour il va en arriver à prétendre qu'il a écrit toutes les chansons de Georges Brassens.

Christophe : - Tu crois qu'il a vraiment connu Brassens ?

Martine : - Il baratine tellement, on ne peut plus être certain de rien... En tout cas son inspecteur des impôts, à Paul, ça... Ça lui prend du temps.

Christophe : - Tu crois que... Non ? Quand même pas... Il n'est pas à ce point-là !?

Martine : - Fais le test : parle d'une plage où tu as croisé trois jeunes mecs en bronzage intégral, et commence à les décrire.

Christophe : - Mais les mecs, ça ne m'intéresse pas, moi j'aime les femmes de vingt-cinq-trente ans qui viennent d'avoir un enfant. Tu vois, le matin, je me promène toujours à l'heure de l'école maternelle, tu les vois ressortir avec une petite inquiétude sur le visage mais un tel sentiment d'épanouissement.

Martine : - Soit tu es un poète qui s'ignore, soit un déprimé qui rêve encore.

Christophe : - Comme j'ai déjà essayé la poésie et

Sonnerie.

Christophe : - Ça doit être l'autre cinglé... Moi je ne vais pas ouvrir...

Deuxième sonnerie.

Martine, *en souriant* : - Pourquoi aller ouvrir alors que personne n'a sonné !

Ils rient.

Martine : - J'espère qu'il pleut !

Christophe : - Qu'il tombe des grêles !

Troisième sonnerie. Ils rient de plus belle.

Christophe : - Si j'étais méchant, je souhaiterais un orage et que la foudre nous en débarrasse... Mais il ne faut jamais souhaiter la mort des gens...

Martine : - Il se réincarnerait peut-être en écrivain.

Christophe : - En simple stylo bic. Au moins il serait utile.

Quatrième sonnerie.

Paul, *arrive en courant, lance* : - Vous exagérez, que va penser Stéphane ?

Paul ouvre.

Paul : - Entrez, entrez, chers collègues.

Entrent Stéphane (avec un sac de sport) et Nestor.

153

Stéphane : - J'ai croisé Nestor, alors je l'ai emmené... Je crois qu'il cherchait la rue des filles faciles.
Nestor : - Y'a bien longtemps que je m'y perds plus... J'ai mon portable... (*il sort son portable*)
Paul : - Excusez-moi, j'étais à la cuisine, je préparais les plats pour l'omelette et je crois que Martine et Christophe devaient se bécoter en douce ou qu'ils n'ont pas osé aller ouvrir.
Martine : - On ne sait pas qui peut sonner chez toi à une heure pareille.
Nestor : - Tiens ! D'ailleurs j'ai un sms...
Paul : - Rassure-toi, j'ai prévenu tout le monde que ce soir je recevais un autre milieu...
Stéphane : - Ça nous aurait fait une bonne étude sociologique.
Nestor : - Oh, elle avait qu'à être là quand je suis passé... (*personne ne l'écoutant, plus fort* :) Les femmes il faut les laisser envoyer des sms et leur offrir des fleurs quand on en a besoin.
Paul : - Nestor, alors, ton prochain livre, ce sera le dictionnaire de tes conquêtes ?
Nestor : - Mon prochain livre... J'ai plus votre âge, les amis... Oui, j'aimerais bien encore en écrire quelques-uns mais bon...
Christophe : - Ne nous casse pas le moral Nestor.
Paul : - Je crois que Christophe nous fait une petite déprime, il vaut mieux éviter de parler d'âge aujourd'hui.
Stéphane : - Pourquoi tu déprimes alors que tu as signé pour trois livres.
Christophe : - J'ai signé. Oui, j'ai signé. Mais c'est déprimant. 1% des ventes, tu te rends compte ! Toucher un pour cent du prix de vente hors taxe, c'est scandaleux. Des rapaces !
Paul : - Mais tu vas être distribué en grandes surfaces !
Christophe : - J'ai l'impression qu'ils se foutent de ma gueule.
Martine : - Tu aurais dû répondre, « de ma face ! » (*personne ne semble comprendre sa réponse*) Alors ce soir, on va refaire le monde de l'édition, on va tout changer, on va s'attribuer les prix Goncourt, Renaudot, Femina, vous permettez, le Femina, je le garde, on va se partager les passages télé, et même les bourses du Conseil Régional...
Paul : - Tu vas bien Stéphane ?
Stéphane : - Ne pose pas des questions dont tu connais la réponse.
Paul : - Je ne sais pas si tu vas bien.
Stéphane : - Mais tu sais bien que je vais te répondre une banalité. Tu n'as quand même pas oublié qu'il y a deux heures nous étions des voisins qui, faute d'un possible lectorat, échangeaient leur point de vue sur les avantages et inconvénients de leurs choix d'édition.
Paul : - Mais depuis je t'ai vu partir en galante compagnie...
Stéphane : - Elle voudrait être chanteuse.
Paul : - Il paraît que les chanteuses sont très... Coquines...
Stéphane : - Et les chanteurs crétins, les écrivains fauchés, les bureaucrates... On ne va quand même pas perdre la soirée à débiter des lieux communs.
Paul : - Bon, donc ça ne s'est pas très bien passé.
Stéphane : - Elle voulait que je voie ses parents.
Paul : - Et ?
Stéphane : - Et c'était vrai, quand on est arrivé chez elle, ses parents étaient là !
Martine : - Et toi tu espérais !
Stéphane : - Sinon il suffisait d'échanger notre adresse e-mail.
Paul : - Donc tu es de mauvaise humeur.
Stéphane : - J'ai vieilli depuis le temps qu'on se connaît. Ce genre d'aléas ne peut plus grand-chose contre moi.
Paul : - Mais tu es quand même déçu.
Stéphane : - Maudites pulsions des glandes endocrines ! Parfois elles font oublier le choix de l'intégrité, d'attendre la vraie rencontre dans la douce solitude.

Paul : - Sois de ton temps ! Profite ! Il faut vivre !
Stéphane : - Tu ne vivras jamais ainsi en sérénitanie !
Martine : - C'est quoi de ton truc ?
Stéphane : - Le pays de la sérénité.
Martine : - Le Ternoise nouveau est arrivé, arôme mystique.
Paul : - On papote on papote, assieds-toi Nestor (*il lui tend une chaise*), tiens Stéphane (*il lui en tend une autre*), prends une chaise chaude…
Stéphane : - Une chaise chaude ?
Paul : - Oui, la mienne. Celle où j'étais avant de vaquer à la cuisine, d'ailleurs il faut que j'y retourne. *(Martine sourit en regardant Christophe)* Pose tes fesses là où étaient les miennes voici quelques minutes… Tu ne trouves pas que tu vas vivre un moment exquis ?
Martine : - On ne le changera pas ce Paul, dès qu'il voit un mec plus jeune que lui, il frétille.
Christophe : - Pourtant ça rime avec fille…
Stéphane : - Et vous croyez ainsi obtenir trois lignes dans ma biographie.
Martine : - Tu vas écrire ta biographie !
Stéphane : - Quand j'aurai l'âge de Nestor.
Nestor : - Bien, commence un peu plus tôt mon ami, parce que je suis en route, et j'espère bien la terminer avant qu'il m'abandonne (*il place sa main droite sur son cœur*).
Stéphane : - Si tu ne forces pas trop sur le Viagra, y'a pas de raison qu'il déraille, défaille, se défile dirait Christophe.
Martine : - Oh ! La plus belle phrase de ton œuvre !
Nestor : - Et comment je pourrais vivre, moi, sans Viagra ? Tu verras quand tu auras 90 ans.
Stéphane : - Arrête de te vieillir.
Nestor : - Quand j'avais 50 ans, j'annonçais 40, à 60 personne ne mettait en doute mes 50 affirmés droit dans les yeux mais depuis 70 je me vieillis de 5 ans chaque année.
Stéphane : - Un jour tu vas prétendre avoir connu Napoléon.
Christophe : - Napoléon enfant.
Nestor : - Je suis plutôt du genre à avoir dépucelé Marie-Antoinette.
Martine : - Nestor !
Paul : - Bon, je verse l'apéro et j'y vais, sinon on ne la mangera jamais cette omelette.

Paul va dans la cuisine.
Durant l'absence de Paul :

Christophe : - C'est vrai qu'il fait soif… On n'avait pas osé commencer…
Paul, *en rentrant*: - Si Stéphane te croit, c'est que sa chanteuse le perturbe vraiment.

Paul pose deux verres. Et verse l'apéro à Stéphane et Nestor. Il remplit les autres.
A l'initiative de Paul, qui s'est assis, ils trinquent.

Paul : - À nos ventes !
Martine : - Tu n'aurais pas un sujet plus réjouissant ?
Stéphane : - Aux arbres épargnés par nos tirages.
Nestor : - À votre jeunesse !
Christophe : - À tes souvenirs !
Nestor : - Oh ! Là, je vous souhaite tous d'en avoir d'aussi beaux à mon âge ! On pourrait trinquer toute la nuit !
Martine : - On a dit qu'on se couchait tôt. Parce que demain il faut piquer le fric aux bourgeois de Figeac.
Paul : - Je ne te savais pas aussi intéressée.
Martine : - Je n'ai pas les moyens de perdre de l'argent avec mes livres, moi. Je ne demande pas d'en gagner, tu sais, mais au moins de rentrer dans mes frais.

Nestor : - Moi je peux publier dix livres sans en vendre un seul ! La vente du restaurant a fait de moi un capitaliste ! Mais je préfère les vendre, mes bouquins ! C'est toujours un plaisir de recevoir un chèque ou un billet. Et avec l'argent, je me paye toutes les femmes que je veux.

Christophe : - T'es tellement connu que les femmes doivent être à tes pieds.

Nestor : - On voit que tu es bien informé ! Ça arrive, je n'ai pas à me plaindre mais offrir quelques billets, ça entretient l'amitié.

Martine : - On n'est plus en 1800 !

Nestor : - Heureusement, je vais te dire ! En 1800 un communiste capitaliste, c'aurait été impossible ! Guillotine !

Martine : - Si on part sur la politique, y'a des œufs qui risquent de voler !

Nestor : - J'ai toujours été communiste ! Et je le resterai ! Vous verrez le jour où la Chine fera comme moi, le jour où ils comprendront qu'on peut être communiste et capitaliste !

Paul, *se lève :* - Omelette !

Martine : - Je crois que je suis la seule qui osera t'accompagner dans la cuisine... (*en souriant :*) C'est bien dans la cuisine qu'on la prépare...

Paul : - Qu'est-ce que tu imagines encore Martine ?...

Martine : - Allons casser des œufs...

Stéphane : - J'allais oublier !... (*Stéphane se lève et va près de la porte où il avait posé son sac, il l'ouvre, en sort une boîte en carton, il la tend à Paul*)

Paul : - Comme tu n'en parlais plus, je pensais que tu les avais offerts aux parents de ta chanteuse.

Christophe : - C'est vrai que tu as des poules.

Stéphane : - Comme l'a écrit Stendhal : « *L'homme d'esprit doit s'appliquer à acquérir ce qui lui est strictement nécessaire pour ne dépendre de personne.* » Le nécessaire passant par le manger il vaut mieux élever ses bêtes.

Christophe : - Moi j'ai une femme... y'a pas besoin de changer sa paille.

Martine, *à Paul :* - Pourquoi n'as-tu pas de poules ?

Paul : - J'ai essayé les poulets mais je n'ai jamais eu un seul œuf.

Paul et Martine vont dans la cuisine.

Christophe : - Alors Nestor, tu as encore été celui qui a vendu le plus aujourd'hui !

Nestor : - Je crois que les gens se disent « le vieux va bientôt casser sa pipe, alors faut qu'on ait au moins un de ses livres dédicacé »... Et puis je vais te dire... je vendrais n'importe quoi aux gens... j'ai un de ces baratins quand je m'y mets.

Christophe, *plus bas :* - Tu vendrais quand même pas un livre de Martine !

Nestor, *idem* : - Sois pas vache avec elle... elle est encore jeune, peut-être qu'un jour elle écrira des livres intéressants... Il faut du temps... Si elle arrête de confondre roman et rédaction pour les sixièmes B. Mon premier livre ne se vendait pas aussi bien que les suivants...

Christophe : - Ne joue pas les modestes. Depuis que je te connais, je te vois dédicacer dédicacer...

Nestor : - Je sais m'y prendre quoi ! À chaque livre tous les copains me font un bon article dans leur journal... ça compte aussi ça... Et les politiques, ceux qui sont au pouvoir, je les ai connus gamins, ils venaient manger au restaurant. Tout ça, ça crée des liens. C'était la belle époque le restaurant ! Ah ! Le droit de cuissage !

Christophe : - Dis pas ça devant Martine !

Nestor : - Elle aurait fait comme les autres, à cette époque-là ! Tout se tient dans la vie. Parfois il faut concilier l'agréable et le rentable : encore aujourd'hui, vaut mieux coucher avec la femme qui va te faire vendre deux cents bouquins plutôt qu'avec celle qui n'a pas de relations.

Martine revient avec cinq assiettes.

Nestor : - Non, ma Martine adorée, pas pour moi, tu sais bien que monsieur le maire m'offre le repas... (*il regarde sa montre*) D'ailleurs je ne vais plus tarder...

Stéphane : - Et nous on squatte !

Martine pose les assiettes, boit une gorgée et retourne dans la cuisine.

Christophe : - À part des poules, t'as quoi comme bêtes ?
Stéphane : - Deux dindes, un dindon, deux oies, trois canards, des pigeons, des cailles.
Christophe : - Tes bouquins, internet et tes bêtes, tu t'en sors alors ?
Stéphane : - Tant qu'ils ne m'auront pas viré du Rmi, j'essayerai de le garder.
Christophe : - Oh, ils ne virent pas du Rmi.
Stéphane : - Là ça devient limite, ils m'ont encore baissé… Il faut dire que je ne vais plus à leurs convocations, je leur réponds en recommandé : « Messieurs les censeurs, vous n'avez aucune légitimité artistique pour juger de ma démarche littéraire. »
Christophe : - Et tu feras quoi, si tu n'as plus le Rmi ? Tu n'auras plus de couverture sociale non plus…
Stéphane : - Internet prendra le relais. Et ne perdons pas notre temps avec des problèmes possibles. Chaque jour est une équation à résoudre où ni le passé ni le futur n'ont leur place.
Christophe : - Comme Paul n'est pas là, on peut parler d'auto-édition… Tu crois que l'auto-édition, dans le livre jeunesse, ça pourrait fonctionner ?
Stéphane : - Tes livres sont bien distribués… Mais le plus souvent ton nom ne figure même pas sur la couverture… Donc tu ne peux pas compter sur ta notoriété.
Christophe : - Je suis à moral zéro… Là tu m'enfonces encore un peu plus la tête sous l'eau…
Stéphane : - Pour répondre correctement à une question, mieux vaut ne pas se bercer d'illusions, (*plus bas, en souriant* :) si tu veux des louanges, déshabille-toi devant Paul !
Nestor : - S'il présentait le 20 heures, je ne dis pas non ! Mais là, le jeu n'en vaut pas la chandelle (*personne ne l'écoute*).
Christophe : - C'est vrai qu'au niveau notoriété c'est néant, partout je dois préciser « j'ai publié vingt livres. » Quand j'ajoute le nom des éditeurs, là les gens me regardent autrement… (*plus bas*) Mes éditeurs n'ont pas fait faillite, moi. Et pourtant le CRL ne m'a toujours pas accordé de bourse. Vous trouvez ça juste, vous ?
Stéphane : - Dans le livre jeunesse, c'est encore pire que le roman, les réseaux de distribution sont complètement verrouillés.
Christophe : - Mes meilleures ventes se font en grandes surfaces… Je suis même certain que les ventes sont plus importantes que celles notées sur mes relevés.
Stéphane : - Mais si tu envoies un huissier pour vérifier leur comptabilité, là tu es certain d'être grillé chez tous les éditeurs.
Christophe : - C'est une vraie mafia. Tu vois, malgré vingt livres publiés, j'ai l'impression d'être un petit enfant qui doit remercier quand on lui signe un contrat. Pour le 1%, j'ai répondu « mais chez *Milan* j'étais à 3. » Elle s'est pas gênée, la blondasse platine, de me balancer : « *vous savez bien que si vous ne signez pas, un autre auteur sera enchanté de signer.* »
Nestor : - Une mafia, tu l'as dit. Un pour cent à l'auteur, un pour cent à l'illustrateur, ils doivent considérer que donner deux pour cent c'est encore trop. J'ai compris à mon premier livre, vous savez que j'avais un éditeur. Ils m'ont fait une pub dingue c'est vrai mais au moment de payer, y'a fallu que je fasse intervenir un bon copain pour que l'éditeur mette l'argent sur la table.
Stéphane : - C'était mafia contre mafia !
Nestor : - Si je raconte tout dans ma biographie, vous en découvrirez de belles mes amis.

On entend Paul de la cuisine, ce qui interrompt la conversation :

Paul : - Aïe… Oh Charlus ! Oh ça fait mal… de la glace, vite de la glace… dans le haut du frigo… Aïe… Que ça fait mal…

Christophe : - Un drame de l'écriture…
Stéphane : - Il va demander un arrêt de travail.

Christophe : - On ne peut pas le soupçonner de s'être brûlé pour attendrir Martine, qu'elle lui applique tendrement des compresses.
Stéphane : - Ça change, parfois, un homme !
Christophe : - Y'a des cas désespérés…
Nestor : - Y'a des techniques plus rapides et moins douloureuses. Si vous voulez, je vous en raconterai quelques-unes.
Stéphane : - Ou alors il ne s'est pas brûlé… Il a réalisé une expérience avec un œuf !
Christophe : - Et l'œuf a explosé au mauvais moment ! Tu prépares un livre X qui se déroulera dans ta petite ferme ?
Nestor : - C'est vrai que le coq avec les poules, il ne perd pas son temps à répondre à des sms, à écouter leurs petits malheurs ! La civilisation n'a pas apporté que des bonnes choses… C'était quand même le bon temps, le restaurant !

Paul arrive en secouant la main gauche dont le dessus est recouvert d'un sparadrap. Martine suit avec la poêle dans la main droite, la casserole de pâtes dans la gauche.

Paul : - C'est affreux, quelle douleur.
Stéphane : - La douleur est une invention du corps pour se protéger des agressions extérieures. Remercie plutôt ton organisme !

Martine pose l'ensemble sur la table.

Paul : - Parfois, tu dis vraiment n'importe quoi, quand même !
Stéphane : - Ta main vient de te signaler qu'il ne faut pas la détruire. Si tu as retenu la leçon, remercie ta douleur et fredonne-lui « bonne nuit la douleur »… Il te suffit de te convaincre en répétant « ça ne fait pas mal. »

Martine reprend la poêle.

Martine, *à Stéphane* : - Tu veux que je te la colle pour tester ta théorie ?
Paul : - Tu veux la voir ma cloque ?
Martine : - Là, fais attention à ta réponse, il ne parle peut-être pas de sa main gauche.
Christophe : - On a évité un drame, si c'avait été la droite, demain tu ne pouvais plus dédicacer…
Paul : - Je suis gaucher.
Christophe : - Donc c'est un drame.
Stéphane : - Il faut prévenir *la Dépêche du Midi*…
Paul, *en s'asseyant* : - Allez, servez-vous… J'ai connu pire !… Mais en ce temps-là c'était volontaire !
Martine : - L'autofiction masochiste selon Saint Paul.
Christophe : - J'hésite… J'ai jamais vu une omelette aussi jaune.
Nestor : - Au restaurant, on avait un chef extra. Il utilisait de ces colorants, certains étaient même interdits ! Les plus beaux plats de la région qu'on avait !
Christophe : - Vous avez ajouté du maïs ?… Vous savez bien que je suis allergique au maïs…
Stéphane : - Tu les trouves où tes œufs ?
Christophe : - Comme tout le monde, au supermarché.
Stéphane : - Et elles mangent quoi les poules qui pondent dans tes barquettes ?
Christophe : - Elevées en plein air.
Stéphane : - En plus d'être élevées en plein air, elles choisissent leur herbe, retournent le sol pour y trouver de bons petits vers de terre, attrapent des criquets, des escargots.
Christophe : - Ah ! Des criquets, des escargots ! C'est pas naturel ! Tu crois que c'est bon pour les poules ?
Stéphane : - Goûte ! Je te croyais spécialiste de la nature ! La nature vue des villes ! Les poules n'ont pas attendu les nutritionnistes des multinationales pour exister. Tu vas voir la différence.

Paul : - Tu es sûr, Nestor, que tu ne veux pas au moins la goûter, l'omelette aux œufs de Stéphane.
Nestor : - Ce serait avec plaisir. Mais je ne peux quand même pas arriver le ventre plein à la réception de monsieur le maire *(il regarde sa montre)*. D'ailleurs je vais vous laisser.
Martine : - Tu vas quand même prendre un verre de vin avec nous ! Et le vin ?... *(tous sourient)* Quoi, j'ai l'air de réclamer ?... Mais non Paul !... Comme tu nous invitais j'ai amené une bouteille.

Elle se penche, ouvre son sac, et en sort une bouteille.

Martine : - Bon, c'est du Cahors... mais on n'a pas encore vendu 200 000 exemplaires...
Christophe : - Avec les traductions, je dois y être... Mais je crois que j'aurais touché plus d'argent si j'avais vendu mille exemplaires d'un livre auto-édité.
Martine : - Ah ! Vendre mille bouquins en auto-édition... on en rêve tous !... Alors malgré tes 200 000 exemplaires tu n'as pas les moyens de nous offrir une bouteille ?...
Christophe : - J'attendais que la tienne soit vide pour proclamer « j'ai gardé la meilleure pour la fin » mais bon... *(il se baisse et sort de son sac une bouteille)* C'est du Buzet ! C'est quand même meilleur que du Cahors...
Martine : - On verra, on verra, ne vendons pas la peau du Cahors avant de l'avoir bu.

Elle se penche et sort de son sac une autre bouteille.

Martine : - Cahors 2 Buzet 1. Et c'est Cahors qui nous saoule le plus !
Christophe : - Là, Stéphane, avec tes trois œufs tu passes pour un radin !
Stéphane : - Bon, alors je dois la sortir avant l'heure prévue...

Stéphane se lève, va ouvrir son sac, en sort une bouteille.

Paul : - Oh ! En plus des œufs, du champagne, je suis touché.
Stéphane : - Ce n'est pas tout à fait du champagne, mais quand on aura vidé les bouteilles de vin, du bon mousseux ça nous paraîtra sûrement meilleur que du mauvais champagne.
Paul : - Je ne sais pas si tout ça, ça s'accorde avec une omelette et des pâtes... J'avais prévu du rosé... Mais les mélanges, pour des écrivains, c'est toujours souhaitable... Mélangeons, mélangeons-nous !
Christophe : - Bon, je fais le commentaire avant vous : c'est moi qui passe pour un radin avec une misérable bouteille.
Martine : - Mais non, Christophe, on sait bien que ta femme te surveille. Déjà pour sortir une bouteille, tu as dû inventer des stratagèmes pas possibles !
Christophe : - C'est vrai que je suis le seul marié ici !
Nestor : - Mais je suis marié mon ami ! Quarante ans de mariage ! Peut-être même plus !
Christophe : - Faut pas demander si tu n'étais pas marié !
Nestor : - Tu ne crois quand même pas qu'en plus de la voir entre mes quatre murs, je vais la laisser me suivre ! J'ai passé l'âge !

Paul se lève et sort. Christophe et Martine se sourient.

Christophe : - Pourtant je n'ai pas parlé d'éphèbes sur une plage...

Paul revient avec un tire-bouchon. Il ouvre une bouteille de Cahors puis remplit les verres. Ils trinquent.

Paul : - Aux livres et à ceux qui les achèteront.
Christophe : - Pour du Cahors, c'est buvable !
Paul : - Très raffiné, je dirais.
Nestor, *vide son verre d'un trait ; en se levant* : - Allez, je vous laisse les amis, ça m'a fait bien plaisir de passer quelques instants avec vous mais je dois maintenant rejoindre monsieur le président du Conseil Régional... Allez, j'essayerai de lui glisser un petit mot en votre faveur pour que l'année prochaine ils vous invitent aussi aux frais de la princesse... Je crois que je vais d'abord faire un saut à l'hôtel... Y'a une petite à l'accueil, je ne vous dis pas !

Christophe : - Nestor ! À ton âge !

Nestor : - Je crois que je vais lui raconter que j'ai racheté l'hôtel, ça marche souvent avec les filles de la réception.

Stéphane : - Nestor, sans vouloir t'offenser, ça se voit que tu n'as plus l'âge de racheter des hôtels. Sauf peut-être au Monopoly !

Nestor : - À mon âge ! J'ai un truc auquel aucune femme ne résiste.

Christophe : - On ne demande pas à voir.

Nestor : - Je vais vous le montrer, vous pourrez dire, « j'ai vu le secret de Nestor » (*il met sa main droite dans la poche droite de son pantalon et ressort une liasse de billets*).

Martine : - Ça va sûrement te surprendre, mais y'a des femmes que ça laisse indifférent.

Paul : - Indifférentes, au féminin pluriel, j'aurais dit à ta place.

Nestor : - Tu dis ça parce que t'es entourée d'amis… Allez on en reparlera en tête à tête un de ces jours… (*en avançant vers la porte*) Allez, n'hésitez pas à faire des bêtises, c'est de votre âge. Je vous raconterai combien elle m'a coûté.

Presque en même temps :

Christophe : - Embrasse la dame en blanc de notre part.

Martine : - Bonne nuit Nestor.

Paul : - Merci Nestor, d'avoir honoré cette maison de ton passage.

Nestor : - Et n'oubliez pas qu'il ne faut jamais laisser un fond dans une bouteille, quand on est invité.

Stéphane : - N'oublie pas de prendre des notes pour ta biographie.

Nestor sort.

Martine : - Vieil obsédé va !

Stéphane : - Comme beaucoup il doit en dire plus qu'il en fait… Il arrive un âge où le sexe devient la médaille de ceux qui n'ont pas la légion d'honneur…

Christophe : - Le plus honteux, c'est que ses livres se vendent.

Martine : - Les gens achètent n'importe quoi. Il suffit d'un sourire de Nestor et sa petite phrase sirupeuse « *ça vous replongera dans un monde qui n'existe plus* », et les vieilles cruches achètent.

Christophe : - Les jeunes aussi avec son « *vous l'offrirez à vos parents* » ou « *vous verrez comment ont vécu vos grands-parents.* »

Stéphane : - Ça ne veut pas dire que ses livres sont lus.

Martine : - Mais au moins le fric rentre ! Moi il me faut deux ans pour rentrer dans mon argent. J'ai au moins dix livres en attente.

Paul : - Moi ça me donne un moral d'enfer, de le voir en si bonne forme ! Je ne parle pas de son écriture mais de son entrain. Je me dis que j'ai encore devant moi quelques bonnes décennies.

Martine : - C'est un formidable métier, écrivain : à soixante ans on regarde l'académie française et on se persuade qu'on a tout l'avenir devant soi !

Christophe : - Encore faudrait-il en vivre avant cent ans !

Martine : - T'inquiète pas, dans quelques années tu auras la retraite en plus de tes droits d'auteur… (*il reste sceptique*)

Paul : - Mais ils sont délicieux, tes œufs, Stéphane.

Stéphane : - Ils sont si bien mis en valeur par tes pâtes cher Don Paulo.

Paul : - C'est l'un des souvenirs les plus délicieux de ma vie, quand je suis allé animer un atelier d'écriture à Vérone.

Martine : - Et comment tu avais été invité là-bas ?! Tes livres ne sont pas traduits en italien ! Ils ne te connaissent quand même pas ?

Paul : - Mais tu sembles ignorer qu'en certains milieux, je suis très apprécié. Mon ami Carlo d'Egyptair, comme on le surnomme, a su m'introduire.

Martine : - Sans jeu de mot ! L'internationale gays a pris le pouvoir dans la culture !

Christophe : - Un livre acheté, un œuf offert, tu ferais un malheur. Tu en vends des œufs ?

Stéphane : - Quand j'en ai trop, le chien adore ça, et ça lui fait des poils d'un luisant... Mais par chez moi les gens sont civilisés, ils ont leurs bêtes.

Les verres se vident et se remplissent rapidement.

Paul : - Dis, Stéphane, puisqu'on est entre nous... Ton nouveau look, c'est étudié ou c'est juste pour t'amuser, pour embêter les bourgeois de Figeac ?

Stéphane, *après quelques secondes où il cherche les termes exacts et à capter l'attention* : - Nous sommes condamnés à la notoriété !

Tous le regardent, incrédules.

Paul : - Vas-y, fais-nous partager tes découvertes.

Stéphane : - Au-delà des raisons pour lesquelles on écrit, ce qu'on écrit n'a d'intérêt qu'historique. De notre vivant, enfin, au moins durant nos premières décennies d'écriture, ce qui primera ce sera le médiatique.

Paul : - Tu veux dire qu'on est obligé d'être connu pour être lu ?

Stéphane : - Pas forcément connu, être inconnu est parfait... *(en souriant)* à condition que tout le monde le sache.

Martine : - Là tu joues sur les mots, être inconnu à condition que tout le monde le sache, ça veut dire être connu.

Stéphane : - Mais non, Martine ! Tout le monde peut penser : lui, c'est un écrivain quasi inconnu, et ce n'est pas parce que tout le monde pensera « lui, c'est un écrivain quasi inconnu » que je serai un écrivain connu !

Paul : - Mais si tout le monde dit quelque chose...

Stéphane : - Mais tout le monde pense alors que son voisin ne me connaît pas ! Il se dit, « tiens, cet écrivain, ça a l'air d'être un type intéressant. »

Martine : - Et il achète ton bouquin ?

Stéphane : - Rarement. Achète un bouquin celui qui pense « je vais sûrement découvrir quelqu'un d'original »... Mais les badauds régleront l'affaire avec un « ça sert à rien que je le lise, je pourrai en parler à personne. »

Martine : - Ils pourraient en parler pour faire découvrir.

Stéphane : - Déformation professionnelle, tu rêves ! S'ils en parlent c'est pour frimer. Je commente toujours la majorité... Heureusement, il y'a des exceptions...

Paul : - Et tu en croises beaucoup des exceptions ?

Stéphane : - Ne pose pas des questions dont tu connais la réponse ! On ne vit pas sur le dos des exceptions... Tu crois que je serais à Figeac pour vendre trois bouquins si je pouvais en vendre cinquante dans un vrai salon du livre ?

Paul : - Là tu vas nous casser le moral !

Stéphane : - Quoi ? Ne m'attribue pas plus de pouvoir que j'en ai ! Lundi, qu'est-ce qu'on va répondre au premier pecnot qui osera demander « alors, ça c'est bien passé ton week-end ? »

Paul : - Tu me poses la question ?

Stéphane, *en souriant :* - Les gens achètent de moins en moins de livres, mais je n'ai pas à me plaindre quand même... Et tu ajouteras « mes acrostiches sont partis comme des petits pains, c'est mieux que rien, ça me permet d'être tranquille quelques semaines. »

Paul : - Là tu te moques.

Stéphane : - Je me moque de toi, de moi, de nous... Mais au moins je ne serai pas dupe de leurs manigances, je n'irai pas manger avec monsieur le président du Conseil Régional, avec les magouilleurs du livre qui se donnent une image de ville culturelle en nous invitant sur un strapontin de leur salon, parce qu'on est des « écrivains régionaux », que notre nom, notre photo paraissent dans quelques torchons.

Paul : - Finalement, tu devrais écrire un essai.

Stéphane : - Mais là, il faudrait être vraiment connu !

Paul : - Et sur internet ?

Stéphane : - Si un visiteur des sites sur mille achetait un livre, je deviendrais imposable !... Mais il faut être logique, vendre des livres n'est pas le but.

Christophe : - Alors je ne vois pas l'intérêt d'avoir des sites.

Stéphane : - Le livre papier va disparaître.

Martine : - Là tu veux vraiment nous casser le moral.

Stéphane : - Mais non, c'est une suite logique. D'abord la pensée s'est transmise de bouches à oreilles, n'a compté que sur la mémoire. Puis elle fut gravée, dans la pierre, sur des os humains, peinte sur les parois de grottes. L'invention de la représentation et de l'écriture a été une révolution plus importante que le passage au numérique. J'imagine les Paul d'alors : si on écrit la pensée, plus personne n'écoutera, plus personne n'apprendra.

Paul : - Pourquoi m'attribues-tu le rôle du conservateur opposé à tout progrès ? La disparition du livre, ce n'est pas un progrès.

Stéphane : - Mais c'est bien toi qui veux garder sur un piédestal les éditeurs, qui regardes de haut l'auto-édition comme si le travailleur indépendant qu'est l'auteur-éditeur n'avait pas sa place dans la littérature, parce qu'il n'a pas été légitimé par un vénérable éditeur.

Paul : - Tu sais bien que dans l'auto-édition, la majorité des livres ne valent rien, regarde Nestor, Pierre ou Véronique...

Stéphane : - Mais en plus tu assimiles l'auto-édition au compte d'auteur.

Paul : - Là tu ne m'as jamais convaincu.

Stéphane : - Donc pour toi c'est la même chose ! (*léger énervement*) Qu'un auteur refusé par l'ensemble des éditeurs classiques signe, en désespoir de cause, avec un pseudo éditeur qui va lui demander une fortune pour un bouquin en mauvais papier, tu confonds cette arnaque avec le choix de l'auteur qui décide d'être son propre éditeur, d'être travailleur indépendant.

Paul : - Mais tu sais bien que la majorité de ceux qui s'auto-éditent c'est parce qu'ils n'ont pas trouvé d'éditeur comme tu dis classique.

Stéphane : - Ce n'est pas parce qu'une activité est utilisée faute de mieux par des écrivaillons, qu'il faut en conclure que l'activité est méprisable. L'auto-édition est l'avenir de l'édition.

Christophe : - Mais si on en arrive à la disparition du livre, tu parles d'un avenir !

Stéphane : - J'en reviens donc à mon histoire de la conservation de la pensée. Après la pierre et les os humains ? On a utilisé des matières plus pratiques : le bois puis le papier. Et un jour on a relié le papier sous forme de livre. Le livre a eu quelques siècles de triomphe. C'est inévitablement sa, ou peut-être ses dernières décennies.

Martine : - Finalement, tu devrais devenir enseignant ! Tu devrais me remplacer ! Il faut faire travailler les jeunes.

Stéphane : - Et devant mon tableau noir, je conclurai : dès que le numérique sera plus pratique que le papier, il le supplantera. Des millions d'arbres seront en plus épargnés.

Paul : - Alors il n'y aura plus d'écrivains. Déjà qu'il est difficile de récupérer des droits d'auteur quand les livres sont imprimés ; alors quand les versions numériques seront téléchargées gratuitement, piratées ?...

Stéphane : - C'est bien pour cela que je ne veux surtout pas d'éditeur, que je tiens à mon indépendance. En conservant l'ensemble des droits, je récupère l'ensemble des droits dérivés.

Paul : - Et tu crois en vivre un jour ?

Stéphane : - Le problème majeur de l'indépendance étant l'accès aux points de ventes à des conditions décentes, il est impératif, soit de trouver une solution pour vendre, soit de vivre indépendamment des ventes.

Christophe : - Plutôt jouer au loto !

Stéphane : - Vendre sur internet, c'est vendre sans intermédiaire et l'audience permet d'obtenir des droits dérivés. Je n'en suis encore qu'à la phase une, le développement du concept.
Martine : - Je n'ai rien compris !
Paul : - Je ne comprends pas ta logique d'écriture, de ne pas te fixer dans un genre, de faire ainsi feu de tout bois. Tes internautes, tu vois je connais le terme exact, tes internautes doivent être comme les organisateurs des salons du livre ! Ils ne doivent pas savoir où te classer.
Stéphane : - Mais je ne suis pas un bibelot dont on recherche l'étagère qui le mettra le plus en évidence.
Paul : - Tu sais bien ce que je veux dire.
Stéphane : - Ecrire, l'essentiel est d'écrire, tu en conviens ?
Paul : - Naturellement, mais si personne ne s'y intéresse…
Stéphane : - Le succès est toujours un malentendu ! Il est donc inutile de courir après ! Quelqu'un tombe sur un texte et la mayonnaise prend, tout s'emballe, c'est rarement le meilleur texte. Quand ça arrive, le plus souvent l'écrivain est déboussolé, paumé. On lui demande de tout ! Eh bien moi, ce jour-là je placerai mes textes, chanson, théâtre, scénarios…
Paul : - Tu ne m'as pas convaincu ! Si je t'ai bien suivi, il suffit d'attendre.
Stéphane : - La patience est notre grande vertu !
Paul : - À ce petit jeu de l'attente, je ne me vois pas attendre encore cinquante ans ! Et en attendant, il faut bien vivre !
Stéphane : - Les droits dérivés, on y revient !
Christophe : - C'est quoi, tes droits dérivés ?
Stéphane : - Les internautes téléchargent gratuitement… et après reçoivent de la pub.
Paul : - Tu deviens comme un coureur automobile, avec des pubs partout.
Stéphane : - Mais pas du tout ! Encore une réduction caricaturale orchestrée par l'industrie du livre pour effrayer leurs petits auteurs. Le versant littéraire et le versant publicitaire sont dissociés. Aucune publicité dans les versions numériques mais les internautes fournissent leur adresse e-mail et reçoivent d'autres messages, des messages cette fois publicitaires.
Christophe : - Et vous êtes nombreux à faire ça sur internet ?
Stéphane : - Je crois qu'en France je suis le premier.
Paul : - Internet, internet, je suis trop vieux pour m'y mettre comme toi. C'est bien bon pour les sites de drague mais pour la littérature, je suis et je resterai de l'ancienne école.
Christophe : - Faudrait qu'un jour on en parle vraiment d'internet, Stéphane.
Stéphane : - Mais qu'est-ce qu'on vient de faire ?
Christophe : - Oui… Mais devant un écran, que tu me montres comment ça marche. Comment tu peux envoyer un texte, tu es toujours derrière ton écran ?
Stéphane : - Avant d'être un mec bizarre qui promène ses livres, j'ai été un jeune informaticien. Cadre même !
Martine : - Tu dis tout en deux fois. Pour moi l'informatique se résume à une question : tu connais la différence entre Windows et un virus ?

Personne ne répond.

Martine : - Windows c'est payant alors qu'un virus c'est gratuit.
Stéphane : - C'est avec de telles plaisanteries qui se veulent des bons mots, qu'on fait peur aux écrivains ! Tant mieux ! Ayez peur, ça me permettra de prendre un train d'avance.
Christophe, *en souriant :* - Tchou Tchou.

Paul et Martine éclatent de rire.
Stéphane a une moue signifiant « ils n'y comprennent vraiment rien. »

Rideau

Acte 2

Stéphane. Puis : Paul.

Nuit. Stéphane allongé dans le canapé (qui ne fait pas lit). Scène légèrement éclairée pour la commodité des spectateurs. Entre Paul, en peignoir, titubant.

Paul : - Je viens prendre un Coca dans le frigo... J'ai la gorge sèche... Il me faut quelque chose de doux... Tu veux que je te serve quelque chose, mon cher Stéph ?... J'ai aussi du Perrier... Ou tu veux quelque chose de plus doux ? (*élocution de type bourré essayant de parler correctement*)

Stéphane fait semblant de dormir.

Stéphane : - I m'a assez barbé au salon, i va pas r'commencer... (*pour le public ; de même très éméché*)

Paul, *très efféminé* : - Tu dors déjà, mon ché... cher Stéph ?

Silence.

Paul : - Si j'osais... Comme écrivain rien... (*Stéphane apprécie*) mais le sentir là à deux mètres... Ah !... Je suis prêt à lui promettre le prix Goncourt... Calme Paul... Tu n'as jamais violé personne... (*en souriant :*) Ou bien j'ai oublié... Ou il sentait pas bon (*référence à Jacques Brel, chez ces gens-là*).

Paul : - Bon je vais déjà aller chercher un Coca... Ça le réveillera peut-être. Il a bien bafouillé « *que ta nuit soit la plus agréable possible* »... Il sait ce qu'agréable signifie...

Paul va dans la cuisine, laisse la porte ouverte, fait un maximum de bruit (bouge des chaises, tousse, claque la porte du frigo, pose de la vaisselle...). Il revient.

Paul : - Excuse-moi, Stéphane, je viens de m'apercevoir que j'ai fait du bruit, j'avais complètement oublié que tu dormais dans le canapé.

Aucune réponse.

Paul : - Stéphane, tu m'excuses de t'avoir réveillé... (*Reprenant son monologue*) Ou alors il attend que je le prenne à l'improviste... Ses derniers mots, c'était bien ça... (*Stéphane effrayé, serre les poings*)... Non, je ne peux pas quand même... S'il se mettait à hurler, il est parfois tellement bizarre... Ça les réveillerait en haut, j'aurais l'air de quoi ?... (*Paul réfléchit*)

Paul fait tomber sa boîte de Coca, qui explose.

Paul : - Oh ! Je suis vraiment maladroit. Un mâle, adroit !

Après son ricanement de type ivre, Paul va à l'interrupteur, allume. Stéphane doit se montrer éveillé...

Paul : - Je suis vraiment maladroit. Et je t'ai réveillé... Oh excuse-moi, Stéphane. Tu dormais déjà comme un ange...

Stéphane, *légèrement dégrisé par la lumière* : - Si tu avais une fille, elle aurait sûrement l'âge de me réveiller. J'ai toujours rêvé d'être réveillé par une princesse.

Paul : - Tu sais, je peux te faire des choses aussi agréables qu'une princesse, j'ai une bouche de velours.

Stéphane : - Quelle horreur !

Paul : - Oh ! Tu n'es quand même pas vieux jeu !

Stéphane : - Je t'ai déjà dit, ça doit être hormonal.

Paul : - Je n'y crois pas... Même moi, j'ai essayé avec une femme... Ce ne fut pas grandiose. Tu ne peux quand même pas toujours parler de choses que tu ne connais pas.

Stéphane : - Mais je n'en parle pas. Le sujet ne m'intéresse pas ! On n'est pas de la même planète.

Paul : - Tout homme est, a été, ou sera. Comme tu n'es pas, comme tu n'as jamais été, il faut que tu sois un jour... Donc attendons deux minutes...

Stéphane : - C'est c'qu'on appelle un sophisme...

Paul, *rire d'ivresse :* - Pourtant parfois ça fonctionne... Et j'ai assisté à des conversions étonnantes... Pour quelqu'un qui se croit totalement hétéro, la première fois est une vraie révélation... Si tu avais entendu Carlo d'Egyptair hurler de plaisir... J'aimerais bien que tu vives cet instant fort avec moi... Ne passe pas à côté de l'essentiel, Stéph.

Stéphane : - Ça c'est de la tentative d'embobinement.

Paul : - Ça me ferait tellement plaisir.

Stéphane : - Tu devrais porter un Coca à Christophe.

Paul : - Oh non, puisque j'ai le choix, au moins que ce soit avec un véritable écrivain et en plus beau mec.

Stéphane : - Mais tu n'as pas le choix !

Paul : - Oh !

Stéphane : - Tu voudrais quand même pas que je te vomisse dessus.

Paul : - Si tu prends ton pied comme ça, fais comme tu veux.

Stéphane : - Ton seul choix, c'est aller rechercher un Coca ou remonter sans avoir bu de Coca.

Paul : - Oh !

Stéphane : - Enfin, tu peux aussi aller chercher une serpillière, tu peux même sortir, tu dois connaître Figeac by night sur le bout... des doigts.

Paul, *très doux :* - Pourquoi te moques-tu de moi, Stéphane ?

Stéphane : - Je constate simplement.

Paul s'assied au bord du canapé, se passe la main droite dans les cheveux, sans regarder Stéphane.

Paul : - Y'a des jours comme ça... Où rien ne va. Ces jours-là, je les reconnais au premier café. Le premier café qui me brûle la langue. Après j'ai renversé de la confiture d'abricot sur ma chemise. Je vais t'épargner la suite. Quand tu as eu ces paroles exquises, quand tu m'as souhaité une nuit la plus agréable possible, j'ai cru que la loi des séries était vaincue (*Stéphane qui soufflait de temps en temps, sourit en balançant négativement la tête*). Je ne me suis quand même pas trompé ? (*il regarde Stéphane*)

Stéphane sourit, balance la tête en signe d'affirmation.

Paul : - Tu crois que j'aurais dû essayer de dormir ? (*ne laisse pas le temps à Stéphane de répondre*) Mais j'aurais jamais réussi à dormir. J'aurais pensé à toi en t'imaginant m'attendre. Et l'attente, c'est ce qu'il y a de plus beau en amour. (*Pause*) T'es d'accord avec moi, sur ça, Stéph ?

Stéphane : - T'es d'accord avec moi, Paul, si je te dis, cerveau fatigué n'a plus d'oreille.

Paul : - Oh, ce n'est pas les oreilles le plus important en amour. On fait juste un p'tit câlin, si tu veux...

Stéphane : - Ça commence à devenir gênant, Paul.

Paul : - Prendre ses rêves pour la réalité, c'est pourtant une idée qui t'est chère.

Stéphane : - Prends tes rêves pour ta réalité, va te masturber en pensant à qui tu veux... Et laisse-moi avec mes rêves.

Paul : - Tu penses à ta chanteuse ?

Stéphane : - Je pense à qui je veux. Mon cœur est déjà pris !

Paul : - Mais je ne vise pas aussi haut.

Stéphane : - Tes citations, tu les gardes pour ceux qui les ignorent. La femme à qui je pense, j'espère qu'elle trouverait de tels propos vulgaires. C'est clair, non ?

Paul : - Bon, ne t'énerve pas, tu me signifies poliment d'aller me faire voir, d'aller noyer mes idées noires à côté d'un placard, en vidant une bouteille de Ricard.

Stéphane : - Tu ne pouvais quand même pas imaginer que parce que j'avais picolé, j'irais contre ma nature.

Paul : - Mais ça n'existe pas, un hétéro (*moue de Stéphane, signifiant : c'est reparti*). Tout homme rêve d'avoir quelque chose au moins dans la bouche. Je ne t'ai jamais raconté comment j'ai compris, qu'en fait, ma vie, mon plaisir, ce serait avec le sexe fort.

Stéphane : - Le mieux serait que tu écrives un livre sur le sujet, au moins une nouvelle. C'est peut-être le moment de commencer.

Paul : - Bon, là tu me signifies poliment, va écrire.

Stéphane : - C'est encore la meilleure occupation, les nuits d'insomnies. Au moins ça n'embête personne.

Paul : - Je te croyais pas comme ça !

Stéphane : - Je ne t'ai jamais caché mon orientation.

Paul : - Oui, mais là, c'est presque de l'homophobie.

Stéphane : - Détrompe-toi !... Plus il y aura d'homos, plus le choix des femmes sera restreint !

Paul : - Les femmes devraient toutes être lesbiennes... Je crois que si tu ne me prends pas dans tes bras, je vais aller me jeter dans la rivière.

Stéphane : - Là c'est du pathos ridicule.

Paul : - Oh merde ! Tu prends rien au sérieux. Tu sais pourtant que je suis un mec sensible.

Stéphane : - C'est bien, va l'écrire. La vraie vie, c'est la littérature.

Paul : - Mais Proust a vécu avant d'écrire cela. Il n'aurait jamais refusé un câlin à un écrivain ami.

Stéphane : - Bon (*Stéphane se lève, surprenant Paul toujours à ses pieds ; pieds nus, il porte un tee-shirt et le pantalon du soir*), je trouverai bien un hôtel. Ou je retourne chez moi. De toute façon pour vendre trois bouquins demain (*il ramasse ses affaires et les fourre dans son sac*).

Paul, *se lève* : - Excuse-moi Stéph, excuse-moi, j'avais cru...

Paul sort et on l'entend monter les escaliers.
Stéphane s'assied sur le canapé, souffle de dépit.

Stéphane : - Non seulement j'aurai une tronche d'enfer à cause de l'alcool... Mais en plus je n'ai entendu que des banalités... Même pas une phrase digne de faire un refrain !... Pendant ce temps-là, les écrivains mondains sont dans un lit confortable, dans une belle chambre d'hôtel qui va pas puer le Coca... Mais ils se demandent si le président du Conseil Régional a retenu leur nom... Ça sert à rien de côtoyer des écrivains, ils ne valent pas mieux que les voisins. Le seul intérêt d'un écrivain, on le trouve dans ses livres. Qui parmi ces pantins n'a pas pour grand rêve d'obtenir une bourse du Centre National des Lettres, ou à défaut du Centre Régional des Lettres, ou d'animer un atelier d'écriture, ou d'intervenir dans une école ? Qui se soumet à demander ne sera jamais écrivain. Des écrivaillons ! Dès qu'un p'tit bureaucrate d'une vague commission se ramène, ils sont à genoux. Est-ce que Rimbaud aurait quémandé une bourse à des notables ? Plutôt magouiller que s'agenouiller. Plutôt vivre pauvrement que de brouter à leur râtelier...

On entend du bruit dans la chambre au dessus.

Stéphane, *soulève la tête et sourit* : - Sacré obsédé ! Il est allé voir Christophe ! Sans Coca en plus.

Rideau

Acte 3

Stéphane. Puis : Francis, Paul, Pierre, Martine et Christophe.
Matin. Même décor. Stéphane dort. Sonnerie.
Stéphane se redresse, passe la main droite dans les cheveux.

Stéphane : - Damned !... J'ai rêvé qu'on sonnait... Damned... Il fait déjà jour...

Deuxième sonnerie.

Stéphane : - Damned !... J'ai pas rêvé, on sonne... Bon, j'ai pas le choix... Quelle heure il peut bien être ?

Il se lève. Troisième sonnerie.

Stéphane *crie, voix pâteuse* : - J'arrive.

Il cherche le bouton, allume la lumière, regarde sa montre...

Stéphane : - Les salauds !... Onze heures... Les salauds, ils sont partis sans moi... Bande de blaireaux !

Il ouvre la porte. Entre Francis.

Francis : - Salut, je suppose que t'es l'un des écrivains qui devait dormir chez Paulo...
Stéphane : - Je crois que tu as deviné... Et toi ?...
Francis : - Bin Francis, le copain de Paulo... Paulo ne t'a pas parlé de moi ?
Stéphane : - Je crois qu'on a un peu trop forcé sur les bouteilles... C'est Paul qui t'a demandé de passer me réveiller ?...

Paul dévale les escaliers, entre en peignoir, en courant.

Paul : - Oh Charlus ! Tu as vu l'heure Stéph... On est à la bourre.
Stéphane : - Tu devais nous réveiller à huit heures. T'es grave !
Paul : - Je ne sais pas ce que j'ai foutu, mon radio-réveil est débranché. C'est la première fois que ça m'arrive. Martine et Christophe ne sont pas là ?... Je remonte les réveiller...

Il repart. On entend frapper aux portes des chambres...

Stéphane, *pour lui-même* : - Je crois que j'ai pas le temps de prendre une douche... Mais si je n'en prends pas une j'arriverai jamais à dédicacer un bouquin... Oh ma tête ! (*il se prend la tête entre les mains*)
Paul *rentre, en souriant* : - Bon, Stéphane... Je te confie un secret... Mais c'est un secret... Comme Christophe ne répondait pas, je suis entré dans sa chambre, et il n'y avait personne... Alors je suis entré dans celle de Martine, et là...
Stéphane : - Ah ! Je croyais que les bruits que j'avais entendu cette nuit, c'était toi et Christophe... Donc mon cerveau en déduit que c'était Christophe et Martine.
Paul : - Oh Stéphane !... On voit que tu ne connais pas les liens qui m'unissent à Francis.
Francis : - Ah, je croyais que tu ne m'avais pas encore aperçu.
Stéphane : - J'ai le droit de prendre une douche ?
Paul : - Oh Stéphane, fais comme chez toi...

Stéphane prend son sac et se dirige vers la salle de bains.

Paul : - Mais fais vite quand même...

Stéphane s'arrête.

Stéphane : - Oh ! Pis non ! Inutile. Même un peu d'eau ne pourra sauver les apparences. Alors assumons (*il pose son sac, en sort la chemise chiffonnée de la veille ; Paul et Francis l'observent en souriant*). Même me changer, ce serait stupide ! La gueule fripée, les fringues fripées (*il passe sa chemise puis son pull*).

Martine et Christophe entrent, habillés comme la veille, le visage aussi marqué par le manque de sommeil et l'alcool.

Christophe : - Salut les hommes…

Martine fait un signe bonjour de la main droite et montre ses cordes vocales. Silence. Sonnerie…

Paul : - Là je vois pas qui ça peut bien être…

Il va ouvrir. Entre Pierre.

Paul : - Pierre !
Pierre : - Qu'est-ce qui se passe ?… La folle voulait déjà retirer vos tables… Et ton téléphone ne répond pas !
Paul : - Attends !… On a quand même le droit d'être un peu en retard… Je vais l'appeler, tu vas voir, je suis quand même l'écrivain du pays… Où j'ai mis mon portable ?…
Francis : - Tiens, v'la le mien (*il lui tend son portable*).
Paul, *à Francis* : - Tu veux bien nous faire du café… Je vais l'appeler en m'habillant… Son numéro est dans mon agenda…

Paul sort par la porte des chambres, Francis par celle de la cuisine. Martine s'assied. Pierre la regarde en souriant.

Pierre : - Je vois que ça a été la fête !
Stéphane : - Radio-réveil plus téléphone, Paul aussi a dû faire des expériences cette nuit !
Pierre : - Qu'est-ce que tu racontes ?
Stéphane : - Tu aurais dû dormir ici, je t'aurais laissé bien volontiers le canapé, j'aurais amené mon matelas de couchage, un duvet et j'aurais fait du camping.
Pierre : - Tu sais bien que je ne suis qu'à vingt bornes. Et j'ai mon chien, mon chat, ça s'ennuie ces petites bêtes.
Stéphane : - Mais au moins si tu avais été là, ça m'aurait évité de voir débouler Paul en rut dix minutes après le dernier verre de notre beuverie.
Pierre : - Tu lui as lancé un sceau d'eau pour le calmer… Ou de Coca plutôt ! (*il regarde la boîte par terre et la flaque*)
Stéphane : - Je l'ai envoyé voir Christophe !

Pierre regarde Christophe.

Christophe : - Je confirme, il n'a pas osé venir… Il aurait vu que mon poing c'est du 46… Mais je vois que ça n'hésite pas à balancer sur les copains… (*Christophe hésite à en dire plus*)
Stéphane : - C'est bien ce que je disais : il s'est contenté de son radio-réveil et son téléphone.
Martine *sourit* : - Sa femme vient au salon cette après-midi…
Stéphane *sourit* : - Nous attendons tous les présentations !
Christophe, *regarde Pierre* : - Bon, Pierre, de toute manière, ça m'étonnerait que quelqu'un ne s'empresse pas, dès que j'aurai le dos tourné… Puisque Paul s'est précipité pour raconter à Stéphane…
Stéphane, *à Martine* : - Qu'est-ce qu'il raconte, notre cher et ténébreux collègue ?
Martine : - On entend tout de ma chambre… D'ailleurs cette nuit je n'ai pas raté un mot de ton duel avec Paul… Tu as été super résistant ! Et correct en plus ! Je me demandais comment ça allait finir.
Christophe : - Bon, c'est pas trop vous demander qu'il y ait un secret entre nous.
Pierre : - Ha ! J'ai compris ! Alors Martine, toi qui réponds toujours « néant. »

Martine et Stéphane se sourient.

Christophe : - Bon, le premier qui prétend que le néant et moi c'est la même chose, je lui fous mon poing sur la gueule.

Pierre, *à Martine* : - Il est gonflé ton copain ! Il se vante de sa conquête alors que personne ne m'en aurait parlé, et après si on en fait une pièce de théâtre, il va nous casser la gueule.
Stéphane : - Tu vas te mettre au théâtre aussi ?
Pierre : - C'était juste pour rire, je ne voudrais pas me fâcher avec vous !
Stéphane : - Aucun événement exceptionnel à signaler à Figeac depuis la disparition de Champollion, mais un samedi soir, un exploit qu'il convient de rapprocher de la célèbre prise de la Bastille, c'est une forteresse imprenable…
Martine : - De toute façon je ne me souviens plus de rien.
Christophe : - C'est charmant !
Martine : - Fallait pas terminer par un concours de verres de Cognac.
Pierre : - Whaou, vous y êtes allés encore plus fort qu'à Firmi !
Martine : - C'est vrai, quelle surprise quand je t'ai vu à côté de moi et Paul qui souriait ! Si j'étais peintre ce serait le moment que j'immortaliserais.
Christophe : - C'est la faute à Stéphane et Paul, je voulais entendre leur conversation intime et on entendait mieux de la chambre de Martine.
Martine : - Alors ce n'était pas une excuse !
Christophe : - Bon, je crois que je peux arrêter les salons du livre dans la région, je vais devenir votre tête de turc.
Stéphane : - Faudra que je fasse ton acrostiche.

Paul, habillé différemment de la veille, très parfumé, entre.

Stéphane : - Quand on parle d'acrostiche, on voit sa… mèche.
Paul : - Vous en profitiez encore pour vous foutre de moi ? C'est un monde, on ne peut pas avoir le dos tourné cinq minutes…
Martine : - Crois-moi, on n'a pas eu le temps… Christophe a accaparé l'attention générale.
Paul : - Alors, bon souvenir, ce salon ?…
Christophe : - Bon, tout le monde m'a promis d'être discret, il ne manque plus que ta promesse… Ma baronne vient cette après-midi au salon.
Pierre, *en souriant :* - On n'a rien promis.
Paul : - Tu sais bien que je ne suis pas du genre à mettre un ami dans l'embarras. Tout le monde a ses petites faiblesses (*coup d'œil discret à Stéphane qui sourit*).
Martine : - Alors la cheftaine ?
Paul : - Il paraît que tu nous as dit n'importe quoi, Pierre.
Pierre : - Et qui tu crois ?
Paul : - Je t'offre le petit-déjeuner.
Pierre : - Je me suis levé comme chaque jour à six heures, donc tu devines où il est déjà mon petit-déjeuner… Mais bon, je ne suis pas pressé, ça m'étonnerait que je vende mon premier livre ce matin. À moins que Christophe, en signe de reconnaissance, se décide à m'en acheter un.
Stéphane : - Pour l'offrir à Martine !

Pierre, Martine et Stéphane sourient. Martine se lève, va vers la table et pousse tout vers un bord, Christophe vient l'aider.

Pierre : - C'est vrai qu'ils pourraient faire un beau couple.
Stéphane : - Un couple d'écrivains régionaux, ils publieraient des livres à quatre mains, ajouteraient leur notoriété.

Francis entre avec le café et des tasses.
Paul va à la cuisine et revient avec un plateau, deux baguettes, des biscottes, deux pots de confiture, du beurre.

Paul : - Je suppose que personne ne va prendre un bol de lait.

Martine : - Y'a des mots, faut pas les prononcer certains matins.

Tous s'assoient.
Francis sert le café. Paul coupe du pain. Silence.

Pierre : - Je suis certain que c'était plus animé hier soir… Je n'ai pas dit cette nuit.
Stéphane : - Avec musique d'ambiance en direct du plafond !
Pierre : - Au fait, tu écris encore des chansons ?
Stéphane : - Forte baisse de ma production. Seulement trente-sept textes l'année dernière et cinq depuis le premier janvier.
Paul : - Et tu réussis à en placer ? Parce que moi, à part la meuf de Limoges qui m'a fait vachement plaisir en m'écrivant souhaiter absolument chanter mon texte « *un homme presque comme toi* », je n'arrive pas à avoir les bons contacts. Tu n'aurais pas un bon plan ?
Stéphane : - Les chanteurs préfèrent conserver l'intégralité des droits en chantant leurs petites merdes, on est tous face au même dilemme… Sur trente-sept textes l'année dernière, une dizaine sont mis en musique mais un seul est en exploitation, celui retenu par le concours du cabaret studio à Nantes.
Paul : - J'ai été dégoûté. C'est quoi leurs critères ? Je comprends pas pourquoi mes textes n'ont pas été retenus, au moins un… Ils sont pourtant très beaux, très poétiques. L'un reprenait même la belle définition que donne Cocteau de la poésie : mettre la nuit en lumière… (*il attend un commentaire… silence*) j'avais même retravaillé un texte de ma jeunesse, un texte très humoristique (*il sourit*) : l'idée, comme Platon parle du monde des Idées, l'idée est totalement originale, elle devrait te plaire Stéphane : qui vend des œufs pourra s'acheter un bœuf (*silence ; aucune réaction*) Comment tu as fait, toi ?
Stéphane : - Comme toi, j'ai envoyé trois textes et j'ai attendu.
Paul : - Tu crois que le fait que tu aies des sites sur internet, ça t'a aidé.
Stéphane : - Je suppose qu'on t'a déjà demandé si le fait de vivre à Figeac, ça t'a aidé pour obtenir une bourse du Centre Régional des Lettres.
Paul : - Oh ! Je t'ai déjà juré que je ne connaissais personne… Je ne me suis jamais compromis ! Ne me confonds surtout pas avec Nestor ! (*Stéphane sourit*)
Martine : - Pourquoi t'es pas chanteur ?
Stéphane : - J'arrive déjà pas à faire la promo de mes livres trois fois par an, à rester assis une heure de suite lors d'un salon, alors tu me vois répéter x fois dix ou quinze petits textes… Il y a tant de livres à lire, tant d'émotions à écrire… C'est vraiment pas conciliable, écrivain et chanteur.
Pierre : - Pourtant la plupart des chanteurs écrivent leurs textes.
Stéphane : - Mais ils ne sont pas écrivains ! Plutôt qu'écrire leurs textes, vaudrait mieux résumer par « pisser des lignes. » Ce sont des paroliers. Ils ont trouvé leur style, le bon procédé, et ils referont la même chose jusqu'au dernier album. Finalement, ce qu'ils cherchent c'est à se montrer, à plaire, écrire douze petits textes chaque année ou tous les cinq ans, c'est alors une petite formalité. C'est pitoyable, tu ne trouves pas ?
Pierre : - C'est une manière de voir… Je croyais que tu aimais bien la chanson.
Stéphane : - La chanson m'intéresse pour son potentiel créatif. Mais l'état de la chanson française, c'est électrocardiogramme plat. Certains ont même un nègre pour ça !
Martine : - Nègre de chanteur, tu pourrais refaire le toit de ta maison avec ce petit job !
Stéphane, *sourit* : - Je crois avoir assez parlé pour la matinée. Ternoise is game over… Ça ne sert à rien ce genre de salon. Je crois que je vais annoncer mon boycott des salons du livre.
Martine : - Dépêche-toi avant que plus personne ne t'invite !
Stéphane : - Je ne peux quand même pas faire semblant de croire qu'ils veulent promouvoir le livre. Notre rupture définitive est inévitable.

Martine : - Mais ça doit être tes commentaires qui énervent quelques personnes... Surtout une habillée en blanc hier... Je dis ça au cas où tu ne t'en serais pas aperçu.
Stéphane : - Hé bien oui, je n'ai pas applaudi le discours du vénérable Président du Centre Régional des Lettres. J'ai même commenté un peu fort. Et pourquoi je me gênerais de rappeler avoir payé ma place ?
Martine : - On en est tous là.
Stéphane : - Et pourquoi je n'ajouterais pas refuser d'engraisser un libraire avec une inacceptable remise ? Les gens qui vont au salon du livre pensent que leur argent revient aux écrivains. Il faut les informer, comment on se fait racketter. Si nous c'est droit d'inscription plus déplacement et hébergement à notre charge, merci Paul.
Paul : - Ton remerciement me va droit au cœur.
Stéphane : - Les écrivains édités chez un grand éditeur sont certes en tous frais payés mais ils verront quoi sur l'argent des livres vendus ?
Martine : - Tu pêches des convaincus. Oh le lapsus ! J'en suis fière ! Tu prêches des convaincus.
Christophe : - D'ailleurs tu as vu, je préfère payer ma place, acheter aux éditeurs pour avoir un peu d'argent en les revendant.
Stéphane : - Mais pourquoi je suis le seul à le gueuler bien fort, à chercher une autre solution ?
Martine : - Hé bien y'en a qui tiennent à leur strapontin. Je fais quoi, moi, de mes livres, si je ne vais plus dans les salons ?
Stéphane : - On en revient à internet !
Pierre : - Il finirait par nous convaincre !... Moi je crois que je vais arrêter les salons du livre aussi, mais sans annoncer que je les boycotte. Je vais continuer d'écrire mais pour moi. Finalement, l'époque ne mérite sûrement pas que l'on se casse le cul pour lui montrer nos textes.
Martine : - Donc, finalement, c'est sûrement toi le sage.
Paul *répète* : - Sage, sage, sage.
Martine : - Ça rime avec courage !
Paul : - Je suis plutôt découragé. Ça fait trois ans que je n'ai pas trouvé d'éditeur.
Stéphane : - Ils sont méfiants, ça se comprend !
Paul : - Détrompe-toi, l'homosexualité est très bien vue dans ce milieu.
Stéphane : - L'homosexualité peut-être... Mais le fait que tes six éditeurs soient depuis en faillite ! Le mouton noir ! Le Quercy est un pays d'élevage où le mouton est apprécié du Conseil Régional ! Un mouton noir à cinq pattes !
Pierre, *éclate de rire* : - Je crois avoir compris !
Paul : - Oh ! Là tu es de mauvaise foi. Tu sais que mes livres sont bons, je ne vais pas te rappeler la liste des prix, des mentions que j'ai obtenus (*Stéphane sourit*). Tu as tort de ne pas participer aux prix littéraires, une nouvelle ou un poème récompensé, ça fait des articles.
Stéphane : - Dans *la Dépêche du midi* !
Paul : - Pas seulement. Dans les revues spécialisées on parle souvent des lauréats.
Stéphane : - L'ennuyeux avec les prix littéraires, c'est certes de ne pas gagner mais quand tu gagnes il te faut rencontrer le jury... et tu dois voir la cohorte de frustrés, imbus de leur petit pouvoir, ils veulent être remerciés, un beau discours, sourires...
Paul : - Ne caricature pas, certains sont charmants, passionnés.
Stéphane : - Mais ils te font perdre ton temps.
Martine : - T'es vraiment un solitaire ! Un type à peine fréquentable.
Stéphane : - Je préfère me consacrer à la littérature qu'au cirque qui l'entoure.
Paul : - Alors, tu fais quoi à Figeac ?
Stéphane : - Tu m'as amicalement invité. Et j'avais pensé que mon week-end serait très instructif, me permettrait sûrement d'écrire un livre au titre provisoire « *grandeur et misère des écrivains au salon du livre de Figeac.* »

Paul, *regarde sa montre :* - Allez, tout le monde a fini, on y va. Il faut quand même que je vende quelques acrostiches !

Martine et Christophe sortent par la porte chambre.

Pierre : - Je ne sais pas si on les reverra ! Tu montes avec moi Stéphane ?... Tu sais qu'avec moi il n'y a pas de sous-entendu.

Paul : - Tu peux prendre cinq minutes pour te coiffer, si tu veux, Stéphane.

Stéphane : - Les apparences… Les apparences seront forcément contre moi. Si je vends un livre, ce sera vraiment pour le contenu ! Et comme tu le sais, un mauvais livre a besoin d'apparences, un bon livre exige seulement un peu de patience.

Paul : - Bon courage.

Stéphane prend son sac et sort avec Pierre.

Francis : - Il est bien cassé ton copain.

Paul : - C'est un cas un peu spécial. Il croit qu'il suffit de publier un livre pour se prétendre écrivain. Il n'a pas encore compris que l'écrivain doit s'inscrire dans une tradition. Si ça t'intéresse vraiment je t'expliquerai.

Francis : - Tu sais bien que je préfère le cinéma. Et si je débarrasse, ce soir tu m'offres le resto ?

Paul : - J'aime bien le début de ta phrase mais pas qu'elle se termine ainsi, par une demande très insistante.

Francis : - Tant pis, on se fera livrer une pizza… Mais tu pourrais quand même te faire pardonner d'avoir voulu te taper le cas spécial ! Je ne suis pas sourd !

Paul : - Si tu te mets à croire ses divagations ! Allez, on verra… Si je vends bien.

Martine et Christophe reviennent avec leurs sacs.

Paul : - On y va !

Les auteurs sortent.

Francis : - Finalement, ils n'ont rien d'extraordinaire ses écrivains. À part qu'ils écrivent des bouquins.

Rideau - Fin

Ex-Mannequins

Pièce éducative en un acte court

Deux femmes, deux hommes

Que vivre quand on fut un mannequin vedette ? On est qui, on est quoi à quarante ans ?
Ce que l'on a voulu ? L'aisance et la notoriété sont des buts ou des moyens ?

Une brune et une blonde, la quarantaine resplendissante, ex-mannequins, conversent. Rencontre fortuite ou rendez-vous ? Pièce meublée avec grand luxe et goût : le salon d'un hôtel très haut de gamme.
Ma première lectrice a osé demander si ces personnages étaient une projection de Carla B et Claudia S !
Dans le canapé voisin : deux hommes écoutent, se parlent un peu, et l'on se demande qui ils sont et comment ils sont arrivés là.

Acte 1

La blonde : - ... Tu sais qu'il mettait la principauté à mes pieds. Et son père était d'accord.

La brune : - Je t'avais encouragée à refuser. On connaissait son passé. Tu en aurais souffert, de ses besoins... sentimentaux. Mais quand même, aujourd'hui que je suis première dame, quelle rencontre au sommet ça aurait donné !

La blonde : - Je t'avoue avoir été surprise de ton accord. Surtout en repensant à la manière dont tu méprisais ce milieu.

La brune : - À cette époque, première dame, jamais je ne l'aurais imaginé. Même compagne de ministre. Seuls m'intéressaient les acteurs et les rochers... oh le lapsus !... les rockers !

La blonde : - Alors, pourquoi ? Comment s'est déroulée ta métamorphose mentale ?

La brune : - C'est une évolution finalement logique : les rockers et les acteurs sont de perpétuels inquiets. Ils te rendent la vie impossible. Ils pensent tous détenir l'originalité la plus exceptionnelle. Ils ne sont qu'adolescents attardés, assez ridicules même. On s'en lasse ! Toi aussi tu t'en es lassée !

La blonde : - Très rapidement même !

La brune : - Alors que les politiques ont une force, ils savent entraîner. Même à moins de 20% d'opinion favorable dans les sondages, ils restent persuadés d'être l'homme qu'il faut à ce pays. Ils m'épatent !

La blonde : - Et c'est ce qui te plaît ?

La brune : - À notre âge, nous avons fait le tour des hommes. On ne nous bluffe plus avec quelques belles phrases et des diamants de dix carats. On regarde de haut ces dragueurs d'aéroports et réceptions, on les laisse aux petites donzelles déstabilisées par trois galanteries et de vagues promesses.

La blonde : - Le syndrome Ariane de *Belle du Seigneur* !

La brune : - J'ignorais que cela porta ce nom ! Je le replacerai ! Les rêveurs en public, on sait comment ils se comportent en privé, passés les premiers jours d'euphorie de leur nouvelle conquête. J'avais besoin d'un homme sur lequel m'appuyer, m'appuyer vraiment.

La blonde : - Tu semblais heureuse, pourtant, avec ton philosophe.

Homme 1 : - Tu crois vraiment que ce sont elles ?

Homme 2 : - Forcément ! On nous a bien dit qu'ici on croiserait uniquement le haut du panier.

Homme 1 : - J'ai des difficultés à en croire mes yeux ! Y'a six mois j'étais prof vacataire dans un collège.

Homme 2 : - Et moi, y'a trois mois, leur pôle emploi me proposait un boulot de livreur à cinquante kilomètres de chez moi ! Et la petite pépette me menaçait de radiation si je refusais.

Homme 1 : - Encore une, avec son salaire de fonctionnaire, elle ne mettra jamais les pieds ici.

La brune, *elle réfléchit tandis qu'ils parlent* : - Oui... heureuse... Je l'ai été... Mais il me manquait quelque chose... le public, je crois. Avant lui je m'étais enfermée 24 heures, volets fermés et portables éteints, et j'avais pris ma décision : ce serait un philosophe ou un politique. Mais j'avais encore besoin d'un vrai public. Donc ensuite ce fut une décision évidente. Sa proposition est vraiment tombée à pic.

La blonde : - Tu en as quand même été surprise et flattée ?

La brune : - Naturellement, sa proposition n'est pas venue par hasard ! Les hommes sont de grands enfants : ils pensent toujours qu'on leur dit oui alors que c'est nous qui les avons choisis.

La blonde : - Donc la version officielle est légèrement différente de la réalité ?

La brune : - Comme toujours !

La blonde : - Raconte !

La brune : - Il m'a invitée au restaurant quand un ami discret et efficace le lui a suggéré. Je ne t'en dirai pas plus... il te suffit de regarder les récentes nominations pour deviner le nom de ce cher ami.

La blonde : - Je t'avoue avoir imaginé un scénario de ce genre quand la nouvelle m'est parvenue par canal ex-mannequins !

La brune : - Ça reste entre nous, naturellement. Le peuple a besoin d'une version officielle où le souverain est souverain même en amour !
Homme 2 : - On m'a dit que je rencontrerai naturellement l'amour.
Homme 1 : - On me l'a dit aussi.
Homme 2 : - Et même avec une femme de notre milieu, de notre nouveau milieu.
Homme 1 : - De toute manière, les femmes qui ne voulaient pas de nous avant, ce serait juste pour notre argent. Tandis que là, ce sera de l'amour entre personnalités sans soucis financiers.
Homme 2 : - C'est génial de savoir qu'on peut dépenser chaque jour ce qu'on gagnait peut-être même pas en un an.
La blonde : - Et maintenant ?
La brune : - Je souhaite vieillir aux côtés de mon mari.
La blonde : - Vraiment !
La brune : - Parfaitement ! Et toi ?
La blonde : - Je souhaite vieillir aux côtés de mon mari.
La brune : - C'est vrai !?
La blonde : - Bin oui, je suis bien comme jamais.
La brune : - Ça me fait plaisir de le savoir, je te pensais déprimée, on ne te voit plus dans les médias.
La blonde : - Pourquoi me montrerais-je ?
La brune : - Ça ne te manque pas, la montée d'adrénaline, la une des news, sentir les vibrations, les désirs ?
La blonde : - C'est peut-être là, notre grande différence…
La brune : - Là, où ?
La blonde : - Tu es née riche et moi pauvre, même si je ne manquais de rien.
La brune : - Et alors ?
La blonde : - Je suis devenue mannequin quand on me l'a proposé. Puis j'ai vu que ça me permettait de m'en sortir, d'avoir une autre vie, plus intéressante que la banale à laquelle je semblais condamnée en naissant loin de tout.
Homme 1 : - Moi aussi, je me croyais condamné. Je me croyais fini.
Homme 2 : - Je tournais en rond.
La brune : - Alors que moi, je dois rester la fille de riches à laquelle on a tout donné ?
La blonde : - Toi, ce fut un choix. Et tu avais une famille pour t'encadrer, alors que j'ai dû me blinder.
La brune : - Tu réécris la lutte des classes ?
La blonde : - Les philosophes, plutôt que de les prendre à mon bras, je les ai préférés dans ma tête.
La brune : - Tu veux être désagréable ? Moi aussi j'ai lu.
La blonde : - Je sais. Mais pour moi ce fut vital. Toute ma carrière, j'étais sur la corde raide. Si j'étais tombée, il n'y aurait eu personne pour me soutenir et me laisser un peu de repos sur un lit douillet.
La brune : - Tu crois que tout fut facile pour moi ?
La blonde : - C'est difficile pour tout le monde. Mais tu vois bien qu'à 40 ans, nous n'avons plus du tout les mêmes envies.
La brune : - Mais si : finir notre vie avec l'homme qui nous plaît.
La blonde : - Mais tu avais besoin d'un homme qui te maintienne dans la lumière alors que je cherchais l'ombre, pour aller au cœur des choses.
La brune : - Je ne suis pas d'accord avec toi. J'aime être première dame du pays mais un mandat me suffirait amplement. Nous avons d'autres choses à faire ensuite.
La blonde : - Mais oui : une fondation mondiale, des conférences, un tour du monde avec naturellement des escales humanitaires… et un jour il sera candidat à la présidence de l'Europe, monsieur ton mari.

La brune : - Ne va pas lui souffler cela ! Il pourrait y penser plus souvent qu'en se rasant !

La blonde : - Tu sais, ce n'est pas une critique, c'est juste un constat : nous ne recherchons plus les mêmes choses et je vois que tu as trouvé ce que tu cherchais, c'est bien, et tu es resplendissante.

La brune : - Merci… toi aussi… pourtant je crois que nous cherchons à peu près la même chose, comme à vingt-cinq ans : à ne pas nous ennuyer, à bouger pour oublier que l'on va mourir, même nous.

La blonde : - Je l'ai cherché. Mais je suis ailleurs. J'ai compris… qu'on nous donne la vie à une condition : il faudra la quitter.

La brune : - Et ça ne te scandalise plus ?

La blonde : - Avoir peur de mourir, c'est refuser la vie telle qu'elle est.

La brune : - Tu es devenue croyante ?

La blonde : - Je ne me pose pas la question ! Qu'un Dieu existe ou non, ça ne me concerne pas ! Même en suivant tous les raisonnements, j'en suis arrivée à comprendre que soit la mort sera la fin totale, donc il me faut vivre la vie au présent, ou soit quelque chose survivra, et alors il faut vivre la vie au présent car même les religieux ne prétendent pas que le corps survive. Dans cet hypothétique autrement, il sera toujours temps d'y penser, si ça arrive !

La brune : - Mais vivre pour préparer son au-delà ?

La blonde : - Je ne me pose pas de questions auxquelles je ne peux pas répondre.

La brune : - Tu sais, la mort de mes proches reste ma plus grande blessure.

La blonde : - J'ai aussi ces blessures. Mais elles ne saignent plus. J'ai accepté notre condition humaine.

La brune : - Tu étudies alors.

La blonde : - Oui, la philosophie antique m'a beaucoup éclairée, même au sujet des religions. J'ai observé comment elles sont nées.

La brune : - Tu as beaucoup changé.

La blonde : - Merci.

La brune : - Tu ne crois pas que beaucoup changer, c'est se renier.

La blonde : - Il ne faut pas s'excuser de s'être trompé. Nous naissons dans l'ignorance et devons apprendre. Cela ne se fait pas sans erreur.

La brune : - Pourquoi n'animes-tu pas des shows philosophiques, tu ferais un buzz énorme !

La blonde : - La philosophie, ce n'est pas montrer que l'on philosophe, c'est philosopher vraiment, donc vivre en phase avec ses pensées.

La brune : - Tu m'excuseras, j'ai une obligation. Il faudra qu'on approfondisse le sujet. J'ai vraiment été très heureuse de te revoir.

La blonde : - Moi aussi, et embrasse ton mari.

La brune : - Toi aussi.

Elles se lèvent, s'embrassent et sortent par les portes opposées.

Homme 2 : - Tu as vu, elle (*la brune*) nous a regardés ! Je n'aurais jamais cru qu'elle nous aurait regardés !

Homme 1 : - Elle sait bien que si l'on est là, c'est qu'il y a une raison.

Homme 2 : - Ils t'ont expliqué aussi : les gens ne nous demanderont jamais d'où vient notre argent, ils savent que si on est là, c'est que l'on a les moyens.

Homme 1 : - Donc, nous sommes du même monde qu'eux !

Homme 2 : - Eh oui, avant on croyait qu'il faut faire des pieds et des mains pour parler à des gens comme ça, alors qu'il suffit d'être riche, plus que riche.

Homme 1 : - Dans mon milieu d'enseignants de gauche, les moralisateurs jugeaient malsain que chaque semaine je coche mes cases. Pour ces intellectuels, la fracture du monde se situaient dans le savoir alors que la vraie fracture, c'est celle du fric.

Homme 2 : - Au moins, chez nous, on savait qu'il n'y avait que ça, trouver les bons numéros, pour sortir de la galère.

Rideau - Fin

Avant les élections présidentielles

Comédie politique contemporaine en trois actes

Trois hommes, deux femmes
(réductible en 2 H, 2F)

Le maire d'une très grande ville ne veut pas abandonner son rêve de gagner la course à l'Elysée.

Par « mesure de commodité », sont attribués aux personnages des prénoms couramment usités dans les hautes sphères, en France, à la fin du deuxième millénaire (toute ressemblance avec des personnalités… imaginez la suite !). Osons même une date naturellement purement indicative : 1994.

Jacques : la soixantaine, maire d'une très grande ville, peut-être même la capitale du pays ; il souhaite obstinément devenir président de la République.
Bernadette : la soixantaine, très vieille France, son épouse.
Claude : leur fille, vingt-cinq ans.
Bernard : majordome… appelé Georges par Bernadette.
Jean-François : successeur de Bernard au poste de majordome… appelé Georges par Bernadette.

Une autre année...

Acte 1

Le salon bourgeois, vaste, kitsch, dans les appartements privés de monsieur le maire.
Jacques, en peignoir, de dos, arrose une herbe bien verte dans un aquarium, avec une bouteille de champagne. Entre Bernadette, allure se voulant très distinguée, tenue mondaine.

Scène 1

Bernadette : - Jacques, mon ami, voyons.
Jacques, *bien éméché, se retournant* : - Ah ! Vous, très chère épouse, (*en souriant* :) déjà ! Quelle agréable surprise.
Bernadette : - Jacques, du Dom Pérignon !
Jacques : - C'est pour la pelouse.
Bernadette : - Jacques, voyons, pas avec du Dom Pérignon.
Jacques : - Puisque vous n'en prenez pas, pourquoi ne pas en faire profiter cette magnifique pelouse.
Bernadette : - Vous m'expliquerez, un jour, pourquoi vous accordez une telle attention à ces quelques brindilles.
Jacques : - Mais je vous l'ai déjà confié, très chère et bonne épouse, ce gazon, ce sont mes sondages à moi. Il est vert, donc tout va bien, les sondages vont suivre ! Les français reverdissent quand on les arrose.
Bernadette : - Jacques, arrêtez de vous torturer, c'est fini. C'est fini, Jacques, nos rêves.

Jacques se retourne vers l'herbe et verse le reste de la bouteille de champagne.

Bernadette : - Mais ne gâchez pas ainsi le Dom Pérignon !
Jacques : - C'est la troisième bouteille, et à dix heures, réunion.
Bernadette : - Jacques, la cassette de la mairie n'est pas extensible à l'infini. Il serait préférable d'éviter d'ouvrir chaque matin une troisième bouteille de Dom Pérignon. Même une deuxième.
Jacques : - Et mes plantations ? Je vous rappelle avoir déjà arrêté la cigarette !
Bernadette, *didactique* : - Le temps des économies est venu Jacques, vous le savez bien. Remplacer trois paquets de cigarettes par trois bouteilles de Dom Pérignon, Jacques, vous exagérez.

Jacques se retourne et mouline des bras (avec sa bouteille de Dom Pérignon dans la main droite).

Bernadette : - Envoyez plutôt une caisse chaque semaine dans notre grotte ! Il est temps de prévoir toutes les hypothèses.
Jacques : - Vous me voyez vivre comme un fuyard !
Bernadette : - La France est tellement surprenante… Et souvenez-vous, Jacques, le matin où vous m'aviez murmuré en souriant (*elle sourit à cette évocation*).

Jacques de nouveau mouline des bras.

Bernadette : - Vous m'aviez murmuré en souriant, comme vous murmuriez alors parfois : si nous passons une bouteille de Dom Pérignon en note de frais chaque matin, je serai le plus heureux des hommes.
Jacques, *se retourne* : - Chère épouse, j'étais jeune, vous étiez jeune, nous étions jeunes, je ne me rendais pas compte combien les administrés, nos chers concitoyens, contemporains, contribuables et même concessionnaires, combien ils peuvent être couillons, combien le budget municipal permet amplement plus… D'ailleurs il va falloir se servir un bon coup… Tout peut arriver dans ce pays !… Nous sommes d'accord sur ce sujet. C'est pas un carton que je vais envoyer mais un fourgon !… Après les socialistes, pourquoi pas la réincarnation d'un Bourbon ! Après tout, cette ville me doit tout ! Et je vais me faire construire un abri anti atomique !

Bernadette : - Pas en Corrèze quand même ! De tels travaux manqueraient de discrétion.

Jacques : - On leur dira que monsieur le maire pratique des fouilles archéologiques, recherche le patrimoine romain, une trace de Sénèque, et les rumeurs feront pschiiit…

Bernadette : - Ne confondez pas tout, Jacques ! Revoyez vos fiches, Sénèque n'est pas un nom romain.

Jacques : - Détrompez-vous madame. Sénèque fut le précepteur de Néron (*on sent qu'il récite*), ce même Néron lui ordonna en l'an 65 de se suicider et, stoïque, Sénèque se poignarda. En ce temps-là, on respectait les chefs !

Bernadette, *sans transition* : - Georges nous vole, j'en suis certaine.

Jacques : - Chère épouse, arrêtez de l'appeler Georges, il va finir par nous quitter, lui aussi !

Bernadette : - N'allez pas dire que vous vous souciez du visage de ces gens.

Jacques : - Mais Georges, qui accepterait qu'on l'appelle Georges !

Bernadette : - Vous le savez bien, cher Jacques, chez père ils s'appelaient tous Georges, les… boys.

Jacques sourit à ce « boys. »

Jacques : - Je n'ai jamais eu à me plaindre de lui ! L'homme le plus discret que je connaisse.

Bernadette : - Georges nous vole. Je prends 4000 francs chaque matin, j'en mets deux au coffre et il ne nous ramène que de la menue monnaie. 2000 francs de dépenses, à qui le ferait-on croire !

Jacques durant cette explication gonfle les joues d'un air « elle me barbe. »

Jacques : - Vous n'allez quand même pas me reprocher ce plaisir, le Dom Pérignon et les pommes sont des bienfaits de la nature comme jacasse votre ami l'écolo. Je ne vais quand même pas prendre de la bière au petit-déjeuner ! Du lait au chocolat tant que vous y êtes ! Ou du thé comme ce traître de… De qui vous savez !

Bernadette : - Vous savez bien que le Dom Pérignon n'entre pas dans ses attributions, qu'il passe au budget réceptions de la mairie… Vous voyez Georges sortir chaque matin de chez Fochon avec trois bouteilles de Dom Pérignon… Quelle discrétion !

Jacques : - Vos rimes sont vraiment délicieuses, très chère épouse, vous devriez publier un recueil de poésie.

Bernadette rougit, prend au sérieux cette « boutade »

Bernadette : - Ah ! Jacques, ça fait si longtemps que vous ne m'aviez murmuré un tel compliment… ça fait du bien… Mais Georges nous vole.

Jacques : - Oh madame ! Ne recommencez pas ! Il faut bien accepter quelques pertes ! On ne va quand même pas lui demander de ramener des tickets de caisse alors qu'Antoine fait preuve d'une inspiration débordante pour nous sortir chaque semaine des fausses factures ! Tout le monde nous vole. Tout le monde vole dans ce pays. Vol et magouilles sont les trois mamelles de ce pays ! C'est le drame des valises. Y'a toujours quelqu'un pour les ouvrir au passage et prendre sa petite commission. Tu crois peut-être que Charles est un ange ? Alors pour quelques pièces, vous n'allez pas me les…

Bernadette, *couvre sa voix* : - Jacques, utilisez des images convenables !…

Jacques : - Vous n'allez quand même pas vous mettre à compter les pièces jaunes.

Bernadette, *excédée par cette remarque, lâche* : - Ce n'est pas la boîte qu'il vous remet chaque matin qui fait le compte.

Jacques, secoué, assommé, se retourne vers sa pelouse et verse… Mais sa bouteille est vide. Il la pose finalement par terre.

Bernadette : - Je suis une vieille femme qui souffre, Jacques ! Vous me croyez la plus résistante, inoxydable… Mais votre conduite… Je me sens trahie… Il devient nécessaire d'aborder ce sujet.

Jacques, *en se retournant, très cassant* : - Mais vous espionnez monsieur le maire, madame, et vos conclusions, je suis au regret de vous le déclarer, sont fausses. Sachez, chère épouse, que monsieur le maire a des obligations professionnelles !

Bernadette : - Un jour il vous faudra choisir entre elle et moi.

Jacques, *en souriant* : - À notre âge, chère épouse, vous n'allez quand même prêter oreille à des... rumeurs.

Bernadette : - Pas ce mot dans votre bouche, Jacques. Vous savez combien un tel mot, avec tout ce qu'il implique, peut me faire souffrir quand il sort de votre bouche. Que Georges nous vole, certes, je suis habituée, tous les Georges sont des voleurs.

Jacques : - Chère épouse, comme en politique, méfiez-vous des généralisations. Tous les italiens sont. Tous les espagnols sont. Tous les corses sont. La France est une et indivisible. Et notre majordome ne s'appelle pas Georges.

Bernadette : - Majordome, majordome... Ni major ni homme (*très satisfaite*). Et qu'en plus, il vous remette chaque matin votre boîte de 24 derrière mon dos, ce n'est pas convenable... Mais Jacques, qu'en faites-vous, 24, vous n'êtes quand même pas spiderman.

Jacques : - Mais c'est une fixation madame, mais vous devenez psycho-frigide... Psycho-rigide ! Vous connaissez mes obligations et ma générosité. Peut-être qu'un matin vous avez vu Bernard me remettre une boîte de préservatifs, appelez les choses par leur nom.

Bernadette a une grimace de dégoût.

Jacques, *très maire en discours* : - Mais sachez, madame la première dame de cette honorable et millénaire cité, qu'offrir des condoms à un client, c'est aujourd'hui un cadeau très apprécié.

Bernadette, *durant sa respiration* : - N'exagérez pas, monsieur le maire.

Jacques, *comme s'il n'y avait pas eu d'interruption* : - Le responsable invité comprend que monsieur le maire est favorable à une collaboration, qu'il peut tutoyer les secrétaires, qu'il lui suffit de prendre rendez-vous avec Antoine pour les modalités pratiques, surfacturations, commissions, diamants, (*souriant :*) non, jamais de diamants ! Tout le monde sait que ce ne serait pas... Comment dites-vous ?... Oui convenable ! Votre harcèlement moral me fait fourcher la langue, madame ! Même ici, un jour il me faudra un prompteur !

Bernadette : - Soyez raisonnable, Jacques. Vous n'allez quand même pas me faire croire que ces choses ne sont pas pour votre consommation personnelle.

Jacques : - Pour votre information... Ces choses... Ne se mangent pas !

Jacques s'avance, il titube.

Bernadette : - Jacques, mais vous êtes saoul, mon ami.

Jacques, *sourit* : - Une douche, et hop !

Bernadette : - Et hop, prenez garde. N'oubliez pas vos... Vos... Machins. J'ai hier soir pris à part notre ami l'éminent scientifique et il m'a affirmé, juré, que l'âge ne protège pas de la terrible maladie.

Jacques : - Qu'imaginez-vous, chère épouse, et hop, c'est le contrat sera signé ce matin ; et ce soir vous verrez la valise, et on fête ça (*un pas de danse*).

Bernadette : - On... Vous voulez dire, vous et... Et ces secrétaires.

Jacques : - Chère épouse, pas d'insulte, secrétaires, oh !, je ne suis pas un vulgaire patron d'industrie en goguette.

Bernadette, *de haut* : - Vous savez bien que secrétaire est une rime de roturière.

Jacques, *qui regarde sa montre* : - Bon, bon, je vous souhaite une agréable journée, chère épouse. Et saluez bien ces dames de vos œuvres. Embrassez tendrement la gamine... Il va falloir qu'elle se lève à une heure... Oui convenable... Si elle veut me suivre sur les routes sinueuses...

Il sort en envoyant un baiser très théâtral.

Scène 2

Bernadette s'affaisse dans le canapé.

Bernadette, *murmure* : - Il me trompe, il m'a toujours trompé, il me trompera toujours, et en plus, il ne sera jamais président de la République. Je ne serai jamais madame la première dame de France (*elle se prend la tête dans les mains puis se redresse*). Quel échec ! Je n'aurais quand même pas pu épouser un socialiste. Quelle horreur, moi, maquillée en socialiste ! Non, je n'aurais jamais tenu... Edouard, Edouard, Edouard... Oui, bien sûr... Mais qui aurait pu croire. Edouard, croire. Y croire avec Edouard. Quel beau slogan je lui aurais écrit. Jacques... Jacques tête à claques. Prendre une claque avec Jacques. (*silence*) J'aurais dû m'en douter ! Que peut-on espérer quand on s'appelle Jacques ? Tous les Jacques sont des (*elle cherche une rime...*) C'est plus facile de rimer « si elle veut me suivre sur les routes »... Pauvre enfant !... Avec son père en déroute... (*elle sourit*) Mais c'est un alexandrin ! (*elle compte sur ses doigts... elle compte deux fois jusqu'à dix et s'exclame, ravie :*) Un double alexandrin ! Une alexandrine !

Elle prend un journal, l'ouvre, feuillette. Se prend la tête dans les mains.

Bernadette : - 62% d'opinions favorables ! Le scélérat ! L'usurpateur ! Le manipulateur ! Le menteur ! Le traître ! Le copieur ! Le voleur ! L'hypnotiseur !

Elle se cache le visage avec le journal.

Bernadette, *murmure* : - Il me trompe. Il me trompe. Mais bon, plutôt ça que le suicide ! Il ne s'en remettra jamais, mon Jacques. « Bonsoir, monsieur le maire », je le hais, cet Edouard. Edouard cafard. Et si on imprimait des autocollants "Edouard Cafard". Tous les enfants répéteraient Edouard cafard, Canal lui adjoint ce répugnant animal sur l'épaule... il chute dans les sondages... Mais non, ça ne servirait à rien, le pays ne croit plus en Jacques... Jacques ne croit plus en lui... Je ne crois plus en Jacques... Jacques ne m'a jamais écoutée... Tout le monde nous a lâchés, même ce scélérat de petit Nicolas... Même Charles... Non, je n'irai pas aux œuvres... Bernadette est fatiguée... (*Bernadette se redresse et crie*) Georges !

Entre Bernard

Bernard : - Madame m'a demandé.

Bernadette : - Dom Pérignon.

Bernard : - Bien madame.

Bernard va vers la pelouse et ramasse la bouteille.

Bernadette : - Non Georges, servez. Servez-moi une bouteille de Dom Pérignon.

Bernard : - Oh madame !... Excusez-moi, madame... C'est sorti tout seul.

Bernadette : - Je sais Georges, vous prenez à mon égard de grandes libertés, libéralités (*sic*) même.

Bernard : - Madame.

Bernadette : - Veuillez me servir avant que j'achève mes récriminations. Sur votre exclamation, je n'y reviendrai plus, la considérant comme une référence à ma légendaire sobriété.

Bernard : - C'est exactement cela, madame.

Bernadette : - Madame attend.

Bernard sort et revient presque immédiatement avec une bouteille et une coupe sur un plateau. En silence, il ouvre la bouteille, verse une coupe et sert.

Bernadette, *avant de boire* : - J'ai d'ailleurs évoqué ce matin avec monsieur le maire la boîte que chaque matin vous lui remettez.

Bernard gêné. Bernadette boit une gorgée (ne peut retenir une grimace).

Bernadette : - Il faudrait couper cela avec un peu d'eau... Ou de la crème de cassis comme faisait mère (*elle se signe*).

Bernadette, *à Bernard* : - Vous ne niez pas, j'espère.

Bernard : - Je suis au service de monsieur le maire et de son épouse.

Bernadette : - Mais sachez, Georges, que monsieur le maire n'hésiterait pas si je lui demandais de choisir entre moi et vous.

Bernard : - Oh madame ! Je vous jure, monsieur le maire est pour moi comme le grand frère que j'aurais tant voulu avoir !

Bernadette : - Ne faites pas votre Antoine !

Bernard : - Je vous le jure madame, il ne s'est jamais rien passé entre monsieur le maire et moi, je suis 100% hétérosexuel et je n'ai aucun doute sur monsieur le maire de même.

Bernadette : - Quels termes de barbare osez-vous prononcer devant moi. Mais vous avez bu, Georges !

Bernard : - Oh non madame, jamais durant le service, madame (*comme malgré lui, Bernard jette un œil sur la pelouse*).

Bernadette, *sourit* : - Je crois, Georges… Malgré votre caractère, disons par *euphonisme* (*sic*) détestable, nous pouvons nous entendre.

Bernard : - Madame.

Bernadette : - Au moins sur un point.

Bernard : - Je suis au service de madame.

Bernadette : - Depuis que monsieur le maire s'obstine à utiliser le reste du Dom Pérignon comme engrais, il vous prive ainsi de ce noble breuvage.

Bernard : - Oh madame.

Bernadette : - Ne niez pas. Si vous commencez à me contredire, nous ne nous entendrons jamais.

Bernard acquiesce de la tête.

Bernadette : - Donc, vous avez une raison de maudire ce gazon… Et vous n'êtes pas sans ignorer le motif de ma profonde absence de sympathie pour ces brindilles.

Bernard fait mine de ne pas comprendre.
Bernadette boit une nouvelle gorgée. Elle toussote.

Bernadette : - Quinze jours qu'il a tourné autour de cette… cette secrétaire, avant ce voyage d'affaires au Moyen-Orient. Ah il est revenu guilleret ! Vous voyez, j'ai mes informateurs. Même à Djibouti ! (*plus haut :*) Je sais tout.

Bernard pousse un « oh » très caricatural et de manière très caricaturale se cache les yeux.

Bernadette : - Vous auriez pu faire acteur !

Bernard, *sourit* : - Trois ans de conservatoire. Mais je n'avais pas le physique. J'ai bien joué quelques petits rôles. Mais toujours on me disait, vous n'avez pas le physique. J'y ai pourtant cru, quand j'ai joué avec Louis De Funès. Malheureusement la scène a été coupée au montage. Aujourd'hui je serais Delon, Belmondo, ou même Depardieu.

Bernadette : - Bref. Je vous fais remarquer que vous n'êtes pas chez le coiffeur !

Bernard, *la fixe* : - Madame, je vous avoue ne pas comprendre.

Bernadette : - Vous être vraiment fermé à la poésie… Bref… Conservez pour votre coiffeur la nostalgie de vos tentatives artistiques.

Bernard : - C'est ma femme qui me coupe les cheveux. Avec les enfants qui grandissent, nous n'avons pas beaucoup d'argent, alors nous économisons ; sans être radins, nous…

Bernadette *le coupe* : - Je veux bien être patiente mais nous ne nous en sortirons jamais si vous continuez à vous répandre en incohérences. Bref, nous avons chacun notre raison de maudire ce gazon. Donc, croyez bien que je ne verrais aucun inconvénient à une subite maladie fatale de ce gazon.

Bernard, *comprend soudain* : - Du Roundup ?

Bernadette : - Je vous rappelle que suis une femme, j'ignore donc les termes techniques du jardinage. Mais vous m'avez compris.

Bernard : - Monsieur le maire va avoir du chagrin.

Bernadette : - Ne vous inquiétez pas, ce genre de chagrin ne dure jamais bien longtemps. Elle reviendra d'Espagne qu'il ne se souviendra même plus de son prénom. Vous voyez, je connais même son emploi du temps, à cette raison, cette Christine. Je sais même son nom, son âge, la fortune de son père, tout quoi ! Qu'elle ne se fasse aucune illusion : elle ne fera pas exposition… (*qui s'aperçoit, face au regard de Bernard, de son erreur*) Ni exception.

Bernard : - Mais si monsieur le maire a des soupçons.

Bernadette : - Ne vous inquiétez pas, je saurai le culpabiliser sur l'utilisation du Dom Pérignon.

Bernard : - Mais le Roundup coûte cher.

Bernadette : - Georges, n'exagérez pas, je ne surveille pas vos dépenses, il doit bien vous rester quelques billets. Puisque vous me rendez uniquement des pièces jaunes.

Bernard : - Oh madame.

Bernadette : - Convenons que le « Roundup » va clôturer, ou clore si vous préférez, ce chapitre de la monnaie. Appréciez, si vous le pouvez, ce clôturer pour un produit utilisé dans les jardins.

Bernard : - Mais demain est un jour de réception. Et pour acheter du Roundup, il me faut me rendre dans une jardinerie où personne ne me connaît. Et si vous me remettiez immédiatement la somme, je pourrais y passer dans la matinée… Et j'aurais moins d'état d'âme à faire ainsi de la peine à monsieur.

Bernadette : - Soit ! Pour que disparaisse ce gazon, je donnerais bien…

Elle sort de sa poche une liasse de billets.

Bernadette : - Il faut combien.

Bernard : - Euh… Tous frais compris…

Bernadette : - Comment ?… Tous frais compris ?!

Bernard : - Il faudra sûrement acheter un diluant car je suppose que vous souhaitez une action rapide, sinon le produit met des mois avant d'agir, et aussi des gants spéciaux, car ce produit est dangereux, des gants *ignignufugés* (*il cherche d'autres frais*)… Des lunettes de protection, un réservoir pour jeter le produit inutilisé, une pipette pour le transvaser, un désodorisant, car toute odeur pourrait inciter monsieur le maire à réclamer une… Une autopsie, une clé de 17 pour régler la pression, une meuleuse…

Bernadette : - Les détails m'importent peu. C'est comme en politique, on ne retient que le résultat. Combien donc ?

Bernard : - Au minimum six… Pour ne pas risquer que je revienne les mains vides, sept serait plus sûr. Quant au supplément, je le considérerai comme… Un signe d'estime.

Bernadette : - D'estime, n'exagérez pas.

Bernard : - Le mot m'a échappé. Que madame m'excuse.

Bernadette lui donne six billets. Bernard attendant toujours, elle lui en donne finalement un septième. Il sort. Elle s'aère avec la liasse de billets. Sourit. La remet dans sa poche et reprend sa coupe.
Claude entre alors qu'elle la porte à ses lèvres.

Claude : - Alors maman, père t'a convertie au noble breuvage !

Bernadette, *d'abord troublée, puis reprenant sa posture* : - Ma fille… Sache qu'il est important, en société, de pouvoir commenter. Je reniflais donc les arômes.

Claude fait un bisou à sa mère.

Claude : - Que se passe-t-il ? Papa a été appelé en urgence ?

Bernadette : - Nullement, ma chère fille. Que te fait-il penser ainsi ?

Claude : - Partir avec une bouteille où il ne manque qu'une coupe, ça ne lui ressemble guère.

Bernadette : - Sache que notre cher et fidèle ami Jean-Pierre doit passer. Et je compte le recevoir dignement.

Claude : - Un conseiller général !

Bernadette : - Président du conseil régional. Et sénateur. Sa positive attitude mériterait une plus vaste couverture. Son humour est unique : « *la route est droite mais la pente est raide* », il a conclu ce matin.

Claude : - Une lapalissade de bachelier !

Bernadette : - Ma fille… Nous ne savons pas ce que Dieu nous infligera comme épreuve, nous ne savons pas de quoi demain sera fait. Il nous faudra peut-être nous retrancher dans une région sauvage.

Claude : - N'exagère pas, maman ! Dans tous les cas, nous aurons largement les moyens de vivre de nos rentes ici !

Bernadette : - Ma fille… Un souverain ne peut redevenir un simple citoyen. C'est le pouvoir ou l'exil !

Claude : - Mais je ne suis pas la fille de Napoléon !

Bernadette : - Ta remarque est déplacée.

Claude : - Bernard !

Entre Bernard avec une veste et une écharpe lui couvrant une partie du visage.

Claude, *éclate de rire* : - Maman t'a donné ta journée pour aller au bal masqué !

Bernard : - Mademoiselle m'a demandé ?

Claude : - Une coupe, chevalier masqué ! Pour une fois que je peux boire un peu !

Bernard : - Bien mademoiselle.

Claude : - Je crois que toi, tu me caches quelque chose (*à sa mère :*) naturellement, je ne te demande pas quoi… j'ai retenu tes leçons sur la discrétion.

Bernard sort et revient quasi immédiatement avec une coupe. Il sert Claude.

Bernard, *à Bernadette* : - Je peux disposer ou dois-je rester pour assurer le service ?

Bernadette : - Nous saurons nous débrouiller sans vous. Allez où le devoir vous appelle.

Bernard sort discrètement.

Bernadette : - Ma fille… Je t'ai déjà dit de ne pas tutoyer les employés.

Claude : - Il me prenait sur ses genoux quand j'avais 10 ans !

Bernadette : - J'ai cru remarquer que tu n'avais plus le même âge ! Ce n'est pas parce que tout fout le camp qu'il faut oublier notre rang… D'ailleurs ton père souhaiterait que tu sois un peu plus matinale… Puisque tu vas bientôt visiter la France profonde…

Claude vide sa coupe et s'en ressert une.

Bernadette : - Ta grand-mère ne m'aurait jamais toléré un tel comportement.

Claude : - Mais le monde a changé maman ! Plus personne ne va acheter ses chaussettes rouges en Italie !

Bernadette : - Peut-être est-ce justement dans les apparences que nous avons failli. Le peuple a besoin d'être ébloui par notre grandeur.

Rideau

Acte 2

Le lendemain matin. Même décor... excepté le gazon « grillé. » Bernadette radieuse, installée dans son « fauteuil directeur », une revue en main... Elle ne lit pas, elle attend avec impatience. On entend Jacques chantonner « on a gagné. » Il entre euphorique. Bernadette se plonge dans une fausse lecture. À peine passé la porte, Jacques regarde son gazon et s'arrête net à un « on a ga. » Bernadette l'observe d'une manière se voulant discrète mais cache difficilement sa joie. Jacques est comme tétanisé. Comme si de rien n'était :

Bernadette : - Nous avons encore gagné, Jacques.

Jacques s'approche de son gazon (dos au public donc), se penche vers lui, le touche.

Bernadette, *sourit (pour le public)* : - J'ai gagné. Il lui faut des grandes baffes à mon Jacques, et il repart. Une baffe et je repars, ça pourrait vraiment être son slogan. Un coup comme ça, Edouard ne s'en remettrait jamais.

Jacques, *toujours de dos* : - Un traître. Il n'y a qu'un traître pour m'avoir fait ça. (*se retournant vivement*) Qui est venu ici durant mon absence ?

Bernadette, surprise dans son sourire, se fige.

Jacques : - Vous ? Vous Bernadette... Je vois dans votre sourire...

Bernadette, *gênée, cherchant sa réplique* : - Oui Jacques, je souriais. Je souriais car je me doutais de votre réaction.

Jacques : - Mais c'est votre sourire, madame.

Bernadette : - Je souriais car vous cherchiez un traître pour expliquer la mort de ce *gazonneau*. Et je vois que vous cherchez désormais la trahison même dans votre maison.

Bernadette attend une contradiction qui ne vient pas.

Bernadette : - Comme souvent, vous me considérez responsable en cas d'échec et ne savez pas reconnaître ma part de travail dans la réussite.

Jacques, *pour le public* : - Blabla blabla... Ta part de travail, quand tu auras serré les mains bien gercées de cinq mille trois cent douze bouseux au salon de l'agriculture, tu sauras ce que c'est de mouiller sa chemise.

Bernadette, *continue* : - Subodorant votre probable injuste réaction, j'ai pris l'initiative, ce matin, de téléphoner à notre ami Nicolas, Nicolas l'éminent scientifique...

Jacques : - Ecolos de mes...

Bernadette, *plus haut, couvre sa voix pour éviter d'entendre la suite* : - Pour lui demander si le fait d'imbiber avec du champagne, chaque matin, 600 centimètres carrés de brindilles de mauvaise herbe.

Jacques : - Mauvaise herbe !

Bernadette : - Déjà peu vigoureuse, pouvait, après 17 jours, causer une mort irrémédiable. Vous voulez connaître sa réponse.

Jacques : - Sur ce sujet comme sur d'autres, son avis, vous savez...

Bernadette, *laisse peser le silence puis* : - Afin que cessent vos allusions injustifiées, même si vous ne me présentez pas des excuses avec la solennité exigée par vos injustes insinuations, notre ami Nicolas est formel : le champagne est déconseillé comme liquide d'arrosage ; je vous épargne les termes techniques, mais la composition du champagne peut s'assimiler à une surdose d'engrais... J'ai naturellement évité de signaler à cet éminent scientifique que ce champagne était votre troisième bouteille de Dom Pérignon... Au gré de notre amicale conversation, il m'a d'ailleurs confié une de ses idées, et je l'ai jugée très intéressante... Elle pourrait redresser votre courbe d'opinions favorables...

Jacques : - Mais naturellement je vous écoute… Le miracle se produira quand nous ne l'attendrons plus.

Bernadette : - Il s'agirait de trouver l'opportunité d'un grand discours écologique, à l'étranger de préférence, que la tribune soit mondiale, sur le développement du… Pas durant… Mais un nom comme ça.

Jacques : - Dupont…

Bernadette : - Durable. Oui… Le développement durable, c'est son nouveau concept, qu'il est disposé à venir vous exposer dans les détails, il va même publier un livre sur le sujet… Il est persuadé que c'est sur ce terrain que se gagnera la présidentielle…

Jacques, *crie* : - Bernard !

Bernadette frémit (non remarqué par Jacques).

Entre Bernard : - Monsieur m'a appelé.

Jacques : - Je suppose que vous savez.

Bernard, *très cinéma des années 50* : - Oh monsieur, c'est moi qui ce matin ai constaté le décès… J'ai tout de suite pensé à l'immense chagrin qu'allait ressentir monsieur. Je tenais à vous présenter toutes mes condoléances attristées.

Bernadette, *pour elle-même* : - Mais il fou !

Bernard, *continuant* : - Et je me suis tout de suite précipité à la cave.

Jacques : - À la cave ?

Bernard : - Pour vous remonter quatre bouteilles de Dom Pérignon. Je me suis dit que si une telle chose m'arrivait, je prendrais quatre bouteilles et j'irais me coucher… J'ai bien fait monsieur ?

Jacques : - Vous videz quatre bouteilles de champagne, Bernard !…

Bernadette, *pour elle-même* : - En plus de nous voler il nous vole.

Bernard, *troublé* : - Du champagne, du champagne… C'est comme ça qu'on appelle du mousseau, du Paul Bur, c'est le meilleur rapport qualité prix que j'ai trouvé, ça ne coûte pas plus cher qu'un gros pain. Quand on se fait une petite fête, avec Caroline, on ouvre une bouteille de Paul Bur… Je sais bien que la circonstance n'est peut-être pas bien choisie, mais avec les enfants qui grandissent, une augmentation…

Bernadette : - Il manque pas d'air celui-là ! Il va en avoir une belle d'augmentation, elle s'intitulera indemnités de licenciement, puisqu'on ne peut même plus simplement « signifier son congé. » Vous parlez d'un progrès !

Jacques : - Allez, vous êtes bien brave, Bernard, apportez deux coupes, nous allons trinquer ensemble… Même dans les tranchées les Hommes se relevaient pour un bon verre.

Bernadette : - Trois coupes.

Jacques : - Vous, madame !

Bernadette : - Vous êtes bien entré en chantonnant gaiement, « *on a gagné* », je suppose le juteux contrat signé.

Jacques : - 10% ! Pour tous les travaux dans les établissements scolaires. Nous allons avoir les plus beaux lycées du monde ! Et pour qui le pactole ? Et pour qui la belle avance ? Non madame, votre mari n'est pas battu. On va voir ce que l'on va voir, je saurai me battre… Tenez Bernard, en même temps que les bouteilles, ramenez-nous la valise sous la commode Louis XIV.

Bernard sort.
Bernadette sourit (on peut imaginer qu'elle pense : oh le grand enfant… une claque et il repart).
Bernard rentre sans bouteille mais avec l'attaché-case.

Bernard : - Monsieur le maire, monsieur Antoine désire vous parler.

Jacques, *soulève la main droite* : - Vous lui direz que vous ne m'avez pas trouvé.

Bernadette : - Que vous a-t-il fait, ce cher Antoine ?
Jacques : - Il a failli tout faire capoter avec son « rappel des nouvelles dispositions légales. » Ça jette un froid un truc pareil.
Bernadette : - Mais Jacques, vous ne seriez quand même pas dans l'illégalité ?
Jacques : - Moi ? Oh ! Jamais ! Antoine a toutes les délégations pour traiter ce genre d'affaires. Je suis au-dessus de tout ça, voyons madame, je suis monsieur le maire quand même... Même si parfois vous semblez considérer ce poste comme dérisoire.

Pendant cet échange, Bernard se place de façon à n'être pas vu de Bernadette et tente de communiquer à Jacques une information par signes, d'abord en décrivant un téléphone, puis en montrant l'aquarium puis finalement en sculptant des mains les hanches d'une femme. Jacques soudain comprend.

Jacques : - Bon, bon, puisque vous insistez madame, j'y vais, j'y vais.

Et il se précipite...

Bernadette : - Vous êtes bien pressé soudain.
Jacques, *en sortant* : - S'il n'en reste qu'un, vous avez raison, ce sera le meilleur d'entre nous ! Je lui dois quand même un peu d'attention...

Bernadette, soupçonneuse, cherche Bernard du regard.

Bernadette : - Georges, vous pouvez me certifier qu'il s'agit bien d'Antoine ?
Bernard : - Oh madame ! Je reconnaîtrais sa voix entre 10 000.
Bernadette : - Vous sauriez parfaitement la différencier avec celle d'une femme... Une femme en particulier...
Bernard : - Oh madame...
Bernadette : - Soit. J'apprendrai sûrement dans la journée qu'Antoine était en réunion à cet instant précis, et qu'il n'a pas parlé à monsieur le maire depuis hier soir... (*en regardant Bernard*) Vous seriez parfaitement d'accord avec moi, que dans ce cas, je ne pourrais naturellement plus continuer à vous accorder ma confiance.
Bernard : - Oh madame... Après tout ce que j'ai fait pour vous, après tant et tant de bons et loyaux services ! Être viré à cause d'un imitateur.
Bernadette : - S'il s'agissait d'un imitateur, monsieur le maire serait déjà de retour.
Bernard : - Vous n'avez pas regardé l'émission sur les imitateurs en Belgique. Si je me suis fait avoir par un imitateur, monsieur le maire peut aussi être piégé.
Bernadette : - Ne soyez pas insolent. Nous ne sommes pas en Belgique ! D'ailleurs je n'ai plus besoin de votre service. Paris en Belgique ! Vous reviendrez quand monsieur le maire aura terminé sa consultation téléphonique. Paris en Belgique, le fou !

Bernard, *pour le public, en sortant* : - Y'a des gens, c'est à vous dégoûter de leur rendre service.
Bernadette : - Toujours une bonne chose de faite !... Que va-t-il m'inventer cette fois-ci ?

Elle va chercher l'attaché-case qu'avait posé Bernard près de la porte d'entrée. Se rassied. L'ouvre.

Bernadette, *souriant* : - Ah ce grand Jacques !... (*grands yeux émerveillés*) Il n'a pas que des défauts... Au moins la petite ne manquera jamais du nécessaire.

Jacques rentre tout guilleret... Il jette un bref coup d'œil à l'aquarium et sourit.

Jacques : - Alors, ce noble breuvage adoré ? (*crie :*) Bernard !
Bernard, *en entrant* : - Monsieur.
Jacques : - Bin alors, mon ami, où étiez-vous passé ?... Y'a du relâchement dans le service !
Bernard : - Madame m'avait prié de patienter ailleurs.

Jacques observe Bernadette avec toujours la mallette sur elle.

Jacques : - Vous avez compté…

Bernadette : - Compté non… Mais c'est beau… Et tout est à nous ?

Jacques : - Pas un seul intermédiaire… Antoine seul a vu. Donc personne n'a vu !

Bernadette : - Antoine, toute l'honnêteté d'un grand commis de l'état… C'est un homme comme lui qu'il nous faudrait comme majordome…

Jacques : - Encore une bonne nouvelle, chère épouse… Nous allons gagner…

Bernadette : - Vous dîtes ?

Jacques : - Nous allons gagner… La popularité (*de l'index il tend une ligne droite partant du bas vers le plus haut qu'il puisse… se dresse même sur la pointe des pieds… et finalement monte sur une chaise… et manque de tomber… Bernard se précipite pour le soutenir*).

Jacques : - Ah Bernard, vous avez bien mérité votre Dom Pérignon.

Bernard, *voix basse* : - Et si vous pouviez en profiter pour placer deux mots à madame, elle veut encore me virer, et cette fois elle semble obstinée.

Jacques : - Ne vous inquiétez pas cher ami, ce ne sont que des mots. Vous êtes de la maison.

Bernadette : - Je suppose que la deuxième partie de votre démonstration, c'est la popularité de votre ancien ami ?

Jacques : - Votre humour… Si la France pouvait en profiter aussi…

Bernadette, *semble ravie* : - Et quel miracle va opérer cette irrésistible ascension ?

Jacques : - Un livre.

Bernadette : - Vous avez lu les bonnes pages d'un livre à scandale sur le traître ?

Jacques : - Je vais écrire un livre.

Bernadette : - Et qui va vous l'écrire ?

Jacques : - Heu… Hé bien Antoine naturellement.

Bernadette : - Ne plaisantez pas, Jacques, vous ne préparez pas le concours d'entrée à l'ENA.

Jacques : - Antoine et quelques conseillers.

Bernadette : - Conseillers, vous écrivez cela è-r-e à la fin ?

Jacques : - Oh ! Madame !

Bernadette : - Et il racontera quoi ce livre ?

Jacques : - Vous en aurez la primeur… Comme vous devez réaliser votre pèlerinage annuel en Corrèze, nous avons pensé que la date est bien choisie pour une mise au vert, une petite quinzaine de travail, de brainstorming… Et à votre retour, vous lirez ça… Naturellement votre avis sera apprécié…

Bernadette semble soupçonneuse à partir de « mise au vert. »

Bernadette, *réfléchit* : - Je suppose qu'Antoine sera de votre mise au vert.

Jacques, *hésite* : - Naturellement.

Bernadette : - Et Jean-Pierre ?

Jacques : - Jean-Pierre ? Quelle idée !… J'ignore ce que vous lui trouvez !

Bernadette : - Il a parfois d'excellentissimes idées.

Jacques : - Il s'y connaît à virgule et publicité… Allons bon… Je vais rappeler Antoine pour lui demander de l'ajouter à la liste de consultants.

Il sort.
Bernadette s'empresse de prendre le téléphone sous son fauteuil et appuie sur une touche.
Quasi immédiatement :

Bernadette : - Antoine, mon ami, monsieur le maire n'arrive pas à vous joindre depuis ce matin.

Bernadette sourit. Bernard est catastrophé.

Bernadette : - Il voulait savoir comment vous alliez depuis hier soir.

Bernadette continue à sourire.

Jacques, *rentre* : - C'est occupé.
Bernadette : - Je vous passe monsieur le maire, il vient justement d'arriver... Tenez mon ami, Antoine souhaite vous parler.
Jacques : - Vous avez appelé Antoine !
Bernadette : - Par erreur, monsieur le maire... Encore un aléa du progrès technologique... J'ai malencontreusement appuyé sur M3 au lieu de M6... Vous imaginez bien ma surprise d'entendre Antoine chez ma coiffeuse... Tenez, il va s'impatienter... Vous avez tant de choses à lui raconter. *(Jacques a un regard « oh la garce ! »)*
Jacques, *parlant rapidement* : - Antoine, donc, pour cette mise au vert, tu peux ajouter Jean-Pierre dans la liste des consultants. Je suis d'accord avec toi, il n'a jamais eu la moindre idée mais il peut être utile pour les participes passés, les subjonctifs et les accords. Enfin, s'il ne peut pas venir, ce ne sera pas grave ! L'important étant qu'il se sente de l'aventure, qu'il puisse ressasser « j'ai participé » et nous fasse une bonne publicité du livre dans sa province. Donc tu t'occupes de tout comme convenu, tu nous loues un gîte rural pas trop loin. *(Bernadette sourit)* Je suppose que tu as déjà travaillé aux grands chapitres, comme je le disais à Bernadette, je n'y aurais jamais pensé sans ton aide.
Jacques, *pour le public* : - Mais il ne comprend rien cet âne ! Il est même capable de réserver un gîte rural dès que j'aurais raccroché. Comment lui faire comprendre !
Jacques, *au téléphone* : - Oui, tu prévois déjà un plan marketing à la hauteur de l'événement... Je ne sais pas moi, quelles sont les meilleures émissions pour présenter un livre à la télévision...
Jacques, *soulagé, pour le public* : - Il a pigé.
Jacques, *au téléphone* : - Je te rappelle incessamment pour valider l'ensemble du planning... Oui oui... On a tout notre temps... Oui... *(Jacques sourit)*

Il s'apprête à raccrocher...

Bernadette : - Tu me le passes, s'il te plaît...
Jacques, *inquiet* : - Bernadette a encore trois mots à te dire... Ah, tu es pressé...
Bernadette, *tend le bras et subtilise l'appareil* : - Antoine, mon ami, excusez-moi trente secondes... *(elle pose la main sur l'appareil et sourit, Jacques est perplexe sur ses intentions)*
Jacques : - Servez-nous, Bernard.
Bernadette : - Antoine, nous avons pensé avec monsieur le maire, pour accroître votre popularité auprès des petites gens, votre présence serait appréciée en Corrèze, à mes côtés. Vous y rencontreriez la presse locale et le gratin du département...
Jacques, *au public* : - La garce ! Et petit Antoine va tomber dans le panneau. *(imite :)* « *mais c'est une merveilleuse idée, madame, je n'ai rien de prévu.* » Idiot, il a compris que l'histoire du gîte c'est du pipeau mais il n'est pas foutu de comprendre qu'à « *madame* » il doit répondre « *mais je serai avec monsieur le maire* »... Ou alors c'est sa manière à lui de me trahir, de jouer les idiots ?

Jacques prend la coupe que Bernard lui présentait depuis quelques instants. Et la vide cul sec.

Bernadette : - Vous êtes un véritable ami, Antoine. Monsieur le maire me l'a si souvent répété, vous nommer premier ministre serait le plus beau jour de sa vie.

Jacques se fait resservir une deuxième coupe, la vide cul sec. Puis une troisième (Bernadette l'observe et perd son sourire). Une quatrième.

Bernadette, *au public* : - Mon Dieu ! Oui, je lui ai montré que je ne suis pas dupe. Mais je ne peux même pas en triompher. Mon Dieu, il n'y a plus que ça qui le tienne debout. Qu'il y aille avec cette secrétaire, qu'elle lui offre le fruit de son noctambulisme, cette névrosée. Une fois qu'il ne lui fait d'enfant, l'honneur est préservé.

Bernadette : - Monsieur le maire vous rappellera. Bonne journée mon ami.

Bernadette raccroche.

Bernadette : - Georges, vous pourriez aussi m'offrir une coupe.

Bernard verse du champagne dans une coupe et la tend à Bernadette.

Jacques : - Allez, trinquons.

Bernadette : - Oui, trinquons à cette magnifique petite valise.

Ils trinquent (Bernadette sourit quand elle trinque avec Bernard).

Rideau

Acte 3

Quelques semaines plus tard. Scène identique à l'acte 1... Avec de nouveau une pelouse bien verte dans l'aquarium.
Bernadette dans son fauteuil, le regard fixé sur une page du journal.

Bernadette : - Mon Dieu. Saint Antoine de Padou priez pour nous. Saint Eloi priez pour nous. Sainte Bernadette, priez pour moi. Mon Dieu, les courbes, les courbes s'inversent. Mon Dieu, plus aucun doute. Mon Dieu, vous m'avez entendue. Mon Dieu, elles vont bientôt se croiser. Oh mon Dieu ! Jamais plus je ne douterai de votre grandeur.

Jacques entre, euphorique.

Jacques : - Ah ! Vous avez déjà reçu le journal ! Vous avez vu ça !
Bernadette : - Mais comment savez-vous ?
Jacques : - La meilleure, j'ai gardé la meilleure pour le petit-déjeuner. Allez, je vous l'annonce avant : ils retournent leur veste, tous, ces messieurs des médias. Ha, ha ! Quelle belle leçon pour l'histoire ! Ils savent qu'avec moi, ils seront toujours bien logés, bien nourris et... *(il sourit, se retient d'en dire plus).* Ils ont compris qui a le vent en poupe... waouh... *(tour complet sur lui-même... a du mal à se récupérer...)* Ah, il faudra que je fasse quelques exercices *(il sourit).*

Admirative, Bernadette le fixe (sans comprendre le sous-entendu « quelques exercices .»)

Jacques : - Mais ne croyez pas ce journal, chère future première dame de France.
Bernadette : - Comment !
Jacques : - Ne croyez pas qu'il me devance encore de quatre points, le scélérat, le traître, l'innommable.
Bernadette, *souriante* : - C'est-à-dire, cher ami...
Jacques : - En fait, je ne suis plus qu'à un point et demi derrière le traître. Le demi ne compte même pas. C'est pour cela qu'ils retournent leur veste. Je leur ai dit « non, non, attendez. » Vous allez me demander, pourquoi ? Et je vais vous le dire.

Bernadette sourit, conquise.

Jacques : - Oh zut, je me mets à parler comme l'autre félon... Il peut préparer ses valises pour Budapest, celui-là ! Admirez notre raisonnement : il faut laisser le téléspectateur lambda penser « comme c'est injuste, le traître ne fait rien depuis deux ans, et reste quatre points devant. » Tout est affaire de timing dans ce genre de sport. Maintenant qu'il me voit derrière son dos, il s'affole, le vieux joufflu, l'innommable. Alors je vais rester derrière encore quelques jours et il va bien être forcé de jouer son va-tout.
Bernadette : - Et il va nous gratifier d'une rime pauvre du genre « *il fait chaud dans le métro.* »
Jacques : - Il va bien nous sortir un truc que ses conseillers lui auront conseillé, et il va se ramasser, on va la trouver, la faille de sa carapace, on va tirer à boulets rouges, la grosse artillerie est prête, je peux vous l'affirmer, il sera naze le jour J, alors grand Jacques, trois petites enjambées « beau temps monsieur le premier ministre, vous m'excusez, les choses sérieuses commencent, j'ai un rendez-vous historique à l'Elysée. »
Bernadette : - Oh Jacques ! Nous allons vraiment gagner ?
Jacques : - Elle avait raison la vieille voyante ivoirienne. Deux défaites, et victoire. Elle n'a pas précisé combien de victoires. Je me verrais bien à l'Elysée deux septennats. Pourquoi pas trois. Et ça nous ferait quel âge, quatre ?
Bernadette : - Je prie chaque jour pour l'âme de cette brave femme. N'oubliez pas vos prières, Jacques.

Jacques hausse les épaules.

Bernadette : - Ne parjurez pas, Jacques. Reconnaissez l'intervention divine. C'est depuis que j'ai entamé ma neuvaine que les sondages frétillent.

Jacques : - C'est depuis... *(il se rend compte qu'il allait en dire trop ; crie :)* Jean-François !

Bernadette : - Appelez-le Georges comme l'autre.

Jacques : - Je le regrette, ce brave Bernard.

Bernadette : - Vous êtes bien le seul dans cette maison.

Entre Jean-François.

Jean-François : - Monsieur et madame ont sonné.

Jacques : - Mais oui, mais oui, service, mon ami, il fait soif.

Jean-François : - Bien monsieur le maire.

Jean-François sort.

Jacques : - Je lui trouve un petit air déplaisant, bourgeois parvenu, genre innommable dernier. Je crois que je vais rappeler Bernard.

Bernadette : - Ne revenons pas sur ce sujet, s'il vous plaît, cher ami. J'ai d'ailleurs appris qu'il s'était replacé. Chez une... secrétaire *(elle observe Jacques à la dérobée, il reste impassible)* dont on dit les pires choses. Une intrigante. Une courtisane. On dit même qu'elle travaillerait pour Matignon, qu'elle aurait pris ce Georges à son service pour essayer d'obtenir des confidences à notre sujet.

Jacques : - Bagatelles... Et de toute manière, le traître sait tout de nous, et nous sommes blancs comme neige...

Bernadette : - J'espère que vous ne la voyez pas.

Jacques : - Mais je n'ai aucune raison de voir Bernard tant qu'il n'est pas de retour dans cette maison. Son vote m'est acquis, je n'ai aucune crainte à son sujet.

Jean-François revient avec un plateau et une coupe.

Bernadette : - Nous reparlerons de tout cela après le second tour... Quel est votre programme aujourd'hui ?...

Jacques, *regardant sa montre* : - La petite n'est pas encore arrivée ?... Province, province, province... Nous allons rester trois jours sans nous voir, comme vous le savez, chère épouse.

Entre Claude, qui se précipite sur le plateau, subtilise la coupe.

Claude : - Papa, tu sais bien que ça t'est interdit ! Maman, alors, tu m'avais promis de le surveiller. Le futur président !

Bernadette, *fataliste* : - Si tu crois que ton père est homme qu'on tienne en laisse...

Jacques : - Ah non ! À jeun, c'est insupportable de sourire, serrer des mains. Non ma fille ! Si tu ne me laisses pas déjeuner en paix, je ne bouge pas de cette pièce !

Claude : - Je parie que non.

Elle sourit et vide sa coupe cul sec.

Bernadette : - Claudie ! *(Bisou de Claude à son père puis à sa mère)*

Claude : - Ah ! Comme c'est bon, *(en souriant :)* tu me donneras l'adresse de ton fournisseur.

Jacques : - Jean-François, alors !, allez donc me chercher une autre coupe.

Claude : - Ah non !

Jean-François s'arrête.

Jacques : - Mais au service de qui êtes-vous ?!

Jean-François : - Madame et Monsieur m'ont bien stipulé de toujours écouter mademoiselle.

Jacques : - Mais pas quand elle délire, jamais quand elle veut mettre à l'eau son vieux père.

Jean-François sort et rentre quasi immédiatement avec une coupe, la remplit. Jacques se précipite et la vide cul sec. Claude tend sa coupe à remplir.

Bernadette : - Ma fille, voyons, ça ne se fait pas.

Claude : - Oh maman, lâche-toi un peu de temps en temps. On voit que ce n'est pas toi qui vas te taper trois jours avec des types qui azotent sous les bras, d'autres qui postillonnent, et des vieilles qui vous collent leur rouge à lèvres sur la joue. Le tout dans la même minute !

Bernadette : - La rançon de la gloire, ma fille ! M'as-tu déjà entendue tenir pareil langage ? Je suis moi-même élue du peuple, l'oublierais-tu ?

Claude : - Il va falloir te relooker maman. Sinon on va te comparer à la reine d'Angleterre et ça va nous faire perdre une partie de l'électorat populaire qu'on a eu tant de mal à rallier à notre cause (*elle vide sa coupe*).

Bernadette : - Vous me faites peur !... Parfois je dois me pincer quand je vous entends. Si je ne vous connaissais pas je vous croirais.

Claude : - Hé bien, tu vois, c'est l'essentiel.

Bernadette : - Mais ne vous coupez pas de notre électorat traditionnel.

Claude : - Mais ils sont comme toi, maman, ils nous connaissent !

Jacques, *qui se fait resservir une coupe* : - Le premier tour à gauche, le second au centre, ça c'est de la politique... Je suis certain que le vieux m'admire. Lui aussi, il a ratissé à gauche.

Bernadette : - Ho lui ! Mais lui est (*avec dégoût*) so-ci-a-lis-te.

Jacques : - Pas plus que moi ! Lui et moi, nous sommes de la même trempe. C'est d'hommes comme nous qu'elle a besoin, la France ! La France sera éternelle tant qu'elle trouvera des leaders naturels de notre trempe. Je suis son fils spirituel ! Il va voter pour moi, il me l'a promis. Et sa fille aussi !

Bernadette : - Sa fille, mon Dieu. Pauvre fille. Un enfant du péché (*elle joint les mains*).

Claude, *en se faisant resservir* : - J'espère que cette fois vous n'avez pas oublié de remplir les valises.

Jean-François : - J'ai scrupuleusement suivi les instructions de mademoiselle.

Jacques, *regarde sa montre* : - Bon, je vais me changer...

Il tend sa coupe en passant, Jean-François la remplit, il la vide en sortant.

Jacques, *de derrière la porte, crie* : - Ouvrez-en une autre... Nous la viderons dans la voiture...

Claude : - Si tu en as le temps.

Claude prend la bouteille des mains de Jean-François et finit le Dom Pérignon au goulot.

Bernadette, *s'exclame* : - Ma fille !

Claude : - Ah ! C'est moins bon. Mais y'a tout le plaisir de la transgression.

Bernadette, *répète doucement, abattue* : - Le plaisir de la transgression. Ma fille, ma Claudie, je ne te reconnais plus depuis que tu es chargée de campagne.

Claude : - On va baratiner durant trois jours sur la justice sociale, la France des travailleurs, la France qui souffre, fracture sociale, augmentation du smic, injustices, liberté, égalité, droits de l'homme, il faut bien vider les bonnes bouteilles loin des journalistes. Chargée de campagne... Chargée de champagne... Chargée de campagne... Tu ne vas quand même pas me le reprocher... Ils n'étaient pas nombreux à vouloir du poste voici quelques semaines...

Bernadette : - Jean-Pierre aurait rempli dignement cette mission.

Claude : - Il nous aurait concocté un super planning digne d'un conseiller général, visite des clubs du troisième âge avec petite causette au club de pétanque. On serait à 5% dans les sondages ! Je te l'ai expliqué : nous n'avons rien à perdre. Alors on rentre dedans. On n'a pas de temps à perdre avec la finesse. Certains, il leur faut des amphétamines pour un tel marathon, nous on carbure au Dom Pérignon, c'est quand même pas plus mal. Tu crois pas qu'on a raison ? On consomme français !

Bernadette : - Quelques émissions de télévision, la presse, pour une élection présidentielle, ça devrait être suffisant… À notre âge… Les gens connaissent Jacques !
Claude : - Mais non maman, le Jacques nouveau est arrivé ! Et même l'innommable va mouiller sa chemise. Enfin, il va essayer pour éviter d'apparaître trop ringard. Tu le vois prendre des amphétamines ou du Dom Pérignon ? Même du saumon, il ne touche que trois fourchettes. Hé bien ça, ça plaît pas aux marins qu'on renâcle sur leur saumon. Je croyais que tu connaissais la France profonde…
Bernadette : - La France change ma fille… La France profonde, elle ne change pas, et méfions-nous de sa colère. Ne perdons pas nos valeurs. Nous ne savons pas ce que donnerait un vote de contestation à la décadence. Enfin, tout fout le camp…
Claude : - Mais non maman ! Toutes les professions aiment qu'on leur fasse croire qu'on s'intéresse à elles. Dans ces cas-là, tu sais comment on fait ?
Bernadette : - Que de sacrifices. Ne m'en dis pas plus ma fille, s'il te plaît, rien que le mot saumon, mon café me remonte.
Claude : - Hé bien si, maman, il faut que tu sois de notre côté, merde. Il faut que tu nous soutiennes !
Bernadette : - Mais que se passe-t-il ma fille ? Je suis de tout cœur avec vous.
Claude : - Sois moins coincée. Hé bien oui, on se met deux doigts dans la gorge et retour à l'envoyeur.

> *Bernadette a un haut le cœur. Se cache le visage de la main droite et de l'autre se retient de vomir.*

Bernadette, *en se redressant* : - Et cette Christine vous accompagne ?
Claude : - Si tu crois que je connais le prénom de tous les gens qu'on doit voir aujourd'hui.
Bernadette : - Ma fille… J'ai la force d'entendre la vérité… Il faut que tu me dises… Je veux bien être tolérante, comprendre certaines choses que je ne comprends pas…
Claude, *prend le journal* : - Mais regarde les courbes plutôt que de te faire du mal avec des suppositions. Profite plutôt de l'irrésistible glissade de l'innommable.
Bernadette : - Je sais… Et depuis, plus personne ne me dit rien. Avant, tout. Je savais tout dans la demi-heure. Et maintenant on dirait qu'ils ont retrouvé leur guide, leur messie.

> *Jacques entre en costume, avec sa coupe.*

Jacques : - Quand on parle du messie… On voit sa…
Bernadette, *pour couvrir la fin de sa phrase* : - Votre voiture semble arrivée.
Claude : - Maman, un jour il va te falloir lâcher-prise.
Jacques : - Je téléphone à mon brave maître zen pour qu'il passe te conseiller dans la journée. Soyez zen, chère épouse, laissez le vent nous porter ! L'air est frais mais la journée sera belle !

> *Jacques prend la nouvelle bouteille (précédemment ouverte par Jean-François) sur la table et se sert une coupe, la vide cul sec. Une autre coupe.*

Claude : - Hé camarade !, sois un peu socialiste partageur…

> *Jacques prend sa fille dans les bras.*

Jacques : - Ça fait du bien de se sentir soutenu, compris. C'est pas parce qu'on s'amuse qu'il faut se croire au théâtre ! C'est quand même la France qui est en jeu !
Claude : - On ne peut pas laisser la France sombrer dans la léthargie ! Il faut lui ouvrir les yeux ! Allez, elle nous attend.

> *Bernadette tressaille en regardant sa fille.*

Bernadette, *murmure, blessée* : - Elle…

Claude, *quittant les bras de son père* : - La voiture... Maman, je crois que tu as vraiment besoin d'un peu de zen ou du Dom Pérignon. Et même des deux (*Claude prend la bouteille de Dom Pérignon*).

Claude embrasse sa mère. Jacques s'était déjà éloigné vers la porte, il se retourne et envoie un baiser en titubant. Sa fille le rattrape en souriant.
Ils sortent bras dessus bras dessous, sans écouter si Bernadette répond.

Bernadette : - Zen ou Dom Pérignon, quel choix !

Bernadette pose les mains sur les accoudoirs, la tête en arrière.

Bernadette : - Qu'est-ce que j'en aurais bavé... Mais si on gagne !... Ah ! Je pourrai dire que le jeu en valait la chandelle. (*elle joint les mains*) Que d'épreuves, mon Dieu, vous m'infligez pour mesurer ma foi, avant la grande récompense. (*silence*)

Bernadette, *se redresse et crie* : - Georges !

Jean-François entre.

Jean-François : - Madame m'a appelé.
Bernadette : - Une coupe.
Jean-François : - Je suis désolé, monsieur a emporté la bouteille et celle-ci est vide.
Bernadette : - Vous plaisantez, Georges ?
Jean-François : - Pas du tout madame (*il retourne la bouteille*).
Bernadette : - Mais ouvrez une autre bouteille !
Jean-François, *l'air de désapprouver* : - Bien madame.

Il sort.

Bernadette, *avec une pointe de fatalisme* : - Il me ferait presque regretter l'autre, ce « boy »... (*silence*) Je viderai le reste dans son nouveau gazon... Qu'au moins il soit prudent, ne lui fasse pas d'enfant ! Sinon tout s'effondre !

Jean-François revient avec, sur un plateau, une coupe, une bouteille, l'ouvre et sert.

Bernadette : - Je n'ai plus besoin de vous.

Jean-François se retourne pour sortir.

Bernadette : - Laissez la bouteille.
Jean-François, *l'air de désapprouver* : - Bien madame.

Jean-François sort.

Bernadette : - Et si je prenais la première cuite de ma vie ?... (*elle boit la moitié de sa coupe*)... Raté !... Je ne comprends pas comment la petite peut vider ça d'un seul trait... Allez, je leur pardonne si c'est pour la victoire (*elle vide sa coupe*). Ah ! C'est trop, une coupe, sans même un petit biscuit. (*elle regarde la bouteille et sourit... elle prend la bouteille et boit au goulot... elle repose la bouteille, sourit et toussote...*) Ah ! Si père et mère voyaient ça !... (*en riant*) Je lâche-prise... Transgression ! Et si j'écrivais un bouquin moi aussi ! Et si je me faisais inviter à la télévision ? (*elle attrape le hoquet...*). Et si je changeais de coiffeuse ?

Rideau - Fin

Scènes de campagne, scènes du Quercy

Pièce en onze tableaux avec six hommes et quatre femmes

Distribution minimale conseillée : trois comédiens et deux comédiennes (H1, H2, H3, F1, F2).
Le texte est néanmoins jouable par deux hommes et une femme, avec une extrême dextérité des acteurs.

D'abord un vieux couple devant leur gîte rural. La femme redoute le projet de ligne à Très Haute Tension, l'homme reprend les arguments du notaire.

C'est devant ce même gîte qu'une vacancière s'exclamera « *Avant, il était possible de vivre vraiment, en France. Tu travaillais quelques années, tu dépensais pas trop et tu pouvais vivre tranquille ensuite, en bricolant un peu.* »

Chaque tableau peut être situé grâce à la projection d'une diapo (photos ou dessins)

Homme 1, H1 :
M. Dufric : la quarantaine bedonnante – Tableau 2, T4, T5, T6, T9.
Le jeune : la trentaine – T3, T8, T10.

H2 :
L'artisan du village : la cinquantaine – T6, T7, T10.
Un vacancier, la trentaine – T11.

H3 :
Dufric-conseil : la quarantaine, le frère de M. Dufric – T2.
Le vieux : environ soixante-cinq ans – T1, T3, T8, T10.

Femme 1, F1 :
La femme de l'artisan : la cinquantaine – T7.
La vieille : son épouse, quelques années de moins – T1.

F2 :
Mme Dufric : son épouse – T2, T4, T5, T6, T9.
Une vacancière, la trentaine – T11.

Tableau 1

Le vieux, La vieille, devant leur gîte rural, avec un magnifique pigeonnier.

Le vieux : - Bah ! Le temps qu'elle se fasse, cette ligne, le prêt sera remboursé.
La vieille : - Je te trouve bien optimiste aujourd'hui. Quand les gens vont savoir, je te parie ce que tu veux, plus personne ne viendra.
Le vieux : - Le notaire dit que ça ne changera rien.
La vieille : - Tu crois le notaire maintenant !
Le vieux : - D'après lui, les gens vont crier et quand elle sera faîte ils n'y feront plus attention. Il y en a partout, des lignes à Haute Tension et les gens vivent quand même.
La vieille : - Ils meurent surtout de cancers. Tu ne vas pas me dire que tu les crois, quand ils nous disent que ça n'a aucun effet sur la santé.
Le vieux : - Si ça ne tenait qu'à moi ! Mais qu'est-ce qu'on peut y faire ? Ils nous tueront tous.
La vieille : - En tout cas, même le notaire, il n'était pas rassuré, au Conseil Municipal, hier soir. Avec ses huit maisons qui lui restent sur les bras.
Le vieux : - Ce serait quand même bien qu'à force d'arnaquer les gens il boive le bouillon.
La vieille : - Penses-tu ! Il a les reins solides. C'est des millions qu'il possède, à la banque, depuis le temps qu'il achète des maisons à la moitié de leur valeur et les revend jusqu'au double.
Le vieux : - On aurait peut-être quand même mieux fait de tout vendre, plutôt que de faire ce gîte. T'imagines, toi, si personne ne vient !
La vieille : - Avec toutes les charges ! Je n'y survivrai pas !
Le vieux : - Ne t'inquiète pas pour des choses qu'on ne verra peut-être jamais.
La vieille : - Je m'inquiète, et toi tu me dis de ne pas m'inquiéter car on sera peut-être mort avant ! Qu'est-ce qu'on va laisser aux filles ? Des dettes !

Bruit d'une voiture.

La vieille : - V'la les bordelais. Ils l'ont eue pour rien, leur maison. Et en plus le toit est tout neuf.
Le vieux : - Le vieux s'est battu toute sa vie pour avoir une belle maison et ses enfants la vendent pour trois fois rien à des étrangers. Ah ! S'il avait imaginé ça !
La vieille : - C'est c'qui va nous arriver. Y'aura plus que des résidences secondaires et des chômeurs, ici.
Le vieux : - Et même pas cinquante personnes pour l'accompagner au cimetière. Un homme qui a toujours marché droit ! Ah !

Tableau 2

Monsieur et Madame Dufric devant leur nouvelle maison en pierres. Accompagnés du frère de Monsieur Dufric. Est visible : une voiture d'un modèle « français moyen voulant montrer sa réussite. »

Dufric-conseil : - Ça, vous pouvez me remercier ! Le jour où le marché va se retourner, tu vas faire une sacrée plus-value !

Mme Dufric, *en regardant son mari* : - On peut dire qu'il est avantageux d'avoir un frère dans les hautes sphères de l'E.D.F.

Dufric-conseil : - R.T.E, réseau du transport de l'électricité, ma belle-sœur préférée. Nous sommes désormais totalement indépendants de l'E.D.F., électricité de France.

M. Dufric : - Peu importe le nom, pourvu que tu nous éclaires.

Dufric-conseil : - Un jour il faudra que tu arrêtes avec cette blague ! Tout le monde ne peut pas être expert comptable !... Vous l'avez vraiment eue pour une bouchée de pain... Je regrette presque de ne pas l'avoir achetée !

M. Dufric : - Bin toi ! Tu n'en aurais pas assez des maisons !

Dufric-conseil, *très fier* : - Abondance de pierres ne saurait nuire.

Mme Dufric : - Et s'ils la font, la ligne à Très Haute Tension ?

M. Dufric : - Mais il faut être des ploucs pour craindre l'électricité.

Dufric-conseil : - J'y compte bien qu'on va la faire cette ligne ! Ce ne sont pas quelques ploucs qui vont nous détourner de notre historique mission d'irrigation du progrès dans toutes les contrées. Tout enfant qui naît en France a le droit de bénéficier de notre technologie de pointe.

Mme Dufric : - Je n'aimerais quand même pas que tu viennes me planter un poteau dans le jardin. Ce ne serait pas convenable.

Dufric-conseil : - Je te l'ai dit : le tracé définitif a été décidé en commission. Et il passe à plus de cinq cents mètres de votre nouvelle résidence de campagne. Tu ne la verras presque pas.

M. Dufric : - Je ne comprends pas pourquoi vous laissez faire tout ce remue-ménage ?

Dufric-conseil : - Le pays veut cela ! Il faut permettre aux gens de s'exprimer ! Tant qu'ils font ça, ils ne fomentent pas de révolutions ! Et ça permet à quelques petits notables locaux de se faire mousser ! Ça donne du travail aux médias ! Les français ont besoin de polémiques !

M. Dufric : - Que de temps perdu ! Il suffirait d'envoyer quelques excités en prison !

Dufric-conseil : - Mais les excités... Personne ne les verra ! Les médias influents sont naturellement de notre côté ! On leur achète suffisamment de pages de pubs ! Tu verras les articles ! Ils peuvent se réunir ! Le lendemain dans le journal, le compte-rendu donne la parole à nos amis, aux pro-THT. De toute manière, l'opposition est tenue en main par des petits notables auxquels il suffira de remettre une petite médaille pour qu'ils retournent leur veste... De toute manière, c'est comme ça maintenant, il faut faire croire aux gens qu'ils ont leur mot à dire. La participation ! Comme s'ils y connaissaient quelque chose, ces ploucs. Tu les as déjà vus, tes voisins ?

Mme Dufric : - J'ai cru visiter un zoo ! Si tu voyais leur tenue, aucun style !

M. Dufric : - Oh celle-là, il faudra que je la replace !... Tout est décidé... Mais tu nous feras quand même donner un beau pactole pour les « nuisances », comme on dit.

Dufric-conseil, *en souriant* : - Pardi ! Les cons qui te l'ont vendue ! Si un jour ils apprennent qu'on t'a donné le prix de vente comme dédommagement des « nuisances », comme ils bavent !

M. Dufric : - T'es vraiment le roi des magouilleurs !

Dufric-conseil : - Pardi ! Puisqu'on a un budget « dédommagements », on ne va quand même pas en faire profiter ces ploucs.

M. Dufric : - Ils ne sauraient même pas quoi en faire ! Ils ont des voitures, je croyais que ça n'existait plus que dans les musées.

Mme Dufric : - Mais tu es certain que ce n'est pas dangereux, la Très Haute Tension ?

Dufric-conseil : - Tu me vois, en pleine forme !

Mme Dufric : - Mais tu ne vis pas à côté d'une ligne !

Dufric-conseil : - Tu ne vas quand même pas écouter la propagande des ennemis du progrès. Toutes les études sérieuses démontrent qu'il n'y a aucun cas où l'exposition à une ligne à Très Haute Tension peut être considérée comme la cause d'une maladie. Qu'ils viennent nous le prouver, les brailleurs. Aucun cas je te dis.

M. Dufric : - De toute manière, s'il y en avait un, il serait classé secret défense !

Dufric-conseil : - Oh ! Comment tu nous considères ! Offre-moi plutôt le champagne ! Tu sais bien que nous prenons grand soin des populations, que nous sommes au service de l'indépendance énergétique de la France… Tu as bien vu, quand il s'agissait d'essais nucléaires, on ne les réalisait pas en France.

M. Dufric : - Oui, on va trinquer à la santé de ces héritiers qui ont déserté ce petit coin de paradis… J'en deviens poète quand je vois cette verdure. Le notaire m'a dit qu'il y a même un chêne bicentenaire. Ou un marronnier. Enfin, il y a un arbre bicentenaire.

Mme Dufric : - Et il faut plus de cent ans, pour faire un arbre bicentenaire, qu'il nous a précisé !

M. Dufric : - Un homme charmant, ce notaire. Le seul que j'ai vu pour l'instant dans ce pays. Je lui demanderai de me présenter l'américain.

Dufric-conseil : - On va trinquer au vieux qui serait dégoûté s'il savait. Il a trimé toute une vie pour que ses gosses se chamaillent et se laissent dévorer par le grand vautour ! C'est la vie !

Mme Dufric : - Je le dis toujours : quand on a des enfants, il faut absolument tout régler de son vivant, et surtout pouvoir leur transmettre à chacun une maison. Comme ça, maintenant, les enfants ont chacun leur maison pour plus tard.

Très fiers de leur réussite, ils avancent vers la porte de la maison.

Tableau 3

Devant son gîte, « Le vieux », avec « le jeune. »

Le vieux : - Ah ! Je regrette bien d'avoir fait tous ces travaux, bientôt plus personne ne viendra avec cette ligne.

Le jeune : - Je comprends maintenant, pourquoi la maison n'était pas chère ! Votre notaire m'avait affirmé « parce qu'elle est située près du cimetière, les gens souvent n'aiment pas. »

Le vieux, *en souriant* : - Ah le notaire ! Une fois qu'il peut prendre sa commission ! Si vous revendez, il sera content, ça lui en refera une !

Le jeune : - Il faut se battre. Cette ligne, si personne n'en veut, ils ne la feront pas.

Le vieux : - Vous êtes jeune ! Vous croyez qu'on peut se battre contre l'EDF ?

Le jeune : - Vous verrez, elle ne se fera pas !

Le vieux : - Je nous le souhaite. Mais vous avez vu, qui a racheté, en haut, le frère d'une grosse tête de l'EDF. Et discrètement, ils iront voir quelques agriculteurs qui pour avoir les primes signeront, laisseront implanter les poteaux. Ça se passe toujours comme ça !

Le jeune : - Pas toujours ! Personne n'en veut de cette ligne. Il faut mettre les élus devant leurs responsabilités. Je ne comprends toujours pas comment vous avez pu élire comme Conseiller Général un type pareil.

Le vieux : - Ah ! La politique ! Par ici, faut être du clan. Ils tiennent les maires, au département, avec les subventions. Le premier qui ose l'ouvrir, ils lui coupent les vannes.

Tableau 4

M. et Mme Dufric, un matin, au jardin, petit-déjeuner sous parasol.

Mme Dufric : - Je crois que je vais m'ennuyer. C'est trop calme.
M. Dufric : - Tu parles d'un calme ! Leur coq à ces ploucs m'a encore réveillé.
Mme Dufric : - Les joies de la campagne !
M. Dufric : - Mais c'est leur voiture qui descend (*il se lève pour observer*). J'ai au moins une heure. Sa vieille est avec lui… (*il sort de scène en vitesse*)
Mme Dufric : - Mais où vas-tu comme ça, chéri ? Tu n'as pas fini ton croissant. (*silence*) Qu'est-ce qu'il lui prend ? Il ne va quand même pas téléphoner à la S.P.A. pour leur demander d'intervenir ?… Enfin, je ne lui donnerais pas tort, s'il chante comme ça chaque matin, leur coq, c'est qu'ils doivent le traiter d'une manière peu convenable. Ou alors il téléphone aux gendarmes ?… Après tout, pourquoi pas. Ce n'est pas moi qui lui donnerais tort. Je ne vois pas pourquoi on laisserait un coq chanter alors qu'on peut se prendre un P.V. pour avoir klaxonné.

M. Dufric revient. En tenue de chasse, avec son fusil.

Mme Dufric : - Mais que se passe-t-il, chéri ?
M. Dufric : - Tu n'as pas deviné ? Je t'ai connue plus perspicace. Alors, personne ne devine ?
Mme Dufric : - Oh ! Tu penses que c'est bien convenable ?
M. Dufric : - Tu ne vas quand même pas plaindre leur coq !
Mme Dufric : - Peut-être que si tu allais leur parler d'abord, ce serait plus convenable, ils le feraient peut-être taire leur coq.
M. Dufric : - T'y connais vraiment rien aux ploucs. On voit bien que tu n'as pas fait l'armée, toi. Si je vais leur parler, ils se fouteront de ma gueule et achèteront un deuxième coq. Les ploucs sont bêtes et méchants et surtout jaloux de la réussite des gens qui ont travaillé pour avoir ce qu'ils ont.
Mme Dufric : - Mais si quelqu'un te voit ?
M. Dufric : - Qui veux-tu qui me *voye* par ici ?
Mme Dufric : - Tu sais bien qu'on ne peut plus être tranquille nulle part.
M. Dufric : - De toute manière, je suis en état de légitime défense.

M. Dufric, très fier, sort un sachet d'une de ses poches et l'agite en souriant.

M. Dufric : - J'ai même pris un sachet. Tu devines pourquoi ? Ça t'évitera de devoir laver ma veste.
Mme Dufric : - Tu es vraiment le plus convenable des maris.
M. Dufric : - Ça nous fera un bon bouillon.
Mme Dufric : - Tu sais comment on fait du bouillon, toi ?
M. Dufric : - C'est toi la femme.
Mme Dufric : - J'ai toujours entendu dire que c'était avec une poule.
M. Dufric : - Si on peut le faire avec une poule, je ne vois pas pourquoi on ne le ferait pas avec un poulet.
Mme Dufric : - Tu as raison. Mais il faudra que j'achète un livre de cuisine. Je le ferai dimanche avec les enfants… Au fait… C'est un coq ou un poulet ?
M. Dufric : - Tu m'embêtes. De toute manière j'ai plus que des cartouches pour sangliers. Je crois que je vais lui butter le troupeau.
Mme Dufric : - Tu crois que ce serait convenable ?…
M. Dufric : - Ils l'ont bien cherché.
Mme Dufric : - Ce serait le coup du roi.
M. Dufric : - Ne dis pas des bêtises.
Mme Dufric : - C'est du Pagnol.
M. Dufric : - Toi et tes séries américaines ! Allez, j'y vais (*il sort*).

Mme Dufric : - Je n'ai pas voulu répliquer. Ça n'aurait pas été convenable. Il se serait peut-être fâché. Il ne faut jamais contrarier un homme qui a un tournevis dans les mains comme disait ma grand-mère. Qui plus est un fusil ! Et je ne vais quand même pas gâcher nos vacances pour si peu. De toute manière, ça n'a jamais été son truc, la littérature. Lui c'est les tableaux de financement. Chacun son truc. Mais enfin, ne pas connaître monsieur de Pagnol ! C'est pourtant un auteur classique, en plus un héros national, même la banque a émis un billet avec sa tête dessus, au grand Antoine de Pagnol... Dire que je l'ai appelé « mon petit prince »... (*elle sourit*) C'était y'a si longtemps !... Il aimait ça, que je l'appelle « mon petit prince ». Et il m'appelait « princesse »... Comme nous étions romantiques... Les jeunes ont tort d'avoir perdu le romantisme... Ils devraient le retrouver. Il suffit de le chercher. Comme c'est beau, le romantisme. Je devrais peut-être me remettre à lire des gros livres... Les journées passeraient plus vite... Oh non, tout ce qui s'écrit maintenant est tellement ennuyant que ça m'ennuierait encore plus...

On entend un coup de fusil. Mme Dufric sursaute.

Mme Dufric : - Oh ! J'aurais dû m'y attendre. Et pourtant, ça m'a fait sursauter. Comme ça va le faire rire (*elle rit*). Et comme les enfants vont rire... À moins que je garde tout ça pour moi ?... Ah ! Ils changent, mes enfants !... Ah ! S'ils avaient pu rester hauts comme trois pommes. Plutôt que de perdre de l'argent à faire des fusées alors que je n'irai jamais sur Mars, c'est ça qu'ils devraient inventer, des enfants qui restent enfants. Oh non ! Je crois qu'ils me lasseraient, à force. Un clone, ce serait mieux, un clone qu'on pourrait garder enfermé dans une pièce, à la cave, puisque nous avons une belle cave, pour en utiliser des morceaux quand un truc se met à déconner. Je devrais peut-être écrire un roman de science fiction. Je deviendrais riche et célèbre...

Retour de monsieur Dufric.

M. Dufric, *très chasseur triomphant* : - On peut dire qu'il n'a pas souffert. Il aurait fallu que tu *voyes* ça.
Mme Dufric : - Mais où est ton gibier ?
M. Dufric : - Va me chercher l'aspirateur. Y'a des plumes partout.
Mme Dufric : - Et tu vas le brancher où ?
M. Dufric : - J'utiliserai les piles.
Mme Dufric : - Oh chéri ! Un aspirateur à piles ! Voyons ! Ce n'est pas convenable !
M. Dufric : - Ma radio, je la branche sur le secteur mais je peux l'utiliser sur piles.
Mme Dufric : - On voit que tu n'as jamais utilisé d'aspirateur !
M. Dufric : - Il est beau le progrès ! On envoie des hommes sur Mars et on n'est pas foutu de faire fonctionner un aspirateur avec des piles.
Mme Dufric, *en souriant* : - Chéri, l'aspirateur est un appareil ménager. Tu devrais écrire au service après-vente pour leur signaler ton besoin d'appareil à piles les jours où tu vas faire un carnage chez le voisin.
M. Dufric : - Madame se croit spirituelle. Hé bien, les plumes resteront où elles sont, le vent les emportera.
Mme Dufric : - Et on mangera quoi dimanche ?
M. Dufric : - Je croyais qu'on avait rempli le congélateur.
Mme Dufric : - Pour une fois que je me proposais de cuisiner comme ma grand-mère ! Hé bien ! Tu as raté l'unique occasion ! Peut-être qu'ensuite j'aurais même fait de la confiture, puisque nous avons des arbres fruitiers.
M. Dufric : - Tu ferais mieux de me féliciter, de me demander de raconter. On aurait dit un feu d'artifice ! Tu aurais aimé voir ça ! S'il en rachète un, on ira le butter un dimanche, pour que les enfants profitent du spectacle...

Tableau 5

Le salon, un soir d'orage. Eclairé à la bougie.

Mme Dufric, *seule, debout, inquiète* : - Ce serait trop bête de mourir dans sa résidence de campagne... J'en suis certaine, il n'y a pas de paratonnerre... Et personne n'a pensé à le demander à ce notaire... (*tonnerre, elle se signe quatre fois*) Ce serait trop bête, mourir dans sa résidence de campagne où l'on s'ennuie à mourir... C'est vrai qu'on ne peut pas faire autrement que d'y venir. Ça les fait tellement rager les voisines. Pauvres femmes qui doivent rester en ville le week-end... Rester en ville le week-end, comme c'est ringard... Qu'est-ce qu'elles donneraient pour être à ma place (*tonnerre, elle sursaute*) Mais où est cet idiot ! Comme si il va voir quelque chose dans le grenier ! Le fou, il va peut-être se faire attaquer par les chauves-souris... Si seulement il pouvait se tuer en descendant de l'échelle !... Avec l'assurance-vie... Oh ! Comme je serais heureuse à Saint-Tropez... Là au moins il y a des paratonnerres...

Son mari entre...

Mme Dufric : - Oh chéri, enfin, je m'inquiétais !... (*tonnerre*)
M. Dufric : - Mauvaise nouvelle des étoiles.
Mme Dufric : - Tu as vu des étoiles.
M. Dufric : - Il pleut, il pleut, bergère.
Mme Dufric : - Mais je sais, mais je sais. Ne joue pas sur mes nerfs avec des bêtises. Tu sais comment je suis nerveuse quand je me sens en danger.
M. Dufric : - Il pleut dans le grenier.
Mme Dufric : -Mais l'orage, il va s'arrêter ?
M. Dufric : - Il pleut dans le grenier. C'est une inondation (*tonnerre*).
Mme Dufric : - Appelle les pompiers.
M. Dufric : - Mais chérie, les pompiers, c'est en cas d'incendie.
Mme Dufric : - Justement, l'eau ça leur servira.
M. Dufric, *éclate de rire* : - Oh ! Je la replacerai celle-là.
Mme Dufric : - Ne te moque pas... Emmène-moi à l'hôtel.
M. Dufric : - Tu as déjà vu un hôtel dans ce patelin ?
Mme Dufric : - Oh mon Dieu ! Si seulement on pouvait se changer les idées en regardant la télé.
M. Dufric : - Tu vois, pour les télés aussi, il faudrait des télés à piles !
Mme Dufric : - Ne te moque pas ! Ne te moque pas ! Mes nerfs vont craquer... Et qu'est-ce qu'il fait ton frère ? Il ne pourrait pas nous rebrancher ?
M. Dufric : - Il t'a déjà expliqué ! Ce n'est plus de sa responsabilité !
Mme Dufric : - C'est toujours comme ça : c'est pas moi c'est les autres. Quel pays ! Et tu ne m'as toujours pas raconté...
M. Dufric : - Hé bien demain, tandis que je serai à la chasse, il te faudra nous trouver un artisan.
Mme Dufric : - Ah non ! Tu ne vas pas me demander de parler à ces gens-là.
M. Dufric : - Au téléphone, tu ne crains rien. Ils doivent bien avoir le téléphone, les couvreurs, dans ce pays.
Mme Dufric : - Je n'arriverai jamais à dormir.
M. Dufric : - Qu'est-ce que tu ferais sans moi !
Mme Dufric, *la réplique lui échappe* : - J'irais à Saint Tropez !

Tableau 6

Le salon, le lendemain.

Mme Dufric, *tourne en rond* : - Mais qu'est-ce qu'ils font ?... (*souriant*) Si c'était une femme j'aurais des doutes...

Entre l'artisan... M. Dufric suivra.

Mme Dufric : - Alors monsieur ?
Artisan : - Oh, on peut dire qu'il a souffert !
Mme Dufric : - Mon mari ? Qu'avez-vous fait à mon mari ?
Artisan : -Votre toit, pardi !
Mme Dufric : - Ah bien sûr !... Cet orage m'a perturbée... Rien de grave ?
Artisan : - Oh, vous avez le choix, on a toujours le choix dans la vie... Je peux vous le rafistoler pour trois fois rien... Mais au prochain orage, faudra réparer ailleurs...
M. Dufric : - Je ne comprends pas, le notaire nous a certifié qu'il était en excellent état.
Artisan : - Ah ! Si vous commencez à croire les notaires, vous êtes mal partis...
M. Dufric : - On a pourtant bien cru qu'il était honnête. Mon frère le connaît. Et il est premier adjoint au maire.
Artisan : - Oh ! Vous n'êtes pas les premiers. Je le connais bien, pardi !... Entre nous, c'est la pire des crapules. Et je suppose qu'il vous a demandé un petit pourcentage sans facture comme il dit, pour conclure l'affaire avant qu'un riche client qui achète de nombreuses maisons dans la région, ne vienne surenchérir.
Mme Dufric : - Vous croyez qu'il nous a menés en bateau ! Oh je m'en doutais, sa main était moite.
Artisan : - Les notaires, c'est les pires des escrocs. Je ne veux pas avoir l'air de vous donner des conseils, mais quand on achète une maison, surtout à la campagne, il faut toujours faire expertiser la charpente par un professionnel. À moins bien sûr qu'on s'y connaisse... Peut-être que monsieur est un spécialiste.
Mme Dufric, *s'exclame* : - Des plans comptables !
M. Dufric : - Oh, voyons... Je m'y connais naturellement pas moins qu'un autre... Comme un homme...
Mme Dufric, *répète :* - Comme un homme !
Artisan : - Tout le monde ne peut être spécialiste en tout. Moi, en comptabilité, je laisse faire ma femme.

M. Dufric est satisfait de cette remarque.

Artisan : - La charpente c'est comme tout, il faut faire appel aux gens de métier, sinon on risque quelques déconvenues.
M. Dufric : - Vous entendez, par déconvenues ?
Artisan : - Je vais prendre une image qu'on utilise parfois dans notre profession : votre toit, c'est du gruyère.
Mme Dufric : - Oh ! Râpé !... Ah, je comprends, vous parlez des trous.
Artisan : - Vous v'la avec un toit qu'il faut remettre en état... Le plus embêtant, c'est que ce n'est pas la bonne période.
M. Dufric : - C'est-à-dire ?
Artisan : - Le printemps arrive. Et au printemps, ici, vous savez bien...
M. Dufric : - Vous n'allez pas me dire que vous fermez.
Artisan : - Naturellement non ! Fermer, nous n'en avons pas les moyens. Quand on est son propre patron, on n'a pas de congés payés. On travaille 7 jours sur 7 et on n'a pas la retraite à 55 ans. En

plus au printemps, nous sommes quasiment réquisitionnés par les riches étrangers qui veulent leur résidence secondaire nickel pour l'été.
M. Dufric : - Entre voisins, je vous fais confiance, vous trouverez bien quelques jours. Vous pouvez quand même nous faire un devis ?
Artisan : - Oh ça, pas de problème, la patronne s'en chargera ce soir si vous me laissez prendre les mesures... Mais il faudra vous décider rapidement... Vous comprenez, les anglais et les hollandais payent toujours d'avance. Je suppose que vous en ferez de même ?
M. Dufric, *après avoir regardé sa femme* : - Si c'est préférable.
Artisan : - Si vous y tenez, entre voisins, entre chasseurs, de manière exceptionnelle, je ne vous facturerai pas la TVA, on s'arrangera. Mais chut, c'est entre nous. Je sais bien que quand on vient d'acheter, c'est toujours désagréable de dépenser une fortune en réparations et surtout en TVA.
M. Dufric : - Ce sera déjà ça en moins. À première vue, cette petite affaire va s'élever à combien ?
Artisan : - Oh ! Y'a du travail ! Ça on peut dire qu'il y a du travail... Et si je ne me trompe, vous devez avoir un deuxième grenier, au-dessus des chambres... Il serait peut-être préférable de vérifier son état... Enfin, je dis ça, c'est pour vous... Vous pouvez réparer le premier cette année et attendre l'année prochaine pour le suivant, en espérant que d'ici là il n'y ait pas de grosses pluies. En août, les orages sont parfois mauvais dans le coin.
Mme Dufric : - Comme hier.
Artisan : - Oh hier... Ce n'était rien ! Si vos charpentes ne sont pas réparées en août, je vous conseille de ne pas rester en dessous un soir d'orage en août !
Mme Dufric : - Vous croyez que l'autre aussi ?...
Artisan : - Je ne l'ai pas vu, mais croyez-en mon expérience : quand la toiture est mauvaise au sud, elle est rarement dans un meilleur état au nord. Je dis ça, c'est pour vous. Parce que les toits, si ça commence à prendre l'eau, on en voit, des maisons, s'effondrer comme des châteaux de sable.
Mme Dufric : - Oh !

Tableau 7

Chez l'artisan, salon en pierres apparentes. Tout confort. L'artisan vautré dans un canapé cuir.

Artisan : - Il va le sentir passer, le parisien !
Sa femme : - Je croyais qu'il était bordelais.
Artisan : - C'est quoi la différence ?! Tu sais pas que la semaine dernière il a buté le dindon et les canards du vieux.
Sa femme : - Au fait, oui ! Mathilde me l'a raconté hier matin.
Artisan : - Tu diras, c'est bien fait pour sa gueule aussi à ce vieux singe. Avec des balles pour sangliers, il a pas chipoté le con. Qu'ils se tuent entre eux et on sera bien débarrassé.
Sa femme : - Et tu vas lui faire ses travaux ?
Artisan : - Des travaux comme ça ! J'en veux bien tous les jours ! Il a une tuile fendue (*il se tape sur les fesses puis boit cul sec un Ricard*) ! Une tuile fendue et un peu d'eau s'est infiltrée, sa latte, pardi, a fini par casser ; et tout le reste est nickel ! Je vais lui changer ses deux toitures !
Sa femme : - Oh ! S'il s'en aperçoit !
Artisan : - S'en apercevoir ! Un bureaucrate qui n'a jamais vu un toit ailleurs que sur photos. Et de toute manière, il paiera d'avance ! Et en liquide.
Sa femme : - Tu vas lui changer toutes les boiseries.
Artisan : - Hé pardi ! J'aime le travail consciencieux ! Je suis un bon français ! Je lui échangerai sa toiture avec celle de l'amerloque. Ils seront tous les deux contents et ça nous fera de quoi terminer la maison du fiston.
Sa femme : - Laquelle ?
Artisan : - Bin pardi ! La grande.
Sa femme : - Ils sont cons ces gens des villes, mais comment on s'en sortirait sans eux !
Artisan : - On s'en sortirait mieux si l'Etat ne nous rackettait pas ! Cette TVA, ces taxes, ces assurances.
Sa femme : - On aurait peut-être dû l'acheter, cette maison.
Artisan : - Tu n'y connais vraiment rien aux affaires. Quand la ligne à Haute Tension y sera, ils vont tous revendre, et on les aura au prix du ciment.
Sa femme : - Tu crois vraiment qu'ils vont la faire cette ligne.
Artisan : - Et pourquoi ils ne la feraient pas ?
Sa femme : - Les manifestations.
Artisan : - Les manifestations ! Mais t'y connais vraiment rien ! 5000 pecnots à Cahors. On est 100 fois plus le 1er mai.
Sa femme : - Ne compare pas Cahors et Paris... Et n'exagère pas !
Artisan : - Quoi ? J'exagère maintenant !... Mais tu me cherches, toi, ce soir !... Tu vas quand même pas te mettre à croire ces journaleux. Je te dis qu'on était au moins 500 000. Vivement qu'on soit au pouvoir, et ils comprendront, tous ces gratte-papiers.
Sa femme : - Ne t'énerve pas.
Artisan : - Un million. Un million qu'on sera cette année. Et là ils seront bien forcés de nous le donner, le pouvoir.
Sa femme : - Il y a quand même des élections.
Artisan : - Qui te dit que c'est pas notre tour cette fois, et tu vas voir, tous ces cols blancs payés à glander. Tu sais pas que c'est un cadre, l'autre aveugle... Il faut que je réclame maintenant... Où tu as les yeux (*il tend son verre, sa femme se précipite sur la bouteille pour lui verser un nouvel apéritif... Il a le sourire du mâle triomphant*).

Tableau 8

Devant son gîte, « le vieux », avec « le jeune. »

Le vieux : - Je vous le dis comme ça, entre nous… À la mairie, ils ne sont pas contents… Vous devinez pourquoi ?
Le jeune : - Parce que je n'ai pas planté de fleurs ?
Le vieux : - Vous êtes la seule maison où il n'y avait personne à l'enterrement du notaire. Même les bordelais et les américains y étaient.
Le jeune : - En quoi ça regarde le Conseil Municipal ?
Le vieux : - Si un jour vous demandez un bout de terrain, ce sera niet !
Le jeune : - C'est entre Dieu et moi !… Je n'allais quand même pas me déplacer pour un notaire qui a essayé de m'arnaquer !
Le vieux : - Oh ça ! Vous n'êtes pas le seul mais il était premier adjoint et sa fille le remplacera.
Le jeune : - Ce n'est pas à l'honneur de la municipalité ! Et de toute manière aucune des catégories ne me convenait !
Le vieux : - Des catégories ?
Le jeune : - La première, la plus restreinte, sa fille et pas grand monde, qui semblaient réellement meurtris, la seconde, un peu plus nombreuse, avec ceux qui s'inventaient du chagrin pour bien le montrer, et la troisième, où l'immense majorité ne se cachait pas d'être là uniquement pour qu'on ne puisse pas dire qu'ils n'y étaient pas !
Le vieux : - C'est toujours comme ça.
Le jeune : - Gamin j'étais enfant de cœur, aujourd'hui j'aperçois la place du cimetière de chez moi. Les générations passent, le rapport à la mort des voisins demeure.
Le vieux : - Sa fille a dit des choses qui ne se disent pas.
Le jeune : - C'est entre nous.
Le vieux : - Faites attention à votre chat.
Le jeune : - Pauvre fille ! Si elle savait ! La majorité de ceux qui ont écrit leur nom dans le carnet de condoléances méprisaient son père !
Le vieux : - Oh ça, on peut dire qu'il n'était pas apprécié. Pourtant il n'y avait jamais eu autant de monde pour un enterrement.
Le jeune : - Vous y croyez, vous, qu'il est mort d'un coup de sabot ?
Le vieux : - Ah ça ! Avec le Conseiller Général, ce n'était pas la première chose pas claire qu'ils faisaient, ce centre équestre.
Le jeune : - C'est pas à son âge qu'on commence à faire du cheval.
Le vieux : - La vérité, on ne la connaîtra jamais.
Le jeune : - Encore une bonne affaire pour les veillées du soir !
Le vieux : - Ah ! J'aimerais bien les revoir les veillées. Mais un à un les vieux disparaissent.
Le jeune : - Et les jeunes ne deviennent pas tous vieux !
Le vieux : - C'est inquiétant quand les enfants meurent quelques années après leurs parents. Le notaire est hors catégorie mais vous avez remarqué comme moi, les trois derniers n'ont pas dépassé 75 alors que leurs parents avaient plus de 90.
Le jeune : - Tchernobyl, nitrates, pesticides et autres pollutions. Tout nous retombe dessus. Et notre organisme n'est pas fait pour supporter longtemps un pareil cocktail.
Le vieux : - Ils nous tueront tous.
Le jeune : - Ils se tuent aussi ! Assassins et idiots !

Tableau 9

M. et Mme Dufric devant leur maison.

Mme Dufric : - Ah non, je n'entre pas.

M. Dufric : - Bah ! Tu devrais être habituée. Ce n'est que la troisième fois !...

Mme Dufric : - Si ça te rend philosophe, tant mieux pour toi. Mais moi, non, c'est fini. Cette porte fracturée, je vais la revoir tous les jours dans mes cauchemars. Ramène-moi chez nous.

M. Dufric : - On ne va quand même pas se laisser impressionner. Les journaux ont beau parler des jeunes de Toulouse ou Montauban qui se font des petites virées, visitent les résidences secondaires, je n'y crois pas.

Mme Dufric : - Tu as des soupçons ? Tu as relevé des indices ?

M. Dufric : - Pour te le dire plus clairement, ils n'ont pas besoin d'autoroutes nos cambrioleurs ! Ça ne m'étonnerait pas que ce soit des gens d'ici.

Mme Dufric : - Oh ! Tu crois ! Je ne comprends pas pourquoi ils ne nous aiment pas !

M. Dufric : - Les ploucs sont idiots et méchants.

Mme Dufric : - On devrait revendre et acheter à la mer. Y'a même pas la mer ici.

M. Dufric : - Tu le savais avant. En attendant, je vais quand même téléphoner aux gendarmes. Et je vais leur parler de mes soupçons.

Mme Dufric : - Tu crois qu'ils vont t'écouter ?

M. Dufric : - Hé pourquoi ils ne m'écouteraient pas ! Et s'ils ne m'écoutent pas, je mènerai l'enquête à ma manière, avec le frangin.

Mme Dufric : - Oh lui !

M. Dufric : - On aurait pu faire carrière dans la police, lui et moi. Mais ça ne paye pas et on n'a même plus le droit de tirer !

Il prend son portable...

M. Dufric : - Quel pays d'attardés ! Ça ne passe toujours pas. J'ai pourtant écrit à la mairie pour leur signifier expressément que le portable m'est indispensable.

Mme Dufric : - Cette maison ne nous sert à rien. Les enfants ne veulent plus venir.

M. Dufric : - Avec tout ce qu'elle nous a coûté, il faut quand même qu'on en profite. Je te le dis, on ne va pas se laisser intimider.

Mme Dufric : - Il s'est bien foutu de nous, le notaire. Et ton frère aussi !

M. Dufric se retourne, rentre dans la maison.

Mme Dufric : - Alors qu'on venait ici pour se faire des amis, qu'on est arrivé avec les meilleures intentions du monde, ces ploucs sont vraiment des gens méchants... Tout ça parce qu'on est riche. Mais on ne l'a pas volé, notre argent. Qu'ils travaillent plutôt que de nous jalouser.

Tableau 10

Devant son gîte, « le vieux », avec « le jeune. » Quelques années plus tard.

Le vieux : - Quand j'étais jeune, à la pelle, qu'on en ramassait, des écrevisses. Des malines aussi. On appelait ça des malines, des petits poissons d'une dizaine de centimètres.
Le jeune : - Il aurait pourtant suffi d'interdire les engrais et les pesticides le long du ruisseau.
Le vieux : - Que voulez-vous ! Ils ont tout détruit. Les agriculteurs étaient majoritaires au Conseil Municipal.
Le jeune : - Et le fils du maire a succédé au maire !
Le vieux : - Il n'est pas pire que les autres ! Plus les fermes grossissent, plus ils détruisent. C'est facile de ne pas se tromper : au recensement de 1970, il y avait 70 fermes au village. Il en reste 4.
Le jeune : - Les 4 gagnants du pactole. Et un jour ils obtiendront des subventions pour ne plus polluer.
Le vieux : - Des subventions pour polluer, des subventions pour ne plus polluer, ça fait deux fois des subventions.
Le jeune : - Et les subventions pour faire semblant de dépolluer, leurs fils les obtiendront ! Et pour arrondir leur pactole, il leur suffit de vendre quelques mètres carrés en terrain à bâtir. Ils ont eu les terres pour trois fois rien avec leur Crédit Agricole et leur Safer, et maintenant ils sont les rois des campagnes.
Le vieux : - J'aurais bien voulu acheter quelques hectares autour de chez moi, le vieux était d'accord pour me les vendre mais la Safer est intervenue et il les a vendus moitié prix. Ecraser les petits, permettre aux gros de grossir. Une mafia. Et maintenant, les pesticides, c'est pour ma poire.
Le jeune : - Les agriculteurs sont devenus des industriels, vous allez voir, le prix des céréales, des fruits, du lait, ça va flamber. Vendre en gagnant peu durant quelques années pour éliminer la concurrence et ensuite imposer ses prix, le piège était évident et les politiques ont approuvé pour être tranquilles.
Le vieux : - Et qui c'est qui doit toujours payer !
Le jeune : - Si ça continue, on sera tous imposables à l'Impôt sur la Fortune !
Le vieux : - Ah ! Depuis qu'ils ont abandonné leur projet de ligne, les gens sont fous ! Ils veulent tous leur résidence secondaire ici.

Arrive l'artisan.

Artisan : - Alors, les retraités !
Le vieux : - Tu viens voir si les nouveaux propriétaires veulent refaire leur toiture ? (*l'artisan serre les mains*)
Artisan : - Depuis qu'ils ont vendu, les bordelais, tu ressors tes bêtes !
Le vieux : - C'est moi qui ai le plus eu à m'en plaindre.
Artisan : - Ah ! Si j'avais étouffé ma femme au lieu de l'écouter, on ne les aurait jamais vus par ici, ces bordelais. Je voulais l'acheter, elle m'avait répondu « *t'arriveras jamais à la revendre.* » Avec un coup comme ça, j'aurais pu arrêter de travailler, maintenant va falloir que je trime jusqu'à 70 ans.
Le vieux : - On ne fait pas toujours c'qu'on veut dans la vie.
Artisan : - Avoir travaillé toute une vie, droit, honnête et voir son fils fumer du shit, comme il dit, du matin au soir, même à mon pire ennemi, je ne le souhaiterais pas.
Le vieux : - On ne fait pas toujours c'qu'on veut dans la vie.
Artisan : - J'vais voir c'qui veulent, ces hollandais (*l'artisan part*).
Le vieux : - Eh pardi ! Son fils a toujours eu tellement d'argent devant les yeux, qu'un jour il s'est acheté de la drogue ! Vous le connaissez ?
Le jeune : - C'est la première fois depuis que je suis ici, qu'il me dit bonjour, votre artisan. Et

encore, un bonjour guère cordial ! Au début, deux fois je lui ai fait signe, il m'a regardé comme si j'étais une BDV, une bouse de vache ! Je ne savais même pas qu'il avait un fils.

Le vieux : - De toute manière, ces gens-là, je ne vous les conseille pas, ils ne peuvent qu'attirer des ennuis. Si vous arrivez à vous débrouiller tout seul pour faire vos travaux, c'est encore la meilleure solution. Une fortune qu'il lui a volé, à ce bordelais. Et vous savez que je ne l'ai jamais aimé.

Le jeune : - Quand vous me disiez, ça doit être le jeune du Pech qui les a cambriolés, pour s'acheter de la drogue, c'était de son fils que vous parliez ?

Le vieux : - Mais chut, c'était entre nous. Il paraît que les gendarmes ont retrouvé ses empreintes, alors son père a dit qu'il était venu l'aider pour réparer la toiture. Mais tant qu'il n'aura pas ruiné ses parents, il ne travaillera pas celui-là.

Le jeune : - Le père a passé sa vie à arnaquer les gens et il vivra assez vieux pour voir son fils tout dilapider, c'est assez moral !

Tableau 11

Assis presque face à face, l'homme regarde le gîte, la femme la vallée (le public donc).

La vacancière : - Y'a même pas dix ans, ici, pour une bouchée de pain, t'avais une maison, des belles pierres à rénover. Pas un château, pas une superbe propriété avec piscine mais quelque chose d'habitable. Y'avait des centaines de coins comme ça en France. Mes parents s'achetaient des grosses voitures qui valaient plus que ces maisons et maintenant ils se plaignent de toujours être en location et de vivre en ville. Et nous, on rêve devant des murs qu'on ne pourra jamais se payer.
Le vacancier : - On s'est rencontré trop tard.
La vacancière : - Avant, il était possible de vivre vraiment, en France. Tu travaillais quelques années, tu dépensais pas trop et tu pouvais vivre tranquille ensuite, en bricolant un peu.
Le vacancier : - C'est fini tout ça.
La vacancière : - J'en suis certaine, tout ça, ce n'est pas du hasard. Ça les emmerdait, les friqués, les du-gouvernement, qu'on puisse vivre autrement qu'eux. Alors ils ont tout fait pour que les étrangers achètent en France. Comme ça, l'immobilier a flambé et maintenant, même pour acheter une ruine, il faut être totalement intégré, salarié avec patte blanche pour plaire au banquier qui te tiendra des décennies.
Le vacancier : - On s'est laissé piéger.
La vacancière : - Y'a plus qu'une chose qui puisse nous sauver, c'est malheureux mais c'est comme ça : la grippe aviaire, avec des millions de morts. Et alors les maisons durant quelques années se revendront pour trois fois rien.
Le vacancier : - Je préfère encore vivre dans une caravane que prendre le risque d'une grippe aviaire ! Tu vas voir, dans quelques années, on sera des millions à vivre dans des caravanes, dans ce pays.
La vacancière : - Mais ça ne change rien au cycle historique : il y a toujours eu accumulation par une minorité et « la civilisation », comme ils disent dans les livres, s'effondrait. La guerre ou la peste venait remettre les compteurs à zéro et les survivants recommençaient. Nous aurons encore des guerres, nous aurons encore des pestes, la grippe aviaire n'est qu'une forme de peste, la seule différence, c'est le nucléaire. La prochaine fois, les survivants ne seront peut-être plus en état de recommencer.
Le vacancier : - Tu arrives à vivre, avec autant d'idées noires dans ta tête ?
La vacancière : - J'essaye de comprendre le monde. Comprendre avant d'agir.
Le vacancier : - Ou alors, ces résidences secondaires, si on revenait en septembre les squatter ?
La vacancière : - Mais oui ! Mais tu viens d'avoir l'idée du siècle ! Demain on ouvre un site internet pour lancer le mouvement des squatters de résidences secondaires (*de plus en plus enthousiaste*) et ils ne pourront rien faire contre nous car on leur montrera qu'il est mensonger de prétendre qu'il manque un million de logements en France. C'est juste qu'un million de logements sont fermés et que les clés sont dans des poches de friqués. Donc il faut passer par les fenêtres.
Le vacancier : - Attends, c'était juste pour dire de causer. Je suis bien dans une caravane, moi ! Mon père a voulu la faire, la révolution, tu as vu où ça l'a mené ?
La vacancière : - Mes parents l'on vécue, la vie de merde bien tranquille, tu as vu où ça les a menés !

Rideau - Fin

Blaise Pascal serait webmaster !

Pièce en deux actes

Deux hommes et une femme

Se référant à Blaise Pascal, dont les apparitions nous rappellent ses *pensées*, le narrateur explique comment il en est arrivé à vivre l'aphorisme « *tout le malheur des hommes vient d'une seule chose, qui est de ne savoir pas demeurer en repos, dans une chambre.* » Marjorie, dont le rôle fut essentiel, semble présente, et reprend des phrases prononcées lors des quelques heures de Grand Bonheur".

Pièce réductible en un homme une femme, en réalisant un enregistrement des interventions de « Blaise Pascal » (ou, à chacune de ses interventions la scène est plongée dans le noir – d'autres moyens imaginables - et le narrateur tient aussi ce rôle d'une voix métallique, d'outre-tombe)

- Un narrateur
et des apparitions :
- Blaise Pascal prononce les phrases extraites de ses *Pensées*
- Marjorie, magnifique et mystique.

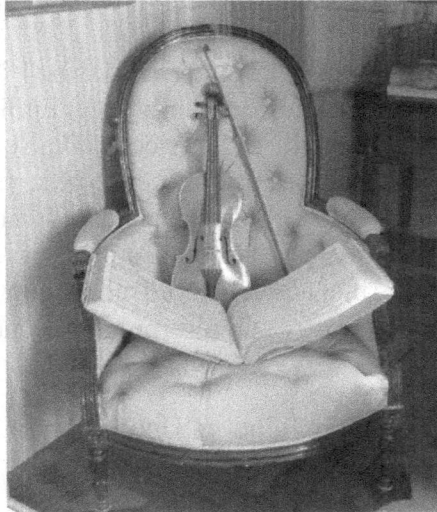

Acte 1

Le narrateur :
Pascal, Blaise Pascal, est né le 19 juin 1623 à Clermont-Ferrand. En France donc. Même une personne côtoyée assidûment durant des années, quand on la présente en quelques phrases, on peut être certain qu'elle contestera cette description. Au moins pour nous taquiner ou embêter, suivant le caractère !
Même une personne aimée, avec qui, de la rencontre à la rupture, on a vécu des phases proclamées « bonheur parfait », « harmonie », « accord idéal », même cette personne-là, oser la décrire s'avère une tentative périlleuse.
Quant à Marjorie, quel portrait en dresser ?

Marjorie *(assise par terre, comme au pied d'un arbre, soudain éclairée)* :
Nous ne nous sommes pas croisés par hasard. Pourquoi ? Je l'ignore, tu l'ignores. Acceptons notre ignorance, n'essayons pas de la remplacer par des hypothèses. Et vivons l'instant. Vivons l'éternité de l'instant.

Le narrateur :
Faire revivre ici Blaise Pascal est donc un véritable défi.
(silence)
Même si un peu de l'ADN du Blaise Pascal décédé le 19 août 1662 nous le reconstituait, ce ne serait jamais le penseur du 17eme siècle.
Malade dès l'enfance, Blaise Pascal avait intériorisé l'inévitable brièveté de sa vie. Il est mort à 39 ans.
Mais Blaise Pascal reconstitué serait sauvé par notre médecine ! Notre héros ne saurait être limité par sa constitution physique. On ne meurt plus de fragilité !... En France... Sauf exceptions !
Né en France durant la seconde moitié du 20eme siècle, Blaise Pascal aurait naturellement été imprégné par cette époque, des trente glorieuses au sarkozysme bouillonnant en passant par la gauche utopiste, sa cousine totalitaire et sa consœur caviar. Et nul doute qu'à dix-sept ans, Blaise Pascal aurait défilé dans les rues avec ses condisciples, lors d'une mémorable, forcément mémorable, inoubliable, formidable, inégalable mobilisation contre une inacceptable tentative de réforme, forcément inacceptable, une tentative de réforme de l'Education Nationale.

Marjorie :
Sortir de l'agitation est sûrement la vraie révolution. Une évolution nécessaire.

Le narrateur :
Alors qu'en réalité, à 17 ans, en 1640, Blaise Pascal publiait *Essai pour les coniques*. C'est de la géométrie, les coniques. *(silence)*
Ces difficultés ne sauraient nous décourager. *(silence)*
Si le pari de Pascal est gagné, il nous observe du paradis, et va sûrement s'indigner d'être résumé par un seul aphorisme de ses *Pensées*... Qui plus est, ce n'est pas :

Blaise Pascal, alors invisible, dans l'ombre, est éclairé :
« Il n'y a que deux sortes de personnes qu'on puisse appeler raisonnables : ou ceux qui servent Dieu de tout leur cœur parce qu'ils le connaissent, ou ceux qui le cherchent de tout leur cœur parce qu'ils ne le connaissent pas. »

Le narrateur :
Pour les attentifs auxquels les références sont indispensables, je précise : cette *Pensée* figure au numéro 194 tiret 427 dans la classification usuelle. *(silence)*

Comme les nostalgiques de Blaise Pascal préfèrent l'hypothèse où il nous observe, l'inviter était plus pratique. Je vous présente donc monsieur Blaise Pascal, bien portant malgré ses quelques siècles de paradis. (*silence*) Sous vos applaudissements ! Excusez-moi, je divague ! Et j'en profite pour apprendre aux plus jeunes qu'au XVIIe siècle, la télévision n'existait pas : il est donc possible de vivre sans écran devant les yeux, hé oui les enfants, les ados, les parents, les retraités ! (*silence*) Le pari de Pascal… Un appel aux incroyants… Vous avez tout à gagner à croire, même à croire par simple pari, alors que vous avez tout à perdre en ne croyant pas. Au grand jeu de l'éternité possible, les paris sont ouverts ! (*silence*)

Marjorie :
On appelle ça également le paradis des hypocrites ; je crois non par convictions profondes mais en pensant qu'un Dieu pourrait être naïf au point de m'offrir le paradis en échange de ce petit arrangement avec mes véritables convictions, en échange de ce raisonnement présenté juste mais reposant sur un mensonge, la volonté de piéger Dieu s'il existe, de lui soutirer une carte Paradis.

Le narrateur :
Quant à mon Blaise Pascal à moi, c'est un extrait du paragraphe 139, tiret 136, qui me le rend essentiel :

Blaise Pascal :
Tout le malheur des hommes vient d'une seule chose, qui est de ne savoir pas demeurer en repos, dans une chambre.

Le narrateur :
Tout le malheur des hommes vient d'une seule chose, qui est de ne savoir pas demeurer en repos, dans une chambre. (*silence*) La profession de webmaster fut naturellement inconnue de Blaise Pascal.
Il n'a même pas connu la première édition de ses *Pensées*, réalisée par un groupe d'amis huit ans après sa disparition. (*silence*) Le 19 juin 2023, *la Poste* et la majorité d'entre nous… espérons-le… fêterons le 400eme anniversaire de sa naissance. *La Poste* en émettant un timbre tarif lettres, avec pré-vente à Clermont-Ferrand où les notables seront de sortie, où VGE, Valéry Giscard d'Estaing, sera peut-être même au fauteuil d'honneur. Le 19 juin 2023, la profession de webmaster sera alors courante, ou dépassée, marginalisée, qui sait. Certes, les officiels de la classification nous ont intimé l'ordre administratif d'utiliser un vocable plus francophone... Webmestre est conseillé mais la sonorité ne me plaît pas. (*silence*) C'est ainsi ! Une question de sonorité !

Marjorie :
Tu me fais sourire, tu sais, t'es attendrissant comme mec…

Le narrateur :
La vie du webmaster est justement de celles à vivre dans une chambre : elle permet de limiter les contacts humains sans toutefois en ignorer l'existence.
Car il faut bien vivre ! Le webmaster d'aujourd'hui, celui exerçant sa surprenante activité dans le silence d'un village épargné par l'industrie, le réseau routier, l'aviation et autres nuisances, le webmaster travaille pour subvenir à ses besoins, le Conseil Général ayant exigé un projet professionnel pour continuer à lui verser son Rmi. C'était avant le RSA. Après l'URSS donc. Durant l'URSSAF quoi !

Marjorie :
EDF, GDF, SDF, SNCF, on s'égare…
Tu vas me croire folle ! J'ai aussi des moments d'insouciance, d'inconscience… Je me refuse de

mesurer toute la portée de mes erreurs. Je ne pleure jamais. Mon père est mort quand j'avais 15 ans et je n'ai pas encore pardonné à la vie de nous l'avoir pris, j'ai dû être un père aussi pour mes jeunes frères et sœurs. Je m'égare, tu vois. Je sais que tu pourrais me comprendre, je suis tentée de me laisser submerger par cette possibilité.

Le narrateur :
Certes, comme Blaise Pascal, l'intellectuel précaire peut écrire quelques livres... mais se contentera de les promouvoir via internet, fuyant les endroits claironnés salons du livre, fêtes du livre, foires du livre, lire en fête. Salon, foire ou fête du livre, espace culturel, parc des expositions ou salle des fêtes aménagée avec tables sur tréteaux, où des humains proclamés et souvent autoproclamés écrivains, sont visités par des badauds locaux en quête de figures vues à la télé. Et les badauds comme les voisins font la conversation.
N'oublions jamais...

Blaise Pascal :
On se gâte l'esprit et le sentiment par les conversations.

Le narrateur :
Le webmaster crée et gère un ou des sites internet. Il a donc la possibilité de promouvoir ses idées. C'était bien l'ambition de Blaise Pascal. Qu'il se rassure, nous n'irons nullement à l'encontre de ses convictions. Même si ce frétillant exposé occultera volontiers le versant apologie de la religion chrétienne de ses *Pensées*.
Attention : notre optique n'est nullement de conseiller aux enfants de rejeter leurs parents, refuser l'école et s'installer devant un écran. Se former est indispensable. Même si, ensuite, naturellement, il faut réaliser un tri salvateur.
Et dans la formation figurent encore inévitablement les conversations.

Blaise Pascal :
Ainsi les bonnes ou les mauvaises le forment ou le gâtent. Il importe donc de bien savoir choisir pour se former et ne point se gâter.

Le narrateur :
Soyons réaliste, évitons toute démagogie : rencontrer un être dont la conversation formera est aussi fréquent que de photographier un Conseiller Général abonné à une bibliothèque pour une raison dénuée d'arrières pensées électorales.
Se former correctement est indispensable et quasiment impossible. En trois siècles nous n'avons guère avancé dans les outils disponibles pour résoudre l'équation de la vie d'avant la vie dans une chambre.
Si la vie dans une chambre est l'objectif d'un être formé, elle serait une prison pour l'être encore sauvage... Employons des expressions surannées !...

Marjorie :
J'aime bien ton vocabulaire. Les mecs ont tellement l'habitude de s'exprimer avec dix-sept onomatopées.

Le narrateur :
J'entends déjà sourdre les commentaires : mais comment ce cher Blaise en est arrivé à cette extrémité ?... Lui demander serait tentant... Mais son contrat est catégorique, lui interdit tout commentaire... « votre rôle sur terre se limitera à réciter les paroles extraites de vos *Pensées*. » Contrat réalisé en trois exemplaires, sur un support inconnu même par nos scientifiques les plus émérites.
À cet instant précis, il convient de poser les *Pensées* et s'intéresser à l'homme... (*silence*)

Marjorie :

Je croyais la communication et la compréhension impossibles entre une fille et un mec. C'était un rêve, une utopie. Nous avons plus discuté en quelques heures qu'une année avec certains.

Le narrateur :

À trente et un ans, un « *grand refus du monde* » succède à une courte période disons « mondaine. » Le 8 décembre 1654, sa sœur, Jacqueline, en informe leur sœur Gilberte et précise « *dégoût presque insupportable de toutes les personnes qui en sont.* » Qui en sont... du « monde », naturellement.
Sur ce sujet du dégoût, observons que la trentaine reste une phase cruciale où la majorité abandonne, se vautre dans la télécratie et autres futilités, alors qu'un petit nombre s'oriente vers une paisible sortie du tunnel (*silence*).
Tout le malheur des hommes vient d'une seule chose, qui est de ne savoir pas demeurer en repos, dans une chambre. (silence)
J'ai longtemps médité cet aphorisme. Durant des heures parfois. Et j'adorais le placer. Ça me donnait... « un genre »... J'étais jeune, le physique pas encore détérioré, et à cet âge, quand on n'est pas chanteur ou espoir d'un sport médiatique, on se cherche le plus souvent un rôle susceptible d'aimanter les plus ravissantes demoiselles.

Marjorie :

« C'est ton soutra ? »

Le narrateur :

Me demanda un matin une jeune diplômée en psychologie. J'avais répondu en souriant « on peut dire ça. » En souriant non à cause de sa question ni de ma réponse mais de sa beauté. Comment ai-je pu séduire cette fille ?
Je m'interrogeais encore quand elle avait ajouté :

Marjorie :

« Ça ne marche pas ton raisonnement, dans une chambre tu penses immédiatement à faire l'amour. »

Le narrateur :

Alors j'avais improvisé. Sans la convaincre. Un truc du genre : « demeurer en repos », aujourd'hui il écrirait « demeurer en paix » et l'autre n'est pas forcément l'empêcheur de sérénité. « En repos », c'est loin des distractions, loin des bureaucrates, sans télé ni téléphone.
Elle m'avait immédiatement montré la faille :

Marjorie :

Donc seuls les rentiers peuvent se le permettre. Tu comptes hériter ? T'es un fils à papa déguisé en jeune révolté ?

Le narrateur :

C'était au vingtième siècle, et je m'étais avoué vaincu. J'avais pensé : je retournerai donc dans un bureau et nous allons peut-être vivre une simple histoire d'amour classique, ce qu'il est possible de vivre avec le cerveau assiégé de problèmes prétendus vitaux pour une entreprise.
J'œuvrais alors dans le service rédaction des contrats, chez un assureur populaire et néanmoins arnaqueur. Un assureur quoi !

Marjorie :

J'aimerais jouer à la petite souris, te voir avec des collègues cravatés ! Les tignasses bien massacrées et les cœurs devenus depuis si longtemps aussi palpitants que les fonctions. Et toi, là, qui ignore courir le risque de devenir comme eux ! Pauvre amour, sais-tu comment tu deviendras si tu continues ?

Le narrateur :
C'est indispensable, paraît-il, l'assurance, comme les avocats, les pilotes d'avions, les centrales nucléaires, le pilon pour détruire les livres invendus, les footballeurs, les rugbymans et les télévisions. (*silence*)

Marjorie :
Tu peux ajouter : les armoires, les aspirateurs, le parfum, les diamants, les montres, les portables, les agences de voyages, les dragueurs d'aéroports, la dentelle.

Le narrateur :
Une question me taraudait. Me taraudait l'esprit, oui. Pour éviter d'apparaître trop bizarre… Elle était vraiment superbe et si notre histoire s'avérait limitée par notre condition, je tenais néanmoins à la vivre… cette interrogation me taraudait, j'attendais une petite chute du dialogue pour me précipiter aux toilettes. (*silence*)

Marjorie :
Va et ne reviens pas trop froid !

Le narrateur :
J'ai donc prétexté la nécessité de me rendre « en bas. » La chambre était située dans la mezzanine. Facile à visualiser : la mezzanine en haut, les toilettes en bas, douze marches d'escalier et avant la minuscule salle d'eau, la vaste pièce salon bureau salle à manger, vaste par rapport aux quarante-six mètres carrés du contrat de location. Et hop, en passant à côté du bureau, je saisis de la main droite le dictionnaire.
Quelques pas et me voilà assis presque confortablement avec *Petit Robert* sur les genoux. Et je lis : SOUTRA : mot sanskrit, terme didactique. Précepte sanskrit, recueil d'aphorismes de ce genre. (*silence*)
Guère plus avancé !… Mais plus le temps de tergiverser… J'entends des pas… Certes, j'avais eu la bonne idée de fermer le verrou rouillé. Mais je me sens coincé. Elle va tout comprendre en me voyant sortir dictionnaire en main. Je vais encore être ridicule. Oh non ! Pas avec elle ! Soudain l'illumination. Je l'ai vécue ainsi, comme une véritable illumination, la pensée qui me vint !… Elle… Je pensais Elle… N'ayant pas retenu son prénom la veille, dans le brouhaha de notre rencontre… Elle n'est pas encore venue aux toilettes !… Si elle voit le dictionnaire, elle aura sûrement une réflexion gratifiante. (*silence*)
Ce qui n'a pas manqué quinze minutes plus tard, alors que nous étions de nouveau tendrement enlacés.

Marjorie :
C'est la première fois que je me retrouve dans une salle de bains avec un dictionnaire.

Le narrateur :
J'avais naturellement préparé une répartie : « tu es plutôt familière des mecs abonnés à *Play Boy ?* » C'est alors qu'elle m'a confié, dans cet appartement au 22 rue des 3 visages, juste devant l'enseigne lumineuse et affreuse d'un torchon d'annonces payantes distribué gratuitement chaque semaine, même dans ma boîte aux lettres, c'est alors qu'elle m'a confié, tandis qu'il pleuvait à grosses gouttes sur Arras et donc sur le symbolique Lion que nous apercevions via le vasistas de la mezzanine, le Lion surplombant le Beffroi d'Arras :

Marjorie :
Lundi j'entre dans un monastère, trois ans, trois mois et trois jours. J'y réciterai mes soutras à moi, les pensées les plus nobles des grands maîtres spirituels bouddhistes.

Le narrateur :
J'étais K.O. Je devais vraiment avoir une tête d'ahuri ! Elle ajouta :

Marjorie :
C'est la première fois qu'une fille bouddhiste visite ton appartement ?

Le narrateur :
Je peux venir avoir toi ?
Je n'avais rien trouvé d'autre pour rompre le silence.

Marjorie :
C'était ma dernière nuit d'amour… J'espère que tu en as profité autant que moi.

Le narrateur :
Dernière ?!

Marjorie :
Dans trois ans, trois mois et trois jours, tu ne te souviendras peut-être même plus du sourire de la fille un peu bizarroïde croisée un soir dans une boîte enfumée, la fille malgré tout encore très humaine, alors aimantée par ton regard bleu-vert, incapable de passer ses dernières heures conformément à sa première résolution.

Le narrateur :
Je peux t'écrire.

Marjorie :
Oui… Mais inutile… Aucun courrier ne me sera transmis.

Le narrateur :
J'ai le droit de t'attendre ?
Elle m'a fixé quelques secondes. Impression d'être scanné. Et elle a noté une adresse sur la boîte de préservatifs. Nous sommes restés ensemble jusqu'à 20h14. C'était l'heure de son train. Nous étions passés à son hôtel, prendre une seule valise.

Marjorie :
Une seule valise, c'est bien suffisant, quand on emmène uniquement les choses essentielles. La vie, c'est autre chose.

Le narrateur :
J'ai détaché le bandana noir de mon cou pour le passer autour du sien. Elle a retiré la gourmette de son poignet gauche sans parvenir à la fixer au mien. J'ai un instant pensé l'avoir détournée de sa résolution. Pour la première fois de ma vie, j'ai tremblé de la tête aux pieds en serrant une femme dans mes bras.

Marjorie :
Dans une autre vie, j'aurais pu décider aujourd'hui de fonder une famille. Elles sont étranges, les idées qui me traversent l'esprit. Ne me réponds pas, reste serré contre moi. Si je t'avais simplement précisé : je suis séronégative, je ne prends aucun moyen contraceptif, mon cycle d'ovulation attend un spermatozoïde aujourd'hui, est-ce que tu me l'aurais donné ? Ne réponds pas, reste serré contre moi, nos corps se disent tout. Quand je reviendrai, je te le promets, je te le promets.

Le narrateur :
Ai-je commis l'irréparable erreur de ne pas pouvoir parler ? Nous nous sommes serrés comme il n'est sûrement possible de se serrer sans se briser que dans ces moments-là. Puis ce fut le dernier geste des mains qui ne peuvent plus se toucher mais s'avançant vers l'autre. Et je me suis assis effondré par terre, voie numéro 3, la tête contre un banc en fer. Et j'ai souri. Peut-être quelqu'un était là, a écouté, silencieux, ma réflexion. Je n'étais plus en état de prêter attention à des voyageurs ou agents de surveillance perplexes. Et qui aurait pu comprendre mes propos ? « Voilà ! Tu t'es mis en situation de confronter ton aphorisme préféré avec la réalité ! »

Blaise Pascal :
Tout le malheur des hommes vient d'une seule chose, qui est de ne savoir pas demeurer en repos, dans une chambre.

Rideau

Acte 2

Le narrateur :
Cette rencontre m'avait donné la force de quitter le Pas-de-Calais, la force de dire non à une petite vie de bureaucrate, à la belle promotion sociale d'un fils d'agriculteur. Trouver une chambre au plus près de son monastère était désormais mon unique ambition.
Mais une première grande difficulté ne tardait pas à me chatouiller les méninges : l'argent. Nul besoin de retourner dans cet appartement où il me semblait inconcevable inacceptable intolérable impossible de rentrer seul, nul besoin de chercher le montant exact au bas de chaque compte… Compte courant et livret A… Rien de plus… Pour savoir que cette addition ne me permettrait jamais d'acheter quoi que ce soit… Et qu'aucun propriétaire ne louerait à un chômeur…

Marjorie :
Je n'ai plus rien. Et je me sens bien.

Le narrateur :
Naturellement, quitter le bureau du petit cadre presque dynamique était impératif… C'est donc gare d'Arras, la tête contre un banc en fer d'un vert majoritairement écaillé, qu'être licencié devint mon premier objectif.
Vu mon ancienneté, pour l'entreprise ce fut une goutte d'eau. Pour moi, c'était… L'océan !… Et j'avais droit aux Assedic !
Licenciement finalement facile. Ils ont apprécié mon… « honnêteté »… J'invente pas… C'est le terme du DRH, Directeur des Relations Humaines.
Il avait apprécié mon : « *Je dois partir. Mais ce n'est pas urgent. Alors vous pouvez me payer à glander durant deux ans ou me licencier demain. Je ne suis plus en état de faire quoi que ce soit de rentable pour votre entreprise. En bonne logique économique, me licencier immédiatement est le plus rentable.* » (*silence*)
Vivre de peu devint mon credo. Achats remboursés et petites magouilles. Adieu famille, adieu relations professionnelles, adieu vagues condisciples du week-end. (*silence*) Je suis retourné une fois à Flines-lez-Raches, près de Douai, un lieu nommé « les granges. » Là où nous nous sommes rencontrés. J'ai essayé de revivre la soirée.

Marjorie :
Si je te demande simplement l'heure, tu vas sourire en pensant « elle exagère de me draguer effrontément » ?

Le narrateur :
Mais des larmes ont jailli.

Marjorie :
C'est bizarre, cette sensation de pouvoir t'accorder toute ma confiance.

Le narrateur :
Un type m'a posé une main sur l'épaule, m'a gueulé « *t'inquiète pas, j'ai connu ça aussi, ça passera…* » Il m'a donné sa bouteille de Jenlain. Quand je me suis retourné, il était parti. Mais sa bouteille dans ma main droite me le confirmait : je n'avais pas rêvé. (*silence*)

Marjorie :
Le plus souvent, sur l'instant, on n'a pas conscience de vivre un grand Bonheur. C'est plus tard, quand il est parti, loin, qu'on emploie le mot bonheur. Je suis en osmose avec toi. Et j'aime ça.

Le narrateur :
Avec l'argent du licenciement j'achetais une maison bicentenaire, en urgence de rénovation. Dans le Quercy, le Quercy blanc, l'extrême sud du Lot. La Dordogne m'étant inaccessible, il m'avait fallu descendre, descendre, jusqu'à cette région alors délaissée. (*silence*) Que faire quand la vie vous condamne à deux ans sept mois et quelques jours dans une maison ?

Marjorie :
Le temps est relatif. Deux heures peuvent être plus pleines qu'une année. Il nous reste deux heures, on peut les passer à ne pas se comprendre ou à s'aimer !

Le narrateur :
Dans une maison où j'étais le premier habitant à plein temps depuis cinq décennies, les précédents propriétaires l'ayant toujours utilisée comme résidence secondaire. À la mort de l'ancêtre, les enfants, en conflits, ont continué leurs disputes, furent incapables de chercher un accord, ils devaient donc vendre sous six mois. J'étais passé au bon moment ! (*silence*)
Que faire ? Lire *Les Pensées* de Pascal d'abord ! Il était quand même l'une des raisons de ma présence en ces lieux… Et naturellement, lors de ma précédente vie, je m'étais contenté d'un dictionnaire de citations… J'étais un salarié ordinaire… Quelques aspirations à une autre vie… Mais manque de temps, sorties, télévision, copains, copines, apéros et blabla et blabla…
Je dois l'avouer : imprégné de cet aphorisme,

Blaise Pascal :
Tout le malheur des hommes vient d'une seule chose, qui est de ne savoir pas demeurer en repos, dans une chambre.

Le narrateur :
Je m'attendais à mieux !
J'ai quand même recopié quelques lignes :

Blaise Pascal :
Quand on veut reprendre avec utilité, et montrer à un autre qu'il se trompe, il faut observer par quel côté il envisage la chose, car elle est vraie ordinairement de ce côté-là, et lui avouer cette vérité, mais lui faire découvrir le côté par où elle est fausse.

D'où vient qu'un boiteux ne nous irrite pas, et un esprit boiteux nous irrite ? À cause qu'un boiteux reconnaît que nous allons droit, et qu'un esprit boiteux dit que c'est nous qui boitons.

Les hommes n'ayant pu guérir la mort, la misère, l'ignorance, ils se sont avisés, pour se rendre heureux, de n'y point penser.

Le silence éternel de ces espaces infinis m'effraie.

Celui qui aime quelqu'un à cause de sa beauté, l'aime-t-il ? Non, car la petite vérole, qui tuera la beauté sans tuer la personne, fera qu'il ne l'aimera plus.

Toute la dignité de l'homme consiste en la pensée.

Si nous rêvions toutes les nuits la même chose, elle nous affecterait autant que les objets que nous voyons tous les jours. Et si un artisan était sûr de rêver toutes les nuits, douze heures durant, qu'il est roi, je crois qu'il serait presque aussi heureux qu'un roi qui rêverait toutes les nuits, douze heures durant, qu'il serait artisan.

Le narrateur :
Je rêvais naturellement chaque nuit. Je revivais cette nuit-là.

Marjorie :

C'est merveilleux. Comme si nos êtres étaient en phase. On somnole quelques minutes et au même moment revient le besoin de fusionner.

Le narrateur :

Même de souvenirs, même d'attente, même avec cet enfant qui grandissait dans ma tête, que j'appelais même Sarah, impossible d'être vraiment heureux. Sarah, prénom signifiant princesse. Je me sentais comme un passager sur un bateau à voiles, dans l'attente d'arriver au port. Une poussière à la merci d'une bourrasque.
Dans la situation aussi d'un marginal observé par les braves gens... Vous savez bien... Ceux qui n'aiment pas, mais alors pas du tout, « *qu'on suive une autre route qu'eux.* » Un marginal surnommé « le glandeur », « le fainéant », « le magouilleur », « le cas social » par les artisans, retraités et bigotes du coin. Sûrement d'autres surnoms... Mais jamais prononcés devant mes fenêtres ouvertes !... (*silence*)

Marjorie :

Je suis une fille étrange. On a voulu m'imposer un chemin. Depuis je brandis la pancarte « mon libre arbitre » à chaque conseil. Je ne sais pas vivre une confiance réciproque. J'ai peur d'être trahie... alors je trahis. J'ai besoin de trouver ma voie.

Le narrateur :

Encore jeune et toujours seul. Un solitaire ? Un malade ? Un bandit planqué ? Les gendarmes passaient régulièrement, ralentissaient devant les trois palettes ficelées en guise de portail, scrutaient.

Marjorie :

La pauvreté, le dénuement, nous rapprochent de l'Essentiel.

Le narrateur :

Naturellement, trois ans trois mois et trois jours après cette fondamentale rencontre séparation, j'étais en Dordogne. Je me trouvais vieilli, me demandais si Marjorie allait me reconnaître. Qu'allait-elle penser ? Je la connaissais finalement si peu. Tellement idéalisée. Pourquoi avait-elle décidé cette « retraite » ? Des centaines de proches attendaient la sortie des reclus. Deux heures plus tard, j'étais seul devant un moine. Il me sourit. Je le questionnais d'un simple « *bonjour, j'attends Marjorie.* » Sa réponse me figea, je n'osais en demander plus : « *oui, je sais.* » Il sortit du rebord de sa manche gauche une lettre, me la tendit. J'ai réalisé son départ quand je l'ai eue lue pour la cinquième fois, cette lettre.

Marjorie :

>Stéphane,
>
>Personne ne me dira si tu es venu. Pourtant une intuition me persuade que tu liras cette lettre. Je ne t'ai donc pas oublié !
>Mais j'ai trouvé ce que je sentais, l'essence derrière les apparences, un monde supra-intellectuel, radicalement inconciliable avec l'Occident actuel.
>Je n'ai donc plus aucune raison de retourner dehors.
>La sérénité est possible. Tu l'effleureras peut-être avec l'aide de Pascal. Et d'autres.
>N'hésite jamais à te laisser contredire par la pensée des autres.
>Quand je pense à toi, je t'imagine dans une chambre, serein.
>Cette pensée est agréable.
>L'équilibre du monde passe par le notre.

> Si tu laisses un mot, il me sera remis... uniquement si je décide de sortir. Naturellement, je suis libre de sortir. Mais seul un séisme intérieur pourrait me convaincre.
> Avec mon meilleur souvenir.
> Harmonie, Lumière, Sérénité,
>
> Marjorie.

Le narrateur :

Comme points positifs, j'en trouvais deux : j'étais le seul à l'attendre et cette lettre m'était bien adressée. (*silence*)
Durant quelques jours j'errais autour du monastère, dormant recroquevillé sur les banquettes avant de ma 205 diesel color line déjà vieille. Et j'ai naturellement laissé une réponse. Hésitation : entre les vingt-cinq pages de l'envie et les quelques lignes de la raison. (*silence*)
Quelques lignes, c'était suffisant... J'avais bien lu !... Cette lettre ne pourrait produire le moindre séisme, elle ne serait lue qu'en cas de sortie.

> Marjorie d'Amour,
>
> Je t'attends à quelques dizaines de kilomètres. C'est une maison. Je vis presque uniquement dans une chambre. Et quand même un petit terrain entouré de buis.
> J'espère naturellement ta venue... avant d'être un vieil ascète chauve, édenté.
> J'ose, comme dans mes rêves, t'embrasser. Je t'aime. Comme au premier jour, comme au plus beau des jours.
>
> Stéphane

Et j'avais ajouté l'adresse. (*silence*)

Marjorie :

C'est quoi, une vie ? Nous avons la possibilité de nous questionner et pourtant nous laissons des distractions nous submerger. C'est quoi, une vie ? Tout, ça c'est certain. Et j'ai perdu tellement de jours pour rien, pour des illusions, des erreurs d'appréciation. Et je n'ai su qu'ajouter : désolée, je suis désolée.

Le narrateur :

Quelques jours plus tard, la réalité sociale me rattrapait à son tour. Il me fallait suivre une formation ou présenter un projet concret. J'étais passé de la tranquillité « fin de droit en Allocations de Solidarité Spécifique » à la pression mise sur le Rmiste. J'ai demandé une aide financière pour acheter un ordinateur. Ce formulaire en trois exemplaires eut au moins l'avantage de constituer un dossier pour les services concernés. Donc de m'octroyer deux mois supplémentaires.
Naturellement cette demande même pas pistonnée fut refusée. L'ordinateur n'est pas un outil utile pour une recherche d'emploi. J'avais entendu parler d'internet à la radio, sur *France-Inter*... Et comme c'était la seule véritable nouveauté de l'époque... Au moins un créneau non balisé par les instituts de formations ! Non, vous ne me verrez pas en formatage professionnel ! (*silence*) Un an plus tard, j'avais acheté un ordinateur, confectionné un petit site chez un hébergeur gratuit et je cherchais le moyen d'acheter un nom de domaine ailleurs que chez France Telecom... Etre webmaster d'accord... Mais pas débuter en se laissant matraquer, en claquant deux Rmi pour un nom de domaine facturé six dollars aux Etats-Unis.

Marjorie :

Je n'ai pas envie de participer à un système profondément malsain. Je refuse de jouer à un jeu truqué. Je n'irai jamais défiler avec des fonctionnaires qui ont passé un concours pour être recrutés, comme s'ils ignoraient où leur contrat les conduirait. Je sais, ma position n'est pas tenable à long terme, comme la tienne si tu refusais ton assureur. Je suis une utopiste, donc condamnée, sauf si j'accepte d'en payer le prix, de mon insoumission.

Le narrateur :
Mes ennuis administratifs se précisaient. Les menaces de suspension du revenu minimum pleuvaient. Avec l'injonction de revoir le référant pour un nouveau dossier... Le dossier présenté ne pouvant être validé par la commission. Projet non cohérent. Je ne fournissais aucun budget prévisionnel, ni modèles économiques !
Je n'avais même pas sollicité les marchés financiers, le capital risque... C'était l'époque désormais connue sous le nom « bulle spéculative internet », où quelques baratineurs avec une vague idée se sont retrouvés à la tête du budget de toute une vie pour je ne sais combien de rmistes. Baratineurs bien en phase avec les réalités de ce pays : les commissions ont besoin de paperasses. Avec graphiques, coefficients de croissance, plan média, certitudes.
Ces contacts sociaux incrustaient en moi la véracité de l'aphorisme pascalien :

Blaise Pascal :
Tout le malheur des hommes vient d'une seule chose, qui est de ne savoir pas demeurer en repos, dans une chambre.

Marjorie :
« *Tu pourras jamais tout quitter, t'en aller, tais-toi et rame.* »

Le narrateur :
Marjorie m'avait fredonné du Souchon en réponse à mes explications pascaliennes. (*silence*) Je n'avais plus le choix ! Il me fallait vivre grâce à internet !
Je relisais *Les pensées...*

Blaise Pascal :
Nous ne sommes que mensonge, duplicité, contrariété, et nous cachons et nous déguisons à nous-mêmes.
Les choses du monde les plus déraisonnables deviennent les plus raisonnables à cause du dérèglement des hommes.
La chose la plus importante à toute la vie est le choix du métier : le hasard en dispose.

Le narrateur :
Quelques années plus tôt, devenir webmaster aurait été aussi impossible qu'astronaute pour Blaise Pascal.
Le choix du métier, le hasard en dispose, certes. Mais la direction nous appartient... À certaines époques, dans certains pays. (*silence*)
La direction : devenir une forme de philosophe du net !

Marjorie :
Tu voudrais faire quoi de ta vie ? À part Amoureux ?

Le narrateur :
Philosophe sans chemise blanche télégénique mais philosophe aux sources de la philosophie.
Vivre simplement, vivre retiré, en Pascalien digne d'Epicure, recevant chaque mois quelques virements sur son compte bancaire, en contrepartie des publicités présentes sur les sites, argent le plus souvent en provenance des Etats-Unis... La France ayant naturellement un temps de retard quand il s'agit de laisser aux citoyens le choix de vivre dignement, librement.
Vivre de peu... Et même désormais sans le recours au Rmi, ayant laissé le Président du Conseil Général suspendre définitivement les allocations et... Le dossier doit s'être perdu depuis... Non !

Ils n'ont pas viré le réfractaire aux contrôles et au suivi administratif… Seulement suspendu ! Ils sont humains… Ils sont… Socialistes ! (*silence*)

Marjorie :
Ces gens-là n'existent pas pour nous. Ils ont choisi de vivre avec un masque, ils sont condamnés à le porter.

Le narrateur :
Pascal m'avait conduit à Epictète, Epictète me présentait Sénèque, Epicure, Marc-Aurèle. J'étais alors mûr pour l'ensemble de la philosophie antique, dont la figure du sage idéal, monsieur Socrate immortalisé par son disciple Platon.
En parallèle, je lisais naturellement des textes bouddhistes. Et ce fut la révélation : l'idéal du Sage, de la philosophie vécue, et non simple discours scolaire ou mondain, le Sage antique est comme un frère jumeau du Bouddhiste réalisé.
L'Occident et l'Orient ont donc, bien avant l'idéal du sur-consommateur, connu une époque où la vie présentait un idéal similaire, et respectable.
Peu importe la porte d'entrée. Pour moi, ce fut donc Blaise Pascal. Peu importe, nous pouvons vivre dignement.
Ce que l'histoire appellera peut-être la sagesse du webmaster.
Ainsi parlait Zarathoustra (*il éclate de rire*).
J'ai confondu !
Ainsi s'exprime le webmaster sur l'un de ses sites.
(*silence*)
Les messages opposés à cette approche se multiplient, la bonne porte serait ailleurs, unique, incontestable, pour Jean c'est Jésus, pour Amina c'est Mohamed, David se réfère à Moïse. Je laisse le débat tourner en rond, j'essaye de rester en conformité avec une notion de dignité sûrement inacceptable, intemporelle donc anachronique.

Marjorie :
Chaque chemin est unique. Et ceux qui veulent suivre des chemins écrits par d'autres ratent leur vie. De toute manière, combien de celles et ceux qui veulent nous imposer de croire en leur croyance, vivent en conformité avec elle ? Que la femme qui a trahi ne vienne plus nous parler de dignité. Si elle aime, qu'elle ose vivre son Amour, qu'elle le laisse devenir un Amour absolu, au dessus de tout, plus fort que tout. Parfois tu pourrais croire que je divague mais ton regard me va droit au cœur.

Le narrateur :
Je sais, je pourrais moi aussi entrer trois ans trois mois et trois jours au monastère. Rien ne me retient vraiment dehors. Je pourrais même y entrer officiellement dans ce but tout en sachant en sortir après une conversation avec Marjorie. Mais je ne le fais pas. Et je ne le ferai sûrement jamais. Je ne m'en sens pas le droit. Les stoïciens m'ont appris à toujours distinguer ce qui dépend de soi d'avec le reste. Je n'ai pas à m'imposer à Marjorie. Parfois aussi, et c'est douloureux, je l'imagine dans les bras d'un autre converti. Parfois, je doute : est-elle vraiment mon âme sœur ou une forme de providence passée dans ma vie pour me rappeler l'essentiel ? Deux âmes sœurs feraient tout pour se voir ? Pour vivre cette chance de s'être rencontrés ? Ces questions centrales de ma vie, ne sont pas abordées sur les sites. Internet n'est qu'une image de la réalité. Comme tout média, Internet répond aux critères de la mise en scène. Même si vous croyez tout savoir en lisant mon blog ! La sagesse du webmaster, c'est aussi de ne pas se bercer d'illusions sur un monde numérique idéal. Ici comme ailleurs l'art permet de transcender certaines douleurs.

Rideau - Fin

« Révélations » sur « les apparitions d'Astaffort »
Jacques Brel / Francis Cabrel
(les secrets de la grotte Mariette)

En 1998, je participais aux dixièmes rencontres d'Astaffort, retenu par Francis Cabrel, Richard Seff et leurs collaborateurs de l'association *Voix du Sud*.
Je suis, parfois, également un peu auteur de chansons. http://www.auteurdechansons.net
Ce fut très décevant, d'un point de vue artistique. Vivant à une bonne cinquantaine de kilomètres, je suis passé à quelques sessions suivantes... pour diversifier ma documentation !
Avec ma première pièce de théâtre « Vive le sud ! », furent publiées, en mai 2002, ces *Révélations sur « les apparitions d'Astaffort » - Jacques Brel / Francis Cabrel*.

En 2011, pour la version numérique, ce texte fut légèrement retravaillé. Ce qui en fit une véritable courte pièce ?

Relire et imaginer Francis Cabrel, redescendu de la colline à dos d'âne, avec ses longs cheveux qui balaient le sol, déclenche toujours en moi le même sourire.

Cette pièce doit beaucoup à Jean-Louis Foulquier. Hé oui ! Qu'il en soit remercié, d'avoir osé le rapprochement Francis Cabrel / Bernadette Soubirous un soir sur France-Inter.

Contrairement à l'opinion parfois entendue dans le Lot, les « *rencontres d'Astaffort* » continuent...

En 2016, je lis dans *La Vie Quercynoise*, une forme de retour aux sources de Francis Cabrel, d'explication de son look initial, sûrement absent de la tête d'une grande partie de ses fans... « *Le personnage qui a le plus marqué mon enfance et mon adolescence est Jésus Christ.* »

« *Révélations* » sur « *les apparitions d'Astaffort* »
Jacques Brel / Francis Cabrel
(les secrets de la grotte Mariette)

Comédie contemporaine en deux actes

Quand un jeune auteur récemment revenu des rencontres d'Astaffort » reçoit « un ancien », qu'est-ce qu'ils se racontent ? Des histoires d'Astaffort.

Alors, ce « stage », un tremplin pour la gloire ? Francis Cabrel, un grand joueur de foot ? Le vrai nom de l'idole ? La sonorité Brel / Cabrel et certains propos peuvent laisser supposer…

Et comme à Lourdes, une histoire de grotte circule…

Dans le modeste salon d'un appartement.

Stéphane : - Auteur de chanson récemment rentré des rencontres d'Astaffort.
Pascal : - Auteur également passé par ces rencontres d'Astaffort.

Les deux auteurs semblent n'avoir jamais obtenu de succès, peut-être même n'ont-ils jamais été chantés ailleurs qu'en spectacle de fin de ces « stages. » Ils ont à peu près le même âge, entre 25 et 30 ans.

Acte 1

Stéphane seul en scène, allongé sur le canapé, avec un bloc note et un stylo. On sent qu'il essaye d'écrire une chanson.

On sonne.

Stéphane, en se levant : - Pascal ! Je parie qu'on va passer l'après-midi à baver sur Astaffort, son Cabrel… (*en souriant**) et leur grotte !

    Il ouvre.

Stéphane : - Salut l'ami !
Pascal : - Amigos !

    Ils se serrent la main et se font la bise très show-biz.

Pascal : - Alors, ça s'est passé comment ?
Stéphane : - Bof… à part la grotte.
Pascal : - La grotte ? Quelle grotte ?
Stéphane : - Je suis de la grande famille maintenant, tu peux avouer !
Pascal : - Qu'est-ce que tu racontes ? Ils t'ont converti aux joints ?
Stéphane : - Tu n'as pas écouté et déliré dans la grotte ?… Et plus si affinités ?
Pascal : - Qu'est-ce que tu racontes ?
Stéphane : - Tu peux l'avouer, maintenant, je suis de la grande famille des anciens d'Astaffort.
Pascal : - C'est quoi de ton histoire de grotte ?
Stéphane : - Tu ne vas pas prétendre que tu ignores le secret de la grotte d'Astaffort !
Pascal : - Tu as fumé ? On affirme que certains reviennent en état de choc d'Astaffort, ça semble être ton cas !
Stéphane : - Mais alors, c'est fantastique… Je vais pouvoir te raconter !
Pascal : - Tu es sérieux !…
Stéphane : - Assieds-toi ! (*il va chercher deux bières, deux verres, les pose sur la table basse et ils s'assoient dans le canapé ; les bières seront vidées durant la pièce*)

Pascal : - C'est quoi, de ton histoire de grotte ?
Stéphane : - Donc tu n'as pas écouté le professeur Keating de Toulouse, que tout le monde se doit d'appeler « capitaine, oh mon capitaine » ?
Pascal : - Vous avez visionné *Le cercle des poètes disparus* !?
Stéphane : - Tu veux que je te raconte ou tu m'interromps avec des suppositions loufoques ? Tu sais bien qu'il n'y a pas de télé, 1 rue du Plapier. Francis retourne chez lui regarder le foot.
Pascal : - Je t'écoute, oh adjoint du capitaine !
Stéphane : - L'adjoint du capitaine, c'est *nain de grotte*, je te laisse deviner la tête du nain de grotte !
Pascal : - Du jardin à la grotte, il n'y a qu'un pas !
Stéphane : - Bon, tu sais qu'il est de bon ton d'aborder Francis comme le dernier grand poète, le digne descendant des troubadours et de Walt Whitman…
Pascal : - Tu crois qu'il a déjà lu une ligne de Walt Whitman !
Stéphane : - Avec Francis que tu aimes tant, tu as quand même joué au foot le jeudi ?
Pascal : - Une sacrée raclée pour l'équipe Cabrel. Mon plus beau but depuis que j'ai raccroché les crampons !

---

* *Sourire essentiel : il instille un doute sur « la grotte. » L'auteur se fait-il une joie d'en parler maintenant qu'il appartient à « la grande famille des anciens » ? Croit-il en une invention du « Keating de Toulouse » ? A-t-il tout inventé avec l'intention d'utiliser Pascal pour répandre cette histoire ?…*

Stéphane : - Tu as joué au foot, un jour, toi ? Je te croyais allergique au sport !
Pascal : - J'ai eu moi aussi quinze ans mais qu'ils sont loin mes coups francs platiniens ! Je suis certain qu'il a encore perdu, Cabrel !
Stéphane : - Ça, ça doit être une question de tradition ! Donc, après le match, le grand baba cool, tu vois qui ?…
Pascal : - On m'a parlé d'un grand baba cool mais il n'était pas venu, en tournée on nous a proclamé comme une grande nouvelle, en tournée des bistrots certains ont ajouté… c'est lui qui propose le cocktail joint plus baise ?
Stéphane : - C'est effectivement sa réputation ! On parle du même ! Donc, tout s'explique, tu n'es pas allé à la grotte car le professeur Keating de Toulouse avait trouvé une scène…
Pascal : - Alors raconte… si c'est intéressant… on parlera de tes bons contacts ensuite… Parce que les miens commencent à me désespérer… Tu as retenu son vrai nom à ton Keating de Toulouse ?… On en a causé…
Stéphane : - S'il reste dans l'histoire, ce sera uniquement pour avoir transmis le secret de la grotte, alors mieux vaut conserver « Keating de Toulouse »… Donc, après le match de foot, il nous donne rendez-vous sous le kiosque, à la fin du modeste repas offert par Sa Sainteté notre maître à tous… en nous alléchant, « *je vais raconter tout ce que vous avez toujours voulu savoir sur Francis sans jamais oser le demander* », il ajoute, « *ceux qui ont du shit, amenez-le, je suis limite côté stock.* »
Pascal : - Je croyais que tu ne fumais pas.
Stéphane : - Bin non, mais j'ai subi leur fumée. La loi n'est pas respectée… Mais bon, venons-en à l'essentiel : à 22 heures, tout le monde se retrouve devant la *music halle*. On est donc 22 avec nain de grotte.
Pascal : - Francis n'est pas là ?
Stéphane : - Francis sait, bien sûr, enfin sûrement, il a mangé avec nous, nous a souhaité une bonne soirée avec un large sourire, ce qui décide les derniers sceptiques à participer au grand voyage.
Pascal : - Un large sourire chez Francis, il avait picolé ?
Stéphane : - Mais non… enfin, ce n'est pas le sujet, les rencontres auraient été créées dans ce but, c'est le sourire du maître dont le projet se réalise. Et il laisse son disciple transmettre le grand secret.
Pascal : - Elle est où cette fameuse grotte ?
Stéphane : - Marcher. Il faut marcher. Au moins une heure et demie. Comme des boy-scouts, en psalmodiant des airs traditionnels du sud-ouest.
Pascal : - Tu veux dire des chansonnettes de Francis ?
Stéphane : - Sur des musiques de Francis, mais avec des textes plus percutants.
Pascal : - Quel genre ?
Stéphane : - *Un chauffard*, tu connais ?
Pascal : - Quand même ! Pour dénigrer il est nécessaire de connaître ! Môme, c'était marrant son accent à la radio, ses galoches et sa peau de mouton à la télé…
Stéphane : - Est-ce que tu connais la version (*il se lève, mime une guitare, et chante très faux*)

Y'a les robes blanches qui s'effilent
Y'a l'envie qui t'accroche à ces fils
Quand t'es dans la zone tu bouges en douceur
Tu ne veux surtout pas qu'elles s'apeurent
Et s'il le faut tes mains tremblent
Pour qu'elles sentent que t'es un tendre
Même avec les filles difficiles
T'as la technique qui les enfile

Avec celles dont tu es l'idole
Tu siffles et elles s'affolent

Et quand l'excitation retombe
T'ajoutes un à ton carnet de nombres

Est-ce que tu as le cœur encore pire qu'une usine
Où tout ce qui s'y agglutine se calcine
Dès qu'tu propulses ton projectile
Entre les dociles hanches qui vacillent

Toi t'es un queutard / Toi t'es un queutard
Tu veux voir les blondes les rousses les brunes livides
C'est pour ça que t'accours toujours au mot femme torride
Toi t'es un queutard / Toi t'es un queutard

      Une pause

Pascal : - Tu as le même problème que moi : on ne fera jamais chanteur ! Ou alors on nous accusera de parodier Renaud ! Mais continue !
Stéphane : - Hé oui, tu n'aurais pas interrompu un chanteur ! (*et la suite :*)

Tu dis que ça vaut bien un effort
D'oublier quelques instants la mort
D'être encore plus libre que dans le sommeil
Même si dès que tu te réveilles
Tu veux plus les avoir sur le dos les jolis démons
Tu sors quelques mots en verlan raisons bidons
Tu sais que t'es comme une anguille
Partout partouze tu te faufiles

Toi t'es un queutard / Toi t'es un queutard
Tu veux voir les blondes les rousses les brunes livides
C'est pour ça que t'accours toujours au mot femme torride
Toi t'es un queutard / Toi t'es un queutard

Tu dis que tu connais la femme par cœur
Et que tu préfères ses cris à ses odeurs
Que si un jour plus de starlettes
T'iras en chercher jusqu'aux bas fonds de la planète
Et tu dis que tu vibres quand les visages s'avancent
Et que la tendresse te laisse en transe
Et que t'es jamais aussi fébrile
Que quand les robes blanches s'effilent

Toi t'es un queutard / Toi t'es un queutard

Pascal : - Super quand même ! Enfin, nettement mieux que l'original… niveau texte ! C'est de qui ?
Stéphane : - Anonyme, paraît-il. La contribution des auteurs des neuf premières sessions que Keating a enregistré…
Pascal : - Tu en as d'autres ?
Stéphane : - Est-ce que tu vas trouver ?

J'étais déjà bien titubant
Avant que l'on m'entraîne
Je tournais comme un serpent
Autour du comptoir d'Eugène
C'était facile de m'entraîner

J'ai vidé un dernier Pernod
J'ai vu mes yeux dans la glace
Pour me les trouver encore beaux

Il m'a dit maintenant tu fais comme moi
Tu bois de la bonne bière
Il m'a dit pour les hommes c'est mieux que la soupe
C'est c'qui nous rend plus fier
On s'est payé quelques dizaines de pots
Moi j'trouvais la vie vraiment belle
Avec mon nouveau poteau
On était une bande de vrais rebelles

Pascal : - *Rosie...* et la suite, le refrain ?
Stéphane : - Je ne m'en souviens plus !
Pascal : - Fais un effort !...
Stéphane : - Mais te voilà passionné !
Pascal : - Tout ce qui se paye la tête du Cabrel va dans le bon sens... Tu sais que l'entartrer c'est mon rêve !
Stéphane : - Tu as déjà un plan ?
Pascal : - Un soir de *Victoires de la musique*, alors qu'il est en duplex d'Astaffort forcément, les rencontres ayant été décalées tellement il est persuadé de triompher. Et Michel Drucker annonce : le Dieu vivant du sud-ouest n'a pas gagné ! Alors moi, boum !
Stéphane : - Tu as de bonnes idées... parfois !
Pascal : - Et le refrain de *Rosie* ? Tu le sors de ton tiroir ?
Stéphane : - Bon, tu as de la chance, j'ai aussi un peu de mémoire ! Enfin... (il prend son bloc note, feuillette, lit un peu...)
Pascal : - Super, si tu as tout noté ! Moi qui essayais de retenir !

Stéphane : -

Oh demis, j'suis tout blanc
Ta mousse m'enterre
J'ai 'core tes bulles sous les dents
Et un goût plus qu'amer
Tout c'qu'il en reste à présent
Des traces de vomi par terre
Pas envie de sortir cette nuit.

Et je te sers même la fin pour le même prix !

Je suppose j'aurais dû me cuiter
Comme chaque jour au *Ricard*
Et t'empêcher de tout mélanger
Depuis j'ai les deux mains qui tremblent
Ce soir quand même j'ai compris
Seuls *Pernod* et *Ricard* s'assemblent... pour tenir la nuit

Pascal : - Le titre alors ce serait *demis*...
Stéphane : - Bien !
Pascal : - Une autre !
Stéphane : - La mieux : *Sarbacane*.
Pascal : - Pas la mieux de ses chansons !...

Stéphane : - Non, des trouvailles.
Pascal : - Vas-y !
Stéphane : - *Pire qu'un âne !*

On croyait que de rimer amour
Avec toujours
Ça faisait p'tit rimailleur
Ça faisait toujours lourd
Et puis Cabrel fait un malheur
Comme un sous Frédéric François
La variété est en émoi
Depuis ça

Le public est content
Il a raison toujours
Dit c'lui qui arrive
À vendre des CDs comme des p'tits fours
Les autres disent qu'il est pire qu'un âne
Aussi futile qu'une sarbacane
Et qu'il achète n'importe quoi
Même ça

Plus besoin d'idées ni de calembours
Si t'es souriant et qu'tu rimes amour
Finis les quatrains des mélomanes
Ciselés pour le cœur de Roxane
Tout le monde chante n'importe quoi
Depuis ça

Plus besoin d'idées ni de calembours
Si t'es souriant et qu'tu rimes amour
Pourvu que personne ne ridiculise
Les rimailleurs au bonnet d'âne
Qui s'en donnent à tiroir caisse joie
Depuis ça

Alors me voilà p'tit profane
En révolte contre tous ces ânes
Si comme moi tu as la vraie foi
Défends-moi… Défends-toi

Pascal : - Mais ça ferait un super album.
Stéphane : - Tu crois que personne n'a déposé les textes, on peut foncer ?
Pascal : - Tu l'as fait ?
Stéphane : - Je te l'avoue… mais comment savoir si je suis le premier !
Pascal : - Tu en as d'autres ?
Stéphane : - Pour le départ non… ça nous a quand même tenus en gaieté une heure et demie… Keating les chantait puis c'était notre tour, et ce connard de nain de grotte envoyait un coup de sarbacane puante quand on se trompait…
Pascal : - Et personne pour lui fracasser une bouteille de floc sur la tête !
Stéphane : - Donc on arrive. On est dans la grotte. On s'assied en position du Lotus pour ceux qui peuvent, ou simplement à l'indienne, autour du capitaine.
Pascal : - Et vous allez jouer au *cercle des poètes disparus*, inventer des bons textes sur ses musiques ?

Stéphane : - Tout faux… on va écouter… mais Keating s'en roule un à faire pâlir d'envie Jacques Higelin… puis il commence… par rappeler l'histoire de Lourdes.

Pascal : - Lourdes ?

Stéphane : - Tu as connu le catéchisme ?

Pascal : - Oui… mais je ne vois pas le rapport avec Keating ou Cabrel.

Stéphane : - Sois pas si pressé ! En 1858, la Vierge apparaît à Bernadette Soubirous, dans la grotte de Massabielle, tu te souviens…

Pascal : - J'ai oublié toutes mes vies antérieures, à moins de ne pas en avoir vécues… mais je crois avoir entendu un grand homme en noir qui ne devait pas avoir lu Walt Whitman me raconter une légende comme ça ! L'abbé Décobert je crois… ou un truc comme ça…

Stéphane : - Tu racontes ton enfance ou tu veux connaître le secret des apparitions d'Astaffort ?

Pascal : - Vous avez fait de la magie noire ?

Stéphane : - Mais non ! On a juste écouté la légende… Je te résume, on en recausera plus tard si ça t'intéresse… Parce qu'il a quand même déballé durant deux heures, le Keating…

Pascal : - Résume !

Stéphane : - Bon, j'en étais à Lourdes. Bernadette Soubirous, Francis Cabrel, ça ne te dit rien comme rapprochement ?

Pascal : - J'avoue : non !

Stéphane : - Comme quoi tu devrais parfois écouter *France-inter*, plutôt que tes radios de djeunes !

Pascal : - Mais non ! C'est pour ça qu'on peut être amis ! On n'est pas sur le même créneau des paroliers.

Stéphane : - Sur ce sujet, tu as raison ! Mais si tu avais écouté *France-inter,* un soir tu aurais entendu Jean-Louis Foulquier, lors d'une interview, comparer Francis Cabrel à… Bernadette Soubirous… Ces propos peuvent être considérés comme la première fuite !

Pascal : - Tu m'embrouilles, là ! Reviens à Astaffort !

Stéphane : - Bon, j'en étais au rapprochement avec Lourdes. Après Bernadette Soubirous, Francis Cabrel ! Donc, Jésus, parce qu'en ce temps-là, tu sais que Francis, tout le monde l'appelait Jésus ?

Pascal : - Je me souviens de son look d'enfer, ça ne me surprend guère !

Stéphane : - Donc Jésus était avec ses potes, dans la grotte qu'on appelle désormais la grotte de Mariette.

Pascal : - Attends, je suis perdu, on est en quelle année ?

Stéphane : - 1973. Jésus a vingt ans.

Pascal : - Et il connaît déjà Mariette ?

Stéphane : - Si ce n'est elle, c'est donc une autre. Peu nous importe, elle n'a rien à voir dans la légende, on sait juste qu'il y avait une blonde, alors pour ne pas blesser sa susceptibilité, on utilise le nom de Mariette… La grotte de Mariette, en référence aussi à la grotte de Massabielle de Bernadette, tu n'as pas suivi !

Pascal : - Mais si ! Elle croit les paroles de *Je l'aime à mourir*, Massabielle Soubirous *!*

Stéphane : - Tu veux connaître les révélations ou flageller notre Jésus ? Jésus et Madeleine, je ne vais quand même pas me lancer dans ton éducation judéo-chrétienne !

Pascal : - Je t'écoute, ami, sur Astaffort. *(il boit une gorgée de bière)*

Stéphane : - Les marlous d'Astaffort avaient pris l'habitude, tout le monde au village déplorait la sale habitude, de fumer des joints dans la grotte, et comme tu le sais, la tournante n'est pas une invention des banlieues, elle était très pratiquée dans les années soixante-dix, c'était la gym, l'émancipation sexuelle…

Pascal : - Les veinards, pas de sida !

Stéphane : - Eh oui, je te parle d'un temps… bon revenons à la grotte. Pas besoin d'avoir lu Catherine Millet pour imaginer les mœurs de l'époque.

Pascal : - Elle venait dans la grotte ?

Stéphane : - La prochaine fois que tu vois Francis, demande-lui s'il a bien connu Catherine M !... ne te trompe pas de prénom !.. Mais bon, droit aux apparitions ! Donc, chaque samedi, ça fumait, ça buvait et ça baisait. On est tout simplement *un samedi soir sur la terre* !
Pascal : - Alors ça vient de là ?
Stéphane : - Francis n'est pas du genre à puiser son inspiration dans la littérature ! Alors, dans ces cas-là, à part raconter sa vie… Sauf pour *la corrida* ! Demande pas pourquoi, j'y reviendrai. Et c'est pour cela qu'après avoir planté le décor, Keating se masturbe.
Pascal : - Devant tout le monde ?
Stéphane : - Question de tradition, dans la grotte, pas d'intimité.
Pascal : - Mais Francis n'a jamais chanté la masturbation.
Stéphane : - Tu ne connais pas *Ma place dans le trafic* ?
Pascal : - Si. Mais il n'y parle pas de masturbation.
Stéphane : - Qu'est-ce qu'il fait, Francis, quand il a le blues ?
Pascal : - Le 12.
Stéphane : - Et pour toi ça signifie qu'il appelle les renseignements !
Pascal : - Oui, je sais, c'est con, mais avec blues, tu as peu de rimes ! C'est une chanson de variété !
Stéphane : - Arthur Rimbaud, il est midi, ça ne te dit rien ?
Pascal : - Il est midi ! Le 12 ! Ah oui, je n'avais jamais fait le rapprochement ! Terrible le Francis, l'idole des onanistes !
Stéphane : - Eh oui, il décroche son téléphone non pas pour appeler les renseignements, mais pour ne pas être dérangé.
Pascal : - Attends… Tu crois qu'il a vraiment compris le sens de ce qu'il chante ? Tu crois qu'il a lu un livre sur les blagues sexuelles ? Ou c'est simplement qu'avec *blues* il n'a trouvé que *douze* pour la rime ?
Stéphane : - Ça peut effectivement être un aveu inconscient, du même ordre que les lapsus révélateurs ou la crampe de l'écrivain.
Pascal : - Je lui demanderai !
Stéphane : - Donc, un soir, est-ce un samedi ou non, tu vérifieras si tu le veux, cent-quinze ans jour pour jour après la première apparition de la Vierge à Bernadette Soubirous, Jésus se lève, agité comme toujours quand il se lève après deux joints, il se cogne la tête comme d'habitude, la grotte fait au plus un mètre cinquante de haut, il insulte le plafond, en italien comme d'habitude, l'accuse de ne pas avoir bougé alors qu'il l'avait bien vu arriver, le traite de chauffard.
Pascal : - *Un chauffard* ça vient de là ?
Stéphane : - Qui sait ! Et là, si tu as vu *Gost,* tu peux imaginer la scène, Jésus se met à parler avec l'accent Belge : « trop tard pour avoir un fils ; oui, je suis condamné, je veux qu'on rit, je veux qu'on danse, mais la pourriture est en moi ; les presque morts peuvent parfois vivre comme des morts quand ils ont compris que ce que l'on appelle Dieu… Dieu c'est ce qu'on a d'éternel en soi… alors tu seras mon fils, j'avais rêvé mieux, mais plus le temps de chercher… Toi ou un autre ! T'en fais pas pour les textes, tu n'arriveras jamais à ma cheville, là n'est pas l'essentiel, mais on te remarquera, un plus mauvais que toi te remarquera, et je veux un succès avant cinq ans. »
Pascal : - Tu as essayé d'imiter Jacques Brel ?
Stéphane : - Tu devines bien que sa blonde essaye de le calmer presque dès le départ, tirant sa liquette, criant « *tu fais honte à voir* », mais rien ne pouvait l'interrompre.
Pascal : - J'ai vu *Gost*. Mais qu'est-ce que tu racontes ?
Stéphane : - La première apparition.
Pascal : - Alors un jour, Cabrel shooté, se lève et débite des élucubrations, et ce serait une apparition !
Stéphane : - Incrédule, va !
Pascal : - Du charlatanisme d'étudiants farceurs, ton truc.

Stéphane : - Mais toute la soirée, Jésus reste hagard, répétant « *Jacques Brel ; moi fils Jacques Brel, fils Jacques Brel vouloir retourner Belgique.* » Sa blonde l'a veillé, là, dans la grotte, toute la nuit, et le lendemain matin son père est venu le chercher, ils l'ont transporté, redescendu de la colline à dos d'âne. Paraîtrait que ses longs cheveux balayaient le sol.

Pascal : - Ça, il faudrait une photo !

Stéphane : - Puis ils l'ont couché, n'osant le montrer à un médecin, de peur qu'on l'enferme, ou qu'on place la famille en quarantaine. Ils craignaient une variante de la tremblante du mouton, l'aspergeaient d'eau bénite et d'une mixture italienne à base d'urine de pouliche, car il n'avait toujours pas dormi et continuait d'égrainer sa rengaine « *Jacques Brel ; moi fils Jacques Brel, fils Jacques Brel vouloir retourner Belgique.* »

Pascal : - Y'a des témoins ?

Stéphane : - Ah ! Tu commences à croire, Saint Thomas, va ! Les témoins. On ne peut pas les nommer ses disciples, plutôt ses acolytes, car c'était le gringalet de la bande, de plus fils d'italien. On l'appelait « Jésus du macaroni. » Plus tard, ça été « Jésus de la chance. » Il vaut mieux éviter d'écorner la légende mais parfois, faute de femme, comme la tournante était une tradition, tu t'imagines bien, le plus musclé ne se retrouvait pas au centre.

Pascal : - Ça viendrait donc de là, quand on dit, Francis était renfermé, presque autiste, maintenant on balance pour faire bien *quelqu'un de l'intérieur…* De l'intérieur oui ! (*il se marre*)

Stéphane : - Mais Jésus, bien sûr, a voulu retourner à la grotte. Dès qu'il en eut la force, il est reparti, des gousses d'ail autour du cou, sa mère ne le laissant plus sortir sans. Et il verra Jacques autant de fois que Bernadette a vu Marie.

Pascal : - Tu en es certain, de ça ?

Stéphane : - Incrédule. Ecoute plutôt d'autres apparitions ! Jésus toujours, se lève, se cogne, maintenant plus personne ne rigole. Et c'est parti : « *tu ne peux pas t'appeler ainsi. Il te faut un vrai nom de scène. Tu ne peux pas non plus t'appeler Jésus Brel. Je suis encore vivant, et on me demanderait des explications. Comme si ces humains peuvent comprendre ! Alors tu mets un K devant mon nom, tu t'appelles K Brel. Bon, tu ajoutes un a, tu as le cerveau moins lent que la dernière fois, on voit que ta biche t'a interdit le cannabis, pas bon le cannabis, pas bon non plus les Gauloises… ni les Gaulois, faut que tu arrêtes ça… enfin continue tant que tu vends des chaussures. À la prochaine, fiston, et finie la comédie « moi fils Jacques Brel et tout le tralala »*, *il va te falloir des forces, fiston, de la dignité, tu n'es plus un vulgaire.* »

Pascal : - Alors Cabrel… ce n'est pas son vrai nom !

Stéphane : - Parole de Keating !

Pascal : - Mais pourquoi ce n'est pas écrit dans sa bio ?

Stéphane : - Attends, je ne sais pas si tu as bien suivi mais en 1973, Jacques Brel a certes fait ses adieux à la scène mais il sort encore des albums. Alors, tu vois un peu, quand la Sainte Vierge, pourtant dans son rôle, apparaît à Lourdes, tout le pataquès, alors là, Astaffort, du jour au lendemain devenait Woodstock sur Garonne si l'affaire s'ébruitait. On est au-delà de la transmission de pensées, c'est de la transmigration des âmes ! En plus, Jacques Brel, même si Brassens l'appela l'abbé Brel, n'est pas l'ami des bigotes. Le Vatican aurait hurlé « Satan ! » Et choisir un fils d'italien pour fils adoptif, quel manque de classe !

Pascal : - Mais tout le monde va le savoir maintenant !

Stéphane : - Normalement non… j'ai dû jurer. Seuls les stagiaires des *rencontres d'Astaffort* ont le droit de savoir, ce qui nous confère le statut de membres d'une confrérie bien particulière. Et quand Francis aura rejoint Jacques à Hiva Oa, puisque lors de la dernière apparition, il a ordonné à son fils adoptif d'être enterré près de lui, nous partirons répandre la bonne parole. Keating a déjà les maquettes des gadgets, parce qu'on viendra à Astaffort chercher des souvenirs comme aujourd'hui à Lourdes, un marché colossal. Kabrelossal même.

Pascal : - Acheter une maison à Astaffort, ce serait un bon placement…

Stéphane : - Tu n'as jamais entendu les mauvaises langues prétendre que notre cher Francis se livre à une véritable razzia immobilière ?... Ce ne serait pas pour le bon air retraité par Golfech...
Pascal : - Golfech, c'est la centrale nucléaire, dis-moi si je me trompe ? (*Stéphane valide de la tête*)... Mais Francis, c'est son vrai prénom, au moins ?
Stéphane : - Ah, ça ! Je sais aussi ! Un soir, Jacques Brel arrive bourré. Jacques bourré dans Jésus à jeun, une sacrée soirée ! Et il n'est pas seul, il a emmené Johnny Hallyday, bien sûr Johnny est encore plus bourré que lui et n'en a jamais rien su, ça fait marrer Jacques, il répète, *« ce petit con »*, ce petit con en parlant de Johnny, pas de Jésus, tu as suivi...
Pascal : - Je savais pas que Jacques Brel était pote avec Johnny.
Stéphane : - Après deux grammes, Jacques aurait même fait copain-copain avec Sardou ! Donc Jacques a dit *« ce petit con, demain il va se réveiller à côté d'une dame, une dame de Haute-Savoie, et il saura même pas que ce sera grâce moi, un cadeau du vieux, il saura plus rien ce petit con, il picole et il devient un autre... quelle chance il a ! je suis trop lucide moi, même en picolant je vois toujours les biches comme elles sont. »*
Pascal : - Mais tu ne m'as pas raconté, pourquoi Francis ?
Stéphane : - C'est Johnny, entré dans Mariette, Mariette ou une autre, enfin une blonde, et qui a bafouillé *« salut à toi, le messie des hippies de San Francisco. »* Et là, Jacques a saisi le mot au vol : *« tu es incapable d'écrire une chanson mais toi aussi tu portes en toi la lumière ; Francisco francisé, mon fils, tu t'appelles Francis Kabrel »*
Pascal : - Mais Kabrel, ça s'écrit pas avec un K.
Stéphane : - Connerie d'un imprimeur. Au premier album de Jésus, l'imprimeur, juste avant le lancement des rotatives, vérifie, et voit Francis Kabrel, il jure, « quel est le con qui m'a mis un K » et il corrige, croit bien faire en mettant un C. Et voilà.
Pascal : - Mais son vrai nom à Francis ?
Stéphane : - Le secret le mieux gardé d'Astaffort... Va interroger les vieux et tous te répondront *« on se mêle pas des affaires des gens millionnaires »*, un secret mieux protégé que ne le fut l'existence de Mazarine...
Pascal : - Attends, entre Cabrel et Mitterrand, quand même !
Stéphane : - Attends, les *« je sais pas comment »*, ils viennent d'Italie, et il ne serait pas surprenant qu'à côté de sa famille, Montecristo fasse valet enrichi.
Pascal : - Alors, ce n'est pas avec la vente de ses albums qu'il achète tout Astaffort ?
Stéphane : - Le premier album, qui, à part sa famille, l'a acheté ? Il a utilisé la technique classique, acheter lui-même pour faire croire que ça se vend, sinon il n'aurait jamais enregistré un deuxième album.
Pascal : - Je savais que le premier ne s'était pas très bien vendu, mais pas à ce point.
Stéphane : - Confidence de nain de grotte... Comme on avait tous juré devant la trace, les langues se déliaient.
Pascal : - Il y a une trace des apparitions de Jacques Brel dans la grotte ?
Stéphane : - La trace. Dans le coin gauche de la grotte. La trace blanche preuve que Francis faisait bien le douze quand il avait le blues. Un soir, il était tellement dégoûté que Jacques Brel ne vienne pas, et en plus sa blonde ne voulait pas avec lui, elle en avait marre de son odeur d'ail, qu'il a commencé à faire le douze. Et juste au bon moment, Jacques apparaît, alors Jacques a dit *« je te congèle ça pour l'éternité ; ainsi les incrédules pourront toucher. »*
Pascal : - Ses potes devaient commencer à flipper ?
Stéphane : - Tu as déjà entendu la belle histoire d'un Francis resté proche des amis de son enfance ?
Pascal : - Ça oui !
Stéphane : - Tu vois, la preuve est là. Il se sent lié. Ils ont son secret, ils ont juré le silence à condition d'obtenir une part du gâteau.

Rideau

Acte 2

Stéphane : - Et la soirée se finit comment ?
Pascal : - Après la tournante, on repart en psalmodiant.
Stéphane : - En chantant quoi ?
Pascal : - *Un K devant un nom*

Mettre un K
Devant l'nom
De quelqu'un
Pour se lancer
Il suffisait d'y penser
Et le pognon
Il l'a ramassé

Un K devant un nom
C'est canon
Pour se faire du pognon

Une carrière
Tu sais bien
Que ça tient
À trois fois rien
Faut qu'médias et ménagères
Retiennent le nom
Retiennent le nom

Un K devant un nom
C'est canon
Pour se faire du pognon

Oui je vais
Moi aussi
Essayer
Faut qu'je choisisse
Cabrassens ou Caferré
Ou K-k-brel
Faut qu'je choisisse

Un K devant un nom
C'est canon
Pour se faire du pognon

Pascal : - Celle-là, elle me plaît vraiment ! Tu en as d'autres ?
Stéphane : - *Le samedi soir sur ses terres*

Est-ce que le samedi soir ses terres
Il s'assoit et revoit tout c'qu'il a dû faire
Pour devenir adjoint au maire
Mieux salué que le notaire

L'as... l'as fortuné
L'astaffortuné
La star for ever
Rêveur
Rêveur référence
En France

Est-ce que le samedi soir sur ses terres
Il énumère tout c'qui pourrait le distraire
Des bisons et des autruches
Une vigne et quelques ruches

Est-ce qu'il rêve de rencontrer quelqu'un
Et de se serrer la main comme des humains
Que tout soit pas faussé d'avance
Par le fossé des apparences

L'as... l'as fortuné...
L'astaffortuné
La star for ever
Rêveur
Rêveur référence
En France

Est-ce que le samedi soir sur ses terres
C'est toujours le douze la réponse au blues
Ou est-ce que flottent dans les airs
Les figurines douces sous leur blouse

Est-ce que le samedi soir le propriétaire
Quand il devient un père en colère
On lui répond « cool papa cool »
« Ici t'es pas l'idole des foules »

L'as... l'as fortuné...
L'astaffortuné
La star for ever
Rêveur
Rêveur référence
En France

Pascal : - C'est encore mieux que les parodies. Je comprends pas que ça ne fasse pas la une !
Stéphane : - Soit Cabrel n'intéresse pas autant qu'on pourrait le croire, soit le pouvoir du type ! Mais écoute ça !

Les Dupond Dupont de la chanson

La ménagère de sept à cent-dix ans
Figée devant son écran
Le présentateur lance des fleurs
Les annonceurs font leur beurre

Les Dupond Dupont de la chanson
C'est la variété rêvée
Pour animer
Une sacrée petite soirée

Ils s'ront un peu bougons un peu boudeurs
Mais jamais d'mauvaise humeur
C'est politiquement correct
La vacuité is perfect

D'un côté les bluettes de l'autre l'Arlette
Le chanteur engagé kitch
C'est la fête au ras des pâquerettes
L'adjoint au maire fait son speech

Les Dupond Dupont de la chanson
C'est la variété rêvée
Pour animer
Une sacrée petite soirée

Stéphane : - Qui est-ce, selon toi le dupon, avec un t ?

Pascal : - Je mise sur Souchon ! J'ai bon ?

Stéphane : - Vous avez gagné le droit d'en savoir plus !

Pascal : - Attends, les révélations plus ces textes, t'écris un livre, ça fait un tabac !

Stéphane : - Mais pas un éditeur n'osera le publier de son vivant, n'osera affronter Saint Francis d'Astaffort comme on le surnomme en cachette... Paraît, son père venait d'Assise...

Pascal : - Quoi ? Un descendant de Saint François d'Assise ?

Stéphane : - Par la ligne cadette !

Pascal : - Je comprends maintenant pourquoi Isabelle Boulay est subjuguée !

Stéphane : - Tu as tout compris !

Pascal : - Vous deviez tous être secoués après ça ?

Stéphane : - Et tu comprends pourquoi je t'ai raconté ?... Non ? Tu as participé aux *rencontres d'Astaffort*, donc tu as le droit d'être du secret... et tu n'as pas juré...

Pascal : - J'ai le droit de raconter alors !

Stéphane : - Une faille dans le système ! D'après moi, rien ne t'en interdit, comme rien n'interdisait mes confidences !

Pascal : - J'ai une meilleure idée ! Je rédige tout ce que tu m'as révélé et après je téléphone à Francis pour lui proposer un deal, il prend mes textes ou je divulgue tout !

Stéphane : - Et aussi mes textes, je suppose.

Pascal : - Euh... oui bien sûr !

Stéphane : - Mais non, il vaut mieux raconter... Nous ne sommes pas de taille à lutter contre l'empire d'Astaffort. C'est uniquement par internet que tu peux répandre la grande nouvelle : Jacques Brel a fait une connerie !

Pascal : - Une sacrée connerie !

Stéphane : - Et Cabrel a signé *la corrida* car Jacques Brel n'est pas satisfait de sa chanson *les toros*, alors il lui a envoyé par sms intersidéraux les paroles... Tu comprends pourquoi *la corrida* est le meilleur texte de Francis, même moi je le trouve bon !

Pascal : - Et après, vous avez aussi écrit des trucs sur Cabrel, je suppose.

Stéphane : - Un mec a proposé :

Moi je n'étais rien
Et voilà qu'aujourd'hui
Je suis le gardien des champions du monde
J'attire même les blondes
Elles aiment mon cuir... elles aiment mon cuir

Pascal : - Bof... et toi ?

Stéphane : - Une variation sur *Quelqu'un de l'intérieur*

Je suis quelqu'un de l'intérieur
J'aime regarder courir les footballeurs
Devant mon écran
Je passe le temps
Je suis quelqu'un de l'intérieur

C'est un crétin de l'intérieur
Des pantins le proclament rêveur
Mais il a tout l'argent qu'il lui faut

Alors il admire son ego
C'est un crétin de l'intérieur

Je sais, c'est sûrement trop facile. Mais j'ai aussi une réponse à son *Hors-saison*. Il me manque encore des couplets : *Hors saison (à la maison)*

La regarder la mer
Puisqu'elle continue sa colère
Son va et revient routinier
Même sans les vacanciers

Compter les grains de sable
Les beaux bateaux inabordables
Les déchets échoués la nuit
Couches-culottes - parapluies

Tu sais c'est pas volontaire
Si hors saison
On reste à la maison
L'air des stations balnéaires
On le respire
Moins souvent qu'on y aspire

Pascal : - Je vais essayer de trouver mieux ! Alors on crée un site internet ? www.franciscabrel.com c'est déjà pris…

Stéphane : - www.censures.info J'ai réservé, ainsi on pourra s'en servir pour les prochaines révélations sur Alain Souchon.

Pascal : - Si tu prétends qu'il a vu Brassens, je doute de tout !

Stéphane : - Mais non, c'est juste un mec qui chante Arlette Laguiller. Ça ne te semble pas bizarre, toi, qu'il essaye ainsi de rendre sympathique la pasionaria de la dictature du prolétariat ?

Pascal : - Tu as des infos ?

Stéphane : - J'ai un pote sur l'affaire. En plus, ça tourne autour d'une sale histoire qui s'est déroulée à Cahors.

Pascal : - Tu es certain ? Je n'ai jamais entendu de rumeur…

Stéphane : - Mais il va te falloir être patient… Pense déjà à faire bon usage des révélations…

Pascal regarde sa montre…

Pascal : - Nous n'avons pas eu le temps de parler de tes textes ! Tu sais que j'ai rendez-vous avec la femme du maire… elle n'est plus toute jeune mais elle voudrait enregistrer un album…

Stéphane : - Hé oui, dans la chanson, les femmes un peu âgées aiment les jeunes auteurs amants…

Pascal : - Qu'est-ce que tu crois !

Stéphane : - On apprend de ces choses, quand on passe une semaine dans le show-biz !

Pascal vide sa bière, se lève, Stéphane se lève aussi, ouvre la porte, ils sortent… Stéphane revient…

Stéphane : - La suite au prochain numéro !

Rideau - FIN

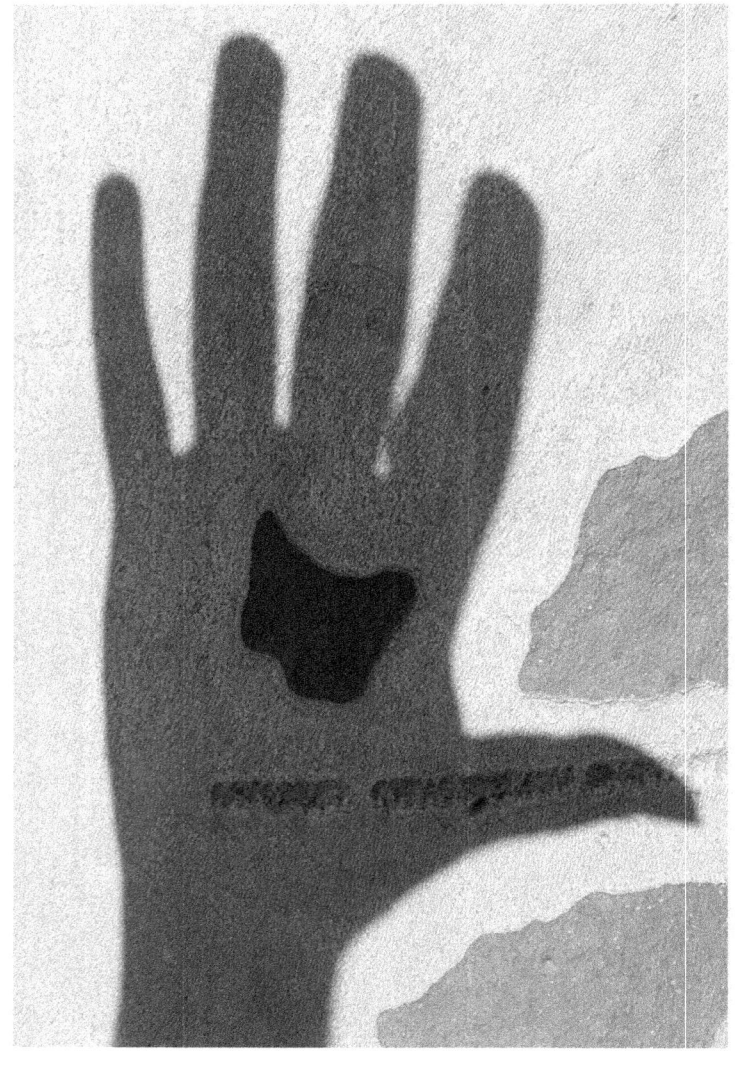
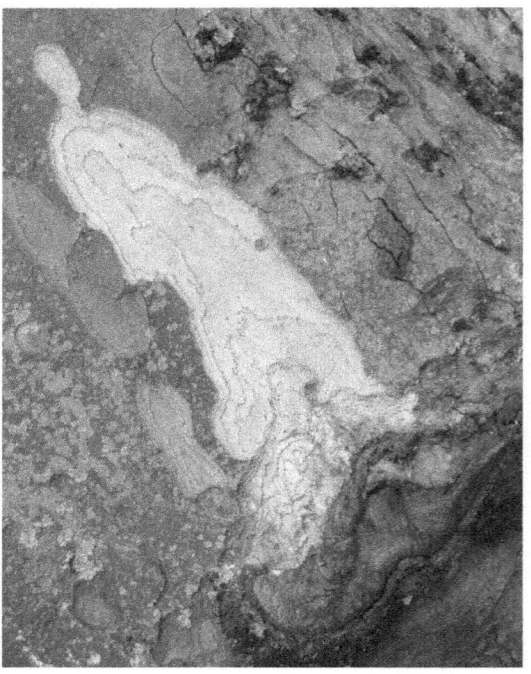

Ça magouille aux assurances

Comédie en trois actes

(le troisième, plus dramatique, peut ne pas être joué)

Six hommes.

Histoire :

En ce temps-là, au début des années 1990, le tabac régnait dans la société française. Néanmoins, Jojo, le cafetier, avait accordé une salle aux non-fumeurs, peu nombreux. Une seule table avec Ferdinand, Pierre, Jean et Jef. Mais le premier part désormais avant 8 heures. Pourquoi ? Mystère ! Et il est remplacé par Claude, « *un brave gars.* »
Un jour d'anniversaire, Ferdinand avoue ses grands secrets. Mais Claude n'était pas là par hasard, il attendait sa confidence.
Claude est inspecteur des assurances, en mission, en recherche de preuves dans des arnaques aux fausses déclarations.

Quatre joueurs de belote, d'une cinquantaine d'années : Ferdinand, Pierre, Jean, Jef.
Le cafetier, Jojo, d'âge proche.
Claude, plus jeune, joueur remplaçant Ferdinand, à 8 heures.

Il existe une version féminine de "cette" pièce, une autre pièce en fait, dans une même situation les femmes n'ont pas réagi de la même manière... Le dramaturge peut se laisser porter par ses personnages...

Acte 1

Scène 1

Ferdinand, Pierre, Jean, Jef. Puis Jojo et Claude.

Une pièce non-fumeur à l'étage, isolée, d'un café. Trois tables. À l'une, quatre hommes jouent à la belote, abattent les dernières cartes d'une partie.

Ferdinand, *de dos* : - Faut que j'y aille.
Pierre : - Eh le Ferdinand, tu vas pas encore nous laisser. Il est même pas huit heures.
Ferdinand : - Eh ! J'ai promis. J'ai promis de rentrer à huit heures moins le quart et j'ai pas une fusée. (*Il se lève*) Vous trouverez bien quelqu'un.
Jean : - En descendant, demande au moins à Jojo, qu'il nous remette une tournée…
Ferdinand : - Et je vous l'offre, la tournée.
Jean : - T'as fait une bonne affaire, Ferdinand ?...
Jef : - Oh !... quand le Ferdinand sourit comme ça !... Il faudra que tu nous racontes ça.
Ferdinand : - Un jour j'écrirai mes mémoires, je te l'ai déjà dit !... Elles seront publiées comme des confessions, pour la postérité, quand j'aurai quitté ce bas monde… (*il s'en va*)
Pierre, *lui criant :* - Et n'oublie pas de demander à Jojo qu'il nous dégote un non-fumeur sachant jouer à la belote... Si tu as le temps, elle n'est pas comme le train, elle t'attendra ! (*aux autres :*) il ne rate jamais l'occasion de nous placer un peu de littérature… il a changé le Ferdinand…
Jean : - Ça tu l'as dit !
Jef : - Un sacré numéro !
Pierre : - Ça cache quelque chose, pardi !... Et le jour où le paquet de clopes coûtera plus cher que le kilo de gigot, les fumeurs viendront jouer ici.
Jean : - Le jour où Pierrot sera au gouvernement, c'est la révolution ! Chez les buralistes et les assureurs, les deux plus grands voleurs du pays. Révolution ! On les met sur la paille, les profiteurs !
Pierre : - Jojo va monter avec ses trois pintes, s'il n'a personne pour taper encore quelques parties, on va lui prétendre que le gouvernement a annoncé qu'il allait doubler le prix des clopes, ça nous fera une bonne discussion, un bon quart d'heure.
Jean : - Faut avancer un chiffre réaliste, doubler, il n'y croira pas. 20%, ça peut bien l'énerver.
Jef : - Ah ce Jojo ! Quelle santé ! Quand il s'énerve, c'est une caméra qu'il nous faudrait (*entre Jojo, très dynamique*)

Jojo : - Jojo quand il s'énerve ! Vous avez déjà vu Jojo s'énerver, les trois mousquetaires ? Et même révolutionnaires (*Jojo est suivi de Claude*). Et je vous ai capturé l'oiseau rare. Il va vous plumer, les dindonneaux !
Jef : - Dindonneaux que tu n'auras pas pour ton Noël, monsieur le gastronome !
Jojo : - Il accepte de jouer dans une salle non-fumeur. (*se tournant vers lui*) J'espère que c'est par bonté pour des âmes perdues et qu'il s'avère être un noble fumeur quand même, sachant apprécier les vrais bonheurs, les vraies saveurs, le sel et le poivre de la vie.

Claude : - Je l'ai été, mais la dernière hausse a eu raison de mon habitude. Et ma santé...
Jojo : - La santé ! Opposer tabac et santé ! Pfou ! J'ai toujours fumé et j'ai l'air malade ?
Jef : - Hé Jojo, la santé faut la protéger. Il faut donner des droits aux non-fumeurs.
Jojo : - On ne vous fait pas payer la fumée ! On vous l'offre ! Je vous ai en plus aménagé une salle, et même chauffée ! Vous voudriez en plus la serveuse sur vos genoux ?
Jef : - Tu devrais pas la laisser fumer comme ça, c'est qu'une gamine.
Jojo : - Une gamine ? Tu l'as pas bien regardée ! Elle pourrait sûrement t'en apprendre !

Jef : - Je te parle pas de l'extérieur mais de ses poumons.
Jojo : - J'ai roulé mon premier gris à 12 ans. Tu vois bien que le tabac ça conserve.
Jef : - Ça conserve les sardines en boîtes !
Jojo : - Avec des sardines de ton genre, le port de Marseille n'est pas prêt d'être bouché !
Pierre : - Le vent tourne, Jojo, bientôt les fumeurs devront respecter notre droit à vivre sans fumée.
Jojo : - Sans fumée ! Est-ce qu'on a déjà entendu ça ! Ah la la ! Ruiné, je vous dis, ruiné, ils veulent nous ruiner... Allez, je passe aux présentations, Claude.
Claude : - Non-fumeur !
Pierre : - Pierre, dit Pierrot, non-fumeur. (*ils se serrent la main*)
Jean : - Jean dit Jeannot, non-fumeur. (*idem*)
Jef : - Jef dit Jef, non-fumeur. (*idem*)

Jojo : - Heureusement que vous vous rattrapez sur les pintes ! Mais si ce gouvernement continue à voler nos clients, je passe la bibine au prix de la truffe du Périgord.
Jean : - Hé Jojo, tu devrais te lancer dans la politique, ça c'est un slogan ! Tu devrais publier un recueil de tes plus belles répliques, je les achèterai tes brèves de comptoir !
Jojo : - À la retraite, promis ! Allez, vous n'avez qu'à crier quand vous aurez soif ! (*en sortant :*) Les fumeurs me réclament ! Et le public sachant offrir un cigare contre une rime majeure.
Pierre : - Tu préfères pas un bisou de la serveuse ?
Jojo, *déjà sorti* : - Oh les jaloux !... C'est une vraie femme, elle aime la fumée...

Scène 2

Les quatre mêmes qu'au début de la scène 1.

Pierre : - J'espère que Claude sera là.
Jean : - C'est un sacré joueur.
Jef : - Et un brave gars.

Claude entre avec cinq pintes sur un plateau.

Ferdinand : - Hé ! Quand on parle du successeur.
Pierre : - Dis pas que tu as su séduire sa sœur !
Jean, *à Claude* : - Jojo t'a embauché ?
Claude : - Il vient d'arrêter sa télé, on y annonce une hausse de 10% des clopes, alors en plus il ne pouvait pas monter vous affronter !
Pierre : - Ah !, c'est l'interdiction pure et simple dans les lieux publics et les bureaux, qu'il faudrait prononcer. Mais aussi les salles de spectacles, les discothèques. Dans quel état seront ces jeunes à quarante ans ?
Jean : - N'en demande pas trop ! Tu sais bien que jamais ça n'arrivera, la régie est nationale, l'état ne va pas se priver de son petit commerce.
Jef : - Ce sera comme l'école, l'Etat reculera dès qu'il y aura quelques manifestants dans les rues.
Pierre : - Et les malades, tu crois pas que ça lui coûte à l'état ?
Jef : - Bah, celui qui se chope le cancer, on peut pas dire qu'il coûte cher, ils font bien semblant de le soigner, tu as vu mon père, c'est pour ça que je me suis arrêté de fumer, on va pas me faire croire que le tabac n'y était pour rien, que c'était le destin.
Jean : - Ils peuvent nous donner la retraite à 60 ans, si on s'engage à crever d'un cancer à 59 ! Nos conditions de travail, si on en parlait ! Ces maudits chefs avec leur clope et on doit s'écraser !
Jef : - Tabagisme passif, on appelle cela ! C'est presque aussi grave que de l'avoir au bec ! De l'assassinat, je dis moi. Mais on est quoi, face à ces messieurs ?!
Ferdinand : - Ah, tu m'en as pris une pour le voyage !

Pierre : - Il va bien falloir que tu nous racontes où tu vas tous les dimanches à huit heures. Tu vas quand même pas sur le Boulevard.

Ferdinand : - Ça fait bien vingt ans que j'y ai pas garé ma poubelle, même en warning !

Pierre : - Alors il faut qu'on sache quelle belle femme a un mari qui part tous les dimanches à huit heures.

Ferdinand : - Ah !... (*il vide sa bière d'un trait et sort*) salut les amis.

Pierre, *en attendant qu'il ait descendu l'escalier* : - Il nous cache des choses le Ferdinand ! Vous voulez savoir où il va ?

Jean : - Eh ! Tu le sais toi ?... et tu ne nous as toujours rien raconté !

Pierre : - Tu sais que mon neveu travaille à la gare.

Jean : - Le Ferdinand lève une donzelle tous les dimanches à la gare !?

Pierre : - Si tu m'interrompais pas, tu saurais plus vite ! Le Ferdinand il prend le train !

Jean : - Ça ne nous dit pas où il va.

Pierre : - Mais il ne revient que le jeudi soir.

Jean : - Oh quelle histoire ! Mais ça ne dit pas où il va.

Pierre : - Et tu crois qu'avec un neveu chef de gare, je ne le saurais pas ?

Jef : - Il est chef de gare, ce blanc bec ?

Pierre : - Pas encore mais ça va venir, il en a déjà toutes les responsabilités. Alors le Ferdinand, il a une deuxième vie ! Il s'est acheté une magnifique propriété près de la gare de Castel !

Jean : - Oh !... et avec quel pognon ?

Pierre : - J'ai trouvé le début, c'est à vous de dénicher les autres pièces du puzzle.

Jef : - C'est simple : six bons numéros au loto, y'a que ça pour devenir riche sans magouiller.

Scène 3

Les quatre mêmes que la scène 1, bien éméchés. Plus Claude assis derrière Ferdinand.

Pierre : - Allez Ferdinand, tu passes à table ce soir, tu vides ton garde-manger, maintenant qu'on sait tous que tu as une résidence secondaire à Castel, va falloir nous expliquer comment tu as manigancé !

Ferdinand : - Que j'ai quoi !?

Jean : - Allez, c'est un secret de polichinelle, le dimanche à 8h25, tu prends le train !

Ferdinand : - On m'espionne ou quoi ? C'est le KGB ?

Jean : - Tout le pays le sait !

Ferdinand : - Eh alors !, je peux prendre le train quand il me plaît ! Je n'ai pas d'autorisation à demander à tartempion ni Big Brother. Je suis un homme libre, mon ami ! Je n'ai même jamais adhéré à un parti politique ni à un syndicat !

Pierre : - Ne t'énerve pas Ferdinand, et après tu mets tes pieds dans ton salon tout luxe, t'as même arrêté de travailler.

Ferdinand : - Eh !, à mon âge, on a droit à la préretraite !

Jef : - La préretraite à ton âge ! On n'est pas en Suède !

Jean : - De toute manière, quand on prend sa préretraite, on paye un pot aux amis !

Pierre : - Ça c'est vrai ! Tu nous en dois une, de cuite !

Jean : - Allez, Ferdinand, tu me le dois ! C'est mon anniversaire, alors comme cadeau, je te demande juste de raconter... où tu l'as trouvé, le pognon, mon ami ?

Ferdinand, *sourit :* - Allez, on est entre nous... Mais c'est un secret... ça reste entre nous... promettez !

Tous : - Promis Ferdinand !

Ferdinand : - Vous vous souvenez de ma Mercedes avec ce boulet de crédit que je pouvais pas rembourser ?

Pierre : - Hé, on a tous compris que tu l'avais noyée dans la rivière pour toucher les assurances.
Ferdinand : - Plus malin, l'assurance me l'a payée mais je l'avais revendue en Hongrie !
Pierre : - Hé pardi, c'est un bon plan, t'aurais pas pu m'en parler avant, tu connais un passeur honnête ?
Ferdinand : - 60 - 40, c'est pas génial, mais sur une Mercedes neuve !
Jef : - Ça te fait pas le prix d'une résidence secondaire à Castel.
Ferdinand : - Ah ! (*il sourit*)
Jean : - Je suis certain maintenant que tu as eu une idée de génie. Allez, raconte, mon ami.
Ferdinand : - On peut le dire ! Quand la grand-mère est morte, vous avez respecté mon deuil, vous n'avez pas posé de questions. Elle est morte d'une belle mort, elle a pris son café comme tous les matins, elle m'a regardé et elle a murmuré "je meurs", et elle est morte, presque en souriant. (*silence que tout le monde respecte en attente de la suite*) Une attaque. Le docteur m'avait prévenu que ça pouvait arriver. Le temps du choc passé, une idée de génie m'a traversé l'esprit, comme si Dieu en personne, au moins Saint Pierre, me l'avait dictée. Il m'a montré le contrat d'assurance, mon archange Gabriel. Alors je l'ai portée dans la voiture et hop, un p'tit accident, comme elle avait une autorisation médicale de ne pas attacher sa ceinture, le pactole par les assurances. (*silence émerveillé, on sent une nervosité chez Claude*) Quand tu meurs dans ton lit, pas un centime, dans une voiture, beau pactole, l'idéal, c'aurait été de l'embarquer dans un avion en sachant qu'il allait s'écraser. (*silence*)
Pierre : - De toute façon elle était morte, t'as eu l'idée, t'aurais eu tort de ne pas en profiter.
Jean : - Mais t'aurais quand même pu nous payer un pot !
Ferdinand : - Ça ne sort pas d'ici... Oups 8 heures 2, j'y cours... (*se lève et sort en vitesse*)
Jef : - Faudra nous inviter…

Pierre : - Sacré Ferdinand !
Jean : - Sacré bonhomme, encore plus malin que je le croyais.
Jef : - Ouais, ça c'est un homme ! Déjà il avait pas voulu faire son service militaire et l'avait pas fait ! Sans donner son enveloppe au député, en se débrouillant tout seul !
Pierre : - C'est pas honnête, mais t'en connais, toi, des riches aux mains propres ?…
Jef : - Six bons numéros au loto, y'a que ça.
Jean : - Moi je dis, quand on a une idée de génie comme il a eu, il faut la jouer à fond. Et on ne va quand même pas s'arrêter à cause de leur morale, à ces notables dont les parents sont devenus riches avec le marché noir.
Jef : - Les pires ce sont ces députés et leur enveloppe pour un permis de construire, pour faire sauter un PV, exempter un gosse du service militaire, comme s'ils ne gagnaient déjà pas trop avec l'argent de nos impôts !
Jean, *hurlant* : - Jojo ! Une tournée !

Rideau

Acte 2

Claude puis Ferdinand.
Le bureau de Claude Duglaner, inspecteur chargé de contrôles aux Assurances. Un bureau type de petit chef dans les assurances. Il est assis dans un grand fauteuil et devant le bureau deux petites chaises.

Claude, *au téléphone :* - Bien, laissez-le patienter quelques minutes (*il raccroche*)

Claude : - Ah ! Je m'y étais pourtant habitué à ces parties de belote. Mon plus grand plaisir de la semaine. Mais nous ne sommes pas sur terre pour le plaisir ! Et les augmentations passent par des résultats. Ah ! Si je n'avais même qu'un pour cent de tout ce que l'on va récupérer ! Mais pas d'intéressement... nous devons travailler consciencieusement pour le bien de la société.
Enfin, après une telle réussite, ils accepteront enfin ma mutation sur la côte d'Azur... Ah la côte d'Azur ! Enfin, il est peut-être encore temps pour réussir ma vie, enfin trouver une femme charmante et coquette... Je veux une augmentation, je veux une mutation, une prime de Noël, il me faut des résultats.
(*il prend son téléphone*)

Claude : - Nathalie, faites entrer monsieur Caferré.

Tandis que la porte s'ouvre, Claude tourne son fauteuil afin d'être dos à l'arrivant.
Ferdinand entre timidement. La porte se referme derrière lui. Ferdinand observe, se doute d'une présence dans le fauteuil.

Ferdinand : - Vous m'avez convoqué, je suis là.

Le fauteuil tourne...

Ferdinand : - Oh Claudio ! Qu'est-ce que tu fous là !
Claude : - Claude Duglaner, responsable du service contentieux.
Ferdinand : - Et tu avais besoin de me faire perdre mon mercredi pour me parler, ça ne pouvait pas attendre dimanche. Et qu'est-ce que tu glandes dans ce bureau ?
Claude : - L'heure est grave.
Ferdinand : - L'heure ?
Claude : - Soit vous rendez l'argent détourné via de fausses déclarations, soit nous devons déposer plainte au tribunal, et dans cette hypothèse regrettable de non coopération, nous demanderons des dommages et intérêts exemplaires.
Ferdinand : - Hé Claudio, non seulement tu nous as caché ton véritable boulot mais en plus on t'a raconté des salades et tu les as crues. (*en souriant :*) Ta salade crue est trop cuite !
Claude : - J'ai préparé les documents de renonciation. Il vous suffit de les parapher et nous signer un chèque du montant. (*il avance la feuille*)
Ferdinand, *la regardant :* - Mais tu es fou !
Claude : - Une Mercedes et une assurance accident. C'est le montant que vous avez touché.
Ferdinand : - Mais tu es fou ! J'ai payé mes cotisations, j'ai eu la malchance qu'on me vole ma Mercedes et de perdre ma mère.
Claude : - Monsieur Caferré.
Ferdinand : - Tu peux m'appeler Ferdinand. Hé Claudio !, à quoi tu joues ?
Claude, *appuie sur le magnéto présent sur son bureau et on entend :* "*Le temps du choc passé, une idée de génie m'a traversé l'esprit, comme si Dieu en personne, au moins Saint Pierre, me l'avait dictée. Il m'a montré le contrat d'assurance, mon archange Gabriel. Alors je l'ai porté dans la voiture et hop, un p'tit accident, comme elle avait une autorisation médicale de ne pas attacher sa ceinture, le pactole par les assurances.*"

Ferdinand : - Tu as payé un imitateur mais il m'imite très mal ! Il ne fera pas carrière, ton rossignol !

Claude : - C'est un enregistrement réalisé par une personne assermentée, moi.

Ferdinand pose la main droite sur le magnéto.

Claude : - Ce n'est naturellement qu'une copie audio. L'enregistrement audio et vidéo ne laisse aucun doute, il fut réalisé avec une mini caméra dernier modèle, un bijou de technologie, insérée en lieu et place de ma montre. On voit très distinctement les lèvres énoncer ces mots. La preuve de culpabilité sera validée par tout tribunal compétent.

Ferdinand, *abattu :* - Oh Claudio, tu m'assassines.

Claude : - Je vous demande juste de restituer les sommes illégalement perçues.

Ferdinand, *se reprenant :* - Alors comme ça, tu pourras vivre avec ma mort sur la conscience ! Comment pourras-tu regarder nos amis ?

Claude : - C'est ma dernière affaire ici. Après un tel résultat, ma demande de mutation sera acceptée.

Ferdinand : - Y'a des promotions pour les assassins, dans ta boîte ?

Claude : - Soyez sérieux, monsieur Caferré, vous avez été riche quelques mois, vous refermez la parenthèse et reprenez votre vie d'avant, où vous n'étiez pas malheureux.

Ferdinand : - J'étais pas malheureux car j'ignorais tout ce qu'on peut se payer avec de l'argent. Maintenant je comprends mieux les politiques, qui se battent pour une écharpe, elle leur permet de faire sauter nos PV, exempter les enfants du service militaire ou signer un permis de construire, le tout contre une petite enveloppe. Tu as déjà été riche, toi ?

Claude : - J'ai un bon salaire.

Ferdinand : - Moi aussi, j'en avais un. Mais on ne devient pas riche en travaillant ! Tu le sais bien !

Claude : - La loi c'est la loi.

Ferdinand : - Ta loi des installés, des capitalistes, des magouilleurs au pouvoir, elle ne s'applique qu'aux vivants ! Tu ne récupéreras pas un centime quand je serai mort. Et tant qu'un tribunal n'a pas prononcé ma condamnation, je bénéficie de la présomption d'innocence, oui monsieur, je peux mourir innocent ! Toutes les procédures s'arrêtent à la mort, tu dois le savoir ! Il suffit que je meurs et tes poursuites, tu te les mets où tu veux ! T'en fais des avions ! Et en plus, pas de mutation, et plus personne ne fera une belote avec toi !

Claude : - Monsieur Caferré, signez et vous pourrez profiter paisiblement de votre retraite.

Ferdinand : - Plutôt mourir ! Plutôt mourir que d'y retourner, au turbin ! Je suis un homme libre, mon ami ! Celui qui n'a pas peur de mourir est libre ! Tu sais que des philosophes l'ont écrit bien avant qu'existent tes assurances !

Claude, *qui perd de sa superbe :* - Monsieur Caferré, soyez raisonnable.

Ferdinand : - Allez, pour tes peines, je veux bien te donner six mois de salaire en échange de tes enregistrements. Pour que tu ne sois pas le dindon de l'affaire.

Claude : - Tentative de...

Ferdinand : - Tu vois, je suis raisonnable, c'est toi qui ne l'es pas ! Je préfère vivre mais s'il le faut je mourrai dignement. Sénèque s'est suicidé sans pleurer. Tu veux être mon Néron ? Je me suis mis à la lecture et au jardinage, monsieur. Il n'est jamais trop tard pour se cultiver et cultiver ! L'important c'est la dignité, monsieur, on vit dignement et si on ne le peut pas, on meurt dignement.

Claude : - La vie, ce n'est pas de la philosophie. Et le détournement d'argent, ce n'est pas vivre dignement.

Ferdinand : - Qui, de ton assurance ou de moi, est le plus riche ? Qui a des comptes en Suisse ? Qui détourne de l'argent ? Et je vais t'apprendre, mon ami, dans la philosophie antique, il y avait aussi la logique : alors tu as deux possibilités ; soit je sors d'ici et je me fais écrabouiller par une voiture, alors non seulement ton patron ne récupérera jamais un centime de ce qu'il m'a payé mais en plus il paiera mon assurance-vie au fiston (*Claude est de plus en plus inquiet par la tournure des événements*). C'est pas difficile de se faire écraser, il suffit de traverser juste après un virage. Ou alors, on sort, on va chez moi, et on s'entend comme deux gentlemen.

Claude : - Allez Ferdinand, tu as essayé, je t'aime bien, signe, ne m'oblige pas à transmettre le dossier au juge d'instruction.

Ferdinand, *se lève brusquement :* - Tu l'auras voulu. Mais avant de passer sous deux roues, faut que je raconte aux copains ce que tu as fait. J'aurais jamais cru ça de toi ! On t'a accueilli comme un frère ! Je te propose même une bonne prime pour que tu n'aies pas l'impression que je profite de ton amitié ! Je sais bien que les affaires sont les affaires ! Mais puisque tu préfères perdre sur tous les tableaux ! Non seulement tu finiras ta carrière ici mais plus personne ne jouera à la belote avec toi. (*il part, ouvre la porte*)

Claude : - Attends Ferdinand (*Ferdinand continue*). Tu as gagné Ferdinand.

Ferdinand, *se retournant et revenant juste à la porte :* - Tu disais ?

Claude : - Viens t'asseoir, on va s'arranger. T'es vraiment un sacré numéro.

Rideau

Acte 3

(facultatif)

Une pièce légère, montrant les limites de l'honnêteté même chez les hommes chargés de faire respecter la loi des assureurs, peut s'arrêter sur le "on va s'arranger" de l'acte 2.
Avec cet acte, la fin vire au sombre, au tragique.
Il s'adresse naturellement à un autre public, d'autres troupes.
L'auteur laisse ainsi un choix aux troupes ! Donnez la couleur de votre pièce. Et sa longueur.

Scène 1

Décor identique à l'acte 1.

Ferdinand, Pierre, Jef et Claude jouent. Atmosphère très pesante. Visages tristes, fatigués et crispés. Ils terminent une partie.
Manque donc Jean.

Jojo, les traits très tirés, plus que fatigué, air malade, entre et pose quatre bières sur la table. Les précédentes ne sont pas vidées.

Jojo, *après avoir toussé* : - Allez les gars, je vous les offre. (*Il se retourne de nouveau pour tousser*)
Claude : - Merci jojo…
Jojo : - Ah, je crois que j'ai vraiment chopé un mauvais coup de froid.
Jef : - Ça doit être ça, t'inquiète pas, ça va passer.
Jojo : - Ah, je crois que ça nous a tous foutu un coup… ça va passer… c'est ce que me promet le vieux Péchaut… son fils, à peine divorcé, va se remarier, avec une Angélique, une de ses élèves… moi c'est sur les bronches que je l'ai pris.
Jef : - L'hiver est long cette année…
Jojo : - Allez, je vous laisse terminer (*en sortant, on l'entend encore tousser*)

Ils reprennent sans passion leur jeu. Silence.

Pierre : - Ah le jojo, y'a que lui qui sait pas ce qu'il a attrapé. Et malgré ça, ça continue de fumer en bas…

Silence jusqu'à la dernière carte.

Ferdinand : - Pierrot ! C'est pas une raison pour jouer comme un pied !
Pierre : - Allez, on pose les cartes !
Jef : - T'as raison. C'est trop dur. Trop injuste. J'en confonds cœur et carreau.
Claude : - La vie est cruelle.
Jef : - Et qu'est-ce qu'il allait foutre chez sa tante, ça fait des années qu'ils se parlaient plus.
Ferdinand : - Hé, il voulait que son père se réconcilie avec sa sœur avant de partir ! Il était plus bien costaud, l'Alphonse. Ça partait d'un bon sentiment.

Pierre : - Ah ! Je vous dois la vérité.
Jef : - La vérité !?
Pierre : - Bin oui… je suis le seul à la connaître… et je sais pas si Jeannot voudrait que ses amis continuent à s'imaginer…
Claude : - Un accident stupide, comme il en arrive tant. Manque de vigilance du chauffeur sur une route familière, qu'il pense connaître même les yeux fermés, comme d'habitude !
Pierre : - Si tu savais….
Jef : - T'es sûr de savoir la vérité vraie, toi ?

Pierre : - J'étais quand même son voisin, et quand il avait besoin d'un coup de main, c'est moi qu'il appelait.
Jef : - Mais t'étais pas sur la route !
Pierre : - Ce maudit dimanche soir, ce maudit 7 mars, Jeannot est venu frapper à ma porte. Son père venait de mourir. Vous savez tous qu'il avait un cancer. Et vous devinez ?
Ferdinand : - Oh j'en ai bien peur ! Malheur !
Pierre : - Hé oui, il m'a demandé de l'aider à le mettre dans la voiture. J'ai bien essayé de le persuader que c'était une bêtise. Tout le monde connaissait son état. Les assureurs ne sont pas aussi cons que ça. Mais il voulait faire comme toi.
Ferdinand : - Aïe aïe aïe.
Pierre : - Ouais... Il venait de relire son contrat d'assurance, et c'est un accident qu'il fallait. Il allait pouvoir arrêter de travailler, sa femme aussi. Elle, elle avait peur. Elle le suppliait presque, elle a bien répété dix fois que j'avais peut-être raison, qu'ils allaient s'attirer des ennuis.
Jef : - Mais quand il avait une idée en tête !
Ferdinand : - Et il t'a répondu "si Ferdinand a réussi, je vais réussir aussi."
Pierre : - Exactement. Même que sa baronne, elle l'a entendu, et elle a demandé « Ferdinand a réussi quoi ? » et il a conclu « c'est un secret entre amis. Point barre ! » Je peux bien te jurer que ton secret, il est comme nous, le Jeannot, il l'a gardé pour lui.
Ferdinand : - Si je l'avais gardé pour moi !
Pierre, *répète* : - Si Ferdinand a réussi, je vais réussir aussi.
Jef : - Hé, je l'aurais parié.
Pierre : - Alors sa femme, elle n'a pas voulu le laisser partir tout seul, elle a finalement marmonné que ça semblerait bizarre, si elle n'y allait pas, chez la tante. Alors, quand j'ai vu que je pouvais plus les arrêter, j'ai dit, bon, je vais rester ici, comme ça si le gosse se réveille, il sera pas tout seul. Il dormait leur gosse, il savait pas que son pépé était mort.
Ferdinand : - Aïe aïe aïe.
Jef : - Et il est parti avec eux.
Pierre : - Hé oui, sa mère l'a réveillé alors que son pépé et son père étaient déjà dans la voiture, devant. Ils lui ont rien raconté, pauvre gosse, juste qu'ils allaient faire une surprise à la tante Mathilde. Il voulait pas y aller. J'ai proposé une dernière fois "il peut rester ici."

Durant la réplique de Pierre, la tête de Jojo apparaît à la porte, puis il se recule, on l'aperçoit encore mais personne parmi les joueurs ne peut le voir. Il se retiendra plusieurs fois, difficilement, de tousser.

Claude : - Malheur.
Pierre : - Hé oui, comme ça le gosse, si on l'interrogeait, il raconterait ce qu'il savait, ce qu'il croyait, que son pépé était mort dans l'accident parce qu'il avait oublié de boucler sa ceinture. On peut récolter un PV pour une ceinture oubliée mais l'assurance ne peut pas utiliser la faute pour ne pas payer, dixit Jeannot.
Claude : - C'est malheureusement vrai (*s'arrête net, en se rendant compte de sa bévue, non remarquée, sauf par Ferdinand*).
Pierre : - Et voilà, il m'avait prévenu qu'il allait se prendre doucement le poteau après le croisement, juste au virage, là où on l'a retrouvée le lendemain, leur voiture, mais dans la rivière.
Ferdinand : - Merde, j'aurais jamais dû vous raconter.
Pierre : - Le pire, si on peut dire, c'est que le pognon de l'assurance, un sacré pactole, car Jeannot et sa baronne aussi avaient une assurance accident, maintenant il va revenir à son cousin qu'il ne pouvait pas blairer.
Claude : - Sauf si l'assurance parvient à démontrer que le vieux était mort avant.
Pierre : - On est quatre ici, et je ne vois pas l'un d'entre nous aller cafter aux voleurs ce qui s'est passé. C'est vrai que son cousin, il est plus con qu'un balai, il est même gendarme, tu sais.

Ferdinand : - Vous voulez bien me le promettre ?
Pierre : - Quoi ?
Ferdinand : - De jamais essayer de m'imiter.
Jef : - Comme dit ce pauvre Jojo, on peut essayer de t'imiter Ferdinand, mais personne ne t'égalera...
Pierre : - En tout cas, je suis vacciné. Les assureurs sont des voleurs mais je jouerai pas au plus fin pour essayer de leur prendre une plume de leur duvet.
Jef : - Si ça te rend poète ! En tout cas, Ferdinand, tu n'es plus celui que je veux égaler.
Claude : - Pourquoi, tu y avais pensé aussi ?
Jef : - Hé !, si l'occasion s'était présentée... La belle-mère, elle est plus bien vigoureuse, je lui avais collé une assurance accident !
Pierre : - J'avoue que la mienne aussi, elle en a une !
Ferdinand : - Vous êtes plus fous que moi !

Jojo s'éclipse discrètement, sur la pointe des pieds.

Rideau - FIN

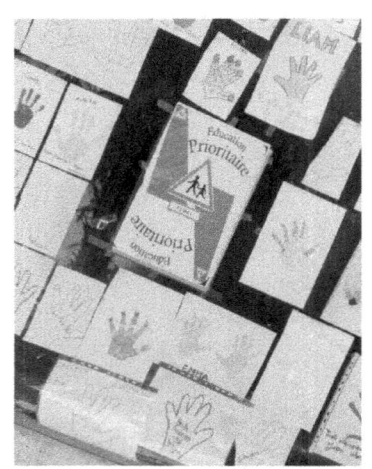

J'avais 25 ans

Texte pour vous remuer,
faire réfléchir,
Monologue Homme

À 25 ans, le personnage de ce monologue a quitté une confortable situation de cadre en informatique, chez Groupama Assurances, pour vivre de peu, de manière plus ou moins artistique... Un peu comme l'auteur...
Coïncidence, naturellement.

À 25 ans, arrêtez de travailler !... Ah, vous recherchez votre premier emploi !...

> J'avais 25 ans, c'était en 1993. Je sais, 1993, si vous avez 25 ans, si vous cherchez comment ne pas vous engloutir dans les voies sans issues, 1993, c'est une autre époque. Le 20eme siècle !

> (...)

> Si à cause de la date du grand virage de cette histoire, 1993 donc, vous pensez : son cas n'est pas adaptable... c'est que vous n'avez rien compris... Ceci n'est pas un mode d'emploi ! Simplement une réaction devant une situation.
> En 1993, si j'avais écouté 1968, 1975 ou 1980, j'aurais moi également pu être découragé, maudire d'être né trop tard !

> (...)

> Deux attitudes face à une tentative d'embrigadement dans un pays démocratique : la grande majorité balbutie, fataliste : « j'ai rêvé... mais maintenant je fais comme les autres » et quelques-uns vont voir.
> Aller voir. Chercher son point d'équilibre. Trouver sa voie, quand tant suivent les ruelles balisées, et grinchonnent, et manifestent. Trouver sa voie, un chemin inédit, et en payer le prix.

25 ans, la braderie de Lille, les *granges de* Flines-lez-Raches (une boîte du Nord où dans les années 1980-1990 se retrouvaient des chevelus, pour boire une Jeanlain à la bouteille, écouter de la musique rarement diffusée ailleurs) et Fanny, une étudiante en psycho... Et le choix d'une vie : vivre autrement...

Ce monologue est aussi un petit manuel de combat social...

Je : né en 1968. Âge suivant la date de représentation... jusqu'en 2028... Après ? Faîtes comme bon vous semble...

Assis par terre, regarde le public. Décor simple, de music-hall.

Acte 1

Je : - J'avais 25 ans. J'ai pris mes dernières vacances. Mes dernières vacances, je les appelais déjà comme ça.

Silence.

Je : - L'être humain, finalement, est prié de ne pas trop pavoiser : même pour ses actes majeurs, il a, le plus souvent, besoin d'un déclic extérieur. Moi, ce fut en septembre de mes 24 ans. À la braderie de Lille.
J'y étais allé seul. Seul forcément, avec pour unique bagage l'espoir de revoir Fanny.
Fanny. Quelques années plus tôt, elle était étudiante en psycho à la faculté de Lille, justement. Aux *Granges*, un night club du côté de Douai, des *copains* m'avaient persuadé que c'était bien moi qu'elle regardait. Je ne pouvais le croire ! On s'est souri, on s'est rapproché, on s'est parlé. Elle me subjugua au point de me surprendre à apprécier les repas du RU, restaurant universitaire, et même Francis Cabrel, quand elle interprétait *Petite Marie* à la guitare, rien que moi, dans les quelques mètres carrés de sa chambre universitaire.
Je prenais le train de 9 heures 17. Elle m'attendait à la cafeteria de la gare. Parfois elle m'emmenait à l'un de ses cours... Peut-être aurais-je dû poser mes lèvres sur les siennes et ma vie en aurait été transformée. Je n'ai jamais osé.

J'apprendrai bien plus tard qu'à l'époque de nos 24 ans elle se trouvait en Angleterre.
J'avais marché durant des heures. Demandant parfois à une connaissance : « tu n'aurais pas vu Fanny ?... Fanny des *Granges*, l'étudiante en psycho... »
Fanny n'était pas très bien vue de mes « potes. » Trop intellectuelle.
Quelques heures de marche et Fanny restait invisible. Je décidais de retraverser une dernière fois l'habituel quartier piéton... espoir de l'apercevoir à la terrasse d'un restaurant ou d'un café. Et là, au milieu d'une rue, je tombais nez à nez, véritablement nez à nez du fait d'avoir marché en scrutant chaque terrasse, nez à nez avec des tonnes de moules.
La braderie de Lille, ses moules, ses frites, sa bière.
Mon esprit fatigué y a vu un signe. Fatigué : naturellement, la nuit précédente, ma nervosité avait interdit tout sommeil. Comme souvent une phrase m'ensorcelait : « c'est ma dernière chance de la revoir. »

Moule. Moule. Je suis dans le moule. « *Moule sentimentale* » n'était pas encore un tube de la variété gnangnan. Ainsi je n'avais rien à fredonner et restais figé.

Certes, avant, l'envie de ne pas vivre 37 ans et demi pour les beaux contrats de Groupama assurances me causait déjà de nombreuses nuits d'insomnies.
Mais là, oui. Plus aucun doute. J'avais 24 ans. Dont un sixième dans un bureau. Quatre ans dans un bureau ! Dont trois à aimer une Fanny qui avait mis fin à nos rencontres d'un laconique « Je sais bien que tu ne peux pas te contenter de mon amitié. Je sais qu'on va en baver. Je croyais que se parler ainsi, se confier sans tricher, c'était impossible entre une fille et un mec. Mais. Mais tu sais. »

Oui, je savais : à 21 ans elle ne se sentait pas la force de quitter un type avec qui elle se prétendait unie par un lien indestructible, « deux ans de belles histoires. » Elle le voyait durant les vacances scolaires : il vivait à Brest, lui avait confessé quelques infidélités... mais elle ne voulait surtout pas entrer dans le jeu d'une quelconque vengeance... et pensait ces infidélités terminées... pensait qu'avoir un seul amour dans la vie représentait l'idéal...
Maintenant, je relativise : elle aussi, des images incrustées dans l'inconscient l'emprisonnaient dans des réactions d'oppositions au modèle familial...
Mais nous avions 21 ans !
Nous croyions tout décider par notre « libre arbitre. » À l'âge de l'ignorance, nous pensions tout

savoir, tout maîtriser, ne jamais rien regretter, elle de me repousser, moi de continuer à l'aimer, même platoniquement, même sans la voir. L'amour platonique de ma vie ! Combien de fois l'ai-je écrit !

Devant les moules, je réfléchissais : ai-je travaillé uniquement pour ne pas trop souffrir de cet amour sans nuit d'amour, sans cri, sans rupture, sans champagne ni mensonge ?

Et c'est devant ces moules où je restais figé sûrement plus d'un quart d'heure que ma décision se prétendit irrévocable : à 25 ans je partirai. Il me restait un an pour tout préparer, obtenir un licenciement.

Déterminé mais pragmatique : je mesurais toute la difficulté de vivre sans argent, sans amour et d'eau à forte teneur en nitrates.

J'entrais dans le premier café où le comptoir semblait accessible et obtenais une bonne demi-heure plus tard une bouteille de Jenlain. En référence aux *Granges* naturellement, cette bière étant alors la boisson de base, offerte avec le ticket d'entrée.

J'ai encore traîné un peu, avant de reprendre le même train que ces soirs-là. Précision : j'avais acheté une troisième bouteille de 75 centilitres, à emporter.

Il fait nuit, bien noire, avec quelques étoiles plus ou moins naturelles, quand j'arrive très lucide en gare d'Arras... je vois double, trouble, triple, je flippe en me prenant les pieds dans un pavé, me cognant contre un poteau sur la Grande place.

Quelques heures plus tard, le lundi matin donc, je manquerais l'ouverture de la ravissante grille grise Groupama Assurances 22 boulevard Carnot... absence justifiée l'après-midi : le docteur m'octroyant quinze jours de repos... cause surmenage !

C'était le temps où les docteurs ne souhaitaient pas perdre un client pour un stupide refus d'accorder un arrêt de travail. C'était au temps d'avant le médecin traitant.

En mai de l'année suivante, il faisait froid au nord et beau au sud. J'avais 25 ans. J'ai pris mes dernières vacances. Mes dernières vacances, je les appelais déjà comme ça.

Ça peut sembler étrange, une telle réaction. On m'a depuis affirmé qu'il est bizarre à 25 ans de penser, « c'est mes dernières vacances. » Même « ce sont mes dernières vacances », quand on s'exprime correctement ! Certains y virent même une pulsion suicidaire... cette remarque m'enchantait toujours, jusqu'au sourire... elle émanait à chaque fois de véritables accros aux vacances. Qui préfèrent se passer de cerises et de fraises plutôt que de se priver de cette « indispensable coupure. »

Prendre des vacances, dans mes classifications, signifiait déjà : appartenir à une catégorie particulière, les prisonniers de l'inutile, aussi dénommés « braves travailleurs. » Quoique « brave » soit peut-être exagéré.

Citoyens, travailleurs, classe moyenne. Nul besoin de développer davantage : travailler pour vivre. Tu travailles, tu as droit aux congés, tu pars en vacances pour oublier, décompresser, recharger les accus, voir du pays, rencontrer des gens... en France ou à l'étranger... à l'étranger où naturellement il est indispensable de prétendre que le tourisme sexuel sous couverture du grand soleil d'Asie est une exception... laissons Michel Houellebecq s'attirer les foudres des agences de voyages et autres profiteurs de ce marché du sexe... et revenons aux vacances hexagonales... où l'on rencontre des gens comme soi, également en vacances... et les autochtones... c'est passé dans le langage courant, on parle des autochtones désormais. Autochtones aux sourires de brochures, parce qu'il est indispensable de sourire quand on vit du tourisme, et qu'il faut bien rembourser le prêt des travaux du gîte rural ou vendre à un tarif décent une production que les centrales d'achat des grandes surfaces sont disposées à acquérir pour une simple bouchée de pain. Le sourire, c'est la marge du producteur.

Comme quoi, Asie ou sud de la France, le raisonnement reste le même... il faut vendre avec le sourire ce que l'on peut vendre...

Ne caricaturons pas ! Les vacanciers ont parfois des contacts avec d'autres autochtones : les retraités. Les vacanciers parfois s'intéressent à la vie de ces contrées si belles, si calmes… mais où, quand même, « ça doit être lugubre en hiver. » Alors les vieux racontent. Ça leur fait plaisir, finalement. Ils ont des enfants ou petits-enfants du même âge. Ces enfants, ces petits-enfants ont à peu près la même vie que ces vacanciers : ils vivent en ville. Parce qu'ici, naturellement, le travail est une denrée rare. Ça fait deux générations que les jeunes s'en vont… ils l'ont racontée des centaines de fois leur histoire. Les vacanciers, ça leur fait une distraction, aux vieux. Surtout quand le bras ne permet plus de jouer à la pétanque.

J'avais 25 ans et je pensais : bientôt tu seras de l'autre côté, tu seras un retraité.
Prendre sa retraite à 25 ans. Qui n'en a pas rêvé !… Mais on nous fait croire que ça n'arrive jamais pour un citoyen ordinaire. Celui qui ne travaille pas à 25 ans, c'est qu'il ne travaille PAS ENCORE, étant étudiant, ou c'est un rentier, fils ou fille à papa friqué qui passera sa vie à grignoter le gros gâteau des parents ou grands-parents, argent gagné ou volé, un gosse de riche. Ou alors ne pas travailler à cause du chômage. Exclusion, misère et injustices sociales.
Je suis un gosse de pauvres. Dans ces cas-là, il te reste… le loto… Ça doit bien tomber sur quelques joueurs de 25 ans… je n'ai jamais misé sur ce Dieu hasard surtaxé.
Alors ! Alors tu as décidé d'abandonner une vie tranquille de salarié dont l'employeur n'est guère exigeant, pour la misère. La misère, la galère, le drame. Tout cela à cause d'une femme !

N'accordez pas trop d'importance au rôle de Fanny dans ma vie ! Vous auriez certes des excuses puisque son prénom revient régulièrement et que je l'ai moi-même souvent idéalisée divinisée. Mais non, voyons !, soyons raisonnables !, elle fut seulement l'image, l'idée sur laquelle j'ai eu besoin de m'appuyer pour aller plus loin. Ce raisonnement me convainc parfois ! Elle est même étonnée que je parle ainsi régulièrement d'elle ! Ses rares e-mails me laissent supposer que ses souvenirs de moi sont d'ailleurs assez vagues… Parce que naturellement, je n'ai pu, quand même, m'empêcher de taper son nom dans un moteur de recherche, le jour où, pour la première fois, je me suis connecté à internet. Elle vivait en Espagne.
J'écrivis le soir de sa réponse un texte sur le « drame des femmes magnifiques. » Elle seule la connaît mon analyse pêchant sûrement par excès de généralisation. Je lui ai envoyé des années plus tard, ce mini-essai sur les amazones condamnées à affronter un lugubre miroir quand elles comprennent leur histoire, avoir vécu uniquement avec des sales types, des sales types masqués durant quelques semaines, mois ou même années, prêts à tout pour se taper puis parader avec « la superbe gonzesse. » Tandis bien sûr qu'il n'ose jamais, l'être intègre végétant dans la salle « amitié. » Elle y croyait, à son amour en Espagne. Encore quand je lui envoyais ces neuf pages. Sept mois sans contact serait la « punition » de ma clairvoyance. Il y en aurait d'autres.

Mais je m'éloigne de mes 25 ans où ma mère se trouva une nouvelle litanie : « avec tout ce que l'on a fait pour toi, après tant de sacrifices. »
Elle était fière d'avoir un fils cadre. Pour des parents agriculteurs, c'était la promotion sociale rêvée. Cadre en plus chez l'assureur des agriculteurs, la CRAMA, Caisse Régionale d'Assurance Mutuelle Agricole. Le premier rejeton du village à obtenir un BTS… ça rabaissait un peu leur clapet aux bigotes des trois premiers bancs dont les enfants rivalisaient de BEP secrétariat ou comptabilité à CAP maçonnerie ou menuiserie.
Ce serait plus difficile à proclamer « au chômage. » Elle en tomba malade. Voyant que ça ne fonctionnait pas, elle se relevait et déclara « mon fils a décidé de reprendre ses études pour devenir chef d'entreprise. » Je souriais, ça l'énervait. J'étais prié de corroborer sa version. Je souriais en pensant à Oscar Wilde « *Il est inutile de dire à quelqu'un une chose qu'il ne sent pas et ne peut pas comprendre.* » Je haussais les épaules tout en jugeant superflu d'épancher mes états d'âme genre « ça m'aurait fait plaisir si elle m'avait soutenu… mais je ne peux quand même pas être triste… sa réaction était tellement prévisible. »

Je n'ai donc pas écouté les « bons conseils », les gentilles ou cyniques mises en garde, je n'ai donc pas écouté ces braves gens restés où le vent les a déposés.

Et j'y ai cru à ma promesse de la braderie. J'imaginais, je planifiais, j'exécutais : de retour au bureau, le chef eut droit à un bonjour empreint de dédain. Il me crut « vraiment malade. » Un dossier m'attendait : il le retrouva au même endroit trois jours plus tard et s'énerva. C'était urgent.

- Dans ces cas-là, tu le fais toi-même.

Je devenais impertinent ! Et au pot de l'amitié, le traditionnel pot du vendredi midi, je ne laissais aucun doute sur ma métamorphose : je posais le verre de whisky offert par Caroline et prenais une bouteille juste entamée, pour la vider à petites goulées. Naturellement à l'heure du repas... je me tenais aux murs pour parvenir aux toilettes et... devenir la hantise des femmes de ménage. C'est pour elles que mon attitude me déplaisait le plus. Mais dans tout combat, quelques victimes collatérales, c'est inévitable.

Faut-il supprimer le pot du vendredi ou m'en interdire l'accès ? Une convocation dans le grand bureau mit fin à cette épineuse question. Pour éviter trop de vagues, la direction me proposait un accord transactionnel. Je l'attendais. C'était arrivé deux fois durant la dernière décennie. Car naturellement, un grand groupe, avec des racines agricoles, ne peut se permettre de licencier... qui plus est un fils d'agriculteur.

Je me suis donc inscrit à l'ANPE. En insistant bien sur le fait qu'ils m'avaient forcé à signer. Je m'étais quand même renseigné : si l'acte de séparation résultait d'un commun accord, je n'avais droit à aucune indemnité de l'Assedic. Alors que s'il s'agissait d'une proposition de l'entreprise, acceptée par le salarié, j'entrais dans la grande famille des indemnisés.

- J'ai cédé à un véritable harcèlement moral.
- Ça se passe souvent comme ça avec les grands groupes. Malheureusement, nous ne pouvons rien faire. Ils savent ne laisser aucune preuve de leur méthode.

J'étais tombé sur un militant social, « au côté de tous les travailleurs. »

Il me remit même la carte d'un syndicat, en murmurant « n'hésitez pas à venir me retrouver dans un autre contexte... les cadres, les employés et les ouvriers, c'est le même combat... Soyons tous ensemble... Plus nous serons nombreux, plus nous serons forts...»

Et je ne suis pas parti dans le sud. Mais chez une copine. Une copine, ma copine, bien sûr. Elle aussi avait gobé la version d'un harcèlement moral et elle en était persuadé : j'allais rapidement retrouver un poste avec salaire équivalent. On se connaissait depuis trois mois, je ne me voyais pas lui expliquer les moules et Fanny. La version du harcèlement moral était plus simple. Elle était ravie de notre mise en ménage, comme certains l'annonçaient, et nous imaginait déjà bientôt heureux propriétaires en quartier résidentiel grâce à cette prime et ses placements, capital qui constituerait un apport suffisant et engagerait une banque à nous prêter, sur 25 ou 30 ans, une somme bien rondelette que nos salaires rembourseraient sans difficulté. La belle maison dans le beau quartier.

C'était une comptable, titulaire d'une maîtrise, fana dingue des chiffres, les transformant sans calculatrice en confort accessible.

Mais néanmoins elle accepta que je prenne quelques mois de repos... après tant de péripéties !

Un an et demi passa ainsi. Avec trois convocations à l'ANPE où la présentation de quelques réponses négatives suffisait à clore l'entretien chaleureux et monotone. Un an et demi où je pensais peu à Fanny, n'essayant même pas une seule fois de la revoir. Je me levais vers huit heures, déjeunais d'un bol de lait et deux tartines beurre chocolat. Puis partais à la bibliothèque. Je rentrais préparer le repas que nous prenions en tête à tête. Le plus souvent nous faisions même l'amour... parfois au point de mettre en retard ma comptable préférée, toujours inquiète des commentaires de sa direction. Je retournais l'après-midi à la bibliothèque. C'était une forme de revanche sur mon enfance, mon adolescence, ces décennies si loin des livres.

La quatrième convocation à l'ANPE, ce fut un certain Charles, arrogant, puant la clope.
- Je doute de vos recherches…
Je mimais l'indignation.
- Vous allez bientôt être chômeur de longue durée. Il vous faut une formation…
Le soir, chère compagne confirma le bien fondé de cette analyse.
Le lendemain, pas de bibliothèque. Ayant vendu quelques meubles qui auraient fait double emploi lors de mon installation rue des 3 visages, seules une télé et une étagère ne purent être casées dans ma voiture. Je suis parti. Elle méritait quand même d'hériter de l'étagère et de la télé !
Je repassais à l'ANPE :
- Puisqu'il n'y a pas de travail par ici pour moi, je vais tenter ma chance ailleurs.
La conseillère, Séverine, me décrivait les démarches à suivre pour ma réinscription dans un autre département.
Je laissais une lettre à ma comptable :
« Tu l'as comme moi remarqué : nous ne faisons plus l'amour chaque jour. Et mon orientation littéraire te déplait de plus en plus. Et blabla et blabla. Je ne suis pas l'homme qu'il te faut. Et blabla et blabla. »
Deux jours plus tard, j'arrivais dans le Lot. Après une nuit sur un parking d'autoroute. Pourquoi le Lot ? Sûrement à cause d'un reportage télé ayant présenté ce département comme celui du sud où les tarifs immobiliers restaient les plus abordables. Et donc, vive le Lot… en camping.

Mon inscription à l'ANPE s'est déroulée sans souci :
- Naturellement, en camping, ce n'est pas évident de trouver un emploi. Pour vous le plus important est donc de trouver un logement. Repassez nous voir dès que votre situation sera stabilisée.

J'achetais rapidement une maison. Un divorce aux couteaux, chacun exigeant sa part, voulant surtout éviter que l'autre reste. J'avais assez. Malgré mes cheveux longs, ils ont signé.

Deux ans plus tard, j'étais convoqué à l'ANPE. L'informatique m'avait oublié !
J'ai pu inventer un « continuez » de mon interlocutrice lors du passage pour signaler ma nouvelle adresse après l'achat de la maison.
Et comme leur silence semblait corroborer ces propos, ils n'ont pas insisté.
« Continuez », c'était « continuez dans l'artistique. » Ce n'était pas noté sur mon dossier mais l'aimable employée me fournissait une hypothèse plausible : « une migration informatique. »
Six mois plus tard, ce fut plus difficile : le gouvernement avait changé ! Ding Dong, il fallait « épurer les fichiers. » Il fallait des résultats, une baisse significative… La chasse aux fraudeurs s'engageait.
Ça ne pouvait plus continuer ! Mes livres, aucun éditeur n'en voulait, mes textes de chansons, aucun interprète ne les chantait. Naturellement, je n'avais contacté ni éditeur ni chanteur.

Alors il m'a fallu travailler ! Sinon, c'était RADIATION !
L'informatique, qui avait quand même été ma vie durant cinq ans, revint d'actualité. Il me fallut jouer serré. Persuader que je n'y connaissais rien, absolument rien aux nouvelles technologies, ayant seulement été salarié grâce à un lointain cousin.
- Un lointain cousin ne paye pas quelqu'un ainsi durant cinq ans. Je constate que vous aviez un statut de cadre.
Ma réponse était préparée. Il faut toujours prévoir ce qu'un bureaucrate pourrait vous rétorquer par simple logique administrative. Réponse nette et sans bavure :
- Vous voulez vraiment savoir ce que je lui faisais quand il m'appelait dans son bureau.

J'échappais à l'informatique mais les années de totale imprégnation littéraire devaient s'achever. Projet indispensable ! Et c'est pourquoi vous me découvrez sur scène.
Monter sur scène est donc mon nouveau métier : j'y raconte ma vie.

J'en profite, quand même, pour moraliser mon parcours : vous voyez, on vous a fait croire qu'il est impossible de vivre autrement, on vous a entubés.
Les plus jeunes rétorqueront : à ton époque peut-être mais maintenant…

J'avais 25 ans, c'était en 1993. Je sais, 1993, si vous avez 25 ans, si vous cherchez comment ne pas vous engloutir dans les voies sans issues, 1993, c'est une autre époque. Le vingtième siècle !
Et même pour celles et ceux nés à la même époque, la facilité consiste à penser : on a raté le coche, maintenant il faut en chier jusqu'à la retraite, en espérant que l'état nous la versera, et alors, et alors, et alors…

Si à cause de la date du grand virage de cette histoire, 1993 donc, vous pensez : son cas n'est pas adaptable… c'est que vous n'avez rien compris… Ceci n'est pas un mode d'emploi ! Simplement une réaction devant une situation.
En 1993, si j'avais écouté 1968, 1975 ou 1980, j'aurais moi également pu être découragé, maudire d'être né trop tard !
Ceci est presque une lapalissade : la situation change chaque jour ! Les époques changent mais les données de base restent les mêmes : un individu et des tas de chemins ; certains plus faciles, d'autres plus évidents, d'autres quasi impossibles.
Et le chemin, celui qu'une petite voix à l'intérieur te susurre, celui à inventer. On ne suit pas son chemin, on l'invente. Ce ne sera jamais évident. Pour moi, il y eut des tas de bureaucrates, des tas de bons conseils. Mais tout ça, c'est le prix à payer.

Deux attitudes face à une tentative d'embrigadement dans un pays démocratique : la grande majorité balbutie, fataliste : « j'ai rêvé… mais maintenant je fais comme les autres » et quelques-uns vont voir.
Aller voir. Chercher son point d'équilibre. Trouver sa voie, quand tant suivent les ruelles balisées, et grinchonnent, et manifestent. Trouver sa voie, un chemin inédit, et en payer le prix.

Rideau - FIN

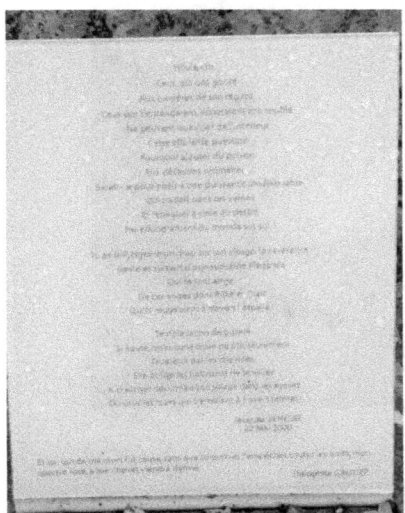 

262

Le petit empereur
veut fusionner les villages

Pièce en trois actes

Deux hommes, une femme.

Trois personnages, la soixantaine : le maire, sa femme et le premier adjoint.
Si seulement trois ans séparent le maire de son épouse, il en paraît vingt de plus.
Le maire, ancien "très haut dirigeant" de très grandes entreprises, physiquement très éprouvé, ses mains, son visage tremblent, il parle lentement.
Madame, sa femme, très coquette, après une vie de dilettante plus ou moins "passionnée par l'art", qui a simplement constitué un divertissement.
Le couple est revenu dans la maison familiale quelques mois avant les dernières élections municipales où monsieur a facilement conquis la mairie.
Le premier adjoint, au village depuis une trentaine d'années, aux compétences reconnues, reste considéré comme un étranger. Dans ce sud-ouest, il convient de présenter au moins trois générations d'ancêtres locaux avant de pouvoir être admis "du pays".
Les trois actes se déroulent dans le vaste salon du couple aux deux majestueux fauteuils.

Durée : 1 heure 15

Montcuq-en-Quercy-Blanc, quelques mois plus tard

Acte 1

Face à face, dans leurs fauteuils, monsieur le maire et son épouse.

Le maire : – En six ans, je ferai plus que les vingt-trois maires réunis de notre histoire.
Madame : – Si mon père revenait, il te rappellerait qu'un maire de campagne doit d'abord s'occuper de ne pas augmenter les impôts.
Le maire : – Je suis arrivé, je les ai aug-mentés et tu as entendu une seule plainte ?
Madame : – Et de gérer le village en bon père de famille.
Le maire : – Mathilde, les villages, l'état n'en veut plus. C'est comme ça. 36000 communes, tu ne te rends pas compte ! Je te le répète : ce pays a besoin de super communes, efficaces, dynamiques, du tourisme, d'artisans, de services, de consultants, d'initiatives, d'investissements. C'est le levier de la croissance, indispensable, car elle ne tombera pas du ciel, même la bande de voyous du département l'a compris. Notre organisation est dépassée. Nous sommes la risée de l'Europe avec nos villages de pépères.
Madame : – Et pourtant, ça marche. Les gens sont heureux de vivre ici et ils ne veulent pas de ce genre de changement.
Le maire : – L'état veut des économies. Je serai le dernier maire de l'histoire du village.
Madame : – Tu le sais bien pourtant : regrouper les communes ne permettra aucune économie. Deux villages, deux secrétaires de mairies, on fusionne, on en vire une, et hop 20 000 euros d'économies… Tu me fais rire !
Le maire : – Le constat d'échec, je l'ai dressé. Que peut faire un maire avec 80 000 euros ? C'est le budget d'une famille ! Le plan d'actions, je l'ai exposé. Tu as entendu quelqu'un réfuter mon raisonnement ? Tous ont acquiescé.
Madame : – Quand on a un programme à ce point en rupture avec le passé, on le présente avant les élections.
Le maire : – Si on avouait aux gens ce que l'on compte faire, personne ne voterait pour nous. Tu te souviens de notre voisin se lançant dans la course à la présidence du Conseil Général.
Madame : – S'il s'agit de ton modèle !
Le maire : – Soit tu ne fais rien et alors tu pouvais l'annoncer, soit tu as de vrais projets et il faut les lancer durant la période de grâce. Que l'on soit maire ou Président de la République, c'est la même logique.
Madame : – En tout cas, je ne suis pas la seule à avoir lu sur Internet « les illusions de la fusion. »
Le maire : – C'est trop simple : il ne dit pas un mot le jour de la réunion et me balance sa chronique dans les pattes.
Madame : – Il prend le temps de la réflexion ! Tout le monde ne parle pas sous l'effet des émotions comme ton cher nouvel ami Albert… Il n'a toujours pas compris la nécessité de se taire quand on se prend systématiquement une cinglante réplique dans les dents.
Le maire : – Albert m'est très utile. Nous avons toujours besoin d'un contradicteur stupide, facile à mettre en boîte. Ainsi plus personne n'ose apporter de contradictions, redoutant d'être à son tour renvoyé dans les cordes. Et les points discutables ne sont jamais discutés ! Dans les entreprises, nous avons les syndicalistes. Ici, j'ai Albert. Je me dois de le choyer aussi bien qu'un syndicaliste. La France en est là, tu sais bien que nous avançons vers un système où ces inutiles individus disparaîtront. Mais c'est long. J'apporte ma pierre à l'édifice.
Madame : – Donc ne soit pas surpris que l'écrivain soit plus intelligent !
Le maire : – Mais ce n'est pas loyal. Il s'exprime et je ne peux pas conclure. Le dernier mot doit revenir à monsieur le maire.
Madame : – Ne soit pas injuste : il t'a même offert la possibilité de communiquer sur son site.
Le maire : – Ça ne peut plus durer cette pagaille. Je vais demander au préfet le moyen de récupérer ce nom de domaine.

Madame : – Au motif ?

Le maire : – Il me porte préjudice.

Madame : – Il possède le point com et la mairie peut acquérir le point fr, c'est bien ce qu'il t'a répondu.

Le maire : – C'est le point com qui m'intéresse.

Madame : – Hé oui, il te faut respecter la liberté de la presse.

Le maire : – Le peuple a besoin qu'on lui montre la voie, d'ambitions, d'une saine émulation dans le respect de la hiérarchie. La liberté n'est qu'un mot vide pour les démagogues. La liberté mène à l'anarchie, antichambre du chaos.

Madame : – Je les connais, les théories de la confrérie…

Le maire : – On a beau dire, le plus malin c'est bien le Baylet. Il a compris qu'un élu doit posséder l'unique quotidien d'une région pour faire avancer ses projets. Les médias devraient appartenir à l'état. Ou à des actionnaires patriotes, dévoués.

Madame : – Je la connais par cœur, ta théorie « la démocratie n'est pas la meilleure des organisations sociales. Ce qu'il nous faut, c'est une oligarchie éclairée dans laquelle par le travail chacun peut trouver sa place. »

Le maire, *en souriant* : – Tu pourras écrire mes mémoires, si Dieu décide d'abréger mon séjour ici-bas. Je ne t'ai jamais caché qu'après cette fusion, j'expliquerai au pays ma méthode. Et crois-moi, il se vendra mon livre, il sera édité chez un grand éditeur, soutenu par la presse. Je serai le vrai écrivain du village ! Si guignol s'était comporté correctement, j'aurais pu lui proposer de rédiger une préface et dans mon ombre il aurait bénéficié de mon succès.

Madame : – Comme tu le sais, « *être écrivain, c'est consacrer sa vie à la littérature. Et quand tu entres dans cette voie, tu ne peux plus te mettre au service de mesquines et basses ambitions.* » Selon ton écrivain préféré.

Le maire : – S'il n'est pas possible de récupérer son site sur la commune de manière légale, je vais lui proposer de le lui racheter.

Madame : – Et tu en ferais quoi ?

Le maire : – Je garderai ses photos et supprimerai les commentaires déplacés.

Madame : – Tu crois peut-être qu'il te le vendrait !

Le maire : – Il ne semble pas en situation financière de refuser une bonne offre. Si nous parlons parfois de ses articles, je ne connais personne ayant acheté le moindre de ses livres. Tu as encore constaté mon influence : même celui sur la commune, il a dû attendre sept mois avant d'en vendre un, et encore, à un belge !

Madame : – Et tu crois qu'il t'autoriserait à conserver ses photos si finalement il te vendait son site ?

Le maire : – Tout se négocie dans la vie. Tu m'as déjà vu échouer ?

Madame : – Certes… Réussir, échouer… Que signifient vraiment ces termes ?

Le maire : – Madame philosophe ?

Madame : – En attendant l'arrivée de ton cher et dévoué Premier adjoint, c'est sûrement la meilleure des occupations possibles…

Le maire : – Oh lui, si je pouvais en changer !

Madame : – C'est nouveau !

Le maire : – Non seulement il a passé des décennies à te faire la cour dès que j'avais le dos tourné…

Madame : – Oh !

Le maire : – Tu n'en es pas responsable, mon épouse chérie. Ta beauté a fait tourner plus d'une tête. Et pas seulement dans ce pays de bouseux. Ta classe naturelle a partout été reconnue. Mais en plus, revenons à mon premier adjoint, comme toujours, il ménage la chèvre et le chou.

Madame : – T'aurait-il manqué de dévouement ?…

Le maire : – Naturellement pas de manière nette et sans bavure. Par exemple, il avait bien informé "l'écrivain" de ses devoirs... Tu vas apprécier... « *Je pense que Monsieur le maire, enfant du pays, sera encore plus sensible que moi à vos publications, et si je peux me permettre de vous faire une sujétion, ce serait de lui offrir votre ouvrage, je suis certain qu'il en ferait large information et diffusion autour de lui...!* »
Madame : – C'est très bien.
Le maire : – Il n'a pas écrit « *Si je peux me permettre de vous faire une suggestion, [en insistant sur sug-ges-tion] ce serait.* » Mais il a eu, disons, un lapsus : "sujétion." [il épelle :) S-U-J-É-T-I-O-N.
Madame : – Oh le joli lapsus, et si juste ! Sujets de sa Majesté, levez-vous !
Le maire : – Mathilde, voyons. Respecte les vieux !
Madame : – J'oubliais !
Le maire : – Cela ne servirait à rien qu'il sache que je sais. Il s'excuserait « l'âge, oh l'âge »... Le besogneux petit insignifiant !
Madame : – Peut-être est-ce involontaire.
Le maire : – Il a des défauts, et on les connaît. Mais en trente années d'échanges, je ne l'ai jamais pris en faute dans les écritures.
Madame : – Il a donc réussi le grand écart de transmettre le message tout en exprimant sa pensée par ce lapsus... il a réussi un numéro d'équilibrisme, à condition que l'écrivain n'ait pas l'idée de te le faire suivre un jour... Tu l'as bien appris ainsi ?
Le maire : – Hum...
Madame : – Tu possèdes d'autres sources d'informations ? Tu aurais soudoyé sa compagne ?
Le maire : – J'ai « *juré de ne jamais mentir à la femme qui m'accompagne...* »
Madame : – Donc ?
Le maire : – Tu le sais bien : la partie est trop serrée pour que je puisse avoir confiance en qui que ce soit dans ce village...
Madame : – Donc ?
Le maire : – Ce fut simple, très facile finalement : la semaine dernière, il m'a suffi d'envoyer un petit virus à notre grand ami et il m'a communiqué ses mots de passe. Je lis ainsi ses mails...
Madame : – Oh ! Certes, dans le monde des affaires une telle pratique se comprend. Même le fiston y recourt. Mais ici ! Suis-je de même espionnée ?
Le maire : – Oh ! Je peux comprendre qu'après une telle information ta première réaction, après la surprise, soit la crainte d'être également soupçonnée. Tu es ma femme, et jamais je ne t'ai soupçonnée, je ne te soupçonne nullement, jamais je ne te soupçonnerai...
Madame : – Qui d'autre est ainsi... il va falloir inventer un équivalent à écouté ?...
Le maire : – Espionné me convient... Dans d'autres circonstances historiques, j'aurais fait un excellent espion. (*en souriant :*) Tu sais que j'ai toujours été au service de notre pays ; nos élus n'ont jamais eu à se plaindre de mes informations. Qu'ils m'aident aujourd'hui à imposer mes idées n'est que justice.
Madame : – Tu sembles ne pas souhaiter répondre à ma question.
Le maire : – L'ensemble de mes administrés connectés, sauf un...
Madame : – L'écrivain, je parie !
Le maire : – Hé oui, il n'a pas ouvert une seule de mes pièces jointes... Ce qui constitue un impardonnable manque d'intérêt pour ma communication et même un impardonnable manque de confiance.
Madame : – n'exagère pas !
Le maire : – Mais il m'amuse... J'aime éprouver un peu de résistance, surtout en le sachant sans ambition, le pauvre... Il continue à publier des livres sans en vendre... On ne peut même pas l'embêter avec un contrôle fiscal ! Il vit dans son petit monde des sans-dents... J'aime beaucoup cette expression !...

Madame : – Si Saint François t'entendait !
Le maire, *comme s'il ne l'avait pas entendue* : – Oui, il faut en finir avec l'assistanat. Nous sommes quand même dans un pays où par le travail tout le monde a la possibilité de devenir quelqu'un. J'en suis la preuve vivante. N'est-ce pas, ma chère et tendre épouse. Seuls les médiocres croupissent dans leurs échecs.

On sonne.

Le maire : – Quand on parle du larbin, il arrive enfin !
Madame : – Enfin, monsieur le maire, un peu d'élégance.
Le maire : – Vous avez raison, madame la Première dame. Il faut savoir rester aimable avec les valets.

Madame va ouvrir…

Le 1ᵉʳ adjoint : – Mes hommages, madame.
Madame : – Mon cher ami.

Deux bises très strictes. Il s'approche de monsieur le Maire, qui ne se lève pas.

Le 1ᵉʳ adjoint : – Monsieur le maire.
Le maire : – Mon cher ami.

Ils se serrent la main de manière peu chaleureuse.

Le maire : – Prends place (*il lui montre la chaise à deux mètres ; le premier adjoint s'assied ; on sent la situation étudiée de manière à montrer la supériorité du maire sur l'invité*)
Le 1ᵉʳ adjoint : – La réunion du Conseil Communautaire s'est déroulée comme vous l'escomptiez ?
Le maire : – Comme d'habitude ; rien d'intéressant les neuf dixièmes du temps. Et j'ai obtenu la subvention pour les travaux de mise aux normes de notre salle des fêtes.
Le 1ᵉʳ adjoint : – Très bonne nouvelle, monsieur le Maire.
Le maire : – Martine sera contente, son mari aura du travail pour l'année.
Le 1ᵉʳ adjoint : – Naturellement… on pourrait obtenir mieux et moins cher… (*en souriant*) mais il faut bien rendre service à notre chargée de communication.
Le maire : – J'ai également expliqué notre démarche de fusion. (*en souriant :*) Mon collègue m'a laissé cet honneur.
Le 1ᵉʳ adjoint : – Tout le monde vous a approuvé ?
Le maire : – Comme prévu, il leur semble urgent de freiner des quatre fers. Ils tiennent à leurs petits villages gaulois. Nous serons donc l'exemple. Quand nous aurons démontré que c'est possible, ils suivront.
Le 1ᵉʳ adjoint : – Monsieur le Président n'a toujours pas annoncé sa décision de démissionner ?
Le maire : – Malheureusement, il semble ne plus en prendre la voie. Il sera même candidat aux élections départementales. De manière confidentielle, il nous a annoncé la guérison totale de son cancer.
Le 1ᵉʳ adjoint : – C'est une très bonne nouvelle.
Le maire : – D'un point de vue humain, naturellement. Mais tu sais bien que cette communauté a besoin d'une vision dont ce pauvre homme est dépourvu.
Le 1ᵉʳ adjoint : – Il vous reste la possibilité de proposer une autre voie à mi-mandat.
Le maire : – Tu sais bien que ce n'est pas dans mes habitudes de renverser les tables. Je suis plutôt celui qui attend que les tables et les chaises soient par terre pour remettre tout en ordre. J'ai confiance en mon destin : une opportunité se présentera à la communauté comme elle s'est présentée dans la commune.
Le 1ᵉʳ adjoint : – Une idée, monsieur le maire : le président sera donc candidat aux élections départementales sur le canton des Marches du Sud-Quercy. Le redécoupage vous laisse l'opportunité de vous présenter sur le canton de Luzech.

Le maire : – Tu sais bien que le département est le lieu par excellence de la sclérose. Rien ne peut s'y faire. On ignore même ses futures attributions. Qu'irai-je faire dans cette assemblée de paralytiques ? Tu sais bien que je ne suis pas revenu avec des velléités politiques. Mon seul but, je te le répète, c'est de montrer la manière dont une commune doit être administrée. Tu sais que si j'avais souhaité faire carrière dans la politique, je l'aurais fait. Tu sais qu'à trente ans, c'est à moi qu'on pensait quand on cherchait un suc-cesseur à Maurice Faure. Mais j'ai préféré le monde des affaires, et tu connais ma réussite.

Le 1er adjoint : – Vous êtes un exemple pour tous, monsieur le maire.

Le maire : – Ton idée, elle témoigne de ta confiance dans mes capacités mais je ne serai pas candidat et tu peux de manière catégorique l'annoncer à tes amis qui t'ont sûrement prié de me sonder. C'est bien cela ?

Le 1er adjoint : – Il s'agit d'une idée germée durant cette conversation, elle s'est imposée en moi.

Le maire : – Petit cachottier !

Le 1er adjoint : – Vous connaissez toute ma considération dévouée.

Le maire : – Je sais, je sais… Excusez-moi… Comme tu le sais, ces maudits médicaments m'obligent à fréquenter le petit endroit de manière trop fréquente… Mais j'ai bon espoir qu'avec ma volonté, tout rentre bientôt en ordre.

Le maire se lève avec difficultés…

Le maire : – Le docteur ne m'a laissé aucun espoir : je vais mourir. Mais nous sommes tous dans ce cas. Et comme l'écrivait… (*on sent qu'il ne retrouve plus l'auteur, donc s'ajoute une douleur*) comme l'écrivait notre grand philosophe : « *une vie inutile est une mort anticipée.* » Je l'ai rassuré, ce bon docteur : je ne suis pas pressé et j'en enterrerai plus d'un…

> *Il sort… va aux toilettes…*
>
> *Le premier adjoint se précipite vers madame dès la porte fermée ; elle tend ses bras pour le stopper…*

- Madame, *très bas :* – Soit sage ; deux nouvelles : une très bonne et une très mauvaise : on a failli y passer !

Le 1er adjoint : – Comment !?

Madame : – Il espionne ton ordinateur, ta boîte mail.

Le 1er adjoint : – Il lit mes mails ! Comment !?

Madame : – Il t'a envoyé un virus espion et connaît tous tes mots de passe. Surtout ne m'écris jamais. Il a lu le mail avec "sujétion" envoyé à l'écrivain.

Le 1er adjoint : – C'est très embêtant.

Madame : – Aurait-il découvert d'autres messages compromettants ?

Le 1er adjoint : – Rien de grave… mais avec mon fils, parfois… je lui raconte la vie du village.

Madame : – Tu ne lui as rien écrit à notre sujet ?

Le 1er adjoint : – Oh que non, il me croit toujours amoureux de sa mère.

Madame : – Ouf. Et alors, qu'y a-t-il d'embêtant ?

Le 1er adjoint : – Qu'il ne finira pas son mandat, s'il continue à s'épuiser ainsi.

Madame : – Oh, ce n'est que cela !

Le 1er adjoint : – Mais de manière plus brutale, peu aimable. Et entre membres du Conseil Municipal, nous nous lâchons parfois… Je vais donc lui annoncer ma démission ce soir.

Madame : – Surtout pas ! Il pourrait alors me soupçonner de t'avoir prévenu. Et s'il commence à me soupçonner, nul ne sait où il s'arrêtera.

Le 1er adjoint : – C'est vrai. J'ai réagi dans l'émotion de cette annonce qui me bouleverse.

Madame : – Et la bonne nouvelle, il m'a confirmé que jamais il ne m'a soupçonnée ni ne me soupçonnera… Mais attention, au sujet de la mairie, il n'a confiance en personne, il espionne tout le monde…

Le 1ᵉʳ adjoint : – Soyons prudents.
Madame : – J'ai entendu la chasse d'eau.

Ils se rasseyent.

Le 1ᵉʳ adjoint : – J'irai naturellement le voir cet adorable bambin… Qu'est-ce qu'il grandit !… Mais quitter mes vieilles pierres plus d'un mois me sera difficile (*il sourit à sa maîtresse*). Un tel voyage, à mon âge, me fait peur.

Le maire rentre sur cette dernière phrase.

Le maire, *en reprenant sa place* : – Ah l'Amérique ! Il était temps que tu sois grand-père à ton tour. Prends un appareil photo et comme guignol tu raconteras ton voyage, puisque ceux qui n'ont rien à dire ni montrer publient désormais !
Le 1ᵉʳ adjoint : – Il vient d'annoncer la vente d'un premier exemplaire. En Belgique ! Quel est le con de belge qui a bien pu s'intéresser à ces misérables photos ?
Le maire : – Un ancien vacancier, sûrement. J'ai lu comme toi qu'il signale qu'aucune électrice, aucun électeur du village ne s'est intéressé à « cette œuvre » (*avec emphase*)
Le 1ᵉʳ adjoint : – Vous pensez qu'il vous considère responsable de ce désintérêt manifeste ?
Le maire : – Les médiocres ont toujours besoin de trouver des responsables à leurs échecs.
Le 1ᵉʳ adjoint : – Vous ne pensez pas qu'on a eu tort de l'humilier ? Qu'il peut nous porter préjudice ?
Le maire : – Non. Il existe des règles. Celui qui ne les respecte pas se retrouve hors du jeu. L'insolence et l'impertinence n'ont pas de place en démocratie. Nous lisons parfois ses chroniques, ou les survolons, mais personne ne prend au sérieux ses développements. Il manquera toujours de cette crédibilité qui ne s'acquiert que par la réussite.
Madame : – Je n'ai pas l'impression qu'il se sente humilié. Il se sent plutôt légitimé dans son rôle culturel face au clientélisme, aux clans, aux « petits bourgeois », comme il note.
Le maire : – Assez causé de cet insignifiant. Quand je parle, on m'écoute. Et il me suffit de quelques mots pour convaincre. Pour faire oublier même trois pages de délires sur Internet… À la fin du mois, le Conseil Municipal doit ratifier la convention de fusion. Je compte sur toi pour refaire le tour, t'assurer qu'aucun OUI ne manquera.
Le 1ᵉʳ adjoint : – Tous ont un dossier, une demande, en attente. Chacun sait qu'il n'a rien à gagner dans l'opposition bête et infondée, comme vous l'avez expliqué.
Le maire : – Oui, tout le monde a son coin de terrain dont la valeur serait multipliée par vingt s'il passait en constructible. Mais il faut parfois rappeler les choses pour qu'elles soient parfaitement comprises.
Le 1ᵉʳ adjoint : – Vous pouvez compter sur mon total dévouement, monsieur le Maire.
Le maire : – Je le sais, mon ami, tu es l'homme sur lequel je peux le plus avoir confiance dans mon village.

Rideau

Acte 2

Quelques jours plus tard. Madame dans le canapé. Elle soliloque.

Madame : – C'est une catastrophe !... Nous aurions pu devenir le centre du village, j'étais disposée à faire don de ma personne, à exercer mon rôle de première dame comme mère le fit. Avec discrétion, disponibilité, et une certaine classe en plus... Il aurait pu être apprécié, aimé... Puisqu'on n'acclame plus le prince... Et nous sommes la risée générale... « *Si vous êtes trop malin, vous risquez de passer à côté de l'essentiel* » nous enseigne un proverbe tibétain. Je l'ai toujours admiré. Toujours ! J'avais 8 ans, c'était facile pour lui de m'impressionner du haut de ses onze. Le meilleur élève de l'école. Le fils de l'instituteur était forcément le meilleur élève de l'école... mais j'étais trop gamine pour comprendre cette logique sociale. La fille du maire et le fils de l'instituteur, comme c'était mignon. On cherchait les œufs de Pâques ensemble. Quelle belle union en perspective. La plus belle des unions possibles, puisque monsieur le curé n'avait pas d'enfant... Enfin, c'est ce que l'on croyait... Si l'on avait su la vérité !... Des soutanes auraient flotté sur la Barguelonnette !... Le maire, le curé, l'instituteur, c'était ça, un village. Un clocher, une mairie, une école ; les églises sont fermées 360 jours par an, l'école est devenue une salle des fêtes, une vraie défaite pour nos villages, et "ce con" voudraient fermer la mairie. Oh, pardon mon chaton ! Ma langue a fourché ! Les opposants ont raison, le village c'est un symbole... (*elle sort son iphone... quelques secondes de surf et elle s'exclame :*) Oh mon Dieu ! À la une du site de notre village, ce bandeau « *les villages doivent disparaître !* », et c'est bien notre maison que l'on aperçoit au loin... (*elle lit :*) « les villages doivent disparaître !... Regroupez-vous ! Y'aura des médailles pour les plus zélés. Vous pouvez lire "les plus fêlés". Et même des invitations à la télé si vous vous exprimez correctement. Soyez les visionnaires du troisième millénaire ! En douceur, avec vous, grâce à vous, nous passerons de 36000 communes à 10 000 puis 600 mégalopoles.

Vive les mégalopoles, avec un mégamaire. Naturellement professionnel, naturellement formé par les partis piliers de nos démocraties du clientélisme.

Et vive les sondages : 70% des français sont favorables au regroupement des villages ! Naturellement, les gens qui n'y vivent pas, si on leur prétend qu'un regroupement permettra des économies, ils s'y déclarent favorables. Ne pourrait-on pas nous demander notre avis ?

Non, les villageois ne sont pas capables de comprendre l'intérêt du pays ! Il convient de réaliser des économies de bouts de chandelles sur les villages pour financer les espaces verts des villes !

Il existe pourtant une autre vision de la campagne, celle de son respect, nullement passéiste comme nos visionnaires de pacotille le prétendent. Une campagne où il fait bon vivre, avec des écoles, des routes entretenues, des arbres fruitiers... Mais pour nos politicards, un village doit se gérer comme une entreprise. Vive les OPA. Alors, pourquoi ne pas immédiatement nous vendre au Qatar ou à la Chine ? Quel maire fut élu pour passer en force ? Le parlement offre une nouvelle arme anti démocratique aux collaborateurs : si le conseil municipal est favorable à la fusion, aucune consultation des électrices et électeurs.

Notre maire tient ses conseillers ou certaines, certains, au moins un, au moins une, pensera la démocratie locale respectable ?

Si notre village disparaît, la fusion servira d'exemple... Citoyennes, citoyens des villages, vous êtes toutes et tous concernés. »

Grande pause où elle fixe l'écran.

Madame : – Mon Dieu ! Pourquoi moi ? Je devrais les soutenir mais je n'ai pas le droit de les approuver... Mon Dieu ! Des vagues de contestataires vont déferler. Ce sera comme pour l'opposition à la haute tension, aux barrages, aux carrières, au gaz de schiste, aux autoroutes... Tous les hurluberlus, les marginaux, les écolos, les homos, les hardeux, les gauchistes, vont nous accuser de vouloir détruire notre modèle rural.

Grande pause. Le maire entre, avec une canne.

Madame, *en le voyant* : – Tu ne devrais pas te lever.
Le maire : – Ce n'est qu'une entorse.
Madame : – Une entorse, avec ta pathologie, c'est pire qu'une jambe cassée pour un jeune homme.
Le maire, *s'asseyant* : – Ce n'est pas elle qui me tuera… Et j'ai demandé au nain de passer.
Madame : – Tu devrais parler de manière plus respectueuse de ton premier adjoint. Après tout, tu l'as choisi.
Le maire : – Un homme exceptionnel, dévoué, un ami, sur lequel je n'émettrai jamais la moindre critique ni pique en public. Mais nous sommes en privé. Je peux quand même encore te faire bénéficier du fond de ma pensée. Tout part en lambeaux, excepté ma pensée. Et mes dents. Tu l'as remarqué : mes dents résistent tandis que notre nain de jardin semble abonné chez le dentiste.
Madame : – Il possédait les compétences pour être maire. Je ne dis pas à ta place mais avant toi… tu le sais bien.
Le maire : – Il n'est pas né ici.
Madame : – Toujours cette vieille histoire du « né ici. »
Le maire : – Tu ne vas pas rejoindre le camp des chansonniers !
Madame : – Ah les imbéciles heureux d'être nés quelque part !... Ce n'est sûrement pas seulement pour la rime si Brassens citait Montcuq.
Le maire : – Ce n'est quand même pas toi, si respectueuse des traditions et de l'opinion, qui va t'opposer à ce principe de base de notre vie publique. Nous devons entretenir la mémoire du radicalisme et ce droit du sol en constitue l'un des piliers. Il a fait ce qu'il pouvait faire en venant du nord, et il en est récompensé par ce poste de premier adjoint en fin de carrière.
Madame : – Il aurait été nettement plus efficace que notre bouseux.
Le maire : – Certes, il n'aurait pas pu faire pire mais notre bon bouseux s'est écarté convenablement, sans chercher à s'accrocher au poste.
Madame : – Surtout après avoir compté les billets dans ton enveloppe !
Le maire : – Le pauvre bougre ! S'il savait que j'en ai obtenus le double du hollandais pour lui vendre à un tarif décent le chemin municipal.
Madame : – Il y a toujours eu de tels arrangements. Un maire doit savoir faire son beurre. C'est également ainsi qu'il tient son rang. Ce n'est pas ce que je te reproche. Mais les mesquines paroles sur ton premier adjoint ne me semblent pas dignes de toi. Tu dois être au-dessus de toute mesquinerie.
Le maire : – Il faut croire qu'un milieu médiocre peut même déteindre sur un homme comme moi.
Madame : – Pourquoi lui avoir demandé de passer de nouveau ?
Le maire : – Si un seul conseiller me lâche, c'est la chienlit. Je ne peux pas échouer. J'ai conduit de main de maître des fusions bien plus compliquées. 17000 hommes, j'ai géré, tu ne l'as pas oublié. Et pas une vague. Ce n'est quand même pas 300 bouseux…
Madame : – Ils s'organisent. Ils utilisent Internet, ils nous préparent une manif, ça semble évident.
Le maire : – Ils ? Tu peux retirer le S. Il est seul, il ne parle presque à personne. Il écrit des livres qui ne se vendent pas, il vit de rien. Qu'est-ce qu'il cherche ? Je lui ai tendu la main, je lui ai proposé de le faire connaître et tu vois comment il me remercie.
Madame : – C'est un artiste ! Après avoir lu son « je ne suis pas un sujet » tu dois regretter de ne pas lui avoir acheté son livre comme tu t'y étais pourtant engagé.
Le maire : – Je ne regrette rien. Il doit respecter monsieur le maire. Il devait me dédier et naturellement m'offrir ce livre.
Madame : – « Si tu offres un livre au maire, t'es une merde. » Sa position d'artiste ne me surprend guère.
Le maire : – Toi qui es prête à défendre l'âme des villages contre la fusion, tu devrais reconnaître qu'un administré se prétendant éditeur se doit d'offrir un livre à son maire. Comme le viticulteur nous offre quelques cartons.

Madame : – Je peux le comprendre. Mais il ne faut pas heurter les susceptibilités des petits artistes…

Le maire : – Qu'est-ce que ça changera pour lui, la fusion ? De toute manière, il ne sera jamais ni subventionné ni invité ! Il a choisi de s'opposer au système, tout homme responsable s'en méfie.

Madame : – Vivre debout, refuser de s'agenouiller devant les puissants. Ce courant de pensées a toujours existé chez les écrivains.

Le maire : – Qu'il s'occupe de ses livres et me laisse gérer la fusion. Tu vois bien que chez nos voisins, tout le monde s'en remet au bon sens du maire, qui lui suit mes conseils.

Madame : – La fusion a certes un avantage : le projet de ligne à très haute tension rentrera par la grande mairie et ainsi nous n'aurons plus de soucis électriques.

Le maire : – Tu le vois bien. C'est comme dans l'entreprise, les fusions permettent de faire sauter les zones de blocages, de contestations. On perd trop de temps dans ce pays avec les contestataires. Il faut vivre avec son époque : plus personne ne s'éclaire au pétrole et c'est fini le temps « *ici on coupe du bois si l'on veut se chauffer.* »

On sonne.

Le maire, *regardant l'horloge :* – Toujours ponctuel, notre ami.

Madame va ouvrir…

Le 1ᵉʳ adjoint : – Mes hommages, madame.

Madame : – Mon cher ami.

Deux bises très strictes. Il s'approche de monsieur le Maire, qui ne se lève pas.

Le 1ᵉʳ adjoint : – Monsieur le maire.

Le maire : – Mon cher ami.

Ils se serrent la main de manière peu chaleureuse.

Le maire : – Prends place (*il lui montre la chaise à deux mètres ; le 1ᵉʳ adjoint s'assied*)

Le maire : – Comme tu le sais, mon épouse me souhaiterait couché et tu restes très occupé. Allons-en aux faits immédiatement…

Le 1ᵉʳ adjoint : – Il écrit une pièce de théâtre. Il a montré le premier acte à ses compagnons hier soir. J'ai croisé Frédéric et Gwenaëlle qui se sont empressés de m'en informer. Ils étaient enthousiastes, ces petits cons. Ils s'improvisent acteurs. Ils ont convaincu le jeune berger et comptent en offrir une représentation au village.

Le maire : – Ils n'obtiendront jamais la salle des fêtes !

Le 1ᵉʳ adjoint : – Je leur ai signalé que monsieur le maire serait sûrement peu enclin à leur accorder cet espace public qui ne peut servir des intérêts contraires à l'intérêt général.

Le maire : – Tu as bien fait.

Le 1ᵉʳ adjoint : – Ils m'ont répondu qu'ils ne s'abaisseraient pas à quémander cette salle et joueraient en plein air, chez la nouvelle agricultrice.

Madame : – Entre le cabécou et la piquette digne de sa grand-mère, ils dégusteront un navet.

Le maire : – Le trouble à l'ordre public semble se caractériser. Continue ton enquête, et dès qu'une date sera connue, nous préviendrons la gendarmerie.

Le 1ᵉʳ adjoint : – Très bien monsieur le maire. Leur gamine chantonnait déjà ce qui semble être une déclaration de guerre.

Madame : – À ce point ? Sans exagération.

Le 1ᵉʳ adjoint : – Je l'ai immédiatement notée, leur chansonnette. Si vous y tenez…

Madame : – J'en suis même impatiente.

Le premier adjoint sort un carnet de la pochette de sa chemise.

Le 1ᵉʳ adjoint, *très doucement, sans la moindre intonation* : – « *Lundi matin, l'empereur, sa femme et l'premier adjoint*
Sont venus chez moi pour se faire offrir un bouquin. »
    Il s'arrête.
Le 1ᵉʳ adjoint : – Disent-ils, mes chers amis.
Le maire : – Une mauvaise adaptation de « *L'Empereur, sa femme et le petit prince.* » Déjà mon père la communiquait avec réticences aux enfants.
Madame : – Vous voici donc l'empereur, monsieur le maire, chez ces gens. Et moi l'impératrice Eugénie… Quant à vous, mon cher ami, vous souvenez-vous de l'histoire du petit prince de cette chanson traditionnelle ?
Le 1ᵉʳ adjoint : – Je vous avoue avoir peu étudié cette période.
Madame : – Je connais votre réticence à partir aux Amériques alors vous éviterez sûrement le pays zoulou, c'est ainsi que l'on appelait l'Afrique-du-Sud où est mort en 1879 l'unique enfant de Napoléon III et de son épouse l'impératrice Eugénie.
Le maire : – L'empereur… Au moins Néron pouvait prier Sénèque de se suicider et il se suicida prestement.
Madame : – Tu le crois capable de te caricaturer en Néron du canton ? Quel horrible rapprochement ! Il tua Agrippine, sa mère, après avoir liquidé Britannicus, son frère. Mon Dieu ! L'imagines-tu en train d'écrire que tu tuerais mère, frère et écrivain pour réussir ta fusion ?
Le maire : – Ce serait de la diffamation.
Madame : – Et même de la désinformation… car si tu as une sœur tu n'as pas de frère !
Le maire : – Ma chère Mathilde, l'instant est mal choisi pour faire de l'humour.
Madame : – Tu sais bien que ton nom n'apparaîtra pas.
Le maire : – Mais tout le monde saura donc s'il me provoque, je l'attaquerai en diffamation.
Madame : – Tu sais bien qu'un écrivain part du particulier pour atteindre l'universel. Sa liberté d'expression est plus importante que celle du simple citoyen dans nos démocraties décadentes.
Le maire : – S'il était vraiment écrivain il ne s'abaisserait pas à de telles attaques et ses livres se vendraient. Ce n'est qu'un idiot provocateur et je ne me laisserai pas diffamer.
Madame : – Tout devait être simple quand nous sommes rentrés au pays.

    (*durant cet échange entre le maire et son épouse, le premier adjoint regarde ailleurs*)

Le maire, *se tournant vers le premier adjoint* : – Je suppose qu'il a ajouté quelques perfidies à « *Lundi matin, l'empereur, sa femme et l'premier adjoint*
Sont venus chez moi pour se faire offrir un bouquin. »
Le 1ᵉʳ adjoint : – « *Comme j'ai dit tintin*
Adjoint m'a maudit
On vous laisse la nuit
Nous reviendrons demain. »
Madame : – Heureusement, les enfants ne sont pas nombreux par ici. Nous ne risquons pas de l'entendre sous nos fenêtres…
Le maire : – Mais c'est par l'humour, même de mauvais goût, même médiocre, que l'on peut pourrir une situation. (*une pause*) Très bien, je vais régler cette affaire à ma manière. Vous le constaterez, il n'y aura ni pièce de théâtre ni site Internet pour troubler notre fusion.
Madame : – Tu ne vas pas faire de bêtise au moins ?!
Le maire : – On ne fait jamais de bêtise quand on sait ce que l'on fait et pourquoi on le fait.

    Rideau

Acte 3

Madame dans son fauteuil. Elle soliloque.

Madame : – Mon pauvre chaton ! Toujours ce besoin de se convaincre d'avoir réussi sa vie ! Qu'il fait quelque chose de sa vie... Et il ne saura jamais que je l'ai entendu, son père, lui crier « tu ne feras jamais rien de ta vie si tu n'es pas capable d'intégrer une grande école... » Comme c'est classique : le père a économisé sur tout, il voulait que son fils réussisse là où il n'avait pas eu la possibilité d'essayer. Cette grande idée de la troisième République : le grand-père agriculteur, le père instituteur, le fils président. (*en souriant :*) Au moins de trois Conseils d'Administration ! Et il a bûché comme un malade, et il fut admis à la cession de septembre et depuis... Et depuis il en est là... Il n'a peut-être même pas compris... Mais ça servirait à quoi, une franche discussion ?... « Oh toi et ta psychologie à deux sous » qu'il me balancerait en pensant me « clouer le bec. » Il est trop tard... Qu'il continue, je m'en fous... Son père fut le dernier instituteur, qu'il soit le dernier maire si ça l'amuse. De toute manière, dans cinquante ans, tout sera oublié... Il n'a jamais aimé cet endroit. À 15 ans, il ne parlait déjà que de Paris. À 20, Rastignac allait conquérir la capitale. Il ferait mieux que Gustave Guiches : lui serait riche ! Il est devenu riche mais a abandonné ses rêves littéraires. Il ne se souvient même plus d'avoir rêvé de vraie littérature. « *C'était des bêtises d'enfants, parce que mon père tutoyait le maître d'Albas...* » Il n'a jamais aimé cet endroit. Et durant quarante ans, il revenait uniquement par devoir, et le moins possible. S'il le pouvait, il goudronnerait tous les sentiers. Il ne supporte pas l'odeur des fleurs. Ça ne va pas s'arranger avec la cerise sur le gâteau, sa nouvelle allergie ! Être allergique aux pollens comme un pauvre parisien transplanté à la campagne ! Il ne supporte pas le silence ni les vélos... J'ai raté ma vie et je le sais... Il me reste au moins l'espoir de ne pas rater ma vieillesse, d'évacuer la distraction, l'inutile... D'éteindre la télé. J'ai toujours senti en moi l'appel de Saint François... C'est sûrement la raison de ma présence sur terre...

Le téléphone sonne... Elle se lève... regarde le nom...

Madame : – Hum Simone... Elle veut savoir ?... Mais je ne sais rien ! Elle veut parler ? Mais si elle savait comme elle m'ennuie !... Et maintenant il est trop tard, je n'ai plus à la convaincre. C'est le jour J. Les dés sont jetés. Oh ! Comme je déteste cette expression. (*le téléphone continue de sonner*) Après tout, ça me passera le temps (*elle décroche*) Ma chère Simone (...) Forcément, ton mari étant au conseil, ça ne pouvait qu'être toi (...) Le progrès ! Demande-en un à ton mari pour la Saint-Valentin (...) Permets-moi de te répondre que tu lui as donné un mauvais conseil. Tout le monde doit rester uni. Tout le monde a été élu sur la même liste, tout le monde doit assumer (...) Tu sais qu'il n'est pas le seul à parler de démissionner. Mais mon mari les a tous rappelés à leur devoir : toute démission serait considérée comme un désaveu de ses décisions, donc il la refuse. (...) Oui, espérons. Comme tu le sais, il suffit d'une seule voix NON pour enclencher une dangereuse procédure (...) Comme je te l'ai dit, mon mari n'y résisterait pas (...) Tu te rends compte, il a accepté la fonction de maire pour rendre service et maintenant le village écoute des gens qui ne sont même pas nés ici ! Qu'est-ce qu'ils en savent de ce qui est bien pour nos villages (... ; *signes d'exaspération de plus en plus visibles*) Notre fils aurait voulu être là mais il n'arrivera que dans la nuit. Il s'inquiète beaucoup pour son père. Comme moi, il trouve qu'il travaille trop (...) Merci d'avoir appelé Simone (...) Oui (*elle raccroche*).

Pause.

Madame : – Oh, ce n'était plus possible !... Ces gens sont impossibles, insupportables !... Je ne veux plus les voir, plus leur parler ! Que tout finisse !

Pause.

Madame : – J'ai failli en dire trop ! Il travaille trop... Il aurait continué jusqu'à 75 ans son petit bizness de consultant, spécialiste des fusions absorptions démantèlements, si la maladie ne l'avait pas frappé... et la maladie ne l'a pas changé... (*se voulant psychologue*) Oui, il peut tricher avec les autres. Mais pas avec moi. Il continue autrement... Juste pour ne pas se regarder en face... Les ouvriers, les usines, n'étaient que des données comptables dans les OPA, pourquoi accorderait-il plus d'attention à ces villageois ? Seul l'accord des actionnaires comptait. Peu importait que les informations communiquées soient vraies ou fausses : elles devaient convaincre du bien fondé de l'opération... Il méprise tout le monde... avec des degrés dans le mépris... Il les méprise tous... Certes, je ne peux pas lui donner tort... Ils sont tous tellement minables... Qu'est-ce qui les intéresse, à part l'argent ? Et qu'est-ce qu'ils en font ? Alors ils jalousent celui qui en a gagné tellement plus qu'eux !... Mais s'ils savaient ce qu'il en fait, de son fric ! Les pauvres ont tort de phantasmer sur le bonheur des riches ! J'ai de beaux diamants et un jacuzzi ! Ai-je vécu pour ça ? Si à 50 ans tu n'as pas un jacuzzi, tu as raté ta vie ! Mais pourquoi perdre son temps avec ces gens-là ?... Tout ça pour m'épater !... Comme quand il m'a pris la main en m'affirmant « je serai le premier enfant du canton à intégrer HEC. » J'aurais pu avoir une autre vie... J'aurais pu être la femme d'un Conseiller Général... Je serais veuve et la mieux placée pour lui succéder ! Mais tout ce qu'il me promettait, mon chaton, il le réalisait... J'ai mis du temps à comprendre qu'aucun de ses défis ne me concernait vraiment... Oh, ce n'est pas un manque d'attention, oh, j'ai été touchée qu'il m'annonce « on va retourner dans la maison de ton père et je reprendrai son flambeau de maire... Je vais rendre à la maison de ton père son prestige, la première place du village. » Il sait présenter ses projets pour entraîner... Mais il n'écoute personne... Il ne supporte pas qu'on puisse lui résister... Il accepte mes remarques, mes critiques mais finalement n'en tient pas compte...

Pause.

Madame : – Et nos enfants, déjà mariés, si jeunes... Je leur ai pourtant tellement répété « ne vous précipitez pas... vous êtes à l'âge où les apparences aveuglent, vous êtes à l'âge de l'ignorance et des serments pour la vie qui ne reposent sur rien de concret... Vous croyez savoir et vous ignorez l'essentiel... Mais que répondre à « toi et papa, alors ! Vous n'aviez même pas 20 ans à vous deux que vous vous engagiez déjà » ? Que répondre ? Des gosses s'amusaient et ils ont fini par croire en leur jeu. La fille du maire et le fils de l'instituteur, comme c'était mignon ! Je l'ai admiré... On ne construit pas sa vie sur l'admiration gamine et puérile... et quand l'illusion a cessé, j'ai pris des amants... Comme c'est facile, avec un "mari très occupé" ! Comme c'est affligeant ! J'ai été la femme la plus heureuse du monde ! Pauvres enfants, je vous dois bien ce mensonge ! Je ne suis même pas certain du nom de votre père biologique ! Oh, pauvre de moi ! Qu'ils interdisent les tests ADN durant nos vies ! Le monde est peut-être ainsi... Chacun fonce vers la vie active... On veut devenir grand... on joue aux grands et quand on se réveille on est vieux. J'aurais été l'une des dernières oisives... Mais c'est terrible, horrible, de réfléchir dans un monde en action... Peut-être comme de rester sobre dans une fête où tout le monde s'est imbibé d'alcools... Il n'y a plus de place pour des femmes comme moi... Ma pauvre fille !... Ma pauvre *executive women*... et je ne peux même pas témoigner... Je dois tenir mon rang ! La fille du maire devait tenir son rang, marcher la tête haute. La femme du maire doit tenir son rang, sourire.

Pause.

Madame : – Mais pour quoi ? Saint François a su tout abandonner... Comme je suis bien dans sa lumière... Le plus beau vitrail de l'église, et c'est grand-père qui l'a offert... Ça ne peut pas être un hasard. Ils me croient un peu bigote, d'aller m'asseoir sur notre banc. Et personne n'a compris pourquoi j'y vais toujours à la même heure... Ils ne peuvent pas comprendre... Je prierais même à la bonne réalisation de la fusion !... Les pauvres idiots !... Saint François, tu es là, quand brille le soleil... Comme j'aimerais pouvoir être enterrée sous cette dalle où le soleil t'expose, mon cher Saint François... Mais même la femme du maire, elle ne peut plus obtenir pareil honneur... On n'enterre plus dans les églises !

Pause...

Madame : – Il se dit chrétien... Mais essayerait de m'enfermer si je donnais tous nos biens aux pauvres... Oui, il a raison, notre poète : les riches du village feraient mieux de suivre l'exemple de notre Saint Antoine, l'Egyptien... Tout donner et vivre de peu, de pain et d'eau... Mais ça ne se fait plus... On ne donne pas aux pauvres... Ou alors quelques miettes aux associations, si le don ouvre droit à 60 % de crédit d'impôts... Donner, tout donner aux pauvres, ce serait déshériter ses enfants et même l'état l'interdit... Je n'en peux plus de cette vie... Notre poète... Il nous a bien roulés dans la farine !... Que d'argent dilapidé pour un pauvre site Internet et la promesse de ne présenter aucune pièce de théâtre dans laquelle figure un maire durant la vie de l'acquéreur... Disposée à tout donner aux pauvres, je regrette déjà ces miettes ! Je ne suis pas digne de toi, oh Saint François. (*elle se signe ; pause "contemplative"*)

Le téléphone sonne... Elle se lève... regarde le nom...

Madame : – Oh non, pas elle... (*le téléphone continue de sonner*)

Madame : – Elle est pire que l'ennui, "la folle". Mais elle était dans sa classe, la petite sœur d'Albert, donc Monsieur le maire la ménage.... Je ne vais quand même pas regarder la télévision en l'attendant... Il aura, comme d'habitude, le triomphe modeste... Une victoire parmi tant d'autres... Déjà !... C'est bien la voiture du (*en souriant*) « nain de mon jardin » que j'entends !

Elle se lève... regarde par la fenêtre...

Madame : – Mon mari et mon amant bras dessus bras dessous, comme c'est charmant ! Je vais leur ouvrir.

Elle ouvre la porte. Ils entrent. Le maire, très éprouvé, se soutient d'un côté sur sa canne, de l'autre sur l'épaule de son premier adjoint. Qui l'aide à s'affaler dans son fauteuil.

Madame : – Mais qu'as-tu ? Que se passe-t-il mon chaton ? Réponds-moi...

Les yeux exorbités, le maire ne prononce pas un mot, respire difficilement, la main droite posée à hauteur du cœur. Le risque d'une crise cardiaque semble élevé.

Madame : – Faut-il appeler le docteur ? (*se tournant vers le premier adjoint*) Que se passe-t–il ?
Le 1er adjoint : – 10 NON.
Madame : – Oh !

Madame, *prenant la main droite de son mari* : – Faut-il appeler le docteur ?
Le maire, *difficilement* : – Non, ça ira. Je vais aux toilettes et quand je reviendrai... (*se tourne vers son premier adjoint*) J'espère que tu auras disparu. Ne rêve pas : je ne démissionnerai jamais.
Le 1er adjoint : – Monsieur le maire, je ne vous ai jamais demandé de démissionner, je ne vous demande pas de démissionner, je ne vous demanderai jamais de démissionner. Le Conseil Municipal vous a élu, il attend votre décision.
Le maire, *difficilement* : – Parfait. Va... Va rejoindre les traîtres... Vous ne l'emporterez pas au paradis.

Le maire se lève, sa femme l'aide...

Le maire : – Laisse, ça ira.

Il sort difficilement, sous le regard de son épouse et de son premier adjoint.

Madame : – Toi également !?
Le 1er adjoint : – Jamais je n'aurais imaginé les autres capables de voter NON. On en avait tous envie mais on hésitait. Et tous on a pensé, « si je ne le fais pas, personne ne le fera, et on voulait tous 8-9 oui et 2-3 non pour laisser le village voter, pour sortir de cette crise.
Madame : – Mais pourquoi ? Votre réunion secrète hier soir, en plus chez toi ?

Le 1ᵉʳ adjoint : – Il exaspère tout le monde. Et le dernier rebondissement a accentué le fossé. Tout le monde en est arrivé à le trouver ridicule, de croire pouvoir tout s'acheter. Je n'ai aucune estime pour l'écrivain mais il est parvenu à nous rendre sa marginalité sympathique. « Vous n'achetez pas mes livres, donc j'ai vendu mon site… » Tout le monde a compris ce que tu m'as expliqué sous le sceau du secret. Tout le monde désapprouve cette méthode.

Madame : – Simple jalousie. Ces gens l'ont toujours jalousé. Tous attendaient une occasion de prendre leur revanche.

Le 1ᵉʳ adjoint : – Tu sais… En croyant acheter la victoire, il a commis sa plus grande erreur. L'écrivain a su enfoncer le clou en racontant « il m'a offert dix ans de tranquillité financière pour un site qui ne me rapportait rien et une pièce de théâtre qui n'aurait jamais été jouée avec droits d'auteur. » Il précisait même « je n'avais de toute manière pas trouvé de chute finale intéressante. » En souriant, il ajoutait « il faut parfois savoir profiter des obsessions d'un riche. » Il faut croire son talent d'acteur meilleur que sa plume car il a répété une dizaine de fois ce speech. Lui qu'on ne voit jamais, pour une fois il a croisé presque tout le monde…

Madame : – Que va-t-il se passer ?

Le 1ᵉʳ adjoint : – Ils me poussent à demander sa démission. Ils m'assurent de leur soutien.

Madame : – Tu n'es pas d'ici !

Le 1ᵉʳ adjoint : – Je suis d'ici depuis seulement trois décennies donc ne peux pas devenir maire ! Dans une situation normale. Mais en période de crise…

Madame : – Tu ne vas quand même pas faire cela ?

Le 1ᵉʳ adjoint : – Jamais je ne lui demanderai de démissionner car nous ne pouvons pas nous permettre que je sois en très mauvais termes avec ton mari. Mais s'il démissionnait, ma candidature s'imposerait. Lui et moi avons presque le même âge, et même si je n'y suis pas né, j'ai vécu plus de jours ici que lui. Ce sera ma position. Si toutefois elle ne te dérange pas.

Madame, *après réflexion* : – Tu es l'homme de la situation. Mais oui, tu dois attendre. Tu pourrais ramener la paix dans ce village. Mais je le connais, il va se lancer à corps perdu dans la campagne du OUI. Il promettra tout ce qu'il pourra promettre…. J'entends la chasse d'eau…

Le 1ᵉʳ adjoint : – Je me sauve. À demain (*en souriant*), même lieu même heure.

Elle le regarde sortir, amoureusement.

Le maire rentre… Il se tient à la porte, la main droite crispée au cœur.

Le maire : – Mathilde, fais les valises. On part.

Madame : – Mais le fiston arrive, mon chaton. Et tu dois te reposer.

Le maire : – Fais les valises… Il a les clés… On lui laisse un mot…. Il sera chargé d'annoncer aux voisins la situation…. Il faut créer un électrochoc dans la population… donc nous partons.

Madame : – 29 mai 1968, le général de Gaulle disparaît, se rend à Baden-Baden.

Le maire : – Exact.

Madame : – Mais aucun Général Massu ne t'attend. Et tu ne résisteras jamais au moindre voyage, même à Colombey-les-Deux-Églises, pas même à Saint-Cirq-Lapopie.

Le maire : – Je vais gagner ! I can do it ! (*il lève le point… mais se crispe… retour de la main au cœur ; deux pas vers son fauteuil… sa femme l'aide à s'effondrer dans son propre fauteuil…*)

Toutes les tentatives pour s'exprimer du maire resteront vaines.

Madame, *en le regardant* : – C'est une crise cardiaque, l'infarctus du myocarde. Aucun doute.

Elle se rend près de la fenêtre, ouvre un tiroir, en sort une statue de Saint François d'Assise. Qu'elle va poser sur la fausse cheminée. Tout en fixant Saint François :

Madame : – Ici, si loin de l'hôpital… Si j'appelle le samu dans les 3 minutes, il y a une chance sur deux de le sauver. Si j'appelle le samu dans les 10 minutes, il y a une chance sur cinq de le sauver. Si j'appelle le samu dans les 15 minutes, il y a une chance sur vingt de le sauver.

Le maire et son épouse se regardent. L'animosité semble réciproque.

Madame : – Un tiroir ! Ce n'était vraiment pas la place de Saint François. Désormais, quoi qu'il arrive, il ne quittera plus son piédestal.

Madame : – Aucun défibrillateur au village. Il y en aura un quand nous aurons tous fusionnés. À la grande mairie, à 30 kilomètres d'ici, à côté de la piscine communautaire.

Madame : – Qui pourra vivre ici ? Il faut accepter le risque de la mort faute de secours rapides ! Je n'aurai pas peur de la mort quand elle viendra, car je me serai réconciliée avec la vie.

Le maire semble avoir perdu conscience.

Elle s'approche du téléphone, reste quelques secondes près de lui, le décroche. Elle appuie sur une touche.

Madame : – Je crois que le vieux a un problème... Tu veux bien revenir, j'aimerais avoir ton avis... On dirait qu'il s'est endormi... Soit sans crainte...

Madame, *pour elle :* – Monsieur le maire est indisposé, j'appelle son Premier adjoint, c'est bien la procédure appropriée...

Elle retourne près de Saint François. Sourire mystique...

Madame : – C'est ça, aussi, de travailler à la disparition des écoles et des soins médicaux à la campagne... les enfants s'en vont et les vieux ne reçoivent pas assez rapidement les soins nécessaires...

Elle se déplace pour regarder par la fenêtre, va ouvrir la porte... Entrée du Premier adjoint.

Madame : – Sur mon fauteuil.

Le Premier adjoint se précipite, lui touche le visage, les mains, le poignet droit...

Le 1er adjoint : – Aucune réaction au toucher ni aux sons. Respiration inexistante.

Le 1er adjoint, *se tournant vers son amante :* – Même si ce sera inutile, il faut appeler le samu. Tu l'as fait ?

Madame : – Je t'attendais.

Le 1er adjoint, *réfléchissant, semblant comprendre la logique de cette attente :* – Tu as eu raison de m'appeler. Tu ne pouvais pas savoir que c'était aussi grave, c'est une crise cardiaque.

Madame : – Oh ! Une crise cardiaque ! Et nous sommes si loin de l'hôpital ! Si nous étions restés à Paris, il serait encore vivant... Mais je ne vais quand même pas regretter de l'avoir encouragé à revenir... tu me manquais tellement... (*elle se sert contre lui ; un peu surpris, il la prend finalement dans ses bras*)

Rideau - FIN

Saint François d'Assise

Le boomerang de la trahison

Pièce en quatre actes

Deux femmes, un homme.

55 minutes

Fanny et Stéphane furent brièvement amoureux durant leur jeunesse dans le nord de la France. Mais ils n'avaient pas dépassé le flirt et malgré l'éloignement sont restés "plus ou moins amis".
Internet leur a permis d'échanger de nouveau régulièrement.
Fanny, désormais en Espagne, est venue chez Stéphane dans son petit village français du Lot.
Stéphane y vit avec Momina, actuellement partie 15 jours à Djibouti chez ses parents.
Installés dans le canapé, les vieux amis reviennent sur l'épisode encore douloureux pour Stéphane : deux ans plus tôt, Momina l'a trahi, trompé, durant son séjour en Ethiopie auprès de ses enfants...

Les quatre actes se déroulent dans la salle à manger / salon open space d'une maison ancienne, sans grand confort, où un canapé-lit sert de chambre d'amis.

Fanny et Stéphane environ 45 ans.
Momina environ 35 ans.

Acte 1

Fanny et Stéphane dans le salon, assis sur le canapé, durant un apéritif.

Fanny : – Pourquoi ne pas en avoir fait une chanson ? « *L'image d'une femme idéale* » m'avait remuée, tu sais...

Stéphane : – J'ai essayé... Je vais t'embêter avec ça... (*il prend le carnet sur la table-basse*) Tu seras mon unique regard avant mise à la poubelle...

Fanny : – Tu balances souvent à la poubelle ?...

Stéphane : – Je devrais ! Mais j'ai pris la mauvaise habitude d'enterrer dans des cartons. Ils moisissent au grenier, comme d'affreux témoignages de mes échecs...

Fanny : – Tu veux dire que tu as encore tout... depuis le premier jour ?...

Stéphane : – Hé oui !

Fanny : – C'est génial ! (*Stéphane la regarde sans partager son enthousiasme*) Je suis certaine de retrouver des sentiments oubliés... ceux de notre jeunesse !

Stéphane : – Je n'oublie rien ! (*en souriant :*) Rien de rien ! Mais interdit d'ouvrir ! Et j'espère bien avoir le temps de tout détruire avant le mot fin !

Fanny : – Même pour moi ?

Stéphane : – Même toi !... ça a d'abord donné (*il ouvre le carnet*) :

> *Tu peux t'adonner à l'ironie*
> *Penser à son bouc et ses fesses*
> *Quand sur facebook je laisse des traces de mon agonie*
> *Tu n'es plus qu'une petite pute qu'il appelle princesse*

C'est le premier couplet, je n'ai jamais eu la force d'en écrire un deuxième et le refrain reste bancal :

> *Il m'appelait princesse*
> *J'étais pas sa petite pute*
> *Juste un ami avec lequel on discute*
> *Dont on apprécie la tendresse*
> *Quand elle est belle l'amitié*
> *On peut déshabiller en premier*

(*il tourne la page...*)

Fanny : – C'est une vérité d'ici, tes deux derniers vers ?

Stéphane, *revenant à la page précédente* : – Ah !... (*l'observant en souriant et reprenant doucement :*) Quand elle est belle l'amitié, on peut déshabiller en premier... ça te donne des idées ?...

Fanny : – Tu es en couple, je suis en couple... Tu as des raisons de la tromper, je n'en ai aucune de le tromper ! Retourne ta page !

Stéphane : – Et j'en ai écrit une de chanson, une vraie... Enfin, presque...

Fanny : – J'aurais donc dû prendre ma guitare...

Stéphane : – Tu composes ?

Fanny : – Malheureusement non... Mais j'aurais bidouillé...

Stéphane : – Oh surtout pas mes mots sur un air à la Cabrel !

Fanny : – Tu te souviens !

Stéphane : – Hé oui, c'est ce qu'aurait dit Victor Hugo, surtout pas un air à la Cabrel sur mes mots !... Oui, je me souviens de toi me chantant « petite Marie » dans ta chambre universitaire... et plutôt que de t'embrasser, j'ai laissé passer le temps... Tes copines, qui avaient eu l'amabilité de se découvrir une urgence à l'extérieur dès notre arrivée, sont revenues...

Fanny : – Tu sais bien... j'aurais été en colère si tu m'avais un peu brusquée... mais je l'attendais !... Oui, j'étais incapable de prendre une décision, à cet âge-là...
Stéphane : – Et moi, j'étais incapable de te... Même de t'embrasser !
Fanny : – On avait 20 ans !
Stéphane : – Et on ne les a plus...
Fanny : – Mais on ne retrouvera jamais cette fraîcheur, cette naïveté... N'en déplaise à l'autre, 20 ans est bien le plus bel âge...
Stéphane : – Mais il faut si longtemps pour le comprendre...
Fanny : – On va en arriver à la conclusion qu'il faudrait deux vies, une pour comprendre, l'autre pour vivre...
Stéphane : – C'est à chacun de redécouvrir l'eau chaude...
Fanny : – Vas-y... lis-moi ta chanson sans musique...

Stéphane : – *Trahison d'en mars*

T'avais l'temps de t'enfuir
Mais t'as voulu vivre le plaisir de trahir
Déstabilisée submergée
Tu t'es laissée consommer
Il t'a touchée partout
Dans tous les... sens du terme
Tu m'as traîné dans la boue
T'avais envie de son sperme

Le plaisir de trahir
D'ailleurs jouir
Y'a pas que les mecs
Y'a pas que dans les romans de Michel Houellebecq
Le plaisir de trahir
Le plaisir de trahir

T'as joué l'ingénue
Découvrant un ami de cœur pas de cul
Te baratiner t'entuber
Amicalement t'allonger
Le matin me dire coucou
Dans un mail... anodin
On dit coucou au cocu
Et on repart au câlin

Le plaisir de trahir
D'ailleurs jouir
Y'a pas que les mecs
Y'a pas que dans les romans de Michel Houellebecq
Le plaisir de trahir
Le plaisir de trahir

Le plaisir de trahir
D'ailleurs jouir
Y'a pas que les mecs
Y'a pas que dans les romans de Michel Houellebecq
Le plaisir de trahir
Le plaisir de trahir

Fanny : – Tu devrais essayer de la faire chanter, elle mériterait que toute sa vie son indignité lui revienne dans le ventre. Puisqu'elle somatise sa passé, la pauvre bichette ! Je ne l'ai jamais vue et pourtant je ne l'aime pas ! Ce genre d'aversion ne me plaît pas. Mais il faut croire qu'il me reste un peu d'humanité !

Stéphane : – Humaine trop humain... (*après une pause, il sourit*)

Fanny : – Oui ?... Que me vaut ce sourire ?

Stéphane : – Ce doit être une déformation professionnelle de rimailleur... Il m'est venu un octosyllabe, avec rime !

Fanny : – Puis-je sourire également ?

Stéphane : – Pas certain que ça te fasse sourire...

Fanny : – Tu penses qu'on n'a vraiment pas le même humour ?

Stéphane : – Si tu insistes... « Humaine trop humain... Mais je n'ai jamais vu tes seins. »

Fanny : – Je m'attendais à une rime plus riche !

Stéphane : – J'aurais dû rimer "humain" et "tes mains" ?

Fanny : – Hé oui... il y a des choses qu'on ne s'est jamais montrées. Et qui n'existent plus ! Inutile de phantasmer sur les seins de mes 20 ans, ils ont perdu de leur fermeté...

Stéphane : – Ce n'est peut-être pas l'essentiel.

Fanny : – Tu as une autre chanson ?

Stéphane : – (*tournant la page*) J'ai également le début d'une adaptation sur « *je suis l'plombier* » de Pierre Perret :

Je suis l'cocu cocu cocu
Elle m'a humilié

(*il tourne la page en souriant tristement*)

Stéphane : – Tiens... « *Un coucou au cocu* »... Je l'avais oubliée celle-là... Même pas déposée à la sacem... De toute manière, qui chanterait ce genre d'histoire ?...

Un coucou au cocu

Un coucou au cocu
Et elle repart au câlin
C'est une femme qui se dit très bien
Une femme fidèle... fidèle à l'amour... selon elle

L'amour c'est moi
Sauf certains jours
Quand elle croit que je l'aime plus
Alors elle change d'amour
Après trois jours s'aperçoit s'être trompée
Alors elle revient
« J'croyais qu'tu m'aimais plus. »

Sans état d'âme
Elle me demande de n'pas en faire un drame
Mais non j'suis pas cocu
C'est juste qu'elle croyait que je l'aimais plus

Elle n'a pas trahi
Elle est restée fidèle... fidèle à l'amour... selon elle

Un coucou au cocu
Et elle repart au câlin
C'est une femme qui se dit très bien
Une femme fidèle... fidèle à l'amour... selon elle

Non déposée... Oui, c'est qu'elle n'est pas finie... Encore un texte bancal...
Fanny : – (*en souriant*) Tu te fais mal vraiment pour rien ! Elle ne mérite pas que tu te penses humilié... Tu es un cocu pour elle... Mais elle ne l'est pas pour toi ! C'est là le problème de votre couple, pour toi...
Stéphane : – Tu crois vraiment que j'aurais dû la tromper ?
Fanny : – Si tu ne vivais pas dans un coin aussi paumé, tu l'aurais sûrement fait.
Stéphane : – Faire ou ne pas faire... mais tu crois que j'aurais dû ? Que j'aurais pu ?
Fanny : – Quand elle est repartie un mois sur les terres de son « déshonneur. »
Stéphane : – On passait des nuits sur Skype pour rattraper ce qui pouvait être sauvé.
Fanny : – Tu aurais bien pu les passer dans les bras d'une femme qui t'aurait apporté le soulagement de la marquer également au fer rouge. Puisque vous étiez dans une relation où la fidélité devait prévaloir.
Stéphane : – Pour tout te dire, je suis quand même allé à Montauban, une rencontre après échange de mails sur AcommeAmour... mais elle avait dix ans de plus que sur la photo !
Fanny : – Tu vois, ce ne fut qu'une question de circonstances... Pourquoi cherchais-tu quelqu'un ?
Stéphane : – Tu veux que je te dise... entre nous... je ne pensais jamais vivre avec une tarée pareille !
Fanny : – Et elle t'a trompé, et ça a suffi pour vous réunir sous le même toit !
Stéphane : – La vie est parfois stupide... quand on l'observe avec un peu de recul... mais tu le sais bien, parfois on se laisse entraîner...
Fanny : – Je le connais l'enchaînement... J'étais ta confidente ! Votre romantisme gnangnan... Vous auriez presque pu bredouiller de ce Cabrel !
Stéphane : – Tu sais bien, je n'y suis pour rien : je devais me convertir pour que l'on puisse vivre ensemble. Ce qui rendait la vie sous un même toit impossible. Et ensuite, elle ne pensait qu'à se faire pardonner, la question religieuse avait disparu... J'aurais dû me douter qu'elle reviendrait dès la période d'euphorie achevée ?
Fanny : – Franchement, moi, un mec m'avoue croire en Dieu... je peux au maximum rester une nuit avec lui, s'il a de l'humour... Comment peux-tu avoir confiance en quelqu'un qui se réfère à des vieux romans plutôt qu'avancer ?
Stéphane : – Et pourtant, nous sommes ensemble... Et ça se passe mieux qu'avec Mayline !...
Fanny : – Si Mayline est devenue ton échelle de référence, tu as de la marge ! Mais tu devrais avoir compris qu'il y a deux mondes, celui des athées que les religieux de tous poils veulent asservir...
Stéphane : – La religion est une affaire de croyances et tant qu'on n'oblige pas l'autre à partager ses convictions, l'entente cordiale est possible... J'étais un gentil naïf d'une gauche ouverte et tolérante...
Fanny : – Tu vois bien que ça ne marche pas ! Elle va revenir gonflée à bloc par sa famille, la conversation rimera avec conversion peut-être même avant mon départ !
Stéphane : – Je suis donc condamné ?
Fanny : – Parce que ta montalbanaise avait dix ans de trop !
Stéphane : – Franchement ? Je me crois incapable de coucher avec une autre femme !
Fanny : – Tu résisterais à la tendresse de ma bouche ?
Stéphane : – Tu parlais de toi ?
Fanny, *s'allongeant, posant sa tête sur ses genoux* : – Tu me connais quand même mieux qu'elle connaissait son Carlo !
Stéphane : – Ça ne suffit pas !
Fanny : – Bien sûr, nous ne ferons jamais l'amour ! Je peux te répéter ce qu'elle lui a bavé la nuit où elle a dormi chez lui sans « relations ». Peut-être a-t-elle également posé sa tête d'une manière très amicale à quelques centimètres...
Stéphane : – Tu joues à quoi ?
Fanny : – Amitié !

Stéphane : – Alors, je fais quoi ?
Fanny : – Tu changes de crémerie !
Stéphane : – Si la belle crémière, c'est toi, le changement, c'est maintenant ! Tu n'aurais pas pu prendre une telle initiative 20 ans plus tôt ?
Fanny, *se redressant :* – Oh ! Tu me casses toutes mes envies.
Stéphane : – Tu étais donc sérieuse et j'ai fait déraillé le train de l'incroyable !
Fanny : – Nous en resterons donc à l'Amitié ! L'Amitié avec un A majuscule naturellement ! Soit pas dans ton nuage, Stéphane, entre elle et lui y'a jamais eu d'amitié !
Stéphane : – Elle le prétendait, je ne la croyais pas.
Fanny : – Ils se sont connus, ils se sont mélangés. D'après toi, elle n'avait même pas l'impression de se foutre de ta gueule. Elle s'était persuadée d'une grande amitié ayant déviée, parce que la vérité, elle ne veut pas la voir en face : elle est comme les autres ! Loin de tes yeux loin de ton cœur, elle s'est tapé un amant, comme une voyageuse ordinaire.
Stéphane : – Elle s'exclamait « maman » ! Comme si le sol se dérobait quand j'osais lui balancer « salope » ou « petite pute. »
Fanny : – Maman, amant, voilà ce qui arrive quand on se ment ! Tu as séduit une poétesse ! La vérité fait parfois mal ! Tu crois qu'elle a assumé n'avoir été qu'une traînée durant quelques semaines ou qu'elle continue à vivre son cinéma ?
Stéphane : – Son ventre refuse son cinéma. Dès mars, dès qu'elle a commencé à me mentir, à me cacher son nouvel ami, même avant d'avoir couché, elle m'écrivait sur ses douleurs.
Fanny : – Et toi, grand naïf, tu croyais que c'était à cause de son concours !
Stéphane : – J'avais bien des sensations négatives. Mais comment croire une sensation qui t'imprime dans la tête "salope" pour la Femme que tu considères la plus digne du monde.
Fanny : – Vous me faîtes rire avec vos idées de dignité ! Elle s'est même ajouté l'auréole de la pieuse religieuse insoupçonnable ! Vous essayez d'être dignes par égocentrisme, vous souhaitez simplement conserver une très haute opinion de vous-même.
Stéphane : – Pas toi ?
Fanny : – Tu me connais finalement si peu… Je n'ai plus vraiment d'illusions sur le genre humain.
Stéphane : – Pourtant, à 20 ans, tu voulais croire au dialogue.
Fanny : – Bien sûr, avec Henrique, on dialogue. Mais je ne tomberais pas des nues si j'apprends qu'il s'est tapé une de ses amies durant mon absence.
Stéphane : – Tu l'as déjà trompé ?
Fanny : – Bien sûr que non !... On est séparés pour la première fois plus de 24 heures depuis notre « coup de foudre. » Et comme tu le sais, il neigeait ce soir-là !
Stéphane : – Et vous n'avez pas décidé de vivre sous le même toit avec la certitude de former un couple fidèle ?
Fanny : – Bien sur que si ! Pour qui me prends-tu ! Il me satisfait sur tous les plans !
Stéphane : – Tu semblais laisser supposer le contraire.
Fanny : – Arrête d'être naïf ! Je suis sincère dans tout ce que je fais. Sincère à mes désirs du moment. Mais je sais que mes désirs peuvent varier. Je peux lui dire, l'année prochaine à Noël on passera nos vacances chez mon frère avec une totale sincérité mais je sais bien au fond de moi qu'on ne sera peut-être plus ensemble en décembre. C'est la vie ! Il suffit d'y croire au moment présent et la vie décide du reste.
Stéphane : – Ça ne te dérange pas ?
Fanny : – Je m'accepte comme je suis, je n'ai pas la prétention d'être une merveille créée par un Dieu parfait à son image. C'est aussi ce qui la trompe ta chère et tendre concubine : elle ne peut pas s'imaginer pouvoir se comporter comme une garce alors elle s'invente un scénario d'amitié où elle a idéalisé un type finalement vulgaire. Va sur les forums, Stéphane, si tu ne me crois pas : chaque jour on est des centaines à inventer la même histoire d'amitié qui a dévié, à un mec qu'on aime

finalement plus que tout mais qu'on a trompé car il était loin et qu'un connard avait du baratin, savait nous faire sourire, nous complimenter.
Stéphane : – C'est désespérant.
Fanny : – Pour toi qui est encore, vingt ans plus tard, dans l'illusion de l'Amour avec un grand A.
Stéphane : – Je connais ta grande lettre par cœur... Je l'ai relue des centaines de fois « *Il est 2 heures du matin, je reviens des granges et comme je n'avais pas envie de te quitter, je reste avec toi en pensées...* » Tu te souviens qu'elle débutait ainsi ?
Fanny : – Ne m'en veut pas... c'est si loin, plus de 20 ans, et je suis incapable de me souvenir du moindre mot... je me souviens juste, je me revois, te la remettre devant mon appartement à Lille, juste à côté de ta 205 noire, j'avais une folle envie de me jeter dans tes bras, de t'embrasser, et finalement j'ai eu la force de ne pas la déchirer et de te la donner, cette lettre...
Stéphane : – Notre vie aurait été bien différente si tu avais osé...
Fanny : – Nous serions remontés à l'appartement et aurions fait l'amour...
Stéphane : – Et on ne l'a jamais fait...
Fanny, *se serrant contre lui* : – Alors, ma plus belle phrase de cette lettre, c'était quoi ?
Stéphane, *après quelques secondes de réflexions :* – « Je ne sais pas t'expliquer ce que je ressens, les mots sont si faibles et c'est si trouble dans ma tête. »
Fanny, *en souriant :* – J'avais 20 ans !
Stéphane : – Mais c'était un aveu qui m'a tellement touché... Nous étions tellement tous dans la sensation de tout savoir... et toi qui en savais nettement plus que moi grâce à tes études de psychologie, tu venais m'avouer le doute... Cette humilité du doute a eu un rôle important dans ma vie…
Fanny : – Je ne le voyais plus comme ça... Mais oui, nous avons changé, compris des tas de choses... et perdu d'autres…
Stéphane : – Puis il y avait « Je croyais que la communication et la compréhension entre une fille et un garçon était impossible. C'était un rêve, une utopie, pourtant je continuais à rêver. En te découvrant, je me suis rendue compte que peut-être ça n'est pas si utopique que ça. »
Fanny : – Arrête, ensuite je devais te parler de ce Philippe... Je suis partie le retrouver en Alsace le lendemain... Je n'avais pas osé me jeter dans tes bras et lui m'a serrée dans le siens...
Stéphane : – J'aurais dû te prendre dans mes bras et tout aurait été différent...
Fanny : – Tu étais bien trop timide...
Stéphane : – Et maintenant ?
Fanny : – Je n'ai pas de réponse à tes difficultés de couple !
Stéphane : – Mais tu as la solution, au moins provisoire...
Fanny : – Je ne suis pas certaine de te suivre… Tu me résumes la solution dont tu me crois porteuse ?
Stéphane : – Dormir ne serait-ce qu'une nuit sur un mauvais matelas de canapé serait stupide quand on a la chance d'enfin être ensemble durant une semaine.
Fanny : – Est-ce nécessaire ?... Les femmes finissent-elles toujours par coucher avec leur meilleur ami ? Ou est-ce simplement par hypocrisie qu'elles appellent meilleur ami l'homme avec qui elles couchent ?...

Rideau

Acte 2

Quelques jours plus tard. Fanny, en pyjama, en position de yoga sur le canapé-lit où elle a dormi.

Fanny : – Avoir dormi dans ce canapé ! Ce n'est plus ma place ! Et les avoir entendus ! (*Fanny respirant fort*) Je dois cacher ma souffrance, je suis quand même la spécialiste du contrôle des émotions ! (*silence, profonde respiration*) Je ne vais quand même pas devenir jalouse ! Je l'ai connu avant et il a toujours été à mes pieds ! Je n'aurais jamais crû pouvoir me sentir aussi bien dans ses bras… Il était tellement lourd à 20 ans ! (*souriant*) Un adorable petit sauvage… L'indien comme on l'appelait… Je ne peux quand même pas lui avouer « je te trouvais tellement peu intéressant »… Cheveux longs, idées courtes, enfance difficile à guérir... Il a su évoluer, grandir, quand tant de jeunes plus avantagés sont devenus de pitoyables téléspectateurs prêts à s'enthousiasmer pour le PSG ou Sophie Marceau… Il a coupé ses cheveux et ses idées ont poussé !... Il a perdu des cheveux et gagné des neurones… Je suis venue en traînant les pieds et je n'ai pas envie de repartir ! Mais comment va se passer la journée ? Et je repars demain… normalement ! L'idéal, finalement, ce serait un ménage à trois ! J'aimerais aussi profiter de son corps à la princesse ! Depuis qu'il m'a montré ses photos "provocantes", elle me tente ! Le contenant pas le contenu ! Ou qu'il la quitte. Mais puis-je le lui demander ? Suis-je prête à vivre plus de quelques semaines avec lui ? (*silence*) Être amant ouvertement serait le plus simple mais ni Henrique ni cette Momina ne l'accepterait… Se voir "en secret"... Rejouer "Les vaisseaux du cœur" de ma chère Benoîte Groult ?... À ne se voir qu'en secret on se crée des instants sacrés… Enfin, quelle belle semaine ce fut !... et c'est déjà ça, de passer une grande semaine d'Amour de temps en temps… À notre âge ! (*silence*) Je vais lui rentrer dedans, à la pouf ! (*en souriant*) On verra ce qu'elle a vraiment dans le ventre !… De toute manière, je n'ai rien à perdre !… Henrique ne me manque même pas !… Je ne l'ai même pas appelé ! Je n'ai même pas ouvert mon portable pour voir s'il m'avait submergée de messages ! Fanny coupée du monde ! Je n'aurais aucune difficulté à lui faire gober une totale absence de réseau… Stéphane croyait bien aux pannes de courant d'Addis-Abeba en 2010 ! Il n'a rien à perdre non plus, mon Stéph… Certes, je ne me vois pas vivre ici plus de quelques semaines… Et je ne le vois pas à Madrid… Mais enfin, (*en souriant*) on sera allé « *au bout de nos rêves.* » (*en fredonnant*) « *j'irai au bout de mes rêves* »… Je me déteste dans ces irrépressibles élans de midinette intoxiquée de bluettes… (*silence*) De toute manière, il reste avec elle pour de mauvaises raisons !…

    Entrée de Momina.

Fanny, *se retournant* : – J'ai failli avoir peur. Heureusement que je suis dans une tenue et une attitude décentes.

Momina : – Oh, excuse-moi, j'aurais dû frapper… C'est l'habitude…

Fanny *se lève, et en l'embrassant* : – Ah ! L'habitude… Ma chère Momina et ses habitudes, quel plaisir de te rencontrer en vrai !

Momina : – Quel plaisir, Fanny ! Stéphane m'a tellement parlé de toi. J'espère ne pas t'avoir réveillée en rentrant cette nuit.

Fanny : – Je dors comme un bébé ! Même une bataille de chats n'aurait pas eu raison de mon sommeil.

Momina : – Tant mieux. J'aimerais dormir aussi profondément…

Fanny : – Alors, tu as su résister à tes habitudes ?

Momina : – Mes habitudes ?

Fanny : – Tes tentations de petite midinette.

Momina : – Oh ! Quelle question !

Fanny : – Pourtant logique.

Momina : – Tu te fais le porte-parole de Stéphane ou est-ce de ta propre initiative ?

Fanny : – J'ai passé l'âge d'être porte-parole ! Rassure-toi, Stéphane ne m'a montré aucune inquiétude sur ta fidélité retrouvée. D'après moi, il avait tort !
Momina : – Tu me classes parmi les chaudes à l'affût de la moindre occasion ?
Fanny : – Je t'ai simplement demandé, de manière cordiale, courtoise et amicale, si tu avais résisté à tes tentations de midinette. Rien de plus.
Momina : – Qu'entends-tu par "tentations de midinette" ?
Fanny, *en souriant* : – Le besoin d'entendre de beaux compliments, prononcés avec de grands sourires et des yeux qui brillent, d'aller toujours plus loin pour être de plus en plus complimentée, en se cachant comment ça finira… Prétendre rester fidèle à l'Amour alors qu'on est juste fidèle à son besoin de plaire… Avoir 17 ans dans un corps de 35… Et comme tu le sais sûrement, à 17 ans, on se satisfaisait vite, s'embrasser suffisait pour jubiler… tandis qu'à 35, ça dure souvent jusqu'au petit matin…
Momina : – Moi qui me réveillais d'humeur très joyeuse.
Fanny : – Après une belle nuit de retrouvailles ! Un peu comme en avril 2010 !
Momina : – J'avais mon bouclier d'Amour et aucune flèche n'aurait pu le percer.
Fanny : – Donc tu as eu la chance qu'une femme soit ta voisine et tu en tires orgueil pour affirmer « je n'ai pas donné mon numéro de téléphone à un dragueur qui m'invitera au restaurant dans quelques semaines. » Il est plus facile de gérer un amant à 10 000 kilomètres qu'à 20 centimètres !
Momina : – Tu dresses un portrait peu flatteur de moi.
Fanny : – Je t'ai posé une petite question anodine et elle a suffi pour t'enflammer… Il n'y a pas de feu sans origine !
Momina : – Comme tu résumes notre échange ! Je me suis quand même sentie accusée…
Fanny : – Certes… C'est à moi qu'écrivait Stéphane en avril mai juin 2010, et même s'il a la mémoire courte je ne peux pas te considérer comme une femme digne de lui.
Momina : – Tu as le mérite d'être franche. Bien, j'espère que tu as passé un agréable séjour et que ton retour se passera bien.
Fanny : – Tu préfères donc m'éviter durant la journée pour t'épargner un véritable dialogue. C'est peut-être une déformation profession-nelle mais l'hypocrisie des grands sourires ne m'intéresse pas. J'apprécie les échanges francs et sincères, même s'ils nécessitent d'aborder des zones peu honorables.
Momina : – Je n'ai pas besoin d'accusations. Je sais ce que j'ai fait en mars 2010 et pourquoi je l'ai fait. Je me suis trompée. Je m'en suis excusée et Stéphane a accepté mon repentir.
Fanny : – Quel repentir ! Un « désolé » ! Alors que déjà en décembre 2009 tu venais ici avec dans la poche la carte de cet étalon italien.
Momina : – Stéphane a fait mon procès. Je n'ai aucune excuse mais je l'Aime et je veux faire ma vie avec lui. Je ne vis pas dans le passé. Je suis totalement impliquée dans notre couple. J'espère d'ailleurs que l'on pourra rapidement célébrer notre mariage. Peut-être te proposera-t-il d'être son témoin.
Fanny : – Si tu ne m'obliges pas à me convertir.
Momina : – Je suis très ouverte et tolérante, tu sais. J'ai même des amis homosexuels.
Fanny : – Donc tu ne m'obligeras même pas à revêtir la Burqua pour assister à votre passage devant monsieur le Maire !
Momina : – Ça te rassure.
Fanny : – Je préférerais également être certaine que tu ne vas pas de nouveau torpiller Stéphane avec tes exigences religieuses.
Momina : – Tu es son amie d'enfance, j'aimerais que tu deviennes la mienne. Mais certaines choses ne regardent que Stéphane et moi.
Fanny : – Tu oublies que tu l'as tellement poignardé dans le dos qu'il se confiait à moi.
Momina : – Non. C'est justement pour cela que je te rappelle que j'aimerais qu'on devienne amies.

Fanny, *en souriant* : – Je ne suis pas opposée à ce que l'on devienne amies…
Momina, *en souriant* : – Donc on le deviendra sûrement.
Fanny : – Si tu le souhaites, on peut débuter immédiatement… Si Stéphane dort encore, on peut en profiter pour faire un câlin.
Momina : – Oh !
Fanny : – Stéphane doit t'avoir confié que je préfère les femmes.
Momina : – Ah, c'est pour cela qu'il ne s'est jamais rien passé entre vous ?
Fanny : – Tu sais, Stéphane et moi, on se connaît très peu, finalement… Nous avons été proches quelques semaines à 20 ans. J'étais en couple alors depuis deux ans. Ce qui est énorme à cet âge-là. Et il n'a pas vraiment insisté… Je ne sais pas la manière dont il t'a parlé de notre flirt mais il s'est rapidement consolé de mon départ en Alsace… puisque dès mon retour je l'apercevais au bras de l'Angélique dont tu dois également avoir entendu causer…

Momina : – Et toi, à ton retour d'Alsace, tu pensais te jeter dans ses bras ?

Fanny : – Avec Philippe, les premiers jours furent plutôt fabuleux… Il était très attentionné… C'est là que Stéphane a réussi à trouver le numéro de téléphone de ses parents et m'a appelée… Forcément, je l'ai envoyé balader… Comment aurais-je pu faire autrement avec « mon fiancé » et sa famille installés à quelques mètres… C'était l'époque d'un seul et unique téléphone filaire dans les foyers… Et il m'a justement appelée à l'heure du repas… Mais un mois, c'est long… De la même manière qu'il t'a fallu quelques jours pour comprendre que tu ne ferais pas ta vie avec Carlo, il me les a fallu pour remettre Philippe à sa place… Mais Stéphane avait rencontré Angélique… et tu sais qu'elle reste la femme avec laquelle il a le plus longtemps vécu… Tu vois, je me confie à toi comme à une amie… Tu viens faire un câlin ?
Momina : – Non seulement ma religion me l'interdit mais les femmes ne m'ont jamais attirée.
Fanny : – Car pour ce qui est des interdits de ta religion, il te suffit de recourir au « Dieu l'a voulu pour me tester », et le tour est joué ! Tu crois vraiment en Dieu ?
Momina : – Quelle question ! Dieu est une évidence.
Fanny : – J'ai surtout l'impression qu'il est une manière de manipuler. Tu dois faire ce que Dieu veut mais moi il m'autorise quelques libertés !
Momina : – Je sais ta haine des religions, de toutes les religions, pas seulement la mienne, donc sur ce sujet nous ne pourrions qu'opposer nos certitudes.
Fanny : – Avoue quand même qu'elle te pourrit la vie, ta religion !
Momina : – Non, elle lui donne un sens.
Fanny : – En tout cas, du peu que je sais de toi, si j'avais les clés du paradis, tu n'as aucune chance de pouvoir y entrer. Tes mauvaises actions méritent l'enfer !
Momina : – Dieu pardonne celles et ceux qui savent reconnaître leurs fautes.
Fanny : – Commettre une faute et croire qu'elle sera pardonnée, je peux te l'accorder. Mais recommencer et croire de nouveau au pardon, c'est prendre Dieu pour une bonne poire.
Momina : – Je n'ai pas recommencé.
Fanny : – Tu t'es comportée avec Stéphane comme tu l'avais fait quelques années plus tôt avec ton mari.
Momina : – Tu souhaites vraiment instruire mon procès. Si ça ne te dérange pas, je vais prendre une douche.

Elle sort par l'autre porte.

Fanny *sourit* : – Je ne sais pas où cela nous mènera mais la journée sera tendue ! Et rien ne me rappelle à Madrid ! *(silence, sourire…)* Je cherche quoi ?... Vais-je faire une connerie ?...

On frappe à la porte où était entrée Momina. C'est donc forcément Stéphane.

Fanny : – Tu peux entrer, Stéph…

Il entre discrètement, semble s'assurer de l'absence de Momina.

Fanny : – Contrairement à ta compagne, tu as la délicatesse de frapper avant d'entrer…

Stéphane : – Alors ?

Fanny : – J'ai très bien dormi. Même si les chats du quartier s'en sont donnés à cœur joie…

Stéphane : – Fripouille t'a réveillée ?…

Fanny, *en souriant* : – Elle avait dû organiser une fête car ses ébats furent bruyants…

Stéphane, *plus bas :* – Elle se douche ?

Fanny : – Oui.

Stéphane, *toujours bas :* – Excuse-moi de t'avoir imposé ces retrouvailles.

Fanny : – J'espère que c'est la dernière fois !

Stéphane la regarde avec surprise…

Fanny : – Oui, j'ai bien réfléchi. Si tu me demandes de choisir entre Henrique et toi, je reste. C'est sûrement la dernière chance que la vie nous offre. Si tu me sacrifies Momina, je te sacrifie Henrique. Je n'ai pas envie de mettre le mot fin après nos quelques jours de bonheur. Ça te surprend ?

Stéphane : – Fanny… tu… C'aurait été plus simple si on en avait parlé hier soir…

Fanny : – Oui, « on sait ce qui va arriver demain, donc on vit cette soirée comme une apothéose, on ne pense qu'à l'amour… que ça reste la plus belle semaine de notre vie… » Oui, je sais, je nous ai entraînés à ne pas rêver d'un futur tout autre qu'une simple parenthèse dans nos vies… Mais ce fut si beau !… C'est donc possible, toi et moi ! Tu sais qu'Henrique compte pour moi sûrement plus que ta Momina… Donc il m'a semblé normal que ce soit à moi de prendre l'initiative même si je suis persuadée que tu y pensais aussi…

Stéphane : – Oh, Fanny…

Fanny : – C'est à prendre ou à me laisser repartir !

Rideau

Acte 3

Quinze jours plus tard. Fanny et Stéphane en peignoir dans le salon... Fanny allongée sur le canapé-lit, Stéphane debout près de porte de la salle de bains...

Stéphane : – On joue avec feu... On se rhabille de plus en plus tard... Elle va finir par nous surprendre...
Fanny : – C'est peut-être ce que je cherche !... Tu la crois vraiment dupe ?
Stéphane : – Elle te trouve très chiante, car ça l'oblige à revenir chaque soir.
Fanny : – Oh la conne ! Si je n'étais pas là, elle te laisserait dormir seul en restant dans sa petite chambre d'étudiante... et elle revient me frustrer de douces nuits...
Stéphane : – On ne tiendrait pas, jours et nuits... Je vais prendre une douche...

Il sort...

Fanny, *en souriant* : – Et si je restais en peignoir ! Il faut bien que se dénoue cette grotesque situation. Je n'aurais jamais dû l'accepter. Je me déteste de cette faiblesse.... Ou alors, repartir... et on finira notre vie en vieux amants qui se trouveront régulièrement une bonne raison de passer une semaine ensemble...

Le téléphone sonne. Fanny se lève pour répondre.

Fanny : – Oui (…) Vous êtes à la bonne adresse, je suis une amie (…) Je peux vous passer son compagnon (…) Veuillez patientez.

Fanny se lève, ouvre la porte par laquelle était sorti Stéphane...

Fanny, *voix forte* : – « Mon amour, un gendarme souhaite te parler... Momina a eu un accident de voiture. »

Stéphane, en peignoir, revient, prend le téléphone...

Stéphane : – Oui (…) Bonjour (…) Elle vit bien ici, je suis son compagnon depuis deux ans, elle est divorcée depuis plus d'un an et ses enfants vivent en Ethiopie avec leur père (…) Nous arrivons, merci. (…) Au revoir.

Stéphane raccroche, se tourne vers Fanny...

Stéphane : – C'est au collège qu'ils leur ont donné ce numéro. Elle est tombée dans le ravin entre Castelnau et Montcuq... Elle a été transportée sans connaissance à l'hôpital de Cahors... La voiture est détruite... Faudrait qu'on passe au commissariat avant l'hôpital... Ils ont besoin de sa carte Vital et compagnie...
Fanny : – Tu souhaites donc que je vienne avec toi ?
Stéphane : – J'ai répondu « on », c'est un fait certain ! Ça ne te dérange pas de m'accompagner ?
Fanny : – Je suis qui, pour toi ?
Stéphane : – Tu le sais bien !
Fanny : – C'est donc la main de Dieu qui est intervenue sur le volant ?!
Stéphane : – Ou celle de Maradona !

Ils s'enlacent...

Rideau

Acte 4

Quelques semaines plus tard. À la table du salon, Momina (dans un fauteuil roulant), Fanny et Stéphane devant un gâteau.

Momina : – C'est très gentil à toi de t'être souvenu de mon gâteau préféré. Je n'ai jamais mangé un aussi bon moka. Mais parlons de choses sérieuses.
Stéphane : – Ce n'est pas sérieux, le moka ?
Momina : – Comme vous le savez, seul Dieu pourrait me redonner l'usage de mes jambes. La médecine ne me laisse aucun espoir. Mon cerveau ayant été épargné, je me doute que Dieu ne me jugera pas digne d'une telle intervention. Je vais donc finir ma vie dans un fauteuil roulant. Je suis entrée dans la catégorie des travailleurs handicapés de l'éducation nationale. J'aurai droit à des horaires aménagés et à une voiture aux commandes manuelles… Merci la France !

Silence.

Stéphane : – Comme quoi tu as eu raison de demander la nationalité française dès que ce fut possible !
Momina : – La France généreuse avec ses enfants, même adoptés ! Merci de m'avoir adapté la salle de bains.
Stéphane : – Mais c'était normal.
Momina : – Bref, ne vous inquiétez pas. Pour les quelques mois ou peut-être seulement semaines de notre cohabitation, je me comporterai comme une bonne locataire. Fanny, je sais bien que tu as apporté ce matin dans cette pièce tes affaires mais ce sera désormais, si vous le voulez bien, la mienne.

Silence.

Momina : – Je ne vous demande pas si cela a commencé bien avant mon accident mais je ne peux pas croire, Fanny, que tu sois restée ici uniquement à cause d'une dispute avec Henrique. Finalement, j'ai récolté ce que j'avais semé.
Fanny : – Tu te trompes ! Il n'était pas prévu que je reste !

Stéphane ne peut masquer l'effet de surprise produit par cette déclaration.

Fanny : – J'ai mis de côté ma vie professionnelle durant quelques mois mais je ne suis pas rentière ! Tu sais que mes livres se vendent encore moins bien que ceux de Stéphane. J'attendais ton retour pour annoncer qu'il me faut revoir Madrid. J'ai pensé normal de soutenir Stéphane durant cette épreuve. Et si ça te rassure, je ne pense pas qu'il me suivra.

Silence.

Momina : – J'ai perdu mais je crois que tu as également perdu, mon chaton ! Et puisque nous nous disons tout : j'ai demandé ma mutation pour l'Ethiopie. Elle sera sûrement acceptée dès septembre.

Silence.

Momina, *en souriant* : – Tout cela te laisse sans voix ? Je t'ai demandé de te convertir pour permettre notre mariage. Tu savais que mes parents tenaient à ce papier pour pouvoir également chez eux le célébrer. Oui, je sais avec notre argent ! Ces gens-là non seulement réclament de l'argent mais veulent imposer leur religion. Mais je ne vais plus t'embêter avec tout cela. J'ai compris que jamais tu ne te convertiras.

Silence.

Momina, *en souriant* : – Tout cela te laisse sans voix ?
Stéphane : – Tu as toujours su que jamais tu ne m'imposerais ta religion.

Momina, *en souriant* : – Mon ex-mari, lui, s'était converti. Comme tu le sais, mon ex-mari a été plus présent que toi, n'hésitant pas à revenir en France avec nos enfants. Il m'a proposé de retourner vivre près d'eux, et j'ai accepté.

Silence.

Momina, *en souriant* : – Tout cela te laisse sans voix ?

Stéphane : – Puisque tu y tiens vraiment… Mais s'il ne me semble pas nécessaire de commenter ta décision, simplement en prendre acte.

Momina, *en souriant* : – Donc tout cela te laisse sans voix ?

Stéphane : – Bon… Tu retrouveras dans nos échanges sur skype ma prédiction aujourd'hui réalisée : quand tu aurais trahi, lassé tout le monde, il te resterait ton mari pour te reprendre. Comme tu le sais, je n'ai jamais été très doué pour rompre. J'aurais dû le faire par mail début février, quand tu séjournais chez tes parents… (*Momina se fige, ne sourit plus, comprend ce que cela signifie*) Quant à ce que Fanny et moi pourrions nous dire, je ne te ferai pas l'honneur d'assister à notre conversation.

Momina, *en souriant de nouveau* : – Nous en sommes effectivement là, toi et moi. Je remercie Dieu de m'avoir ouvert les yeux, même s'il a dû me les fermer dans un virage pour y parvenir. Mon mari est effectivement le seul homme qui m'ait accepté comme je suis et m'accepte encore malgré mon handicap, sans me juger. J'ai cherché l'amour, avec Pascal, toi, Carlo et encore toi… C'est fini. Je serai désormais la mère de mes enfants. Mais je vois que niveau amour, vous ne pouvez pas me donner de leçons.

Fanny : – Tu sais Momina… J'ai mis de côté ma vie professionnelle et je ne suis pas rentière ! S'il me faut effectivement repartir à Madrid… Je l'ai annoncé un peu brutalement. Également pour voir la réaction de Stéphane. Car effectivement nous avons trop tardé, nous avons laissé traîner mais je ne pouvais pas croire que tu n'avais rien remarqué. Et je partage l'approche de Stéphane : maintenant qu'enfin nous n'avons plus à nous cacher, nous n'allons pas t'accorder l'honneur d'assister à notre conversation.

Momina : – Finalement, ça tombe bien, vous n'avez pas besoin de vous réfugier dans votre chambre, il me faut passer quelques instants aux toilettes… (*elle pousse son fauteuil, qu'elle manie avec dextérité*) Et je serai même plus longue que nécessaire !

Dès la porte refermée (claquée) derrière elle…

Stéphane : – Alors, on fait quoi ?
Fanny : – Je te propose : 50% ici, 50% à Madrid.
Stéphane : – Tu as de la place pour huit poules, un coq, trois canards, l'oie, les douze pigeons ?… Les seize pommiers, douze figuiers, neuf pruniers, quatre cerisiers ?…
Fanny : – Vivre ici six mois par an représente de gros sacrifices… Mais ça ne peut pas fonctionner dans un seul sens, les sacrifices.
Stéphane : – Tu me crois capable de vivre à Madrid ?
Fanny : – Non ! Mais tu m'aimes et tu sais qu'il n'y a pas d'autre solution.
Stéphane : – Moi, à Madrid ?
Fanny : – Et moi, ici !? Tu sais ce que ça représente de vivre dans un coin perdu comme ce village, quand on vit depuis dix ans à Madrid ?
Stéphane : – Et le pire, c'est que la proposition raisonnable, c'est la tienne. Je ne peux même pas trouver un argument pour te demander de vivre à plein temps dans ce trou du monde. Mais je ne pourrais plus vivre en ville.

Silence. Tristesse de Fanny.

Fanny : – Malheureusement, c'est bien ce que je croyais… Donc tu m'excuses d'avoir été un peu brutale dans ma manière de l'annoncer…
Stéphane, *en souriant* : – Donc on va essayer !
Fanny : – Tu…

Fanny se lève. Stéphane se lève, elle se jette dans ses bras.

Stéphane, *en souriant* : – Mais il va falloir que tu participes au sacrifice des bêtes !
Fanny : – Je ne peux pas tuer un animal. Mais oui, on le fera ensemble. Je te propose de garder papa et maman pigeon… Une petite cage pour leur retraite, tu penses qu'ils survivront ?
Stéphane, *en souriant* : – Ils survivront et nous offriront même plein de pigeonneaux !

Momina ouvre la porte, les observe enlacés. Ils ne la voient pas. Après quelques secondes d'effroi :

Momina, *en souriant (ou sent néanmoins l'auto-persuasion)* : – Tant mieux pour eux… Je n'ai aucune haine en moi, ni regret… Qu'ils vivent leur jeunesse manquée... Dieu m'a réservé une mission bien plus importante.

Rideau - FIN

La fille aux 200 doudous

Pièce pour enfants. en un acte

Six à une vingtaine d'enfants.

Scène : dans son lit, une fillette, 6-7 ans, à peine visible. Trop de doudous ! Des doudous aussi dans toute la chambre.
Entrent des enfants (minimum cinq, même âge), sur la pointe des pieds. Ils observent, admirent, se sourient, s'extasient, se montrent des doudous.

Acte 1

1er enfant : - Dans sa chambre, on avance au p'tit bonheur la chance.
2eme enfant : - Même son oreiller est envahi.
3eme enfant : - Ses étagères, c'est pire que ma grand-mère avec ses pots de confiture.
4eme enfant : - C'est pire que mon grand-père avec ses boîtes à outils.
Autre enfant : - Pire que la garde-robe de maman

La fillette du lit sourit, comme si elle s'apercevait seulement à l'instant de leur présence.

3eme enfant : - C'est la fille aux 200 doudous, y'en a partout, y'en a partout.
Autre enfant reprend en murmurant : - C'est la fille aux 200 doudous, y'en a partout, y'en a partout.
4eme enfant : - C'est la fille aux 200 doudous, tous les p'tits loups en sont jaloux.
La fillette du lit : - Ne soyez pas jaloux, mes amis. Vous croyez peut-être qu'on n'a pas ses petits soucis, quand on doit surveiller du matin au soir 200 doudous ? Et même du soir au matin.
4eme enfant : - Des soucis comme ça, j'aimerais bien en avoir.
La fillette du lit : - Pourtant, ce n'est pas spécialement drôle, quand souriceau se cache derrière papa éléphant alors qu'il devrait dormir près de sa tendre maman. Et la nuit, vous croyez peut-être que tous ont sommeil en même temps ? C'est pire qu'un dortoir d'écolières.
4eme enfant : - Un dortoir d'écolières, ça n'existe pas !
2eme enfant : - Mamie m'a raconté : il y a très très longtemps, c'était bien avant l'an 2000, les enfants ne rentraient pas chez eux le soir mais restaient dormir à l'école, dans un dortoir.
4eme enfant : - Un dortoir ! Comme leurs parents étaient méchants !
2eme enfant : - Mais non grand bêta, ce n'était pas possible autrement, il n'y avait pas de bus.
4eme enfant : - Arrête de raconter des blagues.
La fillette du lit : - C'est peut-être surprenant mais c'est pourtant vrai. Et les enfants n'ont pas toujours eu des doudous comme nous, beaucoup se contentaient d'un simple chiffon.
4eme enfant : - J'aurais refusé de dormir ! J'aurais manifesté ! J'aurais crié !
Autre enfant : - J'aurais pincé !
4eme enfant : - J'aurais déménagé chez grand-mère !
1er enfant, *va vers une étagère et prend un chien en peluche* : - Il s'appelle comment ?

La fillette du lit : - Chacun a son surnom, d'abat-jour à zombou. Quant à lui, c'est Scott-Key.
1er enfant : - Scott-Key ?

La fillette du lit : - Je suppose que tu n'as pas choisi ton nom, pas même ton prénom ni ton surnom. Hé bien lui, c'était un chien abandonné. (*rêveuse, doucement :*) J'avais quatre ans : il pleuvait, et lui pleurait à la vitrine d'un magasin,

4eme enfant *(à son voisin)* : - Ça ne pleure pas un doudou !

La fillette du lit, *qui a entendu, se tourne vers lui :* - Tu as déjà oublié qu'un doudou, parfois, ça pleure ! (*reprenant l'histoire*) il pleurait à la vitrine d'un magasin, avec une étiquette à l'oreille droite, une vilaine étiquette jaune avec 5 lettres majuscules noires : s-o-l-d-e.

1er enfant : - Et toi, tu ne savais pas que ça voulait dire SOLDE !

La fillette du lit : - J'avais quatre ans, ne l'oubliez pas quand même ! Forcément, j'ai forcé mon papa à entrer, et avec toute la fierté de mes quatre ans, j'ai demandé à la vendeuse, en la regardant bien droit dans les yeux « il s'appelle vraiment solde ? »

1er enfant : - Tu savais déjà lire ?

La fillette du lit : - Ça c'est une combine de mon papa adoré ! Je t'achète un doudou mais cours d'orthographe chaque soir, avant la lecture d'une histoire. C'est ainsi qu'à trois ans et demi je savais presque tout lire.

1er enfant : - Mais tu croyais que SOLDE, c'était son nom !

La fillette du lit : - N'as-tu jamais fait d'erreurs qu'aujourd'hui tu trouves plus grotesques ?

1er enfant : - C'était juste pour vérifier que tu n'étais pas une petite génie ! Bon, alors, la vendeuse, elle a souri en interrogeant ton papa du regard ou elle t'a répondu ?

La fillette du lit : - On me répondait toujours, quand j'avais quatre ans et que je regardais droit dans les yeux, tu vois, comme ça (*elle le fixe*).

3eme enfant : - Elle a hurlé « une martienne » !

La fillette du lit : - Euh…

3eme enfant : - Quoi euh ?...

La fillette du lit : - Bin la vendeuse, sans détourner les yeux, a répondu : « euh… » Alors je lui ai expliqué, comme on parle à une vendeuse qui n'a rien compris : « vous voyez, j'ai déjà un doudou prénommé SOLDE, une adorable grenouille rouge cerise Burlat, alors, bien que je souhaite l'adopter, j'aurais trop peur que ça crée de la confusion dans ma chambre. »

3eme enfant : - Elle était surtout surprise que tu saches déjà lire !

4eme enfant : - Elle s'est moquée de toi ?

La fillette du lit : - Pas du tout, petit impertinent ! Elle m'a répondu poliment, « son véritable nom c'est Scott-Key »… et un ton en dessous, « c'est une erreur de ma collègue. »

2eme enfant : - Alors ton papa te l'a acheté !

La fillette du lit : - Comment as-tu deviné ? Mais avant j'ai demandé, « et vous écrivez ça comment », alors j'ai noté ce mot nouveau dans mon carnet (*elle prend le carnet sur la table de nuit, le feuillette tendrement*).

2eme enfant : - Ça veut dire quoi, Scott-Key ?

La fillette du lit : - Secret !

4eme enfant : - Tu réponds ça car tu n'en sais rien !

La fillette du lit : - Mais tu es aussi polisson que les bébés hérissons.

4eme enfant : - Allez, donne-nous la solution.

La fillette du lit : - Même au sujet des doudous, il doit rester un peu de mystère dans le choix des surnoms.

Chœur des enfants :

C'est la fille aux 200 doudous, y'en a partout, y'en a partout.
C'est la fille aux 200 doudous, tous les p'tits loups en sont jaloux.
C'est la fille aux 200 doudous, ses secrets sont pas pour nous.

3eme enfant : - Comment tu te repères ?

La fillette du lit : - Avant, c'était lundi doudous blancs, mardi mauves, mercredi marron, jeudi jaunes, vendredi verts, samedi sable et dimanche autres couleurs.

2eme enfant : - Le lundi était roi !

La fillette du lit : - Maintenant, les jours de la semaine s'appellent fête des lapins, des chats, des canards. Fête des oursons, des toutous et des bizarres.

4eme enfant : - Et le septième jour ?

La fillette du lit : - Monsieur sait compter ! Ah ! Le septième jour…

Les enfants : - Oh raconte !…

La fillette du lit : - Le septième jour est… un peu spécial dans le nouveau calendrier des doudous… c'est le jour des élections.

Les enfants : - Des élections !?

La fillette du lit : - Par un vote, naturellement à pattes levées, les doudous décident qui sera célébré.

4eme enfant : - Y'a quoi à gagner ?

La fillette du lit : - Le plus beau des cadeaux !

Un enfant : - Une tenue de Zorro ?

La fillette du lit hausse les épaules.
Les réponses fusent à son grand désappointement :

Un enfant : - Une écharpe ? Un bandana ?
Un enfant : - Un yaourt aux fraises ?
Un enfant : - Des billes ?
Un enfant : - Une game boy ?
Un enfant : - Un puzzle… de cochons des Pyrénées ?
Un enfant : - Une plaque de chocolat… suisse ?

(lors des représentations, d'autres réponses, suivant les goûts et l'actualité, peuvent être ajoutées, préférées)

Un enfant : - Allez, dis-nous…

La fillette du lit : - Le plus beau des cadeaux dont peut rêver un doudou… le gagnant dort dans mes bras.

4eme enfant *spontanément* : - Je peux participer aux élections ?

La fillette du lit lui sourit ; tous le regardent ; il est gêné.

3eme enfant : - Tu dors encore avec un doudou dans les bras !

La fillette du lit : - Pas toi ?

3eme enfant : - Eh… *(tous la regardent)*

3eme enfant : - Mais normalement c'est un secret.

La fillette du lit : - Si quelqu'un rit de toi parce que tu dors avec un doudou dans les bras, demande-toi s'il profite vraiment de chaque seconde de sa nuit.

Autre enfant : - Et un jour, tes doudous iront au grenier ?

La fillette du lit : - Grandir, ce n'est pas forcément s'éloigner de ses doudous, et surtout pas les renier !

Chœur des enfants :
>C'est la fille aux 200 doudous, y'en a partout, y'en a partout.
>C'est la fille aux 200 doudous, tous les p'tits loups en sont jaloux.
>C'est la fille aux 200 doudous, et nous avons rendez-vous avec nos doudous.

Ils sortent de scène (en courant sur la pointe des pieds).

La fillette du lit : - bon, maintenant, les doudous, la récréation est terminée. On arrête de se prendre pour des enfants (*se tournant vers un renard*) : j'aimerais bien dormir, moi, quand même, un peu. Il exagère ce monsieur Renardo des Forêts d'étagères.

Le 4eme enfant passe la tête à la porte, gêné, toussote un peu, sans parvenir à attirer l'attention. Timidement.

4eme enfant : - mademoiselle, mademoiselle… (*la fillette se tourne vers lui et lui sourit*)
4eme enfant : - c'était pour de vrai, quand j'ai parlé des élections.

La fillette du lit : - je sais, je sais… mais si tu n'as pas les voix des lapins et des ours, tu n'as aucune chance de gagner… (*le quatrième enfant est triste*) peut-être que dans dix ans, je serai la seule électrice.

Rideau - Fin

Cette pièce est jouée, au moins depuis 2008. Peut-être même avant... En 2011, j'ai lancé une recherche sur google.fr "la fille aux 200 doudous" et des représentations étaient référencées, sur des sites de troupes, articles de presse et même un festival organisé par une ambassade de France. Hé oui, sans autorisation. Donc "naturellement" sans versement de droits d'auteur.
il y eut "régularisation"...

a) le 7 juin 2009, le théâtre Enfants "Style Enfantin" du foyer Loisirs de Thuré (86540)

b) le 19 juin 2009, à Foulayronnes, par le groupe 6-8 ans de l'atelier théâtre de l'Escalier qui monte, d'Agen (47000). L'article de *La Dépêche du midi*, signalait, auteur : *anonyme* !

c) le 4 mai 2010, XVIIème Festival de théâtre francophone amateur. Palais des Enfants et de la Jeunesse, à Minsk en Biélorussie. Par la Troupe « Point de vue. »
Joué dans un festival organisé par l'ambassade de France à Minsk en Biélorussie, qui ne s'est pas souciée de la légalité des prestations.

d) La troupe *Les débarqués* (les Bout'chous de 6 à 9 ans) en 2008, sûrement en mai, via l'association *La Chapelaine*, située à la Chapelle sur Erdre (44240), au nord est de Nantes.

e) Les enfants du CAJ « *La Source* », via l'association *Les Fontaines*, de Vernon (27201). Une pièce mise en scène par Emilie Mallet, Nathalie Lenglart et Jean-Claude His.

f) Le Festival de théâtre scolaire de Tananarive (Madagascar) : 6eme édition, du 15 au 19 avril 2008. Avec le mardi 15 Avril, la
Journée des écoles primaires, le CM1 La Clairefontaine (Ambodivoanjo) présentant *La fille aux 200 doudous*.
Moralité : il convient d'effectuer un véritable travail de veille informatique sur les titres de ses pièces !

Depuis, ça continue. Les "régularisations" après découvertes sur Internet sont plus nombreuses que les demandes de représentations.

Il faut parfois préciser :

Naturellement, l'utilisation d'un texte de théâtre répond au droit français. Le fait de présenter ce texte gratuitement sur un site ne constituant pas une autorisation de représentation.

Rappel :

Dans le cadre d'une représentation publique :

- Une troupe doit demander l'autorisation à un auteur vivant pour jouer un de ses textes.

Jouer sans autorisation une pièce d'un auteur vivant (ou décédé depuis moins de 70 ans) constitue une violation du droit d'auteur.

- Un contrat doit être signé avant les représentations.

- Aucun changement dans le texte, le titre ou le nom des personnages ne peut être effectué sans l'accord de l'auteur ou son ayant droit.

Un article né de cette expérience :

Auteur : perdre du temps pour faire respecter ses droits...

Être joué, oui, mais être payé est nécessaire pour vivre !

Être joué à l'étranger est naturellement un honneur.
Être à l'affiche d'un festival avec Georges Feydeau, Charles Perrault, Anatole France ou Marcel Aymé, procure naturellement une certaine joie.
La fille aux 200 doudous fut à l'affiche du XVIIème FESTIVAL DE THÉÂTRE FRANCOPHONE AMATEUR de Minsk, en Biélorussie. En mai 2010.
Ce festival est organisé par l'ambassade de France en Biélorussie.
Mais je n'ai pas touché un centime de droits d'auteur. J'aurais même dû donner mon accord avant la représentation...

Certes, ce n'est pas la seule fois que *La fille aux 200 doudous* fut ainsi jouée ! Quasi clandestinement.
Quand il s'agit, comme en 2008, d'une école à Madagascar (La Clairefontaine Ambodivoanjo Ecole Primaire de Tananarive) je pourrais comprendre l'absence de paiement (même si des droits d'une valeur symbolique auraient été appréciés, pour marquer le respect dû à un dramaturge) s'il s'agissait d'une école purement locale mais pas d'une école française bénéficiant d'un subventionnement de l'Etat français avec des profs expatriés à prix d'or...

Donc à chaque fois que vous jouez une pièce sans en demander l'autorisation... ça finit "parfois" par se savoir !
Le mieux est quand même de signer un contrat... comme la législation l'exige d'ailleurs...

LA FILLE AUX 200 DOUDOUS est aussi une chanson

Dans sa chambre on avance
Au p'tit bonheur la chance
On voit pas d' place dans son lit
Même l'oreiller est envahi

C'est la fille aux 200 doudous
Y'en a partout
Y'en a partout
C'est la fille aux 200 doudous
Tous les p'tits loups en sont jaloux

Chacun a son surnom
D'abat-jour à zombon
Et comme faut d'la discipline
Y'a prison sous les pulls marines

C'est la fille aux 200 doudous
Y'en a partout / Y'en a partout
C'est la fille aux 200 doudous
Tous les p'tits loups en sont jaloux

Les jours de la semaine
S'appellent fête des big ben
Fête des lapins chats canards
Oursons toutous et des bizarres

C'est la fille aux 200 doudous
Y'en a partout / Y'en a partout
C'est la fille aux 200 doudous
Tous les p'tits loups en sont jaloux

Ce texte est devenu une vraie chanson après son passage devant les yeux de Blondin, qui composa la musique (avec les arrangements de Vita). Elle figure à son répertoire... www.chansonnier.fr

Les filles en profitent

Pièce pour enfants en un acte

(si vous souhaitez un titre plus original : *la circonstance aggravante*)

3 enfants, deux filles, un garçon.

Ismaël, 9 ans
Assia, 6 ans, sa sœur.
Romane, 12 ans, sa demi-sœur

Décor : le salon d'une maison... Deux portes, dont une extérieure.

Acte 1

Ismaël, seul, attaché sur une chaise, les mains liées dans le dos.

Ismaël : - C'est trop injuste ! M'attacher ! J'ai juste frappé un peu trop fort ! (*il imite sa mère :*) « Et circonstance aggravante, celle de monsieur le maire ! »
(*reprend sa voix après une pause :*) Je ne sais même pas ce que ça veut dire, « circonstance aggravante. » Elle ne devrait pas avoir le droit de me punir pour des choses que je n'ai pas apprises à l'école !

    Entre Romane en souriant...

Romane : - Alors Ismaël, tu as encore fait une bêtise !
Ismaël : - Une « circonstance aggravante » !
Romane : - Maman m'a tout raconté, ça ne sert à rien d'essayer de m'embrouiller !
Ismaël : - Je te jure, elle m'a répété au moins trois fois « *circonstance aggravante* » ! Tu sais ce que ça veut dire, toi ?
Romane : - Si tu avais cassé un carreau des hollandais, avec ton ballon, c'aurait déjà été quelque chose de grave. Mais là, en plus, c'est celle de monsieur le maire, c'est ça qu'elle veut dire par « circonstance aggravante »
Ismaël : - Un carreau, c'est un carreau !
Romane : - Mais monsieur le maire a des carreaux en or !
Ismaël : - Si c'était de l'or ils n'auraient pas cassés ses carreaux... mais je les aurais volés !
Romane : - C'est encore une façon de parler ! Tu as quel âge ?
Ismaël : - C'est facile de jouer les grandes quand je suis ligoté ! Explique-moi plutôt « la circonstance aggravante »
Romane : - Monsieur le maire, c'est la personne la plus importante du village... après moi et mon chien !
Ismaël : - Je n'ai pas choisi, je voulais juste envoyer le ballon le plus haut possible.
Romane : - Tu as vraiment les pieds carrés. Tu ferais mieux de faire du ping-pong
Ismaël : - Très drôle ! Détache-moi, plutôt.

    Romane va vers lui, s'assied par terre... lui retire la chaussure droite.

Ismaël : - Qu'est-ce que tu fais ?
Romane : - Tu ne m'as pas demandé de détacher ta chaussure ?
Ismaël : - Tu le fais exprès ?
Romane : - La première qui te détache prend ta place, parole de maman ! Je ne suis pas folle.

Ismaël : - Elle est vraiment fâchée !
Romane : - Je crois bien.

Elle lui retire la chaussette, se lève en souriant et sort par la porte extérieure.

Ismaël : - Elle est bizarre, parfois, la grande ! Maman a beau dire que c'est l'adolescence, je crois surtout que c'est parce que c'est une fille ! En plus, il parait qu'on n'a pas le droit de se marier avec sa demi-sœur !

Romane revient en cachant quelque chose derrière le dos, s'approche d'Ismaël...
Elle s'assied à côté de lui, par terre. Il la regarde, se demande ce qu'elle fait.

Ismaël : - Tu joues à quoi ?

Romane sourit et passe la plume d'oie sous le pied droit d'Ismaël qui sursaute, hurle, tout en riant de douleur.

Ismaël : - Arrête ! Arrête ! Je t'en supplie.

Romane continue.

Ismaël : - Je te jure, je raconterai plus jamais à maman que tu es amoureuse de Grégory.

Romane continue. Lui aussi.

Ismaël : - Je ne raconterai plus jamais que tu as perdu tes boucles d'oreilles.

Romane continue. Entre Assia.

Assia : - Ismaël, je sais que tu as fait une grosse bêtise et tu es puni pour toute la journée.
Ismaël : - Assia, faut l'arrêter, elle me torture.
Assia : - Et j'ai quoi, en échange ?
Ismaël : - Une carte Pokémon. Fait-la arrêter, elle me torture.

Romane lui renvoie un coup de plume, il hurle et sursaute.

Assia : - Une carte, c'est pas assez.
Ismaël : - Cinq. En plus les crottes de votre chien m'intoxiquent.

Romane : - Qu'est-ce qu'il t'a fait, notre chien ? Il est propre, lui, au moins, il fait caca dans sa litière. Pas comme ton chat !
Assia : - Les cartes Pokémon, et quoi d'autres ?
Ismaël : - N'en profite pas !

Assia avance vers lui et passe derrière.

Romane recommence ! Lui aussi.

Ismaël : - Dis-moi ce que tu veux.

Assia sourit en regardant Romane.

Assia : - Tu me promets de ne pas raconter une seule de mes bêtises de la journée à maman.
Ismaël : - Promis.

Assia, derrière le dos d'Ismaël, se penche, prend un gant en plastique, le met à sa main droite, prend « quelque chose » dans la litière du chien, se relève.

Assia : - Romane, tu veux bien arrêter de torturer mon frère préféré.
Romane : - Puisque tu le demandes aussi gentiment.

Romane se lève.

Assia : - Qu'est-ce qu'on dit Ismaël ?
Ismaël : - Merci Assia.
Assia : - Assia comment ?

Ismaël : - Assia, ma petite sœur.
Assia : - Assia.. A... do...
Ismaël : - Assia adorée.
Assia : - C'est bien. J'aimerais que tu le dises chaque jour.

Elle s'avance, lui pince le nez avec la main gauche, il ouvre la bouche, elle lui enfourne le caca du chien qu'elle maintient dans sa bouche. Ismaël essaye de cracher, hurler.

Assia : - Ça t'apprendra à toujours critiquer notre chien !

Romane : - Et tu as promis de ne pas raconter une seule bêtise d'Assia à maman...

Rideau - Fin

Naturellement, il est préférable que le caca du chien soit du chocolat durant les répétitions... et même lors des représentations !

Révélations sur la disparition du père Noël

Pièce pour enfants en un acte

Onze enfants.

La pièce peut être jouée par un nombre différent d'enfant (en plus ou en moins) en modifiant la lecture de la lettre au père Noël.
Cette pièce n'exige aucun décor précis.

Acte 1

Premier enfant, *seul en scène* : - Cette année-là, le 14 juillet, les gouvernements et agences de presse de la planète bleue ont reçu, via le canal lunaire, un communiqué du père Noël.

> *Neuf enfants entrent sur scène. Le deuxième enfant arrive avec une lettre qu'il passera au troisième, qu'il passera au quatrième...*

Deuxième enfant : - « Chers amis terriens,
J'ai tout essayé pour les sauver. Mais votre climat leur a été fatal. Trop pollué. Les cerfs et les rennes venus sur terre en décembre dernier, ont tous péri. Les grandes forêts de notre paradis rouge et blanc demeurent certes encore amplement peuplées mais les faons et les biches ont tellement pleuré que c'est la première grève générale de notre sphère : tous refusent de se préparer au long voyage vers votre planète.

Troisième enfant : - Toutes les familles sont en deuil, ont perdu au moins un proche, le père ou un oncle, ou un voisin (chez nous la famille inclut les voisins).

Quatrième enfant : - Leur grève est illimitée. Il en sera ainsi tant que votre climat sera détérioré.

Cinquième enfant : - Je les comprends : j'ai moi-même traîné durant des semaines une polluloïde aiguë. Quant à ma fille, venue m'aider durant cette joyeuse distribution, son teint m'inspire encore de paternelles inquiétudes.

Sixième enfant : - Je vous laisse le soin d'annoncer aux enfants de la terre ce drame.

Septième enfant : - J'espère revenir un jour. Mais il vous faut choisir entre les cheminées d'usines, les pesticides, les voitures et le sourire des enfants.

Huitième enfant : - '*L'idéologie de la croissance tue la vie*' a récemment écrit un de vos romanciers. Je me permets un conseil : lisez ses livres, suivez ses recommandations.

Neuvième enfant : - Le sourire des enfants va me manquer.

Dixième enfant : - Je compte sur votre lucidité, votre bonté, votre soif du merveilleux, votre amour des enfants.
Votre dévoué, le père Noël »

> *Ces neuf enfants sortent.*

Premier enfant : - Ce fut l'incrédulité : « *tu sais la bonne blague qu'on a reçu* » fut sûrement la phrase la plus entendue ce jour-là dans les agences de presse. De nombreux ministres de la réception des données intersidérales hésitèrent à faire remonter l'information.

Onzième enfant, *entre* : - Mais les services secrets authentifièrent l'origine indiscutable du message.

Premier enfant : - Et chaque pays réagit de manière assez similaire...

Onzième enfant : - La dépêche fut classée aux « dossiers secrets jusqu'à nouvel ordre. »

Premier enfant : - Et toute personne en ayant eu connaissance dut jurer de ne jamais la révéler.

Onzième enfant : - Il y eut peu de récalcitrants, donc peu de transferts en rééducation, encore moins d'exécutions.

Premier enfant : - Dans chaque pays, la dépêche devint une affaire d'état. En France, par exemple, lors d'un conseil des ministres extraordinaire, le ministre de l'industrie se voulut solennel :

> *Huit enfants reviennent, avec des chaises qu'ils posent derrière eux, tout formant une haie d'honneur. Entre le président, solennel. Les huit enfants placent les chaises en demi-cercle. Deux enfants vont chercher un fauteuil, qu'ils placent au centre, où s'installe le "vénérable président de la République de la France."*

Le ministre de l'industrie : - Monsieur le vénérable président de la République de la France éternelle, chers collègues ministres, messieurs les secrétaires d'Etat, nos industries sont les plus modernes, les moins polluantes du monde, et je peux affirmer de manière catégorique et sincère, que le grand nuage de pollution observé sur certains pays en fin d'année dernière, s'est arrêté à la frontière allemande. Les services spécialisés du ministère sont formels. Les cerfs du Père Noël venus en France sont donc indemnes. Je vous le parie : notre beau et grand pays sera le seul où les enfants ne verseront aucune larme de chagrin. Je suis optimiste, il ne faut jamais se résoudre à la sinistrose, le Père Noël sera des nôtres, le Père Noël sait combien le gouvernement de la France.

> *Exaspération croissante du président durant cette déclaration. D'abord en se grattant l'oreille droite, puis en s'arrachant quelques croûtes de l'oreille gauche.*

Le premier ministre, *le coupant* : - Bien, dictez vos explications à votre secrétariat, pour le cas où une fuite malintentionnée filtrerait dans la presse.

> *Un sourire général. L'atmosphère se détend.*

Onzième enfant *commentant* : - Naturellement tout le monde sourit, en cette époque où la presse quémandait une autorisation au ministère de l'information et des statistiques avant d'évoquer un sujet.

> *Le président pose la main droite, puis la gauche, sur les documents placés devant lui, les pouces se touche, le silence est total.*

Le président : - Monsieur le premier ministre de la France, quelles sont vos propositions ?

Le premier ministre : - Monsieur le vénérable président de la République de la France, j'avoue être confronté à une situation sans précédent dans notre illustre histoire. Il m'est donc difficile de me référer aux décisions de nos glorieux aînés.

Le président : - Bien. Ayant prédit votre analyse, j'ai personnellement, au nom de la France éternelle, pris l'initiative, ce matin même, d'appeler mes amis les chefs d'Etats des pays phares de l'humanité. Après les sujets traditionnels, je vous épargne le détail des guerres, émeutes et de l'inflation galopante à tenir par la bride d'une main ferme. Après ces dossiers qui font le quotidien de ma vocation, cette dépêche fut évoquée. Et sur ma proposition, nous avons décrété un grand plan baptisé BARBE BLANCHE. (*silence, regard émerveillés*) Vous allez me demander, quel est ce plan ? Je vais vous le dire : des acteurs seront priés de pallier la défection du père Noël, chaque région devant considérer que le père Noël, légèrement souffrant, a fait l'impasse sur sa contrée suite à une productivité insuffisante. Ce qui nous permettra de remotiver nos forces vives, appréciez le raisonnement. Il faut toujours savoir se servir des impondérables. Que la leçon soit retenue, méditée, et que plus tard on se souvienne, avec nostalgie et déférence, de l'origine de cette méthode de gouvernement.

> *Le premier ministre ouvre simplement la bouche...*

Premier enfant, *commentant* : - Le premier ministre a simplement ouvert la bouche. Il témoigne ainsi avoir préparé un alexandrin pour glorifier ce haut fait.

Mais le Président, majestueux, lève solennellement la main gauche.

Onzième enfant, *commentant* : - Quand le président lève la main gauche, ça signifie : laissez poursuivre ma communication sans même la perturber par des acclamations.

Le président *enchaîne* : - Le père Noël est donc officiellement légèrement indisposé, ce qui est, vous en conviendrez, l'expression la plus proche de la réalité que nous puissions offrir à notre bon, fidèle et laborieux peuple. Que surtout, et j'insiste sur ce point, que surtout personne ne puisse supposer que la vieillesse du père Noël pourrait être cause de cette défection. Le père Noël, comme tout être d'exception, vit au-delà des contingences de l'âge. Vous commanderez d'ailleurs à nos journaux les plus lus, des dossiers sur nos fringants centenaires.

Le premier ministre opine immédiatement.

Onzième enfant *commentant* : - Avez-vous bien observé le Premier ministre ? Sa légère vibration des sourcils signifie « où vais-je trouver des fringants centenaires ? » Naturellement il n'aurait pu exprimer pareille difficulté.

Le président *enchaîne* : - J'ai par ailleurs personnellement écrit au père Noël pour lui proposer les services de nos plus éminents vétérinaires et lui ai par ailleurs proposé la capture des cervidés de la terre pour repeupler ses forêts.

Une pause.

Le président *conclue* : - Nul n'ayant d'éléments essentiels complémentaires, le conseil des ministres de la République de la France éternelle, s'achève sur ces modestes et vénérables propos.

Le président se lève. Le premier ministre et les ministres s'empressent de lui dresser une haie d'honneur. Et tout le monde sort.

Premier enfant : - Cette année-là, les enfants n'y virent que du feu, la version officielle fut naturellement propagée sans la moindre contradiction et le bon peuple fut heureux.

Onzième enfant : - Puis les industriels proposèrent de s'occuper de cette tradition. Et le palais présidentiel approuva, missionna les intermédiaires les plus généreux lors du tout aussi traditionnel congrès propice aux modestes cadeaux aux vénérables serviteurs de la nation.

Premier enfant : - Et les parents s'habituèrent.

Onzième enfant : - Des tenues rouges et blanches furent fabriquées en séries. Nulle carrure n'ayant été oubliée, des nains aux géants, conformément au manuel des recommandations ministérielles.

Premier enfant : - Cette figure de notre petite histoire nationale, le président, est décédé sans avoir obtenu de réponse du père Noël.

Onzième enfant : - Ce fut sans conteste son plus grand chagrin.

Premier enfant : - Sous sa tenue officielle d'ancien Président de la république, le vieillard ne quittait plus une tunique rouge et blanche taillée sur mesure.

Onzième enfant : - Son épouse confia au cercle restreint des derniers fidèles :

Un enfant (une fille) entre, et après quelques secondes...

La fille : - jusqu'à l'ultime instant il a espéré, il me questionnait du regard.

Elle sort.

Onzième enfant : - Aucun ministre n'avait naturellement osé supposer devant lui que les cervidés de nos forêts seraient incapables de tirer des traîneaux dans le ciel. Peut-être qu'aucun n'y a pensé d'ailleurs…

Premier enfant : - Les derniers protagonistes vivants de cette époque sont naturellement à la retraite. Certains ont gardé une copie de la lettre du père Noël. Aujourd'hui, nous pouvons la révéler sans risque : plus personne ne croit vraiment au père Noël.

Onzième enfant : - Même les Présidents de la République, lors de la traditionnelle passation de pouvoir, n'évoquent plus qu'avec un large sourire ce dossier du mythique coffre-fort de notre grand pays.

Premier enfant : - Nous pouvons donc tout révéler sans redouter de me retrouver dans l'un des cachots qui firent aussi la légende de notre nation.

Onzième enfant : - Mes petits-enfants m'ont même demandé pourquoi j'avais inventé cette histoire. La vérité est souvent incroyable.

Premier enfant : - Alors, ils sont venus voir son frère pour lui raconter que leur pépé était un peu fou.

Onzième enfant : - Pauvres enfants, si jeunesse savait !

Premier enfant : - Et comme on dit à la maison de retraite : si vieillesse pouvait !

Rideau - Fin

Le lion l'autruche et le renard

Pièce pour enfants en cinq scènes

7 enfants avec du dialogue... et une multitude de figurants.

Enfant 1, celui qui raconte
Enfant-lion
Enfant-autruche
Enfant-taureau (animal du lion)
Enfant-vache (animal de l'autruche)
Enfant-veau (né de la vache et du taureau)
Enfant-renard

Au forum, une multitude d'enfants-animaux, les figurants.

D'après un conte traditionnel africain.

Scène 1

Alors qu'entrent en scène l'enfant-lion tenant l'enfant-taureau en laisse et l'enfant-autruche tenant l'enfant-vache en laisse :

Enfant 1 raconte : - Le lion et l'autruche ont décidé d'acheter une vieille grange, de la rénover et d'y vivre paisiblement.

Enfant-lion et enfant-autruche sourient, travaillent à leur grange.
Tandis que l'enfant-taureau et l'enfant-vache sont aussi inséparables.
L'enfant-vache sort de scène et à chaque fois qu'elle revient son vente a grossi.

Scène 2

Une nuit, dans la grange, légèrement éclairée.
L'enfant-autruche dort profondément.
L'enfant-lion lit le roman d'un vieux renard philosophe. Devant lui l'enfant-vache est très agitée. Elle a une couverture sur le dos.
L'enfant-taureau regarde avec un peu d'inquiétude. Et soudain, de dessous la couverture, sort un magnifique enfant-veau.

Scène 3

L'enfant-autruche dort toujours profondément.
L'enfant-vache se câline avec l'enfant-veau.
L'enfant-taureau sourit de plaisir.
L'enfant-lion les observe avec admiration puis jalousie.

L'enfant-lion : - Comme ça, madame va posséder un véritable troupeau !

Il se gratte la tête, réfléchit, sourit soudain.
Il sort de scène et revient avec une grosse pierre qu'il pose près de l'enfant-vache. Il prend l'enfant-veau dans les bras et va le déposer derrière l'enfant-taureau. Il pousse la pierre derrière l'enfant-vache.
Il observe le tableau avec plaisir. Il se précipite réveiller l'enfant-autruche.

L'enfant-lion : - Mon amie, mon amie, réveille-toi, vite.

L'enfant-autruche se réveille difficilement...

L'enfant-lion : - Mon amie, mon amie, regarde comme c'est merveilleux, ta vache a accouché de cette magnifique pierre, et mon taureau d'un petit veau.

L'enfant-autruche *agite ses grandes ailes, hurle* : - Comment oses-tu affirmer cela ? Comment oses-tu me voler mon veau ?

L'enfant-lion, *très calme, d'une voix sévère* : - Quoi ! Moi, le lion, le plus honnête des animaux, m'accuser de vol !

L'enfant-autruche *qui ne se laisse pas impressionner* : - Oui, monsieur, ce veau est celui de ma vache, tu peux être le roi des animaux mais jamais ton taureau n'accouchera !

L'enfant-lion, *se met les pattes sur les hanches* : - Très bien madame je sais tout, nous allons convoquer l'ensemble des animaux de la forêt, dimanche même, et je poserai la question, qui sera alors démocratiquement mise aux voix du suffrage universel.

Scène 4

L'enfant-lion *écrit des affiches tout en déclarant* : - Madame l'autruche ose prétendre que le veau est né de sa vache alors qu'une pierre se trouvait derrière elle...

Scène 5

Grande foule au forum de la forêt. Tous les enfants peuvent participer. Au centre l'enfant-lion, à sa droite l'enfant-autruche. Derrière eux, l'enfant-vache, l'enfant-taureau et l'enfant-veau.

L'enfant-lion *de sa grosse voix* : - En résumé, madame l'autruche ose prétendre que mon taureau n'a pas pu accoucher du magnifique veau ci-présent !

Silence : l'enfant-lion fixe dans les yeux, l'un après l'autre, chacune des électrices, chacun des électeurs.

L'enfant-lion de sa grosse voix : - Que celles et ceux qui soutiennent l'autruche, que celles et ceux qui me traitent de menteur, se lèvent.

Silence total.

Soudain un bruit de course. Tout le monde se retourne. C'est l'enfant-renard, passant à quelques mètres du forum, avec un lourd fagot sur le dos.

L'enfant-lion, *savourant de sa victoire* : - Ami renard, pourquoi cette offense de ne pas avoir assisté à notre grand débat démocratique ?

Exténué, le renard s'arrête et répond timidement :

L'enfant-renard : - Maître, je n'ai pas pu assister à votre grand débat si juste et si démocratique, mais j'avais une bonne raison, je suis pressé.

L'enfant-lion : - Quel événement peut être plus important que notre grande leçon de démocratie directe ?

L'enfant-renard : - Je dois porter ce fagot au chevet de mon père qui s'apprête à accoucher.

L'enfant-lion *bondit de colère* : - Tu te moques de moi, Renardeau, tu sais bien qu'un mâle ne peut pas accoucher.

L'enfant-autruche *se précipite sur le lion et l'embrassa :* - Merci maître de nous l'avoir rappelé. Je m'en va ramener son veau à ma vache.

Sous les acclamations, l'enfant-autruche prend sa vache, son veau et les emmène. Tout le monde s'éloigne discrètement. L'enfant-lion frappe du pied par terre de colère.

Enfant 1 *revient discrètement :* - Depuis ce jour, les lions accusent les renards d'être trop rusés.

Rideau - Fin

Mertilou prépare l'été

Pièce pour enfants en un acte

Les enfants sont déguisés en oiseaux, en merles.

Deux rôles principaux : Mertilou et Merlamaman, sa maman.
Un rôle avec deux phrases de dialogue : le voisin.
Et une multitude de figurants pour le final.

Acte 1

Mertilou et sa maman, Merlamaman, sur la plus grosse branche d'un chêne, dans la forêt derrière une maison... Mertilou déploie ses ailes.

Merlamaman : - Mertilou, Mertilou, que fais-tu ?
Mertilou : - Je vais chercher quelques brindilles. Ça manque d'herbe ici !
Merlamaman : - Et le chat ?
Mertilou : - Quel chat ?
Merlamaman : - Là-bas, sur le puits.
Mertilou : - Ah ! Il a pas l'air méchant, c'est un vieux chat tout noir et blanc.
Merlamaman : - Tu as déjà oublié ton frère ?
Mertilou : - Qu'est-ce qu'il a fait Mertiloulou ?
Merlamaman : - Pas grand frère, Mertilou, ton frère jumeau tombé du nid.
Mertilou : - Raconte-moi pas des histoires qui font pleurer.
Merlamaman : - Alors fais attention aux chats, Mertilou.
Mertilou : - Mais il est loin, je peux aller couper un peu d'herbe. Si tu le vois bouger, hop, tu me siffles et je viens te rejoindre.
Merlamaman : - Pauvre petit Mertilou, tu auras à peine le temps de le voir que tu seras déjà entre ses dents.
Mertilou : - Mais tu viendras me délivrer comme dans les histoires de pépémerloupe.
Merlamaman : - La vie c'est rarement des aventures qui finissent bien... pépémerloupe te raconte des légendes, du temps où un MerloDieu avait retiré leurs dents aux chats.
Mertilou : - Pourquoi il leur a rendus ?
Merlamaman : - Pourquoi il LES leur a rendus.
Mertilou : - Mais réponds à ma question !
Merlamaman : - Quelle question ?
Mertilou : - Oh ! Pourquoi il LES leur a rendus, leurs méchantes dents aux méchants chats ?
Merlamaman : - Ce sont les hommes, mon mertilou adoré, qui ont rendu leurs dents aux chats.
Mertilou : - Méchants hommes, méchants hommes.
Merlamaman : - Tu l'as dit Mertilou... et je ne t'ai jamais raconté l'histoire de Merlajosette, ma deuxième sœur cadette.
Mertilou : - Plus d'histoires tristes pour aujourd'hui.
Merlamaman : - Allez viens, on va en voyage dans le pays, ici c'est bien pour se reposer mais il manque quelques arbres fruitiers.
Mertilou : - C'est si bon que ça les cerises ? C'est pas juste une chanson que grand frère Merlartiste sifflote du matin au soir.

Mertilou chantonne :

*Vive les cerises
Qu'on mange à sa guise
Dans mon petit ventre
Viv'ment qu'elles y entrent
Vive les cerises
Qu'on mange à sa guise*

Merlamaman : - Allez zou, en repérage.

Merlamaman et Mertilou s'envolent.

En vol :

Mertilou : - Au revoir méchant chat, au revoir méchants enfants...
Merlamaman : - Les enfants ne sont pas tous méchants... cousine Merlasophie a bien eu de la chance quand le rétroviseur d'une vilaine voiture lui a cassé une aile...
Mertilou : - Oh oui, raconte-moi encore des belles histoires...
Merlamaman : - Un enfant l'a ramassée... Merlasophie a récité toutes ses prières... même celle pour être réincarnée en Humain... mais c'était un gentil enfant...
Mertilou : - Tu es certaine que ça existe, un gentil enfant, ou c'est aussi une légende ?
Merlamaman : - Il en existe... mais impossible de les reconnaître... Merlegourou dit bien que ces humains sont des réincarnations de merles et qu'il suffit d'observer leurs vies antérieures pour s'en apercevoir... mais il est bien le seul à y réussir... Merlapapa croit même qu'il vaut mieux se méfier de Merlegourou...
Mertilou : - Ils devraient avoir les cheveux verts.
Merlamaman : - Je crois que tu feras un excellent poète Mertilou... comme ton arrière-arrière-grand-père...
Mertilou : - Quand est-ce qu'on va le voir ?
Merlamaman : - On ne peut plus le voir... même moi je l'ai peu connu... mais il nous a laissé de belles récitations que bientôt tu apprendras à l'école.
Mertilou : - Si je suis déjà poète, c'est peut-être inutile que j'aille à l'école.
Merlamaman : - Je t'ai appris à te repérer dans l'espace, à lire les panneaux, à siffler, il faut que tu développes ton intelligence... la fréquentation des autres merloux et des Merlinstits te sera très profitable...

Ils se posent sur un arbre... un cerisier...

Merlamaman : - Elles sont belles ces cerises, tu ne trouves pas ?

Mertilou donne un coup de bec dans une cerise.

Mertilou : - Ouille ! C'est trop dur ! Ça fait mal au bec !
Merlamaman : - Mertilou !
Mertilou : - Quoi Mertilou ? En plus grand frère a toujours dit que c'est rouge des cerises, elles sont toutes vertes les tiennes... c'est même pas des cerises... (*Merlamaman sourit*) tu m'as menti Merlama...
Merlamaman : - On est en repérage, Mertigrinchon... les cerises sont d'abord vertes puis passent à l'orange et enfin au... rouge et alors deviennent tendres tendres... mais elles ne sont pas pour notre bec, ces cerises....
Mertilou : - Et pourquoi ?
Merlamaman : - Tu devines pourquoi ?
Mertilou : - A cause des chats.
Merlamaman : - Regarde là-bas... le filet vert...

Mertilou : - C'est quoi ?
Merlamaman : - Quand les cerises vont rougir, les méchants hommes vont mettre un grand filet sur leur arbre et nous, on ne pourra plus attraper une seule cerise.
Mertilou : - Il suffit de couper leur filet.
Merlamaman : - C'est bien trop difficile, mon Mertilou.
Mertilou : - C'est pas juste.
Merlamaman : - Ah ! On voudrait tous que le monde soit juste.
Mertilou : - Il doit bien y avoir un petit trou. Je me faufilerai et j'en mettrai plein sur mon cou.
Merlamaman : - Ah mon Mertilou ! Des aventuriers, j'en ai connus. Et on les retrouvait le matin, complètement prisonniers du filet. Ils avaient trouvé une entrée mais un coup de vent et plus de trace de la sortie...
Mertilou : - Fais-moi pas peur... je te promets, je ferai jamais de grosses bêtises. Juste des petites.
Merlamaman : - Allez, on y va.
Mertilou : - Méchants hommes.
Merlamaman : - Allez... on y va...
Mertilou : - Je suis fatigué... tu me portes...
Merlamaman : - Ne fais pas ton Mertibébé, je vais te montrer notre restaurant.

Ils repartent.

En vol :

Mertilou : - C'est encore loin ?
Merlamaman : - Ne sois pas pressé, admire, admire notre pays...

Merlamaman *horrifiée* : - Oh MerloDieu !
Mertilou *paniqué* : - Merlamaman Merlamaman Merlamaman. Ça va pas Merlamaman ?...
Merlamaman *horrifiée répète* : - Oh MerloDieu !
Mertilou *paniqué* : - Tu as vu un chat volant ?
Merlamaman : - Regarde ces arbres coupés...
Mertilou : - Pourquoi ça te met dans cet état, j'en ai déjà vus des arbres coupés.
Merlamaman : - Mais ce sont nos cerisiers, mon Mertilou.

Ils se posent sur une souche. Merlamaman est accablée.

Mertilou : - Pourquoi ils ont fait ça ?
Merlamaman *difficilement* : - On m'a parlé de ces hommes qui touchent beaucoup d'argent pour couper leurs cerisiers, et ensuite ils en retouchent pour planter des pommiers.
Mertilou : - Bin on mangera des pommes, alors...
Merlamaman : - Mais les pommes sont trop grosses pour nous.
Mertilou : - Ils font tout ça pour nous embêter ! Méchants hommes !
Merlamaman : - Oh ! Ils ont leurs propres problèmes les hommes... mais nous...
Mertilou : - C'est pas grave Merlamaman, on en trouvera un autre, de restaurant.
Merlamaman *redresse la tête* : - Arrière-merlamémé m'a bien parlé d'une réserve... c'est un secret... un secret qu'on se transmet dans la famille, en jurant de n'en parler à personne... ton Merlapapa y est allé une fois... allez, on y va... c'est pas très loin mais il y a toujours du vent quand on traverse la vallée, alors mets-toi bien dans mon sillon, Mertilou.
Mertilou : - Je suis fatigué... on ira demain...
Merlamaman : - Il faut que je sache aujourd'hui... que je sache si on peut compter sur les arbres secrets... sinon...
Mertilou *inquiet* : - Sinon quoi ? Merlamaman ?
Merlamaman : - Ah mon Mertilou !... ne t'inquiète pas, ton Merloupa et ta Merlamam feront tout pour qu'il ne te manque rien...

Mertilou : - C'est grave Merlamaman ?
Merlamaman : - Allez ... on y va... inutile de s'inquiéter avant l'heure... (*se redressant vraiment et fixant son Mertilou*) je suis certaine que là-bas, il y aura les plus belles des cerises qu'on n'ait jamais vues de mémoire de merles... Allez Mertilou, on y va...

Ils s'envolent.

Quand Merlamaman et Mertilou aperçoivent les trois vieux cerisiers, ils sont remplis de Merles.

Merlamaman : - Mais ce sont les voisins ! Mais tout le monde est là !
Mertilou : - Je croyais que personne ne connaissait...

Ils se posent près d'un ami.

Merlamaman : - Mais comment connais-tu cet endroit, toi ?
Le voisin : - Ah ! Tu croyais aussi être la seule à le connaître !
Mertilou : - C'était un secret d'Arrière-merlamémé.
Le voisin : - Il faut croire que toutes les familles se transmettent le même secret.

Les merles sifflotent de rire.

Rideau - Fin

Nous n'irons plus au restaurant

Pièce pour enfants en un acte

2 garçons et une fille jouent des personnages d'adultes...

Salle d'un restaurant. Le restaurateur et un couple à l'unique table occupée.

Le restaurateur : - Puisque vous êtes les derniers clients ce soir, et qu'en plus vous êtes fidèles parmi les fidèles, je vous offre un pousse-café... Cognac, Grand-Marnier ? Cassis ?
Elle : - Nous vous remercions, c'est très gentil, un Grand-Marnier, avec plaisir.
Lui : - Je prendrai donc un Cognac, en vous remerciant.
Le restaurateur : - Avec plaisir, monsieur dame.

Le restaurateur retourne aux cuisines.

Elle : - C'est vraiment le meilleur restaurant du quartier.
Lui : - C'est même bizarre, qu'il n'ait pas plus de clients.
Elle : - Oui, c'est surprenant, le patron est pourtant toujours aimable... et ses sauces... quel régal !

Retour du restaurateur avec trois verres. Il sert.

Le restaurateur : - Pour madame. Pour monsieur. Et je me suis pris un petit calva pour trinquer à votre santé.

Ils trinquent.

Elle : - A votre santé, c'est vraiment très gentil.
Le restaurateur : - Oh, ça m'arrive régulièrement... et vous savez, j'aime bien parler, ça permet de discuter un peu. Notre métier, c'est souvent rester très discret. Si je racontais tout ce que j'ai vu et entendu dans ma carrière !
Elle : - Je peux être indiscrète ?
Le restaurateur : - Allez-y madame, comme dit l'autre, il n'y a pas de question indiscrète, il n'y a que les réponses.

Elle : - Où avez-vous appris à réaliser de telles sauces ?
Le restaurateur : - Oh ça !... je ne sais pas si je peux vous répondre...
Lui : - Ce n'est pas pour vous faire concurrence, juste pour information.
Elle : - Promis, nous ne répéterons rien.
Le restaurateur : - Je fus des stagiaires de l'Elysée. J'étais jeune !
Elle : - Ah !... les sauces sont une spécialité de l'Elysée ?...
Le restaurateur : - Spécialité... c'est un grand mot... mais il faut bien se décarcasser, après... c'est un véritable défi...
Elle : - Un défi ?
Le restaurateur, *souriant* : - Un secret, entre nous, c'est un véritable défi de réussir une sauce à l'Elysée... sans que personne ne s'aperçoive qu'on a fait quelques besoins dedans...

Les convives ont un hoquet.

Rideau - Fin

Cathédrale Saint-Étienne

De *Quatre femmes attendent la star*
à
Onze femmes et la star

En janvier 2008, dans *Théâtre peut-être complet*, figurait *Neuf femmes et la star*, une comédie avec huit femmes et deux hommes : Odette, le rôle phare (la secrétaire de l'association du chanteur), les lauréates Aurélie, Brigitte, Cécile, Delphine, Emilie, Françoise, Géraldine, le chanteur de variété adulé Antonin K et un fan.

Et si la star ne venait pas ? Ainsi une version uniquement féminine (sans le fan) naissait... Puis les personnages continuaient à tourner dans ma tête... jusqu'à seulement quatre femmes, l'incontournable Odette, Alice, Brigitte, Carla (ne viendra pas) et Diane.
Alice et Diane ne sont pas la transposition d'Aurélie et Delphine mais des personnages plus "fournis". Antonin était rebaptisé Frédéric.
Dans la foulée, d'autres têtes apparaissaient... et la "version la plus longue" réunirait dix femmes et cinq hommes sur scène : Odette forcément, les lauréates Aurélie, Brigitte, Cécile, Delphine, Emilie, Françoise, Géraldine, une fan, et Clara, la sœur aînée d'Odette. L'épouse de la star constituant la onzième, dont l'arrivée est redoutée.
Chez les hommes : en plus du vieillissant Antonin K, s'incrusteraient Bertrand (le mari de Brigitte) et Octavio (*boyfriend* d'Aurélie) ainsi que deux gendarmes.

Quatre femmes attendent la star

Comédie en trois actes

Distribution : quatre femmes

Trois femmes lauréates d'un concours leur offrant vingt-quatre heures avec leur idole, le chanteur Frédéric K, dans son village du sud-ouest.
Secrétaire de l'association organisatrice, Odette, un peu gaffeuse même à jeun, les accueille.
Arrivées programmées à la file indienne. Mais l'idole est en retard... et finalement ne viendra pas.
Les quatre femmes passeront donc la soirée ensemble, dressant un portrait peu flatteur de l'idole, du show biz et de leur vie.
Une pièce pour rire et réfléchir.

Une belle salle de réception mais d'un style kitch avec une table longue ornée de nombreuses fleurs, un bureau, des chaises, un canapé garni de coussins multicolores ornés des initiales « FK », trois portes (celle d'entrée, une vers une autre salle, une vers les toilettes), des fenêtres, une guitare sèche suspendue au mur (au-dessus du canapé).

Odette : hôtesse d'accueil, la quarantaine.
Les lauréates, par ordre d'arrivée programmé :
Alice, Brigitte, Carla (ne viendra pas), Diane : la trentaine, distinguées, resplendissantes, vêtues avec goût, se présentent avec un petit bagage.

Frédéric K est un chanteur moustachu et vieillissant, la soixantaine, ne viendra pas.

Acte 1

Odette seule dans la salle de réception. Elle marche de long en large, tout en regardant sa montre, inquiète.

Odette, *en arpentant la scène* : - Je ne marche pas par nécessité. Mais ça me calme ! Calme-toi Odette, puisque tu marches ! Tu agis parfaitement pour recouvrer ton légendaire calme. Respire ! (*elle respire profondément*) Oui, avec le ventre, c'est bien... Zen... (*elle continue en silence à marcher, inspirer et expirer profondément*) La première va arriver... Elle va sonner, j'en suis certaine... Tout va encore foirer et ça va retomber sur qui ? Sur ma tronche comme d'habitude... Je ne me suis quand même pas trompée de jour ? (*elle prend une chemise sur le bureau, l'ouvre...*) Ce serait une belle histoire à raconter ! (*elle sourit*) Odette panique mais elle s'était emmêlée les puceaux (*se frappe la tête*) (*précision de l'auteur : ce lapsus peut être retiré lors de certaines représentations, comme d'autres lapsus, si jugés incompatibles avec le public*), les pinceaux, les dates quoi !... Non, c'est bien aujourd'hui... L'arnaqueur de fleuriste a livré ce matin, donc c'est le jour J !... J comme Jouissons ! Et la première va arriver. (*silence*) Mais qu'est-ce qu'il veut se prouver ! Il a tout : l'argent, la gloire, sept résidences secondaires, trois hôtels, deux Porsche, une Ferrari, un jet forcément privé, un aéroport forcément privé, un 4x4, des vignes, des terres en Afrique, des panneaux solaires, des amantes, des autruches, des bisons, des enfants. Comme elles sont belles ses filles ! Pauvres petites filles riches, va ! Comme ça doit être invivable, fille de star !... Génial et invivable !... Pratique, génial, inespéré. Mais invivable après quatorze ans !... Le fou ! Tout ça à cause de quelques rides ! Qu'est-ce qu'il croyait ! Un jour même la chirurgie esthétique ne peut plus rien ! Et de l'autre, qui s'amuse, avec ses parodies. Quel impertinent ! Mais comme c'est drôle ! (*elle éclate de rire*) Après tout, je m'en fous si tout foire. Pierre qui roule n'amasse pas mousse ! (*elle lance la chemise sur le bureau ; peu importe si elle n'atteint pas sa cible*) Odette philosophe, parfaitement. (*elle se vautre dans le canapé*) Si j'étais star, sûrement que moi aussi j'aurais des caprices de star. (*de sa main droite elle mime un éventail*) Mais pas quatre !

On Sonne.

Odette : - Oh peuchère ! Enfin ! Il a fini de se maquiller ! Oh ! Les lumières !...

Elle se lève, se précipite sur les interrupteurs – après quelques essais transforme la pièce, qui devient très intimiste – et fonce vers la porte, s'arrête, souffle, ouvre, s'apprête à sauter au cou de son idole... (salariée de « l'association », elle reste très fan) C'est Alice... Odette s'arrête net.

Alice, *surprise* : - Je suis la première ? Suis-je un peu trop en avance ?

Odette, *se reprenant* : - Entrez, entrez, Alice.

Alice : - Comme vous connaissez mon prénom, je suis à la bonne porte ! (*elle observe le décor, qu'elle doit juger très intimiste*).

Odette : - Entrez, entrez, Alice. Frédérico devrait être là, il a... un léger retard.

Alice : - Ah, je comprends, c'est lui que vous vous apprêtiez à accueillir d'une manière aussi fougueuse ! Forcément !

Odette : - Mais non, mais non... J'ai glissé.

Alice, *en souriant* : - Et je suis la première ?

Odette : - Naturellement... ce qui signifie : vous pouvez le constater.

Odette referme la porte.

Alice : - Oh ! La première guitare !

Odette : - C'est même pas vrai !... (*se reprenant*) Oui, la première guitare de Frédérico (*comme si elle récitait*) sur laquelle, seul dans son jardin, à l'ombre des figuiers, il a composé ses premiers succès.

Alice : - Oh ! Comme c'est touchant de la voir en vrai.
Odette : - Je vais le rappeler… (*elle sort son portable d'une poche et appelle ; à Alice :*) C'est toujours son répondeur. C'est le répondeur depuis une heure. Je l'ai bien déjà appelé dix-sept fois (*elle range son portable*).
Alice : - J'espère qu'il ne lui est rien arrivé de grave ! Ce serait trop bête ! J'ai tellement rêvé de cet instant ! Rencontrer Frédéric ! Pouvoir lui parler comme je vous parle…
Odette : - Parler, parler, ce n'est pas son fort, au Frédéric !
Alice : - Pourtant, à la télé, il a toujours l'air tellement à l'aise, et si calme, si souriant…
Odette : - Avec un prompteur, tout le monde serait comme lui ! (*face au regard interloqué d'Alice, Odette réalise qu'elle s'exprime devant une lauréate*) Je plaisante ! Nous sommes dans le sud-ouest ici, nous avons la galéjade facile.
Alice : - Je croyais que la galéjade se pratiquait uniquement du côté de Marseille.
Odette : - Naturellement… ce qui signifie : ici gasconnades.
Alice : - Gasconnade, Gascogne, Gascon, c'est donc vrai : le caractère des Gascons était très haut en couleur ? C'était bien au temps de la langue d'Oc ? Après l'empire romain ?
Odette : - Je suis là pour vous accueillir, l'office de tourisme c'est à côté… Je vous le susurre sans m'énerver : la Garonne nous irrigue, donc nous avons la plaisanterie naturelle. Comme vous débarquez de Paris, vous ne comprendrez pas toujours !
Alice : - Je suis de Châteauroux.
Odette : - Je le sais parfaitement, 27 ter rue Romanette Boutou. Mais pour nous, au-dessus de Brive la Gaillarde, on grelotte, c'est le pôle Nord.
Alice : - C'est une gasconnade ?
Odette : - Vous comprenez vite… J'allais ajouter pour une parisienne ! Je vous bouscule un peu, c'est juste pour noyer mon anxiété ! Je noie mon anxiété dans la Garonne ! Je vous l'avoue sans chinois, sans chichis même : je ne comprends pas pourquoi Frédéric n'est pas à ma place et moi derrière la caméra.
Alice : - La caméra ?
Odette : - Euh… Oui pour vous offrir la cassette de votre rencontre.
Alice : - Ah ! Forcément ! Quelle délicatesse !… Comme c'est touchant. Et vous travaillez depuis longtemps avec Frédéric ?… Je me permets cette familiarité du prénom… sur son courrier si poétique, il notait : « *Appelez-moi Frédéric quand nous aurons la chance d'enfin croiser nos regards.* »
Odette : - C'est plus intime. Frédéric avec un F comme Féerique ! Forcément Frédéric ! Forcément fornique ! Toujours mieux que son prénom de naissance ! Les parents sont parfois fous !
Alice : - Comment ? Frédéric est un pseudonyme ?
Odette : - Qui vous a induite dans cette erreur ?
Alice : - Vous !… Pourtant j'ai lu toutes ses biographies et pas une ne signale un pseudonyme.
Odette : - Il faudra vous y habituer ! Ici on cause avec des images.
Alice : - La terre du grand poète, forcément.
Odette : - Comme recopient les journalistes !
Alice : - Comme je suis heureuse d'être ici ! Devant la porte, je me demandais si l'idole de ma vie allait m'ouvrir. Comme j'aurais été intimidée !
Odette : - Il doit encore traîner des moustaches dans le bureau. Tu veux que je les mette ?
Alice : - C'est une gasconnade ?
Odette : - On est dans le show-biz ici, après cinq minutes on se tutoie, après sept on s'embrasse sur la bouche.

Alice se recule.

Odette : - C'est une des célèbres répliques de notre poète bancal ! Local ! Les aphorismes du moustachu ! Il devrait être là, nous voguons à vue, nous sommes en totale improvisation. Je sens venir le paranormal ! Et je n'aime pas ça ! (*elle ressort de sa poche son portable et le rappelle*). Toujours la boîte vocale. « Frédéric, la première lauréate est impatiente de te voir en chair en muscles et en os. Et plus si affinités » (*elle pose son portable sur la table*).
Alice : - Encore une gasconnade !
Odette : - Déformation professionnelle !

On sonne.

Alice : - Oh !
Odette : - Ne rêvez pas, je n'ai pas refermé à clé ! Quand il est en retard, avant de sonner, Frédéric tourne toujours la poignée pour entrer discrètement, avec son petit air d'enfant de chœur pris en faute avec le verre de vin blanc de monsieur le curé aux lèvres et les joues qui rougissent !
Alice : - Ah !
Odette : - Ma mère l'a vu enfant de chœur, c'était en… (*se reprenant*) Je vous parie que c'est Brigitte, 42 rue Pasteur, une de vos co-lauréates.
Alice : - Vous êtes voyante ?
Odette : - Les gasconnades de Châteauroux, c'est comme les gaillardises de Brive, ou pire : comme un Frédéric sans moustache.

Odette va à la porte, ouvre.

Odette : - Bonjour Brigitte.
Brigitte : - Je suis en avance... Je serais venue à pied pour voir Frédéric...
Odette : - Y'a pas de quoi !... Euh, je vous comprends.

Odette referme.

Alice : - J'en suis certaine : vous n'habitez pas Valenciennes !
Brigitte : - Je pensais être la première en arrivant en avance...
Odette : - Je m'occupe des présentations, Alice, première arrivée.
Brigitte : - Enchantée.
Alice : - En chansons... Je m'entraîne... Nous sommes au pays des gasconnades !
Odette : - Et la gasconnadière en chef, Odette, chargée par le maître d'improviser quand la pendule ne tourne pas rond.
Brigitte : - Et c'est le cas ?
Odette : - La centrale nucléaire détraque nos pendules.
Alice, *à Brigitte* : - C'est un message codé ; Odette, pourriez-vous traduire ? Nous n'avons pas grandi dans l'ombre du maître.
Odette : - Je répète une dernière fois : Frédéric devrait être là...
Alice : - Et il est ailleurs !
Brigitte : - Et personne ne connaît cet ailleurs ?
Odette : - Qui sait avec lui !
Brigitte : - Oh ! La première guitare ! (*elle s'approche du canapé*)

On sonne !

Odette : - Je n'ai pas refermé à clé !
Alice : - Si ce n'est lui, c'est donc une autre.
Brigitte : - Et pourquoi donc, ne serait-ce pas lui ?
Odette : - Transmettez le savoir Alice, je suis postière, portière !
Alice : - Parce que Frédéric appuie toujours sur la poignée avant de sonner depuis qu'il a été surpris par Odette à boire le vin rouge de monsieur le curé, et Odette enferme les bouteilles à clé...

Odette : - Mais tu mélanges tout !
Alice : - Je crois que cette histoire me perturbe de plus en plus !
Brigitte : - Je n'ai rien compris. Vous êtes surréaliste tendance André Breton ?
Alice : - Je suis réaliste tendance *Psychologies Magazine*. Avec même un peu de Prozac quand ça chauffe trop.

Odette ouvre.

Odette, *en ouvrant* : - Encore, déjà ! Mais vous êtes toutes en avance !

Entre Diane.

Diane : - Enfin arrivée !
Odette : - Mais oui, bonjour Diane.
Diane : - Bonjour…
Odette : - Odette, Odette avec un O et quelques dettes… Rassurez-vous, j'ai une éponge qui les récure !… Les absorbe ! L'argent coule tellement à flots dans son ruisseau.

Toutes la regardent sans comprendre.

Odette : - J'ai une relation qui les éponge, un chanteur à sucer… succès, si vous ne comprenez pas les raccourcis. Diane qui arrive avant Carla, décidément tout part de travers.
Alice : - Les chemins de travers.
Odette, *en les montrant* : - Je te présente Alice et Brigitte, fait comme chez toi petite princesse, Frédéric devrait être là mais j'ignore où il est… Demande des informations, raconte ton voyage, des blagues, montrez-vous les photos de vos enfants, vos vacances, vos amants, Odette est débordée, déboussolée, déprimée et Alice, au lieu de m'aider, mélange tout. Elle aurait dû s'appeler Zélie ! Je n'en peux plus ! (*Odette prend dans une de ses poches une pilule, hésite*) C'est un cas de force majeure, sinon je vais péter un plomb ! (*elle l'avale*) Ha ! Je me sens déjà mieux ! Cool ! Le show-biz a quand même de bons côtés ! Défonce majeure !

Alice et Brigitte l'observent avec désapprobation, tandis que Diane pose son sac dans un coin sans y prêter attention.

Diane : - Oh ! La première guitare…
Odette *plane, pour elle* : - Peace and Love ! Champagne !… Mais ça ne dure jamais, je sais, je suis lucide même dans mon aéroplane blindé. J'en ai trop ingurgitées. Une vie de défonce ou une vie où l'on s'enfonce jusqu'au cou dans le fossé ? Même si j'avais eu le choix, si Frédéric ne m'avait pas embarquée dans son délire, j'aurais choisi le soleil artificiel (*le regard de plus en plus vague*). Comment peuvent-elles supporter la grisaille ? Je vous pardonne, vous ne pouvez pas comprendre, vous ne devez jamais savoir…

Diane, *en se retournant et les observant rapidement* : - Nous avons toutes le même signe distinctif, ce bracelet en argent ! Quand je l'ai découvert dans la lettre il m'a causé une émotion digne d'un premier amour, ou d'une Momina draguée à l'aéroport du Caire par un notable de l'union européenne… (*toutes la regardent, Diane gênée*) Oui, le bracelet en argent (*elle soulève le bras pour montrer son bracelet*)

Toutes soulèvent leur main gauche pour montrer leur bracelet et rient. Odette a le même et rit encore plus fort. Elle soulève le bord de son pantalon droit pour montrer qu'elle en a un aussi à la cheville.

Brigitte : - Moi, quand je l'ai vu, j'ai failli m'évanouir.
Alice : - Au pays des gasconnades, tu aurais dû t'exclamer « *Trois heures furent nécessaires aux pompiers pour me réanimer…* » Oui, je te tutoie, j'ai retenu la première leçon d'Odette « *Après cinq minutes, on se tutoie…* »

Odette, *qui plane* : - Tutoyez-vous, aimez-vous les unes les autres. Et adoptez des enfants si… si je chante faux ! (*en pouffant de rire*)

Diane : - Donc on se tutoie, ça ne me dérange pas, puisque nous sommes dans le même bateau (*Odette, sans l'interrompre : « bureau pas bateau »*), que nous avons toutes eu l'heureuse surprise de recevoir une lettre, elle m'est arrivée le même jour que le mail de Momina m'annonçant quelque chose de désagréable à m'apprendre. Désagréable, je ne m'étais pas inquiétée, elle m'écrivait toujours *mon Amour*.

Brigitte : - Momina, c'est un pseudo du web branché ?

Diane : - Momina est un prénom fréquent en Afrique du nord, elle était l'amante du cynique et manipulateur Carlo, elle était son passe-temps gratuit, tandis que je l'attendais en toute confiance, d'un Amour absolu… enfin je ne vais pas vous raconter ma vie !

Alice, *pour elle, en se passant la main droite dans les cheveux* : - L'une plane, l'autre vide son sac sentimental, je devrais peut-être aller attendre Frédéric dehors.

Diane : - Avec tant d'avance, je croyais arriver la première… ou nous n'avons pas toutes été invitées à la même heure ?

Odette : - Waouh ! En plus intelligente, la princesse ! Grande capacité de déductions, je note !

Diane : - Merci !

Odette, *qui plane toujours* : - Délicatesse de Frédéric. À chacune un accueil personnalisé, arrivées programmées avec un intervalle régulier…

Brigitte : - Personnalisé ?

Odette, *moins planante* : - Mais en plus de Frédéric, maintenant il manque Carla ! L'ordre d'arrivée n'a pas été respecté, c'est la chienlit ! Général ! Réveille-toi, ils sont devenus fous !

Diane : - Et le programme ? Quel est le programme ? L'incertitude c'était bien avant, on pouvait tout imaginer. Mais maintenant que nous sommes arrivées…

Odette : - Programme ! Le programme ! Mais Odette n'a qu'un rôle secondaire ! Je suis une simple salariée qui se mettra en grève un jour ! Tout reposait sur Frédéric et vous, ravissantes lauréates !

Brigitte : - Il devait nous apprendre à écrire une chanson ?

Odette : - Apprendre à écrire une chanson ! J'aurai tout entendu dans l'ombre du boss ! J'ai pas dit du bossu ! Si je la retiens, je l'écrirai celle-là ! Dans mes mémoires. Les mémoires d'Odette ! « *Mémoires honnêtes mais pas nettes d'Odette.* » Sous-titré « *Frédéric frétillant.* » J'ai déposé le titre à la Bibliothèque Nationale. Bref ! Il y a deux écoles : dans la première, les artistes se réunissent, picolent et griffonnent leurs divagations, et selon l'autre école, les solitaires s'enferment dans leur chambrette et attendent l'inspiration… c'est-à-dire qu'ils picolent en âmes solitaires, en poètes maudits !

Brigitte : - J'ai essayé d'écrire des chansons… Mais on me répondait toujours que c'étaient des poèmes.

Alice : - Si j'ai bien suivi, la différence entre une chanson et un poème, c'est le degré d'alcool dans le sang durant l'écriture.

Brigitte : - Tu crois qu'il m'aurait suffi de quelques verres de Malibu pour devenir auteur de chansons ?

Alice : - Il n'est peut-être pas trop tard !

Brigitte : - J'ai apporté un petit poème, je ne sais pas si j'oserai le montrer. Mon rêve c'était qu'il le chante dans son prochain album… Mais à présent que je sais qu'une chanson et un poème ça n'a rien à voir…

Odette : - Lâche-toi ma grande, qu'on te répondrait dans le métier… Lâchez prise ! Zen ma fille ! J'ai tout ce qu'il te faut à la cave ! Pour tous les prix, pour tous les stress… J'en ai même des caisses, des brouettes, des bonbonnes, des bonbons et même de l'écorce de platane, (*en souriant*) c'est terrible, c'était pas naturel, mon parachute s'est refermé.

Alice : - Boire ou ne pas boire, telle est la chanson !
Brigitte : - Non, pas des chansons à boire, de belles chansons romantiques comme Frédéric.
Diane : - Moi aussi j'ai essayé, d'en écrire des chansons, ou des poèmes, quand Momima est retournée un mois à Addis-Abeba. *Le plaisir de trahir*, ça s'appelait. J'avais même un refrain et trois couplet, comme dans une chanson classique :

T'avais l'temps de t'enfuir
Mais t'as voulu vivre le plaisir de trahir
Déstabilisée submergée
Tu t'es laissée consommer
Il t'a touchée partout
Dans tous les... sens du terme
Tu m'as traînée dans la boue
T'avais envie de son sperme

Le plaisir de trahir
D'ailleurs jouir
Y'a pas que les mecs
Y'a pas que dans les romans de Michel Houellebecq

On sonne !

Odette, *soudain totalement dégrisée* : - J'espère que c'est elle ! Que nous retrouvions un peu d'ordre !

Elle va ouvrir.

Odette : - Oh non ! (*elle referme la porte brusquement, s'appuie contre elle, en hurlant « venez m'aider, des blousons noirs » et referme à clé en poussant un très long « oufff » puis après quelques secondes :*) Des blousons noirs, c'est pas le public de Frédérico, des fous, je les reconnais, ils ont des regards de dingues et pas d'appareil photo.
Alice, *s'effondre dans le canapé, pour elle* : - J'avais rêvé d'autre chose ! A la télé, c'est toujours tellement féerique le show-biz ! Un orchestre avec cordes, un serveur aux gants blancs, caviar, champagne... Et ça n'a rien à voir avec mes rêves.
Brigitte : - Mais où peut bien être passé Frédéric ?
Alice, *en souriant, pour elle mais entendue de toutes :* - S'il avait été garagiste, on aurait pu imaginer qu'il a été appelé pour une urgence.
Brigitte : - Vous trouvez pas qu'on n'y voit rien dans cette pièce ?
Odette, *en détachant fortement chaque syllabe* : - In-ti-mis-te !
Diane : - Ça va Odette ?
Odette : - J'imite le maîîîîîîîîîîître.
Brigitte : - Oh la rime ! On se croirait chez Racine !

Le portable d'Odette sonne. Toutes sursautent.

Odette : - Quand on parle du poète on entend sa... on entend sa ?
Brigitte : - Sonnette !
Odette : - Bien Bri... gette ! Il est le seul à connaître ce numéro, il m'a remis ce nouveau portable hier... Je vous raconterai...
Odette, *en décrochant* : - Frédéric ! (...) Bonjour madame (...) Ce n'est pas grave j'espère (...) Mais que fais-je ? (...) Et demain matin, avec les journalistes et le président du Conseil Régional ? (...) Bien madame.

Odette range son portable. Toutes la fixent.

Odette : - C'était sa vénérable et hystérique, historique, épouse. Frédéric ne pourra pas venir ce soir.

Un « oh » de déception générale.

Odette : - Il y a bien une version officielle. Mais bon, je vous l'épargne. Comme si quelqu'un va croire une version officielle de madame.
Alice : - Les journalistes !
Odette : - Tu as tout compris !... Tu n'aurais pas un pied dans le show-biz ?
Alice : - Même pas un ongle.
Odette : - Un oncle te serait plus utile qu'un ongle... Mais Frédéric sera là demain matin pour la photo souvenir et les télévions de caméras... les camés de tes visions... caméras de télévision.
Diane : - On pourra au moins lui parler ? Momina est fan de son romantisme gnangnan. Je voudrais bien lui ramener une dédicace du genre « Pour Momina la traître et son crapaud de Carlo, qu'elle sache enfin qu'être attendue six mois c'est du vrai romantisme alors qu'être invitée et complimentée au restaurant n'est qu'une manipulation de chien en rut. »
Odette : - Rassurez-vous, il vous accordera l'intégralité du dimanche.
Alice : - Il faut retarder notre départ ?
Brigitte : - Mais moi je ne peux pas, mon train démarre à 10 heures 25. Quel drame !
Odette : - Une bonne nouvelle : j'ai l'autorisation de remonter de la cave sacrée quelques bouteilles de floc.
Diane : - Du floc ?
Odette : - L'apéritif local. La renommée du sud-ouest. Personne ne connaît le floc ?
Brigitte : - Mais si au fait ! J'en ai bu une fois en vacances... Mais il ne faut pas exagérer, sinon on se met vite à dire et faire n'importe quoi !
Odette : - Floc et cacahouètes, ça promet les fillettes ! Parole d'Odette !

Rideau

Acte 2

Nombreuses bouteilles de floc vides sur la table. Les femmes assises. Lumière normale. Beuverie. Régulièrement, jusqu'à la fin de la pièce, fuseront des exclamations, des paroles inaudibles (couvertes par la voix principale).

Odette : - Quand Odette boit, Odette dit n'importe quoi ! Ça c'est leur version officielle dans le plus charmant des villages du sud-ouest, comme ils bavent à la télé quand Frédéric est l'invité d'honneur.

Alice : - Pas tant d'honneurs que ça si j'ai bien tout suivi.

Odette : - Quand Odette boit, c'est comme si des portes à l'intérieur s'ouvraient. Je ne suis plus Odette secrétaire modèle (*toutes rient*). Odette secrétaire modèle condamne Odette cancanière. Et vice versa !

Alice : - Cancanière, j'y crois pas ! Tu ne nous as même pas expliqué comment un tirage au sort pouvait sélectionner quatre jeunes femmes pimpantes et presque équilibrées quand des millions de francophones ont envoyé leur plus belle photo et leur classement des plus belles chansons du millénaire.

Odette : - C'est même pas son idée à lui ! C'était avant, du temps où il présidait une autre association, où il dirigeait « Woodstock du Sud-Ouest » ! C'est le coordinateur de cette grande usine à subventions qui lui a refilé l'idée. (*Odette se tait et devient sombre*)

Brigitte, *doucement* : - L'idée...

Odette : - Parce que Frédéric en avait marre : à chaque fois qu'une gamine lui ouvrait sa porte, il devait promettre de la prendre comme choriste, ou en première partie d'un concert. Je dis une gamine, parce qu'il les sélectionnait 18-25 ans, sur photo naturellement !

Alice : - Forcément !

Odette : - Jamais moins de 18 ans, c'était une règle écrite dans le platane.

Alice : - Le marbre !

Odette : - T'es pas du sud-ouest, toi ! Ici, c'est le platane ou la pierre. Mais la pierre, ça casse la lame du couteau ! 18 ans, j'ai dit ! J'étais stricte là-dessus. Y'a bien eu une exception, mais la chanteuse avait falsifié sa carte d'identité, dans ce cas-là, on assume.

Alice : - Elle voulait simplement chanter !

Odette : - Quand on fraude, on assume ! Elle assumait la brunette ! Waouh ! Si elle réussit elle pourra écrire un best seller « *ma méthode pour percer.* »

Diane : - On a compris. Pas besoin d'un livre, une phrase suffit. Momina pourrait lui donner des conseils.

Odette : - S'il le faut, j'irai la tête haute en prison ! Bref... J'étais stricte là-dessus, 18 ans. Si l'état autorise 15, pour moi, pas de problème, mais l'état a dit, donc Odette est stricte. La loi, c'est la loi. Ou alors faut être prudent, depuis qu'avoir un nom ne protège même plus des petits juges ! Je voulais pas retrouver Frédéric traité comme un vulgaire... Comme un vulgaire... En Asie, le « french singer » fait ce qu'il veut, Odette ne va jamais en Asie. Décalage horaire, pas bon. Sauf au Québec, Québec presque France, cousins, on ne va pas nous reprocher de combattre le froid par la fusion ! Mais en France, non, je ne veux pas devenir complice. En Asie, si tu veux, mais pas ici, Odette a des principes, Odette honnête, sinon Odette démissionne !... Et réclame une augmentation pour revenir !...

Brigitte, *doucement* : - Qu'il la prendrait comme choriste...

Odette : - Alors ça créait un tas d'embrouilles, parce que Frédéric, il a remplacé les choristes par des synthétiseurs.

Alice : - Forcément !

Odette : - Vous voulez savoir pourquoi ?

Alice : - Forcément !

Odette : - Personne ne devine ?

Diane : - C'est jamais en retard ? Pas comme les africaines !

Brigitte : - C'est moins lourd !

Odette : - Madame a décrété, « *ça coûte moins cher* », alors monsieur a cédé. Madame en avait marre des ragots et madame est jalouse. Mais moi ça ne me gênait pas qu'on prenne toutes et tous la même chambre ! Pour une fois qu'on faisait des économies ! Elle n'est jamais contente ! Nous étions jeunes ! Et jeunesse a beaucoup de tendresses les soirs de concerts.

Diane : - Ça j'en suis certaine, ce n'est pas écrit dans sa biographie, n'est-ce pas Alice ! D'ailleurs la vérité personne ne l'écrit, c'est comme cette histoire entre Carlo le crapaud et Momina. Africaine aussi a besoin de beaucoup tendresses quand elle passe trois mois en Ethiopie loin de son Amour.

Alice : - Forcément !

Diane : - Non pas forcément ! Quand on t'embrasse en murmurant « *tout va bien se passer* », on ne se lance pas dans la danse du vagin à l'aéroport.

Alice : - Je répondais à Odette !

Odette : - Et pour ses premières parties, en ce temps-là, il trouvait toujours des fils ou des filles à papa prêts à lui refiler de l'oseille pour obtenir l'immense honneur de figurer sur la même affiche. L'oseille c'est une image. Madame tient les cordons de la bourse. La bourse du ménage et la bourse des voyages.

Alice : - T'exagères ! Il a la main sur le cœur !

Odette : - Mais le moteur de sa vie est ailleurs.

Alice : - T'exagères ! J'ai déjà entendu une chanteuse enthousiaste, elle jurait que faire la première partie de Frédéric, c'est extra, il donne des super conseils.

Odette : - Sûrement une qui avait ses raisons de parler ainsi ! Elle pourra écrire un livre aussi !

Diane : - Mais j'ai rien compris à ton histoire. Tu devais nous expliquer pourquoi nous sommes là !

Odette : - J'y viens, j'y viens, mais sans l'historique, tu vas rien piger ma vieille.

Diane : - Je pourrais être ta fille !

Odette : - Sois pas désagréable !

Alice : - Forcément !

Odette : - Odette comprend tout ! Tout !

Brigitte**,** *doucement* : - Frédéric…

Odette : - Oui, Frédérico était encore un chanteur à disques d'or en ce temps-là.

Brigitte : - Il l'est encore ! J'ai lu dans…

Odette : - Si vous m'interrompez à chaque fois, les portes vont se refermer.

Toutes : - On t'écoute !

Odette : - C'est Jef, (*elle se signe*) paix à son âme s'il en avait une, ce vieux roudoudou ! C'est lui qui lui a soufflé « *Tu devrais sélectionner des fans plutôt que des chanteuses.* » (*elle sourit*)

Diane : - Alors ? On voudrait rire aussi !

Odette : - Les fans sont encore plus connes que les chanteuses.

Brigitte : - Ça ne nous fait pas rire.

Odette : - Qu'il a répondu Frédéric.

Alice : - Le con !

Odette : - C'est notre Frédéric adoré, qui a répondu « *les fans sont encore plus connes que les chanteuses.* » Je vous rassure, il me considère moins secrétaire que fan.

Alice : - Tu ne lui as jamais mis trois claques ?

Odette : - Il les a eues… (*Odette devient sombre*) Mais rien, là vous ne saurez rien, vous ne saurez rien de ma vie privée. C'est entre lui et moi, cette histoire, c'est ma vie privée (*proche de pleurer, silence*). Sa première guitare, vous pouvez regarder le mur, vous ne la verrez pas !… Je la lui ai fracassée sur la tête. Celle-là, c'est même pas la deuxième. La deuxième, c'est sa femme qui s'en est chargée. Tête à guitares qu'on l'a appelé pendant des mois ! Il l'avait bien mérité.

Alice : - Le con !

Odette, *se reprenant* : - Mais c'était y'a si longtemps ! Ha ! J'avais quinze ans ! Ha ! J'étais si jeune et si naïve. Y'a contraception (*troublée*), conscription, prescription. Il lui reste une cicatrice sur la tête. J'ai frappé plus fort que sa femme. Il n'avait pas encore de moumoute !

Alice : - Quoi, Frédéric est chauve ! Il a une perruque !

Odette : - Les portes vont se refermer !

Brigitte : - Frédéric a dit…

Odette : - Et l'année dernière, à l'enterrement de Jef, il m'a bredouillé. Il avait la larme à l'œil… Je suis certaine qu'il avait coupé des oignons avant ! C'est bien son style !

Alice : - Forcément !

Diane : - Forcément ! On dirait Momina et son « D'accord » ! D'accord à tout, tu m'appelles princesse je te crois, alors d'accord serre-moi dans tes bras, embrasse-moi à l'italienne, tu m'appelles mon amie, d'accord, et tu deviens mon amimour. Viens t'allonger dans mon lit, c'est plus agréable pour parler ! D'accord ! Ne dis rien à Diane, elle ne pourrait pas comprendre que tu es fidèle à l'Amour en vivant notre belle histoire. D'accord ! Salauds d'humains, va ! Donner sa confiance c'est donner le couteau pour être poignardé dans le dos. Excusez-moi, je vais pas bien, je crois. Continue Odette…

Brigitte : - L'enterrement…

Odette : - Il m'a bredouillé : « *c'est con, tu vois, j'ai pas eu le temps, j'ai pas eu le temps de lui dire que son idée de sélectionner des fans plutôt que de la chair à sacem, son idée, à lui, à lui qui ne sera plus là pour me couvrir devant ma femme, son idée géniale, j'en ai touché trois mots au président du Conseil Régional, et le vieux schtroumpf nous subventionne, forcément ! Tu te rends compte, il saura jamais que son idée, le monde entier va la connaître…* »

Alice : - Mais c'était pas le règlement, sélectionner des femmes ! Les hommes pouvaient participer.

Diane : - Y'a même eu un tirage au sort devant les caméras.

Odette : - Si vous croyez les règlements et les films, vous êtes mal parties les filles.

Diane : - Magouilles ici comme partout.

Alice : - Forcément ! Si je vous racontais comment ça se passe dans mon groupe !

Odette : - C'est moi qui tenais le caméscope ! Et sa fille a réalisé le montage, les coupures et tout, elle suit des études de cinéma, sa fille aînée, dans l'école la plus chère du pays forcément ! Et la télévision a été bien contente de pouvoir passer un reportage sans devoir se déplacer ! Et même gratuitement ! Enfin, quel beau voyage ils m'offrent en Martinique le mois prochain !

Brigitte : - Tu m'emmènes ?

Odette : - J'ai trois places… Tu me donnes combien ?

Brigitte : - Tu as des places gratuites et tu les revends !

Odette : - Forcément ! N'est-ce pas Alice, tout le monde se débrouille, forcément !

Alice : - Y'a eu de la magouille alors !?

Odette : - Une stagiaire s'est coltinée le premier tri : les hommes d'un côté, les femmes de l'autre. Après il a fallu que je regarde toutes les photos pour ne retenir finalement que des « *magnifiques femmes dont le prénom commence par les quatre premières lettres de l'alphabet.* »

Alice : - A comme Alice !

Brigitte : - B comme Brigitte !

Diane : - Et pourquoi ?

Odette : - À cause de sa mémoire ! Alice j'y glisse, Brigitte me prend la… *(pouffe de rire)*

Diane : - C'était une rime pauvre ? *(toutes rient sauf Brigitte vexée)*

Alice : - Alors c'est vrai, quand il chante, il utilise un prompteur ?

Odette : - Comment tu sais ça, toi ?
Alice : - Tu me l'as glissé tout à l'heure… Juste après avoir glissé ! On glisse beaucoup !
Odette : - Pas possible ! Quand Odette est saoule, elle se souvient de tout, à la virgule près. Et elle s'en souvient même après, alors elle s'enferme pendant quinze jours pour ne pas voir les catastrophes.
Alice : - Quand tu étais à jeun, quand je suis arrivée.
Odette : - Je ne suis pas responsable des propos d'Odette à jeun. Même pas coupable.
Diane : - Alors nous avons été choisies pour notre prénom et notre physique !
Odette : - Tu as tout compris ma belle !
Alice : - C'est plutôt un beau compliment, finalement.
Diane : - Dire que ma mère a hésité entre Diane et Rosalie !
Brigitte : - Oh ! Si mon mari savait ça ! Lui qui a envoyé une photo retouchée par Photoshop et noté uniquement des chansons de Frédéric dans son classement des plus belles chansons du millénaire ! J'avais même corrigé ses fautes !
Alice : - Attends, attends, je commence à comprendre…
Brigitte : - Tu comprends quoi ?
Alice : - Nous étions convoquées à vingt minutes d'intervalle !
Odette : - Cinq minutes de présentation et le reste, déshabillage et rhabillage compris, le reste tient en un quart d'heure. Chrono en main, on a répété !
Toutes : - Oh !
Odette : - Après, ouste dans la salle de répétitions, au piano si tu veux, la pièce est insonorisée, place à la suivante ! Comme au service militaire !
Alice : - Le vieux roudoudou !
Brigitte : - Je suis choquée ! Comment a-t-il pu croire ! J'ai beau être fan, je sais rester digne ! Il me déçoit.
Diane : - Pas de chance pour lui je préfère les filles ! Mais bon pour faire payer à Momina de s'être tapé Carlo, pourquoi pas après tout ! 20 minutes aussi je croyais quand elle m'a avoué « *on s'est laissés submerger un soir.* » Mais c'était la version une, aujourd'hui on en est à quatre nuits passées entièrement nue dans son pieu et « *je lui ai bien rendu sa tendresse, ses caresses.* »
Alice : - Pauvre Diane ! Un mec aussi m'a fait ça… La dignité doit être rare, tout finit peut-être en mensonges et trahisons…
Brigitte : - Démoralisez-moi pas ! Jamais je n'ai trompé mon mari et je n'en ressens aucun héroïsme, je l'Aime comme il m'Aime.
Odette : - Alice j'y glisse ! *(se retient de pouffer)* Je vous rassure, il avait prévu sa boîte de Viagra !
Toutes : - Oh !

Diane : - Heureusement qu'il y a du floc pour oublier ! Et elle voudrait que j'arrête l'alcool !
Alice : - Ça te fait aussi mal que si un mec t'avait trompée.
Diane : - Une Diane peut être cocue aussi ! Elle m'avait pourtant affirmé « *t'inquiète pas, tout va bien se passer* », quand elle est partie en septembre. En plus elle est revenue en décembre avec la carte de ce type dans sa poche, tu te rends compte elle m'embrassait avec la carte de ce type dans sa poche, elle lui avait donné son téléphone d'Addis et son mail, comme une petite salope impatiente d'être invitée au restaurant, une cocotte qui veut juste que le type fasse semblant de croire quelques minutes en sa vertu et la fasse tomber dans les règles établies de la drague entre personnes soucieuses de s'afficher dignes et honnêtes.
Odette : - Une cocotte-minute !
Diane : - Je lui avais même parlé de se pacser malgré sa famille qui ne veut pas entendre parler de moi. Heureusement les frais généraux sont généreux *(elle boit)*.
Alice : - Mais ça dégénère.

Diane, *en riant* : - Pourtant la nuit même les cellules grises se régénèrent ! Dire qu'en plus j'ai failli être en retard à cause d'une crevaison.
Odette : - Et ça t'aurait mise en retard !
Diane : - J'ai appelé les renseignements mais les garagistes du coin étaient tous sur répondeur. Les premiers types qui se sont arrêtés me proposaient d'appeler une remorqueuse et de m'héberger la nuit.
Odette : - Quand on veut conduire une voiture, il faut suivre la formation « changement de roues. » Frédéric me paye toujours le taxi, sur ça, y'a rien à lui reprocher.
Diane : - Et c'est un camionneur qui me l'a changée, sans même la moindre avance. J'avais des préjugés défavorables sur les camionneurs, j'avais tort. Je lui ai promis de lui envoyer une photo dédicacée de Frédéric…
Brigitte: - C'est pas clair non plus ton histoire de roue, ça n'arrive plus, crever une roue, c'était au Moyen Âge !
Alice : - Y'avait pas de voitures, au Moyen Âge, ma vieille.
Diane : - Je suis une victime des manifestations estudiantines. Décidément le monde m'en veut ! Hier ils ont balancé des bouteilles sur les CRS.
Alice : - Alors il faut qu'on trinque !
Brigitte : - Vides, j'espère. Ils ne seraient quand même pas fous… Enfin, ils sont tellement riches les manifestants d'aujourd'hui, qu'un jour ils balanceront des bouteilles de Dom Pérignon. Juste pour narguer les journalistes stagiaires ! Et montrer qu'en France, non seulement on a les moyens de manifester, mais en plus une certaine élégance.
Alice : - C'est bizarre, j'avais eu la même idée quand les chanteurs ont manifesté contre le téléchargement gratuit de la musique sur internet.
Brigitte : - Je me souviens. Mais j'ai oublié son nom, à ce chanteur qui tendait son joint aux CRS. Il paraît que cette photo, ça lui a rapporté un max de blé, ça a fait redécoller ses ventes, encore plus que Gainsbourg quand il avait brûlé un gros billet à la télé.
Diane : - C'est qui Gazbourg ?
Odette : - Frédéric aussi a réussi un super bon plan média : avec Jef, nous avions organisé une super manif. Forcément spontanée ! On avait déplacé une de nos célèbres rencontres interprofessionnelles de la chanson française de qualité. Ils nous en avaient voulu les parigots, quand le 20 heures avait ouvert par un duplex avec le merveilleux petit village du sud-ouest « *où il y a ce soir plus de manifestants que d'habitants habituellement.* »
Diane : - Mais pourquoi ont-elles cessé, ces rencontres ? Je me souviens, j'avais vu un reportage à la télé.
Alice : - C'est écrit dans sa dernière biographie : « *le monde de la chanson regrette que ce haut lieu de la formation, de la création ait dû fermer, à cause de campagnes de presse scandaleuses, inacceptables.* »
Odette : - On nous a reproché nos subventions ! Trop d'argent dilapidé ! Ha ! qu'est-ce qu'on se prenait comme bon temps avec Jef, on s'en est payé de super vacances, vive les subventions !
Alice : - Magouilles !
Odette : - Retire ce mot, sinon je range le floc ! Le monde de la chanson a ses traditions. Et la Cour des Comptes ferait mieux…
Alice : - Je n'ai rien dit !

Diane: - Je meurs de soif ! (*elle se ressert et ressert ses compagnes*)
Odette : - Pauvre Frédéric ! Vous pourriez quand même respecter sa mémoire, arrêter de picoler cinq minutes !
Diane : - Il n'est pas mort, ton champion, juste cloîtré !

Odette : - Cloîtré, tu as trouvé le mot juste, ma belle. Elle est tellement jalouse sa femme ! Et elle a tout deviné.

Brigitte : - La pauvre !

Diane : - Jalouse, je l'étais même pas. J'avais une totale confiance. Mais loin des yeux loin du cœur. Pour moi aussi, comme pour les autres. Loin des yeux près de son pieu.

Odette : - Y'avait pas besoin d'être une lumière pour comprendre. Elle est passée la semaine dernière, elle a feuilleté le dossier. Je l'avais pourtant caché. Et elle n'a pas pu se retenir de remarquer « *bizarre, quand même, quatre femmes, et des plus fraîches et mignonnes.* »

Brigitte : - Elle n'a pas regardé le reportage télé ?

Odette : - Pauvre Frédéric ! Il s'est sacrifié pour qu'elle ne le voit pas : devoir conjugal ! Il l'a honorée durant une heure comme une femme désirable.

Alice : - Elle a pourtant les moyens de se payer un peu de chirurgie esthétique !

Odette : - Au village, on la surnomme « la Jacksonnette », tellement elle est siliconée.

Alice : - C'est pourtant pas écrit dans les biographies.

Brigitte: - Mais tu crois vraiment aux biographies !

Alice : - Tu ferais mieux de raconter ta vie !

Odette : - Pauvre Frédéric ! Il doit fixer sa vallée illuminée de lampes solaires. Tout ça parce que sa Jacinthe a réussi à le persuader que briser son image de dernier romantique serait catastrophique. L'homme qui n'a aimé qu'une femme ! Et il chante les fleurs ! Jure sur le cœur qu'elle lui inspire toutes ses chansons. Comme c'est triste, une idole non maquillée !

Brigitte : - Comme elle est belle la première guitare du maître !

Diane : - T'es sourde ou tu tiens pas l'alcool ?! C'est pas sa première guitare. Sa première, Odette lui a fracassée sur la tête. Et elle a bien eu raison. S'il était là devant moi, il s'en prendrait une troisième.

Odette : - Diane, je t'interdis de colporter de tels ragots, c'est sa première guitare, point à la ligne.

Diane : - Si j'en avais la force ! J'ai même pas réussi à lui mettre trois gifles à cette Momina qui n'a même pas pleuré en avouant ses indignités !

Rideau

Acte 3

Suite beuverie. On sonne.

Odette : - Mon Dieu ! Qui cela peut-il bien être !

Diane : - Il en manque une, c'est donc elle !

Odette *compte* : - 1, 2, 3, 4 (*elle se compte en quatrième*). Quatre, sa fille en a bien tirées quatre… au sort ! On est complet !

Diane *compte* : - 1, 2 (*elle ne se compte pas*). Deux, y'en a pas quatre de chair à Frédérico. T'as pas gagné !

Alice *à Odette* : - Quatre moins un ?

Odette : - Trois, à quoi tu joues ?

Alice : - Tu n'as pas gagné, tu es l'hôtesse ! Avec un O comme O…

Diane : - Tocard !

Odette : - Tocard ?

Diane : - Autocar, l'autocar est arrivé sans se presser. Un autocar à roulettes. Et s'il n'en reste qu'une ce sera la dernière, et la nénette va décoller les étiquettes.

Odette : - Si j'ai tort, Diane a raison, forcément !

Alice : - Mais non, pas forcément ! bande de givrées !

Odette : - Qui va là ?

On sonne de nouveau.

Odette, *se lève, se précipite, ouvre difficilement (la porte est fermée à clé)* : - Oh ! (*elle se tient à la porte*) Monsieur le commissaire ! (*elle sort et referme la porte*)

Diane : - Il est arrivé quelque chose à Frédéric !

Alice : - Tu crois qu'ils l'ont retrouvé noyé dans le lac ?

Brigitte : - Si c'est ça on va passer à la télé !

Alice : - T'aurais pas honte de profiter de sa mort pour réciter ton poème au journal de TF1.

Brigitte : - J'y avais pas pensé ! Mais si les journalistes m'interrogent, je leur annonce une exclusivité mondiale.

Alice : - Du genre il m'a téléphoné hier pour me demander l'autorisation de mettre ce texte dans son prochain album !

Brigitte : - J'y avais pas pensé ! Tu travaillerais pas dans la pub ?

Diane : - C'est ce connard de Carlo qui travaille dans le marketing pour l'Union Européenne à Addis-Abeba, et il ne pouvait pas se contenter de Sophie, ouais Sophie, l'instit, il a fallu qu'il se tape une princesse black ; une blanche les jours pairs et une noire les jours impairs.

Brigitte : - Tu penses à tes histoires de… de… alors que Frédérico est peut-être raide !

Alice : - Enfin raide, les femmes diront devant son cercueil !…

Brigitte : - Oh !

Alice : - Bin oui, enfin raide naturellement, diront celles qui savent qu'il prenait du viagra !

Diane : - C'est ce connard de Carlo qui prend du viagra.

Odette rentre.

Toutes : - Alors ?

Odette : - Rien ! Juste un gendarme ! Notre Carla, pas la sœur de Carlo le crapaud (*en souriant à Diane*) ni la femme de l'autre mais celle qui aurait dû être des nôtres, elle a eu un accident de voiture, juste un bras cassé mais fini pour elle la rencontre inoubliable !

Alice : - Inoubliable… À part le floc… c'est plutôt un flop !

Brigitte : - Floc, flop ! Tu as une âme de poète !

Odette : - L'escroc, pour le service il m'a demandé une petite gâterie. Je n'ai pas pu lui refuser, c'est presque mon vagin, oups mon voisin ! Il a vingt-deux ans ! Et sa femme est une amie. C'est une mode venue d'Angleterre, il paraît, les femmes mûres dévoreuses de jeunes hommes.
Diane : - Il en a eu aussi des gâteries, son baratineur d'aéroport, alors qu'elle m'écrivait encore « *tu me manques.* » Pourtant il avait presque trois fois vingt-deux ans !
Brigitte : - Ah ! donc tout va bien, ça m'a donné une de ces peurs ! Faut que je me vide ! (*elle se lève et sort vers la porte à l'opposée de celle d'entrée*)
Diane : - En tout cas, les vieux croûtons dévoreurs de chair fraîche, ça doit être universel, pas seulement pour les fonctionnaires européens italiens en poste en Ethiopie.
Alice : - Tu as fait vite !
Odette : - Je connais quelques trucs ! Il est jeune, il n'a pas résisté !
Alice : - Même durant ma procédure de divorce, j'aurais jamais osé être aussi directe !
Odette : - On ne peut pas lui donner tort, ni lui en vouloir. Il fut d'une tendresse touchante, pas une parole ni un geste obscène. Il sait que dans le show-biz on a la tendresse facile.
Diane : - Comme sous le soleil d'Addis ! On va au restau et on prend le dessert jusqu'à sept heures du mat, vas-y pépère, profites-en, reprends de la figue, je suis à toi. Diane, Diane, tu me manques on écrit dans les mails mais on s'emmêle sans état d'âme.
Alice : - Alors c'est vrai, c'est un milieu guère fréquentable, le show-biz ?
Odette : - On y vieillit vite : regarde, moi, j'avais 17 ans, et je les ai plus.
Alice : - Je te rassure, ça arrive aussi chez les comptables !
Odette : - Peut-être, mais elles ne s'en aperçoivent pas !

Alice, *à Diane :* - Faut pas essayer de comprendre, Odette est gasconne.
Diane : - Franchement, ça fait au moins trois jours que j'ai arrêté d'essayer de comprendre ce qui se passe ici ! Mais j'ai bien compris qu'en Ethiopie, elle espérait vivre « *Belle du Seigneur* », qu'un vieil homme distingué lui offrirait une vie de princesse.
Alice : - Tu étais où y'a trois jours ?
Odette : - Moi, parfois, j'ai bien l'impression qu'une journée tient en trois secondes. Le contraire peut donc arriver aussi.
Diane : - À une époque on mettait le temps en bouteilles et parfois il en sortait un ogre, parfois il en sortait…

On sonne. Un bond général.

Alice : - Les blousons noirs reviennent ! Où j'ai mis ma bombe lacrymogène ? (*elle fouille dans ses poches*)
Odette : - Silence les filles, quand le chasseur arrive, les biches se cachent.
Diane, *plus bas* : - Tu es allée voir Bambi au cinéma ?
Alice : - Et on fait quoi ?
Odette : - Rassurez-vous, j'ai refermé à clé.

Nouvelle sonnerie.

Voix féminine du dehors (*uniquement les derniers mots compréhensibles*) : - …Ouvrez-moi !
Odette : - Sa femme ! C'est la fin du monde ! (*elle se signe, vide le fond de son verre*)
Diane : - Entre femmes, on saura se comprendre.
Alice : - Après tout, nous n'y sommes pour rien. Leurs histoires de couple ne regardent que les journaux.
Odette, *se lamente* : - Virée, virée sans indemnités ! Je l'avais bien pressenti, et sur qui ça va retomber, sur Bambi, sur bibi (*se frappe la tête*)… Même si elle vient avec un huissier pour m'accuser d'avoir outrepassé les termes de mon contrat, elle me paiera mes indemnités, sinon j'en

ai à raconter ! Elle ne m'a jamais aimée, la garce ! J'y peux rien si son mec a un faible pour mes fesses !

La voix du dehors : - (*quelques mots incompréhensibles, puis*) C'est Brigitte.
Odette : - Brigitte, Brigitte ? Je ne connais pas de Brigitte.
Diane : - Elle veut nous embrouiller, c'est une ruse de Bambi, de pêcheur, de chasseur.
Alice : - Y'a des femmes chez les blousons noirs !... Deux ! B 2 !
Diane : - Touché ? Coulé ? Mais où est le plan de la bataille navale ? Si je pouvais le torpiller cet italien ! Les avions, ce sont des F16, je le sais, mon cousin…
Alice : - A 1 Alice, B 2 Brigitte !
Odette, *euphorique* : - Ah Brigitte ! Elle est sortie d'un côté, elle rentre de l'autre ! Je vous le disais bien que c'était pas sa fêlée, sa femme !
Brigitte : - … Ouvrez, je me suis égarée…
Odette : - Je sais, je sais ! Mais j'ai quand même le temps de me lever ! Je suis en heures sups ! Je vais lui demander une prime de risques au Frédéric.

Odette se lève, titube jusqu'à la porte et ouvre finalement.
Brigitte rentre.

Brigitte : - Je suis désolée de vous avoir alarmées. J'ai dû ouvrir la porte qu'il ne fallait pas en sortant des toilettes. Je suis confuse.
Alice : - Pourtant tu dois commencer à connaître le chemin !
Odette : - Il va me les payer mes heures sups !
Diane : - En floc !
Odette : - Je suis pas du genre à tout déballer dans les journaux ni à demander d'être choriste ! Mais l'argent du travail, c'est sacré. Toute peine mérite salaire. Combien de fois je me suis levée ce soir !
Alice : - Et n'oublie pas de facturer les descentes à la cave !
Odette : - Parfaitement ! Et comme la chaudière est lancée, la nuit sera chaude ! (*plus discrètement à Diane dont elle s'est approchée :*) ça fait bien longtemps que je n'ai pas eu envie de faire un câlin avec une femme, mais faut que je te l'avoue, depuis que tu es arrivée je suis déstabilisée, y'a un truc en toi qui m'appelle et me fait vibrer. Je ne suis pas du genre à m'échauffer rapidement mais là, tu vois, je ne vais même pas te faire la grande scène de l'amitié… je te désire…
Diane : - Si tu insistes aussi gentiment…

Odette lui caresse les cheveux, le dos…
Alice et Brigitte les observent et elles s'éloignent d'une chaise pour continuer leur conversation.

Odette : - Si nous étions seules… j'oserais même passer une main en dessous…
Diane : - Si en plus tu m'offres un séjour à la Martinique…
Odette : - Tu passes vite de l'envie d'un peu de tendresse à l'envie d'une vraie liaison… Je dis pas non, les mecs sont tellement décevants.
Diane : - Et pourtant cette conne de Momina s'est laissée entuber.
Odette : - Pense plus à elle ma belle, profite du temps présent en toute sincérité, en toute passion.
Diane : - Je me rappelle très bien, très très bien, de choses très bonnes, plus que bonnes… et je sais qu'elle m'Aime de nouveau…
Odette : - Tu vas en connaître d'autres.
Diane : - Son petit trésor excisé… et elle l'a laissé souiller, elle le regrette à peine en plus, elle sait juste marmonner « *désolée, je croyais qu'on allait se quitter, je croyais que tu ne m'aimais plus vraiment, je croyais ne plus t'aimer à ce point, je croyais qu'on allait se séparer… désolée, il m'a*

déstabilisée, ça ne m'était jamais arrivé, j'ai été submergée, j'avais des douleurs atroces au ventre mais j'y allais... désolée...»
Odette : - Ma princesse. (*elle la caresse de plus en plus*)

Alice : - Je crois qu'on va terminer la soirée à deux devant des bouteilles vides.
Brigitte : - C'est dommage de se scinder comme ça. On formait un bon groupe.
Alice : - La vertu n'est pas une notion universelle.
Brigitte : - Je me demande souvent quel plaisir les gens trouvent dans la trahison ?
Alice : - Si on se met à philosopher, on va finir par pleurer.

Diane : - Elle avait des choses désagréables à m'apprendre qu'elle écrivait dans ses mails.
Odette : - C'est du passé ma princesse, sois dans l'instant présent, vis ce moment privilégié avec passion.
Diane : - Il l'appelait princesse et elle a passé quatre nuits nue dans son pieu à cet étalon italien. Et à sept heures du matin, avant d'aller occuper son poste d'inutile privilégié buvant le sang de l'Afrique, il descendait sa simili *escort girl* chez elle, et la cocotte s'empressait de m'écrire un mail anodin. Elle a même envisagé de faire sa vie avec, durant quelques jours. Mais pour lui, elle n'était qu'une aventure de passage, une couleur locale à consommer, et elle aurait voulu qu'il reste son ami de cœur, et en plus me l'imposer. Ami de cœur, elle a osé m'écrire depuis !
Odette : - C'est fini tout cela, on s'est rencontrées et le monde s'est éclairci.

Brigitte : - Et si on chantait.
Alice : - Allez, sors ton merveilleux poème destiné au prochain album de Frédérico rococo.
Brigitte : - Tu crois que je peux oser ?
Alice : - On aura au moins fini la soirée dignement.
Brigitte : - Oui, tu as raison, la dignité est de notre côté (*elle sort une feuille, la pose devant Alice*) tiens, je la connais par cœur.

Elles entonnent, le plus mal possible, « Qu'une fois »...

> On parle de l'Amour
> Qui ne serait plus
> Qu'une vulgaire chasse à courre
> Un jeu pratiqué nu
> On joue à l'amour
>
> On dit grand amour
> Quand on a trop bu
> Ou qu'on reste plus d'huit jours
> En étant convaincu
> Que c'est pour toujours (*Odette se lève, tend la main droite à Diane qui la prend, se lève aussi, elles sortent main dans la main durant le refrain*)
>
> *Mais les rues sont pleines*
> *De gens qui comme moi*
> *N'ont dit qu'une fois*
> *« Tu sais, je t'aime »*

Rideau - Fin

Onze femmes et la star

Comédie contemporaine en trois actes

Dix femmes et cinq hommes

Sept ravissantes femmes lauréates d'un concours leur offrant 24 heures avec leur idole, le chanteur Antonin K.
Secrétaire de l'association organisatrice, Odette, un peu gaffeuse même à jeun, les accueille.
Arrivées programmées à la file indienne. Mais l'idole est en retard… Odette improvise, l'alcool délie les langues : show-biz comme Antonin, la réalité diffère grandement de la mise en scène médiatique… L'idole arrivera quand plus personne (excepté Emilie) ne l'attendra, et dans une tenue peu reluisante.

Décor : une belle salle de réception, avec table longue ornée de fleurs, un bureau, des fauteuils, des chaises, un canapé garni de coussins ornés d'un A majuscule, trois portes, deux fenêtres dont l'une près de la porte d'entrée, une guitare sèche suspendue au mur (au-dessus du canapé)…

Odette : hôtesse d'accueil, la quarantaine.

Les lauréates (25 à 35 ans) par ordre d'arrivée programmé :
Aurélie, Brigitte, Cécile, Delphine, Emilie, Françoise, Géraldine : très distinguées, vêtues avec goût, arriveront avec un petit bagage.

Une fan : la quarantaine, apparence très à l'opposée des lauréates.

Clara: sœur aînée d'Odette.

Bertrand : le mari de Brigitte, la trentaine.
Octavio : le *boyfriend* d'Aurélie, la quarantaine.
Gendarme 1 : 22 ans.
Gendarme 2 : la quarantaine.
Le chanteur moustachu et vieillissant, Antonin K, la soixantaine.

Acte 1

Odette, Aurélie, Brigitte, Delphine, Emilie, Géraldine, une fan.
Odette seule dans la salle de réception. Elle marche de long en large, tout en regardant sa montre, inquiète.

Odette, *en arpentant la scène* : - Je ne marche pas par nécessité. Mais ça me calme ! Calme-toi Odette, puisque tu marches ! Tu fais tout ce qu'il faut pour recouvrer ton légendaire calme. Respire ! (*elle respire profondément*) Oui, avec le ventre, c'est bien... Zen... (*elle continue en silence à marcher, inspirer et expirer profondément.*) La première va arriver... Elle va arriver, j'en suis certaine... Tout va encore foirer et ça va retomber sur qui ? Sur ma tronche comme d'habitude... Je ne me suis quand même pas trompée de jour ? (*elle prend une chemise sur le bureau, l'ouvre...*) Ce serait une belle histoire à raconter ! (*elle sourit*) Odette panique mais elle s'était emmêlée les puceaux (*se frappe la tête*) (*précision de l'auteur : ce lapsus peut être retiré lors de certaines représentations, comme d'autres lapsus, si jugés incompatibles avec le public*), les pinceaux, les dates quoi !... Non, c'est bien aujourd'hui... L'arnaqueur de fleuriste a livré ce matin, donc le Jour J a enfin sonné !... J comme jouissons. Et la première va arriver. (*silence*) Mais qu'est-ce qu'il veut se prouver ! Il a tout : l'argent, la gloire, sept résidences secondaires, deux Porsche, une Ferrari, un 4x4, des vignes, des autruches, des amantes, des bisons, des enfants. Comme elles sont belles ses filles ! Pauvres petites filles riches, va ! Comme ça doit être invivable, fille de star !... Pratique, génial, inespéré. Mais invivable après 14 ans !... Le fou ! Tout ça à cause de quelques rides ! Qu'est-ce qu'il croyait ! Un jour, même la chirurgie esthétique ne peut plus rien ! Et de l'autre, qui s'amuse, avec ses parodies. Quel impertinent ! Mais comme c'est drôle ! (*elle éclate de rire*) Après tout, je m'en fous si tout foire. Pierre qui roule n'amasse pas mousse ! (*elle lance la chemise sur le bureau ; peu importe si elle n'atteint pas sa cible*) Odette philosophe, parfaitement (*elle se vautre dans le canapé*) Si j'étais star, je crois que, moi aussi, j'aurais des caprices de star. (*de sa main droite elle mime un éventail*) Mais pas sept !

On sonne.

Odette : - Oh peuchère ! Enfin ! Il a fini de se maquiller ! Oh ! Les lumières !...

Elle se lève, se précipite sur les interrupteurs – après quelques essais transforme la pièce, qui devient très intimiste – et fonce vers la porte, s'arrête, souffle profondément, ouvre, s'apprête à sauter au cou de son idole (même si elle est salariée de « l'association », elle reste très fan)... C'est Aurélie... Odette s'arrête net.

Aurélie, *un petit sac à la main, surprise* : - Je suis la première ? Suis-je un peu trop en avance ?
Odette, *se reprenant* : - Entrez, entrez, Aurélie.
Aurélie : - Comme vous connaissez mon prénom, je suis à la bonne adresse (*elle observe le décor, qu'elle doit juger très... intimiste*).
Odette : - Entrez, entrez, Aurélie. Antonin devrait être là, il a... un léger retard.
Aurélie : - Ah, je comprends, c'est lui que vous vous apprêtiez à accueillir d'une manière aussi fougueuse !
Odette : - Mais non, mais non... J'ai glissé.
Aurélie, *en souriant* : - Et je suis la première ?
Odette : - Naturellement... Je veux dire, vous pouvez le constater.

Odette referme la porte.

Aurélie : - Oh ! La première guitare !
Odette : - C'est même pas vrai !... (*se reprenant*) Oui, la première guitare d'Antonin (*comme si elle récitait*) sur laquelle, seul dans son jardin, à l'ombre des figuiers, il a composé ses premiers succès.

Aurélie : - Oh ! Comme c'est touchant de la voir en vrai.

Odette : - Je vais le rappeler… (*elle sort son portable d'une poche et appelle ; à Aurélie :*) C'est toujours son répondeur. C'est son répondeur depuis une heure. Je l'ai bien déjà appelé dix-neuf fois (*elle range son portable*).

Aurélie : - J'espère qu'il ne lui est rien arrivé de grave ! Ce serait trop bête ! J'ai tellement rêvé de cet instant ! Rencontrer Antonin ! Pouvoir lui parler comme je vous parle…

Odette : - Parler, parler, ce n'est pas son fort, à l'Antonin !

Aurélie : - Pourtant, à la télé, il a toujours l'air tellement à l'aise, et si calme, si souriant…

Odette : - Avec un prompteur, tout le monde serait comme lui ! (*face au regard interloqué d'Aurélie, Odette réalise qu'elle s'exprime devant une lauréate*) Mais non ! Je plaisante ! Nous sommes dans le sud-ouest ici, nous avons la galéjade facile.

Aurélie : - Je croyais que la galéjade, se pratiquait uniquement du côté de Marseille.

Odette : - Naturellement… ce qui signifie : ici gasconnades.

Aurélie : - Gasconnade, Gascogne, Gascon, c'est donc vrai : le caractère des Gascons était très haut en couleur ? C'était bien au temps de la langue d'Oc ? Après l'empire romain ?

Odette : - Je suis là pour vous accueillir. L'office de tourisme, c'est à côté… Je vous le susurre sans m'énerver : la Garonne nous irrigue, donc nous avons la plaisanterie facile. Comme vous débarquez de Paris, vous ne comprendrez pas toujours !

Aurélie : - Je suis de Châteauroux.

Odette : - Je le sais parfaitement, 28 ter rue Romanette Boutou. Mais pour nous, au-dessus de Brive la Gaillarde on grelotte, c'est le pôle Nord.

Aurélie : - C'est une gasconnade !

Odette : - Vous comprenez vite… J'allais ajouter pour une parisienne ! Je vous bouscule un peu, c'est juste pour noyer mon anxiété ! Je noie mon anxiété dans la Garonne ! Je vous l'avoue sans chinois, sans chichis même : je ne comprends pas pourquoi Antonin n'est pas à ma place et moi derrière la caméra.

Aurélie : - La caméra ?

Odette : - Euh… Oui pour vous offrir la cassette de votre rencontre.

Aurélie : - Ah ! Quelle délicatesse !… Comme c'est touchant. Et vous travaillez depuis longtemps avec Antonin ?… Je me permets d'utiliser ainsi son prénom : sur son courrier si poétique, il notait : « Appelez-moi Antonin quand nous aurons la chance d'enfin croiser nos regards. »

Odette : - C'est plus intime. Antonin avec un A comme Amour ! Antonin l'entrée des câlins ! C'est toujours mieux que son véritable prénom ! Les parents sont parfois fous !

Aurélie : - Comment ? Antonin est un pseudonyme ?

Odette : - Quel indice vous induit ainsi en erreur ?

Aurélie : - Vous !… Pourtant j'ai lu toutes ses biographies et pas une ne signale un pseudonyme.

Odette : - Il faudra vous y habituer ! Ici on cause avec des images.

Aurélie : - La terre du grand poète.

Odette : - Comme recopient les journalistes !

Aurélie : - Comme je suis heureuse d'être ici ! Devant la porte, durant les quelques secondes du sourire de la prise de conscience du rêve devenant réalité, je me demandais si l'idole de ma vie allait m'ouvrir. Comme j'aurais été intimidée !

Odette : - Il doit encore traîner des moustaches dans le bureau. Tu veux que je les mette ?

Aurélie : - C'est une gasconnade ?

Odette : - On est dans le show-biz ici, après cinq minutes on se tutoie, après sept on s'embrasse sur la bouche.

Aurélie se recule.

Odette : - C'est une des célèbres répliques de notre poète bancal ! Local ! Les aphorismes du moustachu ! Il devrait être là, nous voguons à vue, nous sommes en totale improvisation. Je sens venir le paranormal ! Et je n'aime pas ça ! (*elle ressort de sa poche son portable et le rappelle*). Toujours la boîte vocale. « Antonin, la première lauréate est impatiente de te voir en chair et en os. Et plus si affinités. » (*elle pose son portable sur la table*)

Aurélie : - Encore une gasconnade !

Odette : - Déformation professionnelle !

On sonne.

Aurélie : - Oh !

Odette : - Ne rêvez pas, je n'ai pas refermé à clé ! Quand il est en retard, avant de sonner, Antonin tourne toujours la poignée pour entrer discrètement, avec son petit air d'enfant de chœur pris en faute avec le verre de vin blanc de monsieur le curé aux lèvres et les joues rouges !

Aurélie : - Ah !

Odette : - Ma mère l'a vu enfant de chœur, c'était en... (*se reprenant*) Je vous parie que c'est Brigitte, 42 rue Pasteur, une de vos co-lauréates.

Aurélie : - Vous êtes voyante ?

Odette : - Les gasconnades de Châteauroux, c'est comme un Antonin sans mouche.

Aurélie : - Sans mouche !?

Odette : - Un Antonin sans moustaches (*elle mime les moustaches sous son nez*), je m'exprime pourtant clairement !

Odette va à la porte, ouvre.

Odette : - Bonjour Brigitte.

Brigitte : - Je suis en avance... Je serais venue à pied pour voir Antonin...

Odette : - Y'a pas de quoi !... Euh, je vous comprends.

Odette referme.

Aurélie : - J'en suis certaine : vous n'habitez pas Valenciennes !

Brigitte : - Vous m'avez devancée ! Je pensais être la première avec quinze minutes d'avance...

Odette : - Les présentations : Aurélie, première arrivée.

Brigitte : - Enchantée.

Aurélie : - En chansons... Je m'entraîne... Il paraît que nous sommes au pays des gasconnades !

Odette : - Et la gasconnadière en chef, Odette, chargée par le maître d'improviser quand la pendule ne tourne pas rond.

Brigitte : - Et c'est le cas ?

Odette : - La centrale nucléaire détraque nos pendules.

Aurélie, *à Brigitte* : - C'est un message codé ; Odette, pourriez-vous traduire, nous n'avons pas grandi dans l'ombre du maître.

Odette : - Je répète une dernière fois : Antonin devrait être là...

Aurélie : - Et il est ailleurs !

Brigitte : - Et personne ne connaît cet ailleurs ?

Odette : - Qui sait avec lui !

Brigitte : - Oh ! La première guitare ! (*elle s'approche du canapé*)

On sonne !

Odette : - Je n'ai pas refermé à clé !

Aurélie : - Si ce n'est lui, c'est donc une autre.

Brigitte : - Et pourquoi donc, ne serait-ce pas lui ?

Odette : - Transmettez le savoir Aurélie, je suis postière, portière !
Aurélie : - Parce qu'Antonin appuie toujours sur la poignée avant de sonner depuis qu'il a été surpris par Odette à boire le vin rouge de monsieur le curé, et Odette enferme les bouteilles à clé…
Odette : - Mais tu mélanges tout !
Aurélie : - Je crois que cette histoire me perturbe !
Brigitte : - Je n'ai rien compris. Vous êtes surréaliste tendance André Breton ?
Aurélie : - Je suis réaliste tendance *Psychologies Magazine*. Avec même un peu de Prozac quand ça chauffe trop.

Odette ouvre : une femme, très nerveuse, avec un appareil photo en main, entre rapidement.

La fan, *très nerveuse* : - Bonjour, bonjour, je suis venue pour les rencontres.
Odette : - Vous n'avez pas été convoquée, mademoiselle.
La fan : - C'est bien aujourd'hui, c'est bien ici les lauréats du concours. J'ai participé.
Odette : - Mais vous n'avez pas eu la chance de gagner !
La fan : - On m'a dit qu'il fallait venir aujourd'hui.
Odette : - Qui est donc ce cher et brave « on » ?
La fan : - C'est écrit dans le journal que c'est aujourd'hui.
Odette : - Mais personne ne vous a demandé de venir.
La fan : - Oh la première guitare ! Oh comme elle est belle !
Odette : - Ce n'est pas pour vous qu'elle est là, chère madame. Ma patience a des limites.

Les lauréates observent la scène en souriant.
Odette va chercher son portable sur la table. La fan en profite pour avancer timidement en jetant des regards admiratifs.

La fan : - Je suis une vraie fan.
Odette, *en se retournant* : - Je vous prie de quitter immédiatement cette salle privée.
La fan : - Je voudrais juste une photo, monsieur Antonin et moi, soyez sympa, j'ai parié avec les copines. On n'arrive jamais à entrer dans les loges après les concerts. Je voudrais embrasser Antonin, c'est mon rêve. J'ai fait trois cents kilomètres, soyez sympa.
Odette : - Je compte donc jusqu'à trois. Et comme les gendarmes sont juste à côté, dans deux minutes, si vous êtes encore ici, ils vont vous placer vingt-quatre heures en observation, prévention, et même préventive ! Ce serait dommage, vous en conviendrez ?
La fan : - Je voudrais juste faire une photo avec Antonin. Je n'ai pas de mauvaises intentions. Je suis une vraie fan.
Odette : - Attendez dehors et vous le verrez arriver.
La fan : - Ne vous moquez pas de moi, je suis certaine qu'ici c'est comme une zone militaire, vous avez au moins cinq entrées et sûrement même des souterrains.
Odette : - Antonin a laissé une photo dédicacée, je vais vous la chercher seulement si vous me promettez qu'ensuite je ne serai pas obligée de déranger la gendarmerie.
La fan : - Promis, promis, je dirai aux copines que mon appareil s'est bloqué. C'est une bonne idée, vous ne trouvez pas ?
Odette : - Excellente ! (*elle va au bureau, ouvre un tiroir, en sort une photo… pendant ce temps La fan en profite pour photographier la guitare*) Tenez, chère madame.
La fan : - Oh merci, merci chère madame. (*elle sort en la tenant dans les mains et en la fixant comme une image sainte*)
Odette, *refermant la porte à clé, pour elle* : - Pauvre femme ! Ah ! C'est ça aussi son public ! On choisit les lauréates mais pas son public ! Peut-être même pas quarante ans et déjà lessivée !… (*aux lauréates :*) Il suffit d'un peu de tact et ça se passe toujours bien. Sauf une fois où les gendarmes ont vraiment dû se déplacer. Menottes et panier à salades !

On sonne.

Odette : - Ah non ! Elle ne va pas être la deuxième, celle-là ! (*elle écarte le rideau de la fenêtre et regarde dehors... Ouvre*) Encore, déjà ! Mais vous êtes toutes en avance !

Entrent Delphine et Emilie.

Delphine : - Nous y sommes enfin !

Odette : - Mais oui, bonjour Delphine, bonjour Emilie…

Delphine : - Bonjour…

Odette : - Odette, Odette avec un O et quelques dettes… Rassurez-vous, j'ai une éponge qui les récure !… Les absorbe !

Toutes la regardent sans comprendre.

Odette : - J'ai une relation qui les éponge, si vous ne comprenez pas les raccourcis. Delphine et Emilie qui arrivent avant Cécile, décidément tout part de travers.

Aurélie : - Les chemins de travers.

Emilie : - Bonjour Odette.

Odette : - Vous avez croisé le déchet ?

Delphine : - Oui, c'est surprenant, le village est très sale. Les éboueurs ne passent pas ?

Odette : - C'est un autre sujet, je vous parle d'une vieille folle décidée à perturber notre paradis... Une sans-dent, comme dit Valérie... Une vieille femme ?

Emilie : - Une femme visiblement perturbée a traversé, elle a failli finir sous un camion et elle est entrée au café en face... elle avait l'air très en colère...

Odette, *en les montrant* : - Qu'elle y claque son RMI ! Bref, tout va bien, je vous présente Aurélie et Brigitte, faites comme chez vous. Antonin devrait être là mais j'ignore où il est… Demandez des informations, racontez votre voyage, des blagues, montrez-vous les photos de vos enfants, vos vacances, vos amants, Odette est débordée, déboussolée, déstabilisée, déprimée et Aurélie, au lieu de m'aider, mélange tout. Elle aurait dû s'appeler Zélie ! Je n'en peux plus ! (*Odette prend dans une de ses poches une pilule, hésite*) C'est un cas de force majeure, sinon je vais péter un plomb ! (*elle l'avale*) Ha ! Je me sens déjà mieux ! Cool ! Le show-biz a quand même de bons côtés ! Défonce majeure !

Aurélie et Brigitte l'observent avec désapprobation, tandis que Delphine et Emilie posent leurs sacs dans un coin sans y prêter attention.

Delphine : - Oh ! La première guitare…

Emilie : - Je te donne ma place si elle est vraie !

Delphine : - Ta place !

Emilie : - On en reparlera demain !

Delphine : - Tu vas finir par m'inquiéter…

Odette *plane, pour elle* : - Peace and Love ! Champagne !… Mais ça ne dure jamais, je sais, je suis lucide même dans mon aéroplane blindé. J'en ai trop ingurgitées. Une vie de défonce ou une vie où l'on s'enfonce jusqu'au cou dans le fossé ? Même si j'avais eu le choix, si l'Antonin ne m'avait pas embarquée dans son délire, j'aurais choisi le soleil artificiel (*le regard de plus en plus vague*). Comment peuvent-elles supporter la grisaille ? Je vous pardonne, vous ne pouvez pas comprendre, vous ne devez jamais savoir…

Delphine, *en se retournant* : - Je vais tout vous raconter ! Quelle coïncidence ! Nous étions dans le même train ! Tout d'un coup, je me lève, j'étais trop nerveuse, il fallait que je me dégourdisse les jambes, et qu'est-ce que j'aperçois au poignet de cette ravissante personne ? Je vais vous le dire : un bracelet en argent ! Et pas n'importe quel bracelet en argent, un bracelet en argent identique à celui cause d'une émotion digne d'un premier amour, quand je l'ai découvert dans la lettre.

Toutes soulèvent leur main gauche pour montrer leur bracelet et rient. Odette a le même et rit encore plus fort. Elle soulève le bord de son pantalon droit pour montrer qu'elle en a un aussi à la cheville.

Brigitte : - Moi, quand je l'ai vu, j'ai failli m'évanouir.

Aurélie : - Au pays de la gasconnade, tu aurais dû t'exclamer « *Il a fallu une heure aux pompiers pour me réanimer...* » Oui, je te tutoie, car j'ai retenu la première leçon d'Odette « *Après cinq minutes, on se tutoie...* »

Odette, *qui plane* : - Tutoyez-vous, aimez-vous les unes les autres. Et adoptez des enfants si... si je chante faux.

Delphine : - Donc on va toutes se tutoyer, puisque nous sommes dans le même bateau (*Odette, sans l'interrompre : « bureau pas bateau... c'est un sacré radeau ! »*), que nous avons toutes eu l'heureuse surprise de recevoir une lettre... Immense surprise sauf Emilie ! Parce qu'elle était certaine d'être tirée au sort ! Une intuition ! Je croyais qu'elle bluffait tout à l'heure. Mais comme elle était certaine qu'Antonin ne serait pas là pour nous accueillir... Tu m'as perturbée, Emilie !

Emilie : - Moi ? La vérité ne doit jamais nous perturber ! Des forces nous dirigent et il faut parfois admettre notre modeste condition.

Aurélie, *pour elle, en se passant la main droite dans les cheveux* : - L'une plane, l'autre messianise, je devrais peut-être aller attendre Antonin dehors.

Delphine : - Je reprends mon histoire où je l'avais laissée : nous avons engagé la conversation. J'étais toute excitée... Et dans le taxi, mademoiselle me balance : « *Nous avons le temps, de toute manière il arrivera en retard, quand même toi, tu ne penseras plus à lui...* » Ce qui m'a surprise, c'est de ne pas avoir été invitées à la même heure...

Odette, *qui plane toujours* : - Délicatesse d'Antonin. A chacune un accueil personnalisé, arrivées programmées avec un intervalle régulier...

Brigitte : - Personnalisé ?

Odette, *moins planante* : - Mais en plus d'Antonin, maintenant il manque Cécile ! L'ordre d'arrivée n'a pas été respecté, c'est la chienlit ! Général ! Réveille-toi, ils sont devenus fous !

Delphine : - Et le programme ? Quel est le programme ? L'incertitude c'était bien avant, on pouvait tout imaginer. Mais maintenant que nous sommes arrivées...

Odette : - Programme ! Le programme ! Mais Odette n'a qu'un rôle secondaire ! Je suis une simple salariée qui se mettra en grève un jour ! Tout reposait sur Antonin et vous, ravissantes lauréates !

Brigitte : - Il devait nous apprendre à écrire une chanson ?

Odette : - Apprendre à écrire une chanson ! J'aurai tout entendu dans l'ombre du boss ! J'ai pas dit du bossu ! Si je la retiens, je l'écrirai celle-là ! Dans mes mémoires. Les mémoires d'Odette ! « *Mémoires honnêtes mais pas nettes d'Odette.* » Sous-titré « *Antonin étonnant.* » J'ai déposé le titre à la Bibliothèque Nationale. Bref ! Il y a deux écoles : dans la première, les artistes se réunissent, picolent et griffonnent leurs divagations, et selon l'autre école, les solitaires s'enferment dans leur chambrette et attendent l'inspiration... c'est-à-dire qu'ils picolent seuls !

Brigitte : - J'ai essayé d'écrire des chansons... Mais on me répondait toujours que c'étaient des poèmes.

Delphine : - Si j'ai bien suivi, la différence entre une chanson et un poème, c'est le degré d'alcool dans le sang durant l'écriture.

Brigitte : - Tu crois qu'il m'aurait suffi de quelques verres de Malibu pour devenir auteur de chansons ?

Delphine : - Il n'est peut-être pas trop tard !

Brigitte : - J'ai apporté un petit poème, je ne sais pas si j'oserai le montrer. Mon rêve c'était qu'il le chante dans son prochain album... Mais à présent que je sais qu'une chanson et un poème ça n'a rien à voir...

Odette : - Lâche-toi ma grande, qu'on te répondrait dans le métier… Lâchez prise ! Zen ma fille ! J'ai tout ce qu'il te faut à la cave ! Pour tous les prix, pour tous les stress… J'en ai même des caisses, des brouettes, des bonbonnes, des bonbons et même de l'écorce de platane, (*en souriant*) c'est terrible, c'était pas naturel, mon parachute s'est refermé.
Aurélie : - Boire ou ne pas boire, telle est la chanson !
Brigitte : - Non, pas des chansons à boire, de belles chansons romantiques comme Antonin.

On sonne !

Odette, *soudain totalement dégrisée* : - J'espère que c'est elle ! Que nous retrouvions un peu d'ordre !

Elle va ouvrir (sans regarder par la fenêtre).

Odette : - Géraldine ! Déjà ! Et Françoise, qu'avez-vous fait de Françoise ? Et Cécile ?
Géraldine : - Je suis en avance… Ça pose un problème ?
Odette : - Mais non, mais non, entrez, entrez charmante princesse, Odette avec un O et des… Bon, je ne suis pas un perroquet, (*en les montrant*) voici Aurélie, Brigitte, Delphine, Emilie.
Delphine : - Et après cinq minutes, tutoiement autorisé, imposé ; cinq minutes d'apprentissage et bienvenue dans la grande famille. Je sens qu'on va s'amuser !
Géraldine : - Oh ! La première guitare !… Momina serait en bave devant !…

Aurélie, *s'effondre dans le canapé, pour elle* : - J'avais rêvé d'autre chose ! A la télé, c'est toujours tellement magique le show-biz ! Un orchestre avec cordes, un serveur aux gants blancs, champagne, caviar… Et ça n'a rien à voir avec mes rêves.

Géraldine : - Avec un quart d'heure d'avance, j'imaginais arriver la première ! Puisque j'ai décidé de venir, après avoir hésité… j'ai reçu la lettre le 22 mars au facteur et trois heures plus tard le mail de Momina m'annonçait quelque chose de désagréable à m'apprendre. Désagréable, je ne m'étais pas trop inquiétée, elle m'écrivait toujours *mon Amour*.
Delphine : - Momina, c'est un pseudo du web branché ?
Géraldine : - Momina est un prénom fréquent en Afrique du nord. Désagréable ! Euphémisme africain ! Elle était depuis des semaines l'amante du cynique et manipulateur Carlo, dès qu'il était disponible, elle courait se vautrer dans ses draps, tandis que je l'attendais en toute confiance, d'un Amour absolu… enfin je ne vais pas vous raconter ma vie !
Delphine : - Je vais vous expliquer, pour éviter le syndrome du Perroquet à Odette : notre arrivée fut programmée avec un intervalle régulier… Mais alors que nous sommes toutes en avance, Céline et Françoise ont raté leur tour.
Odette : - Cécile et Françoise ! La mémoire des prénoms est essentielle dans le show-biz !
Brigitte : - Peut-être seront-elles tout simplement à l'heure !
Odette, *regardant sa montre* : - J'ai la désagréable mission de vous informer que pour Cécile cette perspective est déjà irréalisable.

On sonne !

Toutes : - Ah !
Odette : - Mais laquelle ?! (*elle va ouvrir*) Oh non ! (*elle referme la porte brusquement, s'appuie contre elle, en hurlant « venez m'aider, des blousons noirs » et referme à clé en poussant un très long « oufff » puis après quelques secondes :*) Des blousons noirs, c'est pas le public d'Antonin ! Des fous, je les reconnais, ils ont des regards de dingues et pas d'appareil photo.
Aurélie : - Fausse alerte ! Il en manque toujours deux !
Géraldine : - Si j'ai bien compris, je devais arriver la dernière.
Delphine : - De toute manière il était inutile de nous hâter : Antonin a disparu.
Géraldine : - Comment disparu ? Kidnappé ? Enlevé ? On ne l'a pas annoncé à la radio.

Brigitte : - Il est simplement injoignable.

Aurélie, *en souriant, pour elle* : - S'il avait été garagiste, on aurait pu imaginer qu'il a été appelé pour une urgence.

Emilie : - Ne vous inquiétez pas, il réapparaîtra quand vous ne penserez plus à lui (*elle s'assied*).

Brigitte : - Bonne idée ! (*elle s'assied aussi*)

Delphine, *s'asseyant aussi* : - Mais elle va me faire flipper, avec ses prédictions, ses intuitions ou je ne sais quoi ! Le pire, c'est quand ça se réalise. Elle m'avait affirmé : « *Ne te presse pas, ton chanteur préféré ne sera pas là.* »

Brigitte : - Vous trouvez pas qu'on n'y voit rien dans cette pièce ?

Odette, *en détachant fortement chaque syllabe* : - In-ti-mis-te !

Delphine : - Ça va Odette ?

Odette : - J'imite le maîîîîîîîîître.

Brigitte : - Oh la rime ! On se croirait chez Racine !

Le portable d'Odette sonne. Toutes, sauf Emilie, se relèvent.

Odette : - Quand on parle du poète on entend sa... on entend sa ?

Brigitte : - Sonnette !

Odette : - Bien Bri... gette ! Il est le seul à connaître ce numéro, il m'a remis ce nouveau portable hier...

Delphine, *à Emilie* : - Je crois que pour une fois tu t'es plantée...

Emilie : - Ne sois pas aussi optimiste !

Odette : - Je vous raconterai...

Odette, *en décrochant* : - Antonin ! (...) Bonjour madame (...) Ce n'est pas grave j'espère (...) Mais je fais quoi ? (...) Et demain matin, avec les journalistes et le président du Conseil Régional ? (...) Bien madame.

Odette range son portable. Toutes la fixent.

Odette : - C'était sa vénérable et hystérique... historique épouse. Antonin ne pourra pas venir ce soir.

Un « oh » de déception générale. Sauf Emilie, souriante.

Odette : - Il y a bien une version officielle. Mais bon, je vous l'épargne. Comme si quelqu'un va croire une version officielle de madame.

Aurélie : - Les journalistes !

Odette : - Tu as tout compris !... Tu n'aurais pas un pied dans le show-biz ?

Aurélie : - Même pas un ongle.

Odette : - Un oncle te serait plus utile qu'un ongle... Mais Antonin sera là demain matin pour la photo souvenir et les télévions de caméras... les camés de tes visions... caméras de télévision.

Delphine : - On pourra au moins lui parler ?

Odette : - Rassurez-vous, il vous accordera l'intégralité du dimanche.

Aurélie : - Il faut retarder notre départ ?

Brigitte : - Odette, puisqu'Antonin ne vient pas ce soir, puis-je te demander un service ?

Odette : - Si c'est dans mes attributions, ce sera avec plaisir, chère Brigitte.

Brigitte : - C'est un peu compliqué.

Odette : - Odette peut tout entendre, ma fille.

Brigitte : - Mon mari rêvait aussi de rencontrer Antonin et nous sommes descendus ensemble. Il est à l'hôtel, j'espérais pouvoir le faire entrer demain avec les officiels du Conseil Régional... alors... est-ce qu'il dérangerait ici, ce soir ?

Odette : - Si ce n'est que ça ! Antonin aurait refusé… forcément… Mais vu les circonstances… Accordé ! (*Brigitte embrasse Odette*) Mais à condition qu'il se tienne bien !
Brigitte : - Naturellement. Merci Odette, ce sera un peu mon cadeau d'anniversaire de mariage. Ça fera 7 ans lundi que nous sommes mariés. (*elle sort son portable*) Je l'appelle tout de suite, si tu permets.
Odette : - Ça fait toujours plaisir d'apporter un peu de bonheur. Fait, ma fille.
Aurélie : - Je suis à peu près dans le même cas. Sauf qu'il s'agit de mon nouveau boyfriend comme on dit. On se connaît depuis deux mois et c'est l'amour fou. Je peux te demander le même service.
Odette : - Vive les couples heureux ! Et j'ai une bonne nouvelle : j'ai l'autorisation de remonter de la cave sacrée quelques bouteilles de floc.
Delphine : - Du floc ?
Odette : - L'apéritif local. La renommée du sud-ouest. Personne ne connaît le floc ?
Géraldine : - Mais si au fait ! J'en ai bu une fois en vacances… Mais il ne faut pas exagérer, sinon on se met vite à dire et faire n'importe quoi !
Odette : - Floc et cacahouètes, ça promet les fillettes ! Parole d'Odette !

Rideau

Acte 2

Odette, Aurélie, Brigitte, Delphine, Emilie, Géraldine. Bertrand, Octavio. Puis : Cécile, Clara, Gendarme 1, Gendarme 2.

Suite. Nombreuses bouteilles de floc vides sur la table. Les femmes assises en groupe, les hommes (Bertrand et Octavio arrivés durant l'entracte) face à face ou l'un à côté de l'autre, suivant la mise en scène. Lumières normales. Beuverie (sauf Emilie).
Régulièrement, jusqu'à la fin de la pièce, fuseront des exclamations, des paroles inaudibles (couvertes par la voix principale).

Odette : - Quand Odette boit, Odette dit n'importe quoi ! Ça c'est leur version officielle, dans le plus charmant des villages du sud-ouest, comme ils bavent à la télé quand l'Antonin est l'invité d'honneur.

Aurélie : - Pas tant d'honneurs que ça si j'ai bien tout suivi.

Odette : - Quand Odette boit, c'est comme si des portes à l'intérieur s'ouvraient. Je ne suis plus Odette secrétaire modèle (*toutes rient*). Odette secrétaire modèle condamne Odette cancanière. Et vice versa !

Aurélie : - Cancanière, j'y crois pas ! Tu ne nous as même pas expliqué comment un tirage au sort pouvait sélectionner sept femmes distinguées et presque équilibrées quand des millions de francophones ont envoyé leur plus belle photo et leur classement des plus belles chansons du millénaire.

Odette : - C'est même pas son idée à lui ! C'était avant, du temps où il présidait une autre association, où il dirigeait « Woodstock du Sud-Ouest » ! C'est le coordinateur de cette grande usine à subventions qui lui a refilé l'idée. (*Odette se tait et devient sombre*)

Emilie, *doucement* : - L'idée…

Odette : - Parce que l'Antonin en avait marre : à chaque fois qu'une gamine lui ouvrait sa porte, il devait promettre de la prendre comme choriste, ou en première partie d'un concert. Je dis une gamine, on les sélectionnait 18-25 ans, sur photo naturellement !

Aurélie : - Forcément !

Odette : - Jamais moins de 18 ans, c'était une règle écrite dans le platane.

Aurélie : - Le marbre !

Odette : - T'es pas du sud-ouest, toi ! Ici, c'est le platane ou la pierre. Mais la pierre, ça casse la lame du couteau ! 18 ans, j'ai dit ! J'étais stricte là-dessus. Y'a bien eu une exception, mais la chanteuse avait falsifié sa carte d'identité, dans ce cas-là, on assume.

Aurélie : - Elle voulait simplement être chanteuse.

Odette : - Quand on fraude, on assume ! Elle assumait la brunette ! Whaou ! ça déménageait ! Si elle réussit elle pourra écrire un best seller « *ma méthode pour percer.* »

Géraldine : - On a compris. Pas besoin d'un livre, une phrase suffit. Momina pourrait lui donner des conseils.

Octavio, *discrètement à Bertrand* : - C'est du gâchis, qu'elle soit lesbienne, cette nana !

Bertrand : - Je suis très tolérant. Il faut respecter les différences.

Octavio : - Elle me botte grave.

Bertrand : - Et ta princesse ?

Octavio : - C'est ça le problème. Comment tenter ma chance sans qu'Aurélie s'en aperçoive ?

Bertrand : - Tu exagères !

Octavio : - Dis-moi pas que tu laisserais passer une occasion pareille si tu étais seul ce soir !

Bertrand : - Il n'y a qu'une femme dans ma vie (*avec un clin d'œil complice à Octavio ; on ignore donc la réalité de ses sentiments : la phrase est-elle prononcée à l'intention de Brigitte qui pourrait les entendre ou est-ce la stricte vérité ? Le clin d'œil serait alors simplement une frime de mec un peu saoul confronté à un drageur invétéré)*

Odette : - S'il le faut, j'irai la tête haute en prison ! Bref... J'étais stricte là-dessus, 18 ans. Si l'état autorise 15 ans, pour moi, no problème, mais l'état a dit, donc Odette est stricte. La loi, c'est la loi. Je voulais pas retrouver l'Antonin traité comme un vulgaire... Comme un vulgaire... Depuis qu'un nom ne protège même plus des petits juges et leur acharnement à se payer le scalp d'une star. En Asie, le « french singer » faisait ce qu'il voulait, Odette n'allait jamais en Asie. Mais en France non, je ne veux pas devenir complice. En Asie, si tu veux, mais pas ici, Odette a des principes, sinon Odette démissionne !... Et réclame une augmentation pour revenir !

Emilie, *doucement* : - Qu'il la prendrait comme choriste...

Odette : - Alors ça créait un tas d'embrouilles, parce que l'Antonin, il a remplacé les choristes par des synthétiseurs.

Aurélie : - Forcément !

Odette : - Vous voulez savoir pourquoi ?

Aurélie : - Forcément !

Odette : - Personne ne devine ?

Delphine : - C'est moins lourd !

Géraldine : - C'est jamais en retard ? Pas comme les africaines !

Odette : - Madame a décrété, « *ça coûte moins cher* », alors monsieur a cédé. Madame en avait marre des ragots et madame est jalouse. Mais moi ça ne me gênait pas qu'on prenne toutes et tous la même chambre ! Pour une fois qu'on faisait des économies ! Elle est jamais contente ! Nous étions jeunes ! Et jeunesse a beaucoup de tendresses les soirs de concerts.

Delphine : - Ça j'en suis certaine, ce n'est pas écrit dans sa biographie, n'est-ce pas Aurélie !

Géraldine : - La vérité personne ne l'écrit, c'est comme cette histoire entre Carlo le salaud et Momina. Africaine aussi a besoin de beaucoup tendresses, quand elle passe trois mois en Ethiopie loin de son Amour.

Aurélie : - Forcément !

Géraldine : - Non pas forcément ! Quand on aime on sait attendre dans la dignité. On ne se lance pas dans la danse du vagin dès l'aéroport.

Aurélie : - Je répondais à Delphine.

Odette : - Et pour ses premières parties, en ce temps-là, il trouvait toujours des fils ou des filles à papa prêts à lui refiler de l'oseille pour avoir l'honneur de figurer sur la même affiche. L'oseille c'est une image. Madame tient les cordons de la bourse. La bourse du ménage et la bourse des voyages.

Aurélie : - T'exagères ! Il a la main sur le cœur !

Odette : - Mais le moteur de sa vie est ailleurs.

Aurélie : - T'exagères ! J'ai déjà entendu une chanteuse enthousiaste, elle jurait que faire la première partie d'Antonin, c'est extra, il donne des super conseils.

Odette : - Sûrement une qui avait ses raisons de parler ainsi ! Elle pourra écrire un livre aussi !

Delphine : - Mais j'ai rien compris à ton histoire. Tu devais nous expliquer pourquoi nous sommes là !

Odette : - J'y viens, j'y viens, mais sans l'historique, tu vas rien piger ma vieille.

Delphine : - Je pourrais être ta fille !

Odette : - Sois pas désagréable !

Aurélie : - Forcément !

Odette : - Odette comprend tout ! Tout ! Comme dit ma sœur, l'important c'est de comprendre, pas de montrer qu'on a compris !... Je vous la présenterai la Clara, elle va passer... Elle veut connaître le résultat du prix d'Amérique.

Delphine : - Du prix d'Amérique ?
Odette : - Antonin chevauchant les juments !
Toutes : - Oh !
Odette : - Ah ma frangine, Clara clarinette, un peu vieille France mais elle me fait toujours rire, on se voit presque chaque semaine et pourtant on ne se raconte quasiment rien… elle était l'amante de Jef… Elle a perdu son mari et son amant la même année. Comme c'est triste tout ça… (*silence*)
Emilie, *doucement* : - Antonin…
Odette : - Oui, l'Antonin était encore un chanteur à disques d'or en ce temps-là.
Aurélie: - Il l'est encore ! J'ai lu dans…
Odette : - Si vous m'interrompez à chaque fois, les portes vont se refermer.
Toutes : - On t'écoute !
Odette : - Donc, c'est Jef (*elle se signe*) paix à son âme s'il en avait une, ce vieux roudoudou ! C'est lui qui lui a soufflé « *Tu devrais sélectionner des fans plutôt que des chanteuses.* » (*Odette sourit*)
Delphine : - Alors ? On voudrait rire aussi !
Odette : - Les fans sont encore plus connes que les chanteuses.
Brigitte : - Ça ne nous fait pas rire.
Odette : - Qu'il a répondu Antonin.
Aurélie : - Le con !
Odette : - C'est notre Antonin adoré, qui a répondu « *les fans sont encore plus connes que les chanteuses.* » Je vous rassure, il me considère moins secrétaire que fan.
Aurélie : - Tu ne lui as jamais mis trois claques ?
Odette : - Il les a eues… (*Odette devient sombre*) Mais rien, là vous ne saurez rien, vous ne saurez rien de ma vie privée. C'est entre lui et moi, cette histoire, c'est ma vie privée (*proche de pleurer, silence*). Sa première guitare, vous pouvez regarder le mur, vous ne la verrez pas !… Je la lui ai fracassée sur la tête. Celle-là, c'est même pas la deuxième. La deuxième, c'est sa femme qui s'en est chargée. Tête à guitare qu'on l'a appelé durant des mois ! Il l'avait bien mérité.
Aurélie : - Le con !
Odette, *se reprenant* : - Mais c'était y'a si longtemps ! Ha ! Y'a contraception (*troublée*), conscription, prescription. Il lui reste une cicatrice sur la tête. J'ai frappé plus fort que sa femme. Il n'avait pas encore de moumoute !
Aurélie : - Quoi, Antonin est chauve ! Il a une perruque !
Odette : - Les portes vont se refermer !
Bertrand, *à Octavio* : - Tu entends ça !
Octavio : - A son âge, ce n'est pas surprenant. Ça doit stresser grave d'être chanteur.
Bertrand : - J'aimerais quand même connaître la version d'Antonin. Je crois qu'elle exagère.
Octavio : - C'est une femme. (*il les ressert*)
Emilie : - Antonin a dit…
Odette : - Et l'année dernière, à l'enterrement de Jef, il m'a bredouillé. Il avait la larme à l'œil… Je suis certaine qu'il avait coupé des oignons avant ! C'est bien son style !
Aurélie : - Forcément !
Géraldine : - Mais non pas forcément ! On croirait entendre Momina et son « d'accord », elle te le sert à toutes les sauces et pour lui ce fut la totale : d'accord Carlo je viens chez toi en toute amitié, d'accord Carlo je n'en parle pas à Géraldine, d'accord, elle ne pourrait pas comprendre notre merveilleuse fantastique et unique amitié, d'accord Carlo on se déshabille en toute amitié, d'accord Carlo caresse-moi amicalement, d'accord Carlo mais entre doucement, d'accord Carlo tu passes me prendre dès que tu as une nuit de libre…

Odette : - On la laisse tomber, une femme bête au point de coucher avec Carlo le crapaud !
Aurélie : - Carlo le crapaud ! Quel talent de la formule !
Emilie : - L'enterrement…
Odette : - Il m'a bredouillé : « c'est con, tu vois, j'ai pas eu le temps, j'ai pas eu le temps de lui dire que son idée de sélectionner des fans plutôt que de la chair à sacem, son idée, à lui, à lui qui ne sera plus là pour me couvrir devant ma femme, son idée géniale, j'en ai touché trois mots au président du Conseil Régional, et il nous subventionne, forcément ! Tu te rends compte, il saura jamais que son idée, le monde entier va la connaître… »
Aurélie : - Mais c'était pas le règlement, sélectionner des femmes ! Les hommes pouvaient participer.

Bertrand : - J'ai participé.
Octavio : - Pour voir Johnny, j'y serais allé en mobylette. J'ai pas raté une de ses tournées depuis mes 15 ans. Mais l'Antonin, entre nous, il n'a pas les tripes, ce type.
Bertrand : - En tout cas, Antonin c'est un vrai poète. Et l'Amour, c'est sacré. Avec Brigitte, on s'est connus sur un de ses slows.
Octavio : - L'amour, en tout cas, tu sais bien, il a beau chanter des âneries romantiques, il vit comme tout le monde. Il en profite. Rien que pour ça, j'aurais aimé être chanteur, ou acteur.

Delphine : - Y'a même eu un tirage au sort devant les caméras.
Odette : - Si vous croyez les règlements et les films, vous êtes mal parties les filles.
Delphine : - Magouilles ici comme partout.
Aurélie : - Forcément ! Si je vous racontais comment ça se passe dans mon groupe !
Odette : - C'est moi qui tenais le caméscope ! Et sa fille a réalisé le montage, les coupures et tout, elle suit des études de cinéma, sa fille aînée, dans l'école la plus chère du pays forcément ! Et la télévision a été bien contente de pouvoir diffuser un reportage sans devoir se déplacer ! Et même gratuitement ! Enfin, quel beau voyage ils m'offrent en Martinique le mois prochain !
Géraldine : - Tu m'emmènes ?
Odette : - J'ai trois places… Tu me donnes combien ?
Géraldine : - Tu as des places gratuites et tu les revends !
Odette : - Forcément ! N'est-ce pas Aurélie, tout le monde se débrouille, forcément !
Aurélie : - Y'a eu de la magouille !?
Odette : - Une stagiaire a réalisé un premier tri : les hommes d'un côté, les femmes de l'autre. Les hommes au fond, les femmes au-dessus. Après il a fallu que je revoie toutes vos photos pour ne retenir que des « magnifiques femmes dont le prénom commence par les sept premières lettres de l'alphabet, A, B, C, D, E, F, G. »
Aurélie : - A comme Aurélie !
Brigitte : - B comme Brigitte !
Delphine : - Et pourquoi ?
Odette : - A cause de sa mémoire ! Aurélie au lit, Brigitte me prend la… *(éclate d'un rire nerveux)*
Delphine : - C'était une rime pauvre ? *(toutes rient sauf Brigitte vexée. Octavio rit et Bertrand fait comme s'il n'avait pas entendu)*
Aurélie : - Alors c'est vrai, quand il chante, il utilise un prompteur ?
Odette : - Comment tu sais ça, toi ?
Aurélie : - Tu me l'as glissé tout à l'heure… juste après avoir glissé !
Odette : - Pas possible ! Quand Odette est saoule, elle se souvient de tout, à la virgule près. Et elle s'en souvient même après, alors elle s'enferme pendant quinze jours pour ne pas voir les catastrophes.
Aurélie : - Quand tu étais à jeun, quand je suis arrivée.

Odette : - Je ne suis pas responsable des propos d'Odette à jeun. Même pas coupable.
Géraldine : - Alors nous avons été choisies pour notre prénom et notre physique !
Odette : - Tu as tout compris ma belle !
Géraldine: - C'est plutôt un beau compliment.
Delphine : - Dire que ma mère a hésité entre Delphine et Rosalie !
Octavio : - Tu entends ça.
Bertrand : - C'est mieux entendre ça que d'être sourd mais on n'est pas obligé d'y croire.
Brigitte : - Oh ! Mon Bertrand il a même envoyé une photo avec un sourire très Antonin. Il avait noté uniquement des chansons d'Antonin dans son classement des plus belles chansons du millénaire ! Il est fan encore plus que moi. Hein mon bébé ?
Bertrand : - Oui ma bibi chérie.
Aurélie : - Attends, attends, je commence à comprendre…
Brigitte : - Tu comprends quoi ?
Aurélie : - Nous étions convoquées à vingt minutes d'intervalle !
Odette : - Cinq minutes de présentation et le reste, déshabillage et rhabillage compris, le reste tient en un quart d'heure. Chrono en main, on a répété !
Toutes : - Oh !
Odette : - Après, ouste dans la salle de répétition, au piano si tu veux, la pièce est insonorisée, place à la suivante ! Comme au service militaire !
Octavio : - A la hussarde !
Delphine : - Le vieux roudoudou !
Brigitte : - Je suis choquée ! Comment a-t-il pu croire ! J'ai beau être fan, je sais rester digne. Il me déçoit.
Bertrand : - Tout star qu'il est, il faut qu'il sache que le premier qui te manque de respect, je les lui coupe.
Brigitte : - Ne t'inquiète pas mon bébé, il n'aurait rien tenté, il aurait tout de suite vu que je suis une femme mariée digne de son alliance.
Octavio : - Y'a qu'un moyen d'être certain qu'une femme est fidèle, c'est de l'enfermer à la cave.
Aurélie : - Tu plaisantes, Amour, j'espère.
Octavio : - On peut bien rire.
Odette : - Je vous rassure, il avait prévu sa boîte de Viagra !
Toutes : - Oh !
Octavio, *pour lui* : - J'aurais pas besoin de Viagra !
Géraldine : - Pas de chance pour lui je préfère les filles ! Mais bon, pour faire payer à Momina de s'être tapé Carlo, pourquoi pas après tout ! 20 minutes aussi je croyais quand elle m'a avoué « *on s'est laissé submerger un soir.* » Mais c'était la version une, aujourd'hui on en est à quatre nuits passées entièrement nue dans son pieu et pas pour dormir, elle n'emmenait pas de livre alors que chaque soir je devais me taper une heure de lumière après le p'tit câlin. Monsieur était un professionnel de la mise en condition, « *je lui ai bien rendu sa tendresse, ses caresses.* » Il la chauffait avant de la consommer. Et pas au micro-onde ! Excusez-moi, je crois que je vais pas bien.
Octavio, *pour lui* : - J'ai mes chances !
Aurélie : - Pauvre Géraldine ! La dignité doit être rare, tout finit peut-être en mensonges et trahisons… (*à Octavio, dont elle est séparée par plusieurs chaises*) Amour, jamais ça ne nous arrivera, on se le promet ! Je te le promets. (*elle le regarde avec insistance et amour*)
Octavio : - On se le promet, Amour.
Brigitte : - Suivez notre exemple, sept ans de mariage. Jamais je n'ai trompé mon mari et je n'en ressens aucun héroïsme, je l'Aime comme il m'Aime. N'est-ce pas bébé !

Bertrand : - Oui bichette.
Géraldine : - Heureusement qu'il y a du floc pour oublier ! Et elle voudrait que j'arrête l'alcool !
Aurélie: - Ça te fait aussi mal que si un mec t'avait trompée.
Géraldine : - Une Géraldine peut être cocue aussi ! Elle m'avait pourtant affirmé « *t'inquiète pas, tout va bien se passer* », quand elle est partie en septembre. En plus elle est revenue en décembre avec la carte de ce type dans sa poche, tu te rends compte elle m'embrassait avec la carte de ce type dans sa poche, elle lui avait donné son téléphone d'Addis et son mail, comme une petite salope immature et impatiente d'être invitée au restaurant, une cocotte qui veut juste que le type fasse semblant de croire en sa vertu quelques minutes…
Odette : - Une cocotte-minute !
Géraldine : - Une cocotte qui veut qu'on lui donne sa dose de montée d'adrénaline et la fasse tomber dans les règles établies de la drague entre dépravés soucieux de s'afficher dignes et honnêtes. Je lui avais même parlé de se pacser malgré sa famille qui ne veut pas entendre parler de moi.

On sonne !

Odette, *se lève, se précipite, ouvre difficilement (la porte est fermée à clé)* : - Oh ! (*elle se tient à la porte*) Monsieur le commissaire ! (*elle sort et referme la porte*)

Géraldine : - Il est arrivé quelque chose à notre Antonin !
Aurélie : - Tu crois qu'ils l'ont retrouvé noyé dans le lac ?
Octavio : - Ecrasé par une de ses autruches !
Delphine : - Il s'est suicidé !
Géraldine : - Mort comme Félix Faure, dans les bras d'une courtisane.
Brigitte : - Si c'est ça on va passer à la télé !
Aurélie : - T'aurais pas honte de profiter de sa mort pour réciter ton poème au journal de TF1.
Brigitte : - J'y avais pas pensé ! Mais si les journalistes m'interrogent, je leur annonce une exclusivité mondiale.
Aurélie : - Du genre il m'a téléphoné hier pour me demander l'autorisation de mettre ce texte dans son prochain album !
Brigitte : - J'y avais pas pensé ! Tu travaillerais pas dans la pub ?
Géraldine : - C'est ce connard de Carlo qui travaille dans le marketing pour l'Union Européenne à Addis-Abeba, et il ne pouvait pas se contenter de Sophie, ouais Sophie, l'instit, il a fallu qu'il se tape une princesse black. Monsieur distingué s'offrait une blanche les jours pairs et une noire les jours impairs. Il faudrait que j'oublie ! Ce n'est qu'une petite erreur ! Trahir et mentir durant des mois, on en fait tous des erreurs !
Brigitte : - Tu penses à tes histoires de… de… alors qu'Antonin est peut-être raide !
Géraldine : - Excusez-moi, je vais pas bien.

Bertrand : - Elle va mal finir, cette soirée…
Octavio : - On peut boire à l'œil, c'est déjà ça… Si on se déshabillait pendant qu'elle est dehors. Elle rentrerait dans un camp de nudiste, ce serait plus cool !
Bertrand : - N'importe quoi ! (*les femmes font comme si elles n'avaient pas entendu*)

Aurélie : - Enfin raide, les femmes diront devant son cercueil !…
Brigitte : - Oh !
Aurélie : - Bin oui, enfin raide naturellement, diront celles qui savent qu'il prenait du viagra !
Géraldine: - C'est ce connard de Carlo qui prend du viagra.

Odette rentre.

Toutes : - Alors ?

Odette : - Rien ! Juste un gendarme ! Il a eu un appel d'une lauréate, une certaine Cécile, qui sera en retard !

Aurélie : - L'équipe finira peut-être au complet !

Odette : - L'escroc, pour le service il m'a demandé une petite gâterie. Je n'ai pas pu lui refuser, c'est presque mon vagin, oups mon voisin ! Il a vingt-deux ans ! C'est une mode venue d'Angleterre, paraît-il, les femmes mûres dévoreuses de jeunes hommes. Et sa femme est une amie.

Géraldine : - Il en a eu aussi des gâteries, son baratineur d'aéroport, alors qu'elle m'écrivait encore « *tu me manques.* » Pourtant il avait presque trois fois vingt-deux ans !

Brigitte : - Ah ! donc tout va bien, ça m'a donné une de ces peurs !

Odette : - L'Antonin adore…

On sonne de nouveau ; elle ne termine pas sa phrase.

Odette : - Quand on parle du loup on entend… (*elle se lève, titube*)

Brigitte : - Son glouglou !

Aurélie : - Il sera des nôtres !

Géraldine : - Je ne bois pas par passion mais pour nettoyer la souillure qu'elle a ramenée en France !

Odette : - Je vous parie que c'est Cécile. (*elle ouvre*) Cécile, Sainte Cécile du samedi soir sur le floc, Cécile que nous attendions toutes, Cécile, responsable du premier désordre. On s'embrasse !

Cécile se laisse faire, observe, intriguée.

Odette : - Mais entre, mais entre, tu es des nôtres !

Cécile : - Je suis lauréate…

Delphine : - Mais nous aussi, qui plus est, nous avons vidé quelques bouteilles, et il t'en reste ! Du floc du sud-ouest ! Les frais généraux sont généreux.

Aurélie : - Mais ça dégénère.

Delphine, *en riant* : - Pourtant la nuit même les cellules grises se régénèrent !

Brigitte : - Antonin s'est volatilisé !

Emilie : - Antonin s'envolera !

Delphine : - Il va lui pousser des ailes ?

Emilie : - Comme dans une chanson de Barbara !

Delphine : - Tu me fais peur !

Odette, *jouant la grande dame* : - Mais que t'est-il donc arrivé, chère amie ?

Cécile : - Une crevaison.

Odette : - Et ça t'a mise autant en retard !

Cécile : - J'ai appelé les renseignements mais les garagistes du coin étaient tous sur répondeur. Durant des heures, les seuls types qui se sont arrêtés me proposaient d'appeler une remorqueuse et de m'héberger la nuit. Des types vulgaires, qui ne savent même pas qu'une femme doit se mériter.

Odette : - Quand on veut conduire une voiture, il faut suivre la formation « changement de roues ». Antonin me paye toujours le taxi, sur ça, y'a rien à lui reprocher.

Cécile : - Et c'est un camionneur qui me l'a changée. J'avais des préjugés défavorables sur les camionneurs, j'avais tort. Un gentleman : il a fait le boulot sans un mot. Un ange !

Aurélie : - Tu es encore aux anges, à voir !

Cécile : - Un merveilleux souvenir ! Dans ma situation, aucune femme n'aurait pu résister ! Un sourire à la Cantona ! J'en avais les larmes aux yeux ! Quelle émotion ! Avec des petites intonations italiennes : « *si mademoiselle a cinq minutes, nous pouvons discuter paisiblement dans la cabine, bien au chaud.* »

Delphine : - C'est pas clair ton histoire, ça n'arrive plus, crever une roue, c'était au Moyen-Âge !
Aurélie : - Y'avait pas de voitures, au Moyen-Âge, ma vieille.
Cécile : - Je suis une victime de manifestations estudiantines. Hier ils ont balancé des bouteilles sur les CRS.
Aurélie : - Alors il faut qu'on trinque !
Delphine : - Vides, j'espère. Ils ne seraient quand même pas fous… Enfin, ils sont tellement riches les manifestants d'aujourd'hui, qu'un jour ils balanceront des bouteilles de Dom Pérignon. Juste pour narguer les journalistes stagiaires ! Et montrer qu'en France, non seulement on a les moyens de manifester, mais en plus une certaine élégance.
Aurélie : - C'est bizarre, j'avais eu la même idée quand les chanteurs ont manifesté contre le téléchargement gratuit de la musique sur internet.
Brigitte : - Je me souviens. Mais j'ai oublié son nom, à ce chanteur qui tendait son joint aux CRS. Il paraît que cette photo, ça lui a rapporté un max de blé, ses ventes ont redécollé, encore plus que Gainsbourg quand il avait brûlé un gros billet à la télé.
Delphine : - C'est qui Gazbourg ?
Odette : - Antonin aussi a réussi un super bon plan média : avec Jef, nous avions organisé une super manif. Forcément spontanée ! On avait déplacé une de nos célèbres rencontres interprofessionnelles de la chanson française de qualité. Ils nous en avaient voulu les parigots, quand le 20 heures avait ouvert par un duplex avec le merveilleux petit village du sud-ouest « *où il y a ce soir plus de manifestants que d'habitants habituellement.* »
Delphine : - Mais pourquoi ont-elles cessé, ces rencontres ? Je me souviens, j'avais vu un reportage à la télé.
Aurélie : - C'est écrit dans sa dernière biographie : « *le monde de la chanson regrette que ce haut lieu de la formation, de la création, ait dû fermer, à cause de campagnes de presse scandaleuses, inacceptables.* »
Odette : - On nous a reproché nos subventions ! Trop d'argent dilapidé ! Pourtant, qu'est-ce qu'on se prenait comme bon temps avec Jef, on s'en est payé de super vacances sur le dos des subventions !
Aurélie : - C'était donc magouilles !
Odette : - Retire ce mot, sinon je range le floc ! Le monde de la chanson a ses traditions. Et la Cour des Comptes ferait mieux…
Aurélie : - Je n'ai rien dit !
Cécile : - Je peux poser une question ?
Delphine : - Je te répondrai si Odette nous a déjà confié le secret.
Cécile : - Ça se passe comment, ces vingt-quatre heures ?
Delphine : - Du floc, du floc et quelques bouteilles sans étiquette. Distillation secrète ! Une chambre personnelle dont le numéro correspond à l'ordre alphabétique A1, B2, C3, donc Cécile 3, et demain Antonin pour les photos, les télés, le discours tant attendu du président du Conseil Régional. Et comme ça fait cinq minutes, tu peux poser ton sac, nous tutoyer, et venir trinquer…

Cécile s'avance, encore timide.

Emilie : - Ne t'inquiète pas, tu n'es pas obligée de boire ! Observer peut être très instructif !
Aurélie : - Pourquoi elle ne rattraperait pas son retard ? Mon Octavio a une longueur d'avance !
Octavio : - J'ai la descente rapide !
Cécile : - Il est vrai que j'ai un petit creux. Avec toutes ces aventures, je n'ai pas même pris le temps de m'arrêter au restaurant, j'ai foncé.
Delphine : - Des cacahouètes bien salées vont te donner soif !
Cécile : - Je meurs de soif ! (*elle pose son sac et s'assied*)

On entend un klaxon américain devant la porte. Silence.

Odette : - Ma frangine ! La célèbre Clara dont je vous ai parlé. Elle tient un bistrot. A cette heure-ci, il ne reste que les derniers poivrots alors elle laisse le p'tit jeune au comptoir. (*elle se lève, va ouvrir*) Dépêche-toi, je vais attraper froid.

Entre Clara. Elles s'embrassent. Clara observe.

Clara : - Et l'Antonin ?

Odette : - Oh quelle histoire ! (*regardant l'assistance assise :*) Pauvre Antonin ! Vous pourriez quand même respecter sa mémoire, arrêter de picoler cinq minutes !

Delphine : - Il n'est pas mort, ton champion, juste cloîtré !

Odette : - Cloîtré, tu as trouvé le mot juste ma belle. Elle est tellement jalouse sa femme ! Et elle a tout deviné.

Géraldine : - Jalouse, je l'étais même pas. J'avais une totale confiance. Mais loin des yeux loin du cœur. Loin des yeux près de son pieu. Pour moi aussi, comme pour les autres.

Odette : - Y'avait pas besoin d'être une lumière pour comprendre. Elle est passée la semaine dernière, elle a feuilleté le dossier. Je l'avais pourtant caché. Et elle n'a pas pu se retenir de remarquer « *bizarre, quand même, sept femmes, en plus fraîches et mignonnes.* »

Delphine : - Elle n'a pas regardé le reportage télé ?

Odette : - Pauvre Antonin ! Il s'est sacrifié pour qu'elle ne le voie pas : devoir conjugal ! Il l'a honorée durant une heure comme une femme désirable.

Aurélie : - Elle a pourtant les moyens de se payer un peu de chirurgie esthétique !

Odette : - Au village, on la surnomme « la Jacksonnette », tellement elle est siliconée.

Aurélie : - C'est pourtant pas écrit dans les biographies.

Emilie : - Mais tu crois vraiment aux biographies !

Aurélie : - Tu ferais mieux de boire !

Odette : - Pauvre Antonin ! Il doit fixer sa vallée illuminée de lampes solaires. Tout ça parce que sa Jacinthe a réussi à le persuader que briser son image de dernier romantique serait catastrophique. L'homme qui n'a aimé qu'une femme ! Et il chante les fleurs ! Jure sur le cœur qu'elle lui inspire toutes ses chansons. Comme c'est triste, une idole non maquillée !

Cécile : - Oh ! La première guitare du maître !

Delphine : - C'est pas sa première guitare. Sa première, Odette la lui a fracassée sur la tête. Et elle a eu bien raison. S'il était là devant moi, il s'en prendrait une troisième.

Odette, *qui se rassied* : - Delph, je t'interdis de colporter de tels ragots, c'est sa première guitare, point à la ligne.

Brigitte : - Comme elle est belle la première guitare du maître !

Géraldine : - T'es sourde ou tu tiens pas l'alcool ?! La première, Odette la lui a fracassée sur la tête. S'il débarque, il s'en prend une autre.

Odette : - Géraldine ! Même toi si belle et si douce, je vais devoir te priver de floc si ça continue ! Je t'interdis de colporter de tels ragots, c'est sa première guitare, point à la ligne.

Géraldine : - Si j'en avais la force ! J'ai même pas réussi à lui mettre trois gifles à cette Momina qui n'a même pas pleuré en avouant son indignité !

On sonne de nouveau !

Odette : - Mais je vais attraper une crampe à force de me lever !

Cécile : - Un beau portier, ce serait agréable !

Octavio, *pour lui et Bertrand* : - Je suis ton portier quand tu veux, ma belle.

Clara : - Laisse, je vais ouvrir.

Odette : - Merci, Dieu te le rendra… car ne compte pas sur Antonin.

Clara ouvre.

Clara : - Messieurs.

Voix extérieure : - Nous souhaitions nous entretenir avec mademoiselle votre sœur.

Clara : - Entrez messieurs.

Entrent deux gendarmes.

Rideau

Acte 3

Odette, Aurélie, Brigitte, Delphine, Emilie, Géraldine, Cécile, Clara. Bertrand, Octavio, gendarme 1, gendarme 2. Puis : Antonin, Françoise.

Suite beuverie. Les deux gendarmes sont amicalement assis avec Octavio et Bertrand. Cécile est à côté du plus jeune gendarme.

Odette : - Je suis désolée, un fleuriste le matin, un chauffeur le midi, un gentleman le soir, mon besoin en calories n'est pas rempli.

Clara : - Mais arrête ces pilules, elles te détraquent le ciboulot.

Odette : - Laisse mon ciboulot où il est. Dans mon genre, je suis une intellectuelle.

Clara : - Bon, on ne va pas encore se disputer. Tu ne m'as jamais écoutée. En tout cas, ils ne sont pas très causants, nos amis les gendarmes.

Aurélie : - Ça ne doit pas être évident pour eux de se retrouver avec des humains.

On sonne.

Odette : - Mon Dieu ! Qui cela peut-il bien être !

Cécile : - Il en manque une, c'est donc elle !

Odette *compte* : - 1, 2, 3, 4, 5, 6, 7 (*elle se compte en septième*). Sept, le compte est bon.

Aurélie : - Sept moins un ?

Odette : - Six, à quoi tu joues ?

Clara : - Odette, reviens sur terre !

Aurélie : - Tu n'as pas gagné, tu es l'hôtesse ! Avec un O comme O...

Delphine : - Tocard !

Odette : - Tocard ?

Delphine : - Autocar, l'autocar est arrivé sans se presser. Un autocar à roulettes. Et s'il n'en reste qu'une ce sera la dernière, et la septième va décoller les étiquettes.

Odette : - Qui va là ? Messieurs (*regardant les gendarmes*) le devoir vous appelle ! Garde-à-vous ! (*les gendarmes se lèvent dans la précipitation et se mettent au garde-à-vous*)

On sonne de nouveau.

Voix extérieure : - C'est moi. (*voix douloureuse*)

Brigitte : - Un homme !

Géraldine : - Cachez les bouteilles !

Cécile : - J'aurais pas dû rattraper mon retard.

Odette : - Qui ça moi ?

Antonin : - Odette ! C'est Antonin.

Odette, *se lève, se précipite, ouvre difficilement (la porte est fermée à clé)* : - Oh ! (*elle recule*)

Antonin entre. Sans maquillage. En tenue de chasse, de la boue au genou droit. La lèvre ouverte.

Antonin : - Je me suis enfui.

Toutes : - Oh !

Antonin, *à Odette* : - Comme quand tu avais 17 ans, ma bonne vieille ! Je suis passé par la grande branche du platane !

Odette : - Mon Tarzan ! Mais tu n'as plus 40 ans, mon pauvre vieux !

Antonin : - Odette, voyons, que vont dire ces dames ?

Odette : - J'ai vu l'idole nue !

Antonin : - Mais vous êtes saoule, Odette !

Odette : - C'est ta femme qui nous a conseillé de boire !
Antonin : - Elle ferait mieux de boire, celle-là !

Les gendarmes s'approchent.

Gendarme 2: - Maître. (*en tendant respectueusement la main à Antonin*)
Antonin : - Mon général. (*ils se serrent la main*)
Gendarme 1: - Maître. (*en tendant respectueusement la main à Antonin*)
Antonin : - Mon caporal. (*ils se serrent la main*) Que me vaut l'immense honneur de votre présence ?
Gendarme 2: - Nous sommes passés dans notre mission de protection des citoyennes et citoyens, et mademoiselle Odette nous a amicalement conviés à prendre le verre de l'amitié tout en poursuivant notre travail.
Antonin : - Très bien, mon général. Rompez ! Vous pouvez continuer d'assurer la protection de mes invités. (*ils retournent s'asseoir ; à Odette :*) Et qui sont ces types ?
Odette : - Le mari de Brigitte et le boyfriend d'Aurélie. J'ai pris l'initiative d'accepter la requête de ces deux lauréates après l'appel de madame.
Antonin : - Tu savais pourtant.
Odette : - Je savais pourtant que tu devais venir bien plus tôt.
Antonin : - On en reparlera. Mais qu'ils se tiennent tranquilles.

Delphine : - Je ne savais pas qu'il avait un frère, Antonin. Il ne lui ressemble pas vraiment.
Aurélie : - J'ai lu toutes ses biographies, c'est écrit nulle part. Enfin, c'est pas écrit non plus que c'est pas son vrai nom. Et que sa femme est siliconée.
Antonin, *à Odette* : - Mais elles sont saoules aussi ! Et tu as encore laissé échapper des secrets !
Odette : - Si tu me cherches, tu vas me trouver ! Tu aurais au moins pu téléphoner !
Antonin : - Odette ! Je suis le patron ! Je te raconterai en tête à tête. (*Odette le fixe très amoureusement*)
Odette : -Tu veux qu'on aille à côté ?
Antonin : - J'ai des invitées, Odette !
Odette : - De toute manière, tout le monde aura oublié demain !
Emilie : - Faux. Je vois tout sans le moindre nuage… Et ce n'est pas beau à voir !
Antonin : - Mesdames, je suis désolé. Ma tenue n'est pas recherchée. Mais c'était la seule.
Odette : - C'était ça ou arriver nu comme un ver !
Antonin : - Je tenais tant à vous rencontrer dès ce soir. (*il porte la main droite à sa bouche ; signes de douleur*) Comme vous le constatez, nous ne pourrons pas nous embrasser.
Odette : - Antonin embrasse à la Russe !
Aurélie : - On peut quand même trinquer ! (*elle lève son verre*)
Brigitte : - Il est des nôtres, il a bu son verre comme ses fa-a-ne-e-es.
Antonin : - Je crois qu'il est détestable, préférable que je reste sobre. N'oubliez pas que je dois rentrer avant le chant du coq. Je dois repasser par un platane.
Brigitte : - Oh ! Il parle en rimes. Oh maître, apprends-moi à écrire une chanson.
Delphine : - Faut pas le croire. C'est pas le véritable Antonin de la télé. C'est peut-être même pas son frère. On s'est fait manipuler.
Brigitte : - Le poète sur un platane, comme c'est beau !
Aurélie : - Maître Antonin sur un arbre perché, tenait en son bec une bouteille de floc… (*elle éclate de rire*)
Antonin : - Je n'aurais pas dû forcer le destin…
Odette : - Quelqu'un m'a dit que c'est toujours mieux en imagination…

Antonin : - C'est une bonne idée de chanson, non, « *Quelqu'un m'a dit...* »
Odette : - Déjà chanté !
Antonin : - J'ai chanté ça, moi ? En quelle année ?
Odette : - Mais non, pas toi, une grande brune.
Antonin : - Alors c'est une rémidistance (*sic*). J'aurais dû rester devant ma magnifique lampe solaire.
Odette : - Et sa si réaliste forme de lune..
Antonin : - Comme un poète.
Brigitte : - Comme c'est beau !
Emilie : - Mais non, Antonin. Quelqu'un vous attendait vraiment. Est-ce un soir de pleine lune ?
Antonin : - Depuis que j'ai ma lune solaire, je fais plus attention.
Emilie : - Je vais aller vérifier. (*elle se lève, sort par la porte du fond*)
Odette : - Elle nous a bien bluffées, celle-là ! Mon œil qu'elle boit jamais. Elle avait son plan !
Delphine : - La conne ! Elle va se faire avoir, c'est qu'un sosie de série B. Même pas un imitateur de série C.
Cécile: - Nous saouler pour garder Antonin !
Odette : - Il fut un temps où tu démarrais au quart de clin d'œil, tu comprenais plus vite. (*très grave, le regard de plus en plus vague*) Je ne peux plus rivaliser avec une femme de cet âge ! Je ne t'en voudrai pas. C'est la vie. J'ai connu ça, j'ai moi aussi eu vingt ans. Mais qu'ils sont loin mes dix-sept ans…
Antonin : - Odette !… Je vais vérifier… Euh… Si la chaudière est encore là… Euh… Bien branchée. (*il sort par la même porte*)
Delphine : - Elle aurait mieux fait de boire, au moins elle aurait vu que c'est pas le véritable Antonin.
Aurélie : - Antonin de Gasconnie a-t-il un gros crédit !…
Delphine : - Même durant ma procédure de divorce, j'aurais jamais osé être aussi directe !
Odette : - On ne peut pas lui donner tort, ni lui en vouloir. Elle n'a même pas eu un geste obscène en public. Dans le show-biz, on fait les présentations quand on se sépare !
Clara : - Après tu t'étonnes que les journalistes écrivent n'importe quoi ! Tu ne peux pas t'empêcher de raconter des histoires abracadabrantes et je suis certaine que mesdemoiselles les croient.
Cécile : - La fidélité peut s'agrémenter d'un peu de piment ! Une aventure de temps en temps ressoude le couple !
Clara : - C'est c'qu'on dit pour justifier ses infidélités. Hypocrisie. Et quand c'est l'autre, on n'a que ses yeux pour pleurer. Vous me voyez, moi, pourtant dans un bistrot on en a des occasions, y'en a des hommes à consoler, y'en a des hommes qui savent causer, mon Jojo il est mort en sachant que j'ai toujours été irréprochable. Et même encore aujourd'hui, j'y pense tous les jours, à mon Jojo (*de petits sourires biaisés : elles se souviennent des propos d'Odette sur Jef, l'amant de Clara*).
Cécile : - Ça manquait d'hommes cette soirée ! Et bientôt je ne saurai plus où donner de la tête. Ou de la bouche ! (*elle fait un bisou sur la joue du plus jeune gendarme*) N'est-ce pas mon caporal ?
Gendarme 1: - Je ne conteste pas vos propos, chère demoiselle. Si vous le souhaitez, je vous raccompagnerai pour veiller à votre sécurité.
Cécile : - C'est une bonne idée.

Le gendarme 2 regarde son collègue avec insistance.

Gendarme 1: - Chère Cécile, mon collègue peut aussi assurer la sécurité rapprochée d'une de vos amies.
Cécile : - Eh oui… Delphine, tu veux bien venir ?… (*Delphine se lève et va voir Cécile, qui se lève et elles se parlent à l'oreille. Delphine va s'asseoir près du gendarme 2*)

Octavio, *à Bertrand* : - C'est c'qu'on appelle le privilège de l'uniforme.
Bertrand : - Quand on a la chance d'avoir rencontré l'amour, il est stupide de mettre en danger son couple.
Octavio : - T'es grave, comme mec. T'es même limite femmelette.

Bertrand se lève et va s'asseoir près de Brigitte.

Octavio : - Le con ! (*il se ressert*) Y'a vraiment que l'alcool d'intéressant dans ce bled.
Brigitte : - Mon bébé, je te manquais.
Bertrand : - Oui, ma bibi. (*Octavio se ressert et marmonne avec un rictus de poivrot*)
Cécile : - Y'a des opportunités, il faudrait être folle de les louper ! Je suis une femme fidèle, amoureuse mais moderne et réaliste ! Dans certaines circonstances, les hormones ont leurs exigences.
Brigitte : - Revoilà la théorie « tout n'est que réactions hormonales ! » Exit conscience, dignité et cohérence ! Comme tout cela serait triste si c'était vrai !
Odette : - Dans le show-biz on a la tendresse facile.
Géraldine : - Comme sous le soleil d'Addis ! On va au restau et on prend le dessert jusqu'à sept heures du mat, vas-y pépère, profites-en, reprends de la figue, je suis à toi. Géraldine, Géraldine, tu me manques on écrit dans les mails mais on s'emmêle sans état d'âme. Elle m'a aussi baratinée avec ses hormones.
Aurélie : - Alors c'est vrai, c'est un milieu guère fréquentable, le show-biz ?
Odette : - On y vieillit vite : regarde, moi, j'avais 17 ans, et je les ai plus.
Aurélie : - Je te rassure, ça arrive aussi chez les comptables !
Odette : - Peut-être, mais elles ne s'en aperçoivent pas !
Aurélie: - Faut pas essayer de comprendre, Odette est gasconne.
Géraldine : - Franchement, ça fait au moins trois jours que j'ai arrêté d'essayer de comprendre ce qui se passe ici !
Aurélie: - Tu étais où y'a trois jours ?
Odette : - Moi, parfois, j'ai bien l'impression qu'une journée tient en trois secondes. Le contraire peut donc arriver aussi.
Géraldine : - À une époque on mettait le temps en bouteilles et parfois il en sortait un ogre, parfois il en sortait…

On sonne. Un bond général.

Aurélie : - Là c'est le retour des blousons noirs ! Où j'ai mis ma bombe lacrymogène ? (*elle fouille dans ses poches*) Nous sommes en sécurité ! Messieurs les gendarmes, garde-à-vous !

Les gendarmes se lèvent et se mettent au garde-à-vous.

Odette : - Silence les filles, quand le chasseur arrive, les biches se cachent.
Delphine, *plus bas* : - Tu es allée voir Bambi au cinéma ?
Clara : - J'en ai tellement servi des loubards, ne vous inquiétez pas, je sais leur parler. Ils savent qu'eux et moi, on est du même côté.
Cécile : - Et on fait quoi ?
Odette : - Rassurez-vous, j'ai refermé à clé.

Nouvelle sonnerie.

Odette : - Faut encore que je me lève ! Il va me les payer mes heures sups !
Delphine : - En floc !
Odette : - L'argent du travail, c'est sacré. Toute peine mérite salaire. Combien de fois je me suis levée ce soir !

Clara : - Sur ça tu as raison. Si tu ne réclames pas ton argent, certains partiront sans payer.
Aurélie : - Et n'oublie pas de facturer les descentes à la cave !
Voix féminine du dehors (*uniquement les derniers mots compréhensibles*) : - … Ouvrez-moi !
Odette : - Sa femme ! C'est la fin du monde ! (*elle se signe, vide le fond de son verre*)
Delphine : - Entre femmes, on saura se comprendre.
Cécile : - Après tout, nous n'y sommes pour rien. Leurs histoires de couple ne regardent que les journaux.
Odette, *se lamente* : - Virée, virée sans indemnités ! Je l'avais bien pressenti, et sur qui ça va retomber, sur Bambi… sur bibi… Elle me paiera mes indemnités, sinon j'en ai à raconter ! Même si elle vient avec un huissier pour m'accuser d'avoir outrepassé les termes de mon contrat ! Elle ne m'a jamais aimée, la garce ! J'y peux rien si son mec a un faible pour moi ! J'y peux rien si sa star de mari en pince pour mes cuisses !
La voix du dehors : - (*quelques mots incompréhensibles, puis*) C'est Françoise, je suis en retard.
Odette : - Françoise, Françoise ? Je ne connais pas de Françoise.
Delphine : - Elle veut nous embrouiller, c'est une ruse de pêcheur, de chasseur.
Géraldine : - Y'a des femmes chez les blousons noirs.
Clara : - Tu veux que je m'en occupe ?
Aurélie : - Six ! F 6 !
Brigitte : - Touché ? Coulé ? Mais où est le plan de la bataille navale ?
Delphine : - Les avions, ce sont des F16, je le sais, mon cousin…
Aurélie : - A 1 Aurélie, F 6 Françoise !
Odette, *euphorique* : - Ah Françoise ! Je vous le disais bien que c'était pas sa fêlée, sa femme !
Françoise : - Je suis la lauréate du concours.
Odette : - Je sais, je sais ! Mais j'ai quand même le temps de me lever ! Je suis en heures sups ! Je vais lui demander une prime de risques à l'Antonin.

Odette se lève, titube jusqu'à la porte et ouvre finalement.
Antonin rentre au même moment.

Antonin : - La conne ! La conne !
Françoise : - Oh excusez-moi monsieur, je suis en retard !
Antonin, *se tourne vers elle* : - Encore une nouvelle ! A jeun en plus ! Ah non, plus de femme à jeun ce soir !
Odette, *à Françoise* : - T'inquiète pas, ce sont les aventures d'Antonin sous la lune.
Odette, *à Antonin* : - Elle t'a fait un truc que tu connaissais pas et t'as pas résisté !
Antonin : - Je connais tous les trucs !
Odette : - Mais tu oublies vite !
Antonin : - Tu as écouté ?
Odette : - Ça se passe toujours comme ça ! Tu te souviens plus de Nadège ?
Antonin : - Odette, tu devrais être couchée à cette heure-ci !
Odette : - T'inquiète pas, tu vas me les payer mes heures sups !
Delphine : - En floc !
Odette : - T'inquiète pas, c'est pas le genre à aller tout déballer dans les journaux ni à demander d'être choriste !
Antonin : - Elle aurait mieux fait de boire !
Delphine : - Tu as vu, il dit comme moi, celui qui se fait passer pour Antonin. Faut le dire à la nouvelle ! Hé ! La nouvelle !
Françoise, *timide* : - Je suppose que c'est moi que vous appelez !

Delphine : - Et j'attendrai pas cinq minutes : te laisse pas avoir, c'est même pas un vrai sosie !
Odette : - Mais entre Françoise… Tu arrives au bon moment. Antonin est descendu du platane et il vient de vérifier la chaudière. La nuit sera chaude !
Delphine : - Te fatigue pas, Odette, même si on raconte notre soirée, personne n'y croira.
Aurélie : - Allez la nouvelle, prends le chasseur en passant et viens trinquer.
Antonin : - Bon, je vais rentrer.
Cécile : - Antonin, c'est pas possible, il me faut une photo dédicacée pour mon camionneur.
Antonin, *à Odette* : - Tu donneras un carton de photos dédicacées à mademoiselle.
Odette, *à Antonin* : - Alors si on ne fait rien ce soir, je prends Géraldine et je te laisse les autres.
Antonin, *à Odette* : - Tu veux dire ?
Odette, *à Antonin* : - Elle me botte, grave !
Antonin, *à Odette* : - OK ! Compris ! Tu laisseras la porte ouverte et je viendrai vous rejoindre.
Odette, *à Antonin* : - Pas d'accord ! Si elle est partante, je la garde pour moi !
Antonin, *à Odette* : - De toute manière j'ai perdu mon viagra et mes préservatifs en tombant du platane !
Odette, *à Antonin* : - Quoi ! T'as fait ça comme avec moi ! Tu feras un test VIH dans trois mois, et d'ici là, niet !
Antonin, *à Odette* : - Elle m'a dit qu'il n'y avait aucun risque.
Odette, *à Antonin* : - Elles disent toutes ça, les Momina et les Emilie !

Cécile : - Ah non, il m'a changé une roue, il a bien mérité une petite dédicace, un truc du genre : « à Francis, en remerciement de ma roue. »
Antonin : - Qu'est-ce que c'est encore de cette histoire ? Je reviens demain matin. Il faut que je rentre à la maison.
Aurélie : - Chanteur rentrer maison !
Delphine : - C'est pas un chanteur, je te dis. Je suis certaine qu'il a un dentier. Regarde bien ses dents, ce ne sont pas de vraies dents.

Cécile, *à Aurélie* : - En tout cas, si l'Emilie fait un procès, qu'elle ne compte pas sur moi pour témoigner.
Aurélie : - Pourquoi un procès ?
Cécile : - C'est clair ! Se faire faire un gosse par une star, c'est un bon plan.
Aurélie : - Tu crois ?

Brigitte : - Ah non ! Il faut que tu m'apprennes à écrire une chanson ! J'ai bu, maintenant je peux devenir auteur.
Antonin, *en se touchant le front* : - Il n'est pas écrit président de la sacem !
Odette : - Mais entre Françoise… Tu arrives au bon moment…. La nuit sera chaude !
Delphine : - Chaude ?
Odette : - Parfaitement ! Comme la chaudière est lancée, la nuit sera chaude ! (*plus discrètement à Géraldine près de qui elle s'assied :*) ça fait bien longtemps que je n'ai pas eu envie de faire un câlin avec une femme, mais faut que je te l'avoue, depuis que tu es arrivée je suis déstabilisée, y'a un truc en toi qui m'appelle et me fait vibrer. Je ne suis pas du genre à m'échauffer rapidement mais là, tu vois, je ne vais même pas te faire la grande scène de l'amitié… je te désire…
Géraldine : - Si tu insistes aussi gentiment…

Odette lui caresse les cheveux, le dos… Toutes les observent plus ou moins discrètement. Clara est très gênée.

Odette : - Si nous étions seules… j'oserais même passer une main en dessous…
Géraldine : - Si en plus tu m'offres un séjour à la Martinique…

Odette : - Tu passes vite de l'envie d'un peu de tendresse à l'envie d'une grande dynamique, d'une vraie liaison… Je dis pas non, les mecs sont tellement décevants.
Géraldine : - Et pourtant cette conne de Momina s'est laissée entuber. Elle avait besoin d'affection !
Odette : - Pense plus à elle ma belle, profite du temps présent en toute sincérité, en toute passion.
Géraldine : - Je me rappelle très bien, très très bien, de choses très bonnes, plus que bonnes… et je sais qu'elle m'Aime de nouveau…
Odette : - Tu vas en connaître d'autres.
Géraldine : - Elle voudrait presque mes chaleureuses félicitations : elle ne m'a pas trahie avec son gardien ni son chauffeur mais avec un dandy distingué au sourire enjôleur ! Un monsieur ! Un sophiste oui, un être fondamentalement mauvais, vide, prétentieux, né avec une cuillère en argent dans la bouche, vide malgré ses prétentions à la voie de la sagesse avec des séjours de prétendues retraites dans des monastères.
Odette : - C'est fini, ma princesse.
Géraldine : - Son petit trésor excisé… et elle l'a laissé souiller, elle le regrette à peine en plus, elle sait juste marmonner « *désolée, je croyais qu'on allait se quitter, je croyais que tu ne m'aimais plus vraiment, je croyais ne plus t'aimer à ce point, je croyais qu'on allait se séparer… désolée, il m'a déstabilisée, ça ne m'était jamais arrivé, j'ai été submergée, j'avais des douleurs atroces au ventre mais j'y allais… désolée…*»
Odette : - Ma princesse. (*elle la caresse de plus en plus*)

Octavio, *pose les coudes sur la table* : - C'est foutu ! (*il s'endort*)

Aurélie : - Je crois qu'on va terminer la soirée sans notre cheftaine.
Brigitte : - C'est dommage de se scinder comme ça. On formait un bon groupe.
Aurélie : - La vertu n'est pas une notion universelle.
Brigitte : - Je me demande souvent quel plaisir les gens trouvent dans la trahison ?
Aurélie : - Si on se met à philosopher, on va finir par pleurer.
Clara : - Y'a des choses qui ne se font pas.
Cécile : - Nous ne sommes plus en 1910.
Clara : - Mais pas en public ! Et même si je ne suis qu'une modeste travailleuse, j'ai de la moralité.
Delphine : - Qu'est-ce qu'on pourrait faire d'autre !
Aurélie : - Y'en a un il dort ! C'est très romantique !
Delphine : - Allez Françoise, viens essayer de comprendre !
Françoise : - Oui.

Delphine : - Qu'est-ce qu'on pourrait faire d'original maintenant qu'on a trop bu ?
Cécile : - Chanter au pays de la chanson ! Ou se caresser au pays des caresses !
Françoise : - J'ai l'impression de ne pas tout comprendre.
Aurélie : - Rassure-toi, tu n'es pas la seule ! En France, tout se termine par une chanson. Antonin ! (*qui observait, perplexe, semblait comparer*)
Antonin : - Oh moi, sans ma guitare !
Bertrand : - Je suis très tolérant. Il faut respecter les différences.
Clara : - Y'a des choses qu'on préférerait ne pas voir.

Géraldine : - Elle avait des choses désagréables à m'apprendre, qu'elle écrivait dans ses mails.
Odette : - C'est du passé ma princesse, sois dans l'instant présent, vis ce moment privilégié avec passion. Nous sommes ensemble en toute sincérité.
Géraldine : - Il l'appelait princesse et elle a passé quatre nuits nue dans son pieu à ce salaud et à sept heures du matin, avant d'aller occuper son poste d'inutile privilégié buvant le sang de

l'Afrique, il descendait sa conquête chez elle, son *escort girl* quasi gratuite, et elle s'empressait de m'écrire un mail anodin.
Odette : - Tourne la page.
Géraldine : - Elle a même envisagé de faire sa vie avec, durant quelques jours. Mais pour lui, elle n'était qu'une aventure de passage, une couleur locale à consumer, et elle aurait voulu qu'il reste son ami de cœur, et en plus me l'imposer. Ami de cœur, elle a osé m'écrire depuis !
Odette : - C'est fini tout cela, on s'est rencontrés et le monde s'est éclairci.

Brigitte : - On va chanter !
Aurélie : - On aura au moins fini la soirée dignement.
Brigitte, *à Aurélie* : - Oui, tu as raison, la dignité est de notre côté.
Aurélie : - Mon portable fait enregistreur. Chouette ! Quel beau souvenir !
Antonin : - Ni enregistreur ni appareil photo. Personne ne doit savoir que j'étais là ce soir. Le sort du monde en dépend !
Aurélie, *pose son portable* : - Dommage ! Mais si c'est la loi !

Ils entonnent, le plus mal possible, « Qu'une fois »... Tandis qu'Antonin est tourné, Aurélie reprend discrètement son portable et filme quelques secondes avant de le ranger, l'air malicieuse, dans une poche ; Brigitte lui glisse un mot à l'oreille.
Durant la chanson : Cécile regarde le gendarme 1, toujours debout, lui sourit, lui montre la porte des yeux, il fait oui de la tête et sort ; Odette se lève, tend la main droite à Géraldine qui la prend, se lève aussi, elles sortent main dans la main ; Cécile sort par la même porte ; le gendarme 2 regarde Delphine, lui sourit, elle lui sourit ; il sort ; Delphine reste perplexe et finalement se tourne vers la porte, fait un bras d'honneur, se retourne et rechante avec un grand sourire.

On parle de l'Amour
Qui ne serait plus
Qu'une vulgaire chasse à courre
Un jeu pratiqué nu
On joue à l'amour

On dit grand amour
Quand on a trop bu
Ou qu'on reste plus d'huit jours
En étant convaincu
Que c'est pour toujours

Mais les rues sont pleines
De gens qui comme moi
N'ont dit qu'une fois
« Tu sais, je t'aime »

Rideau - FIN

J'ai choisi de vivre dans le Quercy... J'y ai planté des arbres... J'essaye d'y rester... Partir ? Je préférerais rester... Si c'est possible... Ailleurs, il fait souvent trop chaud, ou trop froid... Ici, je suis bien... Vais-je encore écrire ? Je termine cette phrase... Et ensuite ?

Mercredi 23 mars 2016

Mentions légales

Tous droits de traduction, de reproduction, d'utilisation, d'interprétation et d'adaptation réservés pour tous pays, pour toutes planètes, pour tous univers.

Site officiel : http://www.ecrivain.pro

En mars 2016, le catalogue de Stéphane Ternoise dépasse la barre naguère inimaginable de la centaine. Il est constitué de romans, pièces de théâtre, recueils de textes de chansons, essais mais également de photos, qu'elles soient d'art (notion vague) ou documentaires (présentation de lieux, Cahors, Cajarc, Montcuq, Beauregard, Saillac, Golfech, Figeac …), publications pour lesquelles l'investissement en papier est impossible, sauf à recourir à l'impression à la demande. Il en est ainsi...

Demande d'autorisation pour représentations sur http://www.ternoise.fr

Dépôt légal à la publication au format ebook du 27 mars 2016.
Imprimé par CreateSpace, An Amazon.com Company pour le compte de l'auteur-éditeur indépendant.
http://www.livrepapier.com

ISBN 978-2-36541-721-1
EAN 9782365417211
Théâtre : les 25 pièces de Stéphane Ternoise.
© Jean-Luc PETIT - BP 17 - 46800 Montcuq-en-Quercy-Blanc - France

www.ingramcontent.com/pod-product-compliance
Lightning Source LLC
Chambersburg PA
CBHW062136160426
43191CB00014B/2301